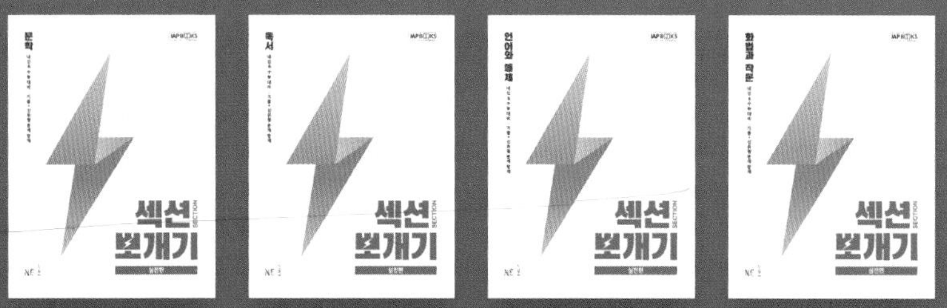

지 은 이 | IAP BOOKS
기 획 | 유동훈, 양다훤
개 발 | 고하은, 이선민
디 자 인 | 정은아, 박성진, 정수진, 최미나
조 판 | 정수진, 최미나
영 업 | 한기영, 이경구, 박인규, 정철교, 하진수, 김남준, 이우현
마 케 팅 | 박혜선, 남경진, 이지원, 김여진

국어 학습의 혁명 IAP BOOKS

섹션뽀개기

현대시, 현대소설, 고전운문, 고전산문, 극수필, 독서, 화법과 작문, 문법 총 8권으로 구성되어 있습니다. 실전에 들어가기 전 꼭 알아야 할 기본 개념을 체크하고, 각 갈래별로 유형과 개념이 잘 나타난 대표 유제를 통해 문제 접근법과 풀이 방법을 익힐 수 있습니다. 또한 수능 및 전국연합 기출 문제를 선별하여 앞에서 학습한 개념과 관련된 문제를 통해 실제 문제에 대한 해결력을 기르고 수능 감각을 익힐 수 있도록 하였습니다. 자기 주도학습을 할 수 있도록 인강을 제공하고, SLS 시스템을 통해 취약 영역도 보완하도록 지원하고 있습니다.

섹션뽀개기 실전편

문학, 독서, 화법과 작문, 언어와 매체 총 4권으로 구성되어 있습니다. 각 항목별로 개념과 대표 유제, 실전 문제를 단계별로 제공하여 스스로 문제를 풀고 해결해 나갈 수 있도록 편집되었습니다. 자기 주도학습을 할 수 있도록 인강을 제공하고, SLS 시스템을 통해 취약 영역도 보완하도록 지원하고 있습니다.

기승전결 모의고사

LEVEL 1(Ⅰ·Ⅱ·Ⅲ·Ⅳ), LEVEL 2(Ⅰ·Ⅱ·Ⅲ·Ⅳ), LEVEL 3(Ⅰ·Ⅱ·Ⅲ·Ⅳ), LEVEL 4(Ⅰ·Ⅱ·Ⅲ·Ⅳ)등 총 16권으로 구성되어 있습니다. 권당 실전 모의고사 9회가 수록되어 있고, 주차별로 1회씩 학습하도록 구성했습니다. 수능, 평가원, 교육청에서 출제되었던 실전 모의고사와 자체적으로 만들고 리믹스한 모의고사로 편성되어 있습니다. 자기 주도 학습을 할 수 있도록 인강을 제공하고, SLS 시스템을 통해 취약 영역도 보완하도록 지원하고 있습니다.

분기승천 국어

레벨별 4종씩 총 8권으로 구성되어 있습니다. 분기별로 학습할 수 있도록 권당 13강으로 편성되어 있고, 1강당 4세트씩 권당 42세트 이상 구성되어 학교, 학원 등 교육기관에서 주차별 학습을 하도록 최적화되어 있습니다. 자기 주도학습을 할 수 있도록 인강을 제공하고, SLS 시스템을 통해 취약 영역도 보완하도록 지원하고 있습니다.

리딩플러스 국어

총 8단계로 구성되어 아이들이 다양한 갈래의 책을 읽고, 책에 관련된 문제를 풀어보며 글쓰기 실력을 향상시킬 수 있는 독서논술 교재입니다. 책을 읽으면서 궁금해할 만한 것이나 중요한 개념을 안내하는 배경 지식, 책에 등장한 어휘 관련 문제, 책에서 발췌한 제시문에 대한 독해력·사고력 문제를 통해 아이들이 흥미롭게 독서 활동을 할 수 있도록 하고, 책을 읽은 후 느낀 점 등을 독후활동지로 정리할 수 있도록 구성되어 있으며, SLS 시스템을 통해 온라인으로도 학습할 수 있도록 지원하고 있습니다.

어휘어법

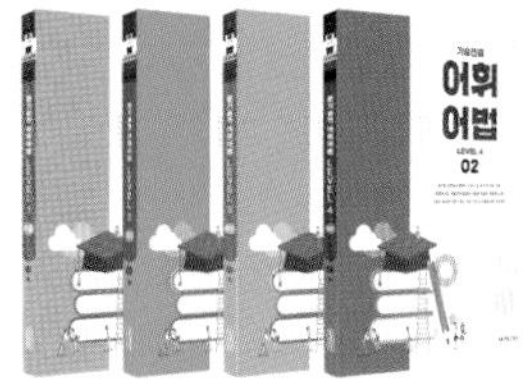

LEVEL 1(Ⅰ·Ⅱ), LEVEL 2(Ⅰ·Ⅱ), LEVEL 3(Ⅰ·Ⅱ), LEVEL 4(Ⅰ·Ⅱ) 등 총 8권으로 구성되어 있습니다. 학기별로 학습할 수 있도록 권당 18~26강으로 편성되어 있고, 모듈 프로세스를 통해서 영역별 학습이 가능하게 만들어져 있습니다. 사자성어·속담·한자어·관용어·혼동어휘 등을 교재별로 모듈화하여 단계별로 학습하고 주차별로 테스트를 하도록 구성되어 있습니다.

SLS Smart Learning Solution

상쾌한 **향상**을 경험하다

국어 문제의 해결사 SLS

학습자 맞춤형 문제은행 출제 마법사

Smart Learning Solution

학생들에게 1:1 과외의 효과를!

초등 4학년부터 고등 3학년까지!
개별 학생에게 맞춘 유연한 문제은행 출제 마법사
시스템이기에 더욱 빠르고 학습진단 및 분석, 그리고 이에 맞춘 처방까지!
학생들의 성적이 달라집니다!

온라인 교재 학습

- 온라인 제공 문제 서비스
- 출판사, 난이도별 문제

차별화된 인강시스템

- 모든 문항별 강의 동영상
- 강좌별 영상 강의

유사 문제 자동 추천 기능

- 오답 문제와 유사한 문제 제공
- 오답 문제 완전 정복

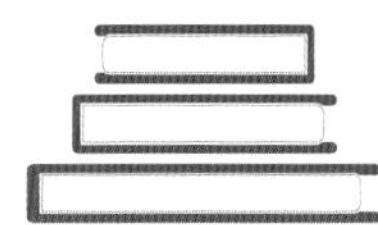

130만 국어 문항 DB

- 국내 최대 DB
- 수능, 내신 모든 문항의 DB

한수

한 번에 수능까지

완성하는 중학국어

구성과 특징

1. 지문 분석

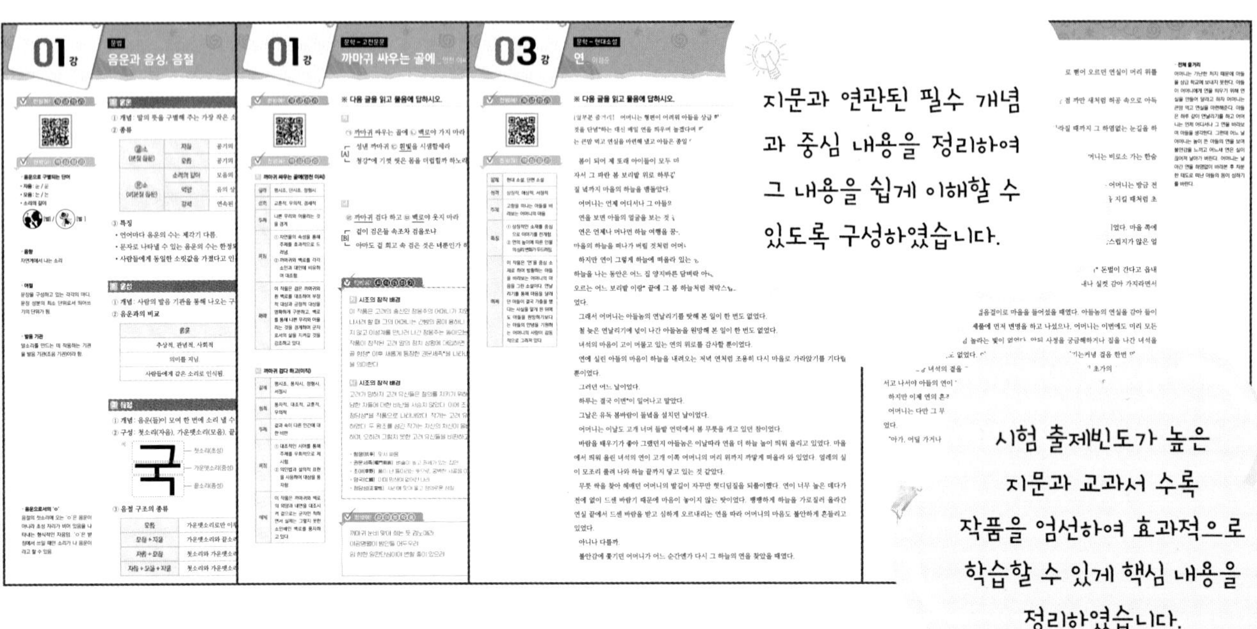

지문과 연관된 필수 개념과 중심 내용을 정리하여 그 내용을 쉽게 이해할 수 있도록 구성하였습니다.

시험 출제빈도가 높은 지문과 교과서 수록 작품을 엄선하여 효과적으로 학습할 수 있게 핵심 내용을 정리하였습니다.

2. 유형별 문제풀이

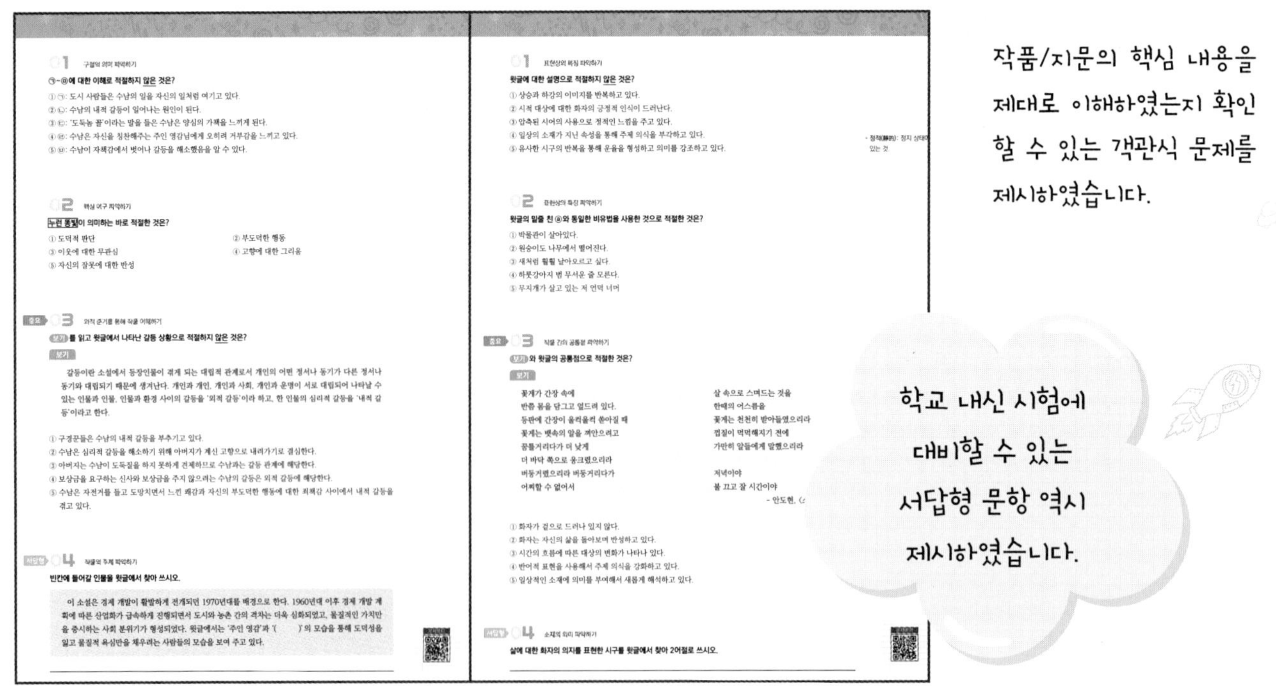

작품/지문의 핵심 내용을 제대로 이해하였는지 확인할 수 있는 객관식 문제를 제시하였습니다.

학교 내신 시험에 대비할 수 있는 서답형 문항 역시 제시하였습니다.

3. 복습하기

단원에서 학습하였던 지문과 작품의 중심 내용을 간략한 표로 정리하였습니다.

다음 단원으로 넘어 가기 전에 빈칸 채우기와 단답형 문항을 통해 성취 기준을 점검할 수 있도록 하였습니다.

4. 정답 및 풀이

문제편에서 학습한 지문과 작품의 자세한 분석과 문제 해설을 확인할 수 있습니다.

1강

문법 음운과 음성, 음절 ······ 10
독서 가스라이팅 ······ 12
문학 까마귀 싸우는 골에 _ 영천 이씨 / 까마귀 검다 하고 _ 이직 ······ 14
자전거 도둑 _ 박완서 ······ 16
복습하기 ······ 19

2강

문법 단모음과 이중 모음 ······ 22
독서 토양 분류 ······ 24
문학 떨어져도 튀는 공처럼 _ 정현종 ······ 26
홍길동전 _ 허균 ······ 28
복습하기 ······ 31

3강

화법 의미 공유하며 듣고 말하기 ······ 34
독서 표면장력과 계면활성제 ······ 36
문학 남으로 창을 내겠소 _ 김상용 ······ 38
연 _ 이청준 ······ 40
복습하기 ······ 43

4강

작문 다양한 표현을 활용하여 글 쓰기 ······ 46
독서 자동차 엔진 과열 ······ 48
문학 성장 _ 이시영 ······ 50
주몽 신화 - 열두 살에 나라를 세우다 _ 일연 ······ 52
복습하기 ······ 55

5강

문법 단모음의 분류 ······ 58
독서 초현실주의 화가 르네 마그리트 ······ 60
문학 가시리 _ 작자 미상 ······ 62
막내의 야구 방망이 _ 정진권 ······ 64
복습하기 ······ 67

6강

문법 자음의 분류 …… 70
독서 고슴도치 딜레마 …… 72
문학 봄은 고양이로다 _ 이장희 …… 74
이옥설 _ 이규보 …… 76
복습하기 …… 79

7강

매체 매체의 표현 방법 …… 82
독서 가격 규제 정책 …… 84
문학 나무 _ 박목월 …… 86
하늘은 맑건만 _ 현덕 …… 88
복습하기 …… 91

8강

문법 형태소 …… 94
독서 금속의 녹 …… 96
문학 우리가 눈발이라면 _ 안도현 …… 98
옹고집전 _ 작자 미상 …… 100
복습하기 …… 103

9강

문법 단어 …… 106
독서 와이파이(Wi-Fi) …… 108
문학 햇비 _ 윤동주 …… 110
학 _ 황순원 …… 112
복습하기 …… 115

10강

화법 공감하며 대화하기 …… 118
독서 디자인의 전개 과정 …… 120
문학 십 년을 경영하여 _ 송순 / 짚방석 내지 마라 _ 한호 …… 122
완득이 _ 김려령 원작 · 김영환 각색 …… 124
복습하기 …… 127

목차

11강

작문 설명하는 글 쓰기 ········ 130

독서 논증의 두 가지 방법 ········ 132

문학 첫사랑 _ 고재종 ········ 134

야, 춘기야 _ 김옥 ········ 136

복습하기 ········ 139

12강

문법 단어의 종류 ········ 142

독서 주식과 개념과 종류 ········ 144

문학 고래를 위하여 _ 정호승 ········ 146

난중일기 _ 이순신 ········ 148

복습하기 ········ 151

13강

문법 품사 ········ 154

독서 별의 일생 ········ 156

문학 나무들의 목욕 _ 정현정 ········ 158

흰 종이 수염 _ 하근찬 ········ 160

복습하기 ········ 163

14강

매체 매체 자료의 효과 판단하기 ········ 166

독서 면역 체계와 백신 ········ 168

문학 유성 _ 오세영 ········ 170

전우치전 _ 작자 미상 ········ 172

복습하기 ········ 175

15강

문법 품사 (1) 명사, 대명사, 수사 ········ 178

독서 독립영화 ········ 180

문학 황조가 _ 유리왕 ········ 182

괜찮아 _ 장영희 ········ 184

복습하기 ········ 187

16강

문법 품사 (2) 동사, 형용사 ······ 190
독서 태극기 ······ 192
문학 포근한 봄 _ 오규원 ······ 194
아기 장수 우투리 _ 작자 미상 ······ 196
복습하기 ······ 199

17강

화법 핵심을 담아 발표하기 ······ 202
독서 1인 미디어 ······ 204
문학 새로운 길 _ 윤동주 ······ 206
보리 방구 조수택 _ 유은실 ······ 208
복습하기 ······ 211

18강

작문 썼던 글 고쳐 쓰기 ······ 214
독서 번개 ······ 216
문학 나는 지금 꽃이다 _ 이장근 ······ 218
소를 줍다 _ 전성태 ······ 220
복습하기 ······ 223

19강

문법 품사 (3) 관형사, 부사 ······ 226
독서 발전소 ······ 228
문학 바다와 나비 _ 김기림 ······ 230
꿩 _ 이오덕 ······ 232
복습하기 ······ 235

20강

문법 품사 (4) 조사, 감탄사 ······ 238
독서 플라멩코 ······ 240
문학 오우가 _ 윤선도 ······ 242
동승 _ 함세덕 ······ 244
복습하기 ······ 247

한수

01

Contents

문법

음운과 음성, 음절 ········· 10

독서

가스라이팅 ········· 12

문학

까마귀 싸우는 골에 _ 영천 이씨 / 까마귀 검다 하고 _ 이직 ········· 14

자전거 도둑 _ 박완서 ········· 16

복습하기 ········· 19

01강

문법

음운과 음성, 음절

| 정답 및 해설 | 2쪽

한방에! 개념정리

한방에! 핵심정리

* 음운으로 구별되는 단어
• 자음: 눈 / 문
• 모음: 눈 / 논
• 소리의 길이

* 음향
자연계에서 나는 소리

* 어절
문장을 구성하고 있는 각각의 마디. 문장 성분의 최소 단위로서 띄어쓰기의 단위가 됨.

* 발음 기관
말소리를 만드는 데 작용하는 기관을 발음 기관(조음 기관)이라 함.

* 음운으로서의 'ㅇ'
음절의 첫소리에 오는 'ㅇ'은 음운이 아니라 초성 자리가 비어 있음을 나타내는 형식적인 자음임. 'ㅇ'은 받침에서 쓰일 때만 소리가 나 음운이라고 할 수 있음.

1 음운

① **개념**: 말의 뜻을 구별해 주는 가장 작은 소리의 단위

② 종류

㊌소 (분절 음운)	자음	공기의 흐름이 발음 기관의 장애를 받고 나오는 소리
	모음	공기의 흐름이 발음 기관의 장애를 받지 않고 나오는 소리
㊍소 (비분절 음운)	소리의 길이	모음의 장단
	억양	음의 상대적인 높낮이
	강세	연속된 음성에서 어떤 부분을 강하게 발음하는 것

③ 특징
• 언어마다 음운의 수는 제각기 다름.
• 문자로 나타낼 수 있는 음운의 수는 한정되어 있음.
• 사람들에게 동일한 소릿값을 가졌다고 인식되는 추상적이고 관념적인 소리임.

2 음성

① **개념**: 사람의 발음 기관을 통해 나오는 구체적이고 물리적인 소리

② 음운과의 비교

음운	음성
추상적, 관념적, 사회적	구체적, 물리적, 개인적
의미를 지님.	의미와 무관함.
사람들에게 같은 소리로 인식됨.	사람마다 차이가 존재함.

3 음절

① **개념**: 음운(들)이 모여 한 번에 소리 낼 수 있는 말소리의 단위

② **구성**: 첫소리(자음), 가운뎃소리(모음), 끝소리(자음)

예

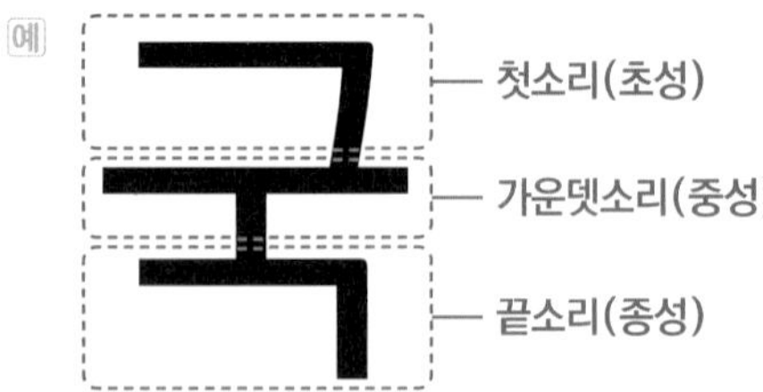

③ 음절 구조의 종류

모음	가운뎃소리로만 이루어진 음절	예 아, 어, 오
모음 + 자음	가운뎃소리와 끝소리로 이루어진 음절	예 안, 언, 온
자음 + 모음	첫소리와 가운뎃소리로 이루어진 음절	예 가, 거, 고
자음 + 모음 + 자음	첫소리와 가운뎃소리, 끝소리로 이루어진 음절	예 간, 건, 곤

중요 **01** 음운, 음성, 음절 이해하기

보기 의 ㉠~㉢에 들어갈 말로 적절한 것은?

보기

(㉠)은 사람들에게 동일한 소릿값을 가졌다고 인식되는 소리이다. (㉠)이 모여 (㉡)을 이룬다. 한편, 추상적이고 관념적인 (㉠)과는 달리 (㉢)은 구체적이고 물리적인 소리를 뜻한다.

	㉠	㉡	㉢
①	음성	음운	음절
②	음성	음절	음운
③	음운	음성	음절
④	음운	음절	음성
⑤	음절	음성	음운

02 음절의 구조 이해하기

단어를 이루는 음절 구조의 종류가 적절하게 연결되지 않은 것은?

① 우유: 모음
② 일임: 모음 + 자음
③ 하지: 자음 + 모음
④ 대여: 자음 + 모음
⑤ 성장: 자음 + 모음 + 자음

03 음운의 개수 이해하기

다음 중 음운의 개수가 나머지와 다른 것은?

① 사람 ② 만세 ③ 오늘 ④ 운반 ⑤ 홍보

서답형 **04** 음운과 음절의 개수 이해하기

보기 에 제시된 단어의 음운과 음절의 개수를 차례대로 쓰시오.

보기

어린이

01강 가스라이팅

| 정답 및 해설 | 3쪽

한방에! 개념정리

한방에! 핵심정리

갈래	설명문
주제	가스라이팅
해제	이 글은 타인의 심리 또는 상황을 교묘하게 조작해 스스로를 의심하게 만듦으로써 지배력을 행사하는 가스라이팅 행위의 과정과 대처 방안에 대해 설명하고 있다. 가스라이팅은 보통 가깝거나 친밀한 관계에서 이루어지며, 수평적인 관계보다는 한쪽이 권력으로 상대를 통제하고 억압하려 할 때 이루어진다. 가스라이팅을 당한 피해자는 가볍게는 우울증, 심하게는 외상 후 스트레스 장애를 겪기도 한다. 로빈 스턴은 가스라이팅에서 벗어나기 위한 몇 가지 대처 방안을 제시했는데 가장 중요한 것은 피해자 스스로가 가스라이팅을 당하고 있음을 자각해야 한다는 것이다.

* 문단 중심 내용

1문단	연극 〈가스등〉에서 유래한 정서적 학대, 가스라이팅
2문단	가스라이팅의 과정
3문단	가스라이팅이 지속될 경우 발생할 수 있는 문제
4문단	가스라이팅이 일어나는 주된 관계
5문단	가스라이팅의 대처 방안

한방에! 어휘풀이

* 프레임화: 일정한 격식이나 형식을 갖추게 됨. 또는 그렇게 되게 함.

※ 다음 글을 읽고 물음에 답하시오.

최근 사회적으로 '가스라이팅'이란 단어가 대두되며 가스라이팅의 피해 사례와 문제점에 대해 활발히 조명되고 있다. 가스라이팅은 가해자가 피해자의 심리 또는 상황을 조종하며 피해자 스스로 이와 같은 사실을 인지하지 못하게 만들고 자신을 의심하게 만듦으로써 피해자에게 심리적으로 지배력을 강화하는 행위이다. 이와 같은 용어는 1938년 작 〈가스등〉이란 연극에서 유래되었다. 가스라이팅은 정서적으로 고통을 유발하기 때문에 정서적 학대의 한 유형으로 정의할 수 있다.

가스라이팅 가해자는 피해자의 기억을 지속적으로 부정하거나 실수를 과장하여 피해자가 스스로를 의심하게 만든다. 또 피해자의 요구나 감정을 왜곡하거나, 진짜로 일어난 일을 일어나지 않았다고 하는 등의 행위를 지속한다. 예컨대 가해자는 피해자에게 "당신 말은 틀렸어.", "너의 기억은 잘못된 거야." 등의 말로 피해자로부터 자존감과 판단 능력을 빼앗는다.

이러한 행위가 계속 지속되면 피해자는 가스라이팅에 세뇌당해 가해자의 생각만을 맞다고 여기게 된다. 그리고 자신이 인식하고 판단하는 모든 것을 의심하게 되어 자존감이 떨어지며, 스스로 정확히 판단하지 못하게 되면서 일상생활이 어려워진다. 이것이 반복되어 극단적인 상황까지 가게 되면 가볍게는 우울증, 심하게는 외상 후 스트레스 장애를 겪기도 한다.

그렇다면 가스라이팅은 보통 어떤 경우에 일어날까? 대개는 가족, 친구, 연인 등의 관계나 학교, 군대 또는 직장 등의 집단에서 일어난다. 즉, 원래라면 수평적이어야 할 관계에서 한쪽이 권력으로 상대를 통제하고 억압하려 할 때 가스라이팅이 이뤄지게 된다. 예컨대 가족의 경우 부모나 형제가 자식이나 동생을 과하게 통제하려 하고 오히려 자신은 피해자로 프레임화*하는 데서 나타나는데, "너 잘되라고 하는 말이다.", "너는 예전에는 말 잘 들었는데 지금은 왜 이러니?", "널 잘못 키운 내 죄지." 등의 표현이 이에 해당한다.

정신분석가이자 심리치료자인 로빈 스턴은 가스라이팅은 자각만 한다면 스스로 빠져나올 수 있다고 이야기하며 자신의 저서인 《가스등 이펙트》를 통해 이에 대처하기 위한 몇 가지 방법을 제시했다. 첫째, 왜곡과 진실을 구분하기, 둘째, 상대방과의 대화가 한쪽에 책임을 전가하고 다른 쪽은 피해자로 만드는 식으로 흘러간다면 피하기, 셋째, 자신이 받아들일 때의 느낌을 중요하게 여기기 등이 그것이다. 피해자는 스스로 자신이 가스라이팅을 당하고 있는 것은 아닌지 의심해 보고, 그렇다는 생각이 들면 과감하게 상대와의 관계를 단절해야 가스라이팅에서 벗어날 수 있다.

01 세부 내용 파악하기

윗글의 내용으로 적절한 것은?

① 가스라이팅이라는 용어는 연극에서 유래되었다.
② 가스라이팅은 보통 가족과 친구, 연인 사이에서만 나타난다.
③ 가스라이팅은 반드시 다른 이의 도움이 있어야만 벗어날 수 있다.
④ 가스라이팅의 피해자는 타인을 의심함으로써 판단 능력을 상실한다.
⑤ 로빈 스턴은 가스라이팅에서 벗어나기 위해서는 가해자와 맞서야 한다고 주장한다.

02 구체적 사례에 적용하기

다음 중 가스라이팅에 해당하지 않는 행위는?

① 아내의 잘못을 과장해서 여러 번 말하는 것
② 동료가 갚지 않은 돈을 갚았다고 감싸주는 것
③ 친구에게 같이 놀지 않으면 절교하겠다고 말하는 것
④ 성적이 잘 안 나온 걸 보고 머리가 나쁘다고 구박하는 것
⑤ 막내가 잘못했는데 첫째에게 잘 안 지켜봤다고 혼내는 것

중요 03 글쓰기 과정 파악하기

보기 중, 윗글을 보충할 자료로 적절한 것은?

보기

ㄱ. 연극 〈가스등〉의 줄거리
ㄴ. 가스라이팅 가해자의 상담 자료
ㄷ. 가스라이팅 용어가 오용되는 세태 인터뷰 자료
ㄹ. 가스라이팅으로 일어난 사건을 다룬 신문 기사

① ㄱ, ㄴ　② ㄱ, ㄹ　③ ㄴ, ㄷ　④ ㄴ, ㄹ　⑤ ㄷ, ㄹ

서답형 04 세부 내용 파악하기

빈칸에 들어갈 적절한 말을 윗글에서 찾아 4어절로 쓰시오.

가스라이팅의 피해자는 가스라이팅에 점점 익숙해지면서 가해자의 생각에 동조하게 되고, 피해자는 자신의 모든 것을 의심하며 스스로 정확한 판단을 내리지 못하게 된다. 이 과정에서 피해자는 우울증을 겪는 경우가 많은데 최악의 경우 (　　　)을/를 겪기도 한다.

문제풀이

01강

문학 – 고전운문

까마귀 싸우는 골에 _ 영천 이씨 / 까마귀 검다 하고 _ 이직

| 정답 및 해설 | 4쪽

한방에! 개념정리

한방에! 핵심정리

가 까마귀 싸우는 골에(영천 이씨)

갈래	평시조, 단시조, 정형시
성격	교훈적, 우의적, 경세적
주제	나쁜 무리와 어울리는 것을 경계
특징	① 자연물의 속성을 통해 주제를 효과적으로 드러냄. ② 까마귀와 백로를 각각 소인과 대인에 비유하여 대조함.
해제	이 작품은 검은 까마귀와 흰 백로를 대조하여 부정적 대상과 긍정적 대상을 명확하게 구분하고, 백로를 통해 나쁜 무리와 어울리는 것을 경계하며 군자로서의 삶을 지켜갈 것을 강조하고 있다.

나 까마귀 검다 하고(이직)

갈래	평시조, 풍자시, 정형시, 서정시
성격	풍자적, 대조적, 교훈적, 우의적
주제	겉과 속이 다른 인간에 대한 비판
특징	① 대조적인 시어를 통해 주제를 우회적으로 제시함. ② 의인법과 설의적 표현을 사용하여 대상을 풍자함.
해제	이 작품은 까마귀와 백로의 외양과 내면을 대조시켜 겉으로는 군자인 척하면서 실제는 그렇지 못한 소인배인 백로를 풍자하고 있다.

※ 다음 글을 읽고 물음에 답하시오.

가

㉠ 까마귀 싸우는 골에 ㉡ 백로야 가지 마라
[A] 성낸 까마귀 ㉢ 흰빛을 시샘할세라
청강*에 기껏 씻은 몸을 더럽힐까 하노라

- 영천 이씨, 〈까마귀 싸우는 골에〉 -

한방에! 어휘풀이

* 청강(淸江): 맑은 물이 흐르는 강.

나

㉣ 까마귀 검다 하고 ㉤ 백로야 웃지 마라
[B] 겉이 검은들 속조차 검을쏘냐
아마도 겉 희고 속 검은 것은 **너**뿐인가 하노라

- 이직, 〈까마귀 검다 하고〉 -

한방에! 지식더하기

가 시조의 창작 배경

이 작품은 고려의 충신인 정몽주의 어머니가 지었다고 알려져 있다. 정몽주가 이성계의 부름을 받고 집을 나서려 할 때 그의 어머니는 간밤의 꿈이 흉하니 가지 말 것을 권하며 이 노래를 불렀다. 어머니의 말을 듣지 않고 이성계를 만나러 나간 정몽주는 돌아오는 길에 이방원이 보낸 자객에게 피살되고 만다.

작품이 창작된 고려 말의 정치 상황에 대입하면 시에서의 까마귀는 조선을 개국하려는 이성계 일파와 몽골 항쟁* 이후 새롭게 등장한 권문세족*을 나타내고, 백로는 고려에 충성을 다하는 정몽주와 같은 충신들을 의미한다.

나 시조의 창작 배경

고려가 망하자 고려 유신들은 절의를 지키기 위해 초야*에 묻혀 망국*의 한을 노래한 한편, 조선 개국에 가담한 자들에 대한 비난을 서슴지 않았다. 이에 조선 개국에 가담한 자들은 자신들의 행위에 대한 합리화와 정당성*을 작품으로 나타내었다. 작가는 고려 유신의 한 사람이면서, 조선 건국의 개국 공신으로 벼슬을 하였다. 두 왕조를 섬긴 작가는 자신의 처신이 올바른 것은 아니지만 자신은 겉과 속이 같은 인물임을 강조하며, 오히려 그렇지 못한 고려 유신들을 비판하고 있는 것이다.

* 항쟁(抗爭): 맞서 싸움.
* 권문세족(權門勢族): 벼슬이 높고 권세가 있는 집안.
* 초야(草野): 풀이 난 들이라는 뜻으로, 궁벽한 시골을 이르는 말.
* 망국(亡國): 이미 망하여 없어진 나라.
* 정당성(正當性): 사리에 맞아 옳고 정의로운 성질.

한방에! 같이볼작품

까마귀 눈비 맞아 희는 듯 검노매라
야광명월이 밤인들 어두우랴
임 향한 일편단심이야 변할 줄이 있으랴

- 박팽년, <까마귀 눈비 맞아>

01 표현상의 특징 파악하기

(가)와 (나)에 대한 설명으로 적절한 것은?

① (가)와 (나)는 어순을 도치하여 시구의 의미를 강조하고 있다.
② (가)와 (나)는 색채어를 활용하여 대상의 속성을 부각하고 있다.
③ (가)와 (나)는 설의적인 표현을 사용해 화자의 가치관을 강조하고 있다.
④ (가)는 (나)와 달리 4음보를 규칙적으로 사용하여 안정된 리듬감을 형성하고 있다.
⑤ (가)는 대조를 통해 대상을 풍자하고, (나)는 자연물의 속성을 통해 교훈을 주고 있다.

* 도치(倒置): 차례나 위치 따위를 서로 뒤바꿈.
* 색채어(色彩語): 빛깔을 나타내는 말.
* 설의(設疑): 의문을 내세움.
* 대조(對照): 서로 달라서 대비가 됨.
* 풍자(諷刺): 현실의 부정적 현상이나 모순 따위를 빗대어 비웃으면서 씀.

02 핵심 어구 이해하기

[A]와 [B]에 대한 이해로 적절하지 않은 것은?

① [A]에서 화자는 백로의 지조와 절개가 훼손되는 것을 걱정하고 있다.
② [A]에서는 나쁜 무리와 어울리는 것을 경계하는 이유가 제시되어 있다.
③ [A]에서 '청강에 기껏 씻은 몸'은 까마귀가 깨끗한 본성을 회복한 상태를 의미한다.
④ [B]에서는 백로를 의인화하여 풍자하고 있다.
⑤ [B]에서는 외양과 내면의 비교를 통해 까마귀를 옹호하고 있다.

* 지조(志操): 원칙과 신념을 굽히지 아니하고 끝까지 지켜 나가는 꿋꿋한 의지.
* 절개(節槪/節介): 신념, 신의 따위를 굽히지 아니하고 굳게 지키는 꿋꿋한 태도.

중요 03 시어의 의미 이해하기

보기를 참고하여 ㉠~㉤을 이해한 내용으로 적절하지 않은 것은?

보기

(가)는 조선을 개국하려는 이성계 일파와 고려에 충성을 다하려는 사람들을 비유적으로 표현하며 군자로서의 절의를 지킬 것을 권하고 있고, (나)는 고려 유신으로서 조선 개국에 참여한 작가가 자신의 행위의 정당성을 작품을 통해 표출하며 겉과 속이 다른 사람들을 비판하고 있다.

① ㉠은 지조와 절개를 저버린 소인배로 작가가 경계하는 대상이다.
② ㉡은 군자로서의 절의를 지키는 존재로 이성계 일파와 대립한다.
③ ㉢은 고려의 충신들이 지닌 지조와 절개를 가리킨다.
④ ㉣은 작가가 자신의 행위의 정당성을 주장하기 위해 자신과 동일시하는 대상이다.
⑤ ㉤은 ㉡과 동일한 존재로 표리부동한 인간을 상징한다.

서답형 04 소재의 의미 파악하기

(나)의 '너'가 가리키는 대상을 찾아 쓰시오.

01강

문학 – 현대소설

자전거 도둑 _ 박완서

| 정답 및 해설 | 5쪽

한방에! 문제풀이

한방에! 핵심정리

갈래	현대소설, 단편 소설, 성장 소설
성격	교훈적, 비판적
주제	물질적 이익만을 추구하는 현대인에 대한 비판
특징	① 인물들의 심리와 성격을 섬세하게 드러냄. ② 실제 존재하는 구체적 공간을 배경으로 하여 사실감을 형성함. ③ 도시 사람들과 아버지를 대조적으로 제시하여 주제 의식을 드러냄. ④ 어린 아이의 시선으로 어른들의 부도덕성과 물질만능주의를 비판함.
해제	이 작품은 시골에서 상경한 수남이가 자신의 부도덕한 행동에 대해 내적 갈등을 느끼며 성장하는 과정을 보여 주고 있다. 수남이는 자신에게 친절하게 대해주던 영감님을 믿고 따랐지만, 자신의 부도덕한 행위를 칭찬하는 것을 보고 실망하여 고향으로 내려간다. 이 작품은 물질적인 것만 추구하는 어른들에 비해 도덕성이 살아있는 수남이의 모습을 통해 우리가 가슴에 무엇을 지니고 살아가야 하는지를 말해준다.

※ 다음 글을 읽고 물음에 답하시오.

[앞부분 줄거리] 시골에서 서울로 올라온 소년 수남이는 전기 용품점에서 일을 한다. 수남이는 부지런해서 주위 사람들에게 칭찬을 받고, 자신에게 친절한 주인 영감님을 잘 따른다. 어느 날 영감님의 심부름으로 거래처에 수금을 하던 중, 세워둔 자전거가 바람에 넘어져 신사의 자동차에 작은 흠집을 내게 되어 수남이는 곤경에 처한다.

신사는 다시 네놈은 쳐다보기도 싫다는 듯이 수남이를 전혀 상대 안 하고, 묵묵히 자전거 바퀴에다 자물쇠를 채우고, 앞에 빌딩을 가리키면서,

"나 저기 306호실에 있으니까 돈 오천 원 갖고 와. 그러면 열쇠 내 줄 테니."

하고는 수남이를 힐끗 흘겨보고 유유히 빌딩 속으로 사라져 갔다.

수남이는 울지도 못하고 빌지도 못하고 그냥 막연히 서 있었다. 수남이와 신사의 시비를 흥미진진하게 구경하던 사람들도 헤어지지 않고 그냥 서 있었다. 아마 수남이가 앙앙 울거나, 펄펄 뛰면서 욕을 하거나 그런 일이 일어나 주기를 기다리는 눈치였다.

수남이는 바보가 돼 버린 아이처럼 조용히 멍청히 서 있었다. 누군가가 나직이 속삭였다.

"토껴라 토껴. 그까짓 것 갖고 토껴라."

그것은 악마의 속삭임처럼 은밀하고 감미로웠다. 수남이의 가슴은 크게 뛰었다. 이번에는 좀 더 점잖고 어른스러운 소리가 나섰다.

㉠ "그래라, 그래. 그까짓 거 들고 도망가렴. 뒷일은 우리가 감당할게."

그러자 모든 구경꾼이 수남이의 편이 되어 와글와글 외쳐 댔다.

"도망가라, 어서어서 자전거를 번쩍 들고 도망가라, 도망가라."

수남이는 자기 편이 되어 준 이 많은 사람들을 도저히 배반할 수 없었다. 이상한 용기가 솟았다. 수남이는 자전거를 마치 검부러기*처럼 가볍게 옆구리에 끼고 질풍같이 달렸다.

정말이지 조금도 안 무거웠다. 타고 달릴 때보다 더 신나게 달렸다. ㉡ 달리면서 마치 오래 참았던 오줌을 시원스레 내깔기는 듯한 쾌감까지 느꼈다.

주인 영감님은 자전거를 옆에 끼고 질풍처럼 달려온 놈을 눈을 휘둥그렇게 뜨고 바라볼 뿐이었다. 오늘 바람이 세더니만 필시 이 조그만 놈이 바람에 날아왔나, 설마 그럴 리야 없을 텐데 내 눈이 어떻게 된 것인가 그런 눈치였다.

수남이는 너무 숨이 차서 이런 주인 영감님의 궁금증을 시원히 풀어 주지 못하고 한동안 헉헉대기만 한다.

㉢ "임마, 말을 해. 무슨 일이야? 네놈 꼴이 영락없이 도둑놈 꼴이다, 임마."

도둑놈 꼴이라는 소리가 수남이의 가슴에 가시처럼 걸린다. 수남이는 겨우 숨을 가라앉히고 자초지종을 주인 영감님께 고해* 바친다. 다 듣고 난 주인 영감님은 무엇이 그리 좋은지 무릎을 치면서 통쾌해 한다.

"잘 했다, 잘 했어. 맨날 촌놈인 줄만 알았더니 제법인데, 제법이야."

그리고는 가게에서 쓰는 드라이버니 펜치를 가지고 자전거에 채운 자물쇠를 분해하기 시작한다.

엎드려서 그 짓을 하고 있는 주인 영감님이 수남이의 눈에 흡사 도둑놈 두목 같아 보여 속으로 정이 떨어진다. ㉣ 주인 영감님 얼굴이 누런 똥빛인 것조차 지금 깨달은 것 같아 속이 메스껍다.

마침내 자물쇠를 깨뜨렸나 보다. 영감님 얼굴에 회심*의 미소가 떠오르더니 자유롭게 된 자전거 바퀴를 시험이라도 하려는 듯이 자전거로 골목을 한 바퀴 빙그르르 돌아 들어와서는,

"네놈 오늘 운 텄다."

그리고는 수남이의 머리를 쓰다듬고 볼과 턱을 두둑한 손으로 귀여운 듯이 감쌌다. 영감님이 기분이 좋을 때면 수남이에 대한 애정의 표시로 으레* 그렇게 했었고, 수남이도 그걸 좋아했었다.

그런데 오늘은 싫다. 영감님의 손이 싫다. 그것이 운 트기는커녕 재수 옴 붙었다는 생각이 여전하고, 수남이는 그날 온종일 우울했다. 그러나 자기가 왜 그렇게 우울한지 그걸 차분히 생각할 새도 없는 바쁜 하루였다. 가게 문을 닫고 주인댁에서 날라 온 저녁밥을 먹고 나면 비로소 수남이 혼자만의 시간이다. 꿀 같은 시간이었다. 책을 펴 놓고 영어 단어를 찾고, 수학 문제를 풀어 보고, 턱을 괴고 소년답게 감미로운 공상*에 잠길 수 있는 그런 시간이었다. 그러나 오늘 수남이는 그게 되지를 않았다. 책을 집어던졌다. 낮에 내가 한 짓은 옳은 짓이었을까? 옳을 것도 없지만 나쁠 것은 또 뭔가. 자가용까지 있는 주제에 나 같은 아이에게 오천 원을 우려내려고 그렇게 간악*하게 굴던 신사를 그 정도 골려 준 것이 뭐가 나쁜가? 그런데도 왜 무섭고 떨렸던가. 그때의 내 꼴이 어땠으면, 주인 영감님까지 "네놈 꼴이 꼭 도둑놈 꼴이다."고 하였을까. 그럼 내가 한 짓은 도둑질이었단 말인가.

[중간 부분 줄거리] 수남이는 과거 도둑질로 인해 순경에게 잡혀갔던 형과, 도둑질을 하지 말라던 아버지의 말씀을 떠올린다.

"무슨 짓을 하든지 그저 도둑질을 하지 말아라, 알았쟈."

그런데 도둑질을 하고 만 것이다. 하지만 수남이는 스스로 그것은 결코 도둑질이 아니었다고 변명을 한다.

그런데 왜 그때, 그렇게 떨리고 무서우면서도 짜릿하니 기분이 좋았던 것인가? 문제는 그때의 그 쾌감이었다. 자기 내부에 도사린* 부도덕성이었다. 오늘 한 짓이 도둑질이 아닐지 모르지만 앞으로 도둑질을 할지도 모르겠다는 생각이 들었다. 형의 일이 자기와 정녕 무관한 일이 아니란 생각이 들었다.

소년은 아버지가 그리웠다. 도덕적으로 자기를 견제해 줄 어른이 그리웠다. 주인 영감님은 자기가 한 짓을 나무라기는커녕 손해 안 난 것만 좋아서 "오늘 운 텄다."고 좋아하지 않았던가.

수남이는 짐을 꾸렸다. 아아, 내일도 바람이 불었으면. 바람이 물결치는 보리밭을 보았으면.

㉤ 마침내 결심을 굳힌 수남이의 얼굴은 누런 똥빛이 말끔히 가시고, 소년다운 청순함으로 빛났다.

- 박완서, 〈자전거 도둑〉 -

*전체 줄거리

시골에서 상경한 열여섯 살 소년 수남이는 청계천 세운상가 전기용품 점원으로 일하며 주인 영감님을 잘 따른다. 바람이 많이 부는 어느 날, 수남이는 XX상회로 배달을 가서 돈을 받아오게 된다. 그런데 배달을 하면서 세워놓은 자전거가 바람으로 인해 쓰러지면서 신사의 차와 부딪치게 된다. 신사는 수남이에게 오천 원의 수리비를 물어줘야 자전거를 돌려주겠다고 했지만 수남이는 주변 구경꾼들의 무책임한 부추김에 자전거를 들고 도망친다. 수남이가 주인 영감님에게 자초지종을 말하자 주인 영감님은 수남이의 행동을 칭찬한다. 그러나 수남이는 그런 주인 영감님에게 거부감을 느끼고 자신이 저지른 일에 대해 죄책감을 느끼며 괴로워한다. 그때 문득 수남이는 아버지를 떠올린다. 수남이는 자신을 붙잡아 줄 아버지를 생각하며 다시 고향으로 내려갈 준비를 한다.

한방에! 어휘풀이

* 검부러기: 검불의 부스러기.
* 고하다(告하다): 어떤 사실을 알리거나 말하다.
* 회심(會心): 마음에 흐뭇하게 들어맞음. 또는 그런 상태의 마음.
* 으레: 두말할 것 없이 당연히.
* 공상(空想): 현실적이지 못하거나 실현될 가망이 없는 것을 막연히 그리어 봄. 또는 그런 생각.
* 간악(奸惡): 간사하고 악독함.
* 도사리다: 마음이나 생각 따위가 깊숙이 자리잡다.

01 구절의 의미 파악하기

㉠~㉤에 대한 이해로 적절하지 않은 것은?

① ㉠: 도시 사람들은 수남의 일을 자신의 일처럼 여기고 있다.
② ㉡: 수남의 내적 갈등이 일어나는 원인이 된다.
③ ㉢: '도둑놈 꼴'이라는 말을 들은 수남은 양심의 가책을 느끼게 된다.
④ ㉣: 수남은 자신을 칭찬해주는 주인 영감님에게 오히려 거부감을 느끼고 있다.
⑤ ㉤: 수남이 자책감에서 벗어나 갈등을 해소했음을 알 수 있다.

02 핵심 어구 파악하기

누런 똥빛이 의미하는 바로 적절한 것은?

① 도덕적 판단
② 부도덕한 행동
③ 이웃에 대한 무관심
④ 고향에 대한 그리움
⑤ 자신의 잘못에 대한 반성

중요 03 외적 준거를 통해 작품 이해하기

보기 를 읽고 윗글에서 나타난 갈등 상황으로 적절하지 않은 것은?

보기

갈등이란 소설에서 등장인물이 겪게 되는 대립적 관계로서 개인의 어떤 정서나 동기가 다른 정서나 동기와 대립되기 때문에 생겨난다. 개인과 개인, 개인과 사회, 개인과 운명이 서로 대립되어 나타날 수 있는 인물과 인물, 인물과 환경 사이의 갈등을 '외적 갈등'이라 하고, 한 인물의 심리적 갈등을 '내적 갈등'이라고 한다.

① 구경꾼들은 수남의 내적 갈등을 부추기고 있다.
② 수남은 심리적 갈등을 해소하기 위해 아버지가 계신 고향으로 내려가기로 결심한다.
③ 아버지는 수남이 도둑질을 하지 못하게 견제하므로 수남과는 갈등 관계에 해당한다.
④ 보상금을 요구하는 신사와 보상금을 주지 않으려는 수남의 갈등은 외적 갈등에 해당한다.
⑤ 수남은 자전거를 들고 도망치면서 느낀 쾌감과 자신의 부도덕한 행동에 대한 죄책감 사이에서 내적 갈등을 겪고 있다.

서답형 04 작품의 주제 파악하기

빈칸에 들어갈 인물을 윗글에서 찾아 쓰시오.

이 소설은 경제 개발이 활발하게 전개되던 1970년대를 배경으로 한다. 1960년대 이후 경제 개발 계획에 따른 산업화가 급속하게 진행되면서 도시와 농촌 간의 격차는 더욱 심화되었고, 물질적인 가치만을 중시하는 사회 분위기가 형성되었다. 윗글에서는 '주인 영감'과 '(   )'의 모습을 통해 도덕성을 잃고 물질적 욕심만을 채우려는 사람들의 모습을 보여 주고 있다.

문제풀이

복습하기

문법

1 □□	사람의 발음 기관을 통해 나오는 구체적이고 물리적인 소리
2 □□	• 말의 뜻을 구별해 주는 말소리의 가장 작은 단위 • 일반적으로 자음과 모음을 가리키며, 말소리의 길이나 높낮이 등도 포함됨.
3 □□	• 한 번에 소리 낼 수 있는 말소리의 단위 • 첫소리와 끝소리는 4 □□, 가운뎃소리는 5 □□으로 이루어져 있음.

비문학

1문단	영화 〈6 □□□〉에서 유래한 정서적 학대, 7 □□□□□
2문단	가스라이팅의 과정
3문단	가스라이팅이 지속될 경우 발생할 수 있는 문제
4문단	가스라이팅이 일어나는 주된 관계
5문단	가스라이팅의 대처 방안

문학 - 까마귀 싸우는 골에(영천 이씨) / 까마귀 검다 하고(이직)

가 까마귀 싸우는 골에(영천 이씨)

초장	백로와 8 □□□가 어울리는 것을 경계함.
중장	까마귀와 어울리지 말아야 하는 이유를 밝힘.
종장	9 □□의 깨끗함을 잃을까 염려함.

나 까마귀 검다 하고(이직)

초장	백로의 행동을 비판함.
중장	겉과 속이 같음을 강조하며 10 □□□를 옹호함.
종장	백로의 표리부동한 모습을 비판함.

문학 - 자전거 도둑(박완서)

주제	물질적 이익만을 추구하는 현대인에 대한 비판

⬇

11 □□	12 □□□와 자동차가 부딪힌 일로 인해 수남과 갈등을 겪음.
13 □□□□	수남을 아끼는 것처럼 보이지만 자신의 이익을 위해 수남을 이용함.

⬍

수남의 14 □□□	도덕성을 중시하는 인물로 등장함.

정답 1 음성 2 음운 3 음절 4 자음 5 모음 6 가스등 7 가스라이팅 8 까마귀 9 백로 10 까마귀 11 신사 12 자전거 13 주인 영감 14 아버지

한수

02

Contents

문법

단모음과 이중 모음 ········· 22

독서

토양 분류 ········· 24

문학

떨어져도 튀는 공처럼 _ 정현종 ········· 26

홍길동전 _ 허균 ········· 28

복습하기 ········· 31

02강

문법

단모음과 이중 모음

| 정답 및 해설 | 8쪽

한방에! 개념정리

한방에! 핵심정리

* 단모음과 이중 모음의 차이 예시
• 고민: 'ㅗ'는 발음할 때 입술 모양이나 혀의 위치가 움직이지 않음.
• 교민: 'ㅛ'는 발음할 때 'ㅣ'에서 'ㅗ'로 이어 소리 내는 것처럼 입술 모양과 혀의 위치가 달라짐.

* 단모음 'ㅚ'와 'ㅟ'
'ㅚ'와 'ㅟ'는 본래 단모음이지만, 많은 사람들이 'ㅚ'와 'ㅟ'를 이중 모음처럼 발음하기 때문에 이중 모음으로 발음하는 것도 허용함. (표준 발음법 제2장 제4항 [붙임] 참고)
예 참외[차뫼/차뭬]

* '민주주의의 의의'
민주주의의 의의
①②③④
* '의'는 [ㅢ]로 발음하는 것을 원칙으로 함.
① 단어의 첫음절 이외의 '의': [ㅣ]로 발음 가능
② 조사 '의': [ㅔ]로 발음 가능
③ 자음을 첫소리로 가지고 있지 않은 음절의 'ㅢ': [ㅢ]로 발음
④ 단어의 첫음절 이외의 '의': [ㅣ]로 발음 가능

1 단모음

① **개념**: 발음하는 도중에 입술 모양이나 혀의 위치가 달라지지 않는 모음

② **종류**: ㅏ, ㅐ, ㅓ, ㅔ, ㅗ, ㅚ, ㅜ, ㅟ, ㅡ, ㅣ (10개)

암기 Tip! 키위제외해 / 금붕어좋아

['ㅏ'의 발음]

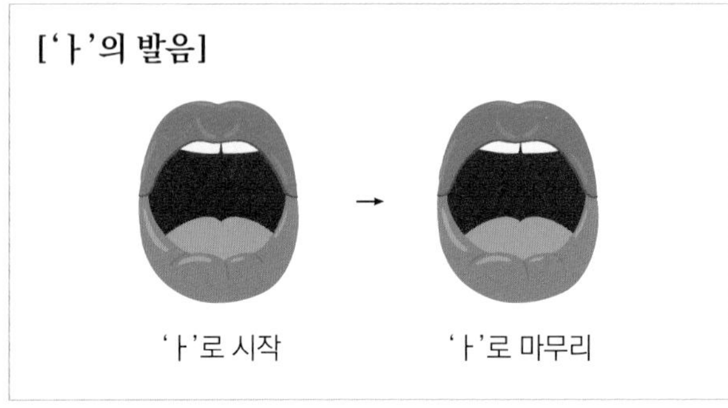

2 이중 모음

① **개념**: 발음하는 도중에 입술 모양이나 혀의 위치가 달라지는 모음

② **종류**: ㅑ, ㅒ, ㅕ, ㅖ, ㅘ, ㅙ, ㅛ, ㅝ, ㅞ, ㅠ, ㅢ (11개)

['ㅑ'의 발음]

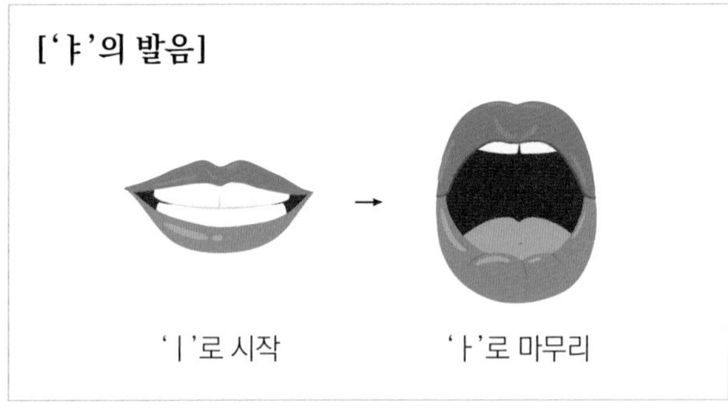

3 관련 표준어 규정

표준 발음법 제2장 자음과 모음

제4항 'ㅏ ㅐ ㅓ ㅔ ㅗ ㅚ ㅜ ㅟ ㅡ ㅣ'는 단모음으로 발음한다.
[붙임] 'ㅚ ㅟ'는 이중 모음으로 발음할 수 있다.

제5항 'ㅑ ㅒ ㅕ ㅖ ㅘ ㅙ ㅛ ㅝ ㅞ ㅠ ㅢ'는 이중 모음으로 발음한다.

다만 1. 용언의 활용형에 나타나는 '져, 쪄, 쳐'는 [저, 쩌, 처]로 발음한다.
예 가지어 → 가져[가저] 찌어 → 쪄[쩌] 다치어 → 다쳐[다처]

다만 2. '예, 례' 이외의 'ㅖ'는 [ㅔ]로도 발음한다.
예 시계[시계/시게] 혜택[혜택/헤택]

다만 3. 자음을 첫소리로 가지고 있는 음절의 'ㅢ'는 [ㅣ]로 발음한다.
예 무늬[무니] 희망[히망] 띄어쓰기[띠어쓰기]

다만 4. 단어의 첫음절 이외의 '의'는 [ㅣ]로, 조사 '의'는 [ㅔ]로 발음함도 허용한다.
예 주의[주의/주이] 우리의[우리의/우리에]

01 모음의 특징 파악하기

모음에 대한 설명으로 적절하지 않은 것은?

① '달'과 '돌'의 뜻을 구분해주고 있다.
② 모음은 총 21개로, 단모음 10개와 이중 모음 11개로 이루어져 있다.
③ 모음은 공기의 흐름이 발음 기관의 장애를 받지 않고 나오는 소리이다.
④ 단모음은 발음할 때 처음과 끝의 소리가 같지 않지만 이중 모음은 같다.
⑤ 단모음은 발음할 때 입술이나 혀가 움직이지 않지만 이중 모음은 움직인다.

02 단모음과 이중 모음 이해하기

다음 중 단모음으로만 이루어진 단어는?

① 개구리 ② 야구 ③ 원인 ④ 의자 ⑤ 학교

중요 03 표준 발음법 규정 파악하기

보기 는 표준 발음법 제2장에 관한 내용이다. 보기 의 내용을 잘못 이해한 사람은?

보기

제4항 'ㅏ ㅐ ㅓ ㅔ ㅗ ㅚ ㅜ ㅟ ㅡ ㅣ'는 단모음으로 발음한다.
[붙임] 'ㅚ ㅟ'는 이중 모음으로 발음할 수 있다.

제5항 'ㅑ ㅒ ㅕ ㅖ ㅘ ㅙ ㅛ ㅝ ㅞ ㅠ ㅢ'는 이중 모음으로 발음한다.
다만 1. 용언의 활용형에 나타나는 '져, 쪄, 쳐'는 [저, 쩌, 처]로 발음한다.
다만 2. '예, 례' 이외의 'ㅖ'는 [ㅔ]로도 발음한다.
다만 3. 자음을 첫소리로 가지고 있는 음절의 'ㅢ'는 [ㅣ]로 발음한다.
다만 4. 단어의 첫음절 이외의 '의'는 [ㅣ]로, 조사 '의'는 [ㅔ]로 발음함도 허용한다.

① 지수: 제4항에 따르면 'ㅟ'와 'ㅚ'는 원칙적으로는 단모음이지만 이중 모음으로 발음해도 되는구나.
② 정진: 제5항 다만 1에 따르면 '가져'는 이중 모음으로 쓰지만 발음은 단모음으로 하는구나.
③ 지원: 제5항 다만 2에 따르면 '차례'는 [차레]로 발음할 수 없구나.
④ 상희: 제5항 다만 3에 따르면 '의사'는 [이사]로 발음해야 하는구나.
⑤ 수연: 제5항에 따르면 '민주주의'의 '의'는 [의]와 [이] 모두 발음할 수 있구나.

서답형 04 단모음과 이중 모음의 구분 기준 파악하기

빈칸에 들어갈 단모음과 이중 모음을 구분하는 기준을 쓰시오.

단모음과 이중 모음은 발음하는 도중에 입술 모양이나 (　　　)이/가 달라지는지에 따라 구분할 수 있다.

문제풀이

02강

독서 – 사회(지리)

토양 분류

| 정답 및 해설 | 9쪽

✔ 한방에! 개념정리

✔ 한방에! 핵심정리

갈래	설명문
주제	토양분류체계의 발전 과정
해제	이 글은 토양의 분류체계의 발전 과정에 대해 소개하고 있다. 바실리 도쿠차예프는 토양은 현재의 기후, 기반암, 생물 사이의 상호작용으로 생성된다고 주장하였는데, 이는 국가마다 다르기 때문에 국제적으로 통일된 토양분류체계를 확립하는 데 어려움이 있었다. 결국 국가별로 독자적인 토양분류체계가 등장하게 된다. 이후 미국의 옛 분류체계는 도쿠차예프의 이론을 바탕으로 마벗 등에 의해서 새롭게 제안되었고 이를 다시 보완하여 완성된 분류체계를 다수의 국가에서 사용하였다. 그러나 토양조사가 정비되면서 여러 문제점이 나타났고, 이로 인해 미국은 몇 차례의 보완 끝에 1975년 토양분류법을 발표하였다. 한편 범세계적으로 이용 가능한 통일된 분류체계의 필요성에 따라 세계토양도를 발간하기도 하였다.

* 문단 중심 내용

1문단	토양의 두 가지 분류체계
2문단	국가별 독자적인 토양분류체계가 등장하게 된 배경
3문단	미국의 옛 토양분류체계
4문단	미국의 새로운 토양분류체계 – 토양분류법
5문단	통일된 분류체계의 필요성과 공통의 범례를 사용한 세계토양도 발간

※ 다음 글을 읽고 물음에 답하시오.

토양을 분류하는 체계에는 계통분류와 실용분류의 두 가지가 있다. 최초의 토양분류는 실용적인 목적에서 시작하였는데, 실용분류는 경험적 구분에 속하며, 해설적 분류라고도 한다. 이 분류는 토양의 이용 목적이나 관리 등 이용 가치의 측면을 중심으로 실용상의 문제를 잣대로 삼아 분류하는 방법이다. 계통분류는 자연분류 혹은 체계적 분류라고 하는데, 토양의 다양성과 그들 사이의 상호관계를 보여 주며 토양의 자연적 유연관계*를 바탕으로 토양을 계층적으로 배열하는 것이다. 즉, 계통분류는 토양이 자연체 개체들의 집합이라는 개념에서 기인한다.

토양 개체들 사이의 자연적 유연관계가 토양의 단면 형태에 드러난다는 생각은 1880년대 말 바실리 도쿠차예프에 의해 발전되었다. 도쿠차예프는 오랜 연구 끝에 토양은 현재의 기후, 기반암, 생물 사이의 상호작용으로 생성되었다는 것을 발표하였다. 그런데 기후, 식생, 모재* 등은 지역마다 천태만상*으로 다르기 때문에 토양의 분류는 동물, 식물, 광물의 분류와는 달리 국제적으로 통일된 체계를 확립하는 데 어려움을 겪었다. 결국 대부분의 국가는 지역적 특성을 고려하여 국가별로 독자적인 토양분류체계를 확립하게 되었다.

미국의 옛 분류체계는 도쿠차예프의 토양 성대성*을 바탕으로 하여 마벗 등에 의해서 1927년 제안되었다. 이것은 토양단면의 형태를 결정한 생성인자의 영향을 기준으로 분류한 체계이며, 존토프 등에 의하여 보완을 거쳐 완성된 1949년의 최종안은 그 후 25년 동안 다수의 국가에서 채용되었다.

그러나 이 분류체계는 토양조사*가 정비되면서 여러 문제점이 나타났다. 미국은 새로운 분류체계를 끊임없이 연구하고 시안 발표를 몇 차례 거치고 난 뒤에야 1975년에 새로운 분류체계인 토양분류법을 발표할 수 있었다. 여기에서 등장한 토양분류법이란 토양단면의 형태 위주로 토양을 분류하는 형태적인 체계이다.

한편 토양자원에 대해 국제적으로 정보를 교환할 필요성이 커짐에 따라 범세계적*으로 이용 가능한 통일된 분류체계가 필요해졌다. 유엔식량농업기구와 유엔교육과학문화기구는 1961년 이후 공동으로 작업을 거쳐 세계의 토양분류단위를 세계적으로 비교하고자 공통의 범례를 사용한 500만분의 1 축척 세계토양도를 발간하기에 이르렀다.

✔ 한방에! 어휘풀이

* **유연관계(類緣關係)**: 생물들이 분류학적으로 얼마나 멀고 가까운지를 나타내는 관계.
* **모재(母材)**: 토양으로 발달하기 전의 원래의 물질. 화학적 풍화를 다소 받은 광물 또는 유기물들이 이에 해당하며, 이들은 토양 생성 과정을 거쳐 토양층으로 발달한다.
* **천태만상(千態萬象)**: 천 가지 모습과 만 가지 형상이라는 뜻으로, 세상 사물이 한결같지 아니하고 각각 모습·모양이 다름을 이르는 말.
* **토양 성대성(土壤成帶性)**: 토양을 분류하는 기준의 하나. 성대성 토양은 수평적으로는 위도에 따라, 수직적으로는 해발 고도에 따라 토양 특성이 다르게 나타난다.
* **토양조사(土壤調査)**: 어떤 일정한 면적의 토지를 대상으로 토양 단면의 성질을 조사하고 일정한 체계에 따라 분류하며, 그 분포도를 작성하는 일.
* **범세계적(汎世界的)**: 널리 온 세계에 다 관계되는 것.

01 중심 내용 파악하기

윗글의 중심 내용으로 적절한 것은?

① 토양의 실용적 목적
② 토양 개체들의 유연관계
③ 토양분류체계의 발전 과정
④ 국가별 토양자원의 종류와 특성
⑤ 국가별 토양분류법의 공통점과 차이점

02 세부 내용 파악하기

윗글에 대한 이해로 적절하지 않은 것은?

① 최초의 토양분류는 경험적인 정보에 따라 이루어졌다.
② 국제적으로 통일된 토양분류체계는 1880년대에 이미 완성되었다.
③ 미국의 옛 분류체계는 도쿠차예프의 체계를 바탕으로 1927년에 제안되었다.
④ 도쿠차예프에 따르면 토양 개체들 사이의 관계는 토양의 형태와 관련이 있다.
⑤ 토양자원에 대해 국제적인 정보 교환의 필요성이 커지자 국제기구는 세계토양도를 발표하였다.

중요 03 외적 준거를 통해 내용 이해하기

윗글을 참고하여 보기 를 이해한 내용으로 적절한 것은?

보기

토양은 우리가 발을 딛고 생활할 수 있도록 공간을 제공해 주고, 식탁을 풍성하게 해주는 생명의 공간이다. 이러한 토양은 땅 위에 생명체가 살아갈 수 있도록 지하수뿐 아니라 유기물을 저장하고 각종 산업원료를 공급해준다. 또한 생물의 배양 또는 분해, 정화를 담당하기도 한다.

① 〈보기〉는 도쿠차예프가 주장한 토양 성대성을 뒷받침하는 내용이다.
② 〈보기〉는 토양의 다양성과 그들 사이의 상호 관계를 보여 주는 자연분류이다.
③ 〈보기〉는 토양을 실용상의 문제를 잣대로 삼아 분류하는 해설적 분류에 해당한다.
④ 〈보기〉를 통해 토양을 형성하는 기후, 식생, 모재 등이 지역마다 다름을 알 수 있다.
⑤ 〈보기〉는 토양단면의 형태를 결정하는 생성인자의 영향을 중요시하는 분류체계이다.

서답형 04 세부 내용 이해하기

빈칸에 들어갈 말로 적절한 것을 윗글에서 찾아 2어절로 쓰시오.

러시아의 토양학자 바실리 도쿠차예프에 의해 발전된 (   )은/는 토양은 여러 환경요인의 상호 작용에 의해 생성된다고 보았다. 이후 이 이론은 마벗과 존 토프 등에 의해 보완되어 새로운 토양의 분류체계를 만들어 냈다.

문제풀이

02강

문학 – 현대시

떨어져도 튀는 공처럼 _ 정현종

| 정답 및 해설 | 10쪽

한방에! 개념정리

한방에! 핵심정리

갈래	자유시, 서정시
성격	의지적, 교훈적, 독백적
주제	쓰러지지 않고 튀어 오르는 공과 같은 삶의 자세에 대한 긍정과 다짐
특징	① 동일한 시구의 반복으로 운율을 형성함. ② 공의 속성에서 바람직한 삶의 자세를 발견하고 있음. ③ 사물에 대한 관찰력과 그로부터의 의미 생성 능력이 돋보임.
해제	이 작품은 '공'이라는 평범한 사물의 속성을 삶에 적용하여 살아가고자 하는 다짐을 드러내고 있다. '살아 봐야지', '공이 되어' 등의 시구를 반복해 사용함으로써 운율을 형성하면서 동시에 삶에 대한 꺾이지 않는 의지를 보여 준다.

※ 다음 글을 읽고 물음에 답하시오.

그래 살아 봐야지
너도 나도 공이 되어
떨어져도 튀는 공이 되어

살아 봐야지
쓰러지는 법이 없는 둥근
공처럼, ⓐ 탄력의 나라의
왕자처럼

가볍게 떠올라야지
곧 움직일 준비되어 있는 꼴*
둥근 공이 되어

옳지 최선의 꼴
지금의 네 모습처럼
떨어져도 튀어 오르는 공
쓰러지는 법이 없는 공이 되어

- 정현종, <떨어져도 튀는 공처럼> -

한방에! 어휘풀이

* 꼴: 겉으로 보이는 사물의 모양.

01 표현상의 특징 파악하기

윗글에 대한 설명으로 적절하지 않은 것은?

① 상승과 하강의 이미지를 반복하고 있다.
② 시적 대상에 대한 화자의 긍정적 인식이 드러난다.
③ 압축된 시어의 사용으로 정적인 느낌을 주고 있다.
④ 일상의 소재가 지닌 속성을 통해 주제 의식을 부각하고 있다.
⑤ 유사한 시구의 반복을 통해 운율을 형성하고 의미를 강조하고 있다.

* 정적(靜的): 정지 상태에 있는 것.

02 표현상의 특징 파악하기

윗글의 밑줄 친 ⓐ와 동일한 비유법을 사용한 것으로 적절한 것은?

① 박물관이 살아있다.
② 원숭이도 나무에서 떨어진다.
③ 새처럼 훨훨 날아오르고 싶다.
④ 하룻강아지 범 무서운 줄 모른다.
⑤ 무지개가 살고 있는 저 언덕 너머

중요 03 작품 간의 공통점 파악하기

보기 와 윗글의 공통점으로 적절한 것은?

보기

꽃게가 간장 속에
반쯤 몸을 담그고 엎드려 있다.
등판에 간장이 울컥울컥 쏟아질 때
꽃게는 뱃속의 알을 껴안으려고
꿈틀거리다가 더 낮게
더 바닥 쪽으로 웅크렸으리라
버둥거렸으리라 버둥거리다가
어찌할 수 없어서
살 속으로 스며드는 것을
한때의 어스름을
꽃게는 천천히 받아들였으리라
껍질이 먹먹해지기 전에
가만히 알들에게 말했으리라

저녁이야
불 끄고 잘 시간이야

- 안도현, 〈스며드는 것〉

① 화자가 겉으로 드러나 있지 않다.
② 화자는 자신의 삶을 돌아보며 반성하고 있다.
③ 시간의 흐름에 따른 대상의 변화가 나타나 있다.
④ 반어적 표현을 사용해서 주제 의식을 강화하고 있다.
⑤ 일상적인 소재에 의미를 부여해서 새롭게 해석하고 있다.

서답형 04 소재의 의미 파악하기

삶에 대한 화자의 의지를 표현한 시구를 윗글에서 찾아 2어절로 쓰시오.

02강

문학 – 고전산문

홍길동전 _ 허균

| 정답 및 해설 | 11쪽

한방에! 개념정리

한방에! 핵심정리

갈래	사회 소설, 영웅 소설
성격	사회 비판적, 현실적, 우연적
주제	모순된 사회 제도의 개혁과 빈민 구제
특징	① 고전 소설의 특징인 사건의 우연적 전개가 나타남. ② 서술자가 사건이나 인물에 대해 자신의 평을 제시함.
해제	이 작품은 최초의 한글 소설이라는 문학사적 가치를 가지며, 사회상을 엿볼 수 있는 다양한 장치들이 마련되어 있어 역사적으로도 주목받는다. 비범한 재주와 능력을 지닌 홍길동이라는 인물을 통해, 당시 사회의 문제점인 적서 차별과 탐관오리의 횡포 등을 비판하는 사회 소설의 면모를 띤다. 또한 주인공을 부각하기 위해 홍길동에게 도술적인 능력을 부여하고, 홍길동이 마침내 율도국이라는 새로운 세계를 건설하는 영웅이 된다는 점에서는 영웅 소설이라고도 할 수 있다.

전체 줄거리

홍 판서의 아들 길동은 어려서부터 도술을 익히고 장차 훌륭한 인물이 되고자 했으나, 여종 춘섬에게서 태어난 서자인 탓에 뜻을 펼 수 없어 한을 품는다. 홍 판서의 첩 초란은 길동을 죽이려고 하였으나 실패하고, 위기를 벗어난 길동은 집을 떠나 도적의 우두머리가 된다. 길동은 탐관오리가 모은 재물을 도술을 이용하여 빼앗고 가난한 사람들에게 나누어 준다. 조정에서는 길동을 잡으려고 하지만 길동은 임금을 농락하고 사라져 버린다. 이후 길동은 자신에게 병조 판서 자리를 주면 잡히겠

※ 다음 글을 읽고 물음에 답하시오.

[앞부분 줄거리] 조선 세종 때 재상이었던 홍 판서는 일찍이 두 아들을 두었는데, 한 명은 본처*인 유씨 부인이 낳은 인형이고, 다른 한 명은 여종 춘섬이 낳은 길동이다.

길동이 자라 여덟 살이 되자 남달리 총명하여 하나를 들으면 백 가지를 알았다. 아들을 사랑하는 홍 판서의 마음도 더욱 깊어졌지만 길동의 **근본이 천한 출생**인 것은 어쩔 수가 없었다. ㉠ 홍 판서는 길동이 호부호형* 하기라도 하면 곧바로 꾸짖어 못 하게 했다. 그렇다 보니 길동은 열 살이 넘도록 감히 아버지와 형을 제대로 부르지 못했고, ㉡ 종들에게도 천대*를 받아 그 한이 뼈에 사무쳐 마음을 가누지 못했다.

어느 가을 보름 무렵이었다. 달빛이 처량하게 비치고 맑은 바람이 쓸쓸하게 불어와 마음을 울적하게 했다. 서당에서 글을 읽던 길동이 문득 책상을 밀치고 탄식했다.

㉢ "대장부가 세상에 나서 공자나 맹자를 본받지 못한다면 차라리 병법을 익히는 게 낫지 않겠는가. 대장인*을 허리춤에 비껴 차고 동서를 정벌해 나라에 큰 공을 세우고 이름을 만대*에 빛내는 것이 대장부의 통쾌한 일이리라. **이내 한 몸 어찌 이토록 쓸쓸한가**. 아버지와 형님이 계시는데도 아버지를 아버지라 부르지 못하고, 형을 형이라 부르지 못하니 심장이 터질 지경이구나. **어찌 원통하지 않겠는가?**"

길동은 말을 마치고는 뜰에 내려와 검술을 공부했다. 마침 홍 판서가 달빛을 구경하러 나왔다가 길동이 밖에서 서성이는 것을 보고는 즉시 불러서 물었다.

"너는 무슨 흥이 일어서 밤이 깊도록 잠도 자지 않고 나와 있느냐?"

길동이 공손하게 대답했다.

"소인이 달빛을 좋아하옵니다. ㉣ 하늘이 만물을 낼 때 사람이라면 누구에게든 오롯이 귀함을 두었으나, 소인에게는 귀함이 없사오니 어찌 사람이라 하겠습니까?"

홍 판서는 길동이 한 말의 뜻을 짐작했으나 일부러 꾸짖었다.

"네가 대체 무슨 말을 하는 것이냐?"

길동은 홍 판서에게 절을 올리더니 말했다.

"소인은 대감의 정기를 받아 당당한 남자로 태어났으며 낳아서 길러 주신 은혜도 깊이 입었습니다. 하지만 소인이 평생 설워하는 바는, **아버지를 아버지라 못 하옵고 형을 형이라 못 하는 것**이옵니다. 어찌 저를 사람이라 하겠습니까?"

길동의 눈물이 흘러 옷을 적셨다. 홍 판서가 그 말을 다 듣고는 측은한 생각이 들었지만 만일 위로해 주면 길동의 마음이 방자해질까* 걱정되어 더 크게 꾸짖었다.

㉤ "재상가에서 태어난 천한 출생이 비단 너뿐이 아닌데 어찌 이다지 방자하단 말이냐? 이런 말을 다시 꺼내면 내 눈앞에서 용서치 않겠다!"

길동은 감히 한마디도 더 하지 못하고 다만 땅에 엎드려 눈물을 흘릴 뿐이었다. 홍 판서가 물러가라고 하여 길동은 방으로 돌아왔으나 슬픔을 달랠 길이 없었다.

하루는 길동이 어미 침소*에 가 울면서 아뢰었다.

"소자가 모친과 더불어 전생연분이 중하여, 금세에 모자가 되었으니, 그 은혜가 지극하옵니다. 그러나 소자의 팔자가 기박하여* 천한 몸이 되었으니 품은 한이 깊사옵니다. 장부가 세상에 살면서 남의 천대를 받음이 불가한지라, 소자는 자연히 설움을 억제하지 못하여 모친 슬하*를 떠나려 하오니, 엎드려 바라건대 모친께서는 소자를 염려하지 마시고 귀체*를 잘 돌보십시오."

그 어미가 듣고 나서 크게 놀라 말했다.

"재상가의 천생이 너뿐이 아닌데, 어찌 마음을 좁게 먹어 어미 간장을 태우느냐?"

길동이 대답했다.

"옛날, 장충의 아들 길산은 천생이지만 열세 살에 그 어미와 이별하고 운봉산에 들어가 도를 닦아 아름다운 이름을 후세에 전하였습니다. 소자도 그를 본받아 세상을 벗어나려 하오니, 모친은 안심하고 후일을 기다리십시오. 근간에 곡산댁의 눈치를 보니 상공의 사랑을 잃을까 하여 우리 모자를 원수같이 알고 있습니다. 큰 화를 입을까 하오니 모친께서는 소자가 나감을 염려하지 마십시오."

하니, 그 어머니 또한 슬퍼하더라.

[중간 부분 줄거리] 홍 판서의 첩인 곡산댁은 아들이 있는 춘섬이 홍 판서의 사랑을 받는 것을 불쾌하게 여기고, 관상녀로 하여금 길동을 모함하게 만들 계획을 세운다.

이튿날 공이 내실*에 들어와 부인과 더불어 길동이 비범함을 화제로 이야기하면서 다만 신분이 천함을 안타까워하고 있던 중, 문득 한 여자가 들어와 마루 아래서 인사를 하기에, 공이 이상하게 여겨 물었다.

"그대는 어떠한 여자인데 무슨 일로 왔소?"

그 여자가 말했다.

"소인은 관상 보는 사람이온데, 우연히 상공 댁에 이르렀습니다."

공이 이 말을 듣고 길동의 장래를 알고 싶어 즉시 길동을 불러서 보이니, 관상녀가 이윽히 보다가 놀라 말하기를,

"이 공자의 상을 보니 천고 영웅이요 일대 호걸*이지만, 지체*가 부족하니 다른 염려는 없을 듯합니다."

하고는 **말을 하고자 하다가 주저하**기에, 공과 부인이 크게 의심이 나서 말했다.

"무슨 말인지 바른 대로 이르라."

관상녀가 마지 못하는 체하며 주위 사람들을 내보내고 말했다.

"공자의 상을 보니, 가슴속에 조화가 무궁하고 미간에 산천 정기가 영롱하오니 실로 왕이 될 기상*입니다. 장성하면* 장차 온 집안이 멸망하는 화를 당할 것이오니, 상공께서는 유념하십시오."

- 허균, 〈홍길동전〉 -

다는 글을 써서 붙이고, 결국 조정에서는 길동에게 병조 판서 자리를 내린다. 한을 푼 길동은 임금에게 인사하고 부하들을 데리고 고국을 떠나 율도국으로 향해 그곳의 왕이 된다.

* 적자와 서자
- 적자: 양반과 양반의 정식 부인 사이에서 태어난 자식
- 서자: 양반과 양반의 첩 사이에서 태어난 자식 → 조선 시대에 서자는 벼슬을 얻을 수 없었음.

한방에! 어휘풀이

* 본처(本妻): '아내'를 첩에 상대하여 이르는 말.
* 호부호형(呼父呼兄): 아버지를 아버지라고 부르고 형을 형이라고 부름.
* 천대(賤待): 업신여기어 천하게 대우하거나 푸대접함.
* 대장인(大將印): 대장이 가지던 도장.
* 만대(萬代): 아주 오래 계속되는 세대.
* 방자하다(放恣하다): 어려워하거나 조심스러워하는 태도가 없이 무례하고 건방지다.
* 침소(寢所): 사람이 잠을 자는 곳.
* 기박하다(奇薄하다): 팔자, 운수 따위가 사납고 복이 없다.
* 슬하(膝下): 무릎의 아래라는 뜻으로, 어버이나 조부모의 보살핌 아래. 주로 부모의 보호를 받는 테두리 안을 이른다.
* 귀체(貴體): 주로 편지글에서, 상대편의 안부를 물을 때 그 사람의 몸을 높여 이르는 말.
* 내실(內室): 안주인이 거처하는 방.
* 호걸(豪傑): 지혜와 용기가 뛰어나고 기개와 풍모가 있는 사람.
* 지체: 어떤 집안이나 개인이 사회에서 차지하고 있는 신분이나 지위.
* 기상(氣像): 사람이 타고난 기개나 마음씨. 또는 그것이 겉으로 드러난 모양.
* 장성하다(長成하다): 자라서 어른이 되다.

01 서술상의 특징 파악하기

윗글에 대한 설명으로 가장 적절한 것은?

① 서술자가 인물의 심리를 직접적으로 제시하고 있다.
② 현재의 사건과 과거의 사건을 교차하여 서술하고 있다.
③ 특정 인물의 회상을 중심으로 하여 이야기를 전개하고 있다.
④ 서술자가 개입하여 인물의 행동에 대한 비판을 드러내고 있다.
⑤ 서로 다른 공간에서 일어나는 사건을 병렬하여 갈등 상황을 나타내고 있다.

* 병렬(竝列): 나란히 늘어섬. 또는 나란히 늘어놓음.

02 구절의 의미 파악하기

㉠~㉤에서 알 수 있는 당시의 사회상으로 적절한 것은?

① ㉠: 어린 사람은 나이가 많은 사람을 함부로 부를 수 없었다.
② ㉡: 종들이 양반에게 마음껏 자신의 의견을 표출할 수 있었다.
③ ㉢: 글을 읽는 것보다 전장에서 공을 세우는 것을 더 중요하게 여겼다.
④ ㉣: 모든 사람은 평등하다는 사상이 널리 퍼져 있었다.
⑤ ㉤: 양반들이 첩을 두어 서자가 태어나는 일이 흔했다.

* 표출하다(表出하다): 겉으로 나타내다.

중요 03 외적 준거를 통해 작품 이해하기

보기 를 참고하여 윗글을 이해한 것으로 적절하지 않은 것은?

보기

갈등은 어떠한 사건에 대해 인물 내부의 심리나 인물들 간의 입장 또는 태도가 서로 얽히어 충돌을 일으키는 것으로, 사건을 움직여 나가는 원동력이 되기도 한다. 갈등은 주로 인물의 말과 행동, 또는 서술자의 서술을 통해 구체적으로 나타난다. 갈등의 종류 중 하나는 인물과 사회의 갈등인데, 이는 인물과 인물을 둘러싸고 있는 특정한 사회적 배경이 조화를 이루지 못해 발생하는 갈등을 가리킨다. 즉, 인물이 사회 제도나 관습 등과 충돌하는 것이다.

① 길동이 '근본이 천한 출생'이라는 것은 사건을 움직여 나가는 원동력이 될 것으로 추측할 수 있다.
② 길동이 '이내 한 몸 어찌 이토록 쓸쓸한가'라고 생각하는 것은 사회적 배경과의 부조화 때문이다.
③ 길동이 '어찌 원통하지 않겠는가?'라고 탄식하는 것은 인물의 대사를 통해 갈등이 드러난 것이다.
④ 길동이 '아버지를 아버지라 못 하옵고 형을 형이라 못 하는 것'은 사회 제도와의 충돌 때문이다.
⑤ 관상녀가 '말을 하고자 하다가 주저하'는 것은 인물 내부의 심리가 충돌을 일으킨 것이다.

* 원동력(原動力): 어떤 움직임의 근본이 되는 힘.

서답형 04 인물의 발화 파악하기

길동과 홍 판서의 신분을 대비하는 단어로 적절한 것을 2개 찾아 조건 에 맞게 쓰시오.

조건

- 인물의 대사에서 찾아 쓸 것.
- 길동의 신분을 드러내는 단어를 먼저 쓸 것.

문제풀이

복습하기

문법

1 □□□	발음하는 도중에 입술 모양이나 혀의 위치가 달라지지 않는 모음
2 □□□□	발음하는 도중에 입술 모양이나 혀의 위치가 달라지는 모음
표준 발음법	• 제4항: 'ㅏ ㅐ ㅓ ㅔ ㅗ ㅚ ㅜ ㅟ ㅡ ㅣ'는 단모음으로 발음한다. [붙임] '3 □ ㅟ'는 이중 모음으로 발음할 수 있다. • 제5항: 'ㅑ ㅒ ㅕ ㅖ ㅘ ㅙ ㅛ ㅝ ㅞ ㅠ ㅢ'는 이중 모음으로 발음한다.

비문학

1문단	4 □□의 두 가지 분류체계
2문단	국가별 독자적인 토양분류체계가 등장하게 된 배경
3문단	미국의 5 □ □□□□체계
4문단	미국의 새로운 토양분류체계 – 6 □□□□□
5문단	통일된 분류체계의 필요성과 공통의 범례를 사용한 7 □□□□□ 발간

문학 – 떨어져도 튀는 공처럼(정현종)

1연	떨어져도 다시 튀어 오르는 8 □처럼 살아 보자는 다짐
2연	쓰러지는 법이 없는 탄력적인 공처럼 살아가겠다는 다짐
3연	곧 움직일 공처럼 가볍게 떠오를 것을 다짐
4연	쓰러지지 않고 비상하는 공과 같은 삶을 살아가겠다는 의지

문학 – 홍길동전(허균)

사회	적자와 서자 차이의 차별이 존재함.

⬇

홍길동	9 □□로 태어났기 때문에 10 □□□□을 할 수 없음. (아버지를 아버지라 부르지 못하고, 형을 형이라 부르지 못함.)

정답 1 단모음 2 이중 모음 3 ㅚ 4 토양 5 옛 토양분류 6 토양분류법 7 세계토양도 8 공 9 서자 10 호부호형

한수

03

Contents

화법

의미 공유하며 듣고 말하기 ········· 34

독서

표면장력과 계면활성제 ········· 36

문학

남으로 창을 내겠소 _ 김상용 ········· 38

연 _ 이청준 ········· 40

복습하기 ········· 43

03강

화법

의미 공유하며 듣고 말하기

| 정답 및 해설 | 14쪽

한방에! 개념정리

한방에! 핵심정리

갈래	연설
화제	한국 중학교에서 배운 대로 꿈을 꾸며 성장하기를 멈추지 말자.
특징	① 사회의 분위기를 연설 속에 언급함. ② 축하와 감사의 마음을 전하고 있음. ③ 설득적인 어조로 주제를 직접적으로 드러냄.

※ 다음은 연설이다. 물음에 답하시오.

오늘 아침, 등교를 하면서 삼 년 전 한국 중학교에 입학하던 날을 떠올려 보았습니다. 낯설고 두려운 마음으로 교문을 들어섰을 때 웃으며 반겨 주시던 교장 선생님, 환영한다고 말해 주시던 선생님들 얼굴이 떠올랐습니다. 까마득히 높아 보이던 선배님들을 보며 저는 언제 자랄까 궁금했는데 어느덧 삼 년이라는 시간이 흘렀습니다. 그리고 오늘, 정든 학교를 떠나려 합니다.

여기 제 손에 ㉠ 종이 한 장이 있습니다. 입학식 날, 우리 학교 전통에 따라 자신의 꿈을 적어 땅속에 묻어 두었던 종이입니다. 부끄럽게도 제 종이에는 아무것도 적혀 있지 않습니다. 그때만 해도 저에게는 꿈이 없었기 때문입니다. 그런데 여기 ㉡ 다른 종이가 있습니다. 어제, 우리 모두가 교실에서 적었던 바로 그 종이입니다. '나의 꿈은 무엇인가?' 이제 제 종이에는 수없이 많은 꿈이 적혀 있습니다. 저뿐만 아니라 우리 모두 그러할 것입니다. 한국 중학교에 다니는 삼 년 동안 우리는 꿈을 꾸는 사람으로 성장했기 때문입니다.

오늘날 우리가 살아가는 사회는 꿈이 사라진 사회라고들 합니다. 성공을 중요하게 여기는 사회 분위기 속에 치열하게 경쟁하느라 꿈을 꿀 여유가 없다고 합니다. 하지만 우리는 한국 중학교를 다니며 꿈을 꾸는 사람이 되었습니다. 다양한 활동과 수업을 하며 스스로의 가능성을 발견하고 그 가능성을 펼치고자 하는 의지와 열정을 갖게 되었습니다. 꿈을 위해 살아가는 사람에게 더 큰 미래가 있다고 교장 선생님과 여러 선생님께서 가르쳐 주셨습니다.

이제 우리는 한국 중학교를 졸업하지만 마음속 깊이 그 가르침을 간직하고 떠납니다. 더 큰 세계로 나아가며 여러 어려움에 부딪히더라도 한국 중학교에서 배운 대로 꿈을 꾸며 성장하기를 멈추지 않겠습니다. 우리 학교의 소중한 전통과 가르침을 잊지 않겠다고 다짐합니다. 감사합니다.

한방에! 지식더하기

담화의 구성 요소

화자(필자)	의사소통 과정에서 말하거나 쓰는 사람
청자(독자)	의사소통 과정에서 듣거나 읽는 사람
내용	의사소통 과정에서 화자(필자)와 청자(독자)가 주고받는 정보 예 화자의 생각, 느낌, 가치관 등
맥락	상황 맥락: 담화가 이루어지는 구체적인 상황과 관련된 맥락 예 시간과 공간, 화자와 청자 등 사회·문화적 맥락: 담화가 이루어지는 사회·문화적 배경과 관련된 맥락 예 역사적·사회적 상황, 공동체의 가치, 사고방식 등

01 연설 내용 조직하기

위 연설자가 연설 전에 세운 연설 계획으로 적절하지 않은 것은?

① 내 경험을 언급하며 이야기해야겠어.
② 선생님들께 감사했던 일을 말해야겠어.
③ 학교에서 배운 것을 중심으로 말해야겠어.
④ 학생들을 대표하는 연설임을 명심해야겠어.
⑤ 미래에 대한 다짐으로 연설을 시작해야겠어.

연설 전략 파악하기

위 연설자가 ㉠과 ㉡을 활용한 이유로 적절한 것은?

① 꿈을 꾸지 못하게 하는 사회를 비판하기 위해서이다.
② 후배들에게 꿈의 중요성에 대해 설명하기 위해서이다.
③ 학교의 전통을 이해하지 못했던 것을 반성하기 위해서이다.
④ 학교에 다니며 꿈을 꾸는 사람으로 성장했음을 드러내기 위해서이다.
⑤ 입학할 때의 꿈과 현재의 꿈이 어떻게 바뀌었는지 비교하기 위해서이다.

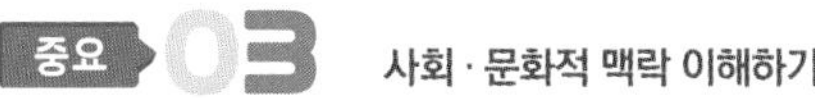

사회 · 문화적 맥락 이해하기

윗글에서 드러나는 사회·문화적 맥락으로 적절한 것만 고른 것은?

보기

㉠ 성공을 중요하게 여기는 분위기가 만연해 있다.
㉡ 좋은 대학교에 가는 것을 가장 중요하게 생각한다.
㉢ 공동체의 이익을 위해 개인의 꿈을 포기해야 한다.
㉣ 치열한 경쟁 때문에 학생들은 꿈을 꿀 여유가 없다.

① ㉠, ㉡　　② ㉠, ㉣　　③ ㉡, ㉢　　④ ㉢, ㉣　　⑤ ㉠, ㉡, ㉣

서답형 04 연설 주제 파악하기

연설의 주제가 직접적으로 드러난 문장의 첫 어절과 마지막 어절을 찾아 쓰시오.

03 강

독서 – 과학(물리)

표면장력과 계면활성제

| 정답 및 해설 | 15쪽

한방에! 개념정리

한방에! 핵심정리

갈래	설명문
주제	표면장력과 계면활성제
해제	이 글은 액체 내부의 강한 인력으로 인해 형성되는 표면장력과 이를 응용한 계면활성제에 대해 설명하고 있다. 액체의 표면에 있는 분자들은 모든 곳에서 인력이 작용하지 않아 불안정하다. 이때 액체가 기체와 접촉하게 되면 그 사이에 표면을 형성하게 되는데 이것이 바로 표면장력이다. 이런 표면장력에 영향을 주는 친수성 물질이 바로 계면활성제이다. 계면활성제는 액체 내의 분자 간의 응집력을 변화시키는데 이러한 계면활성제는 우리의 실생활에서 쉽게 찾아볼 수 있다.

* 문단 중심 내용

1문단	물의 표면장력으로 인해 발생하는 현상
2문단	표면장력의 생성 원인
3문단	표면장력의 변화
4문단	계면활성제의 개념과 특징
5문단	실생활에서 유용한 계면활성제

※ 다음 글을 읽고 물음에 답하시오.

단단한 표면에 물을 뿌리면 방울이 맺히거나 퍼지는 것을 쉽게 볼 수 있다. 가령 왁스를 칠해 미끄러운 유리 표면에는 물방울이 동그랗게 맺히고, 반면에 아무것도 칠하지 않은 유리 표면에는 얇은 수막이 넓게 퍼지는 것을 흔히 볼 수 있다. 이는 다른 성질을 지닌 유리의 표면과 표면장력이 큰 물의 상호작용으로 이루어낸 결과이다. 토란의 잎이나 연잎 표면에 맺힌 빗방울이 마치 유리구슬처럼 굴러다니거나, 소금쟁이가 수면 위에서 돌아다니는 것도 물의 ㉠ 표면장력 덕분이다.

물 이외에도 액체 상태로 존재하는 물질들은 많은 분자로 구성되어 있다. 그런데 이 액체를 구성하는 분자들의 거리는 상당히 가깝다. 이는 액체를 구성하는 분자들이 서로 끌어당기는 인력*이 작용해 서로 뭉쳐있으려는 강한 응집력을 발휘하기 때문이다. 하지만 분자와 분자 간의 거리가 특정 거리보다 가까워지면 분자들끼리 서로 밀어내는 척력*이 작용하게 된다. 액체 내부에 있는 분자들은 모든 방향으로 서로 균등한 인력이 작용하여 안정적이다. 반면 공기와 접촉하는 액체의 표면에 있는 분자들은 액체 내부 방향으로 인력이 작용하지만, 바깥 방향으로 균형을 이룰 인력이 없어 불안정하다. 내부로 향하려는 인력은 액체 표면을 팽팽히 잡아당기며 액체의 표면에 마치 탄성 막과 같은 표면을 생성하는데 이 표면에 존재하는 장력*이 바로 표면장력이다. 물의 표면장력은 물 내부에서 작용하는 분자 간의 인력에 따라 달라질 수 있는 것이다. 많은 액체 중에서도 물이 표면장력이 큰 이유는 액체 상태에 있는 물 분자 간의 인력이 크기 때문이다.

이러한 표면장력은 물의 온도가 증가하거나, 물의 표면으로 모이는 성질이 있는 친수성* 분자들을 첨가하면 감소하게 된다. 친수성 분자로 이루어진 대표적인 물질이 바로 비누를 비롯한 세제이다. 비누를 녹인 수용액의 표면장력은 아무것도 첨가하지 않은 물의 표면장력보다 훨씬 약하다.

이처럼 액체의 표면장력에 영향을 주는 친수성 물질이 첨가된 약제를 계면활성제라고 한다. 계면이란 물질이 같거나 다른 상끼리 접촉되어 만들어지는 면이다. 계면활성제는 액체 내의 분자 간의 응집력을 변화시키고 액체와 접촉되어 형성되는 액체와 액체, 액체와 고체, 혹은 액체와 기체 사이의 계면 성질의 변화를 가져오는 것이다.

이러한 계면활성제는 섬유, 식품, 화장품, 의약품 등 여러 분야에서 널리 사용되고 있다. 예를 들어, 계면활성제가 들어간 세제를 사용하면 물과 기름 사이의 계면의 성질이 바뀌어, 기름을 구성하는 분자들이 옷감이나 그릇에서 잘 떨어지게 된다. 또한 화장을 지우기 위한 클렌징 크림의 경우에도 먼지나 기름기를 닦아내기 위해 계면활성제를 첨가한다.

한방에! 어휘풀이

* 인력(引力): 공간적으로 떨어져 있는 물체끼리 서로 끌어당기는 힘.
* 척력(斥力): 같은 종류의 전기나 자기를 가진 두 물체가 서로 밀어 내는 힘.
* 장력(張力): 당기거나 당겨지는 힘.
* 친수성(親水性): 물과 친화성이 있는 성질.

01 세부 내용 파악하기

윗글의 내용과 일치하지 않는 것은?

① 물의 온도가 증가하면 물 분자 사이의 인력이 강해진다.
② 토란 잎 위에서 이슬이 굴러다니는 것은 표면장력 때문이다.
③ 액체 표면의 분자들은 내부의 분자들보다 인력의 균형이 불안정하다.
④ 액체를 이루는 분자는 일정한 거리 이상으로 가까워지면 척력이 작용한다.
⑤ 계면활성제란 액체의 표면장력에 영향을 주는 친수성 물질이 첨가된 약제이다.

02 사례의 적절성 판단하기

㉠과 관련된 사례로 적절하지 않은 것은?

① 거미줄에 이슬이 동그랗게 맺혀 있는 것
② 자동차 바퀴가 빙판길에서 미끄러지는 것
③ 바실리스크 도마뱀이 물 위를 뛰어다닐 수 있는 것
④ 비눗방울이 일반 물방울보다 더 크게 만들어지는 것
⑤ 접시에 묻은 기름을 세제로 깨끗이 닦아낼 수 있는 것

중요 03 구체적 사례에 적용하기

보기 의 ⓐ에 들어갈 말로 적절하지 않은 것은?

보기

물을 가득 담은 비닐봉지에 뾰족한 연필을 꽂아서 관통을 시키면 물이 줄줄 샐 거라는 예상과 달리 전혀 새지 않는다. 연필의 수를 늘려 보아도, 연필의 방향을 달리하여 비닐봉지에 꽂아도 비닐봉지 안의 물은 전혀 새지 않는다. 그 이유는 ______ⓐ______

① 물 분자와 연필 사이에 탄성과 같은 막이 형성되었기 때문이다.
② 표면에 있는 물 분자들이 액체 내부 방향으로 힘이 작용하기 때문이다.
③ 물 분자들이 일정 거리 이상 가까워져, 서로 밀어내는 척력이 발생하였기 때문이다
④ 물 분자들 사이의 인력으로 인해 물 분자와 연필 사이에 계면이 형성되었기 때문이다.
⑤ 물 분자들끼리 서로 뭉쳐있으려는 강한 응집력에 의해 연필과 물 사이에 표면장력이 생겼기 때문이다.

서답형 04 세부 내용 이해하기

보기 는 계면활성제와 관련해서 두 학생이 나눈 대화이다. 빈칸에 들어갈 말로 적절한 것을 조건 을 참고하여 차례대로 쓰시오.

보기

민수: 계면활성제는 물 분자 간의 응집력을 강화시키는 친수성 분자가 첨가되어 있어.
민지: 아니야. 계면활성제는 물 분자 간의 응집력을 (㉮)시켜. 그래서 계면활성제를 사용하면 기름과 물이 잘 섞이는데 그 이유는 (㉯)이/가 감소했기 때문이야.

조건

• ㉮는 '민수'의 말에서 오류를 정정하여 2음절로 쓰고, ㉯는 윗글에서 찾아 4음절로 쓰시오.

문제풀이

03 강

문학 – 현대시

남으로 창을 내겠소 _ 김상용

| 정답 및 해설 | 17쪽

한방에! 개념정리

한방에! 핵심정리

갈래	전원시, 자유시
성격	서정적, 전원적, 관조적, 자연 친화적
주제	① 전원생활을 통한 달관의 삶 ② 평화로운 전원에서의 삶에 대한 소망
특징	① 간결한 표현으로 여운을 주어 감동의 효과를 증가시킴. ② '-소', '-요', '-오'의 각운을 사용하여 윤율감을 형성함. ③ 낙천적이고 건강한 생활 감정과 소박한 인생관을 보여 줌.
해제	이 작품은 소박한 전원생활을 제재로 노래한 작품으로 우리나라의 대표적인 전원시이다. 자연과 인간이 하나가 되어 조화를 이루며 살아가고 싶은 화자의 마음이 잘 드러나 있고, '남'이 주는 밝고 건강한 이미지와 함께 소박하게 살고자 하는 화자의 삶이 조화를 이루고 있다.

※ 다음 글을 읽고 물음에 답하시오.

㉠ 남으로 창을 내겠소
밭이 ㉡ 한참갈이
괭이로 파고
호미론 풀을 매지요

㉢ 구름이 꼬인다 갈 리 있소
㉣ 새 노래는 공으로 들으랴오
㉤ 강냉이가 익걸랑
함께 와 자셔도 좋소

왜 사냐건
웃지요

- 김상용, 〈남으로 창을 내겠소〉 -

한방에! 같이볼작품

묻노니, 그대는 왜 푸른 산에 사는가
웃을 뿐, 답은 않고 마음이 한가롭네
복사꽃 띄워 물은 아득히 흘러가나니
별천지일세, 인간 세상 아니네

- 이백, <산중문답>

한방에! 작가소개

김상용 (1902~1951)

1902년 경기도 연천에서 태어나 1920년 경부터 <동아일보> 등에 시를 게재하며 시인 활동을 시작했으며 에드거 앨런 포를 비롯한 영미 작가들의 소설을 번역하는 일을 담당하기도 했다. 또한 1933년부터는 이화여자전문학교의 영문과 교수로 근무하며 1938년 시집 《망향》을 출판했다. 동양적이고 관조적인 허무의 정서가 깔려 있으나 낙관적인 방식으로 어둡지 않게 표현된 것이 작품의 특징으로 평가받는다.

01 세부 내용 파악하기

윗글에 대한 설명으로 적절하지 않은 것은?

① '-소', '-요', '-오'의 종결 어미의 반복을 통해 운율을 형성하고 있다.
② 도시 문명을 비판하며 소박하고 평화로운 세계에 대한 동경을 드러내고 있다.
③ 화자는 세속적인 욕망을 마다하고 자연 속에서의 자족적인 삶을 영위하고자 한다.
④ 화자는 자연의 섭리에 순응하여 살고자 하는 건강하고 낙천적인 삶의 자세를 보여 주고 있다.
⑤ 전원생활에 대한 동경을 드러내는 것에 그칠 뿐, 전원생활에 대한 굳은 신념을 강요하고 있지는 않다.

* 세속적(世俗的): 세상의 일반적인 풍속을 따르는 것.
* 자족적(自足的): 스스로 넉넉하게 여기고 만족하는 성질이 있는 것.
* 영위(營爲): 일을 꾸려 나감.
* 섭리(攝理): 자연계를 지배하고 있는 원리와 법칙.

3강

02 시어의 의미 파악하기

㉠~㉤을 이해한 내용으로 적절하지 않은 것은?

① ㉠은 화자가 지향하는 소박하고 평화로운 삶의 공간이다.
② ㉡은 넉넉하지 않은 삶에 대한 아쉬움을 보여 준다.
③ ㉢은 세속적이고 도시적인 삶의 유혹을 상징한다.
④ ㉣은 자연이 인간에게 베푸는 은혜와 축복을 상징한다.
⑤ ㉤은 화자의 넉넉한 마음씨를 보여 준다.

중요 03 핵심 내용 이해하기

보기 와 윗글의 화자의 공통된 인생관을 나타낸 것으로 적절한 것은?

보기

마지막 연의 '왜 사냐건 / 웃지요'라는 화자의 심경은 이백의 시 〈산중문답〉의 둘째 구절 '笑而不答心自閑(웃을 뿐, 답은 않고 마음이 한가롭네)'과 상통하는 것으로, 이 시는 삶의 허무 의식에서 벗어나 자연과 합일되어 무위의 상태에 다다른 시인의 인생관 내지 삶에 대한 태도를 함축적으로 보여 준다.

① 안분지족(安分知足) ② 호연지기(浩然之氣) ③ 혈혈단신(孑孑單身)
④ 반포지효(反哺之孝) ⑤ 전화위복(轉禍爲福)

04 핵심 내용 파악하기

윗글에서 화자의 달관적 삶의 태도를 보여 주며 시의 주제가 압축되어 나타난 부분을 찾아 3어절로 쓰시오.

03강

문학 – 현대소설

연 _ 이청준

| 정답 및 해설 | 18쪽

한방에! 개념정리

한방에! 핵심정리

갈래	현대 소설, 단편 소설
성격	상징적, 애상적, 서정적
주제	고향을 떠나는 아들을 바라보는 어머니의 마음
특징	① 상징적인 소재를 중심으로 이야기를 전개함. ② 연의 높이에 따른 인물의 심리 변화가 두드러짐.
해제	이 작품은 '연'을 중심 소재로 하여 방황하는 아들을 바라보는 어머니의 마음을 그린 소설이다. 연날리기를 통해 마음을 달래던 아들이 결국 가출을 했다는 사실을 알게 된 뒤에도 아들을 원망하기보다는 아들의 안녕을 기원하는 어머니의 사랑이 감동적으로 그려져 있다.

※ 다음 글을 읽고 물음에 답하시오.

[앞부분 줄거리] 어머니는 형편이 어려워 아들을 상급 학교에 보내지 못한다. 아들은 상급 학교에 진학하는 것을 단념*하는 대신 매일 연을 띄우며 놀겠다며 평소 마련이 어려웠던 연실을 만들어 달라고 한다. 어머니는 큰맘 먹고 연실을 마련해 냈고 아들은 종일 연만 띄우며 지낸다.

봄이 되어 제 또래 아이들이 모두 마을을 떠나 읍내 상급 학교로 가 버린 다음에도 아들놈은 혼자서 그 파란 봄 보리밭 위로 하루같이 연만 띄워 올리고 있었다. 아침나절에 띄워 올린 연이 해질 녘까지 마을의 하늘을 맴돌았다.

어머니는 언제 어디서나 그 아들의 연을 볼 수 있었다.

연을 보면 아들의 얼굴을 보는 것 같았고, 아들의 마음을 보는 것 같았다.

연은 언제나 머나먼 하늘 여행을 꿈꾸고 있는 작은 새처럼 보였고, 그래서 언젠가는 실줄을 끊고 마을의 하늘을 떠나가 버릴 것처럼 어머니의 마음을 불안하게 했다.

하지만 연이 그렇게 하늘에 떠올라 있는 동안엔 어머니도 아직은 마음을 놓을 수 있었다. 연이 하늘을 나는 동안은 어느 집 양지바른 담벼락 아래, 마을의 회관 뜰 한구석에, 또는 아지랑이 피어오르는 어느 보리밭 이랑* 끝에 그 봄 하늘처럼 적막스럽고 외로운 아들의 모습이 선하기 때문이었다.

그래서 어머니는 아들놈의 연날리기를 탓해 본 일이 한 번도 없었다.

철 늦은 연날리기에 넋이 나간 아들놈을 원망해 본 일이 한 번도 없었다.

녀석의 마음이 고이 머물고 있는 연의 위로를 감사할 뿐이었다.

연에 실린 아들의 마음이 하늘을 내려오는 저녁 연처럼 조용히 다시 마을로 가라앉기를 기다릴 뿐이었다.

그러던 어느 날이었다.

하루는 결국 이변*이 일어나고 말았다.

그날은 유독 봄바람이 들녘을 설치던 날이었다.

어머니는 이날도 고개 너머 들밭 언덕에서 봄 무릇을 캐고 있던 참이었다.

바람을 태우기가 좋아 그랬던지 아들놈은 이날따라 연을 더 하늘 높이 띄워 올리고 있었다. 마을에서 띄워 올린 녀석의 연이 고개 이쪽 어머니의 머리 위까지 까맣게 떠올라 와 있었다. 얼레의 실이 모조리 풀려 나와 하늘 끝까지 닿고 있는 것 같았다.

무릇 싹을 찾아 헤매던 어머니의 발길이 자꾸만 헛디딤질을 되풀이했다. 연이 너무 높은 데다가 전에 없이 드센 바람기 때문에 마음이 놓이지 않는 탓이었다. 팽팽하게 하늘을 가로질러 올라간 연실 끝에서 드센 바람을 받고 심하게 오르내리는 연을 따라 어머니의 마음도 불안하게 흔들리고 있었다.

아니나 다를까.

불안감에 쫓기던 어머니가 어느 순간엔가 다시 그 하늘의 연을 찾았을 때였다.

연이 있어야 할 곳에 연의 모습이 보이질 않았다.

연은 어느새 실이 끊어져 날아간 것이었다. 빗살처럼 곧게 하늘로 뻗어 오르던 연실이 머리 위를 구불구불 힘없이 흘러 내려오고 있었다.

실이 뻗쳐 올라가 있던 쪽 하늘을 자세히 살펴보니, 아직도 한 점 까만 새처럼 허공 속으로 아득히 멀어져 가고 있는 것이 있었다.

어머니는 아예 밭 언덕에 주저앉아 연의 흔적이 시야에서 사라질 때까지 그 하염없는 눈길을 하늘에 못 박고 있었다.

그리고 그 연의 모습이 완전히 시야에서 자취*를 감추고 난 다음에야 어머니는 비로소 가는 한숨을 삼키면서 천천히 다시 자리를 털고 일어났다.

하지만 이제 반나마 차오른 무릇 바구니를 옆에 끼고 마을 길을 돌아가고 있는 어머니는 방금 전에 무슨 아쉬운 배웅이라도 끝내고 돌아선 사람처럼 거동*이 무척 차분했다. 연을 지킬 때처럼 초조한 눈빛도 없었고, 발길을 조급히 서둘러 가려는 기색*도 아니었다.

어머니는 이미 모든 것을 알고 있고, 모든 것을 미리 체념해 버린 것 같은 거동이었다. 마을 쪽에서 그 땅으로 내려앉은 연실을 거두어들이는 기미가 보이지 않는 것도 전혀 이상스럽지가 않은 얼굴이었다.

"아지매요. 건이 새끼 좀 빨리 쫓아가 봐야 혀요. 건이 새낀 아까 도회지* 돈벌이 간다고 읍내께로 튀었다니께요. 지는 도회지 가서 돈 벌어 온다고 연실 같은 건 내나 실컷 감아 가지라면서요……."

어머니가 흐느적흐느적 허기진 걸음걸이로 마을을 들어섰을 때였다. 아들놈의 연실을 감아 들이고 있던 이웃집 조무래기 놈이 제풀에 먼저 변명을 하고 나섰으나, 어머니는 이번에도 미리 모든 것을 짐작하고 있었던 것처럼 놀라는 빛이 없었다. 앞뒤 사정을 궁금해하거나 집을 나간 녀석을 원망하는 기색 같은 것도 없었다. 아들의 뒤를 서둘러 쫓아 나서려기는커녕 걸음 한번 멈추지 않고 말없이 그냥 녀석의 곁을 지나쳐 갈 뿐이었다. 그러고는 내처* 그 텅 빈 초가의 사립문*을 들어서고 나서야 아들의 연이 날아간 하늘을 향해 어머니는 발길을 잠깐 머물러 섰을 뿐이었다.

하지만 이제 연의 흔적은 보이지 않았다. 텅 빈 하늘만 하염없이 멀어져 가고 있었다.

어머니는 다만 그 무심한 하늘을 향해 다시 한번 가는 한숨을 삼키며 허망스럽게* 중얼거리고 있었다.

"아가, 어딜 가거나 몸이나 성하거라……."

- 이청준, 〈연〉 -

* **전체 줄거리**

어머니는 가난한 처지 때문에 아들을 상급 학교에 보내지 못한다. 아들이 어머니에게 연을 띄우기 위해 연실을 만들어 달라고 하자 어머니는 큰맘 먹고 연실을 마련해준다. 아들은 하루 같이 연날리기를 하고 어머니는 언제 어디서나 그 연을 바라보며 아들을 생각한다. 그런데 어느 날 어머니는 높이 뜬 아들의 연을 보며 불안감을 느끼고 어느새 연은 실이 끊어져 날아가 버린다. 어머니는 날아간 연을 하염없이 바라본 후 차분한 태도로 떠난 아들의 몸이 성하기를 바란다.

한방에! 어휘풀이

* **단념(斷念)**: 품었던 생각을 아주 끊어 버림.
* **이랑**: 논이나 밭을 갈아 골을 타서 두두룩하게 흙을 쌓아 만든 곳.
* **이변(異變)**: 예상하지 못한 사태나 괴이한 변고.
* **자취**: 어떤 것이 남긴 표시나 자리.
* **거동(擧動)**: 몸을 움직임. 또는 그런 짓이나 태도.
* **기색(氣色)**: 어떠한 행동이나 현상 따위가 일어나는 것을 짐작할 수 있게 하여 주는 눈치나 낌새.
* **도회지(都會地)**: 사람이 많이 살고 상공업이 발달한 번잡한 지역.
* **내처**: 어떤 일 끝에 더 나아가.
* **사립문(사립門)**: 사립짝을 달아서 만든 문.
* **허망스럽다(虛妄스럽다)**: 어이없고 허무한 데가 있다.

01 표현상의 특징 파악하기

윗글에 대한 설명으로 적절한 것은?

① 어머니의 심리가 섬세하게 묘사되고 있다.
② 봄날의 도회지를 배경으로 소설이 전개되고 있다.
③ 작품 속 서술자가 사건을 객관적으로 서술하고 있다.
④ 아들의 심리는 소설 속에서 전혀 제시되고 있지 않다.
⑤ 어머니와 아들의 갈등의 심화가 시간순으로 제시되고 있다.

02 세부 내용 파악하기

윗글의 '어머니'에 대한 이해로 적절하지 않은 것은?

① '어머니'는 매일 연을 날리는 아들을 원망하지 않았다.
② '어머니'는 아들과의 이별을 받아들이지 못하고 한탄했다.
③ '어머니'는 아들이 연날리기를 통해 위로를 받는다고 생각했다.
④ '어머니'는 아들이 마을을 떠나지 않고 마을에 머무르기를 바랐다.
⑤ '어머니'는 이웃집 놈이 아들의 연실을 가져간 것을 보고도 놀라지 않았다.

중요 03 외적 준거를 통해 작품 이해하기

보기 를 참고하여 윗글을 이해한 것으로 적절하지 않은 것은?

보기

비유는 표현하려는 원관념을 직접 설명하지 않고 보조 관념에 빗대어 표현하는 것이고, 상징은 표현하고자 하는 원관념을 겉으로 드러내지 않고 구체적인 대상으로 대신하여 표현하는 방법이다. 비유가 원관념과 보조 관념 사이의 유사성에 기초한다면 상징은 원관념을 드러내지 않고 보조 관념만으로 의미를 표현하기 때문에 그 의미가 모호하고 암시적이다.

① 어머니는 외로운 '아들'의 모습을 '봄 하늘'에 비유하고 있다.
② '연'은 상징적 의미를 지닌 소재로 '아들'과 동일시되고 있다.
③ '새'를 '아들'에 비유해서 아들이 가진 미지의 세계에 대한 동경을 표현했다.
④ '새'는 아들의 '연'을 빗대어 표현한 대상으로 아들의 '연'과 유사한 의미를 갖는다.
⑤ '연실'을 '빗살'에 빗대어 표현함으로써 대상을 더욱 구체적이고 생동감 있게 드러내고 있다.

서답형 04 세부 내용 파악하기

실이 끊겨 날아가는 연을 비유하고 있는 표현을 윗글에서 찾아 4어절로 쓰시오.

문제풀이

복습하기

화법

상황 맥락	• 화자: [1] □□□ 대표 • 청자: 선생님, 졸업생 • 시간과 공간: 한국 중학교의 졸업식 날, 졸업식장
사회 · 문화적 맥락	• 우리가 살아가는 사회는 [2] □이 사라진 사회임. • 성공을 중요하게 여기는 사회 분위기 속에서 치열하게 [3] □□하느라 꿈을 꿀 여유가 없음.

비문학

1문단	물의 [4] □□□□으로 인해 발생하는 현상
2문단	표면장력의 생성 원인
3문단	표면장력의 변화
4문단	[5] □□□□□의 개념과 특징
5문단	실생활에서 유용한 계면활성제 – [6] □□나 [7] □□□ □□ 등에 사용

문학 – 남으로 창을 내겠소(김상용)

1연	[8] □□ 속에서의 안빈낙도의 삶에 대한 소망
2연	자연을 즐기며 훈훈한 [9] □□을 나누며 살아가려는 태도
3연	[10] □□적 삶의 태도

문학 – 연(이청준)

형편이 어려운 어머니는 아들을 상급 학교에 보내지 못하고 대신 [11] □□을 만들어 줌.

⬇

아들은 하루 종일 연을 날리고, 어머니는 아들의 연을 보며 불안과 안도를 느낌.

⬇

[12] □□□이 세게 불던 날, 어머니는 높이 뜬 아들의 연을 보고 불안감을 느낌.

⬇

어머니는 실이 끊어져 날아간 연을 보고, 아들이 떠났음을 알게 됨.

⬇

어머니는 떠난 아들의 안녕을 기원함.

정답 1 졸업생 2 꿈 3 경쟁 4 표면장력 5 계면활성제 6 세제 7 클렌징 크림 8 자연 9 인정 10 달관 11 연실 12 봄바람

한수

04

Contents

작문

다양한 표현을 활용하여 글 쓰기 ······ 46

독서

자동차 엔진 과열 ······ 48

문학

성장 _ 이시영 ······ 50

주몽 신화 - 열두 살에 나라를 세우다 _ 일연 ······ 52

복습하기 ······ 55

04강

작문

다양한 표현을 활용하여 글 쓰기

| 정답 및 해설 | 20쪽

한방에! 개념정리

한방에! 핵심정리

갈래	편지
주제	전학을 간 친구, 슬기에 대한 그리움
특징	① 슬기에 대한 그리움과 고마움을 솔직하게 표현함. ② 참신한 표현, 속담, 명언, 관용구 등 다양한 표현을 사용함.

※ 다음은 학생의 편지이다. 물음에 답하시오.

슬기에게

슬기야, 잘 지내니?

네가 전학 간 지 얼마 지나지도 않았는데 아주 오랫동안 못 본 것 같은 기분이 들어. 참새가 방앗간을 그저 지나치지 않듯이 우리는 하굣길에 늘 떡볶이 가게에 들렀었잖아. 그 가게 앞을 나 혼자 지날 때마다 '참외'가 된 것 같아. 너 없이 나 혼자라 참 외롭거든.

솔직히 네가 이사 간다는 말을 처음 했을 때에도, 종례 시간에 마지막 인사를 했을 때에도 나는 네가 전학을 간다는 것이 사실인가 싶었어. 그런데 다음 날 아침 학교 가자는 너의 문자가 오지 않았을 때, 너와 함께 다닐 수 없다는 게 그제야 실감 나면서 너무 섭섭하고 속상하더라.

며칠 전, 네가 블로그에 올린 사진을 보았어. 반 대항 농구 대회에서 역전 골을 넣었더라? 새 친구도 많이 사귀고 잘 지내는 것 같아서 다행이라고 생각했어. 한편으로는 너와 함께했던 학교생활이 생각나서 네가 더 그리워지더라.

반 친구들도 모두 너를 그리워해. 큰 목소리로 응원 구호를 외치며 축구를 하던 네가 없으니 반 대항 축구 경기도 김빠진 탄산음료 같다고 하더라. 진행을 맡았던 네가 없어서일까? 반에서 생일 축하 행사를 해도 예전만큼 재미있지는 않아. '흥 부자'라고 불렸던 네가 얼마나 유쾌하고 재미있는 친구였는지 다시 한번 깨달았어. 진심이야. 비행기 태우려고 하는 말이 아닌 거 알지?

[A] 기억나? 이번 봄에 내가 다리를 심하게 다쳐서 한동안 목발을 짚고 다녀야 했잖아. 그때 너는 나의 그림자처럼 늘 내 곁에 있었어. 이동 수업이 있을 때에는 짐을 들어 주고, 점심시간에는 식판을 대신 들어 주었지. 네가 많이 힘들었을 것 같아. 나를 돕느라 고생하는 너에게 너무 미안해서 정작 아무 말도 하지 못했어. 하지만 넌 내 마음을 눈치채고 얼른 나아서 떡볶이나 사라며 크게 웃었잖아. 그런 너를 보면서 나도 너에게 좋은 친구가 되어야겠다고 생각했어. 언제나 곁에서 나를 지켜 주던 너에게 못 했던 말을 이제야 전해. 정말 고마웠어.

내 소중한 친구야, 네가 전학을 가고 나니 수영장에 같이 다닐 수도 없고 학교 축제 때 함께 공연을 할 수도 없게 되어 너무 슬프다. 그래도 다행인 것은 이번 여름 방학에 내가 너희 집에 놀러 가는 것을 엄마가 허락하셨다는 거야. "한 시간의 대화가 오십 통의 편지보다 훨씬 낫다."라는 말도 있듯이 너와 빨리 만나 얼굴을 보며 수다 떨고 싶다. 얼른 여름 방학이 되었으면 좋겠어.

보고 싶다, 친구야.

20○○년 ○○월 ○○일

친구 유주가.

01 친교 표현 글쓰기 내용 이해, 평가하기

윗글에 대한 내용으로 적절하지 않은 것은?

① '나'는 전학을 간 슬기에게 편지를 쓰고 있다.
② 슬기는 전학 간 학교에서 역전 골을 넣었다.
③ '나'는 슬기가 전학을 간다는 소식을 전혀 알지 못했다.
④ 슬기는 과거 반 대항 축구 경기의 진행을 맡은 적이 있다.
⑤ '나'는 다리를 다쳤을 때 도와준 슬기에게 고마움을 전달하고 있다.

4강

02 친교 표현 글쓰기 표현 전략 사용하기

윗글에서 사용된 표현에 대한 설명으로 적절하지 않은 것은?

① '참외'라는 표현을 사용하여 슬기가 없어 외로운 심정을 참신하게 표현하고 있다.
② 슬기가 없어 혼자 먹는 급식이 전혀 즐겁지 않음을 '김빠진 탄산음료'에 빗대어 표현하고 있다.
③ 슬기에 대한 칭찬이 결코 과장이 아니라 진심임을 강조하기 위해 '비행기를 태우다'라는 관용구를 활용하고 있다.
④ '참새가 방앗간을 그저 지나치지 않듯이'라는 속담을 활용하여 '나'와 슬기가 떡볶이 가게를 자주 들렀음을 알 수 있다.
⑤ '한 시간의 대화가 오십 통의 편지보다 훨씬 낫다'라는 명언을 활용하여 잠깐이라도 만나서 대화를 나누고 싶다는 마음을 표현하고 있다.

* 관용구(慣用句): 두 개 이상의 단어로 이루어져 있으면서 그 단어들의 의미만으로는 전체의 의미를 알 수 없는, 특수한 의미를 나타내는 어구.

중요 03 친교 표현 글쓰기 내용 점검, 조정하기

보기 는 윗글에 대한 답장이다. 보기 의 ㉠~㉤과 바꿔 쓸 수 있는 표현으로 적절하지 않은 것은?

보기

유주야, 네가 편지를 보냈다는 문자 메시지를 받고 편지가 오기를 ㉠ 몹시 애타게 오랫동안 기다리고 있었어. 그리고 편지를 읽자마자 이렇게 답장을 쓴다. 잘 지내고 있지?

나도 너에게 편지로 고마움을 전하고 싶어. 너도 언제나 내 일이라면 ㉡ 적극적으로 나서서 도와줬잖아. 내가 너 다쳤을 때 도와줬던 건 네가 도와준 일에 비하면 ㉢ 아주 하찮은 일이지.

여러 친구가 있지만, 즐거울 때나 슬플 때나 네가 제일 먼저 생각나. 아마도 네가 ㉣ 사귄 지 가장 오래된 친구이고 또 내 마음을 가장 잘 헤아려 주는 친구이기 때문인 것 같아. 너와의 우정은 나에게 정말 소중해.

여름 방학에 네가 우리 집에 올 수 있다니 ㉤ "벗이 멀리서 찾아 주니 또한 즐겁지 아니한가?"라는 말이 떠올랐어. 그때 만나 우리만의 추억을 만들어 보자. 건강히 잘 지내고 또 연락하자.

20○○년 ○○월 ○○일 너의 친구 슬기가.

① ㉠: 눈이 빠지게 기다리고 있었어　② ㉡: 팔을 걷어 붙이고
③ ㉢: 새 발의 피지　④ ㉣: 죽마고우이고
⑤ ㉤: "그 사람을 모르거든 그 벗을 보라."

서답형 04 친교 표현 글쓰기 표현 전략 파악하기

[A]에서 슬기를 비유한 표현을 찾아 3음절로 쓰시오.

04강

독서 - 산업 기술

자동차 엔진 과열

| 정답 및 해설 | 21쪽

한방에! 개념정리

한방에! 핵심정리

갈래	설명문
주제	여름철 자동차 엔진 과열
해제	이 글은 여름철에 자주 발생하는 자동차 엔진 과열에 대해 그 원인과 대처 방안에 대해 소개하고 있다. 엔진 과열이 일어나는 원인은 엔진에서 지속적으로 발생하는 열을 제대로 식혀주지 못했기 때문이다. 그렇기 때문에 무더운 여름에는 엔진이 과열되지 않도록 정기적으로 관리해야 한다. 엔진이 과열되면 보통 사람들은 당황해서 시동을 끄려 하지만 이는 오히려 냉각수의 흐름을 멈춰 엔진 온도가 급상승할 수 있기 때문에 조심해야 한다.

◦문단 중심 내용

1문단	여름철에 자주 발생하는 엔진 과열로 인한 자동차 고장
2문단	엔진 과열이 일어나는 원인
3문단	엔진의 열이 사라지지 않는 이유와 조치 방안
4문단	엔진 과열의 증상
5문단	엔진 과열이 발생했을 때의 대처 방안

※ 다음 글을 읽고 물음에 답하시오.

한여름에 도로를 주행하다 보면 보닛*에서 새하얀 수증기를 잔뜩 뿜어내는 채로 갓길에 세워진 차량을 간혹 볼 수 있다. 이는 여름철에 자주 발생하는 자동차 고장의 일종인 ㉠ '엔진 과열' 때문이다. 만약 엔진이 과열된 채로 계속 주행을 한다면 엔진이 멈추거나 크게 손상될 수 있다. 그렇다면 엔진 과열은 왜 일어나는 것일까? 엔진 과열이 왜, 어떻게 일어나는지, 그리고 어떻게 조치해야 하는지에 대해 자세히 알아보자.

엔진 과열이 일어나는 원인은 엔진에서 지속적으로 발생하는 열을 제대로 식혀 주지 못하는 것이 일차적이다. 그럼 원래라면 충분히 냉각되어 사라질 수 있는 열이 왜 사라지지 않는 것일까? 그 이유는 다음과 같다.

첫째, 냉각 호스나 서머스탯* 등에 이상이 생겨 누수*가 생기거나, 냉각수의 양이 부족해지는 경우이다. 따라서 여름에는 냉각수의 양을 주기적으로 점검하여 적정량을 사전에 보충해 주어야 한다. 둘째, 팬 벨트*에 손상이 생기거나, 그것의 장력*이 약해진 경우이다. 이는 냉각 장치의 성능을 떨어뜨려 엔진 과열을 유발하기에 벨트가 항상 팽팽하게 유지되도록 꾸준한 관리가 필요하다. 셋째, 라디에이터* 코어 등 냉각수의 통로가 막히거나 호스가 파열된 경우이다. 냉각 호스는 오래 사용하면 딱딱해지고 압력에 파손될 수 있으므로 주기적으로 새 부품으로 교체해 주어야 한다. 즉, 냉각수와 관련된 부품이나 장치를 일정한 간격으로 점검해야 한다. 만약 이러한 관리에 소홀해지면 엔진 과열이 일어나게 되는 것이다.

엔진 과열의 증상은 다음과 같다. 우선 계기판의 온도계가 적색 선까지 계속 올라가게 된다. 이후 엔진에서 이상한 소리가 나며, 한순간 갑자기 출력이 떨어지고 노킹이 일어나 엔진이 조기 점화된다. 여기서 노킹이란 이상 연소*로 인한 소음을 의미한다. 이렇게 되면 자동차 속 각 부품이 변형되거나, 서로 녹아서 달라붙는 소결* 현상이 일어난다.

이렇게 엔진이 과열되면 보통 사람들은 당황해서 가장 먼저 시동을 끄려고 한다. 하지만 이는 위험하다. 갑자기 시동이 꺼지면 냉각수의 흐름이 멈춰 엔진 온도가 급속히 상승할 수 있기 때문이다. 이럴 때는 우선 안전한 곳으로 이동해서 정차한 후, 히터를 최대한으로 강하게 고온 가동하여 엔진의 열기를 어느 정도 식힌 뒤에 시동을 끄는 것이 권장된다.

한방에! 어휘풀이

* 보닛: 차량 앞쪽의 엔진룸이나 뒤쪽의 트렁크를 덮고 있는 열었다 닫았다 할 수 있는 덮개.
* 서머스탯: 온도 조절 장치.
* 누수(漏水): 물이 샘. 또는 새어 나오는 물.
* 팬 벨트: 냉각 팬을 회전시키게 하는 벨트.
* 장력(張力): 당기거나 당겨지는 힘.
* 라디에이터: 증기나 온수의 열을 발산하여 공기를 따뜻하게 하는 난방 장치.
* 연소(燃燒): 물질이 산소와 화합할 때에, 많은 빛과 열을 내는 현상.
* 소결(燒結): 가루나 또는 가루를 어떤 형상으로 압축한 것을 녹는점 이하의 온도로 가열하였을 때, 가루가 녹으면서 서로 밀착하여 고결함.

01 내용의 전개 방식 파악하기

윗글의 내용 전개 방식으로 적절한 것은?

① 그림을 그리듯 상황을 시각적으로 자세히 서술하고 있다.
② 대상의 정의를 명확하게 밝히고 글의 내용을 요약하고 있다.
③ 다른 대상과의 비교, 대조를 통해 대상의 특징을 부각하고 있다.
④ 특정 현상의 원인과 해결책, 증상 및 주의점의 구조로 서술하고 있다.
⑤ 대상의 구조를 구체적으로 분석하고 그 기능에 대해 부연 설명하고 있다.

02 세부 내용 파악하기

㉠에 대한 조치 방안으로 적절하지 않은 것은?

① 팬 벨트의 손상 여부를 살펴야 한다.
② 냉각수의 양을 주기적으로 점검해야 한다.
③ 팬 벨트의 강한 장력이 유지되면 교체해야 한다.
④ 냉각수의 통로가 막히지 않았는지 확인해야 한다.
⑤ 냉각 호스가 꽤 딱딱해졌다면 교체하는 것이 좋다.

중요 03 세부 내용 파악하기

보기 에서 엔진이 과열되었을 때 나타나는 증상을 모두 고른 것은?

보기

ㄱ. 자동차 속 각 부품이 변형된다.
ㄴ. 엔진의 출력이 천천히 감소한다.
ㄷ. 정상 연소로 인한 소음이 발생한다.
ㄹ. 계기판의 온도계가 정상범위에 있지 않다.
ㅁ. 엔진에서 이전에는 나지 않았던 소리가 난다.

① ㄱ, ㄴ, ㄷ　② ㄱ, ㄹ, ㅁ　③ ㄴ, ㄷ, ㄹ　④ ㄴ, ㄷ, ㅁ　⑤ ㄷ, ㄹ, ㅁ

서답형 04 세부 내용 파악하기

빈칸에 들어갈 말로 적절한 것을 윗글에서 찾아 쓰시오.

엔진이 과열되었을 때 시동을 끄면 안 되는 이유는 (　　　)의 흐름이 갑자기 멈추게 되면 엔진의 온도가 오히려 급속하게 상승하기 때문이다.

문제풀이

04강

문학 – 현대시

성장 _ 이시영

| 정답 및 해설 | 23쪽

한방에! 개념정리

한방에! 핵심정리

갈래	서정시, 산문시
성격	서정적, 감각적
주제	성장에 대한 두려움과 기대
특징	① 엄마 강물의 심정이 직접적으로 드러나 있음. ② 성장의 과정을 바다로 흘러가는 강물에 비유함. ③ 엄마 강물과 어린 강물의 이야기를 담고 있는 산문시임.
해제	이 작품은 바다로 흘러가는 강물을 통해 성장의 의미를 노래하는 산문시이다. 더 넓은 세상(바다)으로 가는 어린 강물의 두려운 심정과 그런 어린 강물을 떠나보내며 어린 강물의 성장을 격려하는 엄마 강물의 자애로움이 드러나 있다. 이 시를 통해 평탄하게 자라는 것만이 성장이 아니라 어려운 일을 겪더라도 이를 견뎌내고 이겨 내는 과정도 성장임을 깨닫게 해준다.

※ 다음 글을 읽고 물음에 답하시오.

㉠ 바다가 가까워지자 ㉡ 어린 강물은 엄마 손을 더욱 꼭 그러쥔 채 놓지 않았습니다. 그러다가 그만 ㉢ 거대한 파도의 뱃속으로 뛰어드는 꿈을 꾸다 엄마 손을 아득히 놓치고 말았습니다. 그래 잘 가거라 내 아들아. 이제부터는 크고 다른 삶을 살아야 된단다. 엄마 강물은 새벽 강에 ㉣ 시린 몸을 한번 뒤채고는 ㉤ 오리처럼 곧 순한 머리를 돌려 반짝이는 은어들의 길을 따라 산골로 조용히 돌아왔습니다.

- 이시영, 〈성장〉 -

한방에! 같이볼작품

나는 어릴 때부터 그랬다.
칠칠치 못한 나는 걸핏하면 넘어져
무릎에 딱지를 달고 다녔다.
그 흉물 같은 딱지가 보기 싫어
손톱으로 득득 긁어 떼어 내려고 하면
아버지는 그때마다 말씀하셨다.
딱지를 떼어 내지 말아라 그래야 낫는다.
아버지 말씀대로 그대로 놓아두면
까만 고약 같은 딱지가 떨어지고
딱정벌레 날개처럼 하얀 새살이
돋아나 있었다.
지금도 칠칠치 못한 나는
사람에 걸려 넘어지고 부딪히며
마음에 딱지를 달고 다닌다.
그때마다 그 딱지에 아버지 말씀이 얹혀진다.
딱지를 떼지 말아라 딱지가 새살을 키운다.

- 이준관, <딱지>

한방에! 작가소개

이시영 (1949~)

1949년 전라남도 구례군에서 태어나 서라벌예술대학 문예창작과 졸업 이후 고려대학교 대학원 국문과를 졸업하였다. 1969년 <중앙일보> 신춘문예에 당선되고, <월간문학> 제3회 신인상을 수상하며 문학활동을 시작했으며 이후 《만월》, 《바람 속으로》, 《길은 멀다 친구여》 등의 시집과 《곧 수풀은 베어지리라》 등의 산문집을 발간하였는데 섬세한 언어와 서정성을 바탕으로 소외된 목소리, 사라져간 풍경, 잃어버린 시간, 짓밟힌 삶 등을 미학적으로 표현했다는 평가를 받는다.

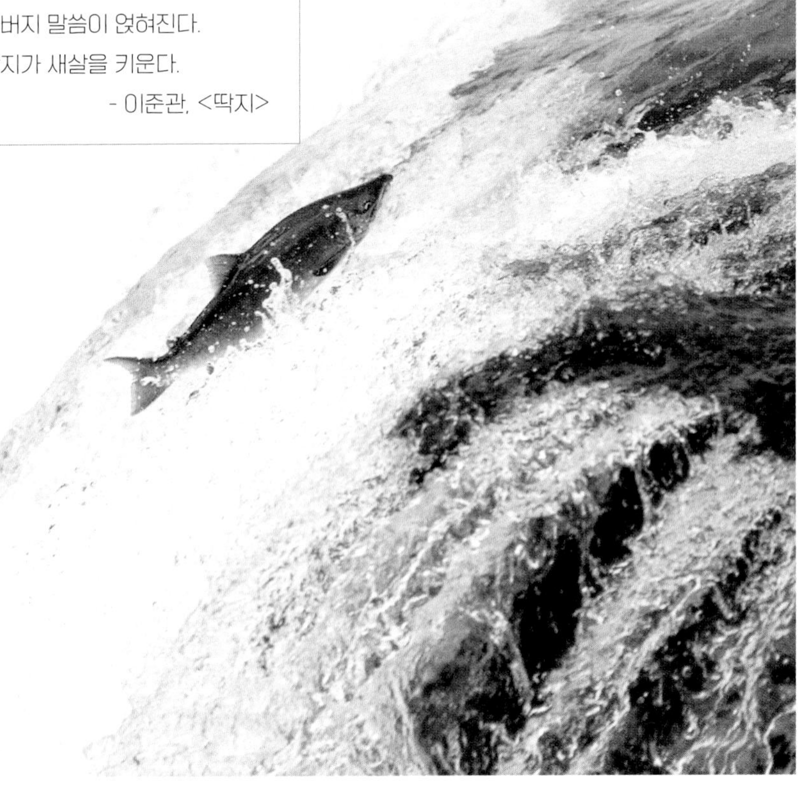

01 표현상의 특징 파악하기

윗글에 대한 설명으로 적절한 것은?

① 연과 행의 구분이 나타나 있다.
② 형식이 정해져 있는 정형시이다.
③ 비유적 표현을 사용해 성장의 과정을 보여 준다.
④ 계절의 변화 과정을 강물에 비유하여 교훈을 주고 있다.
⑤ 의성어, 의태어를 반복적으로 사용해 운율을 형성하고 있다.

02 시어의 함축적 의미 파악하기

㉠~㉤에 대한 설명으로 적절하지 않은 것은?

① ㉠은 어린 강물이 나아가야 할 낯설고 넓은 새로운 세상을 상징한다.
② ㉡은 성장의 주체이자 성장기의 자녀들을 상징한다.
③ ㉢은 어린 강물이 겪어야 할 시련을 상징하며 어린 강물이 두려워하는 대상이다.
④ ㉣은 어린 자식을 떠나보내는 엄마 강물의 서글픔을 표현한 것이다.
⑤ ㉤은 스스로 길을 개척하겠다는 어린 강물의 의지를 담고 있다.

중요 03 작품 내용 파악하기

엄마 강물과 어린 강물이 대화를 나누었다고 가정했을 때, 윗글의 내용과 다른 것은?

보기

ⓐ 엄마 강물: 이제 거의 다 왔어. 여기부터는 너 혼자 가야 한단다.
ⓑ 어린 강물: 엄마, 아직 저는 무섭고 두려워요.
ⓒ 엄마 강물: 비록 지금은 두렵겠지만 너는 할 수 있을 거야.
ⓓ 어린 강물: 고마워요, 엄마. 여기서부터는 저 혼자 갈 수 있을 것 같아요.
ⓔ 엄마 강물: 잘 가거라. 이제부터는 더 넓은 세상에서 많은 것들을 보고 배우며 살아가렴.

① ⓐ ② ⓑ ③ ⓒ ④ ⓓ ⑤ ⓔ

서답형 04 시구의 의미 파악하기

빈칸에 들어갈 시어를 찾아 쓰시오.

윗글의 (   )은/는 어린 강물과 엄마 강물이 원래 살던 익숙한 공간이자, 편안한 공간으로, '바다'와 대조되는 공간으로 이해할 수 있다.

문제풀이

04강

문학 – 고전산문

주몽 신화 - 열두 살에 나라를 세우다 _ 일연

| 정답 및 해설 | 23쪽

한방에! 개념정리

한방에! 핵심정리

갈래	건국 신화, 시조 신화
성격	신화적, 영웅적, 서사적
주제	주몽의 출생과 고구려의 건국 과정
특징	① 영웅의 일생을 다룬 서사 구조의 전형적 모습을 보여 주고 있음. ② 천손 하강, 난생화소, 천부지모, 동물 양육, 기아 등 풍부한 신화적 요소를 가지고 있음.
해제	이 작품은 천제의 후손인 '주몽'이 위기를 극복하고 고구려를 건국하는 과정의 이야기로 영웅의 일생을 다룬 서사 구조의 전형적인 모습을 보여 주고 있다. 작품 속에는 천상과 지상의 신성한 존재들이 언급되고 있고 한반도와 그 북쪽 지역까지를 포괄하는 공간을 배경으로 하고 있다. 또한 북방계 신화에서 볼 수 있는 천손 하강 모티프와 남방계 신화에서 볼 수 있는 난생 모티프가 결합하여 나타나고 있다. 이런 건국 신화는 향유하는 집단의 공동체 의식과 자부심을 고취하는 기능을 한다.

※ 다음 글을 읽고 물음에 답하시오.

시조 동명성왕의 성은 고씨이며, 이름은 주몽이다. 이에 앞서 북부여의 왕 해부루가 이미 동부여로 피해 갔으며, 부루가 세상을 떠나자 금와가 왕위를 계승*했다. 이때 금와는 태백산 남쪽 우발수에서 한 여자를 만나 누구인가를 물으니 여자가 말하기를,

"나는 하백의 딸로 이름은 유화인데, 여러 아우와 노닐고 있을 때에 한 남자가 나타나 자기는 천제의 아들 해모수라고 하면서 나를 웅신산 밑 압록강 가에 있는 집 속으로 꾀어 남몰래 정을 통해 놓고 가서는 돌아오지 않았습니다. 그래서 우리 부모는 내가 중매도 없이 혼인한 것을 꾸짖어 마침내 이곳으로 귀양을 보낸 것입니다."

라고 하였다.

금와는 이를 이상하게 여겨 그 여인을 방 속에 가두어 두었더니, 햇빛이 방속을 비췄다. 여인이 몸을 피하자 햇빛이 따라와 또 비췄다. 그로부터 태기*가 있더니 알 하나를 낳았는데, 크기가 다섯 되 정도 했다. 왕은 그것을 버려 개와 돼지에게 주었으나, 모두 먹지를 않았다. 그래서 길에 내다 버리게 하였더니, 소와 말이 모두 그 알을 피해서 지나갔다. 또 들에 내다 버리니, 새와 짐승이 오히려 덮어 주었다. 이에 왕이 알을 쪼개 보려고 했으나 깨뜨릴 수가 없어 마침내 그 어머니에게 다시 돌려주었다. 그 어머니는 알을 물건으로 싸서 따뜻한 곳에 두었더니, 한 아이가 껍질을 깨고 나왔는데, 골격과 외양이 영특하고 기이하였다.

나이가 겨우 7살이었음에도 영리함이 범상치 않아 스스로 활과 화살을 만들어 쏘았는데 백발백중이었다. 그 나라의 풍속에 활을 잘 쏘는 사람을 주몽이라 하였는데, 이런 연유*로 해서 그는 주몽이라 이름하였다.

금와에게는 아들이 일곱이 있었는데, 언제나 주몽과 함께 놀았으나 그 재능이 주몽을 따르지 못하였다. 이에 장자인 대소가 왕께 아뢰었다.

"주몽은 사람이 낳은 자식이 아니니 일찍 없애지 않으면 후환*이 있을까 두렵습니다."

그러나 왕은 듣지 않고 주몽을 시켜 말을 기르게 하였다. 주몽은 곧 좋은 말을 알아보았다. 그래서 좋은 말은 일부러 먹이를 적게 주어 여위게 하고, 나쁜 말은 먹이를 많이 주어 살찌게 하였다. 왕은 살찐 말은 자기가 타고 여윈 말은 주몽에게 주었다.

왕의 여러 아들과 여러 신하가 주몽을 죽이려고 하니, 주몽의 어머니가 이 사실을 미리 알아차리고 주몽에게 이르기를,

"이 나라 사람들이 너를 죽이려고 하는데, 너의 재주와 지략*으로 어디를 간들 살지 못하겠느냐. 그러니, 빨리 여기를 벗어나라."

하였다.

그리하여 주몽은 오이, 마리, 협보 세 사람을 벗으로 삼아 함께 도망하였는데, 엄수에 이르러 물을 향해 고하기를,

"나는 천제의 아들이며 하백의 손자다. 오늘 도망가는 길인데, 뒤쫓는 자들이 거의 닥치게 되었으니 이를 어찌하리오."

하였다.

이에 물고기와 자라가 솟아올라 다리를 만들어 주어 그들을 건너게 한 다음 흩어졌다. 이로써 뒤쫓아 오던 기마병*은 건너지를 못하고 주몽은 무사히 졸본주에 이르러 이곳에 도읍을 정하였다. 그러나 미처 궁실*을 지을 겨를이 없어서 다만 비류수 위에 집을 지어 살았다. 그리고 나라 이름을 고구려라고 정하고 고(高)를 성으로 삼았다. 이때의 나이가 12세였는데, 한나라 효원제 건소 2년, 신라 시조 혁거세 21년 갑신년이었다. 사방에서 듣고 와서 따르는 자가 많았는데 고구려가 제일 융성하던* 때는 21만 5백 8호나 되었다.

- 일연, 〈주몽 신화 - 열두 살에 나라를 세우다〉 -

*** 전체 줄거리**

부여의 왕 금와는 천제의 아들 해모수와 정을 통해 집에서 쫓겨난 하백의 딸 유화의 사연을 듣고 자신의 궁으로 데려온다. 별궁에 갇혀 지내던 유화는 햇빛을 받아 아이를 임신하여 알을 낳는데, 이 알에서 한 사내아이가 태어난다. 아이는 어릴 적부터 총명하고 활을 잘 쏘아 '주몽'이라는 이름을 얻는다. 주몽의 비범한 능력을 질투한 금와의 일곱 아들이 주몽을 시기하여 죽이려 하자, 주몽은 세 벗과 함께 부여를 탈출한다. 이후 졸본에 도착한 주몽은 그곳에서 고구려를 건국한다.

한방에! 어휘풀이

- 계승(繼承): 선임자의 뒤를 이어받음.
- 태기(胎氣): 아이를 밴 기미.
- 연유(緣由): 일의 까닭.
- 후환(後患): 어떤 일로 말미암아 뒷날 생기는 걱정과 근심.
- 지략(智略): 어떤 일이나 문제든지 명철하게 포착하고 분석 · 평가하며 해결 대책을 능숙하게 세우는 뛰어난 슬기와 계략.
- 기마병(騎馬兵): 말을 타고 싸우는 병사.
- 궁실(宮室): 궁전 안에 있는 방.
- 융성하다(隆盛하다): 기운차게 일어나거나 대단히 번성하다.

01 세부 내용 이해하기

윗글에 대한 이해로 적절하지 않은 것은?

① 대소는 주몽을 걱정하여 금와에게 조언을 하였다.
② 동부여에서는 '활을 잘 쏘는 사람'을 '주몽'이라고 하였다.
③ 주몽은 좋은 말에게 먹이를 적게 주고 나쁜 말에게 먹이를 많이 주었다.
④ 유화는 아들에게 위험에 처하기 전에 빨리 다른 곳으로 떠날 것을 권하였다.
⑤ 금와는 유화가 낳은 알을 없애려고 했으나 실패하고 다시 유화에게 돌려주었다.

02 서술상의 특징 파악하기

윗글의 특징으로 적절하지 않은 것은?

① 동물 양육 모티프를 사용하여 신성성을 부각하고 있다.
② 고구려의 건국 과정을 시간의 흐름에 따라 서술하고 있다.
③ 전형적인 영웅의 일대기 구조를 통해 이야기를 전개하고 있다.
④ 구체적 증거물을 활용하여 역사적 사건의 사실성을 높이고 있다.
⑤ 신화적 요소를 사용해 주몽을 묘사함으로써 민족의 자긍심을 고취시키고 있다.

중요

03 전개 방식 파악하기

보기 는 영웅 서사 구조이다. 보기 를 참고하여 윗글을 이해한 것으로 적절하지 않은 것은?

보기

ⓐ 고귀한 혈통을 지님
↓
ⓑ 기이하게 출생함
↓
ⓒ 어릴 적 가족으로부터 버려짐
↓
ⓓ 양육자, 구출자를 만남
↓
ⓔ 비범한 능력을 지님
↓
ⓕ 고난과 시련을 겪음
↓
ⓖ 조력자를 만남
↓
ⓗ 위기를 극복하고 위업을 성취함

① 주몽이 스스로 천제의 아들이며 하백의 손자라고 말한 것은 ⓐ를 보여 준다.
② 물고기와 자라는 주몽을 구출해주는 ⓓ의 역할을 한다.
③ 주몽이 '주몽'이라는 이름을 갖게 된 이유는 ⓔ를 보여 준다.
④ 대소와 그의 형제들은 주몽이 ⓕ를 겪는 원인이 된다.
⑤ 주몽이 12세에 나라를 세운 것은 ⓕ를 이겨 내고 ⓗ를 달성한 것으로 볼 수 있다.

서답형

04 핵심 소재 파악하기

보기 에서 설명하고 있는 인물 세 명을 윗글에서 찾아 쓰시오.

보기

주몽의 고구려 건국을 도운 인물로 등장하며, 위기에 처한 주몽을 도와주는 조력자로 등장한다.

복습하기

작문

1 ☐☐	옛날부터 사람들 사이에서 전해져 오는 교훈이 담긴 짧은 말
2 ☐☐☐	• 오랫동안 관습적으로 쓰이며 특별한 의미를 가지게 된 두 개 이상의 단어로 이루어진 짧은 말 • 단어들의 의미만으로는 전체의 의미를 알 수 없고, 구로 결합되었을 때 독특한 표현 효과를 지님.
명언	사리에 꼭 들어맞는 훌륭한 말
참신한 표현	새롭고 산뜻한 표현으로 일상적이고 상투적인 표현에서 벗어난 독특하고 개성적인 표현

비문학

1문단	여름철에 자주 발생하는 3 ☐☐ ☐☐로 인한 자동차 고장
2문단	엔진 과열이 일어나는 원인
3문단	엔진의 열이 사라지지 않는 이유와 조치 방안
4문단	엔진 과열의 증상
5문단	엔진 과열이 발생했을 때의 대처 방안

문학 - 성장(이시영)

4 ☐☐	어린 강물이 엄마 강물과 헤어져서 나아가야 할 낯설고 넓은 새로운 세상
거대한 5 ☐☐	어린 강물이 겪어야 할 고난과 시련

문학 - 주몽 신화 - 열두 살에 나라를 세우다(일연)

고귀한 혈통	천제의 아들 6 ☐☐☐와 하백의 딸 유화 사이에서 태어남.

↓

기이한 출생	유화가 햇빛을 통해 주몽을 임신하고 7 ☐을 낳음.

↓

기아와 구출	• 금와가 알을 기이하게 여겨 내다 버림. • 알을 들에 버리니 새와 짐승들이 보살펴 줌.

↓

비범한 능력	골격과 외모가 영특하고 기이하며, 8 ☐을 잘 쏨.

↓

9 ☐☐	• 금와의 아들들이 주몽을 죽이려 함. • 주몽이 엄수에 이르러 배가 없어 길이 막힘.

↓

시련 극복과 위업 달성	• 주몽이 하늘에 호소하자 10 ☐☐☐와 11 ☐☐가 다리를 놓아 줌. • 부여에서 탈출하는 데 성공하고, 12 ☐☐☐를 건국함.

정답 1 속담 2 관용구 3 엔진 과열 4 바다 5 파도 6 해모수 7 알 8 활 9 시련 10 물고기 11 자라 12 고구려

한수

05

Contents

문법

단모음의 분류 ········· 58

독서

초현실주의 화가 르네 마그리트 ········· 60

문학

가시리 _ 작자 미상 ········· 62

막내의 야구 방망이 _ 정진권 ········· 64

복습하기 ········· 67

05강

문법

단모음의 분류

| 정답 및 해설 | 26쪽

한방에! 개념정리

한방에! 핵심정리

* **혀의 최고점**
혀의 가장 높은 부분이 입천장을 중심으로 앞뒤 중 어느 쪽에 있는지와 관련됨.

* **혀의 높이와 입을 벌리는 정도**
입을 크게 벌릴수록 혀의 높이가 낮아짐. 즉, 고모음은 입을 조금 벌리고 저모음은 입을 크게 벌림.

* **양성모음 음성모음**
• 양성모음
- 'ㅏ', 'ㅗ'를 중심으로 하는 모음 (ㅏ, ㅑ, ㅐ, ㅒ, ㅗ, ㅛ, ㅚ, ㅘ, ㅙ)
- 어감이 밝고 가벼움.
예 퐁당퐁당, 깡충깡충,
• 음성모음
- 'ㅓ', 'ㅜ'를 중심으로 하는 모음 (ㅓ, ㅕ, ㅔ, ㅖ, ㅜ, ㅠ, ㅟ, ㅝ, ㅞ, ㅡ)
- 어감이 어둡고 무거움.
예 풍덩풍덩, 껑충껑충
• ㅣ는 현대국어에서 양성모음과 음성모음을 모두 취할 수 있어 중성모음에 해당

* **입술 모양과 공기의 흐름**
입술 모양이 둥글 땐 입술이 돌출되어 공기의 흐름이 빨라지고, 입술 모양이 평평할 땐 입술이 돌출되지 않아 공기의 흐름이 빨라지지 않음.

1 혀의 최고점에 따른 분류

전설 모음	혀의 최고점이 앞쪽에 놓여 발음되는 모음 → ㅣ, ㅔ, ㅐ, ㅟ, ㅚ 암기 Tip! 키위제외해
후설 모음	혀의 최고점이 뒤쪽에 놓여 발음되는 모음 → ㅡ, ㅓ, ㅏ, ㅜ, ㅗ 암기 Tip! 금붕어좋아

전설 모음 (혀의 최고점이 앞쪽에 놓임)

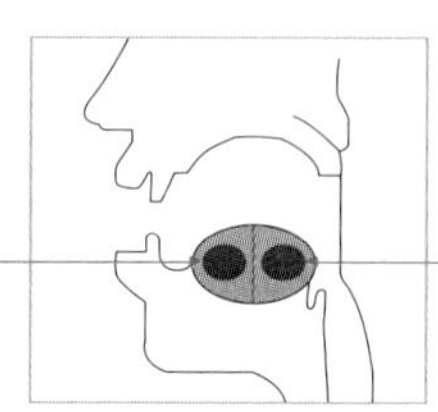

후설 모음 (혀의 최고점이 뒤쪽에 놓임)

2 혀의 높이에 따른 분류

고모음	입을 조금 벌리고 혀의 높이를 높여 발음하는 모음 → ㅣ, ㅟ, ㅡ, ㅜ
중모음	입을 보통으로 벌리고 혀의 높이를 중간으로 하여 발음하는 모음 → ㅔ, ㅚ, ㅓ, ㅗ
저모음	입을 크게 벌리고 혀의 높이를 낮춰 발음하는 모음 → ㅐ, ㅏ

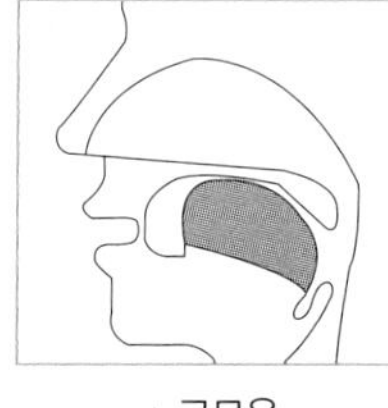
▲ 고모음

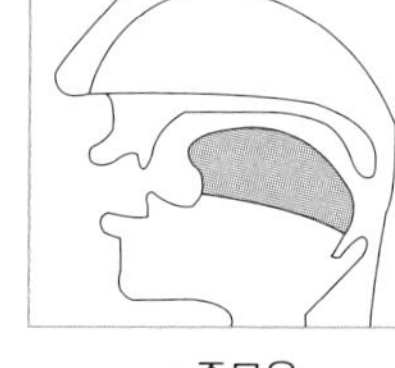
▲ 중모음

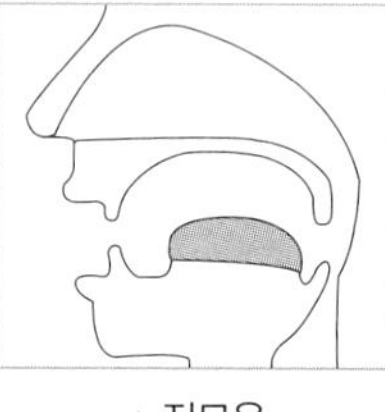
▲ 저모음

3 입술의 모양에 따른 분류

원순 모음	입술을 둥글게 오므려서 발음하는 모음 → ㅟ, ㅚ, ㅜ, ㅗ
평순 모음	입술을 평평하게 펴서 발음하는 모음 → ㅣ, ㅔ, ㅐ, ㅡ, ㅓ, ㅏ

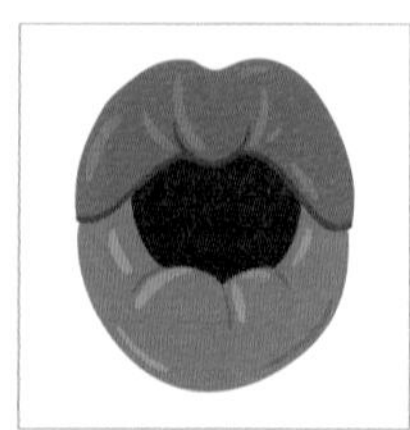
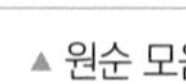
▲ 원순 모음

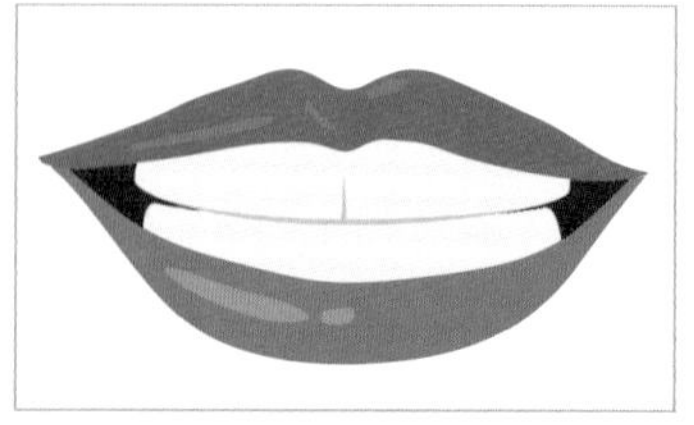
▲ 평순 모음

01 모음의 특징 파악하기

모음에 관한 설명으로 적절하지 않은 것은?

① '아이'의 경우는 평순 모음이 두 번 사용되었다.
② 고모음에서 저모음으로 갈수록 발음할 때 혀의 높이가 낮아진다.
③ 'ㅟ'와 'ㅚ'는 혀의 최고점의 위치가 앞에 있을 때 발음되는 모음이다.
④ 단모음은 입술의 모양에 따라 원순 모음과 평순 모음으로 나눌 수 있다.
⑤ 혀의 높이에 따라 단모음을 분류했을 때, 'ㅓ', 'ㅏ'는 혀가 중간에 위치했을 때 발음되는 모음이다.

02 후설 모음 구분하기

다음 중 후설 모음으로만 이루어진 것은?

① ㅣ, ㅡ, ㅟ, ㅜ
② ㅓ, ㅏ, ㅜ, ㅗ
③ ㅔ, ㅐ, ㅟ, ㅚ
④ ㅓ, ㅏ, ㅟ, ㅚ
⑤ ㅣ, ㅡ, ㅔ, ㅐ

중요 03 모음의 특징 파악하기

보기 에서 설명하고 있는 모음이 쓰인 단어로 적절한 것은?

보기

이 모음은 발음하면서 입술 모양이나 혀의 위치가 달라지지 않습니다. 발음할 때는 혀가 뒤쪽, 중간에 위치하고, 입술이 동그랗게 돼요.

① 오리 ② 사과 ③ 참외 ④ 겉절이 ⑤ 강아지

서답형 04 모음의 분류 기준 파악하기

빈칸에 들어갈 말을 2어절로 쓰시오.

원순 모음과 평순 모음은 단모음을 ( )에 따라 분류한 것이다.

05강

독서 – 예술(미술)

초현실주의 화가 르네 마그리트

| 정답 및 해설 | 26쪽

한방에! 개념정리

한방에! 핵심정리

갈래	설명문
주제	르네 마그리트의 생애와 그의 작품의 특징
해제	이 글은 르네 마그리트의 생애와 그의 작품의 특징에 대해 소개하고 있다. 르네 마그리트는 벨기에의 초현실주의 화가이다. 마그리트는 처음부터 화가로 활동한 것은 아니다. 그는 처음에는 포스터 및 광고 디자이너 등의 여러 직업들을 전전하다 1926년에 라상토르 화랑과 계약을 맺으며 마침내 화가로서의 인생을 시작했다. 마그리트의 그림은 친숙한 것을 예기치 않은 공간에 제시하여 새로운 의미를 부여한다는 특징이 있는데, 1940년대 중후반에는 보다 실험적인 색채를 띠게 되었다.

* 문단 중심 내용

1문단	르네 마그리트의 유년 시절
2문단	르네 마그리트의 화가 생활
3문단	르네 마그리트 그림의 회화적 특징
4문단	르네 마그리트의 새로운 시도

※ 다음 글을 읽고 물음에 답하시오.

벨기에 출신 초현실주의* 화가인 르네 마그리트는 양복재단사 레오폴 마그리트와 모자 상인 아들린 부부의 장남으로 태어났다. 일부 사람들은 그의 작품에 나타난 회화적 특징에 대해, 어린 시절 어머니의 비극적인 죽음이 큰 영향을 미쳤다고 주장하는데, 드레스 자락으로 얼굴이 덮인 채 강 위에 떠오른 어머니의 모습이 마그리트에게 각인되었고, 그 모습이 그의 작품에 많은 영향을 끼쳤다는 것이다. 하지만 마그리트는 그 일설을 터무니없는 추측이라 선을 그었다.

1916년 마그리트는 왕립 미술 아카데미에서 공부를 시작했다. 하지만 학교를 졸업한 이후에 그가 바로 화가로 활동한 것은 아니었다. 그는 포스터와 광고 디자이너를 비롯한 여러 직업을 전전하다, 1926년에야 라상토르 화랑과 계약을 맺게 되어 비로소 회화 작업에 전념할 수 있었다. 그러나 1927년에 처음 연 개인전에서 그는 비평가들로부터 혹평을 받았다. 이에 크게 마음이 상한 마그리트는 브뤼셀에서의 생활을 정리하고 파리로 떠나 초현실주의 작가 여럿과 교류하면서 시간을 보낸다. 하지만 이 생활은 오래가지 못했다. 라상토르 화랑과의 계약이 만료되어 파리에서의 생활비를 감당할 수 없었기 때문이었다. 결국 그는 1941년 미국으로 떠났다.

마그리트의 그림들은 언뜻 일상적인 오브제로 이루어진 것 같으나, 그는 종종 이런 오브제들을 참신한 발상으로 제시함으로써, 친숙한 것들을 낯설게 하고 새로운 의미를 부여하곤 했다. 예를 들어 〈이미지의 배반〉(1929)이 그러하다. 이 작품에는 담배 파이프가 그려져 있다. 그런데 그 아래에는 마그리트가 쓴, '이것은 파이프가 아니다'라는 뜻의 문구가 적혀 있다. 그 문구를 해석하자면, 그가 그린 그림 속 파이프는 파이프의 이미지일 뿐이다. 마그리트는 관습적 사고방식에서 벗어나 그림과 문장을 모순적으로 표현하였다. 이를 통해 마그리트는 미술가가 대상을 실물과 아주 똑같이 묘사한다 하더라도 그것은 그 대상을 재현한 것 그 이상이 될 수 없으며, 그 대상 자체가 될 수 없다고 역설한다.

1940년대 중후반에 이르면, 마그리트의 작품은 좀 더 밝고 가벼운 데다 실험적인 색채를 띠게 된다. 그는 야수파*의 그림들을 우스꽝스럽게 모방, 과장하여 그렸는데 그의 지인들은 그 그림이 너무 거칠고 서툴러 보인다고 바슈(vache)라는 이름을 붙였다. '암소'를 의미하는 이 프랑스어 단어는 미숙함과 무딤, 조야함*을 의미하기도 한다. 그가 왜 이렇게 그림을 그렸는지에 대해서는 정확히 밝혀진 바 없으나 아마 전쟁이라는 어두운 시대를 견뎌내고, 초기 작품의 특징이었던 염세주의와 폭력성으로부터 벗어나기 위한 마그리트의 시도였을 것으로 생각된다.

한방에! 어휘풀이

* 초현실주의(超現實主義): 무의식의 세계 내지는 꿈의 세계의 표현을 지향하는 20세기의 문학 · 예술사조.
* 야수파(野獸派): 20세기 초 프랑스에서 일어난 미술운동.
* 조야하다(粗野하다): 물건 따위가 거칠고 막되다.

01 세부 내용 파악하기

윗글에서 언급된 내용으로 적절하지 않은 것은?

① 마그리트의 조국
② 화가 활동 전 마그리트의 직업
③ 마그리트가 브뤼셀을 떠난 이유
④ 마그리트의 첫 개인전에 대한 평가
⑤ 야수파 그림에 대한 마그리트의 평가

02 핵심 내용 파악하기

윗글을 통해 알 수 있는 마그리트 그림의 회화적 특징으로 적절한 것은?

① 마그리트는 1940년대부터는 한 가지 색으로만 그림을 그리기 시작했다.
② 마그리트는 야수파의 그림을 모방하며 야수파의 조야한 그림을 비판하였다.
③ 마그리트는 유년 시절 어머니의 비극적 죽음으로부터 영향을 많이 받았다고 밝혔다.
④ 마그리트는 그림과 문장을 모순적으로 표현하여 대상 자체가 될 수 있음을 표현하고자 했다.
⑤ 마그리트는 일상적인 오브제를 낯설게 바라봄으로써 관습적인 사고방식에서 벗어나고자 했다.

5강

중요 03 인과 관계 이해하기

윗글을 읽고, 보기 의 내용을 시간의 흐름에 따라 나열한 것으로 적절한 것은?

보기

ㄱ. 마그리트가 파리로 떠남.
ㄴ. 마그리트의 어머니가 사망함.
ㄷ. 마그리트의 첫 전시회가 실패함.
ㄹ. 마그리트가 실험적인 그림을 그림.

① ㄱ - ㄴ - ㄷ - ㄹ
② ㄱ - ㄷ - ㄹ - ㄴ
③ ㄴ - ㄷ - ㄱ - ㄹ
④ ㄴ - ㄹ - ㄱ - ㄷ
⑤ ㄷ - ㄹ - ㄴ - ㄱ

서답형 04 작품 간의 공통점 파악하기

보기 1 은 르네 마그리트의 작품들이다. 이 작품들에 공통적으로 사용된 기법을 보기 2 에서 찾아 쓰시오.

보기 1

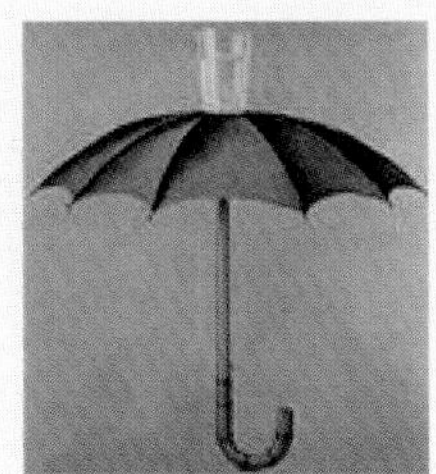

〈헤겔의 휴일〉, 1958

〈피레네의 성〉, 1959

보기 2

초현실주의 미술 기법에는 크게 세 가지가 있다. 바로 '데페이즈망', '데포르마시옹', '오토마티즘'이다. '데페이즈망'은 '추방하는 것'이란 뜻으로 초현실주의에서는 어떤 물체를 본래 있던 곳에서 떼어내는 것을 가리킨다. 다시 말해, 하나의 사물을 그것이 속하는 익숙한 환경에서 떼어내 낯선 곳에 집어넣음으로써 기묘한 분위기를 만들어내는 것이다. '데포르마시옹'은 '변형, 왜곡, 기형'이란 뜻으로 자연을 대상으로 한 사실 묘사에서 특정 부분을 강조하거나 왜곡하여 변형시키는 미술 기법이다. 마지막으로 '오토마티즘'은 '무의식의 표출'이라고도 한다. 즉 미술적인 판단이나 생각, 계획으로부터 벗어나서 떠오르는 대로 즉각적으로 그리도록 하는 것이다.

문제풀이

05강

문학 – 고전운문

가시리 _ 작자 미상

| 정답 및 해설 | 28쪽

한방에! 개념정리

한방에! 핵심정리

갈래	고려 가요
성격	서정적, 민요적, 애상적
주제	임과의 이별의 슬픔
특징	① 순우리말로 표현됨. ② 3음보를 기본으로 한 3·3·2조의 음수율을 보임. ③ '기(원망에 찬 애원)-승(애원의 고조)-전(절제와 체념)-결(소망과 기원)'의 4단 구조를 취함. ④ 민요였던 것이 고려의 궁중 음악인 속악으로 개편되면서 후렴구와 여음구가 첨가된 것으로 보임.
해제	이 작품은 이별의 상황에 놓인 화자의 원망과 슬픔 등의 정서를 솔직한 언어로 노래한 고려 가요로, 이별을 수용하고 체념하는 전통적인 여성의 모습이 잘 나타나 있다. 또한 구전되다가 고려의 궁중 음악인 속악으로 개편되면서 후렴구가 첨가되었을 것으로 추정된다.

한방에! 어휘풀이

* 대평성대(大平聖代): 나라가 태평하고 융성한 시대.
* -ㄹ세라: 뒤 절 일의 이유나 근거로 혹시 그러할까 염려하는 뜻을 나타내는 연결 어미.

※ 다음 글을 읽고 물음에 답하시오.

가시리 가시리잇고 나난
버리고 가시리잇고 나난
위 증즐가 대평성대*

날러는 어찌 살라 하고
버리고 가시리잇고 나난
위 증즐가 대평성대

잡사와 두어리마나는
선하면 아니 올세라*
위 증즐가 대평성대

설온 님 보내옵나니 나난
가시는 듯 돌아오소서 나난
위 증즐가 대평성대

- 작자 미상, 〈가시리〉 -

한방에! 같이볼작품

서경이 서경이 서울이지마는
중수[重修]*한 곳인 소성경[小城京]을 사랑합니다만,
임을 이별하기보다는 차라리
길쌈*하던 베를 버리고서라도
저를 사랑해 주신다면 울면서 따라가겠습니다.

구슬이 바위에 떨어진들
끈이야 끊어지겠습니까?
임과 떨어져 홀로 천 년을 살아간들
임을 사랑하고 있는 마음이야 끊어지겠습니까?

대동강이 넓은 줄을 몰라서
배를 내어 놓았느냐? 사공아.
네 아내가 음탕한 짓을 하는 줄도 모르고
떠나는 배에 내 임을 태웠느냐? 사공아.
대동강 건너편 꽃을
배를 타면 꺾을 것입니다.

- 작자 미상, <서경별곡>

* 중수[重修]: 건축물 따위의 낡고 헌 것을 손질하여 고침.
* 길쌈: 실을 내어 옷감을 짜는 모든 일을 통틀어 이르는 말.

01 표현상의 특징 파악하기

윗글에 대한 설명으로 적절하지 않은 것은?

① 전통적인 여인의 모습이 드러나 있다.
② 시어의 반복을 통해 이별의 슬픔을 강조하고 있다.
③ 간결하고 함축적인 순우리말 시어를 사용하고 있다.
④ 규칙적인 음보를 사용하여 리듬감을 형성하고 있다.
⑤ 후렴구를 사용하여 화자가 느끼고 있는 정서를 강조하고 있다.

5강

02 화자의 태도 이해하기

윗글에 나타난 화자의 태도로 적절한 것은?

① 화자는 적극적으로 떠나가는 임을 붙잡고 있다.
② 화자는 임이 떠나는 상황을 받아들이지 못하고 있다.
③ 화자는 임이 다시 돌아올 것에 대한 강한 확신을 가지고 있다.
④ 화자는 이별을 수용하고 임이 곧바로 다시 돌아오기를 기원하고 있다.
⑤ 화자는 이별의 슬픔을 극복하고 새로운 사랑이 나타나길 소망하고 있다.

중요 03 작품 간의 공통점, 차이점 파악하기

윗글과 보기 를 비교한 내용으로 적절하지 않은 것은?

보기

나 보기가 역겨워
가실 때에는
말없이 고이 보내 드리우리다

영변에 약산
진달래꽃
아름 따다 가실 길에 뿌리우리다

가시는 걸음 걸음
놓인 그 꽃을
사뿐히 즈려 밟고 가시옵소서

나 보기가 역겨워
가실 때에는
죽어도 아니 눈물 흘리우리다

- 김소월, 〈진달래꽃〉

① 윗글과 〈보기〉는 모두 이별의 정한을 노래하고 있다.
② 윗글과 〈보기〉는 모두 3음보의 민요적 율격을 사용했다.
③ 〈보기〉는 윗글과 달리 수미상관의 구조로 마무리하고 있다.
④ 윗글과 〈보기〉는 모두 기승전결의 구조 안에서 정서의 변화가 드러나고 있다.
⑤ 윗글과 〈보기〉는 모두 임을 떠나보내는 복잡한 심정을 반어적으로 표현하였다.

* 수미상관(首尾相關): 머리와 꼬리, 처음과 끝이 서로 이어 통함.
* 기승전결(起承轉結): 한시에서, 시구를 구성하는 방법. 기는 시를 시작하는 부분, 승은 그것을 이어받아 전개하는 부분, 전은 시의를 한 번 돌리어 전환하는 부분, 결은 전체 시의를 끝맺는 부분이다.

04 시어의 의미 파악하기

윗글에서 고려 가요의 형식적 특징에 해당하는 여음구와 후렴구를 찾아 차례대로 쓰시오.

05강

문학 – 극수필

막내의 야구 방망이 _ 정진권

| 정답 및 해설 | 29쪽

한방에! 개념정리

한방에! 핵심정리

갈래	현대 수필
성격	체험적, 일상적, 교훈적, 성찰적
주제	야구 시합을 통해 단결심을 배우는 막내와 아이들의 착하고 순수한 마음
특징	① 순수한 어린이들의 동심이 드러남. ② 다른 인물의 체험을 바탕으로 한 수필임. ③ 사소한 일상 체험으로 삶의 가치를 전달함. ④ 막내를 바라보는 글쓴이의 심리 변화가 잘 드러남.
해제	이 작품은 야구 방망이를 소재로 하여 막내를 바라보는 '나'의 심정의 변화를 보여 준다. 처음에 '나'는 야구 연습 때문에 매일 늦게 귀가하는 막내가 걱정되어 야단을 쳤지만, 막내가 시합 이후에도 밤늦게까지 야구 연습을 하는 자초지종을 들은 후, 어린 막내를 바라보는 '나'의 마음은 대견함과 감동으로 바뀌게 된다.

※ 다음 글을 읽고 물음에 답하시오.

어느 날 퇴근을 해 보니, 초등학교 5학년의 개구쟁이 칠팔 명이 마루에 둘러앉아 있었다. 묻지 않아도 막내의 동무애들이었다.

그날 저녁에 막내는 야구 방망이 하나만 사 달라고 졸랐다. 조르는 대로 다 사 줄 수는 없는 일이지만 너무도 간절히 원하기 때문에 나는 사 주마고 약속을 했다. 그리고 다음 날 퇴근을 할 때 방망이 하나를 사다 주었다.

그 다음 날부터 막내는 늦게 돌아왔다. 어떤 때는 하늘에 별이 떠야 방망이에 장갑을 꿰어 매고 새카만 거지 아이가 되어 돌아오는 것이다. 그러고는 한 사흘 굶는 놈처럼 밥을 퍼먹는다.

"왜 이렇게 늦었니?"

"야구 연습 좀 하느라구요."

"이 캄캄한 밤에 공이 보이니?"

막내는 말이 없었다.

"또 이렇게 늦으면 혼날 줄 알아."

그러나 그 다음 날도 여전히 늦었다. 나는 좀 걱정이 되었다. 초등학교 5학년짜리들이 야구를 한다면 그건 취미 활동쯤에 불과한 것이다. 그런데 무엇에 쏠려서 별이 떠야 돌아오는 것일까?

"왜 이렇게 늦었니?"

"……."

"말 못하겠니?"

"내일 모레가 시합이에요."

"무슨 시합?"

"5학년 각 반 대항 시합인데 우리가 꼭 이겨야 해요."

그런데 시합 날이라던 그날 막내는 우승을 하지 못한 모양이었다. 밥도 먹는 둥 마는 둥 그냥 잠자리에 돌아가 이불을 뒤집어쓰는 것이다. 나는 지나치게 승부에 민감한 것이 좋지 않을 듯해서,

"다음에 또 기회가 있지 않니? 갑자기 서두르면 못써. 느긋하게 연습을 해야지."

하고는 이불을 벗겨 주었다. 그러나 막내는 무슨 대단한 한이라도 맺힌 듯 누운 채로 면벽*을 하고 있었다.

그런데 막내는 이튿날도 또 늦었다. 나는 아무래도 이 아이가 자기 생활의 질서를 잃은 듯해서

"왜 이렇게 늦었니? 시합 끝나면 일찍 오겠다고 하지 않았니? 어떻게 된 거야 이게?"

하고 좀 심하게 나무랐다. 그제야 막내는 자초지종*을 털어놓았다. 다음에 적는 것은 그 이야기의 대강이다.

막내의 담임선생님은 마흔 남짓*한 남자분이신데 무슨 깊은 병환으로 입원을 하셔서 한 두어 달 학교를 쉬시게 되었다. 그렇게 되자 학교에서는 막내의 반 아이들을 이 반 저 반으로 나누어 붙였다. 그러니까 막내의 반은 하루아침에 해체되고 반 아이들은 뿔뿔이 헤어지게 된 것이다.

그런데 배치해 주는 대로 가 보니 그 반 아이들의 괄시*가 말이 아니었다. 그런 괄시를 받을 때마

다 옛날의 자기 반이 그리웠다. 선생님을 졸졸 따라 소풍을 가던 일, 운동회에서 다른 반 아이들과 당당하게 겨루던 일, 그런저런 자기 반의 아름다운 역사가 안타깝게 명멸*하는 것이었다. 때로는 편찮으신 선생님이 너무 보고 싶어서 길도 잘 모르는 병원에도 찾아갔다.

그러는 동안 아이들은 선생님이 다 나으셔서 오실 때까지 우리 기죽지 말자 하고 서로서로 격려하게 되었고 이러한 기운이 팽배*해지자 이른바 간부였던 아이들은 자기네의 사명*을 깨닫게 되었다. 그래서 몇 아이들이 우리 집에 모였던 것이고, 그 기죽지 않을 방법으로 채택된 것이 야구 대회를 주최하여 우승을 차지하는 것이었다.

연습은 참으로 피나는 것이었다. 뱃속에서 쪼르륵거리는 소리가 나도 누구 하나 배고프다는 말을 하지 않았다. 연습이 끝나면 또 작전 계획을 세우고 검토했다. 그러노라면 어느새 하늘에 별이 떠 있기 일쑤였다.

그리하여 마침내 결승에 진출했다. 이 반 저 반으로 헤어진 동무애들은 예선처럼 한 사람 빠짐없이 응원에 나섰다. 그 응원의 소리는 차라리 처절한 것이었다. 그러나 열광의 도가니처럼 들끓던 결승에서 그만 패하고 만 것이다.

"아빠, 우린 해야 돼. 다음 번에 우승해야 돼. 선생님이 다 나으실 때까지 우린 누구 하나도 기죽을 수 없어."

막내는 이야기를 마치면서 이렇게 말했다. 나는 아무 말도 하지 못했다. 무슨 망국민*의 독립 운동사라도 읽는 것처럼 감동 비슷한 것이 가슴에 꽉 차 오는 것 같았다. 학교라는 데는 단순히 국어, 수학이나 가르치는 데가 아니구나 하는 생각도 들었다.

이튿날 밤 나는 늦게 돌아오는 막내의 방망이를 미더운* 마음으로 소중하게 받아 주었다. 그때도 막내와 그 애의 친구 애들의 초롱초롱한 눈 같은 맑고 푸른 별이 두어 개 하늘에 떠 있었다. 나는 그때처럼 맑고 푸른 별을 일찍이 본 일이 없다.

- 정진권, 〈막내의 야구 방망이〉 -

* 내용 구성

처음	막내가 야구 방망이를 사 달라고 조르자 '나'는 야구 방망이 하나를 막내에게 사줌.
중간	막내가 야구를 하느라 매일 집에 늦게 들어오자 '나'는 걱정되는 마음에 심하게 나무람. 막내에게 야구 연습을 하는 이유를 묻자, 막내가 그제야 이야기를 털어놓음.
끝	막내의 사정을 알게 된 '나'는 막내에게 감동을 받고 막내의 야구 방망이를 소중하게 받아 줌.

5강

한방에! 어휘풀이

* 면벽(面壁): 벽을 마주 봄.
* 자초지종(自初至終): 처음부터 끝까지의 과정.
* 남짓: 크기, 수효, 부피 따위가 어느 한도에 차고 조금 남는 정도임을 나타내는 말.
* 괄시(恝視): 업신여겨 하찮게 대함.
* 명멸(明滅): 나타났다 사라졌다 함.
* 팽배(澎湃): 어떤 기세나 사조 따위가 매우 거세게 일어남.
* 사명(使命): 맡겨진 임무.
* 망국민(亡國民): 망하여 없어진 나라의 백성.
* 미덥다: 믿음성이 있다.

01 세부 내용 파악하기

윗글의 내용과 일치하지 않는 것은?

① '나'는 '막내'에게 야구 방망이를 하나 사다 주었다.
② '나'는 '막내'가 야구 대회를 연습하는 이유를 전혀 알지 못했다.
③ '막내'는 반이 해체되고 새로 배치된 반 아이들의 괄시를 받았다.
④ '막내'는 반 아이들과 함께 열심히 연습했지만 결승전에 가지 못해 절망했다.
⑤ '나'는 '막내'의 이야기를 듣고 대견하기도 하고, 노력하는 아이들이 이해가 됐다.

02 핵심 어구 파악하기

맑고 푸른 별이 의미하는 것은?

① 자식을 향한 아버지의 애정
② 아이들의 맑고 순수한 동심
③ 이룰 수 없는 꿈에 대한 동경
④ 선생님을 향한 학생들의 존경심
⑤ '막내'와 반 아이들의 뜻깊은 추억

중요
03 외적 준거를 바탕으로 작품 감상하기

보기 를 참고하여 '막내'의 상황과 망국민의 상황을 비교했을 때 적절하지 않은 것은?

보기

우리나라는 1910년 8월 29일 일본에게 주권이 넘어갔다. 일본의 멸시와 차별 속에서 조국에 대한 사무치는 그리움으로 독립운동을 전개하는 독립운동가들도 있었고, 조국의 문화 보전을 위한 행사를 개최하는 독립운동가들도 있었다. 이들의 이러한 노력 끝에 마침내 1945년 8월 15일 우리나라는 해방이 되어 나라를 되찾았다.

① '막내'의 반이 해체된 것은 일본에게 주권이 넘어가 나라를 잃은 우리나라의 상황과 이어진다.
② 다른 반 아이들의 괄시를 받는 '막내'와 '막내'의 반 친구들은 일본의 멸시와 차별을 받는 우리나라의 상황과 유사하다고 볼 수 있다.
③ '막내'의 자기 반에 대한 그리움은 독립운동가들의 조국에 대한 사무치는 그리움과 유사하다고 볼 수 있다.
④ '막내'의 반 친구들이 야구 대회를 주최하고자 한 것은 조국의 문화 보전을 위한 행사를 개최한 것과 이어진다.
⑤ '막내'의 반이 야구 대회에서 우승을 한 것은 해방이 되어 나라를 되찾은 것과 이어진다.

서답형
04 인물의 심리 파악하기

빈칸에 들어갈 말로 적절한 것을 윗글에서 찾아 2어절로 쓰시오.

(　　　)은/는 '막내'에 대한 '나'의 오해를 불러일으키는 매개체이면서, '막내'의 반 아이들을 단합하게 만드는 매개체이다. 또한 윗글의 마지막에서는 '막내'와 '나'의 갈등의 해소를 보여 주는 역할을 하기도 한다.

문제풀이

복습하기

문법

1. 혀의 최고점에 따른 분류

[1] ☐☐ 모음	혀의 최고점이 앞쪽에 놓여 발음되는 모음 → ㅣ, ㅔ, ㅐ, ㅟ, ㅚ
[2] ☐☐ 모음	혀의 최고점이 뒤쪽에 놓여 발음되는 모음 → ㅡ, ㅓ, ㅏ, ㅜ, ㅗ

2. 혀의 [3] ☐☐에 따른 분류

[4] ☐☐☐	입을 조금 벌리고 혀의 높이를 높여 발음하는 모음
중모음	입을 보통으로 벌리고 혀의 높이를 중간으로 하여 발음하는 모음
저모음	입을 크게 벌리고 혀의 높이를 낮춰 발음하는 모음

3. [5] ☐☐의 모양에 따른 분류

[6] ☐☐ 모음	입술을 둥글게 오므려서 발음하는 모음 → ㅟ, ㅚ, ㅜ, [7] ☐
[8] ☐☐ 모음	입술을 평평하게 펴서 발음하는 모음 → ㅣ, ㅔ, ㅐ, ㅡ, ㅓ, ㅏ

비문학

1문단	르네 마그리트의 유년 시절	3문단	르네 마그리트 그림의 [9] ☐☐☐ 특징
2문단	르네 마그리트의 화가 생활	4문단	르네 마그리트의 새로운 시도

문학 - 가시리(작자 미상)

1연	[10] ☐이 떠나려고 하는 상황을 확인	3연	감정의 절제와 체념
2연	떠나는 임에 대한 원망을 표출	4연	다시 만날 날에 대한 소망

문학 - 막내의 야구 방망이(정진권)

막내가 [11] ☐☐ ☐☐☐를 사 달라고 조름.

↓

막내가 [12] ☐☐ 연습 때문에 매일 늦게 귀가함.

↓

막내가 시합 후에도 일찍 귀가하지 않음.

↓

막내가 야구 연습을 열심히 하는 이유를 들음.

↓

다음 야구 대회를 위해 야구 연습을 하고 늦게 귀가한 막내의 야구 방망이를 받아 줌.

정답 1 전설 2 후설 3 높이 4 고모음 5 입술 6 원순 7 ㅗ 8 평순 9 회화적 10 임 11 야구 방망이 12 야구

한수

06

Contents

문법

자음의 분류 ······ 70

독서

고슴도치 딜레마 ······ 72

문학

봄은 고양이로다 _ 이장희 ······ 74

이옥설 _ 이규보 ······ 76

복습하기 ······ 79

06강

문법

자음의 분류

| 정답 및 해설 | 32쪽

한방에! 개념정리

한방에! 핵심정리

* 소리 나는 위치

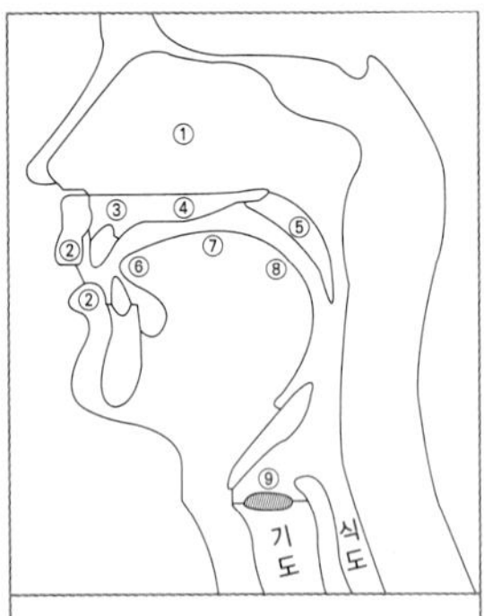

① 코안
② 입술
③ 윗잇몸
④ 센입천장(경구개)
⑤ 여린입천장(연구개)
⑥ 혀끝
⑦ 혓바닥
⑧ 혀 뒤
⑨ 목청(성대)

* 안울림소리와 울림소리

- 안울림소리(무성음): 구강 통로가 폐쇄되거나 마찰이 생겨서 나는 소리
  → 파열음, 파찰음, 마찰음
- 울림소리(유성음): 성대를 떨게 한 공기가 구강이나 비강으로 흘러나갈 때 덜 막혀 울리는 소리
  → 비음, 유음, 모든 모음

* 소리의 세기별 느낌

- 예사소리: 경쾌하고 가벼운 느낌
- 된소리: 단단하고 급한 느낌
- 거센소리: 격하고 거센 느낌

예 감감하다 - 깜깜하다 - 캄캄하다

1 소리 나는 위치에 따른 분류

입술소리 (순음)	두 입술 사이에서 나는 소리 → ㅂ, ㅃ, ㅍ, ㅁ
잇몸소리 (치조음)	윗잇몸과 혀끝이 닿아서 나는 소리 → ㄷ, ㄸ, ㅌ, ㅅ, ㅆ, ㄴ, ㄹ
센입천장소리 (경구개음)	센입천장과 혓바닥 사이에서 나는 소리 → ㅈ, ㅉ, ㅊ
여린입천장소리 (연구개음)	여린입천장과 혀의 뒷부분 사이에서 나는 소리 → ㄱ, ㄲ, ㅋ, ㅇ
목청소리 (후음)	목청 사이에서 나는 소리 → ㅎ

2 소리 내는 방법에 따른 분류

파열음	공기의 흐름을 막았다가 터뜨리면서 내는 소리 → ㅂ, ㅃ, ㅍ, ㄷ, ㄸ, ㅌ, ㄱ, ㄲ, ㅋ
파찰음	공기의 흐름을 막았다가 서서히 터뜨리면서 마찰시켜 내는 소리 → ㅈ, ㅉ, ㅊ
마찰음	입안이나 목청 사이의 통로를 좁히고 그 틈으로 공기를 내보내 마찰시켜 내는 소리 → ㅅ, ㅆ, ㅎ
비음	입안의 통로를 막고 코로 공기를 내보내면서 내는 소리 → ㅁ, ㄴ, ㅇ
유음	혀끝을 잇몸에 가볍게 대었다가 떼거나, 혀끝을 윗잇몸에 댄 채 공기를 그 양옆으로 흘려 내보내면서 내는 소리 → ㄹ

3 소리의 세기에 따른 분류

예사소리	성대를 편안히 둔 상태에서 보통의 세기로 나는 소리 → ㅂ, ㄷ, ㄱ, ㅅ, ㅈ
된소리	성대가 긴장된 상태에서 숨이 거의 없이 나는 소리 → ㅃ, ㄸ, ㄲ, ㅆ, ㅉ
거센소리	숨이 거세게 나오는 소리 → ㅍ, ㅌ, ㅋ, ㅊ

※ 비음, 유음, 후음은 소리의 세기에 따라 분류할 수 없음.

01 소리 나는 위치에 따른 자음의 분류 이해하기

자음을 소리 나는 위치에 따라 분류했을 때 바르게 연결된 것은?

① ㅎ – 잇몸소리
② ㅈ, ㅉ, ㅊ – 목청소리
③ ㄱ, ㄲ, ㅋ – 센입천장소리
④ ㅂ, ㅃ, ㅍ, ㅁ – 입술소리
⑤ ㄷ, ㄸ, ㅌ, ㄴ, ㄹ – 여린입천장소리

02 자음 이해하기

자음에 대한 설명으로 적절하지 않은 것은?

① 'ㅂ, ㅃ, ㅍ, ㅁ'은 소리 나는 위치가 모두 같다.
② 된소리는 예사소리보다 단단하고 급한 느낌을 준다.
③ 자음은 공기의 흐름이 발음 기관에서 장애를 받고 나오는 소리이다.
④ 자음 중 'ㄴ, ㄹ, ㅇ, ㅁ'은 소리를 낼 때 목청을 울리지 않고 나는 소리이다.
⑤ 입안의 통로를 막고 코로 공기를 내보내면서 내는 소리를 '비음'이라고 한다.

중요
03 자음의 분류 이해하기

보기 의 조건을 모두 충족하는 자음이 쓰인 단어로 적절하지 않은 것은?

보기

조건 1. 공기의 흐름을 막았다가 터뜨리면서 내는 소리
조건 2. 숨이 거세게 나오는 소리

① 토마토 ② 카세트 ③ 낚시 ④ 땅콩 ⑤ 피자

서답형
04 안울림소리와 울림소리 이해하기

빈칸에 들어갈 말로 적절한 것을 골라 차례대로 쓰시오.

자음을 소리 내는 방법에 따라 분류했을 때, 파열음과 파찰음, 마찰음은 (유성음 / 무성음)이고, 비음과 유음은 (유성음 / 무성음)이다.

문제풀이

6강

06강

독서 – 인문(철학)

고습도치 딜레마

| 정답 및 해설 | 33쪽

한방에! 개념정리

한방에! 핵심정리

갈래	설명문
주제	'고슴도치 딜레마'에 대한 분석
해제	이 글은 쇼펜하우어의 '고슴도치 딜레마'에 대한 두 정신분석학자의 분석과 탐구에 대해 설명하고 있다. '고슴도치 딜레마'는 쇼펜하우어의 저서에서 처음 등장한 용어로 고슴도치들이 서로의 날카로운 가시에 상처 입지 않기 위해 거리를 두어야 한다는 딜레마를 통해 인간의 애착 형성의 어려움을 보여 주고 있다. 프로이트는 '고슴도치 딜레마'를 심리학의 영역으로 확장하였고 이와 유사하게 도널드 위니캇도 평범한 어머니는 자신의 아이에 대해 양면적인 감정을 가진다고 주장하였다. '고슴도치 딜레마'에 대한 연구는 여러 방면에서 다양하게 이루어졌지만 본래 철학적인 논의에서 파생된 것이기 때문에 심리학적 연구를 위해서는 연구의 범위를 좁혀야 한다는 한계가 있다.

* 문단 중심 내용

1문단	'고슴도치 딜레마' 용어의 기원
2문단	'고슴도치 딜레마'에 대한 프로이트의 분석
3문단	'고슴도치 딜레마'를 심리학의 영역으로 확장한 프로이트
4문단	'고슴도치 딜레마'에 대한 도널드 위니캇의 탐구
5문단	'고슴도치 딜레마'에 대한 연구의 쟁점 및 한계

※ 다음 글을 읽고 물음에 답하시오.

고슴도치 딜레마는 독일의 철학자 쇼펜하우어의 저서에 처음으로 등장한 개념이다. 고슴도치들은 추위를 피하기 위해 모였지만, 서로의 날카로운 가시 때문에 상처를 입는다. 결국 그들은 모인 상태에서도 거리를 두어야 한다. 이러한 과정을 반복한 고슴도치들은 서로 최소한의 간격을 두는 것이 가장 좋은 방법임을 발견한다. 이것이 바로 고슴도치 딜레마이고, 인간의 애착* 형성의 어려움을 비유한 것이다. 이러한 딜레마는 친밀한 관계일수록 불가피해지고, 쇼펜하우어는 외부로부터 따뜻함을 갈망하는 사람은 어느 정도 타인으로부터 상처받을 것을 각오해야 한다고 이야기한다. 다시 말해, 서로를 다치게 하지 않는 유일한 방법은 너무 가까워지는 것을 피하는 것이다.

프로이트는 고슴도치 딜레마를 자신이 저술한 《집단 심리학과 자아의 분석》에서 인용했다. 그는 부부, 친구, 부모-자식 관계와 같은, 장기적인 모든 유형의 인간관계에는 애정 외에도 혐오와 질투, 적대감 등의 부정적인 감정이 남는다고 보았다. 프로이트는 어머니와 아들 관계만이 이러한 관계를 벗어난다고 보았고, 그 이유를 나르시시즘으로 설명했다. 나르시시즘은 어떤 근거로 자신이 굉장히 뛰어난 인물이라고 느끼거나 믿는 자기애적 성격과 행동을 의미한다. 어머니와 아들 관계는 이런 나르시시즘에서 자유로워 부정적인 감정이 쌓이지 않는다고 본 것이다.

프로이트의 수많은 저서는 친밀함에 초점이 맞춰져 있다. 그는 어느 정도가 적절한 친밀함인지, 우리가 살아가는 데 필요한 친밀함의 수준은 어느 정도여야 하는지, 인간은 왜 친밀함을 갈구하면서도 동시에 그것을 거부하는지 탐구했다. 즉, 쇼펜하우어의 고슴도치 딜레마는 대인관계에서 프로이트가 지닌 문제의식과 이어진다고 볼 수 있다.

정신분석학자 도널드 위니캇은 이와 같은 딜레마를 탐구하며 평범한 어머니가 자신이 낳은 자식을 혐오하게 되는 18가지의 이유를 제시했다. 평범한 어머니는 자식을 극도로 사랑하면서 동시에 싫어하는 양면적인 감정을 가진다고 했다. 더해, 자녀에 대한 사랑이 모순적인 면을 가지고 있다고 인정하는 어머니들이 그렇지 않은 어머니들에 비해 자녀에게 공격적으로 굴 확률이 낮다고 보았다.

하지만 이러한 고슴도치 딜레마와 그에 대한 분석은 흥미로운 것이나 근본적으로는 철학적인 논의에서 파생된 것이므로, 심리학적인 연구를 위해서는 명확한 조작적 정의*를 통해 연구의 범위를 좁히는 과정이 필요하다. 또한 대인관계, 애착, 친밀감 등을 연구하는 학자들의 관점에 따라 이 딜레마에 대한 설명이 다소 다를 수 있다.

한방에! 어휘풀이

* 애착(愛着): 몹시 사랑하거나 끌리어서 떨어지지 아니함. 또는 그런 마음.
* 조작적 정의(操作的定義): 사회 조사를 할 때에 사물 또는 현상을 객관적이고 경험적으로 기술하는 정의. 대개는 수량화할 수 있는 내용으로 만들어진다.

01 내용의 전개 방식 파악하기

윗글에 대한 설명으로 적절한 것은?

① 비슷한 개념 여러 개를 비교, 대조하고 있다.
② 하나의 개념을 여러 관점에서 분석하고 있다.
③ 개념 자체가 지닌 한계점을 꼬집어 비판하고 있다.
④ 전문가의 말을 직접 인용하여 설득력을 높이고 있다.
⑤ 현상의 원인과 이에 대한 해결 방안에 대해 설명하고 있다.

02 세부 내용 파악하기

윗글에 대한 이해로 적절하지 않은 것은?

① 프로이트는 쇼펜하우어의 이론을 심리학의 영역으로 확장했다.
② 쇼펜하우어는 친밀한 관계일수록 딜레마가 불가피하다고 주장한다.
③ 도널드 위니캇은 평범한 어머니가 가진 모순적인 감정에 대해 이야기했다.
④ 프로이트는 어머니와 아들 관계만이 나르시시즘에서 자유롭다고 이야기한다.
⑤ 애착 관계와 고슴도치 딜레마에 대한 심리학자들의 관점은 비슷한 경향을 보인다.

6강

중요

03 외적 준거를 통해 작품 이해하기

윗글을 참고하여 보기 를 이해한 내용으로 적절한 것은?

보기

과거 대한민국 사회가 공동체 중심의 사회였다면 지금은 개인주의 사회로 변하고 있다. 또한 남과 비교하고 경쟁하는 등 남을 의식하는 경향이 매우 강해졌다. 이러한 심리적 요인 때문에 누군가와 관계를 유지하고 공동체를 형성하는 것에 어려움과 피곤함을 느끼는 사람들이 점차 증가하고 있다. 그렇게 등장하게 된 것이 바로 '나홀로족'이다.

① 고슴도치 딜레마에 처한 사람은 모두 나홀로족이 되겠군.
② 나홀로족이 되면 고슴도치 딜레마에 미리 대비할 수 있겠군.
③ 나홀로족은 고슴도치 딜레마를 극복하기 위해 노력했다고 볼 수 있겠군.
④ 고슴도치 딜레마를 겪는 사람이 나홀로족이 되면 모든 문제가 해결되겠군.
⑤ 나홀로족은 고슴도치 딜레마를 겪는 사람들이 서로 멀어지기를 택한 예시라고 볼 수 있겠군.

서답형

04 세부 내용 파악하기

다음은 윗글의 내용의 일부를 요약 · 정리한 것이다. ㉠과 ㉡에 들어갈 말로 적절한 것을 차례대로 쓰시오.

고슴도치 딜레마는 (㉠) 관계일수록 불가피해지는데, 이때 프로이트는 어머니와 아들 관계만이 (㉡)에서 자유로워 고슴도치 딜레마의 관계에서 벗어날 수 있다고 보았다.

문제풀이

06강

문학 – 현대시

봄은 고양이로다 _ 이장희

| 정답 및 해설 | 34쪽

한방에! 개념정리

한방에! 핵심정리

갈래	자유시, 서정시
성격	비유적, 감각적
주제	① 대상을 감각적으로 참신하게 묘사함. ② 계절감을 바탕으로 하여 시상을 전개함. ③ 정적인 이미지와 동적인 이미지를 활용하여 대상의 특성을 제시함.
해제	이 작품은 고양이의 모습을 통해 드러나는 봄의 분위기를 노래하고 있다. 고양이의 털, 눈, 입술, 수염을 통해 봄의 향기, 불길, 졸음, 생기 등 봄의 느낌과 분위기를 감각적으로 그려 내고 있다.

※ 다음 글을 읽고 물음에 답하시오.

꽃가루와 같이 부드러운 고양이의 털에
고운 봄의 향기가 어리우도다.

금방울과 같이 호동그란* 고양이의 눈에
미친 봄의 불길이 흐르도다.

고요히 다물은 고양이의 입술에
㉠ 포근한 봄의 졸음이 떠돌아라.

날카롭게 쭉 뻗은 고양이의 수염에
푸른 봄의 생기가 뛰놀아라.

- 이장희, 〈봄은 고양이로다〉 -

한방에! 같이볼작품

고양이가 돌아오는 저녁,
입안의 비린내를 헹궈내고
달이 솟아오르는 창가
그의 옆에 앉는다
이미 궁기는 감춰두었건만
손을 핥고
연신 등을 부벼대는
이 마음의 비린내를 어쩐다?

나는 처마끝 달의 찬장을 열고
맑게 씻은
접시 하나 꺼낸다
오늘 저녁엔 내어줄 게
아무것도 없구나
여기 이 희고 둥근 것이나 핥아보렴

- 송찬호, <고양이가 돌아오는 저녁>

한방에! 어휘풀이

* 호동그란: 호젓하고 조용한.

01 표현상의 특징 파악하기

윗글의 표현상의 특징으로 적절하지 않은 것은?

① 유사한 통사 구조의 반복을 통해 운율을 형성하고 있다.
② 연상의 기법을 통해 대상을 감각적으로 묘사하고 있다.
③ 시각적 · 후각적 · 촉각적 심상이 다양하게 활용되고 있다.
④ 정적인 이미지와 동적인 이미지가 번갈아 나타나고 있다.
⑤ 대상의 이미지보다 대상의 의미를 전달하는 것을 우선시하고 있다.

02 시구의 특징 파악하기

㉠과 동일한 심상이 쓰인 것은?

① 젊은 아버지의 서느런 옷자락
② 좁은 들길에 들장미 열매 붉어
③ 금으로 타는 태양의 즐거운 울림
④ 집집 끼니마다 봄을 씹고 사는 마을
⑤ 발자국 소리 호르락 소리 문 두드리는 소리

중요
03 작품 간의 공통점, 차이점 파악하기

윗글과 보기 를 비교한 내용으로 적절한 것은?

보기

이른 봄 어느 날인가
소리 없이 새싹 돋아나고
산수유 노란 꽃 움트고
목련 꽃망울 부풀며
연녹색 샘물이 솟아오릅니다
까닭 없이 가슴이 두근거리며
갑자기 바빠집니다
단숨에 온 땅을 물들이는
이 초록색 속도
빛보다도 빠르지 않습니까

- 김광규, 〈초록색 속도〉

① 윗글과 〈보기〉 모두 봄을 동물에 비유하여 표현하고 있다.
② 윗글과 〈보기〉 모두 봄의 생명력을 생생하게 표현하고 있다.
③ 윗글은 계절의 변화가 드러나고 있지만, 〈보기〉는 드러나지 않는다.
④ 윗글은 동일한 시어를 반복하고 있지 않지만, 〈보기〉는 반복하고 있다.
⑤ 윗글은 은유법을 주로 사용하고 있지만, 〈보기〉는 직유법을 주로 사용하고 있다.

04 시어의 의미 파악하기

윗글에서 '푸른 봄의 생기'를 연상하게 된 소재를 찾아 2어절로 쓰시오.

06강

문학 – 극수필

이옥설 _ 이규보

| 정답 및 해설 | 35쪽

한방에! 개념정리

한방에! 핵심정리

갈래	고전 수필
성격	교훈적, 유추적, 체험적
주제	잘못을 미리 알고 그것을 고쳐 나가는 자세의 필요성
특징	① 유추적 발상이 적용되고 있음. ② 체험을 통한 깨달음의 구조로 구성됨.
해제	이 작품은 퇴락한 행랑채를 수리한 경험을 통해, 잘못을 알고도 수리하지 않았을 때의 폐해가 얼마나 큰지에 대한 깨달음을 전하면서 이를 인간의 삶과 정치 현실에 유추하여 적용한 교훈적 수필이다. 작품은 '경험-깨달음'의 2단 구성으로 되어 있다.

*내용 구성

경험	행랑채 세 칸을 수리했던 경험
깨달음	행랑채 세 칸을 수리한 경험에서 얻은 깨달음

※ 다음 글을 읽고 물음에 답하시오.

집에 오래 지탱할 수 없이 퇴락*한 행랑채* 세 칸이 있어서 나는 부득이 그것을 모두 수리하게 되었다. 이때 그중 두 칸은 비가 샌 지 오래 되었는데, 나는 그것을 알고도 어물어물하다*가 미처 수리하지 못하였고, 다른 한 칸은 한 번밖에 비를 맞지 않았기 때문에 급히 기와를 갈게 하였다.

[A] 그런데 수리하고 보니, 비가 샌 지 오래된 것은 서까래·추녀·기둥·들보가 모두 썩어서 못 쓰게 되었으므로 경비*가 많이 들었고, 한 번밖에 비를 맞지 않은 것은 재목*들이 모두 완전하여 다시 쓸 수 있었기 때문에 경비가 적게 들었다.

나는 여기에서 이렇게 생각한다. 사람의 몸도 역시 마찬가지이다. 잘못을 알고서도 곧 고치지 않으면 몸이 패망*하는 것이 나무가 썩어서 못 쓰게 되는 이상으로 될 것이고, 잘못이 있더라도 고치기를 꺼려하지 않으면 다시 좋은 사람이 되는 것이 집 재목이 다시 쓰일 수 있는 이상으로 될 것이다.

이뿐만 아니라, 나라의 정사*도 이와 마찬가지다. 모든 일에 있어서, 백성에게 심한 해가 될 것을 머뭇거리고 개혁하지 않다가, 백성이 못살게 되고 나라가 위태하게 된 뒤에 갑자기 변경하려 하면, 곧 붙잡아 일으키기가 어렵다. 삼가지 않을 수 있겠는가?

- 이규보, 〈이옥설〉 -

✓ 한방에! 같이볼작품

어떤 손*이 나에게 이런 말을 했다.
"어제 저녁엔 아주 처참한 광경을 보았습니다. 어떤 불량한 사람이 큰 몽둥이로 돌아다니는 개를 쳐서 죽이는데, 보기에도 너무 참혹하여 실로 마음이 아파서 견딜 수가 없었습니다. 그래서 이제부터는 맹세코 개나 돼지의 고기를 먹지 않기로 했습니다."
이 말을 듣고, 나는 이렇게 대답했다.
"어떤 사람이 불이 이글이글하는 화로를 끼고 앉아서, 이를 잡아서 그 불 속에 넣어 태워 죽이는 것을 보고, 나는 마음이 아파서 다시는 이를 잡지 않기로 맹세했습니다."
손이 실망하는 듯한 표정으로,
"이는 미물*이 아닙니까? 나는 덩그렇게 크고 육중한 짐승이 죽는 것을 보고 불쌍히 여겨서 한 말인데, 당신은 구태여 이를 예로 들어서 대꾸하니, 이는 필연코 나를 놀리는 것이 아닙니까?"
하고 대들었다.
나는 좀 구체적으로 설명할 필요를 느꼈다.
"무릇 피와 기운이 있는 것은 사람으로부터 소, 말, 돼지, 양, 벌레, 개미에 이르기까지 모두가 한결같이 살기를 원하고 죽기를 싫어하는 것입니다. 어찌 큰 놈만 죽기를 싫어하고, 작은 놈만 죽기를 좋아하겠습니까? 그런즉, 개와 이의 죽음은 같은 것입니다. 그래서 예를 들어서 큰 놈과 작은 놈을 적절히 대조한 것이지, 당신을 놀리기 위해서 한 말은 아닙니다. 당신이 내 말을 믿지 못하겠으면 당신의 열 손가락을 깨물어 보십시오. 엄지손가락만이 아프고 그 나머지는 아프지 않습니까? 한 몸에 붙어 있는 큰 지절*과 작은 부분이 골고루 피와 고기가 있으니, 그 아픔은 같은 것이 아니겠습니까? 하물며, 각기 기운과 숨을 받은 자로서 어찌 저 놈은 죽음을 싫어하고 이놈은 좋아할 턱이 있겠습니까? 당신은 물러가서 눈 감고 고요히 생각해 보십시오. 그리하여 달팽이의 뿔을 쇠뿔과 같이 보고, 메추리를 대붕*과 동일시하도록 해 보십시오. 연후에 나는 당신과 함께 도를 이야기하겠습니다."
라고 했다.

- 이규보, <슬견설>

* 손: 다른 곳에서 찾아온 사람.
* 미물(微物): 작고 변변치 않은 물건.
* 지절(支節): 손가락 혹은 발가락.
* 대붕(大鵬): 하루에 구만 리를 날아간다는, 매우 큰 상상의 새.

✓ 한방에! 어휘풀이

* 퇴락(頹落): 낡아서 무너지고 떨어짐.
* 행랑채(行廊채): 대문간 곁에 있는 집채.
* 어물어물하다: 말이나 행동 따위를 시원스럽게 하지 못하고 꾸물꾸물하다.
* 경비(經費): 어떤 일을 하는 데 드는 비용.
* 재목(材木): 목조의 건축물·기구 따위를 만드는 데 쓰는 나무.
* 패망(敗亡): 싸움에 져서 망함.
* 정사(政事): 정치 또는 행정상의 일.

01 서술상의 특징 파악하기

윗글의 서술상 특징으로 적절하지 않은 것은?

① 작가 본인이 이야기를 이끌고 있는 인물로 등장한다.
② 설의법을 활용하여 전하고자 하는 바를 강조하고 있다.
③ 권위 있는 인물의 말을 인용하여 주장의 설득력을 높이고 있다.
④ 문제를 알고 수리한 행랑채와 그렇지 않은 행랑채를 대조하고 있다.
⑤ 대상의 유사성에 의거하여 다른 대상에 적용시킴으로써 자신의 주장을 강화하고 있다.

* 의거하다(依據하다): 어떤 사실이나 원리 따위에 근거하다.

02 작품의 주제 파악하기

윗글의 '나'가 [A]를 통해 깨달은 바로 적절한 것은?

① 잘못을 저지르면 먼저 사과해야 한다는 것을 깨달았다.
② 오래된 물건은 함부로 수리해서는 안 된다는 것을 깨달았다.
③ 경비를 많이 들여 집을 짓는 것이 중요하다는 것을 깨달았다.
④ 일을 할 때 실수를 하지 않고 신중해야 한다는 것을 깨달았다.
⑤ 잘못은 알았을 때 미루지 말고 빨리 고쳐야 한다는 것을 깨달았다.

03 외적 준거와 비교하여 작품 감상하기

보기 와 윗글을 비교한 내용으로 적절한 것은?

보기

1999년 4월 29일 오후 12시 30분, 나는 다섯 번째 도전 만에 드디어 안나푸르나의 정상을 밟았다. 이 순간을 얼마나 고대했던가. 마음속에서 참았던 눈물이 터져 나왔다.

왜 산에 오르는가? 내려올 것이면서 왜 목숨을 걸고 산에 오르는가? 산을 오른다는 것은 산속으로 들어가는 것이다. 산속으로 들어가면서 산을 알게 되고, 배우게 되고, 또 이해하게 된다. 안나푸르나는 정상을 앞두고 자만에 빠져서는 안 된다는 것을, 정상에 올랐다는 결과보다는 정상에 오르는 과정이 중요함을 알려 주었다. 안나푸르나에 오르면서 나는 거대한 존재 앞에서 고개 숙일 줄 알게 되었고, 평온과 겸허를 배울 수 있었다.

- 엄홍길, 〈살아 있는 한 다시 올 수 있다〉

① 〈보기〉와 달리 윗글은 화자가 직접적으로 드러나 있다.
② 〈보기〉와 달리 윗글은 화자의 강한 의지가 드러나 있다.
③ 〈보기〉와 윗글은 모두 작가가 관찰자의 시점에서 서술하고 있다.
④ 〈보기〉와 윗글은 모두 사회 문제에 대한 작가의 견해를 밝히고 있다.
⑤ 〈보기〉와 윗글은 모두 작가의 경험을 통해 얻은 깨달음을 서술하고 있다.

서답형

04 핵심 내용 파악하기

빈칸에 들어갈 말을 윗글에서 찾아 쓰시오.

윗글은 고전 수필로, '나'가 퇴락한 행랑채 세 칸을 수리했던 경험에서 얻은 깨달음을 사람의 몸과 (　　　)(으)로 확장하여 서술하고 있다.

문제풀이

복습하기

문법

1. 소리 나는 위치에 따른 분류

입술소리	두 입술 사이에서 나는 소리 → ㅂ, ㅃ, ㅍ, ㅁ
잇몸소리	윗잇몸과 혀끝이 닿아서 나는 소리 → [1] ☐, ㄸ, ㅌ, ㅅ, ㅆ, ㄴ, ㄹ
[2] ☐☐☐☐☐☐	센입천장과 혓바닥 사이에서 나는 소리 → ㅈ, ㅉ, ㅊ
여린입천장소리	여린입천장과 혀의 뒷부분 사이에서 나는 소리 → ㄱ, ㄲ, ㅋ, ㅇ
[3] ☐☐☐☐	목청 사이에서 나는 소리 → ㅎ

2. 소리 내는 방법에 따른 분류 - 파열음, 파찰음, [4] ☐☐☐, [5] ☐☐, 유음

3. 소리의 세기에 따른 분류

[6] ☐☐☐☐	성대를 편안히 둔 상태에서 보통의 세기로 나는 소리
[7] ☐☐☐	성대가 긴장된 상태에서 숨이 거의 없이 나는 소리
거센소리	숨이 거세게 나오는 소리

비문학

1문단	'고슴도치 딜레마' 용어의 기원
2문단	'고슴도치 딜레마'에 대한 [8] ☐☐☐☐의 분석
3문단	'고슴도치 딜레마'를 [9] ☐☐☐의 영역으로 확장한 프로이트
4문단	'고슴도치 딜레마'에 대한 도널드 위니캇의 탐구
5문단	'고슴도치 딜레마'에 대한 연구의 쟁점 및 한계

문학 - 봄은 고양이로다(이장희)

1연	봄의 향기 – 고양이의 [10] ☐	3연	봄의 졸음 – 고양이의 입술
2연	봄의 [11] ☐☐ – 고양이의 눈	4연	봄의 [12] ☐☐ – 고양이의 수염

문학 - 이옥설(이규보)

체험	[13] ☐☐☐ 세 칸을 수리했던 경험

⬇

깨달음	[14] ☐☐을 미리 알고 그것을 고쳐 나가는 자세의 필요성

정답

1 ㄷ 2 센입천장소리 3 목청소리 4 마찰음 5 비음 6 예사소리 7 된소리 8 프로이트 9 심리학 10 털 11 불길 12 생기 13 행랑채 14 잘못

한수

07

Contents

매체

매체의 표현 방법 ········· 82

독서

가격 규제 정책 ········· 84

문학

나무 _ 박목월 ········· 86

하늘은 맑건만 _ 현덕 ········· 88

복습하기 ········· 91

07강 매체

매체의 표현 방법

| 정답 및 해설 | 37쪽

한방에! 개념정리

한방에! 핵심정리

갈래	카드 뉴스
주제	'거짓말을 하면 벌을 받는다'는 사실이 아이들의 진실성에 미치는 영향
특징	① 이미지를 삽입하여 가독성을 높임. ② 공적으로 보도된 뉴스의 핵심을 간추려 일목요연하게 전달함.

* **픽토그램**
사진을 뜻하는 픽토(picto)와 전보를 뜻하는 텔레그램(telegram)의 합성어로, 사물, 시설, 형태, 개념 등을 누가 보더라도 쉽게 알아볼 수 있는 상징적인 그림으로 나타낸 언어 체계

※ 다음은 카드 뉴스이다. 물음에 답하시오.

[카드 1]

괜찮아, 사람이야
'거짓말을 하면 벌을 받는다'는 사실은
사람들의 진실성에 어떤 영향을 미칠까요?

[카드 2]

Moral Tales With Positive Outcomes Motivate Kids to Be Honest

토론토대학 응용심리학과 강리 교수팀
3세에서 7세 아동 268명을 대상을 진행

3세에서 7세 아동을
대상으로 실시된
'거짓말'에 관련된 실험

[카드 3]

Crash! Vroom! Grrr

아이들 등 뒤에는
장난감이 있습니다.
아이들은 소리만 듣고
어떤 장난감인지
맞춰야 하죠

[카드 4]

Aa Bb Cc

처음엔 맞추기 쉬운
소리들을 들려줍니다.
그러나 점점 더
높아지는 난이도

[카드 5]

뒤 돌아서 장난감
확인하지 마

아이들이 혼란스러워 할 때쯤
연구자는 잠시
자리를 비웁니다

[카드 6]

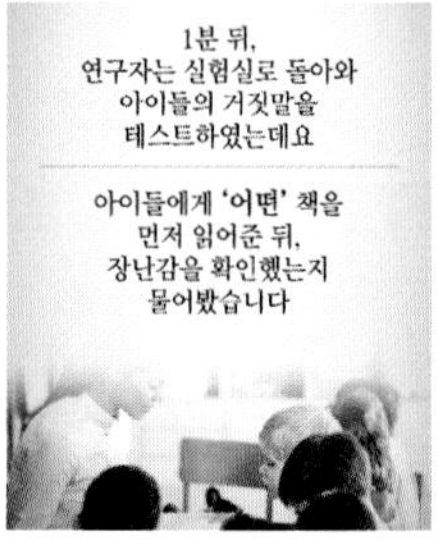

1분 뒤,
연구자는 실험실로 돌아와
아이들의 거짓말을
테스트하였는데요

아이들에게 '어떤' 책을
먼저 읽어준 뒤,
장난감을 확인했는지
물어봤습니다

[카드 7]

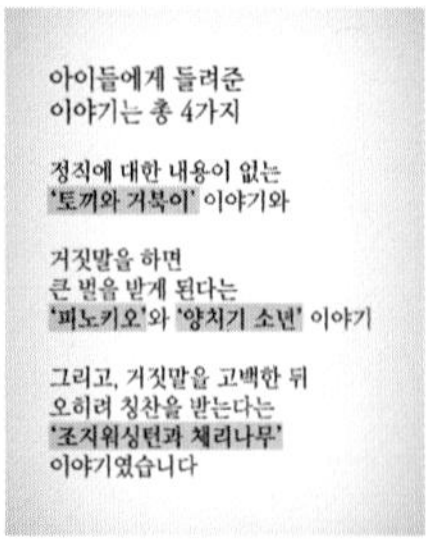

아이들에게 들려준
이야기는 총 4가지

정직에 대한 내용이 없는
'토끼와 거북이' 이야기와

거짓말을 하면
큰 벌을 받게 된다는
'피노키오'와 '양치기 소년' 이야기

그리고, 거짓말을 고백한 뒤
오히려 칭찬을 받는다는
'조지워싱턴과 체리나무'
이야기였습니다

[카드 8]

결과는 어땠을까요?

[카드 9]

"토끼와 거북이"
1/3
뒤를 돌아보았다

거짓말과는 상관없는
'토끼와 거북이 이야기'를
들은 아이들은
3분의 1만이 뒤를 보았다고
고백했습니다

[카드 10]

조지워싱턴과 체리나무

"조지워싱턴과 체리나무"
50%+
정직한 대답

반면 거짓말을 고백한 뒤
칭찬을 받는다는 내용의
'조지워싱턴과 체리나무'
이야기를 들은 아이들은
절반 넘게 정직한 대답을
하였습니다

01 매체 자료의 효과 파악하기

윗글에 사용된 매체 표현 방식으로 적절하지 <u>않은</u> 것은?

① [카드 1]에서는 뉴스의 중심 주제와 관련된 캐릭터를 삽입함으로써 내용을 예측하게 하고 있다.
② [카드 2]에서는 다양한 이미지를 삽입하여 가독성을 높이고 있다.
③ [카드 3]에서는 실험 내용을 설명하는 이미지를 삽입함으로써 독자의 이해를 돕고 있다.
④ [카드 7]에서는 형광펜을 활용하여 강조하고자 하는 문장을 효과적으로 드러내고 있다.
⑤ [카드 9], [카드 10]에서는 선명한 색의 큰 숫자와 사람 모양 그래프를 통해 실험의 결과를 직관적으로 파악할 수 있도록 유도하고 있다.

* 가독성(可讀性): 인쇄물이 얼마나 쉽게 읽히는가 하는 능률의 정도. 활자체, 글자 간격, 행간(行間), 띄어쓰기 따위에 따라 달라진다.

02 매체의 언어적 표현 파악하기

[카드 10]의 내용이 올바르지 <u>않은</u> 이유로 적절한 것은?

① 실험 결과를 글쓴이의 주관에 따라 자의적으로 해석하였다.
② 카드 이미지와 글의 정보가 일치하지 않아 독자들에게 혼란을 주었다.
③ 이미지를 과도하게 삽입하여 독자들이 글의 내용을 한 번에 파악하지 못한다.
④ 글의 주제와 관련이 없는 이미지를 삽입하여 내용을 분명하게 전달하지 못한다.
⑤ 이야기의 제목과 내용이 서로 일치하지 않아 이야기의 주제가 무엇인지 정확히 알 수 없다.

* 자의적(恣意的): 일정한 질서를 무시하고 제멋대로 하는.

7강

중요 03 매체 자료의 적절성 판단하기

보기 는 윗글과 같은 내용을 다룬 인터넷 신문 기사이다. 윗글과 보기 를 비교한 것으로 적절하지 <u>않은</u> 것은?

보기

〈'피노키오 효과' 아이들에게 실험해 보니…〉

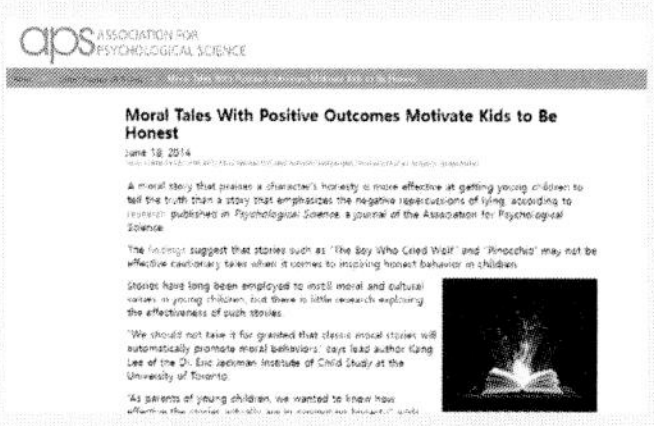
aps ASSOCIATION FOR PSYCHOLOGICAL SCIENCE

Moral Tales With Positive Outcomes Motivate Kids to Be Honest

June 18, 2014

A moral story that praises a character's honesty is more effective at getting young children to tell the truth than a story that emphasizes the negative repercussions of lying, according to research published in Psychological Science, a journal of the Association for Psychological Science.

The findings suggest that stories such as "The Boy Who Cried Wolf" and "Pinocchio" may not be effective cautionary tales when it comes to inspiring honest behavior in children.

Stories have long been employed to instill moral and cultural values in young children, but there is little research exploring the effectiveness of such stories.

"We should not take it for granted that classic moral stories will automatically promote moral behaviors," says lead author Kang Lee of the Dr. Eric Jackman Institute of Child Study at the University of Toronto.

"As parents of young children, we wanted to know how

10년 넘게 아동들의 거짓말을 연구해 온 캐나다 토론토대학의 연구진이 흥미로운 실험 결과를 내놓았다. 3세에서 7세 아동 268명을 대상으로 한 이번 실험에서는 아이들의 등 뒤에 있는 장난감을 소리만 듣고 어떤 장난감인지 맞추게 하였는데, 연구자들은 아이들에게 장난감을 확인하기 전 거짓말과 관련된 네 개의 이야기를 읽어주었다. 그 결과 거짓말을 고백한 뒤 칭찬을 받는다는 내용의 이야기를 들은 아이들만이 절반 넘게 정직한 대답을 한 것으로 나타났다. (후략)

① 윗글과 〈보기〉 모두 종이를 전제로 한 인쇄 매체에 해당한다.
② 윗글과 〈보기〉 모두 글이나 시각적 이미지를 활용하여 내용을 전달하고 있다.
③ 윗글은 〈보기〉와 달리 짧은 글을 이미지와 함께 전달한다.
④ 윗글은 〈보기〉와 달리 모바일 환경에서 쉽게 읽을 수 있도록 제작되었다.
⑤ 윗글은 〈보기〉와 달리 의문의 형식을 사용하여 독자의 몰입감을 높이고 있다.

서답형 04 매체 언어의 표현 방법 파악하기

보기 에서 설명하는 개념이 사용된 두 부분을 찾아 차례대로 쓰시오. (단, 카드의 숫자만을 적을 것.)

보기

사물, 시설, 형태, 개념 등을 누가 보더라도 쉽게 알아볼 수 있는 상징적인 그림으로 나타낸 언어 체계로, 의미를 직관적으로 이해할 수 있다는 장점이 있다.

07강

독서 – 사회(경제)

가격 규제 정책

| 정답 및 해설 | 38쪽

한방에! 개념정리

한방에! 핵심정리

갈래	설명문
주제	가격 규제 정책의 개념과 정책을 활용하는 구체적 사례
해제	이 글은 정부가 시장에서 형성된 가격을 무시하고 직접 가격을 규제하는 정책인 가격 규제 정책에 대해 소개하고 있다. 가격 규제 정책은 최저 가격제와 최고 가격제로 나뉘는데, 최저 가격제란 상품의 하한가 또는 최저가를 설정하여 가격이 그 이하로 하락하지 못하게 막는 제도이고, 최고 가격제는 가격 상한을 설정하여 그 이하 금액으로만 거래하도록 통제하는 제도이다. 가격 규제 정책은 생산자와 소비자를 보호하기 위한 측면에서는 긍정적이나, 인력을 비효율적으로 활용하고, 암시장이 성행될 가능성이 있으며, 기업이 규제를 피할 수 있는 수단을 찾게 된다는 점에서 부작용이 있다.

*문단 중심 내용

1문단	가격 규제 정책의 개념
2문단	최저 가격제의 개념과 사례
3문단	최고 가격제의 개념과 사례
4문단	가격 규제 정책의 부작용

한방에! 어휘풀이

* 담합(談合): 경쟁 입찰을 할 때에 입찰 참가자가 서로 의논하여 미리 입찰 가격이나 낙찰자 따위를 정하는 일.

※ 다음 글을 읽고 물음에 답하시오.

애덤 스미스는 《국부론》에서 전통적인 시장경제는 기본적으로 공급과 수요라는 보이지 않는 손에 의해 자율적으로 상품의 가격이 조정될 수 있다고 보았다. 하지만 실제로는 담합*과 독점 등의 행위로 상품의 가격이 지나치게 높아지거나, 상품의 가격이 외부적인 요인으로 인해 폭락하여 공급자의 권익이 보장받기 힘들어지는 상황이 발생한다. 가격 규제 정책이란 이렇게 시장에서 결정된 가격을 무시하고, 정부가 물가를 안정시키고 생산자와 소비자를 보호하기 위한 목적으로 가격을 규제하는 정책을 일컫는다.

가격 규제 정책은 크게 ㉠ 최저 가격제와 최고 가격제 두 가지로 나뉜다. 최저 가격제란 상품 생산자의 이익을 보호하고자 정부가 상품의 하한가 또는 최저가를 설정해서 그 이하로 가격이 하락하지 못하게 막는 제도를 말한다. 가령 닭고기를 예로 들면, 조류인플루엔자가 유행해 실제로 출하되는 닭고기의 품질이나 안전성과 상관없이 값이 낮아지는 경우가 있다. 이 경우에는 국가가 닭고기를 매입해 공공 배식에 활용하여 생산자의 손해를 덜어 주거나, 위축된 닭고기 소비 심리를 정상화하기 위해 잘못된 인식을 바로잡고자 전단 등을 배부하게 된다.

최고 가격제는 생필품 등의 공급량을 의도적으로 줄이거나 가격을 올리는 담합 등이 발생할 경우, 물가 안정과 소비자 보호를 목적으로 정부가 가격 상한을 설정하여 그 이하 금액으로만 거래하도록 통제하는 제도이다. 대표적인 예로 아파트 임대료 규제 등이 있다. 자택 대신 월세나 전세로 아파트 등을 임대하여 살아가는 이들은 대부분 서민층으로, 아파트 임대료가 지나치게 오르면 살 곳이 없어지게 된다. 따라서 국민의 권익을 보호하기 위해 국가가 법적으로 규제하는 것이다. 이외에도 국가는 공공 서비스 요금에 가격 상한제를 지정하거나, 독점 기업에 대한 규제를 시행하거나, 금융 이자율을 제한하여 통화량을 조절하는 방식으로 가격을 통제한다.

하지만 가격 규제에도 부작용이 있다. 규제 준수를 확인하기 위해 인력을 비효율적으로 쓰게 되는 경우가 있으며, 가격 규제로 인해 암시장이 성행할 수 있다는 것이다. 게다가 기업은 이윤 추구가 최우선 목적이기 때문에, ㉡ 규제를 피할 수 있는 수단을 찾게 된다.

01 세부 내용 이해하기

윗글에 대한 이해로 가장 적절한 것은?

① 주택 임대료를 제한하는 정책도 가격 규제 정책에 해당한다.
② 애덤 스미스는 전통적인 시장경제에서 담합이 일어날 수 있다고 보았다.
③ 가격 규제 정책은 소비자만을 보호하기 위해 정부가 실시하는 정책이다.
④ 공공 서비스 요금이 저렴한 것은 가격 경쟁이 활발한 영역이기 때문이다.
⑤ 가격 규제는 국가 정책이므로 기업은 이익이 감소하더라도 이를 피해 갈 수 없다.

02 중심 내용 이해하기

㉠에 해당하는 정책으로 적절한 것은?

① 담합 규제 정책
② 최저 임금제 정책
③ 금융 이자 규제 정책
④ 독점 기업 규제 정책
⑤ 공공요금 가격 상한제

7강

중요 03 구체적 사례에 적용하기

보기 에서 ㉡에 해당하는 사례를 모두 고른 것은?

보기

ㄱ. 샴푸의 가격을 낮추는 대신 고가의 샴푸가 포함된 패키지의 가격을 올리는 것
ㄴ. 향수의 가격은 그대로 유지하면서 품질을 높이고 고급스러운 포장으로 변경하여 구매를 유도하는 것
ㄷ. 햄버거의 가격을 그대로 유지하는 대신 돼지고기의 원산지를 국내산에서 더 저렴한 미국산으로 바꾸는 것

① ㄱ　② ㄱ, ㄴ　③ ㄱ, ㄷ　④ ㄴ, ㄷ　⑤ ㄱ, ㄴ, ㄷ

서답형 04 세부 내용 파악하기

다음은 최저 가격제와 최고 가격제를 보호 주체를 중심으로 구분한 것이다. 빈칸에 들어갈 말로 적절한 것을 골라 차례대로 쓰시오.

최저 가격제는 (생산자 / 소비자)를 보호하기 위한 제도이고, 최고 가격제는 (생산자 / 소비자)를 보호하기 위한 제도이다.

문제풀이

07 강

문학 – 현대시

나무 _ 박목월

| 정답 및 해설 | 40쪽

한방에! 개념정리

한방에! 핵심정리

갈래	자유시, 서정시
성격	상징적, 감각적
주제	나무를 통한 삶의 고독과 성찰
특징	① 공간의 이동에 따라 시상을 전개하고 있음. ② 자연물에 감정을 이입하여 내면을 형상화함. ③ 구체적 지명과 시간의 표현을 통해 현장감을 살림.
해제	이 작품은 화자가 여행을 통해 자신의 내면 속 고독을 발견하게 되는 과정을 그리고 있다. 화자는 여행의 과정에서 여러 모습의 나무를 만나며 수도승, 과객, 파수병의 이미지를 떠올리는데, 이는 모두 고독하고 쓸쓸한 모습이다. 화자는 그러한 나무들에 감정을 이입하면서 외롭고 쓸쓸한 자신의 심정을 드러내고 있다. 나무의 본질과 자신의 내면이 닮아 있음을 깨닫는 과정을 통해 인간의 고독은 벗어날 수 없는 삶의 본질임을 말하고 있다.

※ 다음 글을 읽고 물음에 답하시오.

유성에서 조치원으로 가는 어느 들판에 우두커니 서 있는 한 그루 늙은 ㉠ 나무를 만났다. **수도승**일까. 묵중하게* 서 있었다.

다음 날은 조치원에서 공주로 가는 어느 가난한 마을 어귀에 그들은 떼를 져 몰려 있었다. 멍청하게 몰려 있는 그들은 어설픈 **과객***일까. 몹시 추워 보였다.

공주에서 온양으로 우회하는 뒷길 어느 산마루에 그들은 멀리 서 있었다. 하늘 문을 지키는 **파수병***일까, 외로워 보였다.

온양에서 **서울**로 돌아오자, 놀랍게도 그들은 이미 **내 안에 뿌리**를 펴고 있었다. 묵중한 그들의. 침울한 그들의. 아아 고독한 모습. 그 후로 나는 뽑아낼 수 없는 몇 그루의 ㉡ 나무를 기르게 되었다.

- 박목월, 〈나무〉 -

한방에! 작가소개

박목월(1915~1978)

1915년 경상북도 월성군(현재의 경주)에서 태어났다. 1946년 무렵부터 교직에 종사하여 대구 계성중학교, 이화여자고등학교 교사를 거쳐 서울대학교 음악대학, 연세대학교, 홍익대학교 등에서 교편을 잡았으며, 1962년부터 한양대학교 교수로 재임했다. 1939년 9월 문예지에서 정지용에 의해 시 <길처럼>, <그것은 연륜이다>가 추천됨으로써 시단에 등장하였고, <산그늘>, <가을 으스름>, <연륜(年輪)> 등을 발표하며 본격적으로 시인의 길을 걷기 시작하였다. 1946년에는 조지훈, 박두진과 함께 3인 시집 《청록집》을 발행하였다. 대표적인 작품으로는 <나그네>, <하관>, <어머니> 등이 있다.

한방에! 어휘풀이

* 묵중하다(默重하다): 말이 적고 몸가짐이 신중하다.
* 과객(過客): 지나가는 나그네.
* 파수병(把守兵): 경계하여 지키는 일을 하는 병정.

01 표현상의 특징 파악하기

윗글에 대한 설명으로 적절하지 않은 것은?

① 대상을 의인화하여 대상에 대한 화자의 태도를 드러내고 있다.
② 유사한 문장 구조를 반복적으로 제시하여 의미를 심화하고 있다.
③ 감탄사를 활용하여 대상과 화자가 동일시되는 모습을 나타내고 있다.
④ 계절의 변화에 따라 시상을 전개하면서 작가의 내면을 형상화하고 있다.
⑤ 하나의 대상을 다양한 이미지로 비유하여 대상이 지닌 의미를 드러내고 있다.

02 시어의 의미 파악하기

㉠과 ㉡을 비교한 것으로 적절한 것은?

① ㉠과 ㉡ 모두 현실의 문제를 해결할 수 있는 대상이다.
② ㉠과 ㉡ 모두 화자가 지향하고자 하는 삶의 자세를 의미한다.
③ ㉠은 ㉡과 달리 다양한 모습으로 변화할 수 있는 대상이다.
④ ㉡은 ㉠과 달리 화자의 내면에 존재하는 대상이다.
⑤ ㉡은 ㉠과 달리 화자가 지역을 돌아다니면서 발견한 대상이다.

7강

중요

03 외적 준거를 통해 작품 감상하기

보기를 참고하여 윗글을 감상한 것으로 적절하지 않은 것은?

보기

박목월의 〈나무〉는 자신의 내면에 자리한 근원적 고독을 발견하게 되는 과정을 그리고 있다. 이때 여행은 새로운 인식을 얻는 과정으로, 화자는 여행을 시작하면서 외롭고 고독한 '나무'를 발견하고, 이를 다양한 대상으로 비유한다. 여행의 끝에서는 나무의 본질과 자신의 내면이 닮아있음을 깨닫게 된다. 이를 통해 결국 인간의 고독은 벗어날 수 없는 삶의 본질이라는 깨달음을 얻게 된다.

① '유성'은 새로운 인식을 얻는 첫 번째 공간에 해당하겠군.
② '수도승'과 '과객'은 외롭고 고독한 존재를 의미하겠군.
③ 화자는 하늘 문을 지키는 '파수병'이 자신과 닮아있다고 생각하겠군.
④ '서울'은 여행의 종착지로, 깨달음을 완성시킨 공간에 해당하겠군.
⑤ 나무가 '내 안에 뿌리'를 내렸다는 것은 자신의 내면에 고독이 자리잡았음을 의미하겠군.

* 근원적(根源的): 사물이 비롯되는 근본이나 원인이 되는.
* 종착지(根源的): 마지막으로 도착하는 곳.

04 유사한 시어 파악하기

윗글에서 '나무'를 비유한 시어 세 개를 찾아 차례대로 쓰시오.

07강

문학 – 현대소설

하늘은 맑건만 _ 현덕

| 정답 및 해설 | 41쪽

한방에! 개념정리

한방에! 핵심정리

갈래	단편 소설, 성장 소설
성격	사실적, 동화적
주제	양심을 지키며 정직하게 사는 삶의 중요성
특징	① 갈등을 겪으며 성장하는 인물의 모습이 잘 드러남. ② 사건 진행에 따른 주인공의 심리가 구체적으로 드러남. ③ 작품의 배경이 일제 강점기임을 짐작할 수 있는 소재를 사용함.
해제	이 작품은 도덕적으로 잘못된 행동을 하게 된 주인공 문기가 겪는 내적 갈등과, 그의 친구 수만이 사이의 외적 갈등이 잘 드러난 소설이다. 제목의 '하늘은 맑'다는 표현은 거짓 없고 순수한 마음을 나타내며 정직하지 못한 행동으로 인해 어둡고 무겁기만 한 문기의 마음과 대조적인 의미를 지닌다. '맑은 하늘'은 문기에게 떳떳이 하늘을 쳐다볼 수 있는, 즉 남을 떳떳이 대할 수 있는 마음을 가져야 함을 느끼게 한다.

※ 다음 글을 읽고 물음에 답하시오.

[앞부분 줄거리] 숨겨둔 공과 쌍안경이 없어진 것을 발견한 문기는 숙모나 삼촌에게 자신의 잘못이 발각되었을까 봐 불안해한다. 며칠 전 문기는 숙모의 심부름으로 고깃간*에 갔다가 주인의 실수로 거스름돈을 더 많이 받았는데, 친구인 수만의 꼬드김에 넘어가 그만 거스름돈으로 공과 쌍안경을 사고 군것질을 한 것이다. 방에서 공과 쌍안경을 본 삼촌에게 문기는 수만이 준 것이라고 거짓말하고, 삼촌은 문기에게 나쁜 마음을 먹지 말라고 충고한다.

문기는 아랫방에 내려와 혼자 되자 삼촌 앞에서보다 갑절* 얼굴이 달아올랐다. ㉠ 지금까지 될 수 있는 대로 생각지 않으려고 힘을 써 오던 그편에 정면으로 제 몸을 세워 놓고 보지 않을 수 없었다. 그러자 자기라는 몸은 벌써 삼촌의 이른바 나쁜 데 빠지고 만 것이었다. 그야 자기는 수만이가 시켜서 한 일이니까 잘못이 없다는 것이지만 당초*에 그것은 제 허물을 남에게 밀려는 얄미운 구실이 아니고 뭐냐. 그리고 문기는 이미 삼촌을 속였다. 또 써서는 아니 될 돈을 쓰고 말았다. 아아, 일찍이 어머니를 여의고, 아버지란 사람은 일상 천냥만냥* 하고 허한 소리만 하면서 남루한* 주제에 거처가 없이 시골, 서울로 돌아다니는 사람이고, 어려서부터 문기를 길러 낸 사람이 삼촌이었다. 그리고 조카의 장래를 자기의 그것보다 더 중히 알고 염려하며 잘되어 주기를 바라는 삼촌이었다. 그 삼촌의 기대에 어그러지지 않는 인물이 되어 보이겠다고 엊그제도 주먹을 쥐고 결심하던 문기가 아니냐. ㉡ 생각할수록 낯이 뜨거워지는 일이다.

마침내 문기는 공과 쌍안경을 집어 들고 문밖으로 나갔다. 어둑어둑 저물어가는 행길*이다. 문기는 골목으로 들어섰다. 대낮에 많은 사람 가운데에서 거리낌 없이 가지고 놀던 그 공이 지금은 사람이 드문 골목 안에서도 남이 볼까 두려워졌다. 컴컴해질수록 더 허옇게 드러나 보이는 커다란 공을 처치하기에 곤란해 문기는 옆으로 꼈다 뒤로 돌렸다 하며 사람의 눈을 피한다. 쌍안경이 든 불룩한 주머니가 또 성화다. 골목 하나를 돌아서 나올 즈음, 문기는 모르고 흘리는 것인 양 슬며시 쌍안경을 꺼내 길바닥에 떨어뜨렸다. 그리고 걸음을 빨리 건너편 골목으로 들어간다.

개천가 앞에 이르렀다. 거기서 문기는 커다란 공을 바지 앞에 품고 앉아서 길 가는 사람이 없기를 기다린다.

자전거가 가고 노인이 오고 동이 뜬 그 중간을 타서 문기는 허옇게 흐르는 물 위로 공을 던져 버렸다. 이어 양복 안주머니에 간직해 두었던 나머지 돈을 꺼내 들었다. 그것도 마저 던져 버리려다가 문득 들었던 손을 멈춘다. 그리고 잠시 둥실둥실 물을 따라 떠나가는 공을 통쾌한 듯 바라보다가는 돌아서 걸음을 옮긴다.

문기는 삼거리 고깃간을 향해 갔다. 그리고 골목으로 돌아가 나머지 돈을 종이에 싸서 담 너머로 그 집 안마당을 향해 던졌다.

㉢ 그제야 문기는 무거운 짐을 풀어 놓은 듯 어깨가 거뜬했다. 아까 물 위로 둥실둥실 떠가던 그 공, 지금은 벌써 십 리고 이십 리고 멀리 떠갔을 듯싶은 그 공과 함께 문기는 자기의 허물도 멀리 사라져 깨끗이 벗어난 듯 속이 후련했다. 그리고,

"다시는, 다시는……."

하고 문기는 두 번 다시 그런 허물을 범하지 않겠다고 백번 다지며 집을 향해 돌아간다.

ⓐ 그러나 문기는 그것만으로는 도저히 자기 허물을 완전히 벗을 수 없었다. 그가 자기 집 어귀에 이르렀을 때 뜻하지 않은 것이 기다리고 있다 나타났다.

"너 어디 갔다 오니?"

하고 컴컴한 처마 밑에서 수만이가 튀어나오며 반긴다.

"지금 느이 집에 다녀오는 길이다."

그리고 문기 어깨에 팔 하나를 걸고 행길을 향해 돌아서며,

"어서 가자."

약조한* 환등* 틀을 사러 가자는 것이다. 극장 앞 장난감 가게에 있는 조그만 환등 틀을 오고 가는 길에 물건도 보고 금도 보아 두었던 것이다. 그리고 오늘 낮에도 보고 온 것이건만 수만이는,

"그새 팔리지나 않았을까?"

하고 걸음을 재촉한다. 문기는 생각 없이 몇 걸음 끌려가다가는 갑자기 그 팔을 쳐 내리며 물러선다.

"난 싫다."

수만이는 어리둥절해 쳐다본다.

"뭐 말야? 환등 틀 사기 싫단 말야?"

"난 인제 돈 가진 것 없다."

"뭐?"

하고 수만이는 의외라는 듯 눈이 둥그레지다가는 금세 능청스러운 웃음을 지으며

ⓔ "너 혼자 두고 쓰잔 말이지? 그러지 말구 어서 가자."

"정말 없어. 지금 고깃간 집 안마당으로 던져 주고 오는 길야. 공두 쌍안경두 버리구."

하고 문기는 증거를 보이느라고 이쪽저쪽 주머니를 털어 보이는 것이나 수만이는 흥 하고 코웃음을 친다.

"누군 너만 못 약을 줄 아니?"

그리고 연신 빈정댄다.

"고깃간 집 마당으로 던졌다? 아주 핑계가 됐거든."

"거짓말 아니다. 참말야."

할 뿐, 문기는 어떻게 변명할 줄을 몰라 쳐다보기만 하다가 고개를 떨어뜨리고 울상을 한다.

"오늘 작은아버지에게 막 꾸중 듣구. 그리고 나두 인젠 그런 건 안 헐 작정이다."

ⓜ "그래도 나하고 약조헌 건 실행해야지. 싫으면 너는 빠져도 좋아. 그럼 돈만 이리 내."

하고 턱 밑에 손을 내민다.

"정말 없대두 그래."

수만이는 내밀었던 손으로 대뜸 멱살을 잡는다.

"이게 그래두 느물거려*."

이런 때 마침 기침을 하며 이웃집 사람이 골목으로 들어서자 수만이는 슬며시 물러선다. 그러나,

"낼은 안 만날 테냐, 어디 두고 보자."

하고 피해 가는 문기 등을 향해 소리쳤다.

- 현덕, 〈하늘은 맑건만〉 -

＊ 전체 줄거리

문기는 어려운 형편 탓에 삼촌의 집에 얹혀 산다. 어느 날, 문기는 숙모의 심부름을 갔다가 고깃간 주인에게 거스름돈을 더 받게 된다. 수만이와 함께 거스름돈을 써 버린 뒤, 문기는 삼촌의 훈계를 듣고 거스름돈으로 샀던 공과 쌍안경을 버리고 남은 돈은 고깃간 안마당으로 던진다. 그러나 문기는 돈을 내놓으라는 수만이의 협박을 견디지 못하고 숙모의 돈을 훔쳐 수만이에게 주고 만다. 이로 인해 아랫집에서 심부름을 하는 아이인 점순이가 누명을 쓰고 쫓겨난다. 문기는 모든 일을 자백하기 위해 담임 선생님을 찾아갔지만 아무 말도 하지 못하고, 돌아오는 길에 교통사고를 당한다. 병원에 입원한 문기는 마침내 삼촌에게 그동안의 일을 모두 사실대로 고백하고 마음이 후련해진다.

한방에! 어휘풀이

- 고깃간(고깃間): 예전에, 쇠고기나 돼지고기 따위의 고기를 끊어 팔던 가게.
- 갑절: 어떤 수나 양을 두 번 합한 만큼.
- 당초(當初): 일이 생기기 시작한 처음.
- 천냥만냥(千兩萬兩): '노름'을 달리 이르는 말.
- 남루하다(襤褸하다): 옷 따위가 낡아 해지고 차림새가 너저분하다.
- 행길: '한길(사람이나 차가 많이 다니는 넓은 길)'의 방언.
- 약조하다(襤褸하다): 조건을 붙여서 약속하다.
- 환등(幻燈): 그림, 사진, 실물 따위에 강한 불빛을 비추어 그 반사광을 렌즈에 의하여 확대하여서 영사(映射)하는 조명 기구. 또는 그 불빛.
- 느물거리다: 말이나 행동을 자꾸 능글맞게 하다.

01 핵심 내용 파악하기

윗글에서 문기와 수만 사이에 갈등이 일어난 원인으로 적절한 것은?

① 문기가 공과 쌍안경을 잃어버린 것
② 수만이 문기를 기다렸지만 만나지 못한 것
③ 문기가 삼촌에게 수만에 대해 이야기한 것
④ 수만이 문기 때문에 문기 삼촌의 꾸중을 들은 것
⑤ 문기가 남은 돈을 고깃간 안마당으로 던져 버린 것

02 인물의 심리 파악하기

㉠~㉤에서 알 수 있는 인물의 심리로 적절하지 않은 것은?

① ㉠: 자신의 잘못을 제대로 마주하고 반성하려 하고 있다.
② ㉡: 자신을 염려하던 삼촌을 실망시킨 것을 부끄러워하고 있다.
③ ㉢: 삼촌에게 용서받을 수 있게 되어 마음이 가벼워진 것을 느끼고 있다.
④ ㉣: 문기가 자신의 제안을 거절한 이유를 잘못 짐작하고 있다.
⑤ ㉤: 문기가 아니라 돈이 목적이라는 것을 드러내고 있다.

중요 03 외적 준거를 통해 작품 이해하기

보기 에서 드러난 갈등이 윗글에서 해결된 방법으로 적절하지 않은 것은?

보기

내적 갈등은 한 인물의 내면 속에서 일어나는 갈등이다. 사람들은 언제나 서로 모순되는 가치들 사이에서 이성적으로나 심리적으로 갈등을 겪는다. 물질적 가치를 추구할지 정신적 가치를 추구할지, 자신만의 행복을 추구할지 공동체의 이상을 추구할지를 고민하며 결정한다. 소설 속에서도 서로 모순되는 가치들을 둘러싸고 한 인물이 내부에서 겪게 되는 갈등을 다루는데, 그것이 바로 내적 갈등이다.

① 남은 돈을 고깃집 담 너머로 안마당을 향해 던졌다.
② 이웃집 사람이 골목에 들어선 틈에 수만을 피해 갔다.
③ 모르고 흘리는 것인 양 쌍안경을 길바닥에 떨어뜨렸다.
④ 사람이 지나가지 않을 때 개천에 흐르는 물 위로 공을 던져 버렸다.
⑤ 삼촌의 충고에 부끄러움을 느끼고 잘못을 저지르지 않을 것을 다짐하였다.

서답형 04 문장의 의미 파악하기

ⓐ의 의미를 서술하는 말로 적절한 것을 골라 쓰시오.

ⓐ는 문기와 수만의 (외적 / 내적) 갈등이 시작될 것을 암시하는 의미의 문장이다.

문제풀이

복습하기

매체

[카드 1]	뉴스의 내용과 관련된 [1]□□□를 삽입함으로써 독자들이 뉴스의 내용을 예측하게 함.
[카드 2]	[2]□□하고 싶은 부분에 음영을 주어 눈에 들어오도록 함.
[카드 3]	실험 내용을 설명하는 [3]□□□를 삽입하여 독자의 이해를 도움.
[카드 9], [카드 10]	사물, 시설, 형태, 개념 등을 누가 보더라도 쉽게 알아볼 수 있는 상징적인 그림으로 나타낸 언어 체계인 [4]□□□□을 삽입하여 주요 내용을 알기 쉽게 제시함.

비문학

1문단	가격 규제 정책의 개념
2문단	[5]□□ □□□의 개념과 사례
3문단	[6]□□ □□□의 개념과 사례
4문단	가격 규제 정책의 [7]□□□

문학 - 나무(박목월)

1연	유성에서 조치원으로 가는 길에 발견한 나무 – [8]□□□같이 묵중하게 서 있음
2연	조치원에서 공주로 가는 길에 발견한 나무 – 어설픈 과객처럼 몹시 추워 보임
3연	공주에서 온양으로 우회하는 뒷길에 발견한 나무 – 하늘 문을 지키는 [9]□□□처럼 외로워 보임
4연	온양에서 서울로 돌아오자 나무가 내 안에 [10]□□를 펴고 있음을 깨달음

문학 - 하늘은 맑건만(현덕)

문기의 내적 갈등 해소 과정

문기의 내적 갈등: 삼촌의 충고를 듣고 잘못 받은 [11]□□□□을 사용한 것에 대해 양심의 가책을 느낌.

↓

① 쌍안경을 [12]□□□에 떨어뜨림.

↓

② 공을 강 위로 던져 버림.

↓

③ 쌍안경과 공을 사고 남은 돈을 [13]□□□ 집 안마당으로 던져 넣음.

문기의 외적 갈등 해소 과정

문기의 외적 갈등: 남은 돈으로 [14]□□ 틀을 사러 가자는 수만의 권유를 거절함.

↓

이웃집 사람이 [15]□□으로 들어서는 틈을 타 수만에게서 달아남.

정답

1 캐릭터 2 강조 3 이미지 4 픽토그램 5 최저 가격제 6 최고 가격제 7 부작용 8 수도승 9 파수병 10 뿌리 11 거스름돈 12 길바닥 13 고깃간 14 환등 15 골목

한수

08

Contents

문법

형태소 ········· 94

독서

금속의 녹 ········· 96

문학

우리가 눈발이라면 _ 안도현 ········· 98

옹고집전 _ 작자 미상 ········· 100

복습하기 ········· 103

08강

문법

형태소

| 정답 및 해설 | 44쪽

한방에! 개념정리

한방에! 핵심정리

* **이형태**

의미는 같으나 주위 환경에 따라 모양이 달라지는 형태소

갈래	주위 환경
'이'	앞말이 자음으로 끝날 때 예 죽이 맛있다.
'가'	앞말이 모음으로 끝날 때 예 과자가 맛있다.

* **용언의 어간과 어미**

• 어간: 용언이 활용할 때 변하지 않는 부분으로 용언의 기본형에서 '-다'를 제외한 부분이 어간에 해당

• 어미: 용언이 활용할 때 변하는 부분

예 예쁘다 → 예쁘(어간) + 다(어미)

* **형태소 분류**

자립 형태소	의존 형태소	
명사, 대명사, 수사, 관형사, 부사, 감탄사	용언의 어간	조사, 용언의 어미, 접사
실질 형태소		형식 형태소

※ 용언의 어간은 의존 형태소이면서 실질 형태소에 해당

* **형태소 분석 방법**

어절로 나누기 → 단어로 나누기 → 어간과 어미 분리하기 → 접사 분리하기

1 형태소

① 개념: 뜻을 가지는 가장 작은 말의 단위

② 특징

• 더 나눌 경우 본래의 뜻이 사라짐.

• 한 개 이상의 형태소가 모여 단어를 이룸.

2 자립성의 유무에 따른 분류

자립 형태소	홀로 자립하여 쓰일 수 있는 형태소 → 명사, 대명사, 수사, 관형사, 부사, 감탄사
의존 형태소	홀로 쓰이지 못하여 다른 말에 붙어서 쓰이는 형태소 → 조사, 용언의 어간·어미, 접사

3 실질적 의미의 유무에 따른 분류

실질 형태소	실질적인 뜻을 지니고 구체적인 상태나 동작, 대상을 표시하는 형태소 → 자립 형태소, 의존 형태소 중 용언의 어간
형식 형태소 (문법 형태소)	• 실질 형태소에 붙어서 말과 말 사이의 관계를 표시하는 형태소 • 문법적인 의미를 가지는 형태소 → 조사, 용언의 어미, 접사

4 형태소 분석의 예시

문장		푸른 하늘을 보니 기분이 좋다.									
형태소	분석	푸르-	-ㄴ	하늘	을	보-	-니	기분	이	좋-	-다
	자립 여부	의존	의존	자립	의존	의존	의존	자립	의존	의존	의존
	의미 여부	실질	형식	실질	형식	실질	형식	실질	형식	실질	형식

01 형태소의 개념 이해하기

형태소에 대한 설명으로 적절하지 않은 것은?

① 형태소를 더 쪼개면 의미가 사라진다.
② 실질적인 의미가 없어도 형태소에 해당한다.
③ 일정한 의미를 가진 가장 작은 말의 단위이다.
④ 형태소는 반드시 다른 형태소와 함께 사용해야 한다.
⑤ 하나의 형태소는 두 가지 기준에 따라 다르게 나눌 수 있다.

중요 02 형태소의 종류 이해하기

보기 의 ㉠과 ㉡에 들어갈 말로 적절한 것은?

보기

형태소는 홀로 쓰일 수 있는가에 따라 다른 말에 의존하지 않고 혼자 쓰일 수 있는 (㉠) 형태소와 다른 말에 의존하여 쓰이는 (㉡) 형태소로 나뉜다. '그녀가 말을 걸었다'의 문장에서 (㉠) 형태소는 '그녀', '말'이고, (㉡) 형태소는 '가', '을', '-었-', '-다'이다.

	㉠	㉡		㉠	㉡		㉠	㉡
①	형식	의존	②	형식	자립	③	자립	의존
④	자립	실질	⑤	문법	자립			

03 형태소의 개수 이해하기

단어를 실질 형태소와 자립 형태소로 나눴을 때, 다음 중 개수가 다른 것은?

① 햇과일 ② 책가방 ③ 주름살
④ 도시락 ⑤ 소설책

04 형태소에 따라 단어 분류하기

보기 에 제시된 문장에서 실질 형태소 네 개를 찾아 차례대로 쓰시오.

보기

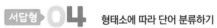

나는 바다에서 고래를 보았다.

08강

독서 – 과학(화학)

금속의 녹

| 정답 및 해설 | 44쪽

✔ 한방에! 개념정리

✔ 한방에! 핵심정리

갈래	설명문
주제	금속이 녹스는 과정과 그 원인
해제	이 글은 금속이 녹스는 원인을 설명한 후, 녹슨 철을 중심으로 금속 표면에 녹이 스는 과정을 소개하고 있다. 녹은 화학적 반응으로 금속 표면에 생기는 피막을 총칭하는 단어로, 붉거나 푸른 색의 녹뿐만 아니라 검정색의 산화피막 또한 녹에 해당한다. 녹은 시간이 지날수록 금속의 내부까지 퍼지는 경향이 있으나 이온화 경향이 강한 금속의 경우 이러한 문제에서 자유롭다. 녹을 방지하기 위한 근본적 방법은 공기나 습기 등에 직접 노출되지 않게 하는 것이다.

* 문단 중심 내용

1문단	금속이 녹스는 원인
2문단	철이 녹스는 과정과 구리에 산화피막이 생성되는 과정
3문단	녹이 내부까지 퍼지지 않는 이온화 경향이 강한 금속들
4문단	녹이 스는 것을 방지하기 위한 다양한 방법

✔ 한방에! 어휘풀이

- 피막(被膜): 덮어 싸고 있는 막.
- 날붙이: 칼, 낫, 도끼 따위와 같이 날이 있는 연장을 통틀어 이르는 말.
- 자성산화철(磁性酸化鐵): 스스로 자성을 띠면서 물에 녹지 않고 산의 침식을 받지 않는 흑색의 결정이나 가루.

※ 다음 글을 읽고 물음에 답하시오.

대개의 금속은 공기 중에 있는 산소와 수분, 이산화 탄소 등의 산화작용으로 산화물, 수산화물, 탄산염 등을 생성해 피막*을 만드는데, 이로써 금속의 표면은 광택을 잃게 된다. 그리고 이들은 대체로 녹의 주성분이 된다. 이 중에서도 가장 일반적인 것은 산화물로, 주변에서 볼 수 있는 가장 흔한 산화물 중 하나는 바로 ㉠ 녹슨 철이다.

철은 공기 중의 이산화 탄소, 수분과 반응해 탄산철 $FeCO_3$를 생성하고, 이것이 수분과 산소에 분해되면 적갈색의 산화철(III) 수화물이 만들어진다. 그 뒤 수화물의 잔여물이 이산화 탄소의 형태로 빠져나가는 과정을 반복하면, 금속 표면에 불그스름하게 녹슨 철이 형성된다. 한편 철을 고온에서 산화시키면 표면에 단단한 검은색의 산화피막이 생기는데, 이는 금속 표면에 직접적인 산화작용이 일어나는 것을 방지한다. 흥미로운 것은 산화피막 또한 녹에 해당한다는 것인데, 일반적으로 녹은 화학적 반응으로 금속 표면에 생기는 피막을 총칭하는 용어이기 때문이다. 또한 구리는 산화한 직후에는 검은색이 되지만, 습기와 이산화 탄소 때문에 염기성 탄산구리를 생성하는 과정에서 녹색, 청색과 같은 푸른색으로 변한다. 이러한 현상을 동록, 동청 또는 ⓐ 녹청이라 한다.

이외에도 구리가 식초나 아세트산의 증기와 접촉하는 경우에도 푸른색의 염기성 아세트산구리가 생성되는데, 이 또한 동록 혹은 녹청이라 부른다. 녹은 시간이 지날수록 그 금속의 내부까지 퍼지는 경향이 있으나 늘 그렇지는 않다. 알루미늄, 마그네슘, 아연과 같이 이온화 경향이 강한 금속은 표면에 생긴 산화물의 피막이 내부를 보호하므로 이러한 문제에서 어느 정도 자유롭다. 그러나 잘못된 방법으로 녹을 제거하면 녹으로 보호받고 있던 내부가 공기 중의 수분에 침식당해 똑같이 녹슬어 버리고 만다.

이렇듯 녹이 스는 것에는 다양한 원인이 있으며, 녹을 방지하기 위해서는 근본적으로 금속이 공기나 습기 등에 직접 노출되지 않도록 해야 한다. 금속을 다른 피막으로 미리 덮어 녹이 생기지 않도록 하는 방법이 가장 대중적으로 쓰이며, 금속에 페인트를 칠하거나 날붙이*에 자성산화철* 피막을 입히는 것, 알루미늄 표면에 산화알루미늄을 덮어씌운 알루마이트 등이 그에 속한다.

01 세부 내용 이해하기

윗글에 대한 이해로 적절하지 않은 것은?

① 녹은 제거할수록 오히려 더욱 녹슬어 버리기도 한다.
② 공기 중에 있는 물질에 금속이 변질되면 녹이 만들어진다.
③ 금속과 반응하는 가장 일반적인 공기 중의 물질은 산소이다.
④ 녹은 물리적 반응으로 금속 표면에 생기는 피막을 의미한다.
⑤ 녹은 시간이 지날수록 점점 더 깊은 곳까지 침식하는 경향이 있다.

02 중심 소재의 특징 이해하기

금속의 산화작용을 방지하는 방법으로 적절하지 않은 것은?

① 철을 고온에서 산화시키는 것
② 자전거 프레임에 페인트를 칠하는 것
③ 더러워진 철제 도구를 젖은 수건으로 닦는 것
④ 금속이 아닌 재질로 만들어진 도구를 쓰는 것
⑤ 금속의 날붙이에 자성산화철 피막을 입히는 것

8강

중요 **03** 인과 관계 파악하기

보기 는 ㉠의 생성 과정을 무작위로 늘어놓은 것이다. 순서대로 나열한 것은?

보기

ㄱ. 철이 불그스름한 빛깔로 변한다.
ㄴ. 탄산철이 수분과 산소에 분해된다.
ㄷ. 공기 중의 이산화 탄소와 수분과 반응한다.
ㄹ. 잔여물이 이산화 탄소의 형태로 빠져나간다.

① ㄱ - ㄴ - ㄷ - ㄹ
② ㄱ - ㄷ - ㄹ - ㄴ
③ ㄴ - ㄷ - ㄱ - ㄹ
④ ㄷ - ㄴ - ㄹ - ㄱ
⑤ ㄷ - ㄹ - ㄴ - ㄱ

서답형 **04** 세부 내용 파악하기

다음은 구리가 ⓐ라 불리는 이유를 서술한 것이다. 빈칸에 들어갈 말을 쓰시오.

구리가 생성하는 염기성 탄산구리와 염기성 (　　　　　　)의 색깔이 푸른색이기 때문에 ⓐ라 불린다.

문제풀이

우리가 눈발이라면 _ 안도현

| 정답 및 해설 | 46쪽

한방에! 개념정리

한방에! 핵심정리

갈래	자유시, 서정시
성격	의지적, 상징적
주제	이웃과 더불어 따뜻한 삶을 살고 싶은 소망
특징	① 시어의 대립을 통해 주제를 선명하게 드러냄. ② 상징적 시어를 통해 시인이 지향하는 삶의 태도를 표현함.
해제	이 작품은 '함박눈'과 '진눈깨비'의 대비를 통해 시인이 지향하는 삶의 태도를 표현하고 있다. '따뜻한 함박눈', '편지', '새살'과 같은 상징적인 시어를 활용하여 고단하고 외로운 삶을 사는 사람들에게 희망을 주는 따뜻한 존재가 되고 싶은 시인의 바람을 드러내고 있다.

※ 다음 글을 읽고 물음에 답하시오.

우리가 눈발이라면
허공에서 쭈빗쭈빗* 흩날리는
진눈깨비*는 되지 말자.
세상이 **바람 불고 춥고 어**둡다 해도
사람이 사는 마을
가장 낮은 곳으로
㉠ 따뜻한 함박눈이 되어 내리자.
우리가 눈발이라면
잠 못 든 이의 창문가에서는
편지가 되고
그이의 깊고 붉은 상처 위에 돋는
새살이 되자.

- 안도현, 〈우리가 눈발이라면〉 -

한방에! 작가소개

안도현(1961~)

1961년 경북 예천에서 태어나 1984년 동아일보 신춘문예에 시 <서울로 가는 전봉준>이 당선되어 등단하였다. 개인적 체험을 바탕으로 하면서도 민족과 사회의 현실을 섬세한 감수성으로 그려내는 시인으로 평가받고 있다.

교과서에 수록된 작가의 다른 작품

작품	내용
〈너에게 묻는다〉	누군가를 뜨겁게 해 주고 생명을 다한 연탄재를 통해 다른 사람들에게 열정적이지 못한 삶에 대한 반성을 촉구하는 시
〈모닥불〉	모닥불을 통해 현실 속에서 비탈진 역사의 고통을 함께하며 끝까지 울음을 참아 내는 사람들의 인내와 희망을 그린 시

한방에! 어휘풀이

* 쭈빗쭈빗: 몹시 송구스럽게 망설이며 자꾸 머뭇머뭇하는 모양.
* 진눈깨비: 비가 섞여 내리는 눈.

01 작품의 내용 이해하기

윗글에 대한 설명으로 적절한 것은?

① 바람직한 삶의 태도를 나타내고 있다.
② 삶에 대한 새로운 깨달음을 드러내고 있다.
③ 과거의 삶에 대한 반성적 태도를 보이고 있다.
④ 부정적 현실에 대해 직접적으로 비판하고 있다.
⑤ 사랑하는 사람을 향한 그리움과 안타까움을 표현하고 있다.

02 구절의 의미 파악하기

㉠에 대한 설명으로 적절하지 않은 것은?

① '새살이 되자'와 유사한 의미를 드러낸다.
② '함박눈'은 '붉은 상처'와 색채 대비를 이룬다.
③ 청유형 어미를 사용하여 화자의 의지를 강조한다.
④ 글쓴이가 말하고자 하는 궁극적인 주제라고 할 수 있다.
⑤ '창문가'에 내려앉아 편지를 전달해주겠다는 의미를 담고 있다.

중요

03 작품 비교하기

윗글과 보기 를 비교한 것으로 적절한 것은?

보기

나도 **별**과 같은 사람이
될 수 있을까.
외로워 쳐다보면
눈 마주쳐 마음 비춰 주는
그런 사람이 될 수 있을까.

나도 꽃이 될 수 있을까.
세상일이 괴로워 쓸쓸히 밖으로 나서는 날에
가슴에 화안히 안기어
눈물짓듯 웃어 주는
하얀 들꽃이 될 수 있을까. (후략)

- 이성선, 〈사랑하는 별 하나〉

① '진눈깨비'는 고통스럽고 소외된 이웃을 외면하는 존재라는 점에서 〈보기〉의 '별'과 그 의미가 대조되는군.
② 윗글의 '바람 불고 춥고 어'두운 세상은 화자가 지향하는 현실을 표현했다는 점에서 〈보기〉의 '세상일이 괴로워 쓸쓸히 밖으로 나서는 날'과 유사한 의미이군.
③ '가장 낮은 곳'은 고통스러운 현실에서 위안을 얻는 공간이라는 점에서 〈보기〉의 '가슴'과 유사한 의미이군.
④ '잠 못 든 이'는 화자가 지향하는 인간상이라는 점에서 〈보기〉의 '눈물짓듯 웃어 주는' 이와 유사한 의미이군.
⑤ '새살'은 소외된 사람들에게 위로와 희망을 나타낸다는 점에서 〈보기〉의 '하얀 들꽃'과 그 의미가 대조되는군.

서답형

04 유사한 의미의 시어 파악하기

윗글에서 '편지'와 유사한 의미의 시어를 두 개 찾아 조건 에 맞게 쓰시오.

조건

• 각각 1어절로 쓸 것.
• 윗글에 등장한 차례대로 쓸 것.

문제풀이

____

08강

문학 – 고전산문

옹고집전 _ 작자 미상

| 정답 및 해설 | 47쪽

한방에! 개념정리

한방에! 핵심정리

갈래	풍자소설, 설화 소설
성격	해학적, 풍자적
주제	인간의 참된 도리에 대한 교훈
특징	① 설화를 바탕으로 한 소설임. ② 해학적인 대사와 설명으로 독자의 웃음을 유발함. ③ 불교의 인과응보 사상과 유교의 효 사상을 기본으로 함.
해제	이 작품은 설화를 바탕으로 한 판소리계 소설로 성질 나쁜 주인공이 도술로 인해 혼이 나는 과정을 그리고 있다. 주인공 옹고집은 물질적 욕망만을 추구하는 데 몰두하다가 기본적인 윤리를 저버린 패륜적 인물이다. 마지막 부분에서 옹고집이 고생을 겪고 착한 인물로 변화하는 것을 통해 개과천선의 주제를 드러내고 있다.

※ 다음 글을 읽고 물음에 답하시오.

[앞부분 줄거리] 황해도 옹진 고을에 부유하지만 성미가 괴팍하고 욕심 많은 옹고집이란 인물이 살았다. 늙고 병든 어머니를 제대로 돌보지 않고, 불교를 업신여겨 중을 보면 심한 모욕을 주었다. 이에 학대사는 허수아비에 부적을 붙여 가짜 옹고집을 만든다. 허옹가(가짜 옹고집)와 실옹가(진짜 옹고집)는 서로 진짜라고 다투지만 집안 사람들은 진위 판별을 못하고 마침내 관가에 송사*한다.

두 옹고집이 송사 가는 제, 읍내를 들어가니 허옹가 거동 보소. 주저 없이 제가 앞에 가며 읍의 촌가*인 하나와 만나 보면 깜짝 반겨 두 손을 잡고,

"나는 가변을 송사하러 가는지라. 자네와 나와 아무 연분에 서로 알아 죽마고우로 지냈으니 나를 몰라볼쏘냐."

또 하나를 보면,

"자네 내게서 아무 연분에 돈 오십 냥을 취하여 갔으니 이참에 못 주겠느냐. 노잣돈 보태 쓰게 하라."

또 하나 보면,

"자네 쥐골평 논 두 섬지기 이때까지 소작할 제, 거년 선자* 스물닷 말을 어찌 아니 보내는가."

이처럼 하니 실옹가가 허옹가를 본즉 낱낱이 내 소견대로 내가 할 말을 제가 먼저 하니 기가 질려 뒤에 오며, 실성한 사람같이, 아는 사람도 오히려 허옹가 같이도 모르는지라. 허옹가가 노변에서 지나가는 사람 데리고 하는 말이,

"가운이 불길하여 어떠한 놈이 왔으되 용모 나와 비슷해 제가 내라 하고 자칭 옹고집이라 하기로, 억울한 분을 견디지 못하여 일체 구별로 송사하러 가는지라. 뒤에 오는 사람이 기네. 자네들도 대소간 눈이 있거든 혹 흑백을 가릴쏘냐."

실옹가가 뒤에 오면서 기가 막히고 얼척도 없어 말도 못 하고 울음 울 제, 행인들이 이어 보고 하는 말이,

"누가 알아보리오. 뉘 아들인지 알 수가 없다. 아마도 상동이란 말밖에 또 하리오."

[중간 부분 줄거리] 치열한 송사 끝에 사또는 고심 끝에 허옹가를 진짜 옹가(옹고집)로 판결하고, 결국 실옹가는 집에서 쫓겨난다.

허옹가와 실옹가의 마누라가 즐거이 지낼 무렵, ㉠ <u>실옹가는 할 수 없이 세간 처자 모조리 빼앗기고 팔자에 없는 곤장 맞고 쫓겨나니 세상에 살아본들 무엇하리?</u>

"애고 애고 내 팔자야. 죽장망혜* 단표자*로 만첩청산* 들어가니 산은 높아 천봉이요, 골은 깊어 만학이라. 인적은 고요하고 수목은 빽빽한데 때는 마침 봄철이라. 출림비조* 산새들은 쌍거쌍래 날아들 새, 슬피 우는 두견새는 이내 설움 자아내어 꽃떨기에 눈물 뿌려 점점이 맺어두고 불여귀*를 삼으니 슬프다, 이런 공산 속에서는 아무리 철석같은 간장이라도 아니 울지는 못하리라."

자살을 결심하고 슬피 울 새 한 곳을 쳐다보니 층암절벽 벼랑 위에 백발도사 높이 앉아 청려장*

을 옆에 끼고 반송 가지를 휘어잡고 노래 불러 하는 말이,

"뉘우쳐도 미치지 못하느니라. 하늘이 주신 벌이거늘, 누구를 원망하며 누구를 탓하고자 하는가?"

실옹가는 이 말을 다 들으매 어찌할 줄 모르는 듯, 도사 앞에 급히 나아가 합장 배례 급히 하며 애원하되,

"이 몸의 죄 돌이켜 생각하면 천만 번 죽사와도 아깝지 아니하오나, 밝으신 도덕 하에 제발 덕분 살려 주사이다. 당상의 늙은 모친, 규중의 어린 처자, 다시 보게 하옵소서. 이 소원 풀고 나면 지하로 돌아가도 여한이 없을까 하나이다. 제발 살려 주옵소서."

온갖 정성 다 기울여 애걸하니, 도사가 소리 높여 꾸짖기를,

[ⓛ] "천지간에 몹쓸 놈아! 인제도 팔십 당년 병든 모친 구박하여 냉돌방에 두려는가? 불도를 업신여겨 못된 짓 하려는가? 너 같은 몹쓸 놈은 응당 죽여 마땅하되, 정상이 가긍하고 너의 처자 불쌍하기로 풀어 주겠으니 돌아가 개과천선하여라."

도사는 부적 한 장을 써 주면서 일러두길,

"이 부적을 몸에 붙이고 네 집에 돌아가면 괴이한 일이 있으리라."

하고 슬며시 사라지니, 도사는 간데온데없었다.

즐거운 마음으로 고향에 돌아와서 제집 문전 다다르니, 고루거각* 높은 집에 청풍명월 맑은 경은 이미 눈에 익은 풍취로다. 담장 안의 홍련화는 주인을 반기는 듯, 영산홍아 잘 있더냐, 자산홍아 무사하냐, 옛일을 생각하매 오늘이 옳으며 어제는 잘못임을 깨닫고 옛집을 다시 찾아오니 죽을 마음 전혀 없다.

"가소롭다, 허옹가야! 이제도 옹가라고 장담을 할 것이냐?"

하며 들어가니, 마누라 이 거동을 보고 심히 대경실색*하여 하는 말이,

ⓒ "애고 애고 좌수님, 저 놈이 또 왔소이다. 천살맞았는지 또 와서 지랄하니 이 일을 어찌하오리까?"

이러할 즈음에, 방에 있던 옹가는 간 데 없고, 난데없는 짚 한 뭇이 놓여 있을 따름이요, 허옹가와 수다한 자식들도 홀연히 허수아비 되므로, 온 집안이 그제서야 깨달은 듯 박장대소하더라.

좌수가 부인에게 하는 말이,

"마누라, 그 사이 허수아비 자식을 저렇듯이 무수히 낳았으니, 그 놈과 한가지로 얼마나 좋아하였을꼬? 한상에서 밥도 먹었는가?"

얼이 빠진 부인은 아무 말 못 하고서, 방안을 돌아가며 허옹가의 자식들 살펴보니, 이를 보아도 허수아비요, 저를 보아도 허수아비라, 아무리 다시 보아도 허수아비 무더기가 분명하다. ㉣ 부인은 실옹가를 맞이하여 반갑기 그지없되 일변 지난 일을 생각하고 매우 부끄러워하더라.

도승의 술법에 탄복하여, 옹 좌수 그로부터 ㉤ 모친께 효성하며 불도를 공경하여 잘못을 뉘우치고 착한 일 많이 하니, 모두 그 어짊을 칭찬하더라.

- 작자 미상, 〈옹고집전〉 -

전체 줄거리

영남 땅에 사는 옹고집은 심술이 사납고 인색하며 불효한 인간으로, 거지나 중이 오면 때려서 쫓아내기 일쑤였다. 이를 보다 못한 취암사의 도사는 짚으로 진짜 옹고집과 똑같은 가짜 옹고집을 만들어 진짜와 가짜를 다투게 한다. 진짜와 가짜를 가려내고자 관아에 송사까지 하였으나 진짜 옹고집이 도리어 집에서 쫓겨나고, 옹고집은 자신의 신세를 한탄하며 절벽에 올라 죽으려 한다. 이때 도승이 나타나 옹고집의 과거를 꾸짖고, 개과천선하라는 의미로 부적을 주어 집으로 돌아가라 한다. 진짜 옹고집이 집에 돌아가 부적을 던지니 가짜 옹고집은 허수아비로 변하고, 진짜 옹고집은 착한 마음을 지닌 새사람이 되기로 한다.

작품에 나타난 중심 사상

- 인과응보: 원인과 결과에는 반드시 그에 맞는 이유가 있음.
- 개과천선: 지난날의 잘못이나 허물을 고쳐 올바르고 착하게 됨.

8강

한방에! 어휘풀이

- 송사(訟事): 백성끼리 분쟁이 있을 때, 관부에 호소하여 판결을 구하던 일.
- 촌가(村家): 시골 마을에 있는 집.
- 선자(先資): 일을 시작하기에 앞서 드는 돈.
- 죽장망혜(竹杖芒鞋): 대지팡이와 짚신이란 뜻으로, 먼 길을 떠날 때의 아주 간편한 차림새를 이르는 말.
- 단표자(單瓢子): 한 개의 표주박.
- 만첩청산(萬疊靑山): 겹겹이 둘러싸인 푸른 산.
- 출림비조(出林飛鳥): 숲으로 새들이 날아듦.
- 불여귀(不如歸): 두견새.
- 청려장(靑藜杖): 명아줏대로 만든 지팡이.
- 고루거각(高樓巨閣): 높고 크게 지은 집.
- 대경실색(大驚失色): 몹시 놀라 얼굴빛이 하얗게 질림.

01 서술상의 특징 파악하기

윗글에 대한 설명으로 가장 적절한 것은?

① 새로운 사건이 전개되면서 서술자가 교체되고 있다.
② 사건 전개 과정에서 비현실적 요소가 나타나고 있다.
③ 배경 묘사를 통해 주제를 상징적으로 드러내고 있다.
④ 장면을 빠르게 전환하여 긴박한 분위기를 조성하고 있다.
⑤ 과거와 현재를 넘나들며 사건을 입체적으로 구성하고 있다.

* 묘사(描寫): 어떤 대상이나 사물, 현상 따위를 언어로 서술하거나 그림을 그려서 표현함.
* 긴박하다(緊迫하다): 매우 다급하고 절박하다.

02 구절의 의미 파악하기

㉠~㉤에 대한 설명으로 적절하지 않은 것은?

① ㉠: 걸인 신세가 된 옹고집이 자포자기의 심정을 드러내고 있다.
② ㉡: 옹고집의 지난날을 크게 꾸짖으며 쫓아내고 있다.
③ ㉢: 허옹가를 진짜 옹고집으로 생각하는 아내가 옹고집을 쫓아내기 위해 허옹가에게 도움을 청하고 있다.
④ ㉣: 아내임에도 진짜 남편을 구별하지 못해 옹고집을 쫓아냈던 과거를 떠올리고 있다.
⑤ ㉤: 도사의 도움으로 위기를 해결한 옹고집이 개과천선하였음을 드러낸다.

중요 03 외적 준거를 통해 작품 감상하기

보기 를 참고하여 윗글을 이해한 것으로 적절하지 않은 것은?

보기

옛날에 아주 인색하고 포악한 장자가 살고 있었다. 어느 날, 지나가던 중이 와서 시주를 부탁하자 장자는 쌀 대신 쇠똥을 중의 바구니에 잔뜩 넣어 주었다. 이 광경을 지켜보던 장자의 며느리가 몰래 쌀을 퍼서 바랑에 담아 주었다. 그러자 중이 며느리에게 자기를 따라오되 어떤 경우에도 절대로 뒤를 돌아보지 말라고 당부했는데, 갑작스런 소리에 놀란 며느리는 자신도 모르게 뒤를 돌아보고 말았다. 그러자 자신이 살던 집은 흔적도 없이 사라지고 그 자리는 깊이를 알 수 없는 깊은 못으로 변해 있었다. 이 모습에 놀란 며느리가 소리를 지르려는 순간 그 자리에서 돌로 변하고 말았다.

- 〈장자못 설화〉

① 등장인물이 과거 불교를 업신여겨 중을 하대했다는 점은 〈보기〉와 유사하군.
② 등장인물이 조력자의 도움으로 문제를 해결할 수 있었다는 점은 〈보기〉와 유사하군.
③ 등장인물이 그간의 잘못을 뉘우치고 새 사람이 되는 점은 〈보기〉에서 등장하지 않는 내용이군.
④ 비현실적 요소가 나타난다는 점은 〈보기〉와 유사하지만 윗글은 일시적, 〈보기〉는 영구적이라는 점에서 차이가 있군.
⑤ 등장인물의 악행으로 인해 문제가 일어난다는 점은 〈보기〉와 유사하지만, 이에 대한 인물들의 대응 방법은 차이가 있군.

* 인색하다(吝嗇하다): 재물을 아끼는 태도가 몹시 지나치다.
* 하대(下待): 상대편을 낮게 대우함.
* 영구적(永久的): 오래도록 변하지 아니하는.

서답형 04 소재의 의미 파악하기

백발도사가 옹고집에게 건넨 것으로, 옹고집에게 닥친 문제를 해결하는 소재에 해당하는 것을 윗글에서 찾아 2음절로 쓰시오.

문제풀이

복습하기

문법

[1] □□□	• [2] □을 가지는 가장 작은 말의 단위 • 더 나눌 경우 본래의 뜻이 사라짐. • 한 개 이상의 형태소가 모여 [3] □□를 이룸.
분류	[4] □□□의 유무: 자립 형태소, 의존 형태소
	실질적 의미의 유무: 실질 형태소, [5] □□ 형태소

비문학

1문단	[6] □□이 녹스는 원인
2문단	철이 녹스는 과정과 구리에 [7] □□□□이 생성되는 과정
3문단	녹이 내부까지 퍼지지 않는 [8] □□□ 경향이 강한 금속들
4문단	녹이 스는 것을 방지하기 위한 다양한 방법

문학 - 우리가 눈발이라면(안도현)

1~3행	[9] □□□□는 되지 말자는 당부
4~7행	따뜻한 [10] □□□이 되자는 당부
8~12행	어려운 이웃에게 희망을 주는 존재가 되고자 하는 마음

문학 - 옹고집전(작자 미상)

허옹가에 의해 집에서 쫓겨난 실옹가는 죽음을 결심하고 [11] □에 오름.

↓

실옹가의 부정한 행동을 꾸짖은 [12] □□□□는 허옹가를 쫓아낼 수 있는 부적을 건넴.

↓

실옹가가 부적을 가지고 집으로 돌아오니 허옹가와 그 자식들이 모두 [13] □□□□로 변해 있었음.

↓

도승의 술법에 감복한 실옹가는 그 후 잘못을 뉘우치고 모친께 [14] □□하고 불도를 공경함.

↓

악행을 일삼던 옹고집이 고생을 겪고 착한 인물이 되는 모습을 통해 [15] □□□□의 주제를 드러냄.

정답 1 형태소 2 뜻 3 단어 4 자립성 5 형식 6 금속 7 산화피막 8 이온화 9 진눈깨비 10 함박눈 11 산 12 백발도사 13 허수아비 14 효도 15 개과천선

한수

09

Contents

문법

단어 ········· 106

독서

와이파이(Wi-Fi) ········· 108

문학

햇비 _ 윤동주 ········· 110

학 _ 황순원 ········· 112

복습하기 ········· 115

09강 문법

단어

| 정답 및 해설 | 50쪽

한방에! 개념정리

한방에! 핵심정리

* **형태소와 단어**
형태소는 의미를 가진 최소 단위이기 때문에 단어와 같거나 단어보다 작은 단위를 가리킴.
예 단어를 기준으로: '푸른'
형태소를 기준으로: '푸르-' + '-ㄴ'
용언의 어간 관형사형 전성어미

* **어간과 어근**
• 어간은 활용할 때 변하지 않는 부분이며, 접사를 포함함.
• 어근과 접사는 단어의 형성에 따른 분류이며, 어간과 어미는 용언의 활용에 따른 분류에 해당
접두사 어근 접미사
예 짓 / 밟 / 히 + 다
어간 어미

* **한정접사, 지배접사**
• 한정접사: 품사의 변화 없이 앞에 오는 어근에 뜻을 더하는 접사
• 지배접사: 앞에 오는 어근의 품사를 변화시키는 접사
예 믿-+-음 → 믿음(동사에서 명사로 품사가 변함)
공부+-하다 → 공부하다(명사에서 동사로 품사가 변함)
향기+-롭다 → 향기롭다(명사에서 형용사로 품사가 변함)

* **사동과 피동의 접사**
접사 '-이-,-히-, -리-,-기-'는 사동과 피동으로 모두 사용되기 때문에 목적어의 유무에 따라 사동인지 피동인지 구분할 수 있음.

* **파생접사**
새로운 단어를 형성하는 데 쓰이는 접사

1 단어

① 개념: 뜻을 지니고 자립할 수 있는 말, 단, 조사와 의존 명사는 자립성이 없지만 단어로 인정함.

문장	푸른 하늘을 보니 기분이 좋다.					
단어	푸른	하늘	을	보니	기분	이	좋다

② 특징
• 자립할 수 있음.
• 자립할 수 있는 말에 붙어 쉽게 분리될 수 있음.
• 단어와 단어는 띄어 쓰는 것을 원칙으로 함.
• 단어는 품사 분류의 기준이 됨.

2 단어의 구성 요소

어근	단어에서 실질적인 의미를 나타내는 중심 부분 예 '맨발'의 '발', '새파랗다'의 '파랗다', '울보'의 '울-'
접사	어근에 뜻을 더하거나 제한하는 주변 부분

3 접사의 종류

① 접사의 위치에 따른 분류

접두사	어근이나 단어의 앞에 붙어 새로운 단어가 되게 하는 접사 예 '맨발'의 '맨-': '다른 것이 없는'의 뜻을 더하는 접두사
접미사	• 어근이나 단어의 뒤에 붙어 새로운 단어가 되게 하는 접사 • 품사를 바꾸기도 하는 접사 예 '울보'의 '-보': '그러한 행위를 특성으로 지닌 사람'의 뜻을 더하고 명사를 만드는 접미사

② 주어와 동작의 관계에 따른 분류

사동 접사	• 주어가 다른 대상에게 동작을 하도록 시키는 것을 나타내는 접사 • 용언의 어간에 사동 접미사 '-이-,-히-,-리-,-기-,-우-,-구-,-추-'가 붙어 실현됨. 예 어머니가 아이를 의자에 앉히었다.
피동 접사	• 주어가 다른 대상에 의해 동작을 당하게 되는 것을 나타내는 접사 • 용언의 어간에 피동 접미사 '-이-,-히-, -리-,-기-'가 붙어 실현됨. 예 아이가 엄마에게 안기었다.

③ 파생접사에 따른 분류

명사 파생접사	접미사 '-음 / ㅁ, -기, -이, -개' 등을 사용하여 명사의 기능을 하도록 형태를 바꾸는 접사 예 날-+-개 → 날개(동사 '날다'가 명사의 기능으로 바뀜)
부사 파생접사	접미사 '-이, -히' 등을 사용하여 부사의 기능을 하도록 형태를 바꾸는 접사 예 높-+-이 → 높이(형용사 '높다'가 부사의 기능으로 바뀜)

01 단어의 개념 이해하기

단어에 대한 설명으로 적절하지 <u>않은</u> 것은?

① 어근과 접사로 이루어져 있다.
② 형태소보다 큰 단위를 가리킨다.
③ 뜻을 지니고 자립할 수 있는 말이다.
④ 자립할 수 있는 말에는 붙을 수 없다.
⑤ 다른 단어의 뒤에 붙어 문법적 기능을 나타내기도 한다.

02 단어의 구성 요소 파악하기

다음 중 단어 구성 요소가 같은 것끼리 묶인 것은?

① 하늘, 울보 ② 나무, 덧신 ③ 사과, 구경꾼
④ 시계, 풋사과 ⑤ 맨발, 햇과일

중요 03 단어의 구성 요소 이해하기

보기 에서 적절한 설명을 모두 고른 것은?

보기

㉠ 어근은 단어에서 실질적인 부분이다.
㉡ '새파랗다'의 '새-'는 접미사에 해당한다.
㉢ 어근에 붙어 그 뜻을 제한하는 주변 부분을 접사라고 한다.
㉣ 접두사는 어근이나 단어의 뒤에 붙어 새로운 단어를 만든다.

① ㉠, ㉡ ② ㉠, ㉢ ③ ㉡, ㉢ ④ ㉠, ㉡, ㉣ ⑤ ㉡, ㉢, ㉣

서답형 04 단어의 단위 파악하기

보기 의 문장은 몇 개의 단어로 분류되는지 쓰시오.

보기

우리는 겨울에 목도리를 두른다.

09강

독서 – 기술(정보통신)

와이파이(Wi-Fi)

| 정답 및 해설 | 50쪽

한방에! 개념정리

한방에! 핵심정리

갈래	설명문
주제	와이파이의 개발 배경과 종류
해제	이 글은 무선 랜을 지칭하는 와이파이의 개발 배경과 와이파이의 두 가지 모드에 대해 소개하고 있다. 인프라스트럭처 모드는 액세스 포인트를 활용하여 단말기에 무선 신호를 송신하는 방법이며, 애드혹 모드는 액세스 포인트 없이 단말기들이 직접 데이터를 송신하는 방법이다. 와이파이는 근거리 네트워크 방식인 랜을 무선화한 것이기 때문에 사용 거리에 제한이 있으며, 액세스 포인트에서 멀어질수록 통신 속도가 저하된다. 그러나 와이파이는 설치가 수월하고 비용이 저렴하며 속도가 빠르다는 장점 때문에 대중적으로 사용된다. 그렇지만 와이파이를 사용할 시 기기 간 개인 정보 유출, 해킹 등의 위험성도 존재하므로 공용 와이파이를 사용할 경우 방화벽이나 백신 등의 보안 대책을 마련해 두어야 한다.

* 문단 중심 내용

1문단	와이파이의 개발 배경
2문단	인프라스트럭처 모드와 애드혹 모드의 개념과 활용 사례
3문단	사용 거리에 따른 와이파이의 한계점
4문단	와이파이의 위험성과 올바른 활용 방법

※ 다음 글을 읽고 물음에 답하시오.

케이블 연결을 바탕으로 한 근거리 컴퓨터 네트워크 방식인 랜은 1970년대에 개발되어 1990년대에 와서는 완전한 대중화를 이루었다. 하지만 휴대용 컴퓨터 시스템이 점차 보급되면서 네트워크 연결에 케이블이 필수적인 랜은 한계에 직면했다. 이에 따라 랜의 무선화는 1990년대 초반부터 본격적으로 시도되었고 전기 전자 기술자 협회에서는 무선 랜 표준을 제정하여 1997년에 최초의 표준 무선 랜 규격을 제정했다. 이 규격의 브랜드명인 'Wireless Fidelity'를 줄인 명칭이 바로 'Wi-Fi(와이파이)'이다. 현재 대부분의 무선랜 기기들이 와이파이 규격을 따르고 있어 와이파이는 곧 무선 랜으로 인식되는 경우가 많다.

와이파이는 인프라스트럭처 모드와 ㉠ <u>애드혹 모드</u> 두 가지로 나뉜다. 무선 공유기와 같은 액세스 포인트가 일정 반경 내에 있는 단말기에 무선 신호를 송신해 데이터를 주고받게 하는 인프라스트럭처 모드, 그리고 액세스 포인트 없이 단말기끼리 서로 데이터를 주고받게 하는 애드혹 모드로 나뉜다. 인프라스트럭처 모드는 우리 주변에서 가장 흔히 찾아볼 수 있는 와이파이 사용 형태로, 무선 공유기를 유선 랜 케이블에 접속시켜 집안에 와이파이를 설치하면 주변에 있는 노트북과 스마트폰, 태블릿 피시 등이 모두 무선으로 인터넷에 접속되는 방식이다. 반대로, 애드혹 모드는 단말기끼리 직접 접속해 통신하는 형태로 휴대용 게임기를 연결해 다인용 게임을 즐기거나, 휴대폰을 비롯한 무선 단말기끼리 데이터를 통신하는 용도로 활용된다.

와이파이는 근거리 네트워크 방식인 랜을 무선화한 것이라 사용 거리에 제한이 있다. 가정용 제품의 범위는 20~30미터 이내, 기업용 제품의 범위는 100~200미터 정도가 일반적인 한계치이다. 액세스 포인트에서 점차 멀어지게 되면 통신 속도도 저하되며, 범위를 벗어나면 접속이 끊어지게 된다.

이와 같은 한계점에도 불구하고 와이파이는 액세스 포인트를 설치하기 수월하고 이에 드는 비용도 낮은 편이며, 데이터를 전송하는 속도 또한 빨라 오늘날 대중적으로 활용되고 있다. 그러나 액세스 포인트 하나에 여러 기기가 동시에 접속하는 와이파이의 특성 때문에 위험도 존재한다. 한 액세스 포인트로 접속한 기기 간에 개인 정보가 유출되거나 해킹이 일어날 수 있는 것이 대표적이다. 따라서 공용으로 제공되는 와이파이를 이용할 때는 방화벽이나 백신 등의 보안 대책을 마련해 둘 것을 전문가들은 권장하고 있다.

01 세부 내용 이해하기

윗글에 대한 독자의 반응으로 적절한 것은?

① 랜의 표준 규격은 1997년이 되어서야 제정되었군.
② 랜이 대중화된 이유는 무선으로 쓸 수 있기 때문이군.
③ 가정용 와이파이는 30미터 이내의 범위에서 사용하여야겠군.
④ 와이파이를 사용하려면 방화벽이나 백신을 따로 설치하지 않아도 되겠군.
⑤ 전기 전자 기술자 협회는 'Wireless Fidelity'와의 협력을 통해 표준 무선 랜 규격을 만들었군.

02 설명 방식 파악하기

윗글의 내용과 설명 방법을 적절하게 연결한 것은?

	내용	설명 방법
①	주변에 있는 노트북과 스마트폰, 태블릿 피시 등	구분
②	와이파이는 인프라스트럭처 모드와 애드혹 모드 두 가지로 나뉜다.	분석
③	이 규격의 브랜드명인 'Wireless Fidelity'를 줄인 명칭이 바로 'Wi-Fi(와이파이)'이다.	정의
④	한 액세스 포인트로 접속한 기기 간에 개인 정보가 유출되거나 해킹이 일어날 수 있는 것이 대표적이다.	인과
⑤	가정용 제품의 범위는 20~30미터 이내, 기업용 제품의 범위는 100~200미터 정도가 일반적인 한계치이다.	대조

중요 **03** 구체적 사례에 적용하기

보기 중 ㉠과 관련된 사례를 있는 대로 고른 것은?

보기

ㄱ. 가정용 공유기를 통해 와이파이로 정보를 검색하는 서진
ㄴ. 다인용 네트워크를 활용하여 전투 게임을 즐기는 연수와 민준
ㄷ. 블루투스를 통해 태블릿 PC로 사진을 주고받는 지연과 민아

① ㄱ ② ㄴ ③ ㄱ, ㄴ ④ ㄴ, ㄷ ⑤ ㄱ, ㄴ, ㄷ

서답형 **04** 세부 내용 추론하기

보기는 민정이 고객센터에 문의한 내용이다. 빈칸에 들어갈 적절한 말을 골라 쓰시오.

보기

민정: 어제 무선 공유기가 있는 거실에서 와이파이를 이용해 친구와 영상통화를 하고 있었는데, 친구에게 마당에 핀 예쁜 꽃을 보여 주기 위해 현관을 나서는 순간부터 점점 통화 연결이 느려지기 시작했어요. 왜 이런 것일까요?
고객센터: 액세스 포인트에서 (멀어지게 / 가까워지게) 되면 통신 속도가 저하되기 때문입니다.

문제풀이

09강

문학 – 현대시

햇비 _ 윤동주

| 정답 및 해설 | 52쪽

한방에! 개념정리

한방에! 핵심정리

갈래	현대시, 자유시, 서정시
성격	시각적, 음악적
주제	햇비(여우비)를 맞으며 밝게 자라는 아이들의 모습
특징	① 순우리말(고유어)로 이루어짐. ② 직유법, 은유법, 의인법 등의 다양한 비유법이 사용됨. ③ 2음보, 유사하거나 동일한 문장과 청유형 어미 '-자'의 반복으로 운율을 형성함.
해제	이 작품은 일제 강점기에 맑고 순수한 감성으로 암울한 현실을 견뎌 나가려는 의지를 노래하였다. 제목인 '햇비'는 '볕이 나 있는 날 잠깐 오다가 그치는 비'를 뜻하는 말로, 여우비를 가리키는 말이다.

※ 다음 글을 읽고 물음에 답하시오.

아씨*처럼 나린다
보슬보슬 햇비
맞아 주자 다 같이
옥수숫대처럼 크게
닷 자* 엿 자 자라게
㉠ 해님이 웃는다
나 보고 웃는다.

하늘 다리 놓였다
알롱알롱 무지개
노래하자 즐겁게
동무들아 이리 오나
다 같이 춤을 추자
해님이 웃는다
즐거워 웃는다.

- 윤동주, 〈햇비〉 -

한방에! 작가소개

윤동주(1917~1945)

만주 북간도의 명동촌에서 태어났다. 1941년 서울의 연희전문학교 문과를 졸업하고, 일본에서 유학 생활을 하던 중 항일 운동을 했다는 혐의로 일본 경찰에 체포되어 2년형을 선고받고 후쿠오카 형무소에서 복역하였다. 그러나 복역 중 건강이 악화되어 1945년 2월에 숨을 거둔다. 그가 죽은 뒤 1948년에 시집 《하늘과 바람과 별과 시》가 출간되었다.

윤동주의 시 세계는 청소년기와 성년이 된 후로 구분할 수 있는데, 청소년기에 쓴 시는 암울한 분위기를 담고 있으면서 대체로 유년기의 평화를 지향하는 분위기를 담고 있다. 대표적인 청소년기의 작품으로는 <겨울>, <햇빛 바람> 등이 있다. 성년이 되어 연희전문학교 시절에 쓴 시는 자아 성찰의 성격이 강하고 일제 강점기 민족의 암울한 현실을 반영하였다. 대표적인 작품으로는 <서시>, <자화상>, <또 다른 고향>, <별 헤는 밤>, <쉽게 씌어진 시> 등이 있다.

한방에! 어휘풀이

* 아씨: 아랫사람들이 젊은 부녀자를 높여 이르는 말.
* 자: 길이의 단위. 한 자는 약 30.3 cm에 해당한다.

01 표현상의 특징 파악하기

윗글에 대한 설명으로 적절하지 않은 것은?

① 순우리말로만 이루어져 있다.
② 다양한 표현법을 사용하여 시상을 전개하고 있다.
③ 대조적 시어를 사용하여 작품의 주제를 강조하였다.
④ 유사하거나 동일한 문장의 반복으로 운율이 느껴진다.
⑤ '-자'라는 청유형 어미가 반복되면서 리듬감을 형성한다.

02 시구의 특징 파악하기

㉠과 동일한 비유법이 쓰인 시구로 적절한 것은?

① 내 마음은 호수요
② 나비가 춤을 춘다
③ 밥티처럼 따스한 별들
④ 나는 나룻배 당신은 행인
⑤ 구름에 달 가듯이 가는 나그네

중요 03 외적 준거를 통해 작품 감상하기

보기 를 바탕으로 윗글을 감상한 내용으로 적절한 것은?

보기

윤동주 시인은 일제 강점기의 어두운 시대를 살다가 일제를 반대하는 사상범으로 체포되어 광복을 앞두고 28세의 나이로 형무소에서 생을 마감하였다. 때문에 윤동주 시인의 작품 중에는 암울한 시대 상황이 반영된 작품을 찾아볼 수 있다.

① 일제의 감시를 피하기 위해 중의적인 표현을 사용하였군.
② 다양한 비유를 통해 일제 강점기의 현실을 생생하게 표현하였군.
③ 햇비, 옥수숫대 등의 소재는 한국의 고유한 특징을 잘 드러낸 것이군.
④ 암울한 현실에도 쑥쑥 자라나는 아이들을 통해 희망을 가지려고 하였군.
⑤ 시인은 자라나는 아이들만이 어두운 시대 상황을 해결할 수 있다고 생각하였군.

* 중의적(重義的): 한 단어나 문장이 두 가지 이상의 뜻으로 해석될 수 있는 것.

서답형 04 구절의 의미 파악하기

빈칸에 들어갈 시어를 윗글에서 찾아 2어절로 쓰시오.

비유는 표현하고자 하는 대상을 다른 대상에 빗대어 표현하는 방법이다. 윤동주의 〈햇비〉에서는 이러한 비유의 방법이 다양하게 활용되었는데, 가령 '무지개'를 '(   )'(이)라고 표현함으로써 무지개가 하늘 높은 곳에 있음을 강조하였다.

문제풀이

09강

문학 – 현대소설

학 _ 황순원

| 정답 및 해설 | 53쪽

한방에! 개념정리

한방에! 핵심정리

갈래	단편 소설, 전후 소설
성격	서정적, 상징적
주제	이념 대립을 넘어선 우정의 아름다움
특징	① 짧은 서술과 간결한 대화로 인물의 성격을 제시함. ② 상징적인 소재를 사용하여 주제를 효과적으로 전달함. ③ 시간의 흐름에 따라 진행되는 중간중간마다 과거 사건을 삽입함.
해제	이 작품은 6·25전쟁이라는 비극적 시대 상황 속에서 어릴 적 단짝이었던 두 인물의 대립과 갈등, 우정 회복의 과정을 간결하게 표현하였다. 주인공인 성삼과 덕재는 전쟁이라는 비극적 상황 속에서 서로 대립하게 되지만 어린 시절의 추억과 우정을 통해 동질성을 회복한다. 이를 통해 작가는 사상과 이념의 대립을 넘어서는 따뜻한 인간애와 진정한 의미의 인간다운 삶이 무엇인지를 깊이 생각하게 한다.

※ 다음 글을 읽고 물음에 답하시오.

[앞부분 줄거리] 6·25 전쟁 직후 고향으로 돌아온 성삼은 동네 치안대 사무소에서 포승줄에 묶인 옛 친구 덕재를 발견한다. 깜짝 놀란 성삼은 덕재의 호송*을 자청한다. 성삼은 덕재를 호송하는 동안 어린 시절 덕재와의 추억을 떠올린다.

성삼이는 와락 저도 모를 화가 치밀어, 고함을 질렀다.

"이 자식아, 그동안 **사람을 몇이나 죽였냐**?"

그제야 덕재가 힐끗 이쪽을 쳐다보더니, 다시 고개를 거둔다.

"이 자식아, 사람 몇이나 죽였어?"

덕재가 다시 고개를 이리로 돌린다. 그러고는 성삼이를 쏘아본다. 그 눈이 점점 빛을 더해 가며 제법 수염발 잡힌 입 언저리가 실룩거리더니,

㉠ "그래, 너는 사람을 그렇게 죽여 봤니?"

이 자식이! 그러면서도 성삼이의 가슴 한복판이 환해짐을 느낀다. ㉡ 막혔던 무엇이 풀려 내리는 것만 같은. 그러나

"농민 동맹* 부위원장쯤 지낸 놈이 왜 피하지 않고 있었어? 필시 무슨 사명을 띠구 잠복해 있는 거지?"

덕재는 말이 없다.

"바른 대루 말해라. 무슨 사명을 띠구 숨어 있었냐?"

그냥 덕재는 잠잠히 걷기만 한다. 역시 이 자식 속이 꿀리는 모양이구나. 이런 때 한번 낯짝을 봤으면 좋겠는데, 외면한 채 다시는 고개를 돌리지 않는다.

성삼이는 **허리에 찬 권총을 잡**으며,

"변명은 소용없다. 영락없이 넌 총살감이니까. 그저 여기서 바른 대루 말이나 해봐라."

덕재는 그냥 외면한 채,

"변명은 할려구두 않는다. 내가 제일 ㉢ 빈농의 자식인 데다가 근농*꾼이라구 해서 농민 동맹 부위원장 됐든 게 죽을죄라면 하는 수 없는 거구, 나는 예나 이제나 땅 파먹는 재주밖에 없는 사람이다."

(중략)

"하여튼 네가 피하지 않구 남아 있는 건 수상하지 않어?"

"나두 피하려구 했었어. 이번에 이남서 쳐들어오믄 사내란 사낸 모주리 잡아 죽인다구 열일곱에서 마흔 살까지의 남자는 강제루 북으로 이동하게 됐었어. 할 수 없이 나두 아버질 업구라두 피난 갈까 했지. 그랬드니 아버지가 안 된다는 거야. ㉣ 농사꾼이 다 지어 놓은 좋은 농살 내버려두구 어딜 간단 말이냐구. 그래 나만 믿구 농사일루 늙으신 아버지의 마지막 눈이나마 내 손으루 감겨 드려야겠구, 사실 우리같이 땅이나 파먹는 것이 피난 간댔자 별수 있는 것두 아니구……."

지난 유월달에는 성삼이 편에서 피난을 갔었다. 밤에 몰래 아버지더러 피난 갈 이야기를 했다. 그때 성삼이 아버지도 같은 말을 했다. 농사꾼이 농사일을 늘어놓구 어디루 피난 간단 말이냐. 성

삼이 혼자서 피난을 갔다. 남쪽 어느 낯설은 거리와 촌락을 헤매다니면서 언제나 머리에서 떠나지 않는 건 늙은 부모와 어린 처자에게 맡기고 나온 농사일이었다. 다행히 그때나 이제나 자기네 식구들은 몸 성히들 있다.

고갯마루를 넘었다. 어느새 이번에는 성삼이 편에서 외면을 하고 걷고 있었다. 가을 햇볕이 자꾸 이마에 따가웠다. 참 오늘 같은 날은 타작하기에 꼭 알맞은 날씨라고 생각했다.

고개를 다 내려온 곳에서 성삼이는 주춤 발걸음을 멈추었다.

저쪽 벌 한가운데 흰 옷을 입은 사람들이 허리를 굽히고 섰는 것 같은 것은 틀림없는 학 떼였다. 소위 삼팔선 완충 지대가 되었던 이곳. 사람이 살고 있지 않은 그동안에도 이들 학들만은 전대로 살고 있는 것이다.

지난날, 성삼이와 덕재가 아직 열두어 살쯤 났을 때 일이었다. 어른들 몰래 둘이서 올가미를 놓아 여기 **학 한 마리를 잡은** 일이 있었다. 단정학*이었다. 새끼로 날개까지 얽어매 놓고는 매일같이 둘이서 나와 학의 목을 쓸어안는다, 등에 올라탄다, 야단을 했다. 그러한 어느 날이었다. 동네 어른들의 수군거리는 소리를 들었다. 서울서 누가 학을 쏘러 왔다는 것이다. 무슨 표본인가를 만들기 위해서 총독부의 허가까지 맡아 가지고 왔다는 것이다. 그 길로 둘이는 벌로 내달렸다. 이제는 어른들에게 들켜 꾸지람 듣는 것 같은 건 문제가 아니었다. 그저 자기네의 학이 죽어서는 안 된다는 생각뿐이었다. 숨 돌릴 겨를도 없이 잡풀 새를 기어 학 발목의 올가미를 풀고 날개의 새끼를 끌렀다. 그런데 학은 잘 걷지도 못하는 것이다. 그 동안 얽매여 시달린 탓이리라. 둘이서 학을 마주 안아 공중에 투쳤다. 별안간 총소리가 들렸다. 학이 두서너 번 날갯짓을 하다가 그대로 내려왔다. 맞았구나. 그러나 다음 순간, 바로 옆 풀숲에서 펄럭 단정학 한 마리가 날개를 펴자 땅에 내려앉았던 자기네 학도 긴 목을 뽑아 한번 울음을 울더니 그대로 공중에 날아올라, 두 소년의 머리 위에 둥그러미를 그리며 저쪽 멀리로 날아가 버리는 것이었다. 두 소년은 언제까지나 자기네 학이 사라진 푸른 하늘에서 눈을 뗄 줄을 몰랐다.

ⓜ "얘, 우리 학 사냥이나 한번 하구 가자."

성삼이가 불쑥 이런 말을 했다.

덕재는 무슨 영문인지 몰라 어리둥절해 있는데,

"내 이걸루 올가밀 만들어 놀게 너 학을 몰아오너라."

포승줄을 풀어 쥐더니, 어느새 성삼이는 잡풀 새로 기는 걸음을 쳤다.

대번 덕재의 얼굴에서 핏기가 걷혔다. 좀 전에, 너는 총살감이라던 말이 퍼뜩 머리를 스치고 지나갔다. 이제 성삼이가 기어가는 쪽 어디서 총알이 날아오리라.

저만치서 성삼이가 홱 고개를 돌렸다.

"어이, 왜 멍추같이 게 섰는 게야? 어서 학이나 몰아오너라!"

그제서야 덕재도 ⓐ 무엇을 깨달은 듯 잡풀 새를 기기 시작했다.

때마침 단정학 두세 마리가 높푸른 가을 하늘에 큰 날개를 펴고 유유히 날고 있었다.

- 황순원, 〈학〉 -

* **전체 줄거리**
6·25 전쟁 직후 성삼은 북한군이 도망간 삼팔선 부근의 옛 고향으로 돌아온다. 성삼은 동네 치안대에서 어릴 적 친구였던 덕재가 포승줄에 묶여 있는 것을 보고 놀란다. 덕재의 호송을 자원한 성삼은 덕재의 죄를 심문하지만 덕재는 농사밖에 모르는 성실한 빈농이라는 이유로 농민 동맹 부위원장이 되었을 뿐 이념과는 아무 상관이 없다며 자신의 결백을 주장한다. 벌판을 지나던 성삼은 그곳에서 덕재와 함께 단정학을 잡았다 풀어 주었던 어린 시절의 기억을 떠올린다. 그러고는 덕재의 포승줄을 풀어 주며 학 사냥을 하자고 제안한다. 처음에 덕재는 성삼이 자신을 죽이려는 것이 아닌가 하여 겁을 내지만, 곧 자신을 풀어 주려는 성삼의 의도를 눈치채고 잡풀 사이로 기어가기 시작한다.

한방에! 어휘풀이

* **호송(護送)**: 죄수를 어떤 곳에서 목적지로 감시하면서 데려가는 일.
* **농민 동맹(農民同盟)**: 6·25 전쟁 때에, 북한군이 남침하여 만든 농민 단체.
* **근농(勤農)**: 농사를 부지런히 지음. 또는 그런 농민.
* **단정학(丹頂鶴)**: 붉은 볏을 가진 학.

01 서술상의 특징 파악하기

윗글에 대한 설명으로 적절하지 <u>않은</u> 것은?

① 6·25 전후 상황을 배경으로 하고 있다.
② 상징적 소재를 통해 주제를 효과적으로 드러내고 있다.
③ 자세한 묘사와 긴 대화를 통해 인물의 성격을 나타내고 있다.
④ 서로 대립되는 두 인물을 내세움으로써 민족의 비극을 형상화하고 있다.
⑤ 시간의 흐름에 따라 이야기를 진행하면서 과거 사건을 중간중간 삽입하고 있다.

* 묘사(描寫): 어떤 대상이나 사물, 현상 따위를 언어로 서술하거나 그림을 그려서 표현함.
* 형상화(形象化): 형체로는 분명히 나타나 있지 않은 것을 어떤 방법이나 매체를 통하여 구체적이고 명확한 형상으로 나타냄.

02 구절의 의미 파악하기

㉠~㉤에 대한 설명으로 적절하지 <u>않은</u> 것은?

① ㉠: 성삼의 질문에 반문함으로써 자신이 사람을 죽이지 않았다고 주장하고 있다.
② ㉡: 덕재의 대답을 들은 성삼이 안도감을 느끼고 있다.
③ ㉢: 덕재가 농민 동맹 부위원장이 되었던 원인으로, 덕재가 원해서 된 것이 아님을 드러내고 있다.
④ ㉣: 덕재가 피난을 가지 못한 이유이며, 덕재 아버지의 가부장적인 모습이 드러나고 있다.
⑤ ㉤: 성삼이 학 사냥을 핑계로 덕재를 풀어 주려 하고 있다.

중요 03 외적 준거를 통해 작품 이해하기

보기 를 바탕으로 윗글을 감상한 반응으로 적절하지 <u>않은</u> 것은?

보기

6·25전쟁은 같은 민족끼리 서로 총부리를 겨누었던 역사적 비극이었다. 한민족이었던 사람들은 남과 북으로 갈라지며 이념의 대립으로 인해 서로를 불신하게 되었고, 삼팔선 완충 지대가 되었던 근처 전쟁 지역에서는 서로 간에 밀고 밀리는 치열한 공방전이 계속되었다. 더불어 점령지에서는 상대편에 협력한 사람들에 대한 처벌이나 처형이 이루어졌다. 전쟁 상황에서 상대편에 협력한 사람은 적과 동일하게 취급되는 것이 일반적이었다.

① '사람을 몇이나 죽였냐'는 성삼의 물음은 이념의 대립으로 인해 서로를 불신하는 상황을 의미하는군.
② 성삼이 덕재에게 말할 때 '허리에 찬 권총을 잡'는 것은 같은 민족임에도 서로 총부리를 겨누었던 비극적 상황에 해당하는군.
③ '저쪽 벌'은 남과 북 사이에 치열한 공방전이 계속되었던 공간이겠군.
④ 성삼과 덕재가 '학 한 마리를 잡은' 것은 점령지로 날아든 학을 적과 동일하게 취급했기 때문이겠군.
⑤ 덕재의 '포승줄을 풀어' 준 성삼은 전쟁 상황에서 상대편에 협력했다는 이유로 처벌받을 수 있겠군.

서답형 04 문장의 의미 파악하기

ⓐ의 의미를 서술하는 말로 적절한 것을 골라 쓰시오.

ⓐ는 성삼이 덕재에게 (도망칠 / 체포될) 기회를 주는 것을 의미한다.

문제풀이

복습하기

문법

1 □□	• 뜻을 가지고 자립할 수 있는 말 또는 그 뒤에 붙어 기능을 나타내는 말. • 자립할 수 있는 말에 붙어 쉽게 2 □□ 될 수 있음.
구성 요소	어근: 단어에서 3 □□ 적인 의미를 나타내는 중심 부분
	4 □□ : 어근에 붙어 뜻을 더하거나 제한하는 주변 부분

비문학

1문단	5 □□□□ 의 개발 배경
2문단	인프라스트럭처 모드와 6 □□□ 모드의 개념과 활용 사례
3문단	사용 7 □□ 에 따른 와이파이의 한계점
4문단	와이파이의 위험성과 올바른 활용 방법

문학 - 햇비(윤동주)

1연	햇비를 맞는 8 □□□ 의 모습
2연	9 □□□ 아래에서 노래하고 춤추는 8 □□□

문학 - 학(황순원)

성삼과 덕재의 갈등 해소 과정

갈등 내용	① 남한 측에 선 성삼과 10 □□ 측에 선 덕재로 대표되는 이념의 대립 ② 덕재가 11 □□ 을 죽였을지도 모른다는 성삼의 의심

⬇

사람을 몇이나 죽였냐는 성삼의 추궁에 덕재가 자신의 결백을 주장함.

⬇

성삼이 과거 12 □ 을 풀어 주었던, 이념의 대립 없이 순수했던 성삼과 덕재의 어린 시절을 떠올림.

⬇

성삼이 덕재에게 학 사냥을 제안함과 동시에 덕재의 13 □□□ 을 풀어 줌으로써 덕재가 도망칠 수 있도록 도움.

정답 1 단어 2 분리 3 실질 4 접사 5 와이파이 6 애드혹 7 거리 8 아이들 9 무지개 10 북한 11 사람 12 학 13 포승줄

한수

10

Contents

화법

공감하며 대화하기 ········· 118

독서

디자인의 전개 과정 ········· 120

문학

십 년을 경영하여 _ 송순 / 짚방석 내지 마라 _ 한호 ········· 122

완득이 _ 김려령 원작 · 김영환 각색 ········· 124

복습하기 ········· 127

10강

화법

공감하며 대화하기

| 정답 및 해설 | 56쪽

한방에! 개념정리

한방에! 핵심정리

갈래	대화
화제	특별 구역 청소 배정에 관한 문제
특징	① 서로에 대한 존중과 배려의 자세가 드러남. ② 자신의 생각을 상대에게 정확하게 전달하고 있음. ③ 공감적 듣기 방법을 활용하여 원활한 의사소통이 이루어짐.

※ 다음은 대화이다. 물음에 답하시오.

광휘: 예준아! 잠시 이야기할 수 있니?

예준: ㉠ (학습 과제 작성에 열중하면서) 왜?

광휘: 1층 중앙 현관 특별 구역 청소가 이제야 끝났거든. 예준아, 나 좀 봐줄래?

예준: ㉡ (광휘의 눈을 마주치며) 그래. 내가 과제에 열중하다 보니……. 미안해. 수업 마친 지 한참이나 지났는데 지금 끝났구나. ㉢ 많이 힘들었겠다.

[A]

광휘: 그래서 특별 구역 청소 배정에 대해 이야기 좀 하려고. 너희 청소 구역이 1층 좌측 계단부터 3층 계단 올라가기 전까지잖아. ㉣ 너희는 몇 명이서 하니?

예준: 우리는 민수, 준형이하고 나, 세 명이서 하고 있어.

광휘: ㉤ (손뼉을 치며) 그렇구나. 우리는 두 명이서 하고 있는데, 둘이서 청소를 하기에는 구역이 너무 넓은 것 같아. 시간도 많이 걸리고. 너희는 셋이서 청소하는 데 시간이 얼마나 걸리니?

예준: 보통 10분 정도 걸리는 것 같아.

광휘: 그러니까 너희 특별 구역은 세 명이서 10여 분 만에 끝나는구나. 우리는 20분 이상 청소해도 끝날까 말까 하거든. 미안하지만 너하고 민수, 준형이가 양해를 해 줄 수 있을까? 우리가 청소 구역을 합쳐서 청소를 하면 시간이 더 절약될 것 같거든. 그리고 네가 반장으로서 선생님께 우리가 이야기한 청소 구역을 말씀드려서 허락받았으면 좋겠어.

예준: 그래. 우리 특별 구역 청소를 맡은 친구들도 너희 사정을 충분히 이해할 거야. 친구들한테 동의를 구하고 선생님께 1층 중앙 현관부터 3층 계단 올라가기 전까지 우리들이 함께 청소해 보겠다고 말씀드려 볼게.

한방에! 지식더하기

공감적 듣기

공감적 듣기	
상대방의 감정을 깊이 있게 이해하고 상대방의 관점에서 문제를 바라보며 협력적으로 소통하기 위한 듣기 행위	
소극적 들어주기	**적극적 들어주기**
상대방을 격려하고 관심을 보이는 것을 중심으로 한 듣기 방법	상대가 문제를 스스로 해결할 수 있도록 돕는 듣기 방법
• 상대방의 눈 마주치기 • 지속적으로 관심 표현하기 • 적절한 맞장구 치기	• 상대방의 말 요약정리해 주기 • 상대방의 말에 감정 이입하여 정서적으로 반응하며 들어 주기

01 대화 내용 이해, 평가하기

윗글에 대한 설명으로 적절하지 않은 것은?

① 예준은 광휘가 처한 어려움에 대해 공감하고 있다.
② 예준은 광휘의 제안을 긍정적으로 받아들이고 있다.
③ 광휘가 예준에게 먼저 말을 걸면서 대화가 시작되고 있다.
④ 광휘는 예준의 지위를 언급하며 자신이 원하는 바를 구체적으로 언급하고 있다.
⑤ 예준이 광휘와 대화하면서 눈을 마주치지 않은 것은 광휘와 대화하고 싶지 않아서이다.

02 대화 내용 이해, 평가하기

예준과 광휘가 공통적으로 실천하고 있는 대화 방식으로 적절한 것은?

① 상대방의 말에 대해 줄곧 부정적으로 반응하고 있다.
② 상대방의 말을 요약하면서 상대방의 말에 대해 반박하고 있다.
③ 상대방이 계속 이야기를 이어 나갈 수 있도록 공감적 듣기를 하고 있다.
④ 상대방이 자신의 문제를 객관적으로 바라볼 수 있도록 이끌어가고 있다.
⑤ 표정과 몸짓을 통해 상대방에게 자신의 말을 효과적으로 전달하고 있다.

10강

중요 ## 03 대화 표현 전략 사용하기

윗글의 ㉠~㉤ 중 보기 의 ⓐ에 해당하는 듣기 방법을 모두 고른 것으로 적절한 것은?

보기

공감적 듣기란 상대방의 감정을 이해하고, 상대방의 입장에서 문제를 바라보는 듣기 행위이다. 공감적 듣기는 ⓐ 소극적 들어주기와 적극적 들어주기의 방법으로 나뉜다.

① ㉠, ㉡ ② ㉠, ㉢ ③ ㉡, ㉣ ④ ㉡, ㉤ ⑤ ㉡, ㉢, ㉤

서답형 ## 04 대화 표현 전략 사용하기

[A]에서 적극적 들어주기 방법이 쓰인 문장을 찾아 조건 에 맞게 쓰시오.

조건

• 문장의 첫 어절과 마지막 어절을 쓸 것.

문제풀이

10강

독서 – 예술(디자인)

디자인의 전개 과정

| 정답 및 해설 | 57쪽

한방에! 개념정리

한방에! 핵심정리

갈래	설명문
주제	디자인의 개념과 발전 양상
해제	이 글은 디자인의 개념과 산업혁명 직후부터 20세기 초까지의 디자인 전개 과정을 순차적으로 소개하고 있다. 산업혁명 직후 디자인은 순수미술을 바탕으로 한 미술적 요소를 산업에 응용하는 방식으로 전개되었으나, 19세기 대량생산이 가능해지면서 기능주의 철학을 바탕으로 한 새로운 개념의 디자인이 대두되었다. 19세기에서 20세기 초의 디자인의 주된 논의는 미의 절대성과 공리성에 관한 것이며, 이에 대한 논의는 지금까지도 활발하게 진행되고 있다. 19세기에 이르러 디자인은 산업 기술에 예술을 더하며 새로운 방식으로 발전하게 되고, 이에 따라 시각디자인, 제품디자인, 환경디자인 등이 발전하였다.

* 문단 중심 내용

1문단	디자인의 개념
2문단	산업혁명 직후부터 20세기 초까지의 디자인 전개 과정과 디자인의 주된 논의
3문단	산업 기술과 예술이 통합된 새로운 예술로서의 디자인
4문단	현대 디자인의 다양한 발전 양상

※ 다음 글을 읽고 물음에 답하시오.

디자인이라는 용어는 '지시하다', '표현하다', '성취하다'를 의미하는 라틴어 단어 '데시그나레'에서 유래했다. 디자인은 단순한 관념이 아닌 그것을 실체로 구현할 수 있는 실용적인 개념이므로, 어떠한 종류의 디자인이라도 실체와 떼어놓고 생각하는 것은 불가능하다. 디자인은 주어진 목적을 달성하기 위해 여러 조형 요소들을 의도적으로 선택해 구성한 것으로, 합리적이면서도 유기적인 통일을 지향하는 창조적 활동이며, 그에 따른 결과의 실현을 가리킨다.

산업혁명 직후의 디자인은 순수미술을 바탕으로 얻어낸 미술적 요소를 산업에 응용하는 픽토리얼 디자인으로 이해되었으나, 19세기 초부터 기계·기술의 발달로 인해 대량생산이 가능해지자 기능주의 철학을 밑바탕으로 한 새로운 개념으로 이해되기 시작하였다. 인간이 의미 있는 것을 실체화하고자 의도적으로 노력해 얻어낸 것이 인간의 생활 양식이고 인류가 쌓아 올린 문명의 세계라고 한다면 디자인의 세계는 이러한 인간의 생활 양식의 실체, 문명의 실체를 의미하는 것이다. 19세기에서 20세기 초의 디자인의 역사는 이념을 반영하여 발전했으며, 디자인의 주된 논의는 미의 절대성과 공리성에 대한 것이었다. ㉠ 미의 절대성은 미 그 자체, 아름다움의 본질에 관한 것이며 ㉡ 미의 공리성은 기능적인 면에 초점을 맞추는 것이다. 이 두 가지의 가치 규범에 대한 논의는 지금까지도 디자인의 중심 과제로 활발하게 이어져 오고 있다.

19세기에 이르러 디자인은 산업 기술에 예술을 더함으로써 새로운 예술을 추구하게 된다. 따라서 ⓐ 현대의 디자인은 곧 산업디자인을 의미한다고 보아도 무방하다. 과학 기술과 예술의 접목이 실현됨으로써 현대 사회는 인간이 영위하는 생활환경과 디자인의 관계가 상당히 긴밀하면서도 복잡해졌다.

이에 따라 디자인이 발전하는 양상은 매우 다양해졌다. 시각디자인은 인간 생활에 필요한 정보와 지식을 확장할 뿐만 아니라 더욱 신속하고 정확하게 전달하기 위하여 시각을 중심으로 한다. 또한, 제품디자인은 인간 생활의 발전에 필요한 제품 또는 도구를 더 대량으로, 더 높은 품질로 생산하기 위해 발전해 왔다. 한편, 인간이 살아가는 데 필요한 환경이나 공간을 더 실용적이면서도 아름답게 만드는 데 중점을 두는 환경디자인도 이들과 같은 맥락 아래에서 발전하였다.

01 중심 내용 파악하기

윗글의 중심 내용으로 가장 적절한 것은?

① 디자인의 개념
② 산업디자인의 기원
③ 산업혁명 당시 디자인의 위상
④ 시대에 따른 디자인의 발전 양상
⑤ 디자인의 발전을 저해하는 요소와 그 극복 방안

02 맥락을 바탕으로 추론하기

㉠과 ㉡에 해당하는 예시를 연결한 것으로 적절한 것은?

① ㉠: 사람이 다치지 않게 유리보다는 플라스틱 화병을 배치하는 것
② ㉠: 같은 가격과 디자인이라면 성능이 우수한 제품을 구매하는 것
③ ㉡: 유명한 영화배우의 외모를 보고 잘생겼다고 생각하는 것
④ ㉡: 자신의 키에 맞춰 손쉽게 사용할 수 있도록 책상의 높이를 조절하는 것
⑤ ㉡: 붉은색 모직에 은색 금속 단추로 마감한 코트를 고급스럽다고 여기는 것

중요 03 구체적 사례에 적용하기

보기 에서 활용한 디자인에 대한 설명으로 적절한 것은?

보기

OO시, 도시 디자인을 통한 안전한 골목 조성 나선다.

OO시는 올해 A구 노후 공장 지역 일대에 도시 디자인을 통한 안전한 골목길 조성 사업을 시행한다고 밝혔다.

4월부터 6월까지 진행되는 이 사업은 동네 표지판과 가로등, 골목길과 주거지 등에 범죄 예방 디자인을 적용하여 어두운 거리를 밝히고 안전한 골목길을 조성하여 공간을 보다 실용적이고 아름답게 만드는 것을 목표로 한다.

OO시는 지난해 셉테드 기법 등을 적용한 B구 유흥가 주변 생활 안전 디자인 사업을 벌여 지역민의 범죄 불안감을 줄인 바 있다.

① 인간 생활에 필요한 정보와 지식을 확장하기 위한 디자인이다.
② 제품 또는 도구를 더 높은 품질로 생산하기 위해 발전된 디자인이다.
③ 순수미술을 바탕으로 얻어낸 미술적 요소를 산업에 응용하는 디자인이다.
④ 인간이 살아가는 데 필요한 환경이나 공간을 더 실용적으로 만들기 위한 디자인이다.
⑤ 인간이 의미 있는 것을 실체화하고자 의도적으로 노력해 얻어낸 것을 바탕으로 한 디자인이다.

서답형 04 세부 내용 파악하기

ⓐ의 이유를 서술하는 말로 적절한 것을 차례대로 골라 쓰시오.

19세기에 이르러 디자인은 (순수미술 / 산업 기술)에 (기술 / 예술)을 더함으로써 새로운 예술을 추구하게 되었기 때문이다.

문제풀이

10강

문학 – 고전운문

십 년을 경영하여 _ 송순 / 짚방석 내지 마라 _ 한호

| 정답 및 해설 | 58쪽

한방에! 개념정리

한방에! 핵심정리

가 십 년을 경영하여(송순)

갈래	평시조, 정형시
성격	낭만적, 자연 친화적
주제	자연과 더불어 사는 물아일체의 삶
특징	① 시선의 이동을 통해 시상을 전개함. ② 의인법과 비유적 표현을 활용하여 물아일체의 모습을 나타냄.
해제	이 작품은 조선 사대부의 자연 친화적 가치관을 잘 드러내는 시로, 안분지족의 생활 태도와 자연의 아름다움에 몰입한 사대부의 정신세계를 엿볼 수 있다.

나 짚방석 내지 마라(한호)

갈래	평시조, 정형시
성격	풍류적, 자연 친화적
주제	산촌 생활 중에 느끼는 안빈낙도(安貧樂道)
특징	① 자연 속에서 풍류를 즐기며 안빈낙도하는 소박한 삶을 그려 냄. ② 친숙한 소재를 대립적으로 나열하여 시상을 전개함.
해제	이 작품은 인위적인 것을 거부하고 자연 친화적인 생활을 추구하는 화자의 태도를 보여주는 시이다. 풍류를 즐기며 안빈낙도하고자 하는 화자의 바람이 잘 드러나 있다.

※ 다음 글을 읽고 물음에 답하시오.

가

십 년을 경영(經營)*하여 초려삼간(草廬三間)* 지어 내니
나 한 칸 ㉠ 달 한 칸에 청풍(淸風) 한 칸 맡겨 두고
강산은 들일 데 없으니 둘러 두고 보리라.

- 송순, 〈십 년을 경영하여〉 -

나

짚방석(方席) 내지 마라 낙엽인들 못 앉으랴
솔불 켜지 마라 어제 진 ㉡ 달 돋아온다
아이야 박주산채(薄酒山菜)*일망정 없다 말고 내어라

- 한호, 〈짚방석 내지 마라〉 -

한방에! 지식더하기

(가)와 (나)의 문학적 경향

- 강호가도(江湖歌道): 조선시대 시가 문학에 널리 나타난 자연 예찬의 문학 사조.
- 강호한정(江湖閑情): 자연을 예찬하며 한가로이 즐김.
- 안분지족(安分知足): 편안한 마음으로 제 분수를 지키며 만족할 줄을 앎.
- 안빈낙도(安貧樂道): 가난한 생활을 하면서도 편안한 마음으로 도를 즐겨 지킴.

한방에! 어휘풀이

* 경영(經營): 계획을 세워 집을 지음.
* 초려삼간(草廬三間): 초가집 세 칸이라는 뜻으로, 아주 초라하고 보잘 것 없는 집.
* 박주산채(薄酒山菜): 맛이 변변하지 못한 술과 산나물.

01 표현상의 특징 파악하기

(가)에 대한 설명으로 적절하지 않은 것은?

① 시상이 근경에서 원경으로 이동하며 전개되고 있다.
② 화자의 바람을 마지막 행에서 정리하여 표현하고 있다.
③ 다양한 자연물을 통해 자연에 대한 긍정적 인식을 나타내고 있다.
④ 자연과 대조적인 시어를 통해 작품의 주제를 직접적으로 드러내고 있다.
⑤ 비슷한 의미를 지닌 대상을 삽입하여 화자가 지향하는 바를 표현하고 있다.

* 시상(詩想): 시에 나타난 사상이나 감정.
* 근경(近景): 가까이 보이는 경치. 또는 가까운 데서 보는 경치.
* 원경(近景): 멀리 보이는 경치. 또는 먼 데서 보는 경치.
* 지향(志向): 어떤 목표로 뜻이 쏠리어 향함. 또는 그 방향이나 그쪽으로 쏠리는 의지.

02 내용상의 특징 파악하기

(나)를 감상한 학생들의 반응으로 적절한 것은?

① (나)의 화자는 자신이 처한 상황을 부정적으로 받아들이고 있군.
② (나)에서 화자가 거부하는 '짚방석'과 '솔불'은 화자의 가난한 삶과 관련이 있군.
③ (나)에서는 대립적인 소재를 작품에 삽입함으로써 화자가 추구하는 가치를 드러내고 있군.
④ (나)에서는 현실과 멀리 떨어진 화자가 학문 수양을 위해 열심히 노력하는 모습을 엿볼 수 있군.
⑤ (나)에는 화자가 자연을 인간보다 낮은 존재로 인식하고 자연을 지배하며 살아가려는 태도가 나타나 있군.

* 수양(修養): 몸과 마음을 갈고닦아 품성이나 지식, 도덕 따위를 높은 경지로 끌어올림.

03 시어의 의미 파악하기

보기를 참고할 때, ㉠과 ㉡에 대한 설명으로 적절한 것은?

보기

문학 작품에서 자연물은 시간적 배경을 나타내는 기능뿐만 아니라 화자의 내면을 표현하는 수단으로 활용된다. 작품의 주제에 따라 자연물은 화자가 지향하고자 하는 삶의 태도나 인식의 표현, 혹은 임을 향한 그리운 마음이나 임금을 향한 충성을 투영하는 소재가 된다. 나아가 자연물과 다른 시어와의 대조를 통해 현실에 대한 비판을 드러내기도 한다.

① ㉠은 ㉡과 달리 화자의 서글픈 심정이 투영되어 있다.
② ㉠은 ㉡과 달리 임금을 향한 충성을 투영하는 소재이다.
③ ㉡은 ㉠과 달리 대상에 대한 화자의 부정적 태도가 반영되었다.
④ ㉠과 ㉡ 모두 자연에 대한 화자의 긍정적 인식이 나타나고 있다.
⑤ ㉠과 ㉡ 모두 부조리한 현실을 비판하고자 하는 의도로 사용되었다.

04 소재의 의미 파악하기

(가), (나)에서 화자의 소박한 삶을 의미하는 시어를 각각 찾아 조건에 맞게 차례대로 쓰시오.

조건

• 모두 4음절에 해당하는 시어를 찾아 쓸 것.

10강

문학 - 극수필

완득이 _ 김려령 원작 · 김영환 각색

| 정답 및 해설 | 59쪽

한방에! 개념정리

한방에! 핵심정리

갈래	뮤지컬 대본
성격	현실적, 희망적
주제	방황하던 청소년 완득이의 도전과 성장
특징	① 소설을 각색한 작품으로 뮤지컬 공연을 위한 대본임. ② 노래 가사를 통해 인물의 심리와 주제를 효과적으로 드러냄. ③ 다문화 가정, 장애인 가정, 청소년의 방황 등 여러 가지 사회 문제를 다룸.
해제	이 작품은 완득이의 아픔과 성장을 그려 낸 뮤지컬 대본이다. 꿈을 찾지 못하고 방황하는 청소년의 모습, 다문화 가정과 장애인 가장의 현실 등 우리 사회의 여러 문제를 다루면서도 밝은 희망을 보여 주고 있다.

※ 다음 글을 읽고 물음에 답하시오.

[앞부분 줄거리] 공부는 못하지만 싸움만큼은 누구보다 잘하는 완득이에게는 사람들 앞에서 춤추며 일하는 아버지와 민구 삼촌이 유일한 가족이다. 어느 날, 옆집에 사는 담임 선생님 '똥주'가 완득이에게 그동안 존재조차 몰랐던 어머니의 소식을 전해 준다.

4장

완득이네 옥탑방. 낡은 문 앞에 한 사람이 서 있다. 완득이의 어머니이다.

7. 마주치지 않을게요 - 어머니

사는 내내 보고팠지만 내 두 눈 앞에 서 있지만
불러 볼 수 있을까, 안아 볼 수 있을까, 난…… 난…….
하루 종일 곁을 맴돌아도 저만치 내 앞에 있어도
문득 마주칠까 봐 겁이 났어요, 난……
마주치지 않을게요.
숨을 쉬는 내내 보고픈 그 ⓐ 얼굴
무엇과도 바꿀 수 없는 얼굴
눈 감아도 눈 떠 봐도 하염없이 떠오르는 그 얼굴.
매일 너를 찾아왔지만
난 고개 들지 못할 것 같아
다른 사람인 척, 모르는 척할 것 같아
난 마주치지 않을게요.

완득이 등장. 완득이와 어머니, 서로를 마주하고는 할 말을 잃는다.

어머니: ……. 잘 지냈어요?

(마주치지 않을게요 / 배경음악)

어머니: 잘 커 줘서 고마워요. 나는 그냥 한 번만…….

어머니, 들고 온 종이 가방들을 완득이에게 건넨다.

어머니: 이거……. (포장을 뜯으며) 요즘 남자아이들한테 제일 인기 있는 거래요.

어머니가 상자를 뜯으면 ㉠ 운동화가 나타난다.

어머니: 신어 봐요……. 신어 보세요.

완득: 필요 없으니까, 가져가세요.

어머니: (품 안에서 ㉡ 흰 봉투를 꺼내 건네며) 이거…… 말로는 잘 못 하겠어서…… 너무 미안해서…….

달동네가 시끄럽다. 완득이 아버지와 민구 삼촌이 옥탑방으로 들어선다.

어머니, 얼른 완득이의 손에 흰 봉투를 쥐여 준다.

민구 삼촌: 안, 안녕, 안녕하세요! 완, 완득이, 손, 손님인가 봐요!

아버지: 누가 왔어?

어머니, 아버지를 마주하고는 파르르 떤다.

아버지: 이게 뭐야!

아버지, 운동화를 옥탑방 밖으로 내던진다.

완득: (말리며) 왜 이러세요. 아버지, 왜 이러세요.

민구 삼촌: 이, 이러지 마! 싸, 싸우, 싸우지 마!

아버지: 여기가 어디라고 찾아와! 자식 놈 버리고 저 혼자 호강하겠다고 도망쳐 놓고 여기가 어디라고 다시 와! 당신이 완득이 얼굴 볼 자격이 있다고 생각해? 어서 나가! 우리 집에서 당장 나가!

어머니, 신발을 신을 겨를도 없이 맨발로 도망치듯 옥탑방에서 뛰쳐나간다.

완득, 어머니 신발을 챙겨 들고 어머니를 쫓아간다.

8. 엄마 향기 - 완득, 어머니

[완득]

방에서 이상한 향기가 났던 것 같아.
무슨 향인지는 모르겠지만 어쩐지 익숙한
나 혼자 있을 때와는 달랐던 이 향기.
화장도 안 했던데 도대체 무슨 향일까,
다른 사람들은 다 알고 있는 이 향기.
나만 지금껏 몰랐었던 걸까,
이런 게 바로, 바로.

완득, 어머니가 건넨 흰 봉투를 꺼내 읽는다. [A]

[어머니]

잊고 살지 않았어요. 많이 보고 싶었어요.
난 나쁜 여자예요. 정말 미안해요.
혹시 전화할 수 있다면 꼭 해 주세요.
안 해도 돼. 그런데 한번 꼭 듣고 싶어요.
목소리 한번 꼭 듣고 싶어요.
옆에 있어 주지 못해서 미안해요. 미안해요.

완득: 보고 싶었다면 날 버리고 가지 말았어야지요…….

[완득]

그 흔한 아들이니 엄마라는 말은 없어.
난 보고 싶었던 적
없었는데, 그냥 궁금하기만 했었는데
언제 다시 만날 수 있을까.

[어머니]

내게는 부질없는 이야기
난 잊었던 적
그저 난

[완득]

뭐가 이래, 뭐가 이렇게 허무해,
뭐가 이렇게 허무해.

- 김려령 원작 · 김영환 각색, 〈완득이〉 -

※ **전체 줄거리**
공부는 못하지만 싸움은 누구보다 잘하는 소년 완득이는 척추 장애가 있으며 사람들 앞에서 춤추며 생계를 이어 나가는 아버지와 지적 장애를 가진 '민구 삼촌'과 함께 산다. 어느 날 완득이는 옆집에 사는 담임 선생님으로부터 어릴 때 집을 나간 베트남 출신 어머니의 소식을 듣게 되고, 담임 선생님의 주선으로 어머니를 만나지만 쉽게 마음을 열지 못한다. 완득이는 담임 선생님의 권유로 킥복싱을 시작하고, 운동을 하게 되면서 자신을 둘러싼 세상과 편견에 지지 않고 맞서겠다는 의지를 키워 나간다. 시간이 흘러 완득이는 자신을 걱정하며 찾아온 어머니에게 분홍색 구두를 선물하며 점차 마음을 열어 간다. 완득이는 자신의 첫 킥복싱 경기에서 지지만 자신을 응원하는 사람들에게 고마움을 느끼며 세상 앞에 당당하게 서게 된다. 완득이는 처음으로 어머니를 '엄마'라고 부르며 마음을 완전히 열게 된다.

01 내용상의 특징 파악하기

인물에 대한 설명으로 적절하지 않은 것은?

① 어머니가 완득이에게 존댓말을 하는 것은 완득이를 어려워하기 때문이다.
② 아버지는 어머니가 홀로 편안한 삶을 누리기 위해 자식을 버렸다고 생각한다.
③ 어머니의 말에도 완득이가 대꾸를 하지 않는 것은 어머니에 대한 미안함 때문이다.
④ 완득이가 운동화를 받지 않는 모습은 어머니에게 마음을 열지 못하고 있음을 나타낸다.
⑤ 민구 삼촌이 어머니에게 하는 말로 보아 완득이 어머니의 존재에 대해 모르고 있었음을 알 수 있다.

02 소재의 의미 이해하기

㉠, ㉡에 대한 설명으로 적절한 것은?

① ㉠은 어머니에 대한 완득이의 사랑을 의미한다.
② ㉡은 어머니가 완득이에게 건네는 경제적 도움을 의미한다.
③ ㉠은 완득이, ㉡은 완득이 아버지에게 전달하고자 한 것이다.
④ ㉠과 ㉡을 통해 완득이에 대한 어머니의 미안함과 사랑을 알 수 있다.
⑤ ㉠과 ㉡ 모두 어머니와 완득이의 사이를 더욱 멀어지게 하는 소재이다.

중요

03 원작과 비교하기

보기 는 [A]의 원작 부분이다. 이를 통해 알 수 있는 윗글과 보기 의 차이점으로 적절하지 않은 것은?

보기

방에서 이상한 냄새가 나는 것 같다. 무슨 냄새인지는 모르겠다. 어쨌든 나 혼자 있을 때와는 다른 냄새다. 화장도 안 했던데 무슨 냄새일까. 이런 게 어머니 냄새라는 걸까. 그분이 먹었던 라면 그릇이 전과 달라 보였다. 나는 그분이 두고 간 봉투를 뜯었다. 돈인 줄 알았는데 편지였다.

미안해요. 잊고 살지 않았어요. 많이 보고 싶었어요. 나는 나쁜 사람이에요. 정말 미안해요. 혹시 전화할 수 있다면 전화해 주세요.

OOO-OOOO-OOOO

안 해도 돼요. 옆에 있어 주지 못해서 미안해요.

① 윗글은 〈보기〉와 달리 인물의 대사로 사건이 전개된다.
② 윗글은 〈보기〉와 달리 인물이 서술자가 되어 사건을 설명한다.
③ 윗글은 〈보기〉와 달리 원작의 내용을 각색하였음을 알 수 있다.
④ 윗글은 〈보기〉와 달리 노래를 통해 등장인물의 심리가 드러난다.
⑤ 윗글은 〈보기〉와 달리 배우가 등장인물의 행동을 직접 연기하여 보여주도록 지시문을 제시한다.

서답형

04 세부 내용 파악하기

ⓐ가 가리키는 인물을 윗글에서 찾아 3음절로 쓰시오.

문제풀이

복습하기

화법

[1] □□□ 듣기	상대방의 [2] □□을 이해하고 상대방의 입장에서 문제를 바라보며 말을 들어주는 것
종류	소극적 들어주기: 상대방의 눈을 맞추며 지속적으로 [3] □□을 표현하거나 적절한 맞장구를 쳐주는 듣기 방법
	[4] □□□ 들어주기: 대화 상대의 말을 요약정리해 주거나 감정이입을 통해 상대방의 정서에 반응하며 들어주는 듣기 방법

비문학

1문단	[5] □□□의 개념
2문단	디자인의 전개 과정과 디자인의 주된 논의
3문단	산업 기술과 [6] □□이 통합된 새로운 예술로서의 디자인
4문단	[7] □□ 디자인의 다양한 발전 양상

문학 - 십 년을 경영하여(송순) / 짚방석 내지 마라(한호)

가 십 년을 경영하여(송순)

초장	화자가 초려삼간을 지음
중장	'나, [8] □, 청풍'이 초려삼간의 한 칸씩을 맡음
종장	[9] □□을 둘러 두고 보려 함

나 짚방석 내지 마라(한호)

초장	인위적인 [10] □□□을 거부하고 낙엽을 받아들임
중장	인위적인 솔불을 거부하고 [11] □□을 받아들임
종장	박주산채를 먹으며 풍류를 즐김

문학 - 완득이(김려령 원작·김명환 각색)

갈래	[12] □□□ 대본
주제	방황하던 청소년 완득이의 도전과 [13] □□
특징	① [14] □□을 각색한 작품임. ② 노래 [15] □□를 통해 인물의 심리와 주제를 효과적으로 드러냄. ③ 다문화 가정, 장애인 가정, 청소년의 방황 등 여러 가지 사회 문제를 다룸.

정답
1 공감적 2 감정 3 관심 4 적극적 5 디자인 6 예술 7 현대 8 달 9 강산 10 짚방석 11 달빛 12 뮤지컬 13 성장 14 소설 15 가사

한수

11

Contents

작문

설명하는 글 쓰기 …… 130

독서

논증의 두 가지 방법 …… 132

문학

첫사랑 _ 고재종 …… 134

야, 춘기야 _ 김옥 …… 136

복습하기 …… 139

11강

작문

설명하는 글 쓰기

| 정답 및 해설 | 62쪽

한방에! 개념정리

한방에! 핵심정리

갈래	설명문
주제	건강한 머릿결을 갖는 방법
특징	① 다양한 참고 자료를 활용하여 글을 작성함. ② 정보를 전달하는 글로, 독자가 몰랐던 것을 설명함. ③ 다양한 설명 방법을 통해 글을 효과적으로 전달함.

* 설명 방법

정의	어떤 말이나 사물의 뜻을 밝혀 풀이하는 방법
예시	내용과 관련된 구체적인 예를 보여 주는 방법
비교	둘 이상의 대상을 견주어 공통점을 드러내는 방법
대조	둘 이상의 대상을 견주어 차이점을 드러내는 방법
분류	대상을 같은 종류끼리 묶어서 설명하는 방법
구분	전체를 기준에 따라 몇 개로 나누어 설명하는 방법
인과	어떤 대상을 원인과 결과 중심으로 설명하는 방법
분석	대상을 그 구성 요소나 부분으로 나누어 설명하는 방법

※ 다음 글을 읽고 물음에 답하시오.

건강한 머릿결을 갖고 싶어요!

윤기가 흐르는 건강한 머릿결은 남녀를 가리지 않고 누구나 바라는 것이다. 하지만 거울을 볼 때마다 상하고 푸석푸석한 머리카락 때문에 고민하는 사람이 많은 것이 현실! 이 고민을 해결하기 위해서는 어떻게 해야 할까? 지금부터 머릿결과 관련된 궁금증을 풀어 보도록 하자.

[A] 머리카락이 상한다는 것은 어떤 의미일까? 머리카락은 김, 밥, 속 재료가 말려 있는 김밥처럼 모표피, 모피질, 모수질이라는 3개의 층으로 이루어져 있다. 이 중 가장 바깥층인 모표피는 세포가 물고기 비늘 모양으로 겹쳐 있는 층이다. 머리카락이 상한다는 것은 이 모표피가 벌어지거나 떨어져서 손상된 것을 의미한다.

그렇다면 머릿결이 나빠지는 이유는 무엇일까? ㉠ <u>머리카락은 케라틴이라는 단백질로 이루어져 있는데 단백질은 열에 약하다. 그래서 뜨거운 물이나 바람 등과 자주 접촉하면 머리카락이 상하여 머릿결이 나빠진다</u>. 또 영양 상태가 좋지 않은 것도 머릿결에 나쁜 영향을 줄 수 있다. 이 밖에도 머리카락을 비벼서 말리거나 머리카락이 젖어 있을 때 빗질을 하는 것도 머릿결에 나쁜 영향을 준다.

머리카락이 상하는 것을 막고 건강한 머릿결을 유지하기 위해서는 어떻게 해야 할까? 머릿결에 좋은 음식을 먹는 것이 도움이 된다. 머리카락을 튼튼하게 하거나 머리카락이 자라는 데 도움이 되는 음식에는 시금치, 굴, 달걀, 호두 등이 있다. 평소 머리카락을 잘 관리하는 습관을 지니는 것도 중요하다. 예를 들어 머리를 감고 나서 머리카락이 젖은 채로 자는 것을 피하고, 머리카락을 말릴 때에는 수건으로 눌러서 물기를 제거하도록 한다. 또 머리카락을 자극하는 파마나 염색은 자주 하지 않는 것이 좋다.

지금까지 머리카락 손상의 의미와 머릿결이 나빠지는 이유, 건강한 머릿결을 유지하는 방법을 살펴보았다. 결국 머릿결은 우리의 일상생활과 밀접한 관련이 있다. 건강한 머릿결을 원한다면 생활 습관을 바꿔야 한다. 올바른 생활 습관을 통해 머릿결을 건강하게 유지해 나가기를 바란다.

- 참고한 자료 : 《재미있는 과학 수사 이야기》, 《모발학 사전》, 《헬스조선》과 《공감신문》의 기사, 우리 동네 미용 전문가 면담, ○○피부과 누리집 상담 게시판

01 정보 전달 글쓰기 내용 생성하기

윗글에 대한 설명으로 적절하지 않은 것은?

① 1문단에서는 설명하려는 대상인 '머리카락'에 대해 소개하고, 앞으로 이어질 내용을 제시하고 있다.
② 2문단에서는 글의 중심 소재인 '머리카락'의 구조와 머리카락 손상의 의미를 설명하고 있다.
③ 3문단에서는 머릿결을 상하게 하는 주범인 '케라틴'에 대해 설명하고 있다.
④ 4문단에서는 건강한 머릿결을 유지하는 방법을 구체적으로 설명하고 있다.
⑤ 5문단에서는 앞의 내용을 요약하면서, 건강한 머릿결을 위한 올바른 생활 습관을 강조하며 글을 마무리하고 있다.

02 정보 전달 글쓰기 표현 전략 사용하기

㉠의 설명 방법을 사용한 문장으로 적절한 것은?

① 구들은 고래를 켜고 구들장을 덮어 흙으로 방바닥을 만들어 불을 때는 난방시설을 말한다.
② 구들의 구조는 크게 불을 때는 아궁이, 열기가 지나가는 고래, 연기가 배출되는 굴뚝으로 나뉜다.
③ 벽난로는 장작이 다 타면 실내가 금방 추워지지만, 구들은 장작을 조금만 때도 열이 오래 지속된다.
④ 구들은 방 밖의 아궁이에서 불을 땐다. 따라서 화재 위험도 적고, 이산화탄소에 중독될 위험도 거의 없다.
⑤ 구들은 우리 몸에도 좋다. 예를 들어, 하체를 따뜻하게 해주기 때문에 노인이나 환자의 건강에 도움이 된다.

중요

03 정보 전달 글쓰기 자료, 매체 활용하기

[A] 부분에 보기 와 같은 그림을 추가하여 글을 작성할 때, 그 효과로 가장 적절한 것은?

보기

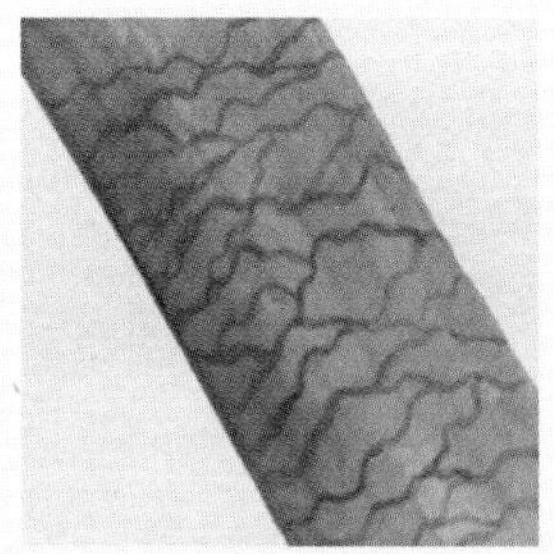
건강한 머리카락

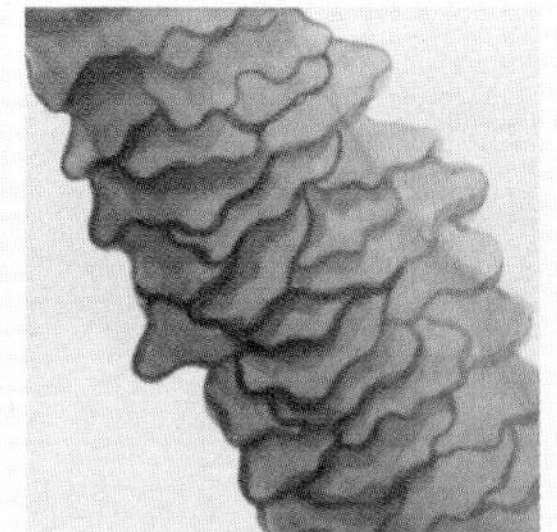
손상된 머리카락

① 머리카락의 구조를 구체적으로 파악할 수 있다.
② 머리카락의 사전적 의미를 정확하게 이해할 수 있다.
③ 머리카락이 손상된다는 것의 의미를 쉽게 이해할 수 있다.
④ 건강한 머리카락을 유지하는 것의 중요성을 파악할 수 있다.
⑤ 시금치, 굴, 달걀, 호두 등의 음식이 머리카락에 어떻게 도움이 되는지 자세하게 알 수 있다.

서답형

04 정보 전달 글쓰기 표현 전략 사용하기

윗글에서 분석의 방법을 사용한 문장을 찾아 조건 에 맞게 쓰시오.

조건

• 문장의 첫 어절과 마지막 어절을 적을 것.

문제풀이

11강

독서 – 인문(논리)

논증의 두 가지 방법

| 정답 및 해설 | 63쪽

한방에! 개념정리

한방에! 핵심정리

갈래	설명문
주제	귀납법과 연역법의 개념과 논증 방법
해제	이 글은 논증의 두 가지 방법인 귀납법과 연역법에 대해 소개하고 있다. 귀납법은 개별적 사실로부터 일반적 법칙을 도출하는 추론으로, 경험적 관찰에 기반하기 때문에 경험주의자들이 주장하는 논증 방법이다. 귀납법은 개연성에 의존하기 때문에 논리적 필연성을 갖지 못하지만, 새로운 지식이나 이론의 발견과 확장을 가능케 한다. 반면 연역법은 확실한 사실, 명백한 진리에서 출발하여 개별적 진리를 이끌어 내는 방법으로, 이성의 역할을 중시하는 때문에 합리주의자들이 주장하는 논증 방법이다. 귀납법과 달리 새로운 지식과 개념의 확장으로 나아가는 것에는 어려움이 있으나, 논리적인 일관성과 체계성을 가진다.

*문단 중심 내용

1문단	논증의 개념
2문단	귀납법의 개념과 논증 방법
3문단	귀납법의 특징과 활용 분야
4문단	연역법의 개념과 논증 방법
5문단	연역법의 특징과 활용 분야

※ 다음 글을 읽고 물음에 답하시오.

논증이란 참이라고 주장되는 어떤 결론을 뒷받침하는 일련의 이유나 증거들을 밝히는 표현 양식이다. 이때 일련의 이유나 증거들은 주장을 뒷받침할 수 있으며, 믿을 수 있고 객관적인 근거여야 한다.

㉠ 귀납법은 개별적 사실들로부터 일반적 법칙을 도출하는 논증 방법으로, 각각의 개별적 사실인 'A가 죽었다.', 'B가 죽었다.', 'C가 죽었다.'를 종합하여 '모든 사람은 죽는다.'라는 일반적 법칙을 도출하는 것이다. 귀납법은 주로 경험을 중요시하는 경험주의자들이 주장하는 논증 방식으로, 특히 "아는 것이 힘이다."라는 말로 유명한 프랜시스 베이컨은 경험론의 아버지로 불린다. 그는 철학의 시작을 사물을 선입견 없이 관찰하는 것이라고 보았으며, 따라서 사물에 대한 선입견과 편견을 버려야 한다고 주장했다.

이와 같은 귀납법은 특수한 현상이나 원리가 일반적인 경우에도 동일하게 적용될 것이라는 개연성에 의존하고 있기 때문에 논리적 필연성을 갖지는 못한다. 그러나 새로운 지식이나 이론의 발견과 확장을 가능하게 하여 오늘날 실험이나 통계 자료를 폭넓게 활용해야 하는 자연과학, 사회과학을 비롯한 사회 각 영역에서 다양하게 활용되고 있다.

반면 "나는 생각한다, 고로 존재한다."라는 말로 유명한 데카르트는 귀납법이 불완전하다고 생각하여 새로운 논증 방법인 ㉡ 연역법을 주장했다. 연역법은 확실한 사실, 명백한 진리에서 출발해서 다른 개별적 진리를 이끌어내는 방법으로, 명백한 진리인 '모든 인간은 죽는다.'와 'A는 인간이다.'를 통해 'A는 죽는다'라는 결론, 즉 일반적 법칙을 도출하는 것이다. 경험을 중시하는 귀납법과 달리 연역법은 이성의 역할을 중시하기 때문에 합리주의자들이 주장하는 논증 방법이다.

연역법은 새로운 지식과 개념의 확장으로 나아가는 힘은 부족하지만, 논리적인 일관성과 체계성을 가진다. 예를 들어 일정한 규범이나 규칙이 성립되어 있는 사회에서 한 개인의 행위의 옳고 그름을 판단할 때 주로 연역법을 활용한다. 또한 수학 분야에서 특정한 값을 구해내는 과정 역시 연역법에 기대는 경우가 대부분이다.

01 핵심 내용 파악하기

윗글의 중심 내용으로 가장 적절한 것은?

① 현대인의 실용주의
② 데카르트의 합리주의
③ 프랜시스 베이컨의 경험론
④ 연역법과 귀납법의 절충안
⑤ 연역법과 귀납법의 논증 방식

02 핵심 내용 파악하기

㉠과 ㉡에 대한 설명으로 적절하지 않은 것은?

① ㉠은 프랜시스 베이컨이 주장한 논증 방식이다.
② ㉠은 각각의 사실로부터 일반적 법칙을 도출한다.
③ ㉡은 합리주의자들이 주장하는 논증 방식이다.
④ ㉡은 새로운 지식과 개념의 확장을 이루어 낸다.
⑤ ㉠과 ㉡에서 활용되는 근거는 주장을 뒷받침하며 믿을 수 있고 객관적이어야 한다.

중요

03 구체적 사례에 적용하기

윗글을 참고하여 보기 를 이해한 내용으로 적절하지 않은 것은?

보기

관측 1일 차, 해가 동쪽에서 떴다.
관측 2일 차, 해가 동쪽에서 떴다.
⋮
관측 482일 차, 해가 동쪽에서 떴다.
결론: 해는 동쪽에서 뜬다.

① 〈보기〉는 귀납법을 사용한 논증이다.
② 경험주의자들은 〈보기〉의 결론을 받아들이지 않을 것이다.
③ '해는 동쪽에서 뜬다.'라는 결론은 일반적 법칙에 해당한다.
④ 관측 첫째 날 해가 동쪽에서 뜬 것은 개별적 사실에 해당한다.
⑤ 데카르트는 '해는 동쪽에서 뜬다.'라는 확실한 진리에서 논증을 시작할 것이다.

서답형

04 구체적 사례에 적용하기

보기 의 문장이 명백한 진리에 해당할 때, 연역법을 통해 도출할 수 있는 결론을 3어절로 쓰시오.

보기

ㄱ. 모든 포유류는 새끼를 낳는다.
ㄴ. 고래는 포유류이다.

문제풀이

11강

문학 – 현대시

첫사랑 _ 고재종

| 정답 및 해설 | 64쪽

한방에! 개념정리

한방에! 핵심정리

갈래	자유시, 서정시
성격	서정적, 회화적, 비유적
주제	인내와 헌신으로 피워 낸 첫사랑과 정신적 성숙
특징	① 시간의 흐름에 따라 시상을 전개함. ② 자연 현상에서 사랑의 의미를 발견함. ③ 음성 상징어를 사용하여 대상을 묘사함. ④ 역설적 표현을 통해 주제를 효과적으로 전달함.
해제	이 작품은 시간의 변화에 따라 바뀌는 자연 현상을 통해 첫사랑의 결실을 이루기 위한 과정과 그 의미를 노래하고 있다.

※ 다음 글을 읽고 물음에 답하시오.

흔들리는 나뭇가지에 꽃 한 번 피우려고
눈은 얼마나 많은 도전을 멈추지 않았으랴.

싸그락 싸그락 두드려 보았겠지.
난분분* 난분분 춤추었겠지.
㉠ 미끄러지고 미끄러지길 수백 번,

바람 한 자락* 불면 휙 날아갈 사랑을 위하여
㉡ 햇솜* 같은 마음을 다 퍼부어 준 다음에야
㉢ 마침내 피워 낸 저 황홀* 보아라.

봄이면 가지는 그 ㉣ 한 번 덴 자리에
㉤ 세상에서 가장 아름다운 상처를 터뜨린다.

- 고재종, 〈첫사랑〉 -

한방에! 어휘풀이

* 난분분(亂紛紛): '난분분하다'의 어근. 눈이나 꽃잎 따위가 흩날리어 어지럽다.
* 자락: 한차례의 바람이나 빗줄기.
* 햇솜: 당해에 새로 난 솜.
* 황홀(恍惚): 눈이 부시어 어릿어릿할 정도로 찬란하거나 화려함.

01 표현상의 특징 파악하기

윗글에 대한 설명으로 적절하지 않은 것은?

① 비유적 표현을 통해 첫사랑의 아픔을 나타내고 있다.
② 음성 상징어를 통해 시적 상황을 실감 나게 그려 내고 있다.
③ 동일하거나 유사한 시어의 반복을 통해 운율을 형성하고 있다.
④ 어조의 변화를 통해 화자의 태도가 변화하는 과정을 보여 주고 있다.
⑤ 의인법을 통해 눈꽃을 피우기 위한 눈의 도전을 구체화하여 표현하고 있다.

* 음성상징어(音聲象徵語): 소리나 움직임을 표현한 말. 의성어와 의태어.
* 심상(心象): 시를 읽으며 마음속에 떠오르는 구체적인 이미지.
* 어조(語調): 작품에서 드러나는 시적 화자의 말투 혹은 말하는 방식.

02 시구의 함축적 의미 이해하기

**의 의미로 적절하지 않은 것은?**

① ㉠: 첫사랑을 이루기 위한 노력과 시련
② ㉡: 첫사랑을 향한 연민과 걱정
③ ㉢: 첫사랑을 이룬 기쁨
④ ㉣: 첫사랑으로 인한 고통의 흔적
⑤ ㉤: 첫사랑의 아픔을 겪고 난 후의 정신적 성숙

* 성숙(成熟): 몸과 마음이 자라서 어른스럽게 됨.

중요 03 작품 간의 공통점, 차이점 파악하기

윗글과 보기 를 비교한 것으로 적절한 것은?

보기

가야 할 때가 언제인가를
분명히 알고 가는 이의
뒷모습은 얼마나 아름다운가.

봄 한철 / 격정을 인내한
나의 사랑은 지고 있다.
(중략)

헤어지자
섬세한 손길을 흔들며
하롱하롱 꽃잎이 지는 어느 날.

나의 사랑, 나의 결별
샘터에 물 고인 듯 성숙하는
내 영혼의 슬픈 눈.

\- 이형기, 〈낙화〉

① 윗글과 〈보기〉 모두 대상에 대한 비관적 태도가 드러나 있다.
② 윗글과 〈보기〉 모두 시선의 이동에 따라 시상을 전개하고 있다.
③ 윗글과 〈보기〉 모두 음성 상징어를 통해 대상을 묘사하고 있다.
④ 윗글은 〈보기〉와 달리 자연 현상을 인간의 삶과 연관 지어 표현하고 있다.
⑤ 윗글은 〈보기〉와 달리 설의법을 사용하여 화자의 정서를 효과적으로 드러내고 있다.

* 설의법(設疑法): 쉽게 판단할 수 있는 사실을 의문의 형식으로 표현하여 상대가 스스로 판단하게 하는 수사법.
* 정서(情緖): 사람의 마음에 일어나는 여러 가지 감정. 또는 감정을 불러일으키는 기분이나 분위기

04 시어의 표현법 파악하기

윗글에서 보기 와 같은 표현법을 사용한 시행을 찾아 첫 어절과 마지막 어절을 쓰시오.

보기

• 찬란한 슬픔의 봄
• 소리 없는 아우성

11강

11강

문학 – 현대소설

야, 춘기야 _ 김옥

| 정답 및 해설 | 65쪽

한방에! 개념정리

한방에! 핵심정리

갈래	단편 소설, 성장 소설
성격	일상적, 성찰적, 가족적
주제	갈등을 통한 사춘기 소녀의 내면적 성장
특징	① 시간의 흐름에 따라 사건이 전개됨. ② 주인공이 갈등을 극복하며 성장하는 과정이 잘 드러남. ③ 1인칭 서술자가 주인공의 내면을 묘사하여 독자의 공감을 불러일으킴.
해제	이 작품은 어른 흉내 내기에 온통 관심이 집중된 사춘기 딸과 엄마가 서로를 이해하는 과정을 담은 소설이다. 주인공 '나'는 공부만 강조하는 엄마의 말을 듣지 않고 머리 염색을 하는 등 엉뚱한 일을 저지르며 엄마와 갈등을 겪는다. 하지만 '나'는 할머니에게 지금의 제 모습과 비슷한 엄마의 어린 시절 이야기를 듣고 엄마에게 강한 동질감을 느끼고, 엄마를 이해하게 된 '나'는 내면적으로 성장한다.

※ 다음 글을 읽고 물음에 답하시오.

[앞부분 줄거리] 중학교 입학을 앞둔 '나'는 공부보다는 멋 내기에 관심이 많다. 엄마는 그런 '나'를 '사춘기'의 '춘기'라고 부르며 '나'가 학생이란 신분에 맞게 행동하길 바라지만, '나'는 엄마의 말이 잔소리로만 들린다. 어느 날, '나'는 엄마 몰래 집에서 친구 윤선이와 함께 머리를 염색하고, '나'를 본 엄마는 불같이 화를 내며 휴대 전화까지 압수한다.

"엄마도 화장하고 파마도 하잖아."

"나하고 너하고 같아? 나는 어른이고 너는 학생이잖아."

"그럼 엄마처럼 바쁘다는 핑계로 딸 밥도 잘 안 챙겨 주는 거는 엄마 노릇 잘하는 거야?"

나는 울면서 소리쳤다.

"내가 누구 때문에 이렇게 열심히 사는데……."

"누군 누구야. 엄마가 좋아서 엄마 인생 사는 거지. 나는 바보처럼 공부만 하면서 살고 싶지 않아. **해 보고 싶은 것**은 다 하면서 살 거야. 그리고 절대로 엄마처럼은 살지 않을 거야."

엄마 눈이 휘둥그레졌다.

짧은 순간 커다란 눈 가득 눈물을 글썽이더니 내 등짝을 세게 후려치며 말했다.

"난 **애들이 어른한테 대드는 꼴**은 죽어도 못 봐. 하여간 검은 염색약 사다 다시 염색할 거니까 그런 줄 알아."

나는 내 방에 들어가 문을 걸어 잠그고 엉엉 울었다.

'집 나가 버릴 거야. 혼자서도 얼마든지 살 수 있어.'

(중략)

"할머니, 엄마는 나만 할 때 공부만 했어?"

그러자 할머니가 잠이 묻은 소리로 말했다.

"누구? 니 엄마가?"

"응, 공부가 너무 재미있어서 멋도 안 부리고 죽으라고 공부만 했대. 그래서 나는 엄마 딸 같지가 않대. 엄마 닮은 구석이 하나도 없어서 그렇게 놀 궁리만 하는 거래."

"아이고, 별소리를 다 한다. 내 새끼가 어때서. 사과처럼 예쁘기만 하구먼. 힝, 저 클 때는 안 그랬나? 그때 남학생들이랑 빵집으로 들판으로 극장으로 얼마나 쏘다니던지 내가 학교도 한번 불려 가고 진짜 속 썩었는데 그건 까맣게 잊었는가 보다."

"정말? 엄마가 그렇게 할머니 속을 썩였단 말야?"

할머니는 아차 했는지 입을 다물더니 얼른 덧붙였다.

"아니, 뭐냐 저, 그게 아니고, 그래도 네 엄마는 형제들 중에 가장 인정이 많았어. 속 썩일 때도 있었지만 용돈 모아서 선물도 사다 주고 과수원 일하고 오면 등도 주물러 주고 애교도 부리고 하던 건 네 엄마였단다."

엄마의 비밀이 드러나 버렸다. 그동안 나만 감쪽같이 속았다. 역시 얼른 어른이 돼야 한다.

"할머니, 나도 얼른 어른이 되면 좋겠어. 어디든 맘대로 가고 내 맘대로 다 해 볼 거야."

그러자 할머니는 웃으며 말했다.

[A] "암, 그래야지. 우리 예린이는 잘할 수 있을 거야. 할머니는 우리 예린이를 믿어요. 무엇이든 하고 싶은 것은 다 해 보고 세상을 돌아다녀 보렴. 그런데 예린아, 사과는 오랫동안 충분히 익어야 달고 맛있단다. 햇빛도 맘껏 쬐고 별빛도 맘껏 받고 비도 맞고 바람도 받고 이슬도 먹고, 먹고……."

"……?"

이상해서 보니 할머니는 어느새 잠들어 있고 엄마의 코 고는 소리만 요란하다.

'엄마는 그래 놓고 나한테는 그렇게 거짓말을 했단 말야?'

자는 엄마 모습을 보니 이상하게도 화가 나기보다 피식 웃음이 나왔다. 엄마에게도 나와 같은 시절이 있었던 것이다. 아무래도 집 나가는 것은 잠깐 뒤로 미뤄야겠다.

할머니랑 할머니 속에서 나온 엄마랑, 엄마 속에서 나온 나는 나란히 누워 그렇게 잠이 들었다.

할머니는 닷새 동안 우리 집에 머물렀다. 엄마가 더 있으라고 졸랐지만, 할머니는 이제부터는 열심히 사과만 따야 하는 때가 됐다고 했다.

우리 집에 온 이튿날, 할머니는 여러 종류의 김치를 담그고 김치찌개를 끓였다. 엄마는 할머니에게 편안한 신발을 한 켤레 사 드렸다. 그다음 날, 할머니는 된장찌개를 끓이고 골고루 밑반찬을 만들었다. 엄마는 할머니를 모시고 안경점으로 가 안경을 맞춰 드렸다. 또 그다음 날, 할머니는 오리탕을 끓이고 엄마랑 나는 할머니 머리를 염색약으로 검게 물들여 드렸다. 그리고 사과보다 더 빨간 옷을 한 벌 사 드렸다. 할머니는 점점 젊어졌다.

"역시 우리 엄마 음식 솜씨가 최고야."

할머니가 끓여 준 오리탕을 먹으며 엄마는 젊어진 할머니 앞에서 어린애처럼 어리광을 부렸다. 나는 확실히 알았다.

'우리 엄마도 누군가의 딸이구나.'

그리고 정확히 닷새째 되는 날 할머니는 내려갔다. 닷새는 **엄마와 나의 몸과 영혼이 회복**되기에 충분한 시간이었다.

할머니를 지하철역까지 바래다 준 엄마는 자전거를 꺼내더니 말했다.

"야, 춘기야. 우리 들꽃 공원으로 운동하러 가자."

엄마는 **내가 좋아하는 초록 껌 하나를 내**밀었다. 엄마가 내미는 껌 하나에 마음이 열린 나는 인라인스케이트를 신고 따라나섰다.

"우리 누가 잘 타나 시합할까?"

"당연히 내가 이기지. 엄마는 절대 내 속도를 따라올 수 없을걸."

"그러니까 이 엄마가 서툴러서 넘어질 때면 네가 좀 봐줘라. 응?"

"그건 내가 엄마에게 하고 싶던 말이라고. 아 참, 내가 엄마 머리도 빨갛게 염색해 줄까?"

그러자 엄마 자전거가 휘청거렸다. 엄마는 얼른 균형을 잡더니 내게 눈을 흘겼다. 나는 큰 소리로 웃었다.

우리는 들꽃 공원을 신나게 돌았다. 함께 '딱딱' 소리 내어 씹는 껌 소리가 경쾌하게 울려 퍼졌다. 꼭 이중창* 같았다.

- 김옥, 〈야, 춘기야〉 -

*** 전체 줄거리**

중학교 입학을 앞두고 있는 '나'는 공부보다는 어른처럼 흉내 내며 멋부리기에 관심이 많다. 엄마는 그런 '나'를 사춘기를 뜻하는 '춘기'라고 부르며 '나'가 학생이란 신분에 걸맞게 행동하길 바라지만, '나'는 엄마의 말이 잔소리로만 들린다. '나'는 은행에서 일하며 학원과 운동을 병행하느라 바쁜 엄마와 해외로 취재를 나간 아빠 때문에 혼자 있는 시간이 많다. 이 때문에 '나'는 혼자 있어도 외로움을 느끼지 않으려 어른이 되고 싶어 하고, 친구 윤선이와 함께 어른처럼 머리를 염색한다. 오후에 집에 돌아온 엄마는 염색한 '나'를 보며 불같이 화를 내고, 공부는 뒷전이고 엉뚱한 짓이나 한다며 휴대 전화까지 압수한다. 이로 인해 엄마와 '나'는 크게 싸우게 된다. '나'는 서울로 올라온 외할머니께 엄마의 어린 시절에 관한 이야기를 듣게 되고, 엄마 또한 '나'처럼 할머니의 속을 썩이던 시기가 있었음을 알게 된다. 빨리 어른이 되고 싶다는 '나'의 말에, 할머니는 많은 경험과 오랜 시간이 지난 후에야 비로소 성숙한 어른이 된다고 말한다. 할머니가 집으로 내려가고, 엄마는 '나'에게 내가 좋아하던 초록 껌을 건네며 화해를 시도하고, 엄마와 '나'는 공원에서 함께 운동하며 즐겁게 껌을 씹는다.

한방에! 어휘풀이

* **이중창(二重唱)**: 두 사람이 한 성부씩 맡아서 같이 노래를 부르는 일.

01 서술상의 특징 파악하기

윗글에 대한 설명으로 적절하지 않은 것은?

① 인물 간의 갈등을 중심으로 사건이 전개되고 있다.
② 주변 인물이 주인공의 행동을 객관적으로 관찰하고 있다.
③ 주인공이 갈등을 극복하며 성장하는 과정이 드러나고 있다.
④ 서술자가 작품 속의 주인공이 되어 사건을 이끌어 가고 있다.
⑤ 주인공의 내면 심리가 대화나 행동의 묘사를 통해 제시되고 있다.

* 전개(展開): 내용을 진전시켜 펴 나감.
* 묘사(描寫): 어떤 대상이나 사물, 현상 따위를 언어로 서술하거나 그림을 그려서 표현함.

02 구절의 의미 파악하기

[A]의 의미로 적절한 것은?

① 어른이 되면 무엇이든 자유롭게 할 수 있다.
② 어른이 되기까지는 많은 경험과 오랜 시간이 필요하다.
③ 할 수 있다는 믿음만 있다면 무슨 일이든지 해낼 수 있다.
④ 좋은 사과를 수확하기 위해서는 적절한 기후가 가장 중요하다.
⑤ 사춘기 때에는 자연 속에서 시간을 보내는 것이 제일 중요하다.

중요 03 외적 준거를 통해 작품 이해하기

보기 를 바탕으로 윗글을 이해한 것으로 적절하지 않은 것은?

보기

외적 갈등은 한 인물이 다른 사람이나 세상, 환경과 대립하여 나타나는 갈등이다. 이때 외적 갈등은 개인과 개인 사이의 갈등, 개인과 사회의 갈등, 개인과 자연의 갈등, 개인과 운명의 갈등으로 나뉜다. 외적 갈등은 소설의 절정 부분에서 크게 두드러지다 결말 부분에서 해소되는 방식으로 구성된다.

① '나'의 염색은 '나'가 말한 '해 보고 싶은 것'에 해당하며, 이는 '나'와 엄마의 갈등이 촉발된 원인에 해당한다.
② '애들이 어른한테 대드는 꼴'을 절대로 보지 못한다는 엄마의 말에서 개인과 사회와의 갈등을 확인할 수 있다.
③ '엄마의 비밀'은 엄마 또한 '나'와 같은 외적 갈등을 겪었음을 의미한다.
④ '엄마와 나의 몸과 영혼이 회복'된다는 것은 엄마와 '나' 사이의 갈등이 해소될 것이라는 것을 암시한다.
⑤ 엄마가 '나'에게 '내가 좋아하는 초록 껌 하나를 내'민 것은 갈등을 해소하려는 엄마의 행동에 해당한다.

* 촉발(觸發): 어떤 일을 당하여 감정, 충동 따위가 일어남. 또는 그렇게 되게 함.

서답형 04 소재의 의미 파악하기

보기 의 ㉠에 해당하는 단어를 윗글에서 찾아 쓰시오.

보기

(㉠)은/는 서로 다른 음색을 지닌 두 사람이 함께 부르는 노래를 뜻하는 말로, 이 작품에서는 '나'와 엄마가 서로를 바라보는 관점이 다르지만 결국 서로를 이해하고 화합했다는 것을 의미한다.

문제풀이

복습하기

작문

1문단	설명하려는 대상인 [1]□□□□에 대해 소개하고, 앞으로 이어질 내용을 제시함.
2문단	머리카락의 구조와 머리카락 [2]□□의 의미를 설명하고 있음.
3문단	머릿결이 나빠지는 이유
4문단	건강한 머릿결을 유지하는 [3]□□
5문단	앞의 내용을 [4]□□하며 건강한 머릿결을 위한 올바른 생활 습관을 강조함.

비문학

1문단	[5]□□의 개념
2문단	귀납법의 개념과 [5]□□ 방법
3문단	귀납법의 특징과 활용 분야 – 실험이나 통계 자료를 활용하는 자연과학, [6]□□□□
4문단	연역법의 개념과 [5]□□ 방법
5문단	연역법의 특징과 활용 분야 – 행위의 옳고 그름, [7]□□ 분야에서 특정한 값을 구해내는 과정

문학 – 첫사랑(고재종)

1연	눈꽃을 피우기 위한 눈의 도전	**3연**	헌신과 노력 끝에 얻은 아름다운 눈꽃
2연	눈꽃을 피우기 위해 겪는 눈의 도전	**4연**	눈꽃이 진 후 [8]□에 피어난 꽃의 아름다움

문학 – 야, 춘기야(김옥)

갈등의 원인	'나'의 머리 [9]□□	
	'나'의 생각	**엄마의 생각**
	① 화장도 하고 파마도 하는 엄마와 '나'가 별반 다르지 않음. ② [10]□□만 하기보다 하고 싶은 걸 다 하면서 살고 싶음.	'나'가 [11]□□이란 신분에 맞게 행동하길 바람.

갈등 해소 과정

① 할머니에게 엄마의 어린 시절에 대해 듣게 됨. → '나'가 엄마와 [12]□□□을 느끼는 계기가 됨.
② 엄마가 나에게 내가 좋아하는 초록 껌을 건넴.

⬇

'나'는 엄마와 함께 [13]□□으로 운동을 나서며 화해함.

정답 1 머리카락 2 손상 3 방법 4 요약 5 논증 6 사회과학 7 수학 8 봄 9 염색 10 공부 11 학생 12 동질감 13 공원

한수

12

Contents

문법

단어의 종류 ········· 142

독서

주식과 개념과 종류 ········· 144

문학

고래를 위하여 _ 정호승 ········· 146

난중일기 _ 이순신 ········· 148

복습하기 ········· 151

12강

문법

단어의 종류

| 정답 및 해설 | 68쪽

한방에! 개념정리

한방에! 핵심정리

* **헷갈리는 복합어의 예시**
• 들(명사): 들판 → 합성어
들-(접두사: 야생의): 들국화 → 파생어
• 날-(용언의 어간): 날짐승 → 합성어
날-(접두사: 가공하지 않은): 날고기 → 파생어

* **합성어와 구**
• 합성어: 둘 이상의 단어가 한 단어로 굳어진 것
→ 띄어쓰기 ×
예 어린이(어린- + -이)
• 구: 둘 이상의 단어가 모인 것
→ 띄어쓰기 ○
예 어린 이(어린 사람)

* **어근과 접사**
• 어근: 단어의 실질적인 의미를 나타내는 중심 부분
예 '덮개'의 '덮-', '풋사과'의 '사과'
• 접사: 어근에 붙어 뜻을 제한하는 주변
예 '덮개'의 '-개', '풋사과'의 '풋-'

1 단일어와 복합어

단일어		하나의 어근으로 이루어진 단어 예 논, 밭, 밥, 그릇, 하늘, 강, 산, 솟다
복합어	합성어	둘 이상의 어근으로 이루어진 단어 예 논밭(논 + 밭), 밥그릇(밥 + 그릇), 강산(강 + 산)
	파생어	어근에 접사가 붙어서 이루어진 단어 예 치솟다(치- + 솟다), 일꾼(일 + -꾼)

2 합성어의 종류

① 의미에 따른 구분

대등 합성어	어근이 각각 본래의 의미를 유지함. 예 논밭(논과 밭), 검푸르다(검고 푸르다), 서넛(셋이나 넷)
종속 합성어	한 어근이 다른 어근의 의미를 수식함. 예 밥그릇(밥을 담는 그릇), 옷소매(옷의 소매), 돌다리(돌로 만든 다리)
융합 합성어	각각의 어근이 원래의 의미를 잃고 제3의 의미를 나타냄. 예 강산(자연), 돌아가시다('죽다'의 높임말), 춘추('나이'의 높임말)

② 구성 방법에 따른 구분

통사적 합성어	국어의 일반적인 문법 규칙에 부합하는 합성어 • 명사 + 명사 예 앞뒤 • 관형사 + 명사 예 새해 • 형용사 + 명사 예 큰집 • 부사 + 형용사/동사 예 못하다 • 명사 + 형용사/동사 예 철들다 • 용언의 활용형 + 용언 예 귀담아듣다 • 부사어 + 부사어 예 퐁당퐁당
비통사적 합성어	국어의 일반적인 문법 규칙에 어긋나는 합성어 • 부사 + 명사 예 척척박사 • 용언의 어간 + 명사 예 늦더위 • 용언의 어간 + 용언의 어간 예 뛰놀다

01 단어의 종류 이해하기

단어의 종류에 대한 설명으로 적절하지 않은 것은?

① '들판'은 둘 이상의 어근이 결합한 단어이다.
② '나무'는 하나의 어근으로 이루어진 단일어이다.
③ 파생어는 합성어와 달리 단어에 접사가 붙어 형성된다.
④ '꽃병'은 한 어근이 다른 어근의 의미를 수식하는 합성어이다.
⑤ 합성어는 의미와 구성 방법, 어근의 개수에 따라 분류할 수 있다.

02 합성어의 종류 파악하기

다음 중 대등 합성어가 사용된 문장으로 적절한 것은?

① 어머니는 아침 일찍 논밭에 나가셨다.
② 아빠는 밤나무 밑에서 밤을 주워 오셨다.
③ 환경 보호를 위해 종이컵 사용을 줄입시다.
④ 이번 농사는 농부들의 피땀과 수고로 이루어졌다.
⑤ 가을이면 우리 집 뒷산에 노란 들국화가 가득 핀다.

중요 03 합성어의 구성 방법 이해하기

보기 의 단어를 통사적 합성어와 비통사적 합성어로 분류한 것으로 적절한 것은?

보기

새해, 큰집, 척척박사, 뛰놀다, 철들다

	통사적 합성어	비통사적 합성어
①	새해, 뛰놀다	척척박사, 큰집, 철들다
②	큰집, 척척박사	새해, 뛰놀다, 철들다
③	뛰놀다, 철들다	새해, 큰집, 척척박사
④	새해, 큰집, 철들다	척척박사, 뛰놀다
⑤	새해, 큰집, 척척박사	뛰놀다, 철들다

서답형 04 파생어의 종류 파악하기

보기 에서 파생어에 해당하는 단어 세 개를 골라 차례대로 쓰시오.

보기

알밤, 옷장, 여름방학, 맨주먹, 개살구

문제풀이

12강

독서 – 사회(경제)

주식의 개념과 종류

| 정답 및 해설 | 68쪽

한방에! 개념정리

한방에! 핵심정리

갈래	설명문
주제	주식의 개념과 주식 투자의 종류
해제	이 글은 주식의 개념과 투자 방식에 따른 두 가지 투자 종류를 소개한다. 주식은 회사에게 금전을 투자한 사람에게 주는 증서이며, 주식을 많이 소유할수록 회사에 많은 영향력을 끼칠 수 있다. 주식 투자는 주가가 변하는 원리를 활용하여 수익을 얻는 것이다. 주식 투자의 방법에는 직접 투자와 간접 투자로 나뉘는데, 펀드는 대표적인 간접 투자 방식이다. 펀드는 직접 투자에 비해 안정적이지만 전문가에게 수수료를 지불해야 한다. 주식 투자는 예금에 비해 더 많은 이익을 기대할 수 있으나 그만큼 원금 손실의 위험성도 존재하므로 적절한 투자 방법을 통해 신중하게 투자하여야 한다.

* 문단 중심 내용

1문단	주식의 개념
2문단	주가의 변동 요인과 주식 투자의 개념
3문단	직접 투자와 간접 투자
4문단	주식 투자의 위험성과 적절한 투자 방법

한방에! 어휘풀이

* 금리(金利): 빌려준 돈이나 예금 따위에 붙는 이자. 또는 그 비율.

※ 다음 글을 읽고 물음에 답하시오.

회사는 회사를 설립하거나 경영하는 데 필요한 자금을 충당하기 위해 주식을 발행한다. 주식이란 회사에 투자한 사람에게 주는 증서로, 회사는 투자자들에게 자금을 투자받는 대신 이익금을 나누어 줄 것을 약속한다. 이때 주식을 발행한 회사를 주식회사라고 하고, 이 주식을 소유한 사람을 주주라고 한다. 주주들은 일 년에 한 번 회사 운영에 관한 사항을 결정하는 데 영향을 끼칠 수 있는 주주 총회에 참여할 수 있는 권한이 주어지고, 주식을 많이 가질수록 회사에 끼칠 수 있는 영향력이 커지며, 배당받는 이익금 또한 증가한다.

주식의 가치를 의미하는 주가는 경제 사정과 회사의 실적에 따라 달라지는데, 회사가 좋은 성적을 거두고 있다면 주가는 올라가고, 반대로 회사가 힘들다면 주가는 떨어지게 된다. 이외에도 금리*나 정부 정책 등 주가를 변하게 하는 요인은 다양하다. 주식 투자는 이를 활용하여 주식의 가치가 낮은 시점에 주식을 사고, 가치가 높아졌을 때 파는 방식으로 이익을 보는 것이다.

주식 투자는 개인이 직접 사고파는 직접 투자와, 전문가에게 주식거래를 맡기는 간접 투자로 나뉜다. 펀드는 대표적인 간접 투자 방식으로, 전문가가 여러 사람으로부터 모은 돈을 주식에 분산 투자하여 얻은 이익금을 나누어주는 방식이다. 보통 개인은 어떤 회사에 투자해야 돈을 벌 수 있을지에 대한 정보를 얻기 힘들기 때문에 전문가를 통해 주식에 투자한다면 비교적 안전하게 이익을 볼 수 있으나, 이를 위해서는 전문가에게 투자에 대한 수수료를 지불해야 한다. 직접 투자의 경우 수수료에 대한 부담은 없으나 그만큼 위험성이 높다.

주식 투자는 예금에 비해 더 많은 이익을 기대할 수 있다. 그러나 예금과 달리 원금 손실의 위험성이 있다. 가진 주식의 가격이 폭락하면 손해를 크게 입을 수 있어 전 재산을 투자하거나 돈을 빌려서 투자하면 커다란 타격을 입을 수도 있기 때문이다. 따라서 투자할 때는 비상금을 남겨놓고 투자하고, 투자할 회사가 어떤 회사인지, 앞으로의 비전을 신중하고 꼼꼼하게 확인한 뒤에 투자해야 한다.

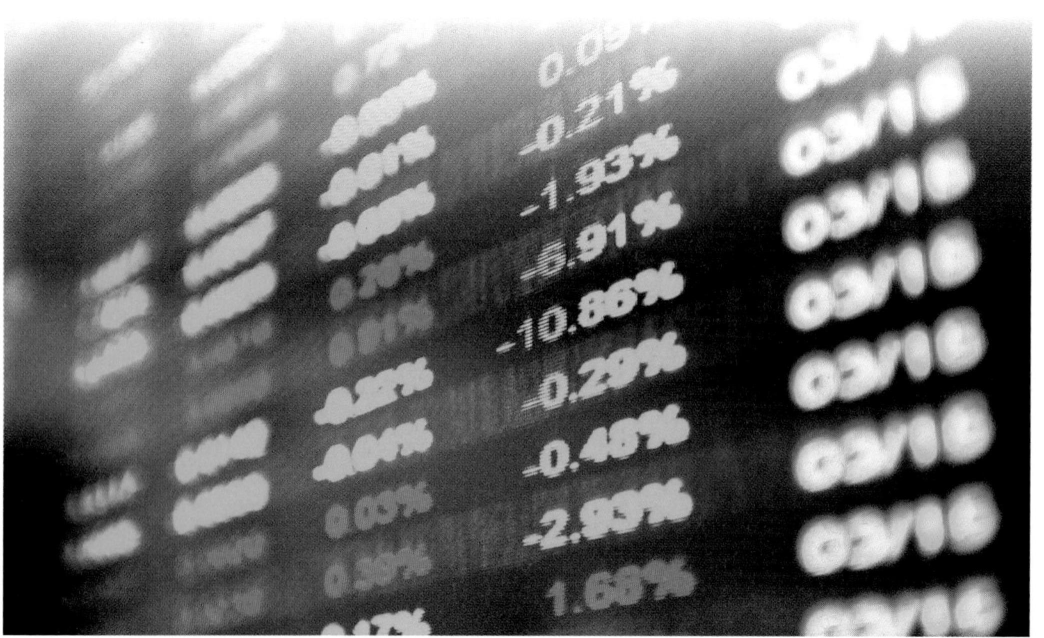

01 핵심 내용 파악하기

윗글의 중심 내용으로 적절한 것은?

① 원금 손실의 위험성
② 정부 정책과 주가의 관련성
③ 주주 총회의 목적과 참여 대상
④ 주식의 개념과 주식 투자의 종류
⑤ 자산에 따라 달라지는 펀드의 목적

02 세부 내용 파악하기

윗글에 대한 이해로 가장 적절한 것은?

① 회사는 투자 전문가들을 위해 펀드를 발행한다.
② 펀드의 수수료가 높아질수록 안정성도 증가한다.
③ 직접 투자를 많이 할수록 배당받는 이익금이 증가한다.
④ 주가는 경제 상황 이외에도 다양한 요인에 의해 달라진다.
⑤ 주주들은 주식회사에 이익금을 나눠주어야 할 의무가 있다.

중요 03 구체적 사례에 적용하기

윗글을 참고하여 보기 를 이해한 내용으로 적절하지 않은 것은?

보기

A와 B는 현재 ○○ 주식회사의 주식을 가지고 있다. A는 주식의 가격이 1,000원일 때 100주의 주식을 구매했고, B는 주식의 가격이 1,500원일 때 100주의 주식을 구매하였다.

① A와 B는 ○○ 주식회사의 주주라 할 수 있겠군.
② B가 A보다 회사에 끼칠 수 있는 영향력이 크겠군.
③ A와 B 모두 주주 총회에 참여할 수 있는 권한을 가지고 있군.
④ 주식의 가격이 2,000원일 때 A와 B 모두 모든 주식을 팔게 된다면 A가 더 많은 이익을 보겠군.
⑤ ○○ 주식회사는 회사를 설립하거나 경영하는 데 필요한 자금을 충당하기 위해 주식을 발행했겠군.

서답형 04 세부 내용 파악하기

다음은 주식 투자의 특징을 서술한 것이다. 빈칸에 들어갈 적절한 말을 골라 차례대로 쓰시오.

주식 투자는 (펀드 / 예금)와/과 달리 더 많은 (이익 / 손실)을 기대할 수 있으나, 원금 손실의 위험성이 있다.

12강

12강

문학 – 현대시

고래를 위하여 _ 정호승

| 정답 및 해설 | 70쪽

한방에! 개념정리

한방에! 핵심정리

갈래	자유시, 서정시
성격	서정적, 상징적
주제	청년들이 사랑하면서 꿈을 꾸고 이루기를 당부함.
특징	① 유사한 문장 구조를 반복하여 운율을 형성함. ② 상징적인 시어를 활용하여 화자의 정서를 표현함. ③ 시적 화자를 작품 표면에 드러내어 주제를 강조함.
해제	이 작품은 '고래', '바다', '별'이라는 상징적인 시어를 통해 청소년들에게 사랑하면서 꿈을 이루기를 당부하는 말을 전달하는 시이다. 1연에서는 청년들이 마음속에 꿈과 이상을 간직하지 않으면 진정한 청년이 아니라고 강조하며, 2연에서는 꿈과 이상을 추구하는 청년이라면 사랑의 의미 또한 알 것이라고 말한다. 3연에서는 꿈과 소망 등을 추구하며 살아가는 것을 '별을 바라보는' 것으로 나타낸다.

* 같이 보면 좋은 작품

작가에 따라	정호승, 〈내가 사랑하는 사람〉
	정호승, 〈슬픔이 기쁨에게〉
	정호승, 〈봄길〉
소재에 따라	안도현, 〈고래를 기다리며〉
	정일근, 〈기다리는 것에 대하여〉

※ 다음 글을 읽고 물음에 답하시오.

푸른 바다에 고래가 없으면
㉠ <u>푸른 바다가 아니지</u>
마음속에 푸른 바다의
고래 한 마리 키우지 않으면
㉡ <u>청년이 아니지</u>

㉢ <u>푸른 바다가 고래를 위하여</u>
푸르다는 걸 아직 모르는 사람은
㉣ <u>아직 사랑을 모르지</u>

고래도 가끔 수평선 위로 치솟아 올라
별을 바라본다
㉤ <u>나도 가끔 내 마음속의 고래를 위하여
밤하늘 별들을 바라본다</u>

- 정호승, 〈고래를 위하여〉 -

01 표현상의 특징 이해하기

윗글에 대한 설명으로 적절하지 않은 것은?

① 상징적 소재를 통해 화자의 정서를 표현하고 있다.
② 유사한 문장 구조를 반복하여 운율을 형성하고 있다.
③ 색채의 대비를 활용하여 작품에 강한 인상을 남기고 있다.
④ 감각적 이미지를 활용하여 자연물에 의미를 부여하고 있다.
⑤ 화자를 작품 표면에 드러내어 전달하고자 하는 주제를 표현하고 있다.

02 구절의 의미 파악하기

㉠~㉤에 대한 설명으로 적절하지 않은 것은?

① ㉠: 화자는 꿈과 희망이 없으면 의미 없는 삶이라고 생각하고 있다.
② ㉡: 화자는 청년들이 꿈과 희망을 추구하며 살아가기를 바라고 있다.
③ ㉢: 푸른 바다는 고래가 사는 곳으로, 인생에서 청년기의 삶을 의미한다.
④ ㉣: 화자는 꿈과 희망을 추구하는 사람들은 오히려 사랑의 의미를 모를 것이라고 생각한다.
⑤ ㉤: 화자는 자신의 경험을 떠올리면서 작품의 주제를 드러내고 있다.

중요 03 외적 준거를 통해 작품 이해하기

보기의 내용을 참고할 때, A에 들어갈 말로 가장 적절한 것은?

보기

상징이란 표현하고자 하는 대상을 숨기고 구체적인 다른 사물로 표현하는 방법으로, 주로 인간의 정체성이나 감정, 사상 등의 추상적인 내용을 나타낼 때 상징을 사용한다. 이에 따르면, 정호승 시인의 〈고래를 위하여〉에서 '고래'는 ______ A ______ 을/를 상징한다고 볼 수 있다.

① 양심을 버리고 부도덕한 삶을 사는 존재
② 공동체 의식 없이 이기적인 삶을 사는 권력자
③ 인생의 꿈과 희망을 추구하며 살아가는 청년들
④ 현실을 벗어나 자연 속에 파묻혀 사는 고독한 사람
⑤ 현실에 안주하면서 무기력하게 살아가는 소극적인 노년층

서답형 04 유사한 의미의 시어 파악하기

윗글에서 '고래'와 유사한 의미의 시어 한 개를 찾아 쓰시오.

____

난중일기 _ 이순신

| 정답 및 해설 | 71쪽

한방에! 핵심정리

갈래	일기문
성격	사실적, 우국적
주제	전쟁의 어려움과 가족에 대한 사랑
특징	① 전쟁을 체험하며 느낀 심리 변화가 잘 드러남. ② 개인적인 체험뿐만 아니라 전쟁 당시의 상황을 알 수 있는 객관적 자료임.
해제	이 작품은 이순신이 임진년(1592년) 1월 1일부터 무술년(1598년) 11월 17일까지 7년 동안 전쟁을 겪으며 기록한 일기이다. 전쟁을 체험하며 느낀 심리적 변화가 구체적으로 잘 드러나 있으며, 무능한 조정에 대한 탄식과 전쟁에 시달리는 백성에 대한 사랑, 국난 극복에 대한 염원 등이 나타나 있다.

※ 다음 글을 읽고 물음에 답하시오.

임진년(1592년) 4월 15일

맑음. 나라 제삿날(성종 공혜 왕후 한씨의 제사)이라 공무를 보지 않았다. 순찰사에게 보내는 답장과 별록*을 써서 하인을 시켜 딸려 보냈다.

해질 무렵에 영남 우수사 원균이 문서로 전하기를,

㉠ "왜선 90여 척이 와서 부산 앞 절영도(영도)에 정박했다."라고 하였다. 이와 동시에 경상 좌수사 박홍의 공문이 왔는데, "왜적 350여 척이 이미 부산포 건너편에 도착했다."라고 하였다. 그래서 즉시 장계*를 올리고, 이와 함께 순찰사 이광, 병마사 최원, 우수사 이억기에게도 공문을 보냈다.

정유년(1597년) 4월 13일

맑음. 일찍 아침을 먹은 뒤에 어머니를 마중 가려고 바닷가로 가는 길에 홍 찰방 집에 잠깐 들러 이야기하는 동안 아들 울이 종 애수를 보내면서, "아직 배 오는 소식이 없다."라고 하였다. 또 들으니, "황천상이 술병을 들고 변흥백의 집에 왔다."라고 하였다. 홍 찰방과 작별하고 변흥백의 집에 이르렀다. 조금 있으니, 종 순화가 배에서 와서 어머니의 부고*를 전하였다. 뛰쳐나가 가슴을 치며 발을 동동 굴렀다. 하늘이 캄캄했다. 곧 갯바위로 달려가니, 배는 벌써 와 있었다. 애통함을 다 적을 수가 없다.

정유년(1597년) 9월 16일

맑음. 아침에 별망군*이 나와서 보고하는데, 적선이 헤아릴 수 없을 만큼 많이 울돌목을 거쳐 진치고 있는 곳으로 곧장 온다고 하였다. 곧 여러 배에 명령하여 닻을 올리고 바다로 나가니, 적선 133척이 우리의 여러 배를 에워쌌다.

대장선이 홀로 적진 속으로 들어가 포탄과 화살을 비바람같이 쏘아 대건만 배 여럿은 멀리서 바라만 보고 진군하지 않아 앞으로의 사태를 헤아릴 수 없었다. 여러 장수가 적은 군사로써 많은 적을 맞아 싸우는 형세임을 알고 돌아서 피할 궁리만 하였다.

우수사 김억추가 탄 배는 물러나 아득히 먼 곳에 있었다. ㉡ 나는 노를 바삐 저어 앞으로 돌진하여 지자 총통*·현자 총통 등 각종 총통을 어지러이 쏘아 대니, 마치 나가는 게 바람 같기도 하고 우레 같기도 하였다. 군관들이 배 위에 빽빽히 서서 빗발치듯이 쏘아 대니, 적의 무리가 감히 대들지 못하고 나왔다 물러갔다 하곤 하였다.

그러나 적에게 몇 겹으로 둘러싸여 앞으로 어찌 될지 한 가진들 알 수가 없었다. 배마다 사람들이 서로 돌아보며 얼굴빛을 잃었다. 나는 침착하게 타이르면서,

㉢ "적이 비록 1,000척이라도 우리 배에는 감히 곧바로 덤벼들지 못할 것이다. 전혀 마음을 동요하지 말고 힘을 다해 적선에게 쏘라."라고 하고서, 여러 장수를 돌아보니, 물러나 먼 바다에 있었다. 나는 배를 돌려 명령을 내리자니 적들이 더 대들 것 같아 나아가지도 물러나지도 못할 형편이었다.

호각을 불어서 중군에게 명령하는 깃발을 내리고 또 초요기*를 돛대에 올리니, 조항 첨사 김응함의 배가 차차로 내 배로 가까이 오고, 거제 현령 안위의 배가 먼저 왔다. 나는 배 위에 서서 몸소 안위를 불러 이르되, ㉣ "안위야, 군법에 죽고 싶으냐? 네가 군법에 죽고 싶으냐? 도망간다고 해서 어디 가서 살 것 같으냐?"라고 하니, 안위가 황급히 적선 속으로 돌입하였다.

정유년(1597년) 10월 14일

[A] 맑음. 밤 2시쯤 꿈에, 내가 말을 타고 언덕 위로 가는데 말이 발을 헛디뎌 냇물 가운데로 떨어졌으나 쓰러지지는 않고 막내아들 면을 끌어안고 있는 것 같은 형상이었는데, 깨었다. 이것은 무슨 징조인지 모르겠다.

저녁 나절에 배 조방장과 우후 이의득이 와서 보았다. 배 조방장의 종이 영남에서 와서 적의 형세를 전하였다. 황득중 등은 와서 아뢰기를 내수사의 종 강막지라는 자가 소를 많이 기르기 때문에 12마리를 끌고 갔다고 하였다. 저녁에 어떤 사람이 천안에서 와서 집안 편지를 전하였다. ㉤ 봉한 것을 뜯기도 전에 뼈와 살이 먼저 떨리고 정신이 아찔하고 어지러웠다. 대충 겉봉을 뜯고 둘째 아들인 열의 편지를 보니, 겉에 통곡 두 글자가 씌어 있어 면이 전사함을 짐작하였다. 하늘이 어찌 이다지도 인자하지 못하는고! 간담이 타고 찢어지는 것 같다. 내가 죽고 네가 사는 것이 이치에 마땅하거늘, 네가 죽고 내가 사니, 이런 어그러진 이치가 어디 있는가! 천지가 캄캄하고 해조차 빛이 변하였구나. 슬프다. 내 아들아! 나를 버리고 어디로 갔느냐? 남달리 영특하여 하늘이 이 세상에 머물게 두지 않은 것이냐? 내 지은 죄가 네 몸에 미친 것이냐? 내 이제 세상에 살아 있어 본들 앞으로 누구에게 의지할 것인가! 너를 따라 같이 죽어 지하에서 같이 지내고 같이 울고 싶건마는 네 형, 네 누이, 네 어머니가 의지할 곳이 없으니, 아직은 참으며 연명이야 한다마는 마음은 죽고 몸만 남아 있어 울부짖을 따름이다. 울부짖을 따름이다. 하룻밤 지내기가 1년 같구나. 이날 밤 10시쯤에 비가 왔다.

- 이순신, 〈난중일기〉 -

*** 이순신(1545~1598)**
조선의 무신으로, 임진왜란 및 정유재란 당시 조선의 수군을 통솔하였다. 1591년 전라좌도 수군절도사가 되자 왜군의 침략에 대비해 배를 정비하고 군사비를 확충했다. 임진왜란이 나자 옥포·노량·당포등에서 연승을 거듭했다. 한산도와 부산포에서도 적들을 격파하고 1593년 삼도수군통제사가 되었다. 그러나 임금의 명령을 거역했다는 이유로 자리에서 물러나게 되었다. 그 후 정유재란에서 원균이 대패하자 다시 수군통제사가 되어 조선의 수군을 재정비하고 적선을 쫓다가 총을 맞고 사망했다.

*** 임진왜란(1592~1598)**
조선 선조 25년(1592년)에서 선조 31년(1598년)까지 7년 동안 두 차례에 걸쳐 우리나라에 침입한 일본과의 전쟁. 1597년에 재침략한 것을 정유재란이라 한다.

*** 명량대첩(1597)**
정유재란 때인 1597년 9월 16일 이순신이 명량(울돌목)에서 당시 군중에 남아 있던 13척의 배로 133척의 일본 전선을 격파한 해전이다. 이 해전의 승리로 일본의 서해 진출을 차단함으로써 정유재란이 조선에게 유리한 방향으로 전개할 수 있게 되었다.

한방에! 어휘풀이

- 별록(別錄): 따로 만든 기록.
- 장계(別錄): 왕명을 받고 지방에 나가 있는 신하가 자기 관하의 중요한 일을 왕에게 보고하던 일. 또는 그런 문서.
- 부고(訃告): 사람의 죽음을 알림. 또는 그런 글.
- 별망군(別望軍): 적의 움직임을 살피기 위하여 임시로 둔 군사.
- 총통(銃筒/銃箭): 화약 무기를 통틀어 이르던 말.
- 초요기(招搖旗): 조선시대에, 대장이 장수들을 부르고 지휘하는 데에 쓰던 신호용 군기.

01 갈래의 특징 파악하기

윗글에 대한 설명으로 적절하지 않은 것은?

① 글쓴이의 체험을 기록한 글이다.
② 인물의 업적을 기리기 위해 쓰인 글이다.
③ 시대적 배경이 구체적으로 제시되어 있다.
④ 글쓴이의 심정이 직접적으로 드러나 있다.
⑤ 전쟁 당시의 긴박한 상황을 생생하게 묘사하였다.

* 업적(業績): 어떤 사업이나 연구 따위에서 세운 공적.
* 긴박하다(緊迫하다): 매우 다급하고 절박하다.
* 묘사(描寫): 어떤 대상이나 사물, 현상 따위를 언어로 서술하거나 그림을 그려서 표현함.

02 구절의 의미 파악하기

㉠~㉤에 대한 설명으로 적절하지 않은 것은?

① ㉠: 왜군이 조선을 침략함으로써 임진왜란이 일어났음을 알 수 있다.
② ㉡: 전쟁의 급박한 상황이 사실적으로 서술되고 있다.
③ ㉢: 군사들을 이끄는 이순신의 지도력을 확인할 수 있다.
④ ㉣: 이순신은 소극적인 안위의 행동을 책망하고 있음을 알 수 있다.
⑤ ㉤: 아들에 대한 걱정으로 잠을 이루지 못했음을 알 수 있다.

* 지도력(指導力): 어떤 목적이나 방향으로 남을 가르쳐 이끌 수 있는 능력.
* 책망(責望): 잘못을 꾸짖거나 나무라며 못마땅하게 여김.

03 작품 비교하기

보기를 참고할 때, [A]와 보기를 비교한 것으로 적절하지 않은 것은?

보기

〈장끼전〉에서 장끼는 아내 까투리와 함께 아홉 아들, 열두 딸을 거느리고 한겨울에 먹이를 찾아 헤매다가 콩을 발견한다. 장끼가 콩을 먹으려 하니, 까투리는 지난밤에 남편 장끼가 깊은 물에 빠진 불길한 꿈을 꾸었다며 장끼를 말린다. 그러나 장끼는 아내의 말을 무시하고 콩을 먹는다. 까투리의 말처럼 콩은 사냥꾼이 뿌려둔 미끼였고, 결국 장끼는 사냥꾼의 덫에 걸려서 죽는다.

① [A]와 〈보기〉 모두 꿈이 미래의 일을 예견하는 기능을 했군.
② [A]와 〈보기〉 모두 불길한 꿈을 꾼 당사자가 아닌 주변 사람이 죽게 되었군.
③ 〈보기〉의 장끼는 아내 까투리와 [A]의 이순신과 달리 꿈을 대수롭지 않게 생각하였군.
④ [A]의 이순신과 〈보기〉의 까투리가 꾼 꿈은 평소 막내아들과 남편에 대한 불안이 꿈에서 반영된 것이라고 볼 수 있군.
⑤ [A]에서 이순신과 막내아들이 냇물로 떨어진 것과, 〈보기〉에서 장끼가 깊은 물에 빠지게 된 것은 불길한 일을 의미하는군.

* 예견하다(豫見하다): 앞으로 일어날 일을 미리 짐작하다.

서답형
04 세부 내용 파악하기

윗글에서 ⓐ에 해당하는 내용이 담긴 날짜 두 개를 찾아 차례대로 쓰시오. (단, '○월 ○○일'의 형식으로 쓸 것.)

이순신이 전쟁 중 써 내려간 〈난중일기〉는 당시 전란 속 적군과의 교전 상황부터 서민들의 생활상, 조선의 지형, ⓐ 가족의 죽음과 같은 이순신 장군의 개인적 아픔까지 구체적으로 담고 있어 역사적 사료로도 높은 평가를 받는다.

문제풀이

문법

1 ☐☐☐	하나의 어근으로 이루어진 단어	
복합어	합성어	둘 이상의 어근으로 이루어진 단어 ① 2 ☐☐에 따른 구분 – 대등 합성어, 3 ☐☐ 합성어, 융합 합성어 ② 구성 방법에 따른 구분 – 통사적 합성어, 비통사적 합성어
	4 ☐☐☐	어근에 접사가 붙어서 이루어진 단어

비문학

1문단	주식의 개념
2문단	5 ☐☐의 변동 요인과 주식 투자의 개념
3문단	직접 투자와 6 ☐☐ 투자
4문단	주식 투자의 7 ☐☐☐과 적절한 투자 방법

문학 - 고래를 위하여(정호승)

1연	마음 속에 고래를 키우는 8 ☐☐이 되어야 함
2연	9 ☐☐가 고래를 위해 푸른 것처럼 사랑을 알아야 함
3연	마음속 고래를 위해 10 ☐을 바라보아야 함

문학 - 난중일기(이순신)

임진년 4월 15일	11 ☐☐과 박홍의 공문을 통해 왜적이 부산에 침입한 것을 알고 12 ☐☐를 보냄.
정유년 4월 13일	13 ☐☐☐의 죽음에 애통해함.
정유년 9월 16일	왜군과의 해전에서 소극적인 군사들을 독려하고 거제 현령 14 ☐☐를 책망함.
정유년 10월 14일	막내아들 15 ☐의 죽음을 전해 들음.

정답

1 단일어 2 의미 3 종속 4 파생어 5 주가 6 간접 7 위험성 8 청년 9 바다 10 별 11 원균 12 장계 13 어머니 14 안위 15 면

한수

13

Contents

문법

품사 ········· 154

독서

별의 일생 ········· 156

문학

나무들의 목욕 _ 정현정 ········· 158

흰 종이 수염 _ 하근찬 ········· 160

복습하기 ········· 163

13강

문법

품사

| 정답 및 해설 | 74쪽

한방에! 개념정리

한방에! 핵심정리

* 품사를 분류하는 이유
- 언어를 이해하고 탐구하는 기초가 됨.
- 한국어의 문법 체계를 이해하기 쉬워짐.
- 단어들 사이의 관계를 파악하고 그 특성을 밝힐 수 있음.

1 품사

① 개념: 성질이 공통된 단어끼리 모아 분류한 갈래

문장	푸른 하늘을 보니 기분이 좋다.					
품사	푸른	하늘	을	보니	기분	이	좋다
	형용사	명사	조사	동사	명사	조사	동사

② 분류 기준
- 형태론적인 특징: 형태 변화
- 통사론적인 특징: 문장 구성에서 단어의 기능
- 의미론적인 특징: 단어가 나타내는 의미

2 품사의 분류

① 형태 변화 유무에 따른 구분
가변어(형태가 변함), 불변어(형태가 변하지 않음)

② 기능에 따른 구분
체언, 용언, 수식언, 관계언, 독립언

③ 의미에 따른 구분
명사, 대명사, 수사, 동사, 형용사, 관형사, 부사, 조사, 감탄사

* 품사에서의 의미
단어 각각의 의미가 아닌, 그 단어가 속한 품사의 공통적인 의미를 가리킴.

* 조사가 단어인 이유
용언의 어간과 어미는 서로 결합해야만 단어를 이루기 때문에 독립적으로 쓰이지 못하므로 단어가 아님. 반면, 조사는 단독으로 쓰이지 못하지만 결합한 체언과 분리해도 체언이 자립성을 유지하기 때문에 조사를 단어로 봄.

	형태	기능	의미
품사	불변어	체언	명사
			대명사
			수사
		수식언	관형사
			부사
		관계언	조사
		독립언	감탄사
	가변어	용언	동사
			형용사

중요 **01** 형태 변화 유무에 따라 품사 구분하기

다음 중 가변어에 해당하는 단어는?

문장	그는 새 책을 읽는다. (㉠그 ㉡는 ㉢새 ㉣책 ㉤읽는다)					
품사	그	는	새	책	을	읽는다
	대명사	조사	관형사	명사	조사	동사

① ㉠ ② ㉡ ③ ㉢ ④ ㉣ ⑤ ㉤

중요 **02** 기능에 따라 품사 구분하기

다음 중 품사의 기능적 분류가 알맞게 연결되지 않은 것은?

문장	아까 둘째 동생이 시원한 물을 줬다. (㉠아까 ㉡둘째 ㉢동생 ㉣시원한 ㉤을)							
품사	아까	둘째	동생	이	시원한	물	을	줬다
	부사	관형사	명사	조사	형용사	명사	조사	동사

① ㉠: 수식언 ② ㉡: 수식언 ③ ㉢: 체언
④ ㉣: 독립언 ⑤ ㉤: 관계언

03 품사 분류법 파악하기

품사를 기능에 따라 구분한 것과 의미에 따라 구분한 것이 알맞게 연결되지 않은 것은?

① 체언 - 수사 ② 용언 - 형용사 ③ 관계언 - 부사
④ 독립언 - 감탄사 ⑤ 수식언 - 관형사

서답형 **04** 품사 분류법 파악하기

보기의 ㉮, ㉯에 들어갈 말을 차례대로 쓰시오.

보기

관형사는 형태에 따라 분류하면 (㉮)이고, 기능에 따라 분류하면 (㉯)이다.

13강

13강

독서 – 과학(우주)

별의 일생

| 정답 및 해설 | 74쪽

한방에! 개념정리

한방에! 핵심정리

갈래	설명문
주제	별의 탄생과 죽음
해제	이 글은 별의 탄생과 죽음의 과정을 설명하고 있다. 별의 일생은 인간의 일생에 비하면 굉장히 길다. 별이 죽을 때 생긴 잔해로 원시별이 만들어지고, 핵융합 반응이 시작되어 별이 된다. 그 과정은 수백만 년 이상이 걸린다. 연료가 떨어진 별은 적색 거성, 백색 왜성, 흑색 성운의 단계를 거쳐 죽음을 맞이한다.

* 문단 중심 내용

1문단	인간의 삶보다 훨씬 긴 별의 삶
2문단	별의 탄생 과정
3문단	별의 종말

한방에! 어휘풀이

* 잔해(殘骸): 부서지거나 못 쓰게 되어 남아 있는 물체.
* 수축(收縮): 부피나 규모가 줄어듦.
* 밀도(密度): 빽빽이 들어선 정도.
* 종말(終末): 계속된 일이나 현상의 맨 끝.
* 성운(星雲): 구름 모양으로 퍼져 보이는 천체.

※ 다음 글을 읽고 물음에 답하시오.

밤하늘의 별은 영원히 빛날 것 같지만, 별도 영원히 존재하지는 않는다. 우리처럼 태어나고, 자라고, 죽는다. 우리의 삶은 우주에 비하면 아주 잠깐이고, 별의 삶은 우리에 비하면 너무나 길다는 것이 두 삶의 차이점이다. 우주 공간에는 수많은 먼지와 가스 등 다양한 물질이 존재한다. 이러한 먼지와 물질들은 별과 별 사이에 존재하면서 별이 다시 태어나는 데 아주 중요한 역할을 한다.

[A] 기존 별들이 죽어 사라질 때 생기는 잔해*, 즉 먼지나 가스들이 주위의 물질들과 다시 뭉쳐지면 새로운 별이 만들어질 수 있다. 이 별을 원시별이라고 부른다. 원시별이 수축*을 시작하면 중심인 핵 부분의 밀도*가 증가한다. 그리고 원시별이 붕괴되면 수많은 가스 덩어리로 분리되고, 각각의 덩어리는 다시 수축한다. 그 후 덩어리 속의 가스는 압력으로 인해 온도가 점차 올라가고 이윽고 빛을 뿜기 시작한다. 핵의 밀도가 한계에 다다르면 수소와 헬륨의 핵융합 반응이 시작된다. 이 핵융합이 시작될 때 비로소 항성, 즉 스스로 빛을 내며 타오르는 별이 된다. 사실 이 과정에는 수백만 년 이상의 긴 시간이 걸린다. 탄생이 긴 만큼 별의 수명은 엄청나게 길다. 그래서 천문학자들은 태어난 지 수백만 년이 된 별도 어린 별로 여긴다.

탄생이 있으면 죽음도 찾아오는 법, 별은 자라서 어른 별이 되었다가 결국 종말*을 맞이하게 된다. 연료가 다 떨어졌기 때문이다. 별의 종말은 그 별의 질량에 달려 있다. 질량의 크기에 따라 별의 운명은 달라지지만, 보통 수명을 다한 별은 부풀어 오르고 붉은색을 띠게 된다. 이 별을 '적색 거성'이라고 부른다. 시간이 지나면 적색 거성의 외부를 둘러싸고 있는 가스가 밖으로 빠져나가고 그 자리에 작은 흰색 별이 남는데, 이것이 '백색 왜성'이다. 이후 또 시간이 흐르면 백색 왜성은 점차 식고 더 이상 빛을 발하지 않게 된다. 이 별을 '흑색 성운*'이라고 한다. 우리의 태양도 언젠가는 이렇게 죽게 될 것이다.

01 핵심 내용 파악하기

윗글의 제목으로 가장 적절한 것은?

① 달은 어떻게 태어났을까?
② 태양은 어떻게 태어났을까?
③ 별은 어떻게 태어나서 어떻게 죽을까?
④ 인류가 생기기 전 우주는 어떻게 생겼을까?
⑤ 천문학자들은 어떻게 우주를 관찰하고 있을까?

02 내용 전개 방식 파악하기

윗글에 대한 설명으로 가장 적절한 것은?

① 화제와 관련된 서적을 소개하며 독자의 이해를 돕고 있다.
② 현상이 일어나는 과학적 원리를 과정에 따라 설명하고 있다.
③ 예상되는 반론을 제시하고 그에 대한 대안을 소개하고 있다.
④ 설명하는 대상을 종류별로 분류해 각각의 특성을 설명하고 있다.
⑤ 화제와 관련된 여러 해결 방안을 소개하고 그 한계를 지적하고 있다.

중요 03 세부 내용 파악하기

보기 는 [A]의 별이 태어나는 과정을 순서대로 정리한 것이다. 보기 에 대한 설명 중 적절하지 않은 것은?

보기

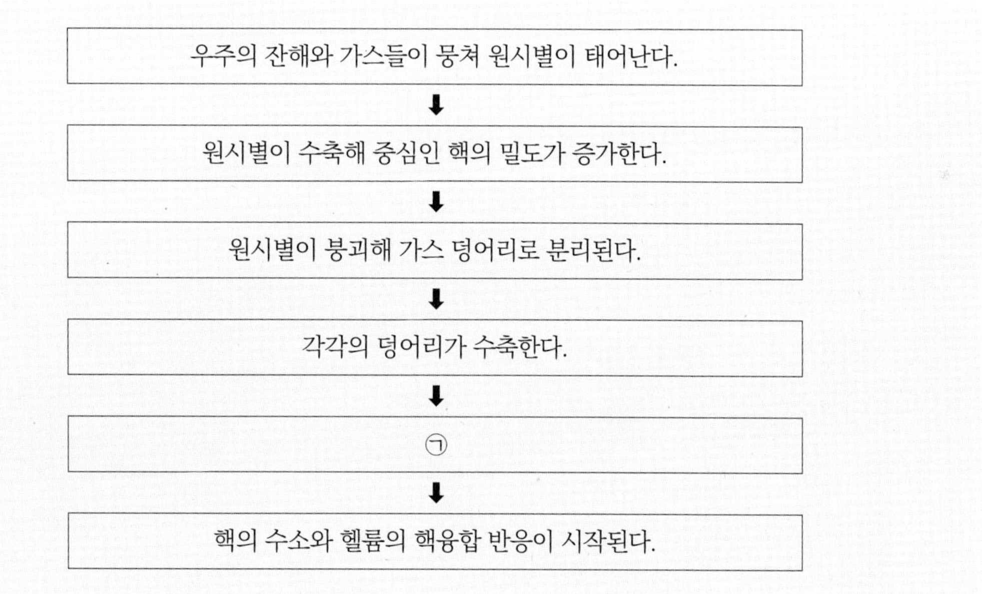

우주의 잔해와 가스들이 뭉쳐 원시별이 태어난다.
원시별이 수축해 중심인 핵의 밀도가 증가한다.
원시별이 붕괴해 가스 덩어리로 분리된다.
각각의 덩어리가 수축한다.
㉠
핵의 수소와 헬륨의 핵융합 반응이 시작된다.

① 〈보기〉의 과정은 수백만 년 이상이 걸린다.
② 〈보기〉의 과정이 이루어지면 스스로 빛을 내는 별이 된다.
③ 〈보기〉의 과정 이후 연료가 떨어진 별은 보통 적색 거성이 된다.
④ 〈보기〉의 방식으로 태어난 별의 잔해는 새로운 별을 만들지 못한다.
⑤ 〈보기〉의 ㉠에는 '덩어리 속 가스의 압력이 올라가 빛을 뿜기 시작한다.'가 들어간다.

서답형 04 세부 내용 파악하기

윗글에서 종말을 맞이하는 별의 마지막 단계를 찾아 쓰시오.

13강

문학 – 현대시

나무들의 목욕 _ 정현정

| 정답 및 해설 | 76쪽

한방에! 개념정리

한방에! 핵심정리

갈래	자유시, 서정시
성격	서정적, 비유적, 감각적
주제	나무들이 꽃을 피우는 것은 새로운 씨앗(생명)을 맞이하기 위한 소중한 일이다.
특징	① 말을 건네듯이 친근한 말투를 사용함. ② 다양한 비유를 활용하여 봄 산의 풍경을 생동감 있게 표현함.
해제	이 작품은 나무들이 꽃을 피우는 것을 거품을 내며 목욕하는 것에 비유하며, 상상력에 의해 사물의 모습이 새롭게 달라질 수 있음을 보여 준다. 이를 통해 독자들은 시를 읽는 기쁨을 한층 깊이 느낄 수 있다.

※ 다음 글을 읽고 물음에 답하시오.

나무들이
㉠ 샤워하고 있다.

저것 봐
저것 봐

㉡ 진달래는 분홍 거품이
조팝나무는 하얀 거품이
영산홍은 빨강 거품이
㉢ 보글보글 일고 있잖아

㉣ 깨끗이 씻은 자리
씨앗 마중하려고
㉤ 부지런히 목욕 중이야

[A] 온 산이 공중목욕탕처럼
색색의 거품으로 부글거리고 있어.

- 정현정, 〈나무들의 목욕〉 -

01 표현상의 특징 파악하기

윗글의 표현상 특징으로 적절하지 않은 것은?

① 유사한 문장 구조를 반복하여 운율을 형성하고 있다.
② 다양한 비유를 활용하여 대상의 모습을 새롭게 표현하고 있다.
③ 색채 이미지를 활용하여 대상의 이미지를 선명하게 드러내고 있다.
④ 말을 건네는 방식을 사용하여 독자로 하여금 친근감을 느끼게 하고 있다.
⑤ 시각을 청각화하여 눈으로 보이는 심상을 귀로 듣는 듯이 느끼게 하고 있다.

02 시구의 의미 파악하기

㉠~㉤에 대한 이해로 적절하지 않은 것은?

① ㉠: 봄에 꽃을 피우는 나무들의 모습을 의인화하여 표현한 것이다.
② ㉡: 진달래의 분홍색 꽃을 분홍 거품에 빗대어 표현한 것이다.
③ ㉢: 꽃이 피어나는 모습을 샤워할 때의 거품에 빗대어 표현한 것이다.
④ ㉣: 씨앗이 생겨날 자리를 깨끗이 씻은 자리에 빗대어 표현한 것이다.
⑤ ㉤: 나무들이 시든 꽃을 떨어뜨리는 모습을 의인화하여 표현한 것이다.

중요 03 감상의 적절성 평가하기

보기 를 [A]와 같이 표현했다고 할 때, [A]에 대한 감상으로 적절하지 않은 것은?

보기

온 산에
색색의 꽃이 피고 있어.

① 풍경을 객관적으로 서술하여 보편적인 감상을 이끌어 내고 있군.
② 이미지를 형성하여 꽃이 핀 산의 풍경을 생생하게 전달하고 있군.
③ 독특한 비유를 통해 일상적인 소재에 대한 상상력을 자극하고 있군.
④ 꽃이 핀 산의 모습을 재미있고 참신하게 표현하여 신선함을 주고 있군.
⑤ 생명을 맞이하는 일의 소중함이라는 주제를 효과적으로 전달하고 있군.

* 보편적(普遍的): 모든 것에 두루 미치거나 통하는.
* 참신하다(斬新하다): 새롭고 산뜻하다.

13강

04 시구의 의미 파악하기

나무들이 꽃을 피우는 이유가 드러난 시행을 찾아 쓰시오.

문제풀이

13강

문학 – 현대소설

흰 종이 수염 _ 하근찬

| 정답 및 해설 | 77쪽

한방에! 핵심정리

갈래	단편 소설, 전후 소설
성격	향토적, 사실적, 비극적
주제	6·25 전쟁 직후의 고달픈 삶의 모습과 극복 의지
특징	① 사투리를 사용하여 정감을 불러일으키고 사실성을 높임. ② 6·25 전쟁 직후의 고달픈 삶의 모습과 전쟁의 비참함을 표현함.
해제	이 작품은 동길이라는 소년을 주인공으로 하여 6·25 전쟁 직후의 빈곤하고 참담했던 삶의 모습을 보여 준다. 가난한 시골 목수인 동길의 아버지는 6·25 전쟁에서 팔 하나를 잃고 돌아온 뒤, 아들 동길의 밀린 사친회비와 가족의 생계를 위해 얼굴에 흰 종이 수염을 붙이고 극장 광고판을 짊어지고 다니게 된다. 전쟁 후의 비참한 삶이 어린아이인 동길의 눈을 통해 진술하게 그려지고 있다.

※ 다음 글을 읽고 물음에 답하시오.

[앞부분 줄거리] 동길이의 아버지는 전쟁에서 오른팔을 잃은 채 돌아온다. 동길이가 학교에 가지 않겠다고 하자 아버지는 동길이를 야단친다. 창식이가 다른 아이들에게 동길이의 아버지가 외팔이라는 것을 알린 탓에 동길이는 놀림을 받는다. 학교에 갔다 온 아버지는 동길이에게 자신이 극장에 취직했다고 하고, 가위와 종이로 수염을 만든다.

삼거리에 이르렀을 때였다. 동길이는 눈이 번쩍 뜨였다. 참 희한한 것을 보았기 때문이다.

저만큼 먼 거리였으나 얼른 보아 그것이 무슨 광고판이라는 것을 알 수 있었다. 가마니 한 장만이나 한 크기일까? ㉠ 그런 광고판이 길 한가운데를 이쪽으로 걸어오고 있는 것이었다. 그 움직이는 광고판을 따라 우르르 아이들이 떠들어대며 몰려오고 있었다.

동길이는 저도 모르게 뛰고 있었다. 차츰 가까워지면서 보니 그것은 틀림없는 광고판이었다. 그러나 그 광고판에는 다리가 두 개 달려 있고, 머리도 하나 붙어 있었다.

사람이었다. 사람이 가슴 앞에 큼직한 광고판을 매달고 걸어오고 있는 것이었다. 등에도 똑같은 광고판을 짊어지고 있는 듯했다. 머리에는 알롱달롱하고 쭈뼛한* 고깔을 쓰고 있었고, 얼굴에는 밀가룬지 뭔지 모를 뿌연 분이 덕지덕지 칠해져 있었다. 그리고 턱에는 수염이 허옇게 나부끼고 있었다. 아주 늙은 노인인 것 같기도 했고, 어찌 보면 그렇지 않은 듯도 했다.

이 희한한 사람이 간간이 또 메가폰을 입에다 갖다 대고, 뭐라고 빽빽 소리를 질러 대는 것이 아닌가. 재미있는 구경거리가 아닐 수 없었다.

"야아, 오늘 밤의, 아아, 오늘 밤의 활동사진*은 쌍권총을 든 사나이, 아아, 쌍권총을 든 사나이. 많이 구경하러 오이소! 많이많이 구경하러 오이소!"

그러고는 쑥스러운 듯 얼른 메가폰을 입에서 떼어버리는 것이었다. 그럴라치면 이번에는 아이들이 제가끔* 목소리를 돋우어,

"아아, 오늘 밤에는 쌍권총을 든 사나이."

"아아, 쌍권총을 든 사나이, 구경하러 오이소."

"아아, 오늘 밤에 많이많이 구경하러 오이소."

하고 떠들어댔다.

㉡ 동길이는 공연히 즐거웠고, 가슴이 울렁거렸다. 우뚝 멈추어 서서 우선 광고판의 그림부터 바라보았다.

시꺼먼 안경을 낀 코쟁이*가 큼직한 권총을 두 자루 양쪽 손에 쥐고 있는 그림이었다. 노란 머리카락과 새파란 눈깔을 가진 여자도 하나 윗도리를 거의 벗은 것처럼 하고 권총을 든 사나이 등 뒤에 납작 붙어 있었다. 괴상한 그림이었다.

"아아, 쌍권총을 든 사나이, 아아, 오늘 밤의 활동사진은 쌍권총을 든 사나이, 많이 구경 오이소! 많이많이 구경 오이소!"

그리고 메가폰을 입에서 뗀 그 희한한 사람의 시선이 동길이의 시선과 마주쳤다.

순간 동길이의 가슴이 철렁 내려앉고 말았다. 뒤통수를 야물게* 한 대 얻어맞은 것 같았다. 그리고 눈물이 핑 돌았다. 어처구니가 없었다.

그 희한한 사람이 바로 아버지였던 것이다.

㉢ 아버지는 동길이와 눈이 마주치자 약간 멋쩍은 듯했다. 그러고는 얼른 시선을 돌려버리는 것이었다. 동길이는 코끝이 매워 오며 뿌옇게 눈앞이 흐려져 갔다.

아이들은 더욱 신명*이 나서 떠들어댄다.

"아아, 오늘 밤에는 쌍권총입니다."

"아아, 쌍권총을 든 사나이 재미가 있습니다."

이런 소리에 섞여 분명히,

"동길아! 느그 아부지다. 느그 아부지 참 멋쟁이다."

하는 소리가 동길이의 귓전을 때렸다. 용돌이란 놈의 목소리에 틀림없었다.

동길이는 온몸의 피가 얼굴로 치솟는 듯했다. 주먹으로 아무렇게나 눈물을 뿌리쳤다. 뿌옇던 눈앞이 확 트이며 얼른 눈에 들어온 것은 소리를 지른 용돌이 아닌 창식이란 놈이었다. 요놈이 나무 꼬챙이를 가지고 아버지의 수염을 곧장 건드리면서,

"진짜 앙이다야. 종이로 만든 기다, 종이로."

하고 켈켈 웃어쌓는 것이 아닌가.

동길이는 가슴속에 불이 확 붙는 것 같았다. ㉣ 순간 동길이의 눈은 매섭게 빛났다. 이미 물불을 가릴 계제*가 아니었다.

살쾡이처럼 내달을 따름이었다.

"으악!"

비명 소리와 함께 길바닥에 나가떨어진 것은 물론 창식이었다. 개구리처럼 뻗었다. 그러나 동길이는 그 위에 덮쳐서 사정없이 마구 깔고 문댔다.

"아이크, 아야야야……. 캥!"

창식이의 얼굴은 떡이 되는 판이었다. 아이들은 덩달아서 와아와아 소리를 지르며 떠들어댔다.

㉤ 동길이 아버지는 두 눈이 휘둥그레지며 손에서 메가폰을 떨어뜨렸다. 어찌 된 영문인지 알 수가 없었다.

창식이는 이제 소리도 지지지 못하고 윽! 윽! 넘어가고 있었다.

"와 이카노? 와 이카노? 와 이캐?"

동길이 아버지는 후닥닥 광고판을 벗겨 던졌다. 그리고 하나 남은 손을 대고 내저으며 어쩔 줄을 몰라 했다. 턱에 붙였던 수염이, 실밥이 떨어져서 흰 종이 수염이 가슴 앞에 매달려 너풀너풀 춤을 춘다.

"이누무 자식이 미쳤나, 와 이카노, 와 이캐 잉?"

- 하근찬, 〈흰 종이 수염〉 -

※ **전체 줄거리**
동길이는 돈을 내지 못했다는 이유로 책보를 빼앗기고 학교에서 쫓겨난다. 집에 온 동길이는 징용에서 돌아온 아버지를 보고 처음에는 반가워하지만, 한쪽 팔이 없는 아버지의 모습에 무서움을 느낀다. 다음 날, 창식이가 동길이를 데리러 오고, 동길이는 학교에 가지 않겠다고 하지만 아버지는 그런 동길이를 야단친다. 창식이는 아이들에게 동길이의 아버지가 외팔이라는 것을 알리고 함께 놀린다. 학교에 다녀온 아버지는 술을 잔뜩 마시고 들어와 가위와 종이를 가지고 흰 종이 수염을 만든다. 다시 학교에 가게 된 동길이는 학교가 끝나고 집으로 달려가다가, 영화 포스터를 목에 걸고 광고를 하는 광대를 보게 된다. 호기심에 가까이 다가간 동길이는 그 광대가 자신의 아버지라는 것을 알게 된다. 창식이가 나무 꼬챙이로 아버지의 흰 종이 수염을 건드리는 것을 본 동길이는 화를 참지 못하고 창식이에게 달려들어 때리고, 아버지는 그런 동길이를 말리려 한다.

13강

한방에! 어휘풀이

* **쭈뼛하다**: 물건의 끝이 차차 가늘어지면서 삐죽하게 솟다.
* **활동사진(活動寫眞)**: '영화'의 옛 용어. 움직이는 사진이라는 뜻으로, 무성(無聲) 영화와 같은 초기 영화를 오늘날의 영화에 상대하여 이르는 말로도 쓰인다.
* **제가끔**: 저마다 따로따로.
* **코쟁이**: 코가 크다는 뜻에서 서양 사람을 놀림조로 이르는 말.
* **야물다**: 사람됨이나 씀씀이 따위가 퍽 옹골차고 헤프지 않다.
* **신명**: 흥겨운 신이나 멋.
* **계제(階梯)**: 어떤 일을 할 수 있게 된 형편이나 기회.

01 서술상의 특징 파악하기

윗글의 시점에 대한 설명으로 가장 적절한 것은?

① 작가가 자신의 경험을 사실적으로 서술하고 있다.
② 주인공이 자신의 이야기를 스스로 서술하고 있다.
③ 주변 인물이 주인공의 행동을 관찰하여 서술하고 있다.
④ 작품 밖의 서술자가 주인공의 행동만을 서술하고 있다.
⑤ 작품 밖의 서술자가 주인공의 심리를 직접 서술하고 있다.

02 구절의 의미 파악하기

㉠~㉤에 담긴 의미로 적절하지 않은 것은?

① ㉠: 동길이가 광고판이 사람이라는 것을 아직 알아차리지 못했음을 의미한다.
② ㉡: 동길이가 광고판을 건 사람이 아버지라는 것을 아직 알아차리지 못했음을 의미한다.
③ ㉢: 동길이 아버지가 자신의 모습을 아들에게 보인 것을 부끄러워하고 있음을 의미한다.
④ ㉣: 동길이가 광고판을 건 사람의 정체가 아버지라는 것을 마침내 알아차렸음을 의미한다.
⑤ ㉤: 동길이 아버지가 동길이가 창식이를 때리는 이유를 이해하지 못하고 있음을 의미한다.

중요
03 제목의 의미 이해하기

보기 는 윗글의 다른 부분이다. 윗글과 보기 를 통해 알 수 있는, 흰 종이 수염이 갖는 의미로 적절하지 않은 것은?

보기

"이봐, 나 오늘 취직했어, 취직. 손이 하나 없으니까 목수질은 못하지만 그래도 다 씨어먹을 데가 있단 말이여. 씨어먹을 데가……."
정말인지 거짓부렁인지 알 수 없는 소리를 대고 주워섬긴다.
"아니, 참말로 카능교? 부로 카능교?"
"허, 부로 카긴 와 부로캐. 내가 언제 거짓말을 하더나?"
"……."
"극장에 취직이 됐어, 극장에……."
"뭐 극장에요?"
"그래, 와, 나는 극장에 취직하면 안 될 사람이가? 그것도 다 김 주사, 우리 오야봉 덕택이란 말이여, 팔뚝을 한 개 나라에 바친 그 덕택이란 말이여, 으흐흐흐……. 내일 나갈 적에 종이로 쉬염을 만들어 갖고 가야 돼. 바로 이 종이가 쉬염 만들 종이 앙이가."

① 전쟁으로 인한 우리 민족의 비극
② 가족에 대한 가장으로서의 책임감
③ 돈으로 문제를 해결할 수 있는 사회
④ 비참한 현실을 극복하고자 하는 의지
⑤ 전쟁으로 상처받은 사람들의 비극적 삶

* 부로: 일부러.
* 오야붕: 두목.
* 쉬염: '수염'의 방언.

서답형
04 소재의 의미 파악하기

보기 에서 설명하는 소재를 찾아 쓰시오.

보기

• 시대적 배경을 나타냄.
• 동길이 아버지가 광고하는 대상임.

복습하기

문법

[1] ☐☐	성질이 공통된 단어끼리 모아 분류한 갈래
분류	① [2] ☐☐ 변화 유무: 가변어, 불변어 ② [3] ☐☐ : 체언, 용언, 수식언, 관계언, 독립언 ③ [4] ☐☐ : 명사, 대명사, 수사, 동사, 형용사, 관형사, 부사, 조사, 감탄사

비문학

1문단	인간의 삶보다 훨씬 긴 [5] ☐의 삶
2문단	별의 [6] ☐☐ 과정
3문단	별의 죽음

문학 - 나무들의 목욕(정현정)

1연	꽃을 피우는 [7] ☐☐들
2연	꽃을 피우는 나무들에 주목하게 함
3연	나무들에 색색의 [8] ☐이 핀 광경
4연	나무들이 꽃을 피우는 이유
5연	꽃을 피우는 나무들로 가득한 [9] ☐

문학 - 흰 종이 수염(하근찬)

동길이의 상황	동길이의 심리
걸어오는 영화 [10] ☐☐☐을 봄.	신기해함.
사람이 광고판을 매달고 있는 것을 구경함.	즐거움.
그 사람이 [11] ☐☐☐라는 것을 알아봄.	가슴이 내려앉음.
창식이가 아버지의 [12] ☐☐을 건드리며 놀림.	화가 남.

정답 1 품사 2 형태 3 기능 4 의미 5 별 6 탄생 7 나무 8 꽃 9 산 10 광고판 11 아버지 12 수염

한
수

14

Contents

매체

매체 자료의 효과 판단하기 ······ 166

독서

면역 체계와 백신 ······ 168

문학

유성 _ 오세영 ······ 170

전우치전 _ 작자 미상 ······ 172

복습하기 ······ 175

14강

매체

매체 자료의 효과 판단하기

| 정답 및 해설 | 80쪽

한방에! 개념정리

한방에! 핵심정리

갈래	텔레비전 뉴스 보도
화제	교내 휴대 전화 사용 금지
특징	① 자막과 이미지를 활용함. ② 방송 내용과 자막이 일치하지 않는 부분이 드러남.

※ 다음은 텔레비전 뉴스 보도이다. 물음에 답하시오.

[장면 1] 	㉠ 학교에서의 휴대 전화 사용, 허용해야 할까요? 아니면 금지해야 할까요?
[장면 2] 	㉡ 청소년들에게도 없어서는 안 될 소통 수단, 휴대 전화. 그런데, 교실에서의 휴대 전화 사용에 대해 어떻게 생각하시는지요?
[장면 3] 	부모들은 언제든 자녀들과 연락을 취할 수 있어 자녀의 안전에 대해 걱정을 줄일 수 있으며, 수업 중 휴대 전화를 적극 활용하면 학업에 대한 흥미도 높아진다는 겁니다.
[장면 4] 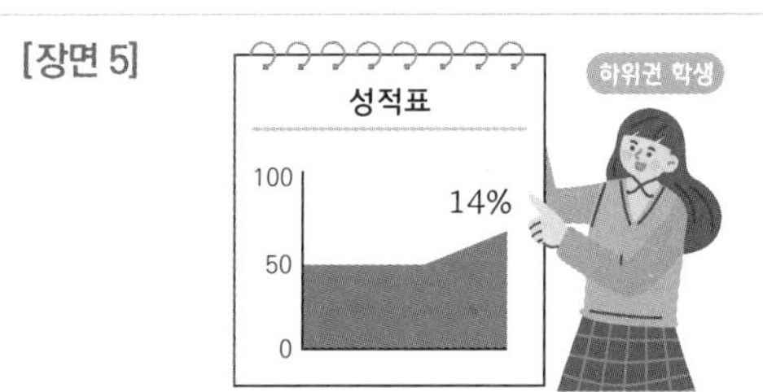	㉢ 런던정치경제대학교 경제성과연구센터는 교내 휴대 전화 금지의 효과에 관한 연구 결과를 발표했습니다. 교내에서의 휴대 전화 사용을 금지했더니 성적이 향상되었다는 겁니다.
[장면 5] 	하위권 학생들은 성적이 향상되었죠. 성적이 14퍼센트나 높아진 겁니다.
[장면 6] 	㉣ 런던정치경제대학교 경제성과연구센터는 교내 휴대 전화 금지가 성적 차이로 인한 학생들의 불평등을 해소할 수 있을 거라고 봅니다.
[장면 7]	'학생을 위해' 교내 휴대 전화 사용을 허용해야 한다는 입장과 마찬가지로 '학생을 위해' 금지해야 한다는 입장. ㉤ 여러분은 어떤 입장에 더 공감하시는지요?

- 이비에스(EBS) 뉴스, 〈교내 휴대 전화 금지, 약일까 독일까〉 -

01 매체 자료의 효과 파악하기

윗글에 사용된 매체 표현 방식으로 적절하지 않은 것은?

① [장면 1]에서는 화면의 하단에 자막으로 보도 내용의 요점을 제시하고 있다.
② [장면 3]과 [장면 4]에서는 주장의 핵심 근거를 자막으로 제시하고 있다.
③ [장면 5]에서는 그래프를 활용하여 뉴스 내용을 가시적으로 전달하고 있다.
④ [장면 6]에서는 보도의 흐름을 보여 주기 위해 기호를 활용하고 있다.
⑤ [장면 7]에서는 뉴스 시청자에게 던지는 질문을 자막으로 제시하고 있다.

* 하단(下壇): 글의 아래쪽 부분.
* 가시적(可視的): 눈으로 볼 수 있는.

02 매체의 언어적 표현 파악하기

㉠~㉤에 대한 설명으로 적절하지 않은 것은?

① ㉠: 객관적인 표현을 사용하여 뉴스 보도의 공정성을 지키고 있다.
② ㉡: 비유적 표현을 사용하여 내용에 대한 수용자의 흥미를 끌고 있다.
③ ㉢: 전문 기관의 조사를 인용하여 뉴스 보도의 신뢰성을 확보하고 있다.
④ ㉣: 미래 시제를 나타내는 표현을 사용하여 기대 효과를 제시하고 있다.
⑤ ㉤: 의문형 문장을 사용하여 수용자의 능동적 사고를 유도하고 있다.

* 능동적(能動的): 다른 것에 이끌리지 아니하고 스스로 일으키거나 움직이는.

중요

03 매체 자료의 적절성 판단하기

보기를 참고했을 때, [장면 5]의 그래프에 대한 평가로 가장 적절한 것은?

보기

그래프를 왜곡하는 방법에는 여러 가지가 있다. 그중 하나는 그래프의 가로와 세로 눈금 간격을 지나치게 좁거나 넓게 하는 것이다. 실제 기울기보다 가파르거나 완만하게 그리는 방법도 있고, 그래프 밑부분을 잘라 사람들이 착각하게 만드는 방법도 있다.

① 그래프 아래에 자료의 출처를 밝혔으므로 올바르다.
② 가로와 세로 눈금 축을 정확하게 표기했으므로 올바르다.
③ 그래프의 기울기를 실제보다 가파르게 했으므로 올바르지 않다.
④ 그래프 밑부분을 잘라 사람들의 착각을 유도했으므로 올바르지 않다.
⑤ 눈금 간격을 지나치게 좁게 설정하여 읽기 불편하게 했으므로 올바르지 않다.

14강

서답형

04 매체 표현의 적절성 파악하기

다음은 [장면 6]의 뉴스가 올바르지 않은 이유이다. 빈칸에 들어갈 말을 골라 차례대로 쓰시오.

교내 휴대 전화 사용을 (허용 / 금지)하여 학생들의 성적 차이로 인한 (평등 / 불평등)을 해소할 수 있다는 것은 비약적인 표현이므로 올바르지 않다.

____

문제풀이

14강

독서 – 기술(의료기술)

면역 체계와 백신

| 정답 및 해설 | 81쪽

한방에! 개념정리

한방에! 핵심정리

갈래	설명문
주제	우리 몸의 면역 체계와 백신의 종류
해제	이 글은 우리 몸의 면역 체계와 백신의 종류를 설명하고 있다. 면역 체계는 몸속에 들어온 바이러스를 항원으로 보고, 이를 제거하기 위해 항체를 만들어 내는데, 항체가 너무 늦게 만들어지거나 항원보다 약하면 효과가 없다. 그렇기 때문에 연습용 바이러스인 백신이 필요한 것이다. 백신의 종류는 사백신과 생백신으로 나뉘며, 최근에는 mRNA 백신도 등장했다.

* 문단 중심 내용

1문단	바이러스를 배제하기 위해 존재하는 면역 체계
2문단	항체가 기능을 수행하지 못하는 경우
3문단	백신이 필요한 이유
4문단	사백신과 생백신
5문단	mRNA 백신의 장단점

※ 다음 글을 읽고 물음에 답하시오.

㉠ 바이러스는 우리 몸속의 세포 안에서 증식한다. 따라서 바이러스를 제거하려면 우리 몸의 세포까지 공격해야 하기 때문에 박멸이 힘들다. 그러나 우리 몸은 스스로 깨끗한 상태를 유지하려는 성질이 있어서, 몸 외부의 해로운 물질이 몸 안으로 들어오면 이것을 배제하는 시스템을 갖추고 있다. 우리는 이 시스템을 면역 체계라고 부른다. 면역 기능은 몸속에 들어온 낯선 물질을 '항원'으로 보고, 이것을 제거하는 물질인 '항체'를 만들어 낸다. 항체는 항원을 분해해 우리 몸을 지킨다.

㉡ 그러나 항체가 항상 항원을 이기지는 못한다. 항체는 항원이 몸 안에 들어온 이후에 만들어지기 때문에, 너무 늦게 만들어지는 경우, 혹은 항원보다 약한 경우 제 기능을 수행하지 못한다. 이때 우리는 병에 걸리게 되고, 심하면 죽기도 한다.

㉢ 다행히 우리의 면역 체계는 기억력이 좋은 편이다. 그래서 한 번 만났던 바이러스는 기억하고 있다가 이후 같은 바이러스가 몸에 들어오면 이전보다 더 빨리 항체를 만들어 내고 이 항체는 이전보다 더 바이러스를 쉽게 퇴치할 수 있다. 따라서 병에 걸리기 전에 미리 같은 종류의 연습용 바이러스를 몸에 넣으면, 진짜 바이러스가 들어왔을 때 그에 대응할 항체를 만들기 쉬워진다. ㉣ 연습용으로 우리 몸에 투입하는 약한 바이러스를 우리는 백신이라고 부른다.

초기에는 죽은 바이러스로 백신을 만들었다. 이것을 죽은 백신, '사백신'이라고 한다. 이후 과학 기술의 발달로 살아 있는 바이러스도 인위적인 방법으로 힘을 약하게 만들거나 독성을 없앨 수 있게 되었는데, 이런 것을 '생백신' 혹은 '약독화 백신'이라고 한다. ㉤ 우리는 이러한 백신을 우리 몸에 넣어 면역 체계를 강화하고, 이를 예방 접종이라고 한다.

최근엔 몸에 바이러스를 주입하는 것이 아닌 항체의 설계도 자체를 주입하는 백신인 mRNA 백신도 등장했다. 기존 백신에 비해 개발 비용과 기간 면에서 우위를 점하고 있으나, 구조가 불안정하여 초저온에서 보관하지 않으면 쉽게 변이가 일어나 관리가 까다롭다는 단점이 있다.

01 내용 전개 방식 파악하기

㉠~㉤에 대한 설명으로 적절하지 않은 것은?

① ㉠은 인과의 방식을 사용하여 바이러스를 설명하고 있다.
② ㉡은 앞의 내용과 반대되는 내용을 연결하고 있다.
③ ㉢은 면역 체계를 의인화하여 친근감 있게 표현하고 있다.
④ ㉣은 정의의 방식을 사용하여 백신에 대해 알려주고 있다.
⑤ ㉤은 백신과 예방 접종을 대조의 방식으로 설명하고 있다.

02 세부 내용 파악하기

윗글에 대한 이해로 적절하지 않은 것은?

① 항체가 항상 바이러스에 효과가 있는 것은 아니다.
② mRNA 백신은 초저온에서 보관해야 변이를 막을 수 있다.
③ 백신을 맞는 것은 면역 체계가 해당 바이러스를 기억하게 하기 위해서이다.
④ 우리 몸은 바이러스가 침투하면 스스로 제거할 수 있는 능력을 갖추고 있다.
⑤ 살아 있는 바이러스로 만든 백신이 죽은 바이러스로 만든 백신보다 먼저 개발되었다.

중요 03 구체적 사례에 적용하기

윗글을 읽고 보기 의 철수에게 해줄 조언으로 적절하지 않은 것은?

보기

철수는 유튜브에서 백신이 사실 약화된 바이러스라는 이야기를 들은 뒤로 바이러스를 일부러 몸에 넣는 이유를 이해할 수 없었기 때문에 백신 반대론자가 되었다.

① 백신을 맞아야 면역 체계를 강화할 수 있어.
② 약한 바이러스가 몸에 들어와 있어야 강한 바이러스를 막을 수 있어.
③ 이제 바이러스를 주입하는 형태 말고 다른 형태의 백신도 나오고 있어.
④ 바이러스의 형태를 면역 체계가 알고 있어야 진짜 바이러스를 막을 수 있어.
⑤ 몸에 해를 끼치지 않도록 약체화한 바이러스이기 때문에 건강에 영향을 끼치지 않아.

서답형 04 구체적 사례에 적용하기

빈칸에 들어갈 말을 골라 차례대로 쓰시오.

수두는 수두-대상포진 바이러스에 의해 호흡기가 감염되는 질병이다. 그렇기 때문에 국가에서는 어릴 때 수두 백신을 접종하도록 하고 있다. 한 번 수두에 걸린 사람은 면역을 획득하여 수두에 다시 걸리지 않는다. 이때, 수두-대상포진 바이러스는 (항원 / 항체), 수두 백신은 (항원 / 항체)(이)라고 할 수 있다.

문제풀이

14강

문학 – 현대시

유성 _ 오세영

| 정답 및 해설 | 83쪽

한방에! 개념정리

한방에! 핵심정리

갈래	자유시, 서정시
성격	비유적, 감각적
주제	밤하늘의 별들과 유성의 아름다움
특징	① 시각적, 청각적 심상을 활용함. ② 음성 상징어를 활용하여 현장감을 살림. ③ 은유법과 의인법을 활용하여 대상을 감각적으로 표현함.
해제	이 작품은 밤하늘을 가득 메운 별들과 그 사이로 떨어지는 유성의 모습을 감각적으로 표현하였다. 유성이 빛을 내며 떨어지는 것을 비유적 표현과 감각적 심상을 사용하여 생동감 있고 아름답게 그리고 있다.

※ 다음 글을 읽고 물음에 답하시오.

밤하늘은
별들의 운동장
오늘따라 별들 부산하게 바자닌다*.
운동회를 벌였나
아득히 들리는 함성
먼 곳에서 아슴푸레* 빈 우레* 소리 들리더니
빗나간 야구공 하나
쨍그랑
유리창을 깨고
또르르 지구로 떨어져 구른다.

- 오세영, 〈유성〉 -

한방에! 같이볼작품

별을 보았다.

깊은 밤
혼자
바라보는 별 하나

저 별은
하늘 아이들이
사는 집의
쬐그만
초인종

문득
가만히
누르고 싶었다.

- 이준관, <별 하나>

한방에! 어휘풀이

* 바자니다: '바장이다'의 옛말. 부질없이 짧은 거리를 오락가락 거닐다.
* 아슴푸레: 빛이 약하거나 멀어서 조금 어둑하고 희미한 모양.
* 우레: 뇌성과 번개를 동반하는 대기 중의 방전 현상.

01 표현상의 특징 파악하기

윗글의 표현상 특징으로 가장 적절한 것은?

① 같은 문장 구조를 반복하여 운율을 형성하고 있다.
② 대조적인 시어를 사용하여 주제 의식을 강화하고 있다.
③ 음성 상징어를 활용하여 유성에 생동감을 부여하고 있다.
④ 시간의 흐름을 표현하여 상황을 실감 나게 전달하고 있다.
⑤ 공감각적 심상을 활용하여 밤하늘을 입체적으로 표현하고 있다.

* 강화하다(強化하다): 수준이나 정도를 더 높이다.
* 부여하다(附與하다): 사람에게 권리·명예·임무 따위를 지니도록 해 주거나, 사물이나 일에 가치·의의 따위를 붙여 주다.

02 시적 상황 파악하기

윗글의 시적 화자의 상황으로 가장 적절한 것은?

① 밤하늘의 별에게 혼자 말을 걸고 있다.
② 비가 오는 날에 밤하늘을 보러 나가고 있다.
③ 반짝이는 별이 가득한 밤하늘을 올려다보고 있다.
④ 야구공으로 유리창을 깨고 혼날까 봐 무서워하고 있다.
⑤ 운동장에서 친구들과 함께 함성을 지르며 뛰어놀고 있다.

03 표현상의 특징 파악하기

보기 의 ㉠, ㉡에 들어갈 말로 가장 적절한 것은?

보기

이 시에서는 은유가 두 번 사용되었다. 하나는 (㉠)을 운동장에 비유한 것이고, 둘째는 유성을 (㉡)에 비유한 것이다.

	㉠	㉡		㉠	㉡		㉠	㉡
①	별들	야구공	②	별들	지구	③	함성	운동회
④	밤하늘	야구공	⑤	밤하늘	운동회			

서답형

04 시구의 의미 파악하기

보기 에서 설명하는 표현법이 사용된 부분을 윗글의 1~3행에서 찾아 첫 어절과 마지막 어절을 쓰시오.

보기

사람이 아닌 것을 사람처럼 표현하는 방법이다.

문제풀이

14강

14강

문학 – 고전산문

전우치전 _ 작자 미상

| 정답 및 해설 | 83쪽

한방에! 개념정리

한방에! 핵심정리

갈래	영웅 소설, 도술 소설
성격	영웅적, 비현실적, 비판적
주제	전우치의 의로운 행동
특징	① 모순된 사회 현실을 반영함. ② 전우치라는 실제 인물을 소재로 함.
해제	이 작품은 실존 인물이었던 '전우치'를 주인공으로 한 고전 소설이다. 서사 구조 면에서 일대기적 구성 방식에서 많이 벗어나 전우치가 도술을 부리며 일으킨 사건과 행적들을 삽화적으로 나열하는 구성을 취하고 있다. 도술로 악한 벼슬아치나 타락한 중에게 벌을 주고, 임금과 조정을 희롱하는 한편 어려움에 처한 백성들을 도와주는 것은 〈홍길동전〉과 매우 유사하여 두 작품을 현실의 모순에 대한 비판 의식을 담은 사회 소설로 분류하기도 한다.

※ 다음 글을 읽고 물음에 답하시오.

하루는 우치가 한가함을 타서 명승지*를 두루 구경하다가 한 곳에 이르니 슬피 우는 소리가 들리거늘, 나아가 우는 이유를 물어보니 그 사람이 공손히 대답하여 가로되,

"나의 성명은 한자경이러니, 부친의 상사*를 당하여 장사 지낼 길이 없고, 또한 겸하여 이처럼 날씨가 찬데 칠십 모친을 봉양할* 도리가 없어 우노라."

우치가 아주 불쌍히 여겨 소매에서 족자* 하나를 내어 주며 가로되,

"이 족자를 집에 걸고 '고직*아' 부르면 대답할 것이라. '은자* 백 냥만 내라' 하면 그 족자가 소리에 응하여 즉시 줄 것이니 이로써 장사 지내고, 그 후부터는 매일 한 냥씩만 내라 하여 어머니를 봉양하라. 만일 더 달라 하면 큰 화가 있을 것이니, 욕심내지 말고 부디 조심하라."

그 사람이 믿지 아니하나, 받은 후 사례하여 가로되,

"대인*의 높으신 이름을 알고자 하나이다."

하거늘, 우치가 가로되,

"나는 남섬부 사람 전우치로다."

그 사람이 거듭 절하여 사례하고 집에 돌아와 족자를 걸고 보니, 아무것도 없이 큰 집 하나를 그리고 집 속에 열쇠 가진 동자*를 그렸더라. 시험해 보리라 하고 '고직아' 하고 부르니, 그 동자가 대답하고 나오는지라. 매우 신기하여 '은자 일백 냥을 내라'하니, 말이 끝나기 전에 동자가 은자 일백 냥을 앞에 놓거늘, 한자경이 크게 놀라고 기뻐하여 그 은을 팔아 부친의 장사를 지내고, 매일 은자 한 냥씩 내라 하여 날마다 쓰니, 가산*이 풍족하여 노모를 봉양하며 은혜를 잊지 못하더라.

하루는 쓸 곳이 있어 헤아리되 '은자 일백 냥을 미리 쓰면 관계 있으랴?' 하고, 고직을 부르니 동자가 대답하거늘, 자경이 가로되,

"내 마침 은을 쓸 곳이 있나니, 은자 일백 냥을 먼저 쓰게 함이 어떠한가?"

고직이 듣지 아니하는지라. 두 번 세 번 간청하니 고직이 문을 열거늘, 자경이 따라 들어가 은자 백 냥을 가지고 나오려 하니 벌써 문이 잠겼는지라. 자경이 크게 놀라 고직을 불렀으되 대답이 없거늘, 크게 노하여 문을 박차더라.

이때 호조판서가 관아에 좌기할*새, 고직이 고하여 가로되,

"돈 넣은 창고에서 사람 소리가 나니 매우 괴이하여이다."

호조판서가 의심하여 사람을 모으고 문을 열어 보니, 한 사람이 은을 가지고 섰거늘, 고직 등이 크게 놀라 급히 물어 가로되,

"너는 어떤 놈이건대 감히 이곳에 들어와 은을 훔쳐가려 하느냐?"

한자경이 크게 노하여 가로되,

"너희는 어떤 놈이건대 남의 내실에 들어와 무례하게 구느냐? 빨리 나가거라."

하고 재촉하니, 고직이 잡아다가 고하니 호판이 분부하되,

"이 도적놈을 꿇어 앉히라."

하고 죄를 다스릴새, 한자경이 그제야 정신을 차려 자세히 보니 제 집이 아니요 호조인지라. 크게 놀라 가로되,

ⓐ "내가 어찌하여 이곳에 왔던고? 이것이 꿈이 아닌가?"

하더니, 호판이 물어 가로되,

"너는 어떠한 놈이건대 감히 어고*에 들어와 도적질하는가? 죽음을 면치 못할지라. 네 당류*를 자세히 아뢰라."

한자경이 가로되,

"소인이 집에 걸린 족자 속에 들어가 은을 가지고 나오려 하더니 이런 변을 당하오니, 소인도 생각지 못한 일이로소이다."

호조판서가 의혹하여 족자의 출처를 물으니, 자경이 전후 사정을 고하니라. 호조판서가 크게 놀라 물어 가로되,

"네가 언제 전우치를 보았느냐?"

대답하여 가로되,

"본 지 다섯 달이나 되었나이다."

호조판서가 자경을 엄히 가두어두고 창고들을 조사하는데, 은 상자를 열고 본즉 은은 없고 청개구리만 가득하며, 또 돈 상자를 열어 본즉 돈은 없고 누런 뱀만 가득하거늘, 호조판서가 크게 놀라 이 일을 아뢰더라. 임금이 크게 놀라셔서 여러 신하를 모아 의논하시더니, 창고의 관원들이 아뢰되,

"창고의 쌀이 변하여 벌레뿐이요, 쌀은 한 섬도 없나이다."

또 각 군영의 장수들이 아뢰되,

"창고의 무기가 변하여 나무가 되었나이다."

또 궁녀가 아뢰되,

"내전에 범이 들어와 궁인을 해치나이다."

하거늘, 임금이 크게 놀라셔서 급히 활 가진 군사를 내전에 보내니, 궁녀마다 범 하나씩 탔는지라, 화살을 쏘지 못하고 이 일을 임금께 아뢰니, 임금이 더욱 놀라셔서 화살을 쏘라 하니, 군사들이 이 말씀을 듣고 일시에 쏘니 검은 구름이 일어나며 범을 탄 궁녀들이 구름에 싸여서 하늘로 올라가 아득히 흩어지는지라. 임금이 이 광경을 보시고 가라사대,

"이는 다 우치의 술법이니, 이놈을 잡아야 국가가 태평하리라."

하시고 한탄하시더니, 호조판서가 아뢰어 가로되,

"어고에 은 도적을 엄히 가두어두었삽더니, 이놈이 우치의 무리라 하오니 죽이사이다."

임금이 윤허*하심에 한자경의 형을 집행할새, 문득 사나운 바람이 크게 일어나며 한자경이 간 데 없으니, 이는 전우치가 구한 것이라. 형을 집행하는 관리가 이대로 아뢰니라.

이때 우치가 자경을 구하여 제 집으로 보내며 가로되,

"내 그대더러 무엇이라 당부하였는가? 그대를 불쌍히 여겨 그 그림을 주었거늘 그대 내 말을 듣지 않고 거의 죽을 뻔하였으니, 이제 누구를 원망하리오."

하고 제 집으로 보내니라.

- 작자 미상, 〈전우치전〉 -

※ **전체 줄거리**

전우치는 도술을 부려 임금을 희롱하고 악한 벼슬아치와 염준 같은 도적의 무리를 혼내 주기도 하는 한편 사방을 돌아다니며 곤경에 처한 백성들을 도와준다. 나라에 공을 세워 벼슬을 얻기도 하였으나 역모 혐의를 받게 되자 조정에서 도망쳐 나온다. 상사병이 든 친구를 위해 여자를 도술로 현혹하다가 강림 도령에게 훈계를 받은 전우치는 서화담과의 도술 대결에서 굴복한 후 서화담을 따라 신선의 도를 닦기 위해 영주산으로 가게 된다.

한방에! 어휘풀이

* **명승지(名勝地)**: 경치가 좋기로 이름난 곳.
* **상사(喪事)**: 사람이 죽은 사고.
* **봉양하다(奉養하다)**: 부모나 조부모와 같은 웃어른을 받들어 모시다.
* **족자(簇子)**: 그림이나 글씨 따위를 벽에 걸거나 말아 둘 수 있도록 양 끝에 가름대를 대고 표구한 물건.
* **고직(庫直)**: 관아의 창고를 보살피고 지키던 사람.
* **은자(銀子)**: 은으로 만든 돈.
* **대인(大人)**: 말과 행실이 바르고 점잖으며 덕이 높은 사람.
* **동자(童子)**: 남자인 아이.
* **가산(家産)**: 한집안의 재산.
* **좌기하다(坐起하다)**: 관아의 으뜸 벼슬에 있던 이가 출근하여 일을 시작하다.
* **어고(御庫)**: 대궐 안에서 임금이 사사로이 쓰던 곳간.
* **당류(黨類)**: 같은 무리나 편에 드는 사람들.
* **윤허(允許)**: 임금이 신하의 청을 허락함.

01 서술상의 특징 파악하기

윗글에 대한 설명으로 가장 적절한 것은?

① 과장된 상황을 통해 인물의 해학성을 드러내고 있다.
② 상징적 소재를 통해 비극적인 결말을 암시하고 있다.
③ 공간 전환을 통해 인물의 성격 변화를 나타내고 있다.
④ 전기적 요소를 통해 비현실적인 분위기를 조성하고 있다.
⑤ 꿈과 현실의 교차를 통해 사건을 입체적으로 구성하고 있다.

* 해학(諧謔): 익살스럽고 도 품위가 있는 말이나 행동.
* 교차(交叉): 서로 엇갈리거나 마주침.

02 작품의 내용 이해하기

윗글에 대한 이해로 가장 적절한 것은?

① 한자경은 마지막까지 전우치의 지시를 지켰다.
② 전우치는 한자경을 도와주기 위해 족자를 주었다.
③ 한자경은 창고의 은을 청개구리로 바꾸어 두었다.
④ 전우치는 곤란에 빠진 한자경을 구해주지 않았다.
⑤ 한자경은 호판에게 전우치의 이야기를 하고 풀려났다.

중요

03 사건 전개 양상 파악하기

윗글의 흐름을 보기 와 같이 정리할 때, ㉠과 ㉡에 대한 이해로 가장 적절한 것은?

보기

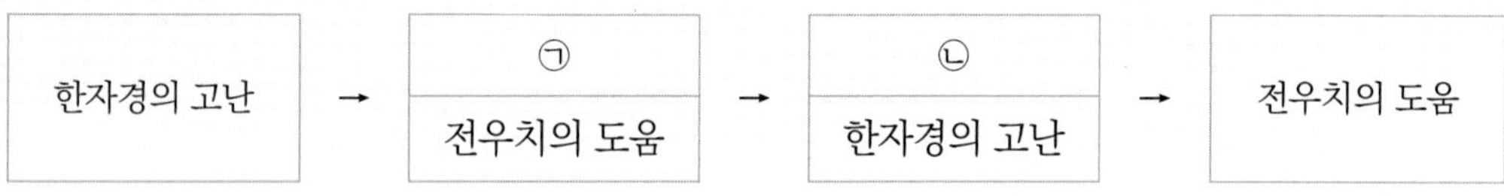

① ㉠에서 전우치는 ㉡의 가능성을 경고한다.
② ㉡에서 한자경은 ㉠이 없는 상황을 가정한다.
③ ㉠은 ㉡을 막기 위한 것이었으나 실패했다.
④ ㉡은 ㉠과는 관계없이 일어난 사건이다.
⑤ ㉠과 ㉡은 모두 외부 인물의 개입에 의한 것이다.

서답형

04 인물의 태도, 심리 파악하기

다음은 한자경이 ⓐ와 같이 말한 이유를 설명한 것이다. 빈칸에 들어갈 말을 골라 차례대로 쓰시오.

한자경은 자신이 (집 / 군영)이 아니라 (궁궐 / 호조)에 있었기 때문에 놀라서 ⓐ와 같이 말하고 있다.

문제풀이

복습하기

매체

[장면 1]	방송 내용과 [1] ☐☐이 일치하지 않음.
[장면 3]	학교에서의 휴대 전화 사용에 [2] ☐☐하는 의견을 제시함.
[장면 4]	학교에서의 휴대 전화 사용에 [3] ☐☐하는 의견을 제시함.
[장면 7]	질문으로 보도를 마무리함.

비문학

1문단	[4] ☐☐☐☐를 배제하기 위해 존재하는 면역 체계
2문단	[5] ☐☐가 기능을 수행하지 못하는 경우
3문단	[6] ☐☐이 필요한 이유
4문단	사백신과 생백신
5문단	mRNA 백신의 장단점

문학 - 유성(오세영)

1~3행	별들이 반짝이는 [7] ☐☐☐의 모습
4~10행	밤하늘을 가르고 떨어지는 [8] ☐☐의 모습

문학 - 전우치전(작자 미상)

전우치가 한자경에게 [9] ☐☐를 줌.

⬇

한자경이 전우치의 말대로 하자 동자가 나와 [10] ☐☐를 줌.

⬇

한자경이 동자에게 은자 백 냥을 달라고 했다가 어고에 갇힘.

⬇

창고의 무기가 [11] ☐☐가 되는 등 궁궐에 괴이한 일이 일어남.

⬇

[12] ☐☐☐가 한자경을 구해 집으로 보냄.

정답 1 자막 2 찬성 3 반대 4 바이러스 5 항체 6 백신 7 밤하늘 8 유성 9 족자 10 은자 11 나무 12 전우치

한수

15

Contents

문법

품사 (1) 명사, 대명사, 수사 ······ 178

독서

독립영화 ······ 180

문학

황조가 _ 유리왕 ······ 182

괜찮아 _ 장영희 ······ 184

복습하기 ······ 187

15강

문법

품사 (1) 명사, 대명사, 수사

| 정답 및 해설 | 86쪽

한방에! 개념정리

한방에! 핵심정리

* 구체성에 따른 분류

구체 명사	눈에 보이는 사물의 이름을 나타내는 명사 예 사람, 동물, 책상, 연필
추상 명사	눈에 보이지 않는 사물의 이름을 나타내는 명사 예 사랑, 우정, 기쁨, 슬픔

* 감정 표현 능력 유무에 따른 분류

유정 명사	감정을 나타낼 수 있는 사람이나 동물을 가리키는 명사 예 어머니, 동생, 강아지
무정 명사	감정을 나타내지 못하는 식물이나 무생물을 가리키는 명사 예 나무, 바위, 사랑, 우정

* 대명사의 효과

앞에 나온 사람, 사물, 장소를 대신하여 가리키므로 같은 단어를 반복하여 쓰는 번거로움을 줄여 줌.
→ 경제적인 언어생활이 가능해짐.

* 미지칭 · 부정칭 대명사

- 미지칭 대명사: 대상이 누구인지 모르지만 가리키는 대상이 정해져 있을 때 사용

예 어제 우리가 갔던 밥집이 어디였더라?

- 부정칭 대명사: 가리키는 대상이 누구인지 아직 정해지지 않았을 때 사용

예 함께 여행을 간다면 어디라도 좋아.

* 수사의 복수 표현

- 수사는 복수를 나타내는 '-들'과 결합할 수 없음.

예 사람들이 많이 왔다. (○)
사람이 하나들 왔다. (×)

- 반복하여 사용하면 복수를 표현할 수 있음.

예 틀린 문제를 하나하나 살펴보자.

1 체언

① 개념: '누구' 또는 '무엇'을 나타내며 문장의 주체 자리에 쓰이는 단어

② 특징

- 주로 주어가 되는 자리에 오며, 목적어나 보어가 되기도 함.
- 관형사의 수식을 받을 수 있음.
- 조사와 결합할 수 있음.

2 명사

① 개념: 사람이나 사물의 이름을 나타내는 단어

② 종류

- 사용 범위에 따른 분류

보통 명사	같은 종류의 사물에 두루 붙여진 이름을 나타내는 명사 예 공책, 물병, 달력, 안경
고유 명사	특정한 사물에만 붙여진 이름을 나타내는 명사 예 대한민국, 광주, 국립국어원, 한라산

- 자립성에 따른 분류

자립 명사	홀로 자립하여 사용할 수 있는 명사 예 우유, 소리
의존 명사	관형어의 수식을 받아야 사용할 수 있는 명사 예 것, 뿐, 따름

3 대명사

① 개념: 사람이나 사물의 이름을 대신하여 나타내는 단어

② 종류

인칭 대명사	사람의 이름을 대신하여 나타내는 대명사 예 나, 너, 이분, 누구, 아무
지시 대명사	사물이나 장소의 이름을 대신하여 나타내는 대명사 예 이것, 여기, 이쪽, 어디

4 수사

① 개념: 사물의 수나 양, 순서를 나타내는 단어

② 종류

양수사	수나 양을 나타내는 수사 예 하나, 둘, 셋, 일, 이, 삼
서수사	순서를 나타내는 수사 예 첫째, 둘째, 셋째

01 체언의 특징 이해하기

체언의 특징으로 적절하지 않은 것은?

① 문장 내에서 형태가 변한다.
② 문장의 주체 자리에 위치한다.
③ 관형사의 꾸밈을 받을 수 있다.
④ 문장에서 목적어나 보어로 쓰일 수 있다.
⑤ 명사, 대명사, 수사를 통틀어 이르는 말이다.

02 명사의 종류 이해하기

명사의 종류를 이해한 것으로 적절하지 않은 것은?

① '미국'은 고유 명사이다.
② '백합'은 보통 명사이다.
③ '여자'는 구체 명사이다.
④ '토끼'는 보통 명사이면서 구체 명사이다.
⑤ '희망'은 고유 명사이면서 추상 명사이다.

중요 03 품사의 종류 이해하기

㉠~㉤ 중, 같은 품사가 아닌 것은?

보기

어느 집안에 삼 형제가 살았습니다. 아버지가 세상을 떠나자 큰아들은 물레방앗간을, 둘째 ㉠ 아들은 당나귀를, 막내아들은 ㉡ 고양이 한 마리를 받았습니다. 두 형은 ㉢ 함께 물레방앗간을 가지기로 하고 막내를 쫓아냈습니다. 쫓겨난 막내가 앞으로 어떻게 살아야 할지 고민하고 있는데, 고양이가 ㉣ 장화를 사 달라고 말했습니다. 막내가 고양이에게 장화를 사 주자, 고양이는 ㉤ 그를 귀족으로 만들어 주었습니다.

① ㉠ ② ㉡ ③ ㉢ ④ ㉣ ⑤ ㉤

15강

서답형 04 체언 구분하기

보기 의 문장에서 체언 세 개를 찾아 쓰시오.

보기

옛날에는 열쇠를 들고 다녀야 할 필요가 있었다.

15강

독서 – 예술(영화)

독립영화

| 정답 및 해설 | 87쪽

한방에! 개념정리

한방에! 핵심정리

갈래	설명문
주제	독립영화의 의미와 역사
해제	이 글은 독립영화라는 명칭에서 '독립'의 의미와 독립영화의 역사에 대해 설명하고 있다. 독립영화의 '독립'은 자본으로부터의 독립과, 내러티브로부터의 독립 두 가지 뜻을 가진다. 우리나라의 독립영화는 80년대 사회 운동의 하나로 영화가 주목받기 시작하면서 발전하였다.

* 문단 중심 내용

1문단	독립영화의 뜻과 특징
2문단	'독립'의 의미 ① – 자본으로부터의 독립
3문단	'독립'의 의미 ② – 상업 영화의 내러티브로부터의 독립
4문단	독립영화의 역사

한방에! 어휘풀이

* 예산(豫算): 필요한 비용을 미리 헤아려 계산함. 또는 그 비용.
* 자본(資本): 장사나 사업 따위의 기본이 되는 돈.
* 기금(基金): 어떤 목적이나 사업, 행사 따위에 쓸 기본적인 자금. 또는 기초가 되는 자금.
* 관습화하다(慣習化하다): 한 사회에서 역사적으로 굳어지게 만들다.
* 일환(一環): 서로 밀접한 관계로 연결되어 있는 여러 것 가운데 한 부분.

※ 다음 글을 읽고 물음에 답하시오.

뉴스를 보다 보면 '독립영화'라는 표현을 종종 찾아볼 수 있다. 지배당하고 있는 것도 아닌데, 어디서 독립했다는 것일까? 독립영화란 본래 할리우드에 속하지 않은 사람들이 만드는 영화를 부르는 말이다. 할리우드 영화보다 적은 예산*으로 제작되기 때문에 돈이 많이 드는 특수 효과가 적게 들어가고, 메시지와 주제를 강조하는 편이다. 우리나라에서는 ㉠ 상업 영화처럼 자본*에 의지하지 않고 제작되는 영화를 ㉡ 독립영화라고 부른다.

여기서 '독립'에는 두 가지 의미가 있다. 첫 번째는 자본으로부터의 독립이다. 자본이란 영화를 만드는 데 들어가는 돈을 말한다. 영화도 사업의 일종이기 때문에 영화를 만드는 데 들어간 돈보다 적은 돈을 벌면 손해를 보게 된다. 그러나 독립영화는 감독의 자본으로 제작되거나, 정부나 공공단체 등 비상업적 자본으로 제작된다. 어떤 때에는 관객들로부터 직접 모금을 받거나 공익적 기금*을 통해 제작되기도 한다. 따라서 흥행에 실패하더라도 큰 문제가 생기지는 않는다.

두 번째는 상업 영화의 내러티브로부터의 독립이다. 내러티브란 사건을 설명하는 데 쓰이는 기술로, 상업 영화는 이익을 얻기 위해 마케팅 관점에서 유리한 영화 내용을 전개한다. 그에 비해 독립영화는 제작자 혹은 감독의 메시지와 주제를 표현하기 위한 내용과 형식을 담아낸다. ⓐ 상업 영화가 내러티브를 관습화하는* 반면, 독립영화는 그런 내러티브로부터 '독립'한 것이다.

우리나라의 독립영화를 보려면 먼저 80년대 사회의 모습을 보아야 한다. 그 시대의 대한민국은 민주화 운동의 열풍이 불고 있었는데, 사회 운동의 일환*으로 영화가 주목받기 시작했다. 대학교에서 시작해 영화동아리들이 등장했고, 이후 동아리들은 독립영화 단체로 발전하게 된다. 사회의 모습을 바꾸려 등장한 독립영화의 명맥과 정신은 지금까지도 이어져 새로운 메시지와 영화들을 만들어 내고 있다.

한방에! 지식더하기

님아, 그 강을 건너지 마오

76년 일생의 연인
우리 참 잘 살았죠?
님아, 그 강을 건너지 마오

2014년 12월 3일 개봉한 진모영 감독의 독립영화 <님아, 그 강을 건너지 마오>는 76년을 함께 산 노부부의 사랑과 이별을 다룬다. 다큐멘터리 형식을 취하여 카메라가 자연스러운 부부의 모습을 보여 준다. 극적인 연출을 배제하고 부부의 실제 생활을 보여 준다는 점에서 관객은 더욱 몰입할 수 있었다.

<님아, 그 강을 건너지 마오>는 개봉 7일 만에 10만 관객을 돌파했으며, 이는 한국 독립영화 사상 최단시간에 이룬 기록이다. 처음에는 CGV 아트하우스 등 독립영화 전용관에서 상영되었으나, 영화가 흥행하며 메가박스 등 멀티플렉스로도 개봉이 확대되었다.

또한 제21회 LA영화제에서 다큐멘터리 부문 대상을 받기도 하였다. 진모영 감독은 이에 대해 "이 노부부의 사랑을 소재로 잡았을 때 주목하는 사람이 없었다. TV를 넘어 영화로, 국내를 넘어 해외까지 모든 관객들과 만나보고 싶었던 첫 마음이 그 목적을 달성한 기분이다. 사람과 사람이 사랑으로 존중하는 그 진심을 읽어준 것에 진심으로 감사하는 마음이다. 오늘이 있게 한 가족과 독립 PD 동지들에게 이 영광을 돌린다."라는 소감을 남겼다.

01 핵심 내용 파악하기

㉠과 ㉡에 대한 설명으로 적절하지 않은 것은?

① ㉠은 상업 자본에 의지하여 제작되는 영화이다.
② ㉠은 마케팅 관점에 유리한 내용으로 전개되어 상업 자본에 도움을 준다.
③ ㉡은 정부나 공공단체 등 비상업적 자본을 통해 제작되기도 한다.
④ ㉡은 우리나라에선 80년대 민주화 운동과 함께 발전하게 되어 지금의 모습을 지닌다.
⑤ ㉡은 ㉠보다 뛰어난 문화라고 할 수 있으므로 ㉠보다는 ㉡을 소비하는 것이 좋다.

02 세부 내용 추론하기

ⓐ의 이유로 가장 적절한 것은?

① 마케팅에 드는 예산을 최대한 줄여야 하기 때문이다.
② 새로운 시도를 하는 영화가 더 인기가 많기 때문이다.
③ 자본에 의지하는 영화이므로 이익을 얻어야 하기 때문이다.
④ 영화 제작을 위해 지원받은 금액을 회수해야 하기 때문이다.
⑤ 관객의 돈으로 만들어져 관객의 취향에 맞춰야 하기 때문이다.

중요

03 구체적 사례에 적용하기

윗글을 읽고 보기 에 대해 보일 반응으로 적절하지 않은 것은?

보기

예은: 우리 〈구름 위에 피는 꽃〉 보러 가자.
세정: 나는 화려한 액션 영화가 좋던데. 그건 너무 조용한 영화 같아서 싫더라.
예은: 상업 자본으로부터 독립한 영화라서 그래. 특수 효과보다 감독의 메시지를 보는 영화지. 아마 너도 진득하게 즐기면 재미를 느낄 수 있을 거야.

① 영화 〈구름 위에 피는 꽃〉은 독립영화겠군.
② 영화 〈구름 위에 피는 꽃〉은 할리우드 영화와는 거리가 멀겠군.
③ 영화 〈구름 위에 피는 꽃〉은 상업 영화의 내러티브에서 벗어났을 거야.
④ 영화 〈구름 위에 피는 꽃〉은 감독의 돈으로만 제작된 영화일 것이 분명해.
⑤ 영화 〈구름 위에 피는 꽃〉은 돈을 많이 벌지 않아도 큰 문제가 생기지는 않겠군.

15강

* 전신(前身): 신분, 단체, 회사 따위의 바뀌기 전의 본체.

04 세부 내용 파악하기

윗글에서 우리나라 독립영화 단체의 전신이 무엇이라고 하였는지 찾아 1어절로 쓰시오.

문제풀이

15강

문학 – 고전운문

황조가 _ 유리왕

| 정답 및 해설 | 88쪽

한방에! 개념정리

한방에! 핵심정리

갈래	고대가요, 서정가요
성격	서정적, 애상적
주제	사랑하는 임을 잃은 슬픔과 외로움
특징	① 작가와 창작 연대가 구체적으로 알려짐. ② 사랑을 주제로 한 최초의 개인적 서정시임.
해제	이 작품은 B.C. 17년(유리왕 3)에 유리왕이 지었다고 전해지는 서정시로, 〈삼국사기〉 고구려 본기에 4언 4구의 한시로 번역되어 전해진다. 매우 짧은 노래임에도 완벽하게 대칭적인 균형과 탄탄한 시상 전개를 갖추고 있다. 또한 행복한 꾀꼬리 한 쌍과 외로운 화자를 대비하면서 주제를 부각하고 있다.

※ 다음 글을 읽고 물음에 답하시오.

[A] 펄펄 나는 저 꾀꼬리
암수 서로 정답구나
[B] 외로워라 이내 몸은
뉘와 함께 돌아갈꼬

- 유리왕, 〈황조가〉 -

한방에! 같이볼작품

유리명왕 3년(기원전 17년) 겨울 10월에 왕비 송씨가 죽었다. 왕이 다시 두 여인에게 장가들어 후실*로 삼았다. 하나는 화희라고 하는데 골천 사람의 딸이었고, 또 하나는 치희라 하는데 한인*의 딸이었다. 두 여인이 총애를 다투어 서로 화목하지 않으므로 왕은 양곡에 동·서 2궁을 지어 그들을 각기 두었다.
이후 왕이 기산으로 사냥을 나가 7일 동안 돌아오지 않았는데 두 여자가 다투었다. 화희가 치희에게 "너는 한인 집의 비첩*에 불과한데, 어찌해서 무례함이 심한가?"라고 욕하였다. 치희가 부끄럽고 분하여 도망쳐 돌아갔다. 왕이 그 말을 듣고 말을 채찍질하여 이를 따라갔으나 치희는 화가 나서 돌아오지 않았다. 왕이 일찍이 나무 밑에서 휴식을 취하다가 꾀꼬리가 날아와 모여드는 것을 보고, 이에 감상에 젖어 노래하였다. "훨훨 나는 꾀꼬리는 암수가 서로 의지하는데, 외로운 이내 몸은 누구와 함께 돌아갈 것인가?"

- <삼국사기> 권13, '고구려본기' 1 유리명왕 3년

* 후실(後室): 남의 후처(다시 혼인하여 맞은 아내)를 높여 이르는 말.
* 한인(漢人): 한족에 속하는 사람.
* 비첩(婢妾): 여자 종으로서 첩이 된 사람.

한방에! 지식더하기

<황조가>의 해석은 다양하다. <삼국사기>의 기록을 그대로 받아들여, 유리왕이 임을 잃은 아픔을 꾀꼬리라는 자연물을 통해 표현한 우리나라 최초의 서정 시가로 보는 것이 현재 가장 일반적이다. 그러나 또 다른 해석으로 유리왕 당시의 사회현실을 반영한 작품으로 보기도 한다. 즉 화희·치희의 싸움을 두 종족 간의 대립으로 본다면, <황조가>는 유리왕이 이 대립을 화해시키려다가 실패하고 부른 것으로 볼 수 있으며, 서사 시가로 취급하여야 한다는 의견도 있다. 또한, 유리왕 3년의 사적 기록에 왕비 송씨의 죽음이 없고 그 당시 왕 내지 지배층이 둘 이상의 여성을 한꺼번에 아내로 맞는 제도가 없었다는 점에 주목하여, 화희와 치희의 이름글자 '화(禾: 벼)'와 '치(雉: 꿩)'가 수렵 경제생활에서 농업 경제생활로 바뀌어 가던 과정임을 보이는 설화라는 의견을 펴기도 한다.

01 표현상의 특징 파악하기

윗글에 대한 설명으로 가장 적절한 것은?

① 음성 상징어를 활용하여 화자의 심리를 표현하고 있다.
② 공간의 이동에 따른 화자의 태도 변화가 나타나고 있다.
③ 화자의 심리를 표현한 후 외부의 풍경을 묘사하고 있다.
④ 자연물을 통해 화자의 정서를 간접적으로 형상화하고 있다.
⑤ 색채 이미지를 사용하여 대상을 구체적으로 묘사하고 있다.

02 장면의 의미 파악하기

[A], [B]를 이해한 것으로 가장 적절한 것은?

① [A]는 [B]보다 늦게 일어난 사건이다.
② [B]는 [A]에서 일어나는 사건의 원인이다.
③ [A]와 [B]에 묘사된 상황은 서로 유사하다.
④ [A]의 자연물은 [B]의 화자에게 위로가 된다.
⑤ [B]의 화자는 [A]의 자연물과 자신을 대비한다.

중요 03 외적 준거에 따라 작품 감상하기

보기를 바탕으로 하여 윗글을 감상한 것으로 가장 적절한 것은?

보기

왕비 송씨가 세상을 떠나자, 유리왕은 화희와 치희를 계비로 맞아들였다. 두 여인은 왕의 사랑을 차지하기 위해 다투었다. 그러다가 왕이 다른 지역으로 사냥을 갔을 때, 화희와 치희 사이에 큰 싸움이 일어나 치희는 고향으로 돌아가 버렸다. 왕은 급히 치희를 쫓아갔으나 치희의 화는 풀리지 않았고, 왕은 결국 혼자 돌아와야 했다. 돌아오는 길에 왕은 암수가 함께 노니는 꾀꼬리를 보고 이 노래를 지어 불렀다.

① '펄펄 나는 저 꾀꼬리'는 왕비 송씨가 살아 있을 때의 모습을 의미하는군.
② '암수 서로 정답'게 보이는 꾀꼬리의 모습은 유리왕과 두 계비를 의미하는군.
③ '외로워라'는 화희와 치희를 한꺼번에 잃게 된 유리왕의 슬픔을 드러내는군.
④ '이내 몸'은 치희의 마음을 돌리지 못하고 혼자 돌아오는 유리왕을 가리키는군.
⑤ '뉘와 함께 돌아갈꼬'는 두 계비 중 한 명을 선택해야 하는 유리왕의 갈등을 나타내는군.

* 계비(繼妃): 임금이 다시 장가를 가서 맞은 아내.

서답형 04 소재의 기능 파악하기

보기의 ㉠에 들어갈 말을 찾아 쓰시오.

보기

객관적 상관물은 화자의 감정을 객관화하거나 감정을 표현하기 위한 역할을 하는 대상을 가리킨다. 화자의 감정을 다른 대상에 투영하여 그 대상이 화자의 감정을 대신 나타내는 감정 이입과는 차이가 있다. 〈황조가〉에서는 (㉠)이/가 객관적 상관물로 사용되었다.

문제풀이

15강

문학 – 극수필

괜찮아 _ 장영희

| 정답 및 해설 | 89쪽

한방에! 개념정리

한방에! 핵심정리

갈래	현대 수필
성격	고백적, 회고적, 일상적, 교훈적
주제	'괜찮아.'라는 말에 담긴 따뜻함과 희망
특징	① 어린 시절의 기억을 회상하는 형식으로 되어 있음. ② 몇 개의 일화를 통하여 배려와 이해의 소중함을 전달함. ③ '괜찮아'라는 말의 여러 가지 의미를 살피며 글쓴이가 얻은 깨달음을 제시함.
해제	이 작품은 타인에 대한 배려가 남아 있는 우리 사회에 긍정적인 시각을 보여 주고 있다. 어린 시절 친구들이 다리가 불편한 자신을 놀이에 끼워 주었던 경험과 깨엿 장수가 엿을 주며 괜찮다는 위로의 말을 해주었던 경험을 통해 글쓴이는 이 세상에는 좋은 친구가 있고 선의와 사랑, 너그러움과 용서가 있는 그런 대로 살만한 곳이라는 깨달음을 제시하고 있다. 또한 우리가 살고 있는 세상은 그렇게 각박하지만은 않다는 메시지를 통해 독자에게 희망과 긍정적인 인식을 전해 주고 있다.

※ 다음 글을 읽고 물음에 답하시오.

초등학교 때 우리 집은 제기동에 있는 작은 한옥이었다. 골목 안에는 고만고만한 한옥 네 채가 서로 마주 보고 있었다. 그때만 해도 한 집에 아이가 네댓은 되었으므로 그 골목길만 초등학교 아이들이 줄잡아 열 명이 넘었다. 그 때문에 학교가 파할* 때쯤 되면 골목 안은 시끌벅적 아이들의 놀이터가 되었다.

어머니는 내가 집에서 책만 읽는 것을 싫어하셨다. 그래서 방과 후 골목길에 아이들이 모일 때쯤이면 어머니는 대문 앞 계단에 작은 방석을 깔고 나를 거기에 앉히셨다. 아이들이 노는 것을 구경이라도 하라는 뜻이었다.

[A] 딱히 놀이 기구가 없던 그때 친구들은 대부분 술래잡기, 사방치기*, 공기놀이, 고무줄 등을 하고 놀았지만, 나는 공기놀이 외에는 어떤 놀이에도 참여할 수 없었다. 하지만 골목 안 친구들은 나를 위해 꼭 무언가 역할을 만들어 주었다. 고무줄이나 달리기를 하면 내게 심판을 시키거나 신발주머니와 책가방을 맡겼다. 뿐인가? 술래잡기를 할 때에는 한곳에 앉아 있는 내가 답답할까 봐, 미리 내게 어디에 숨을지를 말해 주고 숨는 친구도 있었다.

우리 집은 골목 안에서 중앙이 아니라 구석 쪽이었지만 내가 앉아 있는 계단 앞이 친구들의 놀이 무대였다. 놀이에 참여하지 못해도 나는 전혀 소외감*이나 박탈감*을 느끼지 않았다. 아니, 지금 생각하면 내가 소외감을 느낄까 봐 친구들이 배려를 해 준 것이었다.

그 골목길에서의 일이다. 초등학교 1학년 때였던 것 같다. 하루는 우리 반이 좀 일찍 끝나서 나는 혼자 집 앞에 앉아 있었다. 그런데 그때 마침 깨엿 장수가 골목길을 지나고 있었다. 그 아저씨는 가위만 쩔렁이며 내 앞을 지나더니 다시 돌아와 내게 깨엿 두 개를 내밀었다. 순간 그 아저씨와 내 눈이 마주쳤다. 아저씨는 아무 말도 하지 않고 아주 잠깐 미소를 지어 보이며 말했다.

ⓐ "괜찮아."

무엇이 괜찮다는 것인지는 몰랐다. 돈 없이 깨엿을 공짜로 받아도 괜찮다는 것인지, 아니면 목발을 짚고 살아도 괜찮다는 것인지……. 하지만 그건 중요하지 않다. 중요한 건 내가 그날 마음을 정했다는 것이다. 이 세상은 그런대로 살 만한 곳이라고. 좋은 사람들이 있고, 선의*와 사랑이 있고, '괜찮아.'라는 말처럼 용서와 너그러움이 있는 곳이라고 믿기 시작했다는 것이다.

[B] 어느 방송 채널에 오래전 학교 친구를 찾는 프로그램이 있다. 한번은 어느 가수가 나와서 초등학교 때 친구들을 찾았는데, 함께 축구하던 이야기가 나왔다. 당시 허리가 36인치일 정도로 뚱뚱한 친구가 있었는데, 뚱뚱해서 잘 뛰지 못한다고 다른 친구들이 축구팀에 끼워 주려고 하지 않았다. 그때 그 가수가 나서서 말했다.

"그럼 얘가 골키퍼를 하면 함께 놀 수 있잖아!"

그래서 그 친구는 골키퍼로 친구들과 함께 축구를 했고, 몇십 년이 지난 후에도 그 따뜻한 말과 마음을 그대로 기억하고 있었다.

'괜찮아.' 난 지금도 이 말을 들으면 괜히 가슴이 찡해진다.

지난 2002년 월드컵 4강에서 독일에게 졌을 때 관중들은 선수들을 향해 외쳤다.

"괜찮아! 괜찮아!"

혼자 남아 문제를 풀다가 결국 골든벨을 울리지 못해도 친구들이 얼싸안고 말해 준다.

"괜찮아! 괜찮아!"

'그만하면 참 잘했다.'라고 용기를 북돋워 주는 말, '너라면 뭐든지 다 눈감아 주겠다.'라는 용서의 말, '무슨 일이 있어도 나는 네 편이니 넌 절대 외롭지 않다.'라는 격려의 말, '지금은 아파도 슬퍼하지 마라.'라는 나눔의 말, 그리고 마음으로 일으켜 주는 부축*의 말, 괜찮아.

참으로 신기하게도 힘들어서 주저앉고 싶을 때마다 난 내 마음속에서 작은 속삭임을 듣는다. 오래전 따뜻한 추억 속 골목길 안에서 들은 말, '괜찮아! 조금만 참아. 이제 다 괜찮아질 거야.'

그래서 '괜찮아'는 이제 다시 시작할 수 있다는 희망의 말이다.

- 장영희, 〈괜찮아〉 -

* 내용 구성

처음	어린 시절에 몸이 불편한 글쓴이를 배려해 준 친구들
중간	'괜찮아.'라는 말과 관련된 글쓴이의 경험과 다양한 일화
끝	'괜찮아.'라는 말에 담긴 다양한 의미

한방에! 작가소개

장영희(1952~2009)

장영희는 태어난 지 1년 만에 두 다리를 쓰지 못하는 소아마비에 걸렸다. 당시에는 장애인에 대한 차별이 지금보다 심하여 대학 입학시험조차 보지 못하였다. 아버지가 서강대학교의 영문과장이던 브루닉 신부를 찾아가 시험이라도 보게 해 달라고 하자, 브루닉 신부는 "무슨 그런 이상한 질문이 있습니까? 시험을 머리로 보는 것이지, 다리로 보나요? 장애인이라고 해서 시험보지 말라는 법이 어디 있습니까?"라고 하며 입학 시험을 보게 해 주었다.

서강대에서 학사, 석사 과정을 마쳤지만 국내 대학들은 장영희의 박사 과정 입학 허가를 꺼렸다. 장영희는 미국으로 건너가 1985년 뉴욕주립대학에서 영문학 박사 학위를 따고 같은 해 귀국하여 세상을 떠날 때까지 24년간 모교인 서강대학교 영문학과 교수로 재직했다.

2001년에는 유방암, 2004년에는 척추암에 걸리면서도 장영희는 삶에 대한 희망을 포기하지 않았다. 2009년 간암으로 사망하였으나 투병하는 중에도 여러 책을 펴내었다. 그중 하나가 <괜찮아>가 실린 <살아온 기적, 살아갈 기적>이다. 안타깝게도 장영희는 책을 보지 못하고 세상을 떠났지만, 장영희가 남긴 책은 많은 사람들에게 삶의 의지를 가르쳐 주고 있다.

한방에! 어휘풀이

* **파하다(罷하다)**: 어떤 일을 마치거나 그만두다.
* **사방치기(四方치기)**: 어린이 놀이의 하나. 땅바닥에 여러 공간을 구분해 그려 놓고, 그 안에서 납작한 돌을 한 발로 차서 차례로 다음 공간으로 옮기다가 정해진 공간에 가서는 돌을 공중으로 띄워 받아 돌아온다.
* **소외감(疏外感)**: 남에게 따돌림을 당하여 멀어진 듯한 느낌.
* **박탈감(剝奪感)**: 박탈당하였다고 여기는 느낌이나 기분.
* **선의(善意)**: 착한 마음.
* **부축**: 겨드랑이를 붙잡아 걷는 것을 도움.

01 세부 내용 파악하기

윗글의 내용과 일치하지 않는 것은?

① 친구들은 놀이에 참여할 수 없는 '나'의 처지를 배려하였다.
② 친구들은 '나'를 위해 골목 구석의 계단 앞을 놀이 무대로 삼았다.
③ '나'는 친구들과 달리 공기놀이 외에는 참여할 수 있는 놀이가 없었다.
④ 깨엿 장수는 '나'의 자존심을 지켜 주기 위해 돈을 받고 깨엿을 주었다.
⑤ '나'는 '괜찮아'라는 말 속에 세상에 대한 긍정적 인식이 담겨 있다고 느꼈다.

02 작품의 주제 파악하기

'나'가 ⓐ를 통해 얻은 삶의 깨달음으로 적절하지 않은 것은?

① 세상은 그런대로 살 만한 곳이다.
② 세상에는 용서와 너그러움이 있다.
③ 세상에는 좋은 사람들이 많이 있다.
④ 세상은 선의와 사랑이 있는 곳이다.
⑤ 남을 해치려는 사람들에게도 너그러워야 한다.

중요 03 외적 준거를 바탕으로 작품 감상하기

보기 를 참고하여 윗글을 감상한 것으로 옳지 않은 것은?

보기

수필은 글쓴이가 일상생활 속에서 얻은 깨달음이 잘 드러나는 글이므로, 수필을 읽을 때는 글쓴이가 처한 상황과 그에 따른 글쓴이의 행동을 파악해야 한다. 또한 수필에 드러난 글쓴이의 행동 방식, 사물을 바라보는 시각, 태도 등을 통해 글쓴이의 개성을 파악해 보아야 한다. 수필을 읽다 보면 자신의 삶에 보탬이 되는 깨달음을 얻을 수도 있고 잔잔한 감동을 받기도 하는데, 글쓴이의 체험을 자신의 체험과 비교하며 읽으면 더욱 즐겁게 읽을 수 있다.

① 내가 일상생활 속에서 '괜찮아'라는 말을 들었던 경험을 떠올려 보았어.
② '나'를 배려하여 '나'의 역할을 만들어 주는 친구들의 모습을 보고 감동을 느꼈어.
③ '나'를 바깥에 나가게 한 어머니의 행동은 '나'를 위한 것이 맞는지 비판하며 읽었어.
④ 깨엿 장수의 '괜찮아'라는 말을 통해 세상을 긍정적으로 보게 된 '나'의 마음에 공감했어.
⑤ '나'가 목발을 짚는다는 정보를 통해 '나'가 놀이에 참여하지 못한 이유를 이해할 수 있었어.

서답형 04 인물의 태도 파악하기

㉠, ㉡에 들어갈 말을 찾아 차례대로 쓰시오.

[A]의 '(㉠)'와/과 [B]의 '(㉡)'은/는 모두 친구가 소외감을 느끼지 않도록 배려하는 마음을 가졌다는 공통점이 있다.

문제풀이

복습하기

문법

1 □□	'누구' 혹은 '무엇'을 나타내며 문장의 주체 자리에 쓰이는 단어
2 □□	사람이나 사물의 이름을 나타내는 단어
3 □□□	사람이나 사물의 이름을 대신하여 나타내는 단어
4 □□	사물의 수나 양, 순서를 나타내는 단어

비문학

1문단	5 □□□□의 뜻과 특징
2문단	'독립'의 의미 ① - 6 □□으로부터의 독립
3문단	'독립'의 의미 ② - 상업 영화의 7 □□□□로부터의 독립
4문단	독립영화의 역사

문학 - 황조가(유리왕)

선경	8 □□□의 정다운 모습
후정	화자의 외로운 처지

문학 - 괜찮아(장영희)

'괜찮아'의 의미	'그만하면 참 잘했다' → 9 □□를 북돋아 주는 말 '너라면 뭐든지 다 눈감아 주겠다' → 10 □□의 말 '무슨 일이 있어도 나는 네 편이니 넌 절대 외롭지 않다' → 11 □□의 말 '지금은 아파도 슬퍼하지 마라' → 12 □□의 말 마음으로 일으켜 주는 13 □□의 말 이제 다시 시작할 수 있다는 14 □□의 말

⬇

글쓴이는 '괜찮아'라는 말을 듣고 세상을 아름답게 보기 시작함.

정답

1 체언 2 명사 3 대명사 4 수사 5 독립영화 6 자본 7 내러티브 8 꾀꼬리 9 용기 10 용서 11 격려 12 위로 13 부축 14 희망

한수

16

Contents

문법

품사 (2) 동사, 형용사 ········ 190

독서

태극기 ········ 192

문학

포근한 봄 _ 오규원 ········ 194

아기 장수 우투리 _ 작자 미상 ········ 196

복습하기 ········ 199

16강

문법

품사 (2) 동사, 형용사

| 정답 및 해설 | 92쪽

한방에! 개념정리

* **어말 어미**
  - 단어의 끝자리에 들어가는 어미
  - **종결 어미**: 한 문장을 끝내는 어미
    예 -다, -구나, -자
  - **연결 어미**: 어간에 붙어 다음 말에 연결하는 구실을 하는 어미
    예 -고, -지, -면
  - **전성 어미**: 용언의 어간에 붙어 다른 품사의 기능을 수행하게 하는 어미
    예 -기, -게, -도록

* **선어말 어미**
  - 어말 어미의 앞자리에 들어가는 어미
  - 높임 선어말 어미
    예 -시-, -옵-
    시제 선어말 어미
    예 -았/었-, -ㄴ/는-, -겠-

* **동사와 형용사의 특징 비교**

동사	형용사
청유형, 명령형 종결 어미와 결합할 수 있음.	청유형, 명령형 종결 어미와 결합할 수 없음.
현재 시제 선어말 어미 '-ㄴ-/-는-'과 결합할 수 있음.	현재 시제 선어말 어미 '-ㄴ-/-는-'과 결합할 수 없음.
관형어의 꾸밈은 받을 수 없고, 부사어의 꾸밈은 받을 수 있음.	

1 용언

① **개념**: '어찌하다', '어떠하다', '무엇이다'를 나타내며 문장에서 대상을 서술하는 단어

② **특징**
- 문장의 주체(주어)를 서술하는 서술어의 역할을 함.
- 문장에서의 쓰임에 따라 형태가 변함.
- 어간과 어미로 이루어져 활용할 때 어미의 형태가 변함.

③ **종류**

구분	설명
본용언	독립적으로 쓸 수 있으며 서술의 주된 의미를 나타내는 용언 예 '나가 버리다'의 '나가다', '보고 싶다'의 '보다'
보조 용언	독립적으로 쓰이지 못하고 본용언의 뒤에 붙어서 본용언의 의미를 보충하는 용언 예 '나가 버리다'의 '버리다'(보조 동사), '보고 싶다'의 '싶다'(보조 형용사)

2 동사

① **개념**: 사람이나 사물의 움직임을 나타내는 단어

② **종류**

구분	설명
자동사	동사가 나타내는 동작이 주어에만 미치는 동사 예 나는 웃었다.
타동사	동작의 대상인 목적어를 필요로 하는 동사 예 나는 책을 읽었다. (목적어 '책을'이 필요)

3 형용사

① **개념**: 사람이나 사물의 상태나 성질을 나타내는 단어

② **종류**

구분	설명
성상 형용사	상태나 성질을 나타내는 형용사 예 착하다, 덥다, 다르다, 졸리다
지시 형용사	상태나 성질의 의미를 대신 나타내는 형용사 예 이러하다, 그러하다, 저러하다

01 품사 구분하기

밑줄 친 말의 품사가 나머지와 다른 것은?

① 여기저기서 단풍잎 같은 슬픈 가을이 뚝뚝 떨어진다
② 단풍잎 떨어져 나온 자리마다 봄을 마련해 놓고
③ 가만히 하늘을 들여다보려면 눈썹에 파란 물감이 든다
④ 손금에는 맑은 강물이 흐르고 맑은 강물이 흐르고
⑤ 사랑처럼 슬픈 얼굴 — 아름다운 순이의 얼굴이 어린다

중요 02 동사와 형용사의 특징 파악하기

보기 의 ㉠과 ㉡의 품사에 대한 설명으로 가장 적절한 것은?

보기

오늘 날씨가 ㉠ 추운 것은 비가 ㉡ 내렸기 때문이다.

① ㉠와 ㉡ 모두 부사어의 꾸밈을 받을 수 없다.
② ㉠와 ㉡ 모두 관형어의 꾸밈을 받을 수 있다.
③ ㉠와 ㉡ 모두 청유형 종결 어미와 결합할 수 없다.
④ ㉠은 명령형 종결 어미와 결합할 수 없지만, ㉡은 결합할 수 있다.
⑤ ㉠은 현재 시제 선어말 어미와 결합할 수 있지만, ㉡은 결합할 수 없다.

중요 03 자동사와 타동사의 특징 파악하기

보기 의 ⓐ와 ⓑ에 들어갈 수 있는 예시를 알맞게 짝지은 것은?

보기

자동사는 '(ⓐ)'와 같이 동사가 나타내는 동작이 주어에만 미치는 동사이고, 타동사는 '(ⓑ)'와 같이 동작의 대상인 목적어를 필요로 하는 동사이다.

	ⓐ	ⓑ		ⓐ	ⓑ		ⓐ	ⓑ
①	피다	보이다	②	넣다	들리다	③	울다	세우다
④	주다	남기다	⑤	만들다	잡히다			

서답형 04 동사와 형용사 구분하기

보기 의 ㉮, ㉯의 품사를 차례대로 쓰시오.

보기

새벽이 ㉮ 밝아 오니 곧 ㉯ 밝은 해가 뜨겠구나.

문제풀이

16강

16강

독서 – 인문(전통문화)

태극기

| 정답 및 해설 | 93쪽

한방에! 개념정리

한방에! 핵심정리

갈래	설명문
주제	태극기의 역사와 상징
해제	이 글은 태극기의 역사와 상징을 설명하고 있다. 다른 나라와 교류하기 시작하면서 조선은 국기의 필요성을 느끼게 되었고, 1882년 박영효가 우리 민족의 전통과 정신을 담은 태극기를 만들었다. 태극기는 3·1운동과 광복 때도 쓰였는데, 이때까지는 모양이 제각각이었지만 1948년 수립된 대한민국 정부가 규정을 만들어 태극기의 모양을 통일하였다.

*문단 중심 내용

1문단	태극기가 만들어진 계기
2문단	태극기에 들어 있는 상징
3문단	태극기가 사용된 역사적 사건
4문단	태극기의 모양 통일

※ 다음 글을 읽고 물음에 답하시오.

우리나라의 상징이라고 하면 무엇이 떠오르는가? 아마 태극기를 떠올린 사람들이 많을 것이다. 이 태극기는 누가 언제 만들어 우리나라의 상징이 되었을까? 조선 조정*은 일본과 서양의 여러 나라와 교류하고 조약을 체결하게* 되면서 국기의 필요성을 알게 되었다. 그래서 다른 나라의 국기를 참고해 조선의 국기를 만들기로 하였다. 그리고 1882년 8월, 수신사*로서 일본의 문물*을 시찰하는* 임무를 맡은 박영효가 배 안에서 태극기를 만들게 되었다. 박영효는 조선으로 돌아와 자신이 만든 태극기를 고종에게 바쳤고, 이후 조선은 태극기를 국기로 사용하게 된다.

태극기의 모양이 복잡한 것은 여러 가지 상징이 들어 있기 때문이다. 개화*파 관리였던 박영효는 우리 민족의 전통과 정신을 담을 수 있는 색과 무늬를 그려낸 태극기를 고안했다*. 태극과 4괘는 그런 뜻에서 선택된 것이다. 첫 번째로, 바탕의 흰색은 평화를 사랑하는 우리 민족을 뜻한다. 두 번째로, 태극은 우리 민족의 이상을 표현한 것이다. 태극의 푸른색은 음을, 붉은색은 양을 뜻한다. 우리 조상은 음과 양이 세상 만물의 근본 이치라고 생각했다. 세 번째로, 4괘는 건, 곤, 감, 리로 각각 하늘과 땅, 물, 불을 상징한다. 세상을 태극기 안에 담아낸 것이다.

박영효가 만들어 낸 이후, 태극기는 우리 민족과 나라를 상징하게 된다. 3·1운동이 있었던 날, 사람들이 만세를 불렀을 때 독립운동가들의 손에는 태극기가 들려있었다. 독립군들은 대한독립에 자신의 몸과 영혼을 바친다는 맹세를 태극기에 써넣기도 했다. 1945년 8월 15일 광복이 있었던 날, 태극기를 미처 구하지 못한 사람들은 일장기에 파란색을 칠해 태극무늬를 만들고 건곤감리를 그려 넣어 태극기로 바꿔 들고나오기도 했다.

이때까지의 태극기는 가운데 태극 문양이나 건곤감리의 위치가 통일되지 않았다. 그래서 사용하는 깃발마다 서로 조금씩 달랐다. 그러다 1948년 대한민국 정부가 수립되고* 태극기에 관한 규정*을 만들어 오늘날과 같은 모양으로 통일되었다.

한방에! 어휘풀이

* 조정(朝廷): 임금이 나라의 정치를 신하들과 의논하거나 집행하는 곳. 또는 그런 기구.
* 체결하다(締結하다): 계약이나 조약 따위를 공식적으로 맺다.
* 수신사(修信使): 구한말에, 일본에 보내던 외교 사절.
* 문물(文物): 문화의 산물. 곧 정치, 경제, 종교, 예술, 법률 따위의 문화에 관한 모든 것을 통틀어 이르는 말이다.
* 시찰하다(査察하다): 조사하여 살피다.
* 개화(開化): 조선 시대에, 갑오개혁으로 정치 제도를 근대적으로 개혁한 일.
* 고안하다(考案하다): 연구하여 새로운 안을 생각해 내다.
* 수립되다(樹立되다): 국가나 정부, 제도, 계획 따위가 이룩되어 세워지다.
* 규정(規程): 조목별로 정하여 놓은 표준.

01 내용 전개 방식 파악하기

윗글에 대한 설명으로 적절하지 않은 것은?

① 태극기를 게양하는 방법을 순서대로 설명하고 있다.
② 태극기가 만들어진 계기와 그 결과를 서술하고 있다.
③ 태극기가 실제로 사용된 사건의 예시를 소개하고 있다.
④ 태극기의 구성을 분석하여 각각의 의미를 제시하고 있다.
⑤ 태극기가 현재의 모양을 갖추게 된 시기를 언급하고 있다.

* 게양하다(揭揚하다): 깃발) 따위를 높이 걸다.

02 세부 내용 파악하기

윗글의 내용으로 적절하지 않은 것은?

① 1948년 이후 태극기의 모양이 법적으로 정형화되었다.
② 박영효는 태극기에 우리 민족의 전통과 정신을 담았다.
③ 태극기를 이용해 다른 나라의 국기를 만드는 사람도 있었다.
④ 1882년 8월 이전까지 조선에는 나라를 대표하는 국기가 없었다.
⑤ 태극기의 바탕색은 우리 민족의 민족성을, 태극의 색은 세상 만물의 이치를 상징한다.

* 정형화되다(定型化되다): 일정한 형식이나 틀로 고정되다.

중요 03 글의 맥락 파악하기

보기 는 윗글에 추가하고자 하는 내용이다. 보기 를 삽입할 위치로 적절한 것은?

보기

지금까지 태극기의 기원과 의미에 대해 알아보았다. 이를 통해 태극기에 대한 자긍심을 한층 키울 수 있었을 것이다. 국가의 중요한 날, 창밖에 태극기를 거는 것도 잊지 말아야 한다.

① 1문단 앞 ② 1문단 뒤 ③ 2문단 뒤 ④ 3문단 뒤 ⑤ 4문단 뒤

서답형 04 내용 적용하기

보기 는 과거의 태극기와 현재의 태극기를 비교한 것이다. 빈칸에 들어갈 말을 찾아 쓰시오.

보기

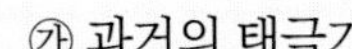
㉮ 과거의 태극기

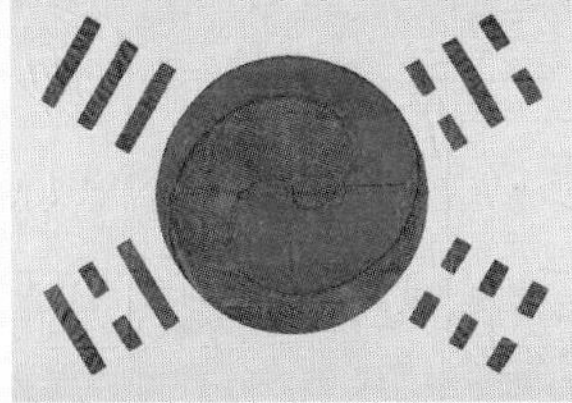

㉯ 현재의 태극기

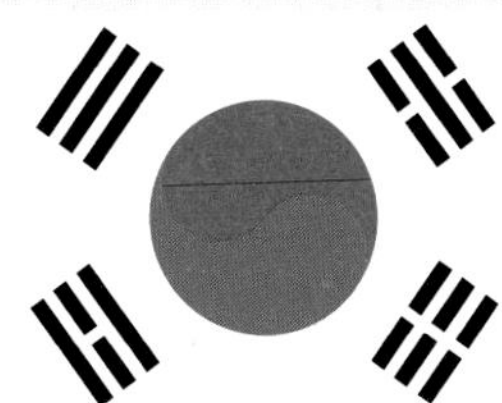

㉮와 ㉯는 가운데의 (   ) 모양이 서로 다르다.

16강

16강

문학 – 현대시

포근한 봄 _ 오규원

| 정답 및 해설 | 94쪽

한방에! 개념정리

한방에! 핵심정리

갈래	자유시, 서정시
성격	서정적, 비유적
주제	포근한 눈이 내리는 아름다운 봄날의 풍경
특징	① 평화롭고 따스한 분위기를 조성함. ② 비유적 표현과 감각적 표현을 활용함. ③ 행의 길이를 조절하여 대상을 구체화함. ④ 유사한 문장 구조를 반복하여 운율을 형성함.
해제	이 작품은 봄눈이 주는 포근하고 부드러운 느낌을 노래한다. '봄눈'이라는 소재를 통해 봄의 느낌을 표현하면서, 비유법을 활용하여 봄눈이 내리는 모습을 인상적으로 표현하고 있다.

※ 다음 글을 읽고 물음에 답하시오.

눈이 내린다
봄이라서
봄빛처럼 포근한 눈

담장 **위에 쌓이는 봄눈**
나무 위에 쌓이는 봄눈
마당 위에 쌓이는 봄눈

그리고
마루에서 졸다가 깬
눈을 하고 앉은
새끼 고양이의 눈 속에도
내리는 봄눈

감았다 떴다 하는
새끼 고양이의 눈처럼
보드라운

[A]
봄
봄 하늘
봄 하늘의 봄눈

\- 오규원, 〈포근한 봄〉 -

01 화자의 정서 및 태도 파악하기

윗글의 화자에 대한 설명으로 가장 적절한 것은?

① 과거를 회상하며 현실의 고달픔을 이겨내고 있다.
② 시적 대상을 보며 포근함과 보드라움을 느끼고 있다.
③ 현대인을 비판하며 나누는 삶의 가치를 제시하고 있다.
④ 내면을 반성하며 미래의 상황을 긍정적으로 인식하고 있다.
⑤ 계절의 변화에 주목하며 대상에 대한 그리움을 표현하고 있다.

* 고달픔 : 몸이나 처지가 몹시 고단한 느낌.
* 내면(內面) : 밖으로 드러나지 아니하는 사람의 속마음.

02 표현상의 특징 파악하기

[A]의 표현상 특징으로 적절하지 않은 것은?

① 의도적인 시행 배열이 드러나고 있다.
② 추상적인 대상을 구체화하여 표현하고 있다.
③ 같은 시어를 반복하여 운율을 형성하고 있다.
④ 봄눈이 쌓이는 모습을 시각적으로 형상화하고 있다.
⑤ 시적 대상을 좁혀 가며 봄눈의 느낌을 강조하고 있다.

* 의도적(意圖的) : 무엇을 하려고 꾀하는.

중요 03 외적 준거를 통해 작품 이해하기

보기 를 바탕으로 하여 윗글을 이해한 것으로 가장 적절한 것은?

보기

㉠ 심상은 시어를 읽으면서 마음속에 떠오르는 감각적 영상으로, 시각적 · 청각적 · 후각적 · 미각적 · 촉각적 · 공감각적 심상이 있다.
㉡ 반복법은 같거나 비슷한 말, 구절, 문장 등을 반복 사용하여 뜻을 강조하거나 흥을 돋우는 표현법이다.
㉢ 비유법은 표현하고자 하는 대상을 직접 설명하지 않고 그와 유사한 다른 대상에 빗대어 표현하는 방법이다.
㉣ 감정 이입은 시적 화자의 감정을 다른 대상에 이입시켜 마치 대상이 그렇게 느끼고 생각하는 것처럼 표현하는 방법이다.
㉤ 도치법은 문장 성분의 정상적인 배열 순서를 바꾸어 놓는 표현법으로, 주로 강조의 초점이 뒤에 놓인다.

① ㉠: 1연의 '봄빛처럼 포근한 눈'은 시각적 심상을 활용하여 눈을 묘사한 것이군.
② ㉡: 2연의 '~ 위에 쌓이는 봄눈'은 문장 구조를 반복하여 봄눈을 강조한 것이군.
③ ㉢: 3연의 '새끼 고양이의 눈'은 비유법을 활용하여 봄을 묘사한 것이군.
④ ㉣: 4연의 '새끼 고양이'는 시적 화자의 감정이 이입된 것이군.
⑤ ㉤: 4~5연의 '보드라운'을 전후로 문장이 도치된 것이군.

* 공감각적(共感覺的) : 하나의 감각이 동시에 다른 영역의 감각을 불러일으키는.

16강

서답형 04 시어의 의미 이해하기

3~5연에서 봄눈을 빗댄 대상을 찾아 3어절로 쓰시오.

문제풀이

16강

문학 – 고전산문

아기 장수 우투리 _ 작자 미상

| 정답 및 해설 | 95쪽

한방에! 개념정리

한방에! 핵심정리

갈래	설화
성격	영웅적, 서사적, 비극적
주제	우투리의 비극적인 삶과 영웅이 나타나기를 바라는 마음
특징	① 구어체로 서술되어 생생한 느낌을 줌. ② 일반적인 영웅 이야기와는 달리 비극적인 결말을 맺음.
해제	이 이야기는 전국 각지에서 전해지는 아기 장수 전설 중 하나이다. 지배 세력의 횡포에서 벗어나고자 하는 민중의 바람을 실현하기 위해 등장한 영웅 우투리가 현실의 한계를 극복하지 못하고 좌절하는 모습을 통해 조상들의 삶의 애환과 현실 인식을 엿볼 수 있다.

※ 다음 글을 읽고 물음에 답하시오.

㉠ 옛날 옛날 먼 옛날, 임금과 벼슬아치들이 백성들을 종처럼 부리던 때의 이야기야. 욕심 많은 임금과 사나운 벼슬아치들에게 시달릴 대로 시달리던 백성들은 누군가 힘세고 재주 많은 영웅이 나타나 자기들을 살려 주기를 목이 빠지게 바라고 살았지.

이때 지리산 자락 외진 마을에 한 농사꾼 내외가 살았어. 산비탈에 밭을 일구어 구메농사*나 지어 먹으며, 그저 산 입에 거미줄이나 안 치는 걸 고맙게 여기고 살았지. 그렇게 살다가 늘그막에 아기를 하나 낳았는데, 낳고 보니 아기 탯줄이 안 잘라져. 가위로 잘라도 안 되고 낫으로 잘라도 안 되고 작두*로 잘라도 안 돼. 별짓을 다 해도 안 되더니 산에 가서 억새풀을 베어다 그걸로 탯줄을 치니까 그제야 잘라지더래.

아기 이름을 '우투리'라고 했는데, 이 우투리가 갓난아기 때부터 하는 짓이 달라. 방에다 뉘어 놓고 나가서 일을 하고 들어와 보면 시렁*에 덜렁 올라가 있지를 않나, 곁에 뉘어 놓고 잠깐 잠들었다 깨어나 보면 장롱 위에 납죽 올라가 있지를 않나. 이래서 참 이상하게 여긴 어머니 아버지가 하루는 아기를 방에 두고 나와서 문구멍으로 들여다봤지. 그랬더니, 아 이런 변이 있나. 글쎄 아기가 방 안에서 포르르포르르 날아다니지 뭐야. 가만히 보니 아기 겨드랑이에 조그마한 날개가, 꼭 얼레빗*만한 게 붙어 있더란 말이지. 그걸 보고 어머니가 그만 기겁을 해.

"아이고, 여보, 이것 큰일 났소. 내가 아기를 낳아도 예사 아기를 낳은 게 아니라 영웅을 낳았소."

겨드랑이에 날개 돋친 아기는 장차 영웅이 될 아기란다. 그런데 이게 참 좋아할 일이 아니라 기겁을 할 일이야. ㉡ 가난한 백성이 영웅을 낳으면 임금과 벼슬아치들이 가만히 두지를 않거든. 영웅이 백성을 살리려고 저희들과 맞서 싸우기라도 하면 큰일이니, 힘을 쓰기 전에 죽여버리려고 든단 말이야. 잘못하다가는 온 식구가 다 죽을 판국*이지.

그래서 어머니 아버지가 의논 끝에 우투리를 데리고 지리산 속 아주아주 깊은 골로, 사람 발길이 닿지 않는 곳으로 들어가 숨어 살았어.

그런데 발 없는 말이 천 리 간다더니, 우투리라고 하는 영웅이 지리산에 났다고, 이런 소문이 백성들 사이에 돌고 돌아 임금 귀에까지 들어가게 됐어. ㉢ 임금이 그 소문을 듣고 가만있을 리 있나. 사납고 힘센 장군을 뽑아 우투리를 잡으러 보냈어. 장군이 군사들을 많이 거느리고 우투리네 집에 들이닥쳤지.

그런데 우투리가 참 영웅이라도 큰 영웅인지, 군사들이 몰려오는 걸 어떻게 알고 감쪽같이 사라져 버렸어. 어디로 갔는지 자취도 없어. 그 많은 군사들이 온 산속을 이 잡듯이 뒤져도 못 찾지. 사흘 밤낮을 뒤지고도 못 찾으니까 장군이 애매한 우투리 어머니 아버지를 잡아갔어. 잡아가서 묶어 놓고 곤장*을 치는 거야.

"우투리 있는 곳을 어서 대라."

이렇게 으르면서 곤장을 친단 말이야. 그런데 어머니 아버지인들 알 수가 있나. 때려도 때려도 모른다고 하니까 어쩔 수 없었던지 사흘 만에 풀어줬지.

어머니 아버지가 초주검*이 돼서 집으로 돌아오니, 그새 우투리가 집에 돌아와 눈물을 줄줄 흘리면서 기다리고 있어. 저 때문에 어머니 아버지가 두드려 맞은 걸 보고 가슴이 아파서 그러지.

그런 뒤에 하루는 우투리가 어디서 구했는지 콩을 한 말이나 가지고 와서 어머니한테 볶아 달라고 그러더래. 그래서 어머니가 콩을 넣고 볶는데, 볶다가 보니 콩 한 알이 톡 튀어나오겠지. 하도 배가 고파서 어머니가 그걸 주워 먹어 버렸네. ㉣ 그러니까 한 말에서 한 알이 모자라게 볶아 줬단 말이야.

우투리가 볶은 콩으로 갑옷을 짓는데, 콩을 하나하나 붙여 옷을 만드니 온몸을 다 가릴 만큼 되었어. 그런데 딱 한 알이 모자라서 한 군데를 못 가렸어. 어디를 못 가렸는고 하니 왼쪽 겨드랑이 날갯죽지 바로 아래를 못 가렸어.

우투리가 그렇게 갑옷을 지어 입고 나서, 어머니더러,

"조금 있으면 군사들이 다시 올 것입니다. 혹시 내가 싸우다 죽거든 뒷산 바위 밑에 묻어 주되, 좁쌀 서 되, 콩 서 되, 팥 서 되를 같이 묻어 주세요. 그리고 삼 년 동안은 아무에게도 묻힌 곳을 가르쳐 주지 마세요. 그렇게만 하면 삼 년 뒤에는 나를 다시 만날 수 있을 것입니다."

이러거든.

그러고 나서 조금 있으니 아닌 게 아니라 장군이 군사들을 데리고 다시 왔어. 우투리가 갑옷을, 그 왜 볶은 콩으로 지은 갑옷 있잖아. 그걸 입고 집 앞에 떡 버티고 섰으니, 군사들이 겁을 내어 가까이 오지 못하고 멀리서 활을 쏘는데, 뭐 몇백 발을 쏘는지 몇천 발을 쏘는지 몰라. 화살이 참 비 오듯이 쏟아져. ㉤ 그 많은 화살이 죄다 갑옷에 맞아 부러지는데, 꼭 썩은 겨릅대* 부러지듯 툭툭 부러져. 그러니 그 많은 화살을 다 맞아도 끄떡없어. 군사들이 화살을 다 쏘고 이제 딱 한 개가 남았는데, 그때 갑자기 우투리가 왼팔을 번쩍 들어 겨드랑이를 썩 내놓는 게 아니겠어? 그 콩 한 알 모자라서 날갯죽지 밑에 맨살 드러난 데 말이야. 거기를 썩 드러내 놓고 가만히 서 있는 거야. 그 때 마지막 한 개 남은 화살이 탁 날아와서 거기를 딱 맞추니 우투리가 풀썩 쓰러져 죽었어.

장군이 군사들을 데리고 돌아간 뒤에, 어머니 아버지가 슬피 울면서 우투리를 뒷산 바위 밑에 묻어 줬어. 우투리 말대로 좁쌀 서 되, 콩 서 되, 팥 서 되를 같이 넣어 묻어 줬지.

- 작자 미상, 〈아기 장수 우투리〉 -

전체 줄거리

한 농사꾼 부부가 아기를 낳아 우투리라는 이름을 지어 준다. 우투리의 부모는 우투리가 겨드랑이에 날개가 달린 영웅이라는 것을 알게 되고, 우투리를 데리고 지리산 속으로 숨는다. 그러나 소문을 듣고 우투리를 죽이려는 군사들이 와서 부모를 해친다. 우투리는 콩을 가져와 어머니에게 볶아 달라고 하는데, 어머니는 콩을 볶다 말고 튀어나온 한 알을 먹어 버린다. 우투리는 볶은 콩으로 갑옷을 지어 입고 어머니에게 자신이 죽으면 뒷산 바위 밑에 좁쌀, 콩, 팥 서 되와 함께 묻고 삼 년 동안 아무에게도 가르쳐 주지 말라고 말한다. 우투리는 군사들과 싸우다가 콩 한 알이 모자라 갑옷으로 가리지 못한 왼팔 겨드랑이에 화살을 맞고 죽고, 부모는 우투리가 부탁한 대로 한다. 우투리가 살아서 지리산 속에서 병사를 기르고 있다는 소문이 왕의 귀에 들어가자, 왕은 우투리의 부모를 잡아다 위협한다. 우투리의 어머니는 결국 우투리의 비밀을 말해 버리고, 임금이 억새풀로 바위를 내리치자 바위가 열리며 바위 속에서 힘을 기르고 있던 우투리와 곡식이 변해 만들어진 병사들은 녹아 없어져 버린다. 이후 날개 달린 말이 며칠 밤낮을 울다가 냇물 속으로 사라졌다고 하여, 백성들은 우투리가 물속에서 살아 있다고 믿는다고 한다.

한방에! 어휘풀이

* **구메농사(구메農事)**: 농사 형편이 고르지 못하여 곳에 따라 풍작과 흉작이 같지 않은 농사.
* **작두**: 마소의 먹이를 써는 연장. 대체로 기름하고 두툼한 나무토막 위에 긴 칼날을 달고 그 사이에 짚이나 풀 따위를 넣어 자루를 손으로 누르거나 발판을 발로 디뎌 가며 썰게 되어 있다.
* **시렁**: 물건을 얹어 놓기 위하여 방이나 마루 벽에 두 개의 긴 나무를 가로질러 선반처럼 만든 것.
* **얼레빗**: 빗살이 굵고 성긴 큰 빗.
* **판국(판局)**: 일이 벌어진 사태의 형편이나 국면.
* **곤장(棍杖)**: 예전에, 죄인의 볼기를 치던 형구. 또는 그 형벌.
* **초주검(初주검)**: 두들겨 맞거나 병이 깊어서 거의 다 죽게 된 상태. 또는 피곤에 지쳐서 꼼짝을 할 수 없게 된 상태.
* **겨릅대**: 껍질을 벗긴 삼대.

01 서술상의 특징 파악하기

윗글의 서술상 특징으로 가장 적절한 것은?

① 구어체를 사용하여 생동감과 친근감을 느끼게 하고 있다.
② 사건을 시간의 흐름과 반대로 배열하여 흥미를 높이고 있다.
③ 시 · 공간적 배경을 구체적으로 제시하여 현실성을 강조하고 있다.
④ 역사적 사건을 언급하여 옛사람들의 삶을 사실적으로 그려내고 있다.
⑤ 운명에 순응하는 주인공을 등장시켜 백성을 교화하려는 목적을 드러내고 있다.

* 구어체(口語體): 글에서 쓰는 말투가 아닌, 일상적인 대화에서 주로 쓰는 말투.
* 생동감(生動感): 생기 있게 살아 움직이는 듯한 느낌.
* 순응하다(順應하다): 환경이나 변화에 적응하여 익숙하여지거나 체계, 명령 따위에 적응하여 따르다.
* 교화하다(敎化하다): 가르치고 이끌어서 좋은 방향으로 나아가게 하다.

02 구절의 의미 파악하기

㉠~㉤에 대한 이해로 적절하지 않은 것은?

① ㉠: 우투리라는 영웅이 등장하게 된 배경을 설명하고 있다.
② ㉡: 우투리의 능력을 알게 된 어머니가 기뻐하지 않은 이유를 드러내고 있다.
③ ㉢: 우투리의 부모의 우려가 현실이 되었음을 나타내고 있다.
④ ㉣: 우투리가 화살을 맞아 쓰러져 죽게 되는 이유를 드러내고 있다.
⑤ ㉤: 우투리의 능력이 더 이상 힘을 발휘하지 못함을 나타내고 있다.

* 우려(憂慮): 근심하거나 걱정함. 또는 그 근심과 걱정.

중요 03 외적 준거를 바탕으로 작품 이해하기

보기 의 ⓐ~ⓔ 중 윗글에 드러난 요소만 고른 것은?

보기

일반적인 영웅소설은 ⓐ 고귀한 혈통을 지닌 주인공이 ⓑ 비정상적으로 잉태되거나 출생하며 시작된다. 주인공은 보통 사람과는 다른 ⓒ 탁월한 능력을 타고나나, 어려서 가족과 헤어지고 고난을 겪게 된다. ⓓ 구출자나 양육자를 만나 죽을 고비에서 벗어난 주인공은 자라며 또다시 위기에 부딪치지만, 이를 ⓔ 극복하고 결국 승리자가 된다.

① ⓐ, ⓒ ② ⓑ, ⓒ ③ ⓒ, ⓔ ④ ⓐ, ⓓ, ⓔ ⑤ ⓑ, ⓓ, ⓔ

* 잉태되다(孕胎되다): 아이나 새끼가 배 속에 생기다.
* 탁월하다(卓越하다): 남보다 두드러지게 뛰어나다.

서답형 04 소재의 의미 파악하기

보기 에서 설명하는 소재를 윗글에서 찾아 조건 에 맞게 쓰시오.

보기

- 우투리가 자신이 죽으면 함께 묻어 달라고 한 것.
- 하층민들의 주식으로, 백성을 상징함.
- 농경 사회가 배경임을 보여 줌.

조건

- 단위를 제외하고 쓸 것.
- 세 가지를 모두 쓰되, 윗글에 등장한 순서대로 쓸 것.

* 하층민(下層民): 계급이나 신분, 지위, 생활 수준 따위가 낮은 사람.
* 농경(農耕): 논밭을 갈아 농사를 지음.

문제풀이

복습하기

문법

1 □□	• '어찌하다', '어떠하다', '무엇이다'를 나타내며 문장에서 대상을 서술하는 단어 • 문장의 주체(주어)를 서술하는 2 □□□ 의 역할을 함. • 문장에서의 쓰임에 따라 형태가 변함. • 어간과 어미로 이루어져 활용할 때 3 □□ 의 형태가 변함.
4 □□	사람이나 사물의 움직임을 나타내는 단어
5 □□□	사람이나 사물의 상태나 성질을 나타내는 단어

비문학

1문단	6 □□□ 가 만들어진 계기	**3문단**	태극기가 사용된 역사적 사건
2문단	태극기에 들어 있는 7 □□	**4문단**	태극기의 8 □□ 통일

문학 - 포근한 봄(오규원)

1연	9 □□ 처럼 포근한 봄눈
2연	담장, 나무, 마당 위에 쌓이는 봄눈
3연	졸다가 깬 새끼 10 □□□ 의 눈에 비치는 봄눈
4연	새끼 고양이의 눈처럼 보드라운 봄눈
5연	봄과 봄 하늘과 봄 하늘의 봄눈

문학 - 아기 장수 우투리(작자 미상)

우투리의 비범함	• 탯줄이 잘리지 않아 11 □□□ 로 자름. • 겨드랑이에 조그마한 12 □□ 가 달림. • 군사들이 몰려오는 것을 알고 미리 몸을 피함. • 13 □ 으로 갑옷을 지으니 화살이 뚫지 못함.

⬇

영웅으로서의 조건을 갖춤.

정답 1 용언 2 서술어 3 어미 4 동사 5 형용사 6 태극기 7 상징 8 모양 9 봄빛 10 고양이 11 억새풀 12 날개 13 콩

한수

17

Contents

화법

핵심을 담아 발표하기 ······ 202

독서

1인 미디어 ······ 204

문학

새로운 길 _ 윤동주 ······ 206

보리 방구 조수택 _ 유은실 ······ 208

복습하기 ······ 211

17강

화법

핵심을 담아 발표하기

| 정답 및 해설 | 98쪽

갈래	발표
화제	깨끗한 학교를 만들기 위해 노력하자.
특징	① 자료를 활용하여 발표의 내용을 효과적으로 전달함. ② 핵심 정보를 효과적으로 전달할 수 있도록 내용을 구성함.

※ 다음은 발표이다. 물음에 답하시오.

안녕하세요. 저는 ○○모둠에서 발표를 맡은 이혜원입니다. 저희 모둠은 '깨끗한 학교를 만들기 위해 노력하자.'라는 주제로 발표하려고 합니다. 이를 위해 먼저 우리 학교 환경의 실태를 살펴보고, 그다음에 깨끗한 학교 환경을 만드는 방법을 말씀드리겠습니다. 그리고 마지막으로 저희 모둠이 학교를 깨끗하게 만들기 위해 실천한 활동을 소개하면서 함께 노력하자고 말씀드리고자 합니다.

우선 저희가 우리 학교 학생들을 대상으로 설문 조사한 내용을 살펴보겠습니다. (㉠ 자료 1 제시) 표를 보시면 우리 학교 학생 60명 중 75퍼센트가 학교의 환경이 깨끗하지 않다고 생각한다는 것을 알 수 있습니다. 또 그래프를 보시면 학교에서 가장 지저분한 장소가 어디냐는 질문에 많은 학생이 학생 쉼터 주변과 운동장 구석이라고 답했습니다.

저희가 설문 조사 결과를 보고 실제로 이 장소들을 찾아가 보았더니 과자 봉지나 빈 병 등이 여기저기 많이 버려져 있는 것을 확인할 수 있었습니다. 학교 환경이 깨끗하지 않은 이유는 이렇게 쓰레기가 함부로 버려지고 있기 때문입니다.

그렇다면 우리 학교의 환경을 깨끗하게 만들기 위해 어떻게 해야 할까요? 이 질문의 답을 알아보기 위해 네덜란드 어느 대학의 실험을 살펴보겠습니다. 다음 두 장의 사진을 비교해 보시지요. (㉡ 자료 2 제시) 쓰레기통이 없는 골목길에 세워진 자전거에 광고지를 붙인 뒤 자전거 주인들이 광고지를 어떻게 처리하는지 관찰했습니다.

그 결과 벽이 깨끗한 골목길에서는 33퍼센트의 사람들만이 광고지를 길에 버렸지만, 벽이 낙서로 지저분한 골목길에서는 69퍼센트가 광고지를 길에 버렸습니다. 이러한 실험 결과는 주변 환경이 지저분할 때 더 많은 사람이 쓰레기를 함부로 버린다는 것을 보여 줍니다. 이 실험 결과를 고려할 때, 학교에 쓰레기를 함부로 버리는 문제를 해결하기 위해서는 낙서를 지우거나 쓰레기를 바로 치우는 등 주변 환경을 깨끗하게 정돈하는 노력이 필요하다고 생각합니다.

마지막으로 학교 환경을 깨끗하게 만들기 위해 저희 모둠이 실천한 활동을 소개하겠습니다. 저희는 주변 환경을 정돈하는 여러 가지 방법 중에서 학교 꽃밭 만들기를 선택했습니다.

관리가 소홀하거나 버려진 공간에 남몰래 식물을 심어 환경을 개선하는 시민운동을 '게릴라 가드닝'이라고 합니다. 저희는 이 운동을 보고 학교에서 쓰레기가 많이 버려지는 곳에 꽃밭을 만들어 가꾸어 보면 어떨까 생각했습니다. 저희 모둠의 활동을 촬영한 영상을 같이 보시지요. (㉢ 자료 3 제시) 영상에서 보시다시피 저희는 우리 학교에서 가장 지저분한 곳에 화분을 가져다 놓고 꽃을 심었습니다. 저희가 꽃밭을 만든 뒤 학생들이 그 주변에 쓰레기를 버리는 일이 눈에 띄게 줄었습니다. 작은 실천으로 학교의 환경이 깨끗해졌을 뿐만 아니라 아름답게 가꾸어져서 마음이 뿌듯했습니다.

발표를 준비하면서 저희는 주변 환경을 깨끗하게 하면 그 속에서 살아가는 우리도 행복해진다는 것을 깨달았습니다. 따라서 우리 모두를 위해 학교 환경에 꾸준히 관심을 기울이고 깨끗한 학교를 만들기 위해 노력해야 한다고 생각합니다. 이상으로 발표를 마치겠습니다.

01 발표 표현 전략 사용하기

발표자가 사용한 표현 전략으로 적절하지 않은 것은?

① 도입 단계에서 발표 순서를 제시하고 있다.
② 구체적인 수치를 들어 주장을 뒷받침하고 있다.
③ 어려운 용어를 정의하여 청중의 이해를 돕고 있다.
④ 묻고 답하는 방식을 통해 청중의 주의를 끌고 있다.
⑤ 마무리 단계에서 발표 내용을 요약하여 전달하고 있다.

* 수치(數値): 계산하여 얻은 값.
* 용어(用語): 일정한 분야에서 주로 사용하는 말.

02 발표에서 자료, 매체 활용하기

발표자의 자료 활용에 대한 설명으로 적절하지 않은 것은?

① ㉠: 학교 환경에 대한 학생들의 인식을 보여 주기 위해 설문 조사 자료를 활용하였다.
② ㉠: 학교 환경이 개선되어야 함을 알려 주기 위해 설문 조사 자료를 활용하였다.
③ ㉡: 학교를 깨끗하게 만들기 위한 방법을 설명하기 위해 사진 자료를 활용하였다.
④ ㉡: 학교를 깨끗하게 유지하기 어려운 이유를 설명하기 위해 사진 자료를 활용하였다.
⑤ ㉢: 학교를 깨끗하게 만들기 위해 실천한 활동을 소개하기 위해 영상 자료를 활용하였다.

중요 03 발표 내용 이해, 평가하기

보기 는 위 발표를 들은 청중이 보인 반응이다. 두 반응의 공통점으로 가장 적절한 것은?

보기

학생 1: 학생 쉼터에서 쉴 때마다 주위의 쓰레기 때문에 눈살이 찌푸려졌는데, 꽃밭이 만들어진 뒤로 확실히 쓰레기가 줄어든 것 같아. 나도 학교에 꽃밭을 만들어 봐야겠어. 그리고 꽃밭을 만들기 전후 사진을 비교했어도 좋았을 것 같아.

학생 2: 단독주택에서 살 때, 집 앞 골목길에 다른 사람들이 쓰레기를 버리고 가는데도 귀찮다는 이유로 치우지 않았어. 그랬더니 골목길이 점점 더 지저분해져서 뒤늦게 후회했지. 발표를 들으니 그때 기억이 났어. 이런 현상을 부르는 명칭이 따로 있을까?

① 발표 내용에 관한 과거의 경험을 떠올리고 있다.
② 발표 내용에서 다루지 않은 내용을 아쉬워하고 있다.
③ 발표 내용과 관련하여 추가적인 활동을 계획하고 있다.
④ 발표를 듣고 기존에 가졌던 자신의 태도를 반성하고 있다.
⑤ 발표를 듣고 생긴 의문점을 해결하는 방법을 생각하고 있다.

17강

서답형 04 발표 내용 이해하기

다음은 발표에서 학교에 버려지는 쓰레기를 줄이기 위해 제시한 방법이다. 빈칸에 들어갈 말을 찾아 쓰시오.

발표에서는 주변 (　　　)을/를 깨끗하게 정돈하는 노력이 필요하다고 언급하였다.

문제풀이

17강

독서 – 사회(미디어)

1인 미디어

| 정답 및 해설 | 99쪽

한방에! 개념정리

한방에! 핵심정리

갈래	설명문
주제	1인 미디어의 특징
해제	이 글은 개인이 자신의 창작물을 사람들에게 보여 줄 수 있는 서비스인 1인 미디어를 설명하고 있다. 1인 미디어는 블로그의 인기 저하와 스마트폰의 대중화를 발판 삼아 발전하였다. 무엇이든 1인 미디어의 내용이 될 수 있으며, 누구든 1인 미디어의 생산자나 소비자가 될 수 있다. 개성이 뚜렷하고 소비자의 반응을 바로 알 수 있다는 것 또한 1인 미디어의 장점이다.

* 문단 중심 내용

1문단	1인 미디어의 개념
2문단	1인 미디어의 발전 배경
3문단	1인 미디어의 내용
4문단	1인 미디어의 장점

한방에! 어휘풀이

* 시초(始初): 맨 처음.
* 기반(基盤): 기초가 되는 바탕. 또는 사물의 토대.
* 천차만별(千差萬別): 여러 가지 사물이 모두 차이가 있고 구별이 있음.

※ 다음 글을 읽고 물음에 답하시오.

1인 미디어란 개인이 자신의 영상, 사진, 글 등을 사람들에게 보여 줄 수 있는 서비스를 말한다. 1인 미디어의 시초*는 블로그였다. 블로거가 블로그에 글과 영상을 올렸고 인기 블로거들의 블로그는 하루에 몇십만 명이 찾아왔다. 그러다 블로그의 인기가 식어가면서 인터넷 방송이 인기를 끌기 시작했다. 방송 진행에 재능이 있었던 사람들은 인터넷 방송을 통해 시청자들에게 이름을 알렸다.

한국인터넷진흥원이 2021년에 실시한 조사에 따르면, 우리나라 국민 중 만 3세 이상의 무선 인터넷 이용률은 93%이고, 모바일 인터넷 이용률은 92.6%이다. 이것이 가능한 것은 스마트폰의 대중화 덕분이다. 이렇듯 탄탄하게 다져진 인터넷 기반*을 바탕으로 하여 1인 미디어는 크게 발전하게 되었다.

1인 미디어의 내용은 천차만별*이다. 무엇이든 사람들이 좋아하기만 하면 콘텐츠가 될 수 있기 때문이다. 게임, 패션, 스포츠 등 자신의 관심사로 방송을 하는 사람들, 먹방 등 소통을 위주로 하는 방송들, 그리고 남들이 가지 않는 새로운 길에 나서는 사람들도 등장했다. 마음만 먹으면 누구든지 미디어콘텐츠를 만들어 자신을 알릴 수 있는 1인 미디어 시대인 것이다.

1인 미디어의 가장 큰 매력은 누구든지 직접 미디어의 생산자가 될 수 있고, 개인의 미디어를 찾아볼 수 있다는 점이다. 또한 일반적인 경우 누구의 간섭도 받지 않고 콘텐츠를 제작할 수 있기 때문에 다른 어떤 매체보다도 개성이 뚜렷하다. 콘텐츠에 대한 소비자의 반응도 바로 알 수 있어 소통이 빠른 것도 장점이다. 이런 매력 덕에 많은 사람들이 생산자로서, 소비자로서 1인 미디어 시장에 뛰어들어 규모가 날이 갈수록 커지고 있다.

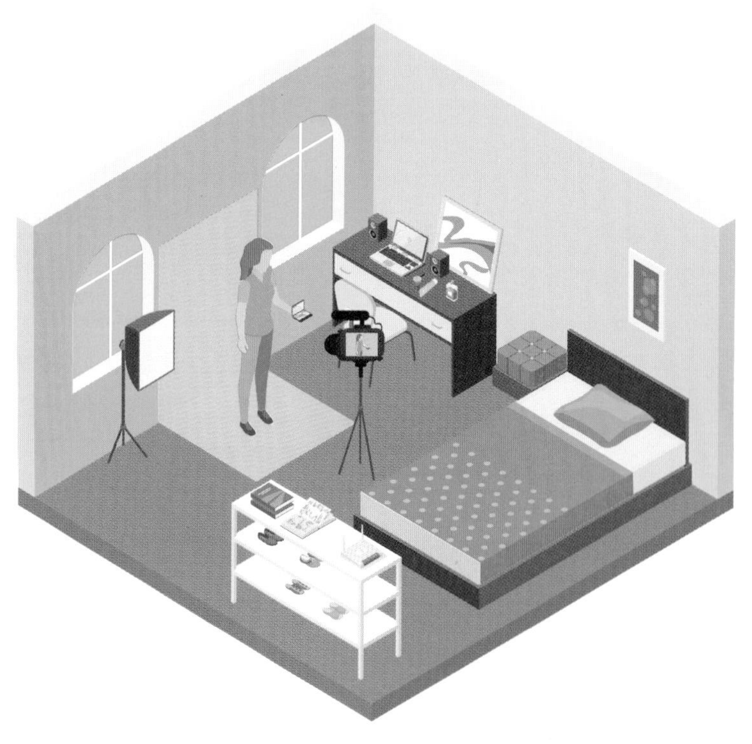

01 내용 전개 방식 파악하기

윗글의 글쓰기 전략으로 가장 적절한 것은?

① 1인 미디어의 장단점을 밝히고 한계를 분석하고 있다.
② 1인 미디어의 문제점에 대해 여러 관점을 정리하고 있다.
③ 1인 미디어의 발전 배경을 설명하며 통계를 제시하고 있다.
④ 기존의 방송과 새롭게 등장한 1인 미디어를 대조하고 있다.
⑤ 1인 미디어의 발전 과정을 시간의 경과에 따라 서술하고 있다.

* 경과(經過): 시간이 지나감.

02 세부 내용 파악하기

윗글의 내용으로 적절하지 않은 것은?

① 1인 미디어에는 영상과 사진, 글을 올릴 수 있다.
② 1인 미디어가 다루는 분야는 사람의 선호에 따라 다양하다.
③ 1인 미디어의 소비자가 되기 위해서 특별한 자격은 필요하지 않다.
④ 1인 미디어가 널리 퍼진 것에는 스마트폰의 대중화가 영향을 미쳤다.
⑤ 1인 미디어는 매체의 특성상 소비자의 반응을 즉시 확인하기 어렵다.

중요 03 구체적 사례에 적용하기

윗글과 보기 를 읽은 학생의 반응으로 적절하지 않은 것은?

보기

평범한 대학생인 갑은 편의점에서 과자를 직접 사고 후기를 올리는 블로거였다. 꽤 인기를 끌었으나 점점 방문자 수가 줄어들었고, 마침 댓글로 한 구독자가 유튜브 활동으로 접근성을 높여 보는 것이 어떻겠냐고 건의하자 갑은 이를 받아들여 유튜브 채널을 개설하였다.

첫 영상은 별로 반응이 좋지 않았다. 갑은 영상에 달린 댓글을 통해 개선점을 찾고, 구독자들의 취향에 맞는 영상을 제작하였다. 꾸준히 영상을 올리면서 갑은 인기 유튜버가 되었다. 협찬을 해 줄 테니 좋은 후기를 올려 달라는 요청이 들어오기도 했지만, 갑은 여전히 자신의 돈으로 산 과자의 후기만을 올리고 있다.

① 갑이 평범한 대학생이라는 것은, 누구든지 미디어의 생산자가 될 수 있다는 예시이군.
② 갑이 영상에 달린 댓글을 통해 개선점을 찾았다는 것은, 소통이 빠른 1인 미디어의 특징을 보여 주는군.
③ 갑이 과자를 먹고 후기 영상을 올린다는 것은, 무엇이든 1인 미디어의 콘텐츠가 될 수 있다는 점을 드러내는군.
④ 갑에게 좋은 후기를 올려 달라는 요청이 들어왔다는 것은, 1인 미디어의 개성을 더욱 뚜렷하게 하는 요인이 되겠군.
⑤ 갑이 블로그를 하다가 유튜브 채널을 개설한 것은, 블로그의 인기가 식으면서 인터넷 방송이 떠오른 것과 관련이 있겠군.

* 요인(要因): 사물이나 사건이 성립되는 까닭. 또는 조건이 되는 요소.

04 세부 내용 추론하기

다음은 1인 미디어의 전망에 대한 설명이다. 빈칸에 들어갈 말을 골라 차례대로 쓰시오.

더 (많은 / 적은) 사람들이 1인 미디어의 생산자와 소비자가 될 것이므로, 1인 미디어 시장의 규모는 점점 (커질 / 작아질) 것이다.

문제풀이

17강

문학 – 현대시

새로운 길 _ 윤동주

| 정답 및 해설 | 101쪽

한방에! 개념정리

한방에! 핵심정리

갈래	자유시, 서정시
성격	서정적, 의지적, 상징적, 고백적
주제	언제나 새로운 길을 가고자 하는 의지
특징	① 수미상관의 구조로 이루어짐. ② 비슷한 시행과 시구를 반복하여 운율을 형성함. ③ 다양한 상징을 통해 삶에 대한 화자의 자세를 표현함.
해제	이 작품은 '길'이라는 상징적 의미를 지닌 시어를 활용하여 인생을 대하는 태도를 고백하고 있다. 화자는 어제도, 오늘도 같은 길을 가고 있지만 자신이 가는 길은 언제나 새로운 길이라고 말하며, 인생에서 만나는 다양한 존재를 통해 삶에 대한 희망을 느낀다.

※ 다음 글을 읽고 물음에 답하시오.

내를 건너서 **숲**으로
고개를 넘어서 **마을**로

어제도 가고 **오늘**도 갈
나의 길 [새로운 길]

민들레가 피고 까치가 날고
아가씨가 지나고 **바람**이 일고

[A] 나의 길은 언제나 새로운 길
오늘도…… 내일도……

내를 건너서 숲으로
고개를 넘어서 마을로

- 윤동주, 〈새로운 길〉 -

01 화자의 태도 파악하기

윗글의 화자에 대한 설명으로 가장 적절한 것은?

① 매일 새로운 길을 찾아 걸어가고 있다.
② 늘 새로운 마음으로 살아가고자 하고 있다.
③ 반복되는 일상에 대해 지루함을 가지고 있다.
④ 자연과 더불어 사는 삶에 자부심을 느끼고 있다.
⑤ 평화로운 생활에 안주하지 않을 것을 다짐하고 있다.

* 안주하다(安住하다): 현재의 상황이나 처지에 만족하다.

02 표현상의 특징 파악하기

[A]의 표현상의 특징에 대한 설명으로 적절하지 않은 것은?

① 시적 화자를 시의 표면에 내세우고 있다.
② 2연의 내용을 형태만 바꾸어 반복하고 있다.
③ 대조적인 시어를 통해 의미를 강조하고 있다.
④ 시행을 명사로 종결하여 여운을 남기고 있다.
⑤ 말줄임표를 사용하여 일부 내용을 생략하고 있다.

* 종결하다(終結하다): 끝내다.
* 여운(餘韻): 아직 가시지 않고 남아 있는 운치.

중요 03 외적 준거에 따라 작품 감상하기

보기 를 참고하여 윗글을 감상한 내용으로 적절하지 않은 것은?

보기

〈새로운 길〉의 중심 소재는 '길'이다. 화자는 자신이 가는 길은 언제나 새로운 길이라고 말하며 미래 지향적인 의지를 보여 준다. 또한 화자는 인생에서 만나는 다양한 존재를 통해 삶에 대한 희망을 느끼며, 살아가면서 겪게 되는 여러 어려움을 극복하고 평화로운 곳을 향해 나아가고자 하고 있다.

① '내'와 '고개'는 화자가 살아가면서 겪는 어려움을 의미한다.
② '숲'과 '마을'은 화자가 지향하는 평화의 공간을 의미한다.
③ '어제'와 '오늘'은 화자가 극복해야 할 과거를 의미한다.
④ '새로운 길'은 화자가 희망을 가지고 살아가는 삶을 의미한다.
⑤ '아가씨'와 '바람'은 화자의 삶에 희망을 주는 존재를 의미한다.

* 지향(志向): 어떤 목표로 뜻이 쏠리어 향함. 또는 그 방향이나 그쪽으로 쏠리는 의지.

04 시어의 의미 이해하기

윗글의 새로운 길과 같은 의미를 지닌 시어를 보기 에서 찾아 2어절로 쓰시오.

보기

뼈에 저리도록 생활은 슬퍼도 좋다
저문 들길에 서서 푸른 별을 바라보자

- 신석정, 〈들길에 서서〉

문제풀이

17강

문학 – 현대소설

보리 방구 조수택 _ 유은실

| 정답 및 해설 | 102쪽

한방에! 개념정리

한방에! 핵심정리

갈래	단편 소설
성격	성찰적, 과거 회상적, 반성적, 교훈적
주제	친구 수택이에게 느낀 미안함과 어린 시절에 대한 성찰
특징	① 인물의 심리와 행동이 세세하게 묘사됨. ② 어른이 된 '나'가 자신의 어린 시절을 떠올리는 회상 구조로 이루어짐.
해제	이 작품은 '나'가 수택이와 짝이 된 후 겪은 사건을 회상하며 이야기하는 소설이다. 집안 형편이 어려웠던 탓에 아이들의 놀림을 받았던 수택이와, 수택이를 안타깝게 여겨 도와주려 했으나 자신까지 놀림거리가 되자 냉정한 태도를 보인 '나', 수택이와 '나'를 놀린 반 아이들 간의 갈등이 나타난다. 독자는 어린 시절 수택이에게 상처를 준 것을 반성하고 미안해하는 '나'의 모습을 보며, 자신의 삶을 돌아볼 기회를 얻을 수 있다.

※ 다음 글을 읽고 물음에 답하시오.

점심시간이 되면 아이들은 보온* 도시락에서 따뜻한 밥을 꺼내 먹었어. 우리 반에서 보온 도시락이 없는 사람은 수택이뿐이었지. 수택이는 고개를 숙이고 차갑게 식은 양은* 도시락을 열었어. 그러고는 풀풀 날리는 **보리밥**을 꺼내 먹었지. 반찬도 고춧가루가 군데군데 묻어 있는 **허연 깍두기** 한 가지뿐이었어.

다른 애들은 삼삼오오 모여 앉아서 밥을 먹었어. 서로 반찬도 바꿔 먹고 말이야. 하지만 수택이는 늘 혼자였어.

수택이는 보리밥이랑 허연 깍두기 반찬이 부끄러웠던 모양이야. 늘 뚜껑으로 도시락 한쪽을 비스듬히 가리고 밥을 먹었지. 어깨를 움츠리고 왼팔로는 도시락이랑 깍두기 통을 가리면서 말이야.

"야, 첫눈이다."

"아니야, 진눈깨비*야."

"하얗게 내리는데?"

"저 봐, 땅에 닿자마자 녹아 버리잖아."

그렇게 진눈깨비를 두고 첫눈이네, 아니네 하고 말씨름을 하던 때였어. ㉠ 나는 수택이 냄새에 조금 익숙해져 있을 무렵이었고.

"자, 오늘부터 밥은 제자리에서 먹는다."

선생님 말씀에 아이들이 웅성댔어.

"날씨가 추워서 창문을 자주 못 여니까, 먼지를 내면 안 돼서 그래."

먼지 때문이라는 선생님 말씀을 우리는 이해할 수가 없었어.

"선생님, 교실에서 말뚝박기를 하는 것도 아닌데요."

"도시락 통 들고 몇 발짝 걷는데 무슨 먼지가 그렇게 나요?"

"화장실 가는 것보다도 조금 움직이는데요?"

아이들은 이상하니까 자꾸 얘기했어.

선생님은 우리 얘기를 잘 들어주시는 편이었거든. 우리 말이 맞으면 선생님이 생각을 바꾸실 때도 있었어.

"내가 보기엔 먼지가 난다. 오늘부터 제자리에서 먹어라."

그날따라 선생님은 우리 얘기를 통 들어주지 않으셨어. 교실은 갑자기 조용해졌지. 우리는 그렇게 딱딱한 선생님이 낯설었어. 나는 하는 수 없이 수택이 옆에서 밥을 먹게 되었지.

나도 **깍두기**를 자주 싸 왔어. 수택이처럼 날마다는 아니었지만.

내 깍두기는 고춧가루랑 젓갈이 넉넉히 들어가서 빨갛고 먹음직스러웠지. 나는 깍두기를 집어서 입으로 가져가다가 힐끗 수택이를 보게 되었어. ㉡ 수택이는 뭔가 잘못한 아이 같았지. 몰래 훔쳐 먹는 아이처럼 허연 깍두기를 제대로 씹지도 못하고 삼키는 거야.

나는 조금 망설이다가 용기를 내어 수택이 보리밥 위에 내 깍두기를 얹어 주었어. 젓가락으로 들어서 얼른 옮겨 놓고 고개를 푹 수그렸지. 수택이는 밥을 우물거리다 말고 멍하니 있었고.

한참 그렇게 보고만 있던 수택이가 젓가락으로 깍두기를 푹 찍었어. 그러고는 깍두기 하나를 조금씩 다섯 번으로 나눠서 먹는 거야. 도시락 밑으로 흘러내린 국물까지 밥으로 싹싹 닦아 먹었지.

"윤희야, 이거 어제 배달하고 남은 거야."

깍두기를 나눠 먹기 시작하고 얼마 안 되었을 때였어. 수택이는 **어린이 신문**을 한 부씩 갖다 주기 시작했어. 나는 차마 신문을 거절할 수가 없더라. 건네주는 손에 거무죽죽한 자줏빛이 돌았거든. 손등에는 여기저기 튼 자국이 있었고. 추운 날씨에 배달을 하느라고 동상*에 걸렸던 모양이야. 나는 신문을 받아서 가방에 넣었어. ㉢ 친구들이 알아챌까 봐 빨리 넣느라고 신문이 구겨져 버리곤 했지.

[중간 부분 줄거리] '나'와 수택이가 사귄다는 소문이 생겨나 다른 반까지 퍼지자, '나'는 더 이상 깍두기를 나눠 먹지 않고 신문도 수택이의 서랍에 도로 넣어 버린다. 그런데도 수택이가 계속 '나'의 책상 서랍에 신문을 넣자 '나'는 수택이에게 신문을 주지 말라고 으름장을 놓는다. 다음 날, '나'는 반 아이들이 자신의 책상 서랍에서 신문을 꺼내어 읽는 것을 발견한다.

나는 서랍에서 신문을 꺼냈어. 신문을 들고 뒤로 돌아섰지. 나는 **난로** 쪽으로 성큼성큼 걸어갔고 아이들 시선은 나한테로 모아졌어. 나는 난로 뚜껑을 열었어. 난로 속에는 석탄이 빨갛게 달구어져 있었지. 나는 두 손으로 있는 힘껏 신문을 구겨서 공처럼 만들었어. 그리고 아이들 보란 듯이 신문을 난로 속에 던져 버렸단다.

신문에는 금세 불이 붙었어. 내 가슴은 쿵쾅쿵쾅 뛰기 시작했어. ㉣ 교실은 숨소리도 들릴 만큼 조용했고. 나는 난로 뚜껑을 덮고 교실 밖으로 나가 버렸지. 그리고 ⓐ 다시는…… 다시는 말이야, 수택이 얼굴을 똑바로 보지 못했어.

다시 보지 못한 건 수택이 얼굴뿐이 아니었어. 바들바들 떨던 어깨도, 어깨를 축 늘어뜨린 뒷모습도 제대로 볼 수 없었어. 곧 겨울 방학이 되었고, 수택이는 방학 때 시골 친척 집으로 이사를 가 버리고 말았거든. 왜 갔는지 아는 사람은 아무도 없었어. 선생님은 가정 형편상 이사 갔다는 말만 하셨고.

㉤ 나는 육 학년이 되어서도 자꾸 태워 버린 신문 생각이 났어. 신문을 접거나 구길 때면 그날 구겨 버린 신문 생각이 났지. 초등학교를 졸업한 뒤에도 몇 년 동안 난로 속에 뭐를 집어넣는 것만 봐도, 신문 재가 목구멍을 꽉 막고 있는 것처럼 답답했어.

그리고 시간이 많이 흐른 지금도 이렇게 겨울 부츠 속에 **신문지**를 구겨 넣을 때면, 봄 신발을 꺼내 구겨 넣었던 신문지를 빼낼 때면, 나는 한참씩 수택이 생각에 잠긴단다. 수택이는 지금 어디서 어떻게 살까 궁금해지기도 하지.

어디서 무얼 했으면 좋겠냐고? 음…… 어디서 무얼 하든…… 그날이 생각나지 않았으면…… 생각나더라도 너무 아프지 않았으면…… 그랬으면, 내 친구 수택이가 꼭 그랬으면 좋겠어.

- 유은실, 〈보리 방구 조수택〉 -

* **전체 줄거리**
'나'는 방귀를 자주 뀌기 때문에 '보리 방구'라는 별명이 붙은 수택이와 짝이 된다. '나'는 점심시간에 쌀보다 보리가 더 많이 들어간 보리밥을 허연 깍두기와 함께 먹는 수택이를 보고는 자신의 깍두기를 나눠 준다. 석간신문을 배달하는 수택이는 이에 대한 고마움의 표시로 매일 '나'의 책상에 신문을 넣어 둔다. 그러나 '나'와 수택이가 사귄다는 소문이 돌자, '나'는 수택이에게 냉랭한 태도를 보인다. 그뿐만 아니라 아이들이 보는 앞에서 수택이가 넣어 둔 신문을 구겨 난로에 던져 버리기까지 한다. 수택이는 겨울 방학 때 전학을 가 버리고, 시간이 흘러 어른이 된 '나'는 수택이에게 그날의 기억이 너무 아프지 않기를 바란다.

한방에! 어휘풀이

* **보온(保溫)**: 주위의 온도에 관계없이 일정한 온도를 유지함.
* **양은(洋銀)**: 구리, 아연, 니켈 따위를 합금하여 만든 금속. 빛이 희고 녹슬지 않으며 상온에서 가공하기 쉬워서 식기나 장식품을 만드는 데 많이 쓴다.
* **진눈깨비**: 비가 섞여 내리는 눈.
* **동상(凍傷)**: 추위 때문에 살갗이 얼어서 조직이 상하는 일.

01 인물의 특징 파악하기

'나'와 수택이에 대한 설명으로 가장 적절한 것은?

① '나'와 수택이는 서로 반찬을 바꾸어 먹었다.
② '나'는 수택이와 달리 보온 도시락을 들고 다녔다.
③ 수택이는 '나'와 달리 가난을 부끄러워하지 않았다.
④ '나'는 실수로 신문을 태워 버리고 수택이에게 사과했다.
⑤ 수택이는 '나'를 곤란하게 하기 위해 신문을 갖다 주었다.

02 구절의 의미 파악하기

㉠~㉤을 이해한 내용으로 적절하지 않은 것은?

① ㉠: '나'가 수택이와 짝이 된 후 시간이 흘렀음을 알 수 있다.
② ㉡: 수택이가 다른 아이의 도시락을 훔쳐 먹고 있음을 알 수 있다.
③ ㉢: '나'가 수택이와 친해진 사실을 들키고 싶지 않아 함을 알 수 있다.
④ ㉣: 반 아이들이 '나'의 극단적인 행동에 놀랐음을 알 수 있다.
⑤ ㉤: '나'가 수택이에게 죄책감을 느끼고 있음을 알 수 있다.

* 극단적(極端的): 한쪽으로 크게 치우치는.
* 죄책감(罪責感): 저지른 잘못에 대하여 책임을 느끼는 마음.

중요

03 외적 준거를 바탕으로 작품 이해하기

보기 를 참고하여 윗글을 이해한 것으로 적절하지 않은 것은?

보기

소재란 작품 속에서 사건을 전개하기 위해 사용하는 매개를 뜻하는 말로, 인물의 심리나 성격, 행동의 의미를 제시한다. 특정 소재를 대하는 인물의 태도나 반응을 통해 인물의 심리 상태를 파악할 수 있다. 또, 소재를 통해 인물의 처지나 상황, 가치관 등을 보여줌으로써 등장인물의 성격이 상징적으로 드러나기도 한다. 소재는 갈등을 유발하기도 하고, 반대로 특정 소재가 개입되면서 인물들의 갈등이 해소되고 분위기가 바뀌는 경우도 있다. 한편, 소재는 회상의 매개로 사용되기도 한다.

① 점심시간에 수택이가 먹는 '보리밥'과 '허연 깍두기'를 통해 수택이의 처지가 드러난다.
② '나'가 '깍두기'를 수택이에게 나누어 주는 행위를 통해 '나'의 성격을 파악할 수 있다.
③ 수택이가 '나'에게 주는 '어린이 신문'은 '나'와 반 아이들 사이의 갈등을 유발한다.
④ '난로'는 '나'와 수택이 사이의 갈등을 해소하고 분위기를 전환한다.
⑤ '신문지'는 '나'가 과거의 일을 회상하는 매개로 사용되기도 한다.

* 전환하다(轉換하다): 다른 방향이나 상태로 바꾸다.

서답형

04 인물의 심리 파악하기

ⓐ에 담긴 '나'의 심리를 설명하는 말로 적절한 것을 골라 쓰시오.

'나'는 수택이에게 (미안해서 / 화가 나서 / 질투가 나서) ⓐ처럼 행동했을 것이다.

문제풀이

복습하기

화법

자료 1	학교 학생들을 대상으로 한 [1] ☐☐ ☐☐
자료 2	[2] ☐☐☐☐이 없는 골목길에 세워진 자전거에 광고지를 붙인 뒤 자전거 주인들의 행동을 관찰한 실험
자료 3	학교에서 가장 지저분한 곳에 [3] ☐☐을 가져다 놓고 꽃을 심은 활동 영상

비문학

1문단	1인 [4] ☐☐☐의 개념
2문단	1인 미디어의 발전 배경
3문단	1인 미디어의 내용
4문단	1인 미디어의 [5] ☐☐

문학 - 새로운 길(윤동주)

1연	어려움을 넘어 [6] ☐☐로운 곳으로 나아감
2연	언제나 가야 할 새로운 [7] ☐
3연	길 위에서 만나는 다양한 존재들
4연	언제나 새로운 길을 걷겠다는 다짐
5연	어려움을 넘어 [6] ☐☐로운 곳으로 나아감

문학 - 보리 방구 조수택(유은실)

발단	'나'는 보리 방구라는 별명을 가진 수택이와 짝이 됨.
전개	'나'는 수택이에게 [8] ☐☐☐를 주고, 수택이는 어린이 [9] ☐☐으로 고마움을 표현함.
위기	'나'와 수택이가 사귄다는 소문이 남.
절정	'나'는 수택이가 준 신문을 구겨 [10] ☐☐에 던지고, 사과하지 못한 채 수택이가 이사를 감.
결말	어른이 된 '나'는 수택이가 그 일을 잊고 잘 살아가기를 바람.

정답 1 설문 조사 2 쓰레기통 3 화분 4 미디어 5 장점 6 평화 7 길 8 깍두기 9 신문 10 난로

한수

18

Contents

작문

썼던 글 고쳐 쓰기 ········ 214

독서

번개 ········ 216

문학

나는 지금 꽃이다 _ 이장근 ········ 218

소를 줍다 _ 전성태 ········ 220

복습하기 ········ 223

| 정답 및 해설 | 104쪽

한방에! 핵심정리

갈래	수필
주제	과자의 양과 관련된 경험
특징	① 개성적인 표현을 활용함. ② 자신의 경험을 위주로 성찰을 이끌어 냄.

※ 다음은 학생의 초고이다. 물음에 답하시오.

공기 반, 과자 반

지난 설 때였다. 명절을 맞이하여 온 친척이 오랜만에 우리 집에 모이기로 하였다. 나는 오랫동안 보지 못했던 서정이를 볼 수 있다는 생각에 마음이 들떴다. ㉠ 해외에 있는 사촌 동생 서정이도 말이다. 나는 서정이가 오기 전에 서정이가 좋아하는 과자를 사 놓을 생각이었다. 그래서 서둘러 집안일을 마치고, 곧장 가게로 향했다.

가게에는 각양각색의 과자들이 진열되어 있었다. 나는 과자를 보고 무척 좋아할 서정이의 얼굴을 떠올리며 과자를 골랐다. 그런데 직접 사러 와 보니 과자의 가격이 생각했던 것보다 훨씬 비쌌다. 지갑을 열어 확인해 보니, 서정이가 좋아하는 과자를 다 사기에는 돈이 턱없이 부족해서 아쉬운 마음이 들었다. ㉡ 그래서 가진 돈이 얼마 없는 걸 어쩌겠는가. 나는 하는 수 없이 가지고 있는 돈에 맞추어 과자를 신중하게 골랐다.

나는 집에 돌아와서 예쁜 접시에 과자를 담기 시작했다. 그런데 과자 세 봉지의 내용물이 접시 하나도 가득 채우지 못했다. 가격은 비싼데 봉지 안에 들어 있는 내용물이 터무니없이 ㉢ 작으니 정말 화가 났다. 단 음식을 많이 먹으면 건강에 해로우니 소비자가 먹는 양을 조절해 주려고 배려한 것인가 싶었다. 과자 회사가 어찌나 고맙던지.

다행히 서정이는 적은 양에도 투정을 부리지 않고 과자를 맛있게 먹었다. 하지만 서정이가 과자를 먹는 모습을 보고 있어도 분노와 의문은 사라지지 않았다. 나는 정말 궁금했다. 과자의 양이 ㉣ 이렇게 적은지가 말이다. 우리 집에 오느라 피곤했는지, 아니면 과자를 먹고 배가 불렀는지 서정이는 텔레비전을 보다가 이내 잠들었다. 난 내 방으로 들어가 컴퓨터를 켰다. 그리고 인터넷에서 '과자 포장'을 검색해 보니 과대 포장과 관련하여 불만을 드러낸 블로그 글이나 그 문제에 대한 기사가 많았다. ㉤ 요즘 블로그에는 광고성 글이 너무 많다. 글들은 하나같이 과대 포장의 문제점을 지적하는 내용을 담고 있었다. 과자가 손상되지 않도록 봉지 안에 질소를 채워 넣은 것이라고는 하지만, 터무니없이 양이 적은 과자를 비싸게 사야 하는 소비자의 마음을 헤아리지 못했다는 생각이 들었다.

나는 블로그 글과 기사를 읽으면서, 참 씁쓸했다. 과자가 손상되면 손상된 대로 과자의 양이 적으면 적은 대로 소비자의 기분이 상할 테니, 과자 회사는 난처할지도 모르겠다. 하지만 그렇다 하더라도, 내용물이 그 값어치만큼은 들어 있어야 소비자가 과자 회사의 입장을 이해할 수 있지 않을까? 과자의 손상을 막는다는 것은 어쩌면 이익을 높이려는 과자 회사의 핑계일지도 모르겠다는 생각이 들었다. 그래서 난 과자 회사의 누리집에 이와 관련하여 항의하는 글을 올려야겠다고 결심했다. 내 항의에 귀를 기울일지는 모르겠지만, '공기 반, 과자 반'에 불만이 있는 소비자가 있다는 사실을 알려 주고 싶다.

[A]

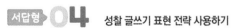

중요 **01** 성찰 글쓰기 표현 전략 사용하기

보기 는 윗글을 작성하기 위해 세운 작문 계획이다. 윗글에 반영된 것만을 고른 것은?

보기

ㄱ. 사자성어를 활용해서 주제를 강조해야겠어.
ㄴ. 의문문을 활용해서 내 생각을 드러내야겠어.
ㄷ. 대구법을 활용해서 독자의 흥미를 끌어야겠어.
ㄹ. 속담을 활용해서 상황을 재치 있게 묘사해야겠어.

① ㄱ, ㄴ ② ㄱ, ㄷ ③ ㄴ, ㄷ ④ ㄴ, ㄹ ⑤ ㄷ, ㄹ

* 대구법(對句法): 비슷한 어조나 어세를 가진 어구를 짝 지어 표현의 효과를 나타내는 수사법.

02 성찰 글쓰기 내용 점검, 조정하기

㉠~㉤을 고쳐 쓴 것으로 적절하지 않은 것은?

① ㉠: 문장의 배열이 잘못되었으므로 앞 문장과 순서를 바꾼다.
② ㉡: 문장과 문장의 연결이 자연스럽지 않으므로 '그리고'로 수정한다.
③ ㉢: 맥락을 고려할 때 적절하지 않은 단어이므로 '적으니'로 수정한다.
④ ㉣: 빠진 단어가 있어 문장이 자연스럽지 않으므로 '왜'를 추가한다.
⑤ ㉤: 글의 내용상 불필요한 문장이므로 삭제한다.

* 맥락(脈絡): 사물 따위가 서로 이어져 있는 관계나 연관.

중요 **03** 성찰 글쓰기 내용 생성하기

보기 는 윗글을 읽은 선생님의 조언이다. 이를 반영하여 [A]를 작성한 것으로 가장 적절한 것은?

보기

"비유적 표현을 활용하여 글을 읽는 사람들에게 함께 행동할 것을 권유하며 마무리하면 어떨까?"

① 나처럼 생각하는 사람들이 하나둘 불만을 드러낼 때, 과자 회사도 생각을 바꿀 것이라고 믿는다.
② 우리 함께 과자 회사의 누리집에 항의하는 글을 올리자. 누리집의 '고객의 소리'에 글을 올리면 항의할 수 있다.
③ 나는 비록 물 한 방울에 불과하지만, 이러한 물 한 방울이 모여서 호수를 만들게 되는 것이니 포기하지 않을 것이다.
④ 열 번 찍어 안 넘어가는 나무는 없다. 여러 차례에 걸쳐 과자 회사에 항의한다면 과자 회사도 결국 소비자의 말을 듣게 될 것이다.
⑤ 질소가 더 많이 든 과자 봉지는 속 빈 강정과도 같다. 나와 비슷한 경험을 한 사람이 있다면, 함께 항의하는 글을 올려 주기를 바란다.

04 성찰 글쓰기 표현 전략 사용하기

윗글에서 반어적 표현이 사용된 문단을 쓰시오.

18강

독서 – 과학(지구과학)

번개

| 정답 및 해설 | 105쪽

한방에! 개념정리

한방에! 핵심정리

갈래	설명문
주제	번개의 원리와 특징
해제	이 글은 번개의 원리와 특징을 설명한다. 번개는 마찰을 띠게 된 구름이 이동할 때, 구름 아래쪽과 땅 위의 기전력의 차이가 생기면서 발생한다. 번개가 칠 때는 천둥도 함께 치는데, 이는 번개로 인해 공기가 팽창하고 이 기압의 충격파가 천둥을 울리기 때문이다. 번개를 피하기 위해서는 차 안에 있거나, 피뢰침이 있는 건물에 들어가야 한다. 또한 번개가 치는 날에는 끝이 뾰족한 우산을 쓰는 것을 피해야 한다.

* 문단 중심 내용

1문단	번개가 치는 원리
2문단	번개로 인해 발생하는 천둥
3문단	번개를 피하는 방법 ①
4문단	번개를 피하는 방법 ②, ③

※ 다음 글을 읽고 물음에 답하시오.

구름은 수증기와 얼음 알갱이로 이루어져 있다. 구름이 상승하다가 마찰을 일으키면 아래쪽은 음전하를 띠게 되고, 위쪽은 양전하를 띠게 된다. 전기를 띤 구름이 이동하면 아래쪽의 음전하에 의해 땅 위는 양전하를 띠게 되고, 구름 아래쪽과 땅 위는 기전력*의 차이에 의해 방전*이 일어난다. 바로 ㉠ 번개가 치는 것이다. 번개의 전압*은 약 1억~10억V에 이르고, 그 길이는 수십km에 이른다. 이때 나오는 빛은 약 3×108m/s의 속도로 이동한다. 번쩍하고 잠깐 나타나는 빛이 바로 이것이다.

번개는 혼자 다니지 않는다. 번개가 칠 때는 꼭 큰 소리를 동반한다. 바로 ㉡ 천둥이다. 위에서 언급한 대로 번개가 칠 때의 전압은 매우 크기 때문에 30000K의 고온이 발생하고, 초음속*으로 공기가 팽창한다*. 온도가 올라가면 공기의 부피가 증가하기 때문이다. 이 기압의 충격파가 천둥을 울리는 것이다. 천둥 자체는 0.5초 밑의 짧은 시간에 일어나지만, 천둥이 도달하는 거리는 보통 2~14km나 된다. 따라서 우리에게 도달하는 시간이 지연되어* 소리가 길게 끌리면서 들린다. 그러면서 마치 천둥이 오랫동안 치는 듯한 착각을 들게 한다.

번개는 수많은 인명과 산림의 피해를 주기도 하지만 긍정적인 역할도 한다. 예를 들어, 질소를 땅으로 돌려줌으로써 식물과 자연을 돕기도 한다. 그러나 자연에겐 좋을지 몰라도 인간이 번개에 맞으면 매우 위험하다. 번개를 피하기 위해서는 차 안에 있는 것이 좋다. 전하는 항상 도체 표면에만 존재하기 때문에 차 내부에는 전하가 없다. 따라서 차가 번개를 맞아도 내부의 사람은 안전하게 살아남을 수 있다.

또한 전하는 뾰족한 곳에 많이 모인다. 피뢰침은 이러한 원리를 이용하여 만들어진 것으로, 빌딩에 번개가 치더라도 피뢰침에 맞으면 건물과 건물 내부의 사람들에게 피해가 가지 않게 할 수 있다. 그래서 번개가 치는 날 끝이 뾰족한 우산보다는 둥근 우산을 쓰는 것이 좋다.

한방에! 어휘풀이

* 기전력(起電力): 두 점 사이의 전위차(두 점 사이에서 단위 양전하를 어떤 한 점에서 다른 점으로 이동하는 데 필요한 일)를 발생시켜 전류를 흐르게 하는 힘.
* 방전(放電): 전지나 축전기 또는 전기를 띤 물체에서 전기가 외부로 흘러나오는 현상.
* 전압(電壓): 전기장이나 도체 안에 있는 두 점 사이의 전기적인 위치 에너지 차.
* 초음속(超音速): 소리의 속도보다 빠른 속도.
* 팽창하다(膨脹하다): 부풀어서 부피가 커지다.
* 지연되다(遲延되다): 무슨 일이 더디게 끌어져 시간이 늦추어지다.

01 세부 내용 파악하기

윗글의 내용으로 적절하지 않은 것은?

① 번개가 칠 때는 항상 천둥도 함께 친다.
② 번개가 치면 전압 때문에 고온이 발생한다.
③ 전하는 도체 표면 외의 곳에는 존재하지 못한다.
④ 피뢰침은 도체가 아니므로 번개로부터 사람을 지켜 준다.
⑤ 마찰을 일으킨 구름은 위쪽과 아래쪽의 전하가 서로 다르다.

02 중심 내용 파악하기

㉠과 ㉡에 대한 설명으로 적절하지 않은 것은?

① ㉠은 구름의 마찰에 의해 일어난다.
② ㉡은 ㉠보다 빠르고 멀리 이동한다.
③ ㉠의 전압은 매우 높아서 사람에게 위협적이다.
④ ㉠은 대기 중의 질소를 땅에 돌려줘 식물을 돕기도 한다.
⑤ ㉠이 발생하면 기압이 높아져 소리 현상인 ㉡을 발생시킨다.

중요

03 구체적 사례에 적용하기

보기 중 적절하지 않게 행동한 사람은?

보기

갑: 번개가 치자 피뢰침이 설치된 백화점 건물 안으로 들어갔다.
을: 운전 중 번개가 너무 치자 차에 번개가 맞을까 봐 두려워 갓길에 주차하고 차에서 빠져나왔다.
병: 번개가 치는 날 외출할 일이 생겨 평소 쓰는 뾰족한 우산을 고르지 않고 끝이 둥근 우산을 챙겨 외출했다.

① 갑 ② 을 ③ 갑, 병 ④ 을, 병 ⑤ 갑, 을, 병

서답형

04 인과 관계 추론하기

빈칸에 들어갈 말을 골라 차례대로 쓰시오.

끝이 (둥근 / 뾰족한) 우산은 피뢰침 역할을 하여 번개를 맞게 될 수 있기 때문에, 번개가 치는 날에는 끝이 (둥근 / 뾰족한) 우산을 쓰는 것이 좋다.

문제풀이

18강

문학 – 현대시

나는 지금 꽃이다 _ 이장근

| 정답 및 해설 | 106쪽

한방에! 개념정리

한방에! 핵심정리

갈래	자유시, 서정시
성격	서정적, 비유적, 감각적
주제	꽃과 같은 '나'의 모습
특징	① 다양한 비유를 활용하여 시적 화자의 정서를 전달함. ② 음성 상징어를 사용하여 밝고 경쾌한 분위기를 조성함.
해제	이 작품은 머리를 자른다는, 일상생활에서 흔히 겪을 수 있는 경험을 소재로 하고 있다. 또한 쉬운 언어 표현으로 독자가 시를 쉽게 감상하게끔 하고 있다.

※ 다음 글을 읽고 물음에 답하시오.

팔랑팔랑
나비가 날아다니는 것 같다

[A]
사각사각
미용실 누나 손에 들린 은빛 가위

붙었다 떨어졌다
내 머리 주위를 날아다닌다

폴폴 날리는 꽃가루
살랑살랑 나는 은빛 나비

나는
지금

꽃이다

- 이장근, 〈나는 지금 꽃이다〉 -

01 화자의 정서, 태도 파악하기

윗글의 화자에 대한 설명으로 가장 적절한 것은?

① 화자는 밝고 경쾌한 분위기에서 머리를 자르고 있다.
② 화자는 자신의 감정보다 외양 변화에 주목하고 있다.
③ 화자는 손님의 머리를 잘라 주며 기쁨을 느끼고 있다.
④ 화자는 머리카락이 잘리는 것에 대해 상실감을 느끼고 있다.
⑤ 화자는 꽃밭을 날아다니는 나비를 보며 가위를 떠올리고 있다.

* **외양(外樣)**: 겉으로 보이는 모양.
* **상실감(喪失感)**: 무엇인가를 잃어버린 후의 느낌이나 감정 상태.

02 표현상의 특징 파악하기

[A]와 유사한 표현 방법으로 가장 적절한 것은?

① 어둠은 새를 낳고, 돌을 / 낳고, 꽃을 낳는다.

- 박남수, 〈아침 이미지〉

② 오늘도 어제도 아니 잊고 / 먼 후일 그때에 '잊었노라.'

- 김소월, 〈먼 후일〉

③ 해야 솟아라, 해야 솟아라, 말갛게 씻은 얼굴 고운 해야 솟아라.

- 박두진, 〈해〉

④ 시장에 간 우리 엄마 / 안 오시네, 해는 시든 지 오래 / 나는 찬밥처럼 방에 담겨

- 기형도, 〈엄마 걱정〉

⑤ 아, 누구던가 / 이렇게 슬프고도 애달픈 마음을 / 맨 처음 공중에 달 줄을 안 그는.

- 유치환, 〈깃발〉

* **애달프다**: 마음이 안타깝거나 쓰라리다.

중요

03 표현상의 특징 파악하기

보기 의 ㉠~㉢에 들어갈 말로 가장 적절한 것은?

보기

원관념은 비유를 통해 표현하고자 하는 실제 대상이고, 보조관념은 원관념을 빗대어 표현한 대상이다. 윗글에서 '가위'의 보조관념은 (㉠)이고, '머리카락'의 보조관념은 (㉡)이며, '나'의 보조관념은 (㉢)이다.

	㉠	㉡	㉢
①	꽃	나비	꽃가루
②	나비	꽃	꽃가루
③	나비	꽃가루	꽃
④	꽃가루	꽃	나비
⑤	꽃가루	나비	꽃

서답형

04 시어의 의미 파악하기

'가위'의 움직임을 나타내기 위해 사용된 의태어 두 개를 찾아 쓰시오.

18강

문학 – 현대소설

소를 줍다 _ 전성태

| 정답 및 해설 | 107쪽

한방에! 개념정리

한방에! 핵심정리

갈래	단편 소설
성격	향토적, 해학적
주제	소를 둘러싼 부자간의 갈등과 사랑
특징	① 인물의 행동을 해학적으로 그려 냄. ② 사투리를 사용하여 생동감 있게 표현함. ③ 어린아이를 서술자로 내세워 사건의 전개를 흥미롭게 서술함.
해제	이 작품은 농촌을 배경으로 하여 소를 둘러싼 부자 간의 갈등과 사랑을 그리고 있다. 처음에는 남의 소를 데려온 '나'를 혼내고 소를 마뜩잖아하면서도 결국 소를 마음으로 받아들이고, 원래 주인으로부터 소를 사지 못하게 되자 '나'만큼이나 슬퍼하는 아버지의 모습을 통해 감동을 느낄 수 있다.

※ 다음 글을 읽고 물음에 답하시오.

[앞부분 줄거리] 소를 기르고 싶어 하던 '나'는 장마로 불어난 강에서 소를 주워 온다. 아버지는 처음에는 '나'를 혼내며 소를 거두지 않으려고 했지만, 주인이 나타나지 않자 '나'와 같이 정성껏 소를 키운다.

그러저럭 석 달이 지난 무렵이었다. 하루는 학교에서 돌아와 보니 소가 오간 데가 없었다. 아버지도 보이지 않았다. 어머니만 툇마루*에 앉아 한숨을 폭 쉬는 게 예감이 심상치 않았다.

"소 주인이 나타났다." / 어머니는 또 한숨이었다.

"올라믄 진작 오지 이제사 올 건 또 뭐다냐."

어머니는 뛰쳐나가려는 내 손을 끌어 잡았다. 나는 칭얼칭얼 울기 시작했다.

"울지 마라. 원래 그러자고 들인 소 아니었냐?"

그래 놓고 어머니는 또 한숨이었다.

아버지는 손수 고삐를 잡고 주인과 함께 고개 너머 경찰서로 넘어갔다고 했다. 나는 눈을 싹싹 문지르고 말했다.

"그람 아부지가 소를 다시 찾아올랑갑네이?"

"뭔 수로 고걸 다시 데려오겄냐."

"또 모르제. 그간 길러 줘서 고맙다고 주인이 싸게 팔지도."

㉠ 나는 그 긴 오후 한나절을 막연한 기대를 품은 채 아버지를 기다렸다. 혹시 쇠꼴*을 베어다 놓으면 그게 무슨 주술이 되어 소가 다시 돌아올 것만 같아 꼴을 두 망태기나 걷어다가 놓았다. 점심 전에 나갔다는 아버지는 해거름* 녘이 되어도 나타나지 않았다.

저녁 무렵에 아버지는 오쟁이 아버지와 함께 집으로 들어왔다. 빈손이었다.

"어떻게 됐다요?"

어머니가 물었다. 아버지는 한숨이었고 오쟁이 아버지가 대신 대답했다.

"일단 주인이 데려갔소." / 그래놓고 그는 아버지를 향해 덧붙였다.

"나 말대로 하란 말일세. 이참에 좀 세게 나가서 섭섭지 않게 받아내란 말여. 아까 순경도 안 그러등가? 그간 수고한 건 서로 알아서들 하라고. 그것이 뭔 소리겄어? 사정이 이만저만 됐응께 소 주인이 정상*을 참작해라*, 그 소리제."

"그러지 말고 자네 여윳돈 좀 돌리세." / "나가 뭔 여윳돈이 있당가?"

"콩이랑 보리 매상한* 것 좀 있잖여?" / "그거이 을매나 된다고?"

"아쉬운 대로 이것저것 좀 보태믄 흥정*이라도 너 볼 수 있잖여."

"흥정? ㉡ 와따매, 아까부터 자꼬 그 소리인디 누가 빚내서 송아지도 아니고 다 큰 소를 사겄다믄 안 웃겄어?"

"다른 말 말고 좀 돌리세. 나가 낼은 직접 찾아 다녀오겄다니께."

[중간 부분 줄거리] '나'는 아버지와 함께 소 주인의 집으로 간다. 소 주인의 집은 '나'의 집과 다를 바 없이 작고 초라하다. 소 주인도, 소도 집에 없어 아버지는 소를 사고 싶다는 말도 꺼내지 못한 채 모레 다시 오겠다고 약속한다.

"야가 소 좀 보겠다고 학교도 안 가고 요래 삐득삐득 따라 안 오요."

"오매, 그랑게 니가 강에서 소를 건진 갸구나? 영 슬겁게* 생겼네."

아주머니는 내 머리를 쓰다듬었다.

"소한테 정 주지 말라고 그렇게 말했는디도 요놈이 고만 정을 줘 갖고 밤낮 밥도 안 묵고 울기만 해싸요."

㉢ 그렇게 말한 아버지는 정말 짠하고 속상한 눈빛으로 나를 바라보았다. 그러자 갑자기 나는 눈물이 찔찔 나기 시작했다. 나는 점점 콧물까지 삼키며 서럽게 울어 버렸다. 나도 모를 일이었다. 안댁*이 어쩔 줄 몰라 했다.

"허허, 넘 부담시럽게……. 뚝 못 그치냐."

아버지는 꺼칠한 손바닥으로 내 낯을 훔쳤다. 안댁이 집 안으로 뛰어갔다가 돌아와 내 손에 뭔가를 덥석 쥐여 주었다. 천 원짜리 한 장이었다.

"공책 사서 써라 잉." / "아따, 뭘 이런 걸 주고 그란다요. 애 버릇 나빠지게."

아버지와 나는 마을을 걸어 나왔다. 장터에서 아버지는 자장면을 사 주었다.

이틀 뒤 나는 수업이 끝나자마자 집으로 달려갔다. 아버지는 돌아와 있지 않았다.

"점심 자시고 가셨는디 금방 오겄냐?" / 어머니가 찐 고구마를 내놓으며 말했다.

"소 꼭 사 온다고 했제?"

"그랄라고 갔다만……. 오쟁이 아부지가 따러나섰응께 잘 안 되겄냐? 그 양반이 그래도 흥정 붙이는 디는 느그 아부지보다 난께."

해가 설핏 기울고 형이 돌아왔는데도 아버지는 돌아오지 않았다. 나는 형과 함께 동구* 밖까지 서너 차례나 들락날락했다.

㉣ "하긴 버스에 못 태운께 소를 걸켜 오자면 늦을 거네잉?"

위안이나 삼자고 나는 네댓 차례도 넘게 같은 말을 반복했다. 어머니가 저녁상을 밀어 주었지만 우리는 뜨는 둥 마는 둥 했다.

아버지가 돌아온 것은 달빛이 훤했을 때였다.

술에 취해 비틀거리며 사립문*을 들어서는 아버지를 보며 우선 나는 고삐가 들렸는지 살펴보았다. 그러나 달빛 아래 선 아버지는 맨손이었다. 아니다, 손에는 예의 그 종이 꾸러미가 달랑달랑 매달려 있었다. 아버지는 종이 꾸러미를 땅바닥에 내던지고 감나무 밑으로 걸어가 통나무처럼 털썩 주저앉았다.

나는 얼른 종이 꾸러미부터 풀어헤쳤다. 돈 꾸러미를 확인해야 현실을 받아들이겠다는 조급함이 앞섰다. 종이 꾸러미에서는 차갑고 물컹한 고깃덩어리가 나왔다.

"워매, 소를 잡어부렀는갑다, 씨!"

나는 나도 모르게 소리쳤는데, 형이 대뜸 내 뒤통수를 콕 쥐어박았다. 아버지가 꺽꺽 울고 있었던 것이다.

㉤ "그 집구석도 한심하더란 말이지. 그거 없으면 농사고 뭐고 못 묵고 산디야. 워매!"

다 큰 아버지가 우는 모습을 본 것은 그때가 처음이었다.

- 전성태, 〈소를 줍다〉 -

* **전체 줄거리**

소를 기르고 싶어 하던 '나'는 장마로 불어난 강에서 소를 주워 온다. 아버지는 처음에는 '나'를 혼내며 소를 거두지 않으려고 했지만, 주인이 나타나지 않자 '나'와 같이 정성껏 소를 키운다. 석 달이 지난 뒤, 갑자기 소 주인이 나타나 소를 돌려달라고 한다. '나'와 아버지는 소를 사러 갔다가 허탕을 치고, '나'는 소를 사 주겠다는 아버지의 말을 믿으며 기다린다. 이틀 뒤, 아버지는 소고기 한 덩이를 들고 돌아와 소가 소 주인의 전 재산과도 같아 사 오지 못했다고 말하며 운다. 후에 형이 서울에서 번 돈으로 송아지를 사 오고, 아버지는 소를 잘 기른다.

한방에! 어휘풀이

* 툇마루(退마루): 툇간에 놓은 마루.
* 쇠꼴: 소에게 먹이기 위하여 베는 풀.
* 해거름: 해가 서쪽으로 넘어가는 일. 또는 그런 때.
* 정상(情狀): 있는 그대로의 사정과 형편.
* 참작하다(參酌하다): 이리저리 비추어 보아서 알맞게 고려하다.
* 매상하다(賣上하다): 상품을 팔다.
* 흥정: 물건을 사거나 팔기 위하여 품질이나 가격 따위를 의논함.
* 슬겁다: 마음씨가 너그럽고 미덥다.
* 안댁: 남의 부인을 높여 이르는 말.
* 동구(洞口): 동네 어귀.
* 사립문(사립門): 사립짝을 달아서 만든 문.

01 서술상의 특징 파악하기

윗글의 서술자에 대한 설명으로 가장 적절한 것은?

① 어린아이의 순수한 시선에서 상황을 바라보고 있다.
② 작품 밖에서 인물의 행동과 심리를 꿰뚫어 보고 있다.
③ 작품의 주인공으로서 사건을 객관적으로 서술하고 있다.
④ 다른 등장인물의 심리를 파악하여 독자에게 전달하고 있다.
⑤ 작품 밖에서 주인공의 행동을 시간의 흐름에 따라 서술하고 있다.

02 작품의 내용 이해하기

㉠~㉤에 대한 설명으로 적절하지 않은 것은?

① ㉠: '나'가 소를 다시 데려오는 것을 바라고 있음을 알 수 있다.
② ㉡: 아버지가 소를 사려는 것이 일반적인 상황이 아님을 알 수 있다.
③ ㉢: 아버지가 소에 대해 '나'와 같은 마음을 가지고 있음을 알 수 있다.
④ ㉣: '나'가 아버지가 늦는 이유를 소와 연관 지어 생각하려 하고 있음을 알 수 있다.
⑤ ㉤: 돈이 모자라 소를 사지 못한 아버지가 이 상황을 안타까워하고 있음을 알 수 있다.

중요 03 외적 준거를 바탕으로 작품 이해하기

보기 를 참고하여 윗글을 감상한 내용으로 가장 적절한 것은?

보기

〈소를 줍다〉는 1970년대의 농촌을 배경으로 하고 있다. 산업화가 이루어지기 전인 1970년대까지만 해도 농촌에서 소의 가치는 매우 컸다. 소는 대다수 농민들에게 단순한 가축이 아니라 가족과도 같이 소중한 존재였다. 농민들은 소를 이용하여 농사를 지어 먹고 살았다. 뿐만 아니라 소를 담보로 돈을 빌리기도 했고, 소를 내다 팔아 돈을 마련하기도 했다.

① 오쟁이 아버지는 소를 담보로 돈을 빌릴 것을 아버지에게 권유하고 있군.
② 아주머니는 가치 있는 소를 멋대로 데려간 '나'에게 나쁜 감정을 품고 있군.
③ 어머니는 소를 내다 팔아 돈을 마련하려던 계획이 어그러져 한숨을 쉬었군.
④ 소 주인은 소가 있어야 농사를 지을 수 있기 때문에 소를 팔지 않은 것이군.
⑤ '나'와 아버지는 소를 가족처럼 여기기 때문에 주인에게 돌려보내 준 것이군.

* 담보(擔保): 맡아서 보증함.

서답형 04 소재의 의미 이해하기

ⓐ가 가리키는 것을 윗글에서 찾아 1음절로 쓰시오.

〈소를 줍다〉의 배경은 농촌이다. 배경이 지니는 상징적 의미는 ⓐ 소설의 중심 소재나 주제와 관련되는 것이 대부분이다.

문제풀이

복습하기

작문

경험	사촌 동생을 위해 [1] ☐☐를 샀다가 값에 비해 적은 양에 화가 남.
성찰	과대 포장의 문제를 깨달음.
결론	과자 회사의 [2] ☐☐☐에 항의하는 글을 올리기로 함.

비문학

1문단	[3] ☐☐가 치는 원리
2문단	번개와 함께 치는 [4] ☐☐
3문단	번개를 피하는 방법 ①
4문단	번개를 피하는 방법 ②, ③

문학 - 나는 지금 꽃이다(이장근)

1연	가위질을 [5] ☐☐가 날아다니는 것으로 느낌
2연	[6] ☐☐☐ 누나의 가위질 소리
3연	가위의 [7] ☐☐☐을 나비가 날아다니는 것으로 느낌
4연	잘린 [8] ☐☐☐☐을 [9] ☐☐☐로 느낌
5~6연	머리카락을 자르며 자신을 [10] ☐으로 느낌

문학 - 소를 줍다(전성태)

소에 대한 입장 차이

'나'와 아버지	↔	오쟁이 아버지
• [11] ☐☐에게 돌려주었던 소를 돈을 주어서라도 다시 데려오고자 함. • 소를 데려오지 못하게 되자 [12] ☐☐을 느낌.	↔	• 소를 기르느라 수고한 대가를 받아 내라고 함. • [13] ☐을 내어 가면서까지 다 큰 소를 사려는 것을 이상하게 생각함.

정답 1 과자 2 누리집 3 번개 4 천둥 5 나비 6 미용실 7 움직임 8 머리카락 9 꽃가루 10 꽃 11 주인 12 슬픔 13 빚

한수

19

Contents

문법

품사 (3) 관형사, 부사 ······ 226

독서

발전소 ······ 228

문학

바다와 나비 _ 김기림 ······ 230

꿩 _ 이오덕 ······ 232

복습하기 ······ 235

19강

문법

품사 (3) 관형사, 부사

| 정답 및 해설 | 110쪽

✓ 한방에! 개념정리

✓ 한방에! 핵심정리

1 수식언

① 개념: '어떠한', '어떻게'를 나타내며 문장에서 뒤에 오는 말을 꾸며 주는 단어

② 특징

• 형태가 변하지 않음.

2 관형사

* 관형사와 부사의 특징 비교

관형사	부사
체언을 꾸밈.	용언, 다른 부사, 문장 전체를 꾸밈.
조사와 결합할 수 없음.	조사와 결합할 수 있음.

① 개념: '어떠한'을 나타내어 체언을 꾸며 주는 단어

② 종류

성상 관형사	대상의 성질이나 상태를 나타내는 관형사 예 새, 헌, 온갖
지시 관형사	특정한 대상을 나타내는 관형사 예 이, 그, 저, 이런, 그런, 저런, 무슨, 어느
수 관형사	수량이나 순서를 나타내는 관형사 예 한, 두, 첫째, 둘째, 여러, 모든, 몇

3 부사

* 의성어와 의태어

소리를 나타내는 의성어와 모양을 나타내는 의태어도 부사에 포함됨.

예 짹짹, 졸졸, 싱글벙글, 폭신폭신

① 개념: '어떻게'를 나타내어 용언, 다른 부사, 문장 전체 등을 꾸며 주는 단어

② 종류

성분 부사	문장의 한 부분을 꾸며 주는 부사	
	성상 부사	뒷말의 모양, 상태, 정도를 나타내는 부사 예 잘, 매우, 너무, 바로, 정말
	지시 부사	장소, 시간, 앞에 나온 사실을 나타내는 부사 예 이리, 저리, 내일, 일찍이, 언제, 아까
	부정 부사	용언의 내용을 부정하는 부사 예 아니, 못
문장 부사	문장 전체를 꾸며 주는 부사	
	양태 부사	화자의 심리적 태도를 나타내는 부사 예 과연, 제발, 결코, 설마
	접속 부사	앞말과 뒷말, 앞 문장과 뒤 문장을 이어 주는 부사 예 그러나, 그리고

01 문장에서 수식언 구분하기

다음 중 수식언이 사용되지 않은 문장은?

① 내일 다시 이야기하도록 하자.
② 옛 친구를 만나니 굉장히 반가웠다.
③ 아름다운 경치를 보니 기분이 좋았다.
④ 물론 휴일이라고 해서 한가한 것은 아니다.
⑤ 지금까지 본 드라마를 시청해 주셔서 감사합니다.

중요 02 품사의 종류 파악하기

보기 의 밑줄 친 단어와 품사가 같은 것은?

보기

주말인데도 벌써 일어나다니 대단하다.

① 전 직장이 조금도 그립지 않다.
② 꽤 먼 곳까지 가서 그를 만났다.
③ 맨 처음에 쓴 글이 제일 마음에 든다.
④ 외딴 길에 그의 집이 있을 줄은 몰랐다.
⑤ 갖은 고생을 하고 나서야 성공할 수 있었다.

중요 03 부사의 종류 파악하기

보기 의 ㉠~㉤에서 밑줄 친 부사의 종류를 알맞게 연결한 것은?

보기

㉠ 수미야, 잠깐 이리 와 봐.
㉡ 떡볶이가 너무 매워서 못 먹겠다.
㉢ 오늘은 집에 일찍 들어갈 생각이다.
㉣ 아무리 피곤해도 양치는 해야 한다.
㉤ 성적이 오르기는커녕 오히려 떨어졌다.

① ㉠: 부정 부사 ② ㉡: 지시 부사 ③ ㉢: 성상 부사
④ ㉣: 접속 부사 ⑤ ㉤: 양태 부사

서답형 04 수식언의 대상 파악하기

보기 의 밑줄 친 수식언이 꾸며 주는 부분을 찾아 쓰시오.

보기

모름지기 시인은 풍부한 어휘력을 갖추고 있어야 한다.

독서 – 기술(에너지)

발전소

| 정답 및 해설 | 111쪽

한방에! 개념정리

한방에! 핵심정리

갈래	설명문
주제	발전소의 종류와 장단점
해제	이 글은 전기를 만드는 발전소의 종류와 장단점을 설명하고 있다. 전기 에너지는 다른 물건을 움직이거나 열을 내는 전기의 능력인데, 이를 만들기 위해서는 발전소가 필요하다. 발전소에는 수력, 화력, 원자력 발전소가 있으며 각각의 발전 방법에는 장단점이 존재한다. 요즘에는 이 세 방법 외에도 공해가 없는 발전 방법을 개발하기 위해 노력 중이다.

* 문단 중심 내용

1문단	전기 에너지의 개념
2문단	발전소에서 만들어지는 전기 에너지
3문단	수력, 화력, 원자력 발전소의 발전 방법
4문단	수력, 화력, 원자력 발전소의 장단점
5문단	새롭게 연구되는 발전 방법

※ 다음 글을 읽고 물음에 답하시오.

빵을 굽는 토스터, 추운 겨울밤을 책임져주는 전기난로, 매일 아침 머리를 말려주는 헤어드라이어. 이런 기구들은 전열선*을 사용한다. 도선*을 통해 흐르는 전류는 열을 발생시키거나 전동기를 움직이게 할 수 있다. 이렇게 다른 물건을 움직이거나 열을 내는 전기의 능력을 전기 에너지라고 부른다.

이 전기 에너지는 어디서 올까? 우리가 쓰는 전기 에너지는 보통 발전소에서 만들어진다. 그런데 이 전기는 너무 크기 때문에 바로 사용할 수 없다. 그래서 변압기*를 통해 적절한 전압으로 바꾼 후 가정이나 공장으로 보내진다.

발전소에는 수력 · 화력 · 원자력 발전소가 있다. ㉠ 수력 발전소는 높은 곳에 있는 물을 떨어뜨려 터빈*을 돌려서 전기 에너지를 생산한다. 위치 에너지를 전기 에너지로 바꾸는 것이다. ㉡ 화력 발전소에서는 석탄, 석유, 천연가스 등의 연료를 태워 열을 얻고, 그 열로 물을 끓여 증기를 발생시킨다. 이 증기의 압력으로 발전기의 터빈을 돌려 전기 에너지를 생산한다. ㉢ 원자력 발전소는 핵분열 반응에서 얻어지는 열로 물을 끓인다. 그리고 화력 발전소와 마찬가지로 증기의 압력으로 발전기의 터빈을 돌려 전기 에너지를 생산한다.

전기를 만드는 이 세 발전 방법들은 각각 장점과 단점을 갖고 있다. 우선 수력 발전은 공해*도 없고 연료비도 거의 들지 않는다. 그러나 건설비가 많이 들고 물이 있는 곳에만 지을 수 있기 때문에 건설하기 좋은 위치를 정하기가 어렵다는 단점이 있다. 국내에서 가장 많은 전기를 생산하는 화력 발전은 발전소를 세우는 비용이 적게 들고 건설 조건이 비교적 자유롭기 때문에 이곳저곳에 세울 수 있어 가정까지 운반하는 비용도 줄어든다. 그러나 매연이나 수질* 오염 등의 공해가 심각해 환경을 파괴한다는 문제가 있다. 원자력 발전은 연료비가 적게 들고 친환경적인 대신 건설하는 데 시간이 오래 걸리고, 방사능을 제대로 처리하지 않으면 인류에게 큰 위협이 될 수 있다.

그래서 요즘에는 세 방법 이외에 공해가 없는 발전 방식들을 연구하고 있다. 그중 대표적인 것이 집열판*에 태양열을 모아 그 열로 증기를 만든 뒤 터빈을 돌리는 태양열 발전이다. 또한 밀물과 썰물의 차이를 이용해 전기를 만드는 조력 발전이나 바람을 이용하는 풍력 발전, 땅속의 열을 이용한 지열 발전 등도 연구되고 있다.

한방에! 어휘풀이

* 전열선(電熱線): 전류를 통하여 전열을 발생시키는 도선.
* 도선(導線): 전기의 양극을 이어 전류를 통하게 하는 쇠붙이 줄.
* 변압기(變壓器): 전자 상호 유도 작용을 이용하여 교류 전압을 높이거나 낮추는 장치.
* 터빈: 높은 압력의 유체를 날개바퀴의 날개에 부딪치게 함으로써 회전하는 힘을 얻는 원동기.
* 공해(公害): 산업이나 교통의 발달에 따라 사람이나 생물이 입게 되는 여러 가지 피해.
* 수질(水質): 물의 성질.
* 집열판(集熱板): 열을 한데 모으는 데에 쓰이는 판.

01 내용 전개 방식 파악하기

윗글에 대한 설명으로 적절하지 않은 것은?

① 다양한 발전 방법의 장단점을 제시하고 있다.
② 발전소의 구조를 세 부분으로 나누어 설명하고 있다.
③ 전기 에너지의 개념을 정의하여 독자의 이해를 돕고 있다.
④ 기존의 발전 방법을 개선한 새로운 방법을 소개하고 있다.
⑤ 발전소를 전력을 발생시키는 방법을 기준으로 분류하고 있다.

02 세부 내용 파악하기

㉠~㉢에 대한 설명으로 적절하지 않은 것은?

① ㉠은 물의 위치 에너지를 전기 에너지로 바꾼다.
② ㉡은 국내에서 가장 많은 전기를 생산하고 있다.
③ ㉠과 ㉡은 모두 건설하기 적절한 위치를 찾기 어렵다.
④ ㉡과 ㉢은 모두 증기의 압력으로 전기 에너지를 만든다.
⑤ ㉠~㉢ 이외에도 여러 가지 발전 방식이 연구되고 있다.

중요 03 내용 비교하기

보기는 윗글을 읽고 추가적으로 수집한 자료이다. 보기를 이해한 내용으로 적절하지 않은 것은?

보기

화석연료의 사용량 급증으로 인해 심각한 환경 문제가 일어나고 있다. 이러한 상황에서, 태양광은 미래의 대체 에너지로 손꼽히는 자원 중 하나이다. 태양광 발전은 반영구적으로 활용할 수 있으며, 탄소 배출이 없어 친환경적이다. 설치에서 전력 생산까지 6개월이라는 짧은 시간이면 완료되고, 설비 및 설치가 간편하다는 것도 장점이다.

① 태양광 발전은 화력 발전의 단점을 보완할 수 있다.
② 태양광 발전과 수력 발전은 모두 자연물을 활용한다.
③ 태양광 발전은 수력 발전보다 발전소를 건설하기 쉽다.
④ 태양광 발전은 원자력 발전보다 연료 비용이 많이 든다.
⑤ 태양광 발전은 원자력 발전보다 발전소 건설 기간이 짧다.

* 급증(急增): 갑작스럽게 늘어남.
* 반영구적(半永久的): 거의 영구에 가까운 것.

서답형 04 인과 관계 파악하기

ⓐ, ⓑ에 들어갈 말을 찾아 차례대로 쓰시오.

(ⓐ)에서 만들어진 전기는 너무 크기 때문에, 가정이나 공장으로 보낼 때 적절한 전압으로 바꾸기 위해 (ⓑ)이/가 필요하다.

문제풀이

19강

문학 – 현대시

바다와 나비 _ 김기림

| 정답 및 해설 | 112쪽

✓ 한방에! 개념정리

✓ 한방에! 핵심정리

갈래	자유시, 서정시
성격	상징적, 감각적
주제	새로운 세계에 대한 동경과 좌절
특징	① 푸른색과 흰색의 색채 대비를 통해 주제를 형상화함. ② 상징적이고 구체적인 소재를 통해 추상적 관념을 표현함.
해제	이 작품은 새로운 세계를 동경했던 화자의 도전과 좌절, 그리고 그것을 통해 느낀 냉혹한 현실 인식을 그리고 있다. 바다와 나비라는 강약, 청백의 이미지 대비가 선명하게 이루어지는 모더니즘 시로서의 특징을 잘 보여 주고 있다.

※ 다음 글을 읽고 물음에 답하시오.

아무도 그에게 수심*을 일러준 일이 없기에
흰 나비는 **도무지 바다가 무섭지 않**다.

청무우밭인가 해서 내려갔다가는
어린 날개가 물결에 절어서
공주처럼 지쳐서 돌아온다.

삼월달 바다가 **꽃이 피지 않**아서 서글픈
나비 허리에 새파란 초생달*이 시리다.

- 김기림, 〈바다와 나비〉 -

✓ 한방에! 지식더하기

모더니즘

모더니즘은 기존의 사회 질서·종교·도덕 등의 전통에서 벗어나 새로운 관점을 지닌 예술 경향*을 가리킨다. 우리나라에 모더니즘이 들어오기 시작한 것은 일제 강점기인 1924년 무렵이며, 하나의 경향으로 확립된 것은 1930년대이다. 김기림은 모더니즘 이론을 가장 많이 받아들여 소개한 시인 중 한 명이다.

모더니즘 시에서는 음악성보다는 회화성이 중시된다. 기존의 낭만주의 시가 지녔던 지나친 감정 노출이 지양되며, 지성에 의한 감정의 통제를 표방하였다*. <바다와 나비>에서 거대하고 냉혹한 '바다'와 조그맣고 연약한 '나비'의 이미지의 대비, 그리고 청색의 '바다'와 흰색의 '나비'의 색채 이미지의 대비가 선명하게 이루어지는 것은 회화성을 중시하는 모더니즘 시의 특징을 잘 보여 준다.

* 경향(傾向): 현상이나 사상, 행동 따위가 어떤 방향으로 기울어짐.
* 표방하다(標榜하다): 어떤 명목을 붙여 주의나 주장 또는 처지를 앞에 내세우다.

✓ 한방에! 어휘풀이

* 수심(水深): 강이나 바다, 호수 따위의 물의 깊이.
* 초생달(初生달): 초승달.

01 표현상의 특징 파악하기

윗글의 표현상의 특징으로 적절하지 않은 것은?

① 대상의 공간 이동에 따라 시상을 전개하고 있다.
② 유사한 문장 구조를 반복하여 운율을 형성하고 있다.
③ 현재형 어미를 사용하여 상황에 생동감을 부여하고 있다.
④ 공감각적 이미지를 활용하여 대상의 정서를 표현하고 있다.
⑤ 푸른색과 흰색의 색채 대비를 통해 주제의식을 드러내고 있다.

* 시상(詩): 시에 나타난 사상이나 감정.
* 운율(韻律): 시의 음성적 형식. 음의 강약, 장단, 고저 또는 동음이나 유음의 반복으로 이루어진다.
* 생동감(生動感): 생기 있게 살아 움직이는 듯한 느낌.

02 시어의 의미 파악하기

청무우밭에 대한 설명으로 적절하지 않은 것은?

① '흰 나비'가 현실을 깨닫게 되는 공간이다.
② '흰 나비'에게 휴식을 줄 수 있는 공간이다.
③ '바다'와 대조적인 의미를 이루는 공간이다.
④ '흰 나비'에게 있어 이상향과 같은 공간이다.
⑤ '흰 나비'가 꿈꾸었으나 도달하지 못하는 공간이다.

* 이상향(理想鄕): 인간이 생각할 수 있는 최선의 상태를 갖춘 완전한 사회.

중요

03 외적 준거에 따라 작품 감상하기

윗글과 보기를 비교한 것으로 적절하지 않은 것은?

보기

〈바다와 나비〉는 거대하고 푸른 바다와 작고 하얀 나비를 대비하여 새로운 세계에 대한 동경과 좌절을 그리고 있다. 이 시가 쓰인 1930년대는 일제 강점기로, 근대 문명이 유입되는 시기였다. 〈바다와 나비〉에는 근대화로 나아가기 위해 반드시 겪어야 하는 과정을 동경했지만, 냉혹한 현실과 죽음의 세계 앞에서 좌절할 수밖에 없었던 당시 식민지 지식인의 모습이 투영되어 있다. 시인은 근대 문명을 무조건 수용하기보다 그 이면의 어두움을 경계하고 있다.

① '흰 나비'가 '도무지 바다가 무섭지 않'았다는 것은 냉혹한 현실을 모르는 사람들의 상황을 표현하고 있군.
② '흰 나비'의 '어린 날개가 물결에' 전 것은 당시 식민지 지식인의 모습을 투영하고 있군.
③ '흰 나비'가 '공주처럼 지쳐서 돌아'왔다는 것은 근대 문명을 경계한 사람들을 나타내고 있군.
④ '삼월달 바다'에 '꽃이 피지 않'는다는 것은 생명이 자라지 않는 죽음의 세계를 의미하고 있군.
⑤ '나비 허리에 새파란 초생달이 시리'다는 것은 식민지 지식인이 느낀 좌절을 형상화하고 있군.

* 투영하다(投影하다): (비유적으로) 어떤 일을 다른 일에 반영하여 나타내다.

04 대조적인 시어 파악하기

윗글의 1연에서 '흰 나비'와 대조적인 의미의 시어 두 개를 찾아 쓰시오.

19강

문학 – 현대소설

꿩 _ 이오덕

| 정답 및 해설 | 113쪽

✓ 한방에! 개념정리

✓ 한방에! 핵심정리

갈래	단편 소설, 성장 소설, 농촌 소설
성격	향토적, 교훈적
주제	부당한 일에 당당하게 맞서는 용기
특징	① 토속적 어휘와 사투리를 사용함. ② 상징적 소재를 제시하여 주인공의 행동을 변화시킴.
해제	이 작품은 용이가 학교를 향해 달려가는 모습을 꿩이 날아가는 모습에 빗대어 표현함으로써 용이의 당당한 위세와 자유로움을 인상적으로 생생하게 표현하고 있다. 즉, 용이를 '자유로움, 생명력, 용기, 자신감'을 상징하는 '꿩'에 빗대어 주제를 강조하는 것이다.

※ 다음 글을 읽고 물음에 답하시오.

[앞부분 줄거리] 4학년이 된 첫날, 용이는 학교에 가지 않겠다고 어머니에게 투정을 부린다. 용이는 남의 책 보퉁이*를 대신 메고 다니는 것이 부끄러워 학교에 가지 않으려는 것이지만, 어머니는 초등학교도 졸업하지 않으면 안 된다고 생각하며 용이를 학교에 보내려 한다. 용이는 아버지가 머슴 일을 올해까지만 하고 그만둔다는 어머니의 말을 듣고 결국 학교에 가기로 한다. 아이들은 용이가 머슴의 자식이라는 이유로 용이에게 자신의 책 보퉁이를 메게 한다.

저 밑에서 따라 올라오던 2학년, 3학년 아이들이 모두 책 보퉁이를 허리에 둘러메고 용이를 앞질러 올라갑니다. 그 아이들은 용이를 돌아보면서 저희들끼리 수군거렸습니다.

"헤헤, 4학년이 됐다는 아이가 남의 책 보퉁이나 메다 주고……."

"참 못난 아이제."

모두 이런 말로 수군거리는 것 같았습니다.

'뭐, 못난 아이라고?'

용이는 화가 났습니다. 벌써 고개 위로 다 올라갔는지 아이들의 고함 소리가 산 위에서 들려왔을 때, 용이는 눈앞에 있는 책 보퉁이를 그냥 콱콱 짓밟아 버리고 싶은 충동이 났습니다. 발밑에 돌멩이 하나가 밟혔습니다. 용이는 벌떡 일어나 그 돌멩이를 집어 힘껏 골짜기 아래로 던졌습니다. 돌멩이가 저 밑에 떨어지자, 갑자기 온 산골을 뒤흔드는 소리를 치면서 커다란 뭉텅이* 하나가 솟아올랐습니다.

"꼬공 꼬공 푸드득!"

그것은 온 산골의 가라앉은 공기를 뒤흔들어 놓고 하늘을 날아오르는, 정말 살아있는 목숨이 부르짖는 소리였습니다.

'야, 참 멋지다!'

날개를 쫙 펴고 꽁지를 쭉 뻗고 아침 햇빛에 눈부신 모습으로 산을 넘어가는 꿩을 쳐다보는 용이의 온몸에 갑자기 어떤 힘이 솟구쳤습니다. 용이는 그 자리에서 한번 훌쩍 뛰어올라 보았습니다. 하늘에라도 날아오를 듯합니다. 용이는 발에 채는 책 보퉁이 하나를 집어 들었습니다. 그리고 그것을 하늘 위로 던졌습니다.

휭! 공중에서 몇 바퀴 돌던 책 보퉁이가 퍽 소리를 내면서 골짜기에 떨어졌을 때, 용이는 두 번째 책 보퉁이를 집어 던졌습니다

또 하나, 또 하나…….

마지막에 던진 작대기는 건너편 벼랑의 소나무 가지를 철썩 치도록 멀리 떨어졌습니다. / "됐다!"

용이는 이제 하늘이 탁 트이고 가슴이 시원해져서, 저 건너 산을 보고 하하하 웃었습니다.

떠가는 구름을 따라 마구 날아갈 것 같았습니다.

"내가 정말 못난이였구나! 이제 다시는 그런 짓 안 한다!"

용이는 제 책 보퉁이만 허리에 둘러맸습니다. 그리고는 고갯마루*를 한번 쳐다보더니 날 듯이 뛰어올랐습니다.

고갯마루에는 아이들이 앉아 기다리고 있었습니다. 모두 손에 참꽃* 가지를 한 줌씩 꺾어 들었습니다.

어떤 가지는 벌써 불그레한 봉오리가 피어나려고 했습니다.

"어, 용이가 빈손으로 오네?"

"정말 저 자식이?" / "임마, 책 보퉁이 모두 어쨌나?"

용이는 아무 말이 없이 그냥 올라오고만 있었습니다. 아이들이 용이를 빙 둘러쌌습니다.

"너, 책 보퉁이 어쨌어?"

㉠ 용이는 아이들을 한 번 둘러보고는 조용히, 그러나 힘찬 소리로 말했습니다. 이상하게도 책 보퉁이를 모두 날리고 나니 마음이 가라앉는 것이 조금도 겁이 나지 않았습니다.

"너희들 책보 말이제? 저 밑의 두꺼비 바위 밑에 던져 놨어."

"뭐? 이 자식이!" / "빨리 못 가져오겠나?"

그러나 용이는 여전히 조용한 소리로 말했습니다.

"나, 이젠 못난 아이 아니야!"

"어, 이 자식이!"

아이들의 발과 주먹이 용이를 향해 덮쳐 왔을 때, 용이는 번개같이 거기를 빠져나와 몇 걸음 발을 옮기더니, 발밑에 있는 돌을 두 손으로 한 개씩 거머쥐고는 거 있는 커다란 바윗돌 위에 껑충 뛰어올랐습니다. 그 몸놀림이 어찌나 재빠른지, 아이들이 모두 놀랐습니다. 지금까지의 용이와는 아주 다른 딴 아이였습니다.

"자, 덤빌람 덤벼! 누구든지 오는 녀석은 가만 안 둘 끼다!"

아이들이 입을 벌리고 어쩔 줄 모르고 서 있을 때, 뒤에서 한 아이가,

"난, 내 책보 가지러 갈란다."

하고 달려갔습니다. 그 소리에 다른 아이들도 모두 정신이 돌아온 것처럼,

"나도 간다." / "나도 간다." / 하고 달려갔습니다.

"이놈 자식, 두고 봐라."

맨 마지막에 내려가면서 성윤이가 말했습니다.

"오냐, 임마, 얼마든지 봐 준다."

용이 목소리는 한층 크고 자랑스러웠습니다.

아이들이 모두 와 하고, 아까 올라온 길을 내려가는 뒷모습을 보면서 용이는 또 한 번 가슴을 확 펴고 하하하 웃었습니다.

"난 이젠 못난 아이 아니야!"

그리고는 다시 혼잣말로 중얼거렸습니다.

"내일 아침에는 순이를 데리고 오자. 순이를 놀리는 놈은 어떤 녀석이고 용서 안 할 끼다."

용이는 돌아서서, 햇빛이 눈부신 내리받잇길*을 바라보았습니다. 이제는 단숨에 학교까지 뛰어갈 듯합니다. 하늘에는 하얀 구름 한 송이가 날고 있습니다.

[A] 용이는 훌쩍 한 번 뛰더니 마구 두 팔을 내저으면서 내리달렸습니다. 그것은 마치 한 마리의 꿩이 소리치면서 날아오르는 모습과도 같았습니다.

- 이오덕, 〈꿩〉 -

* **전체 줄거리**

4학년이 된 첫날, 용이는 학교에 가지 않겠다고 어머니에게 투정을 부린다. 용이는 남의 책 보퉁이를 대신 메고 다니는 것이 부끄러워 학교에 가지 않으려는 것이지만, 어머니는 초등학교도 졸업하지 않으면 안 된다고 생각하며 용이를 학교에 보내려 한다. 용이는 아버지가 머슴 일을 올해까지만 하고 그만둔다는 어머니의 말을 듣고 결국 학교에 가기로 한다. 머슴의 자식이라는 이유로 다른 아이들의 책 보퉁이를 대신 메고 고갯길을 올라가던 용이는 산을 넘어 가는 꿩의 모습을 보고 힘이 솟구치는 것을 느낀다. 용이는 아이들의 책 보퉁이를 골짜기 아래로 던져 버리고, 책 보퉁이를 다시 찾아오라는 아이들에게 자신은 이제 못난 아이가 아니라고 당당하게 말한다. 용이는 학교로 달려가면서 내일은 친구 순이를 데리고 오겠다고 결심한다.

한방에! 어휘풀이

* **보퉁이**: 물건을 보에 싸서 꾸려 놓은 것.
* **뭉텅이**: 한데 뭉치어 이룬 큰 덩이.
* **고갯마루**: 고개에서 가장 높은 자리.
* **참꽃**: 먹는 꽃이라는 뜻으로, '진달래'를 개꽃에 상대하여 이르는 말.
* **내리받잇길**: 비탈진 곳의 내려가는 방향에 있는 길.

01 서술상의 특징 파악하기

윗글의 서술상 특징으로 가장 적절한 것은?

① 의태어를 사용하여 인물이 처한 상황을 표현하고 있다.
② 공간적 배경을 묘사하여 시대적 상황을 나타내고 있다.
③ 인물의 대화를 제시하여 인물 간의 갈등을 드러내고 있다.
④ 작품 안의 서술자가 인물의 내면을 독자에게 전달하고 있다.
⑤ 동시적으로 일어나는 사건을 묘사하여 독자의 흥미를 키우고 있다.

* 의태어(擬態語): 사람이나 사물의 모양이나 움직임을 흉내 낸 말.

02 작품의 내용 이해하기

윗글의 내용에 대한 이해로 적절한 것은?

① 용이는 자신이 던진 돌멩이에 꿩이 맞은 것을 알고 미안함을 느꼈다.
② 용이는 산을 날아 넘어가는 꿩을 보며 자신감과 용기를 갖게 되었다.
③ 용이는 자신보다 어린 아이들이 자신을 흉보는 소리를 듣고 화가 났다.
④ 아이들은 그동안 용이에게 책 보퉁이를 나르게 한 것에 대해 사과했다.
⑤ 아이들은 용이가 책 보퉁이를 다시 가져올 때까지 고갯마루에서 기다렸다.

중요 03 외적 준거를 참고하여 작품 이해하기

보기 를 참고하여 [A]를 이해한 것으로 적절하지 않은 것은?

보기

비유법은 표현하고자 하는 대상을 다른 대상에 빗대어 표현하여 신선한 느낌을 주는 수사법이다. 비유법을 사용하면 표현하고자 하는 대상에 대해 더욱 생생하게 전달할 수 있다. 표현의 구체성과 직접성을 높일 수 있기 때문이다. 또한, 작가의 정서를 형상화하고, 추상적 의미를 구체화함으로써 의미를 확대한다. 이때, 표현하고자 하는 대상과 빗댄 대상 사이에 공통점이 있어야 독자가 비유를 받아들일 수 있다.

① 용이를 꿩에 직접 빗대어 표현하여 신선한 느낌을 주고 있군.
② 비유를 통해 용이가 달리는 모습에서 생생함을 느낄 수 있군.
③ 자신감을 되찾은 용이와 힘차게 날아오르는 꿩 사이에서 공통점을 찾을 수 있군.
④ 꿩이 날아오르는 모습을 묘사함으로써 자연이라는 추상적 의미를 구체화하고 있군.
⑤ 용이를 생명력 넘치는 꿩과 동일시한 것에서 용이에 대한 작가의 긍정적인 시선을 알 수 있군.

* 수사법(修辭法): 효과적·미적 표현을 위하여 문장과 언어를 꾸미는 방법.
* 추상적(抽象的): 어떤 사물이 직접 경험하거나 지각할 수 있는 일정한 형태와 성질을 갖추고 있지 않은.

서답형 04 등장인물의 정서 파악하기

㉠의 이유를 설명하는 말로 적절한 것을 골라 쓰시오.

용이가 (자만감 / 자신감)과 (용기 / 허세)를 갖게 되었기 때문이다.

문제풀이

복습하기

문법

[1] □□□	• '어떠한', '어떻게'를 나타내며 문장에서 뒤에 오는 말을 꾸며 주는 단어 • [2] □□가 변하지 않음.
[3] □□□	'어떠한'을 나타내어 체언을 꾸며 주는 단어
[4] □□	'어떻게'를 나타내어 용언, 다른 부사, 문장 전체 등을 꾸며 주는 단어

비문학

1문단	[5] □□ 에너지의 개념
2문단	[6] □□□에서 만들어지는 전기 에너지
3문단	수력, 화력, 원자력 발전소의 발전 방법
4문단	수력, 화력, 원자력 발전소의 장단점
5문단	새롭게 연구되는 발전 방법

문학 - 바다와 나비(김기림)

1연	바다의 무서움을 모르는 순진한 [7] □□
2연	[8] □□로 날아갔다가 지쳐서 돌아온 나비
3연	냉혹한 현실에 의해 좌절된 나비의 꿈

문학 - 꿩(이오덕)

다른 아이들의 [9] □ □□□를 들어 주어야 하는 용이

⬇

스스로 [10] □□ □□라고 생각함.

⬇

자신이 처한 상황에 대해 안타까움과 분노를 느낌.

⬇

날아가는 [11] □을 봄.

⬇

용기와 [12] □□□을 얻음.

정답 1 수식언 2 형태 3 관형사 4 부사 5 전기 6 발전소 7 나비 8 바다 9 책 보퉁이 10 못난 아이 11 꿩 12 자신감

한수

20

Contents

문법

품사 (4) 조사, 감탄사 ········· 238

독서

플라멩코 ········· 240

문학

오우가 _ 윤선도 ········· 242

동승 _ 함세덕 ········· 244

복습하기 ········· 247

20강

문법

품사 (4) 조사, 감탄사

| 정답 및 해설 | 116쪽

한방에! 개념정리

한방에! 핵심정리

* 조사와 의존 명사

조사	의존 명사
체언 뒤에 사용됨.	앞말의 수식을 받음.
체언에 붙여 씀.	앞말과 띄어 씀.

예 여기엔 사람이 셋뿐이다. → 조사
그저 참담할 뿐이다. → 의존 명사
법대로 합시다. → 조사
약속한 대로 해라. → 의존 명사

* 격조사의 종류

격조사	주격 조사 → 이/가
	서술격 조사 → 이다
	목적격 조사 → 을/를
	보격 조사 → 이/가
	관형격 조사 → 의
	부사격 조사 → 에/에게, 와/과
	호격 조사 → 아/야

* 접속 조사 '와'와 부사격 조사 '와'
- 접속 조사는 단어와 문장을 같은 자격으로 이어줌.
  예 나는 국어와 수학을 좋아한다.
- 부사격 조사는 다른 것과 비교하거나 기준으로 삼는 대상임을 나타냄.
  예 나는 철수와 다르다.

* 문장에서의 사용

상현아(호격 조사), 너는(보조사) 어머니와(부사격 조사) 닮은 얼굴이다(서술격 조사).

* 감탄사로 혼동될 수 있는 것들
- 이름+호격 조사
  예 정현아!
- 형용사의 활용
  예 단풍이 빨갛구나.
- 문장 첫머리의 제시어
  예 청춘, 인생의 젊은 나이.

1 관계언

① 개념: 문장에 쓰인 단어들의 관계를 나타내는 기능을 하는 조사

② 특징

- 형태가 변하지 않음. (서술격 조사 '-이다' 제외)
- 주로 체언과 결합하지만, 보조사는 다른 단어 뒤에도 결합할 수 있음.
- 홀로 쓰일 수 없음.

2 조사

① 개념: 다른 단어들과의 문법적 관계를 나타내거나 특별한 뜻을 더해 주는 단어

② 종류

격 조사	앞말이 일정한 자격을 갖게 하는 조사 → 주격 조사, 서술격 조사, 목적격 조사, 보격 조사, 관형격 조사, 부사격 조사, 호격 조사
보조사	앞말에 특별한 뜻을 더해 주는 조사 예 만(한정), 은/는(대조), 마저(또한), 부터(시작), 까지(마침), 도(역시)
접속 조사	단어와 단어, 문장과 문장을 같은 자격으로 이어 주는 조사 예 과/와, (이)랑, 하고

3 독립언

① 개념: 다른 성분들과 문법적 관계를 맺지 않고 독립적으로 쓰이는 감탄사

② 특징

- 문장 내에서 독립적으로 사용됨.
- 형태가 변하지 않고 조사와 결합하지 않음.
- 쉼표나 느낌표 등을 통해 독립된 요소임을 표시함.
- 단독으로 문장을 이룰 수 있으며, 생략해도 문장이 성립함.
- 구어체에 많이 사용되며, 시대나 유행에 따라 만들어지거나 사라지기도 함.

4 감탄사

① 개념: 화자의 놀람, 느낌, 부름, 대답 등을 나타내는 단어

② 종류

놀람, 느낌	예 어머나, 아차, 아하, 아이고, 아무렴, 쳇, 흥
부름	예 어이, 이봐, 얘, 여보게, 여보세요
대답	예 그래, 응, 네, 오냐, 글쎄, 아니
무의미	예 음, 뭐, 그, 저, 에

01 품사의 특징 파악하기

관계언과 독립언에 대한 설명으로 적절하지 않은 것은?

① 관계언과 독립언은 서로 결합할 수 없다.
② 독립언은 관계언과 달리 홀로 쓰일 수 있다.
③ 관계언과 독립언은 모두 형태가 바뀌지 않는다.
④ 독립언은 단독으로 쓰이거나 문장에서 생략될 수 있다.
⑤ 관계언 중 일부는 체언이 아닌 단어 뒤에도 결합할 수 있다.

02 조사와 의존 명사 구분하기

다음 중 띄어쓰기가 올바르게 되지 않은 것은?

① 그 애는 키가 자기 아빠만큼 크다.
② 노력한 만큼 결과가 나오면 좋겠다.
③ 한 달만에 부모님을 만날 수 있었다.
④ 예상했던 대로 시험은 굉장히 어려웠다.
⑤ 동생은 집에서뿐 아니라 학교에서도 말썽이다.

중요 03 품사 구분하기

보기 의 ㉠~㉤의 품사를 이해한 것으로 적절하지 않은 것은?

보기

영수: 지연아!(㉠) 은수가 지갑이랑(㉡) 가방을 잃어버렸다는 얘기 들었어?
지연: 저런!(㉢) 경찰서에 연락하든 어쩌든(㉣) 해서 찾아야 할 텐데.
영수: 글쎄(㉤), 그래도 찾기는 힘들 것 같아.

① ㉠: 감탄사
② ㉡: 접속 조사
③ ㉢: 감탄사
④ ㉣: 보조사
⑤ ㉤: 감탄사

서답형 04 조사 구분하기

보기 의 문장에서 쓰인 조사의 개수를 쓰시오.

보기

닭의 새끼는 병아리이다.

___

문제풀이

20강

20강

독서 – 예술(음악)

플라멩코

| 정답 및 해설 | 116쪽

한방에! 개념정리

한방에! 핵심정리

갈래	설명문
주제	플라멩코의 역사와 구성 요소
해제	이 글은 플라멩코의 역사와 구성요소를 설명하고 있다. 플라멩코는 스페인 남부 안달루시아에서 발달한 춤으로, 감정적이고 즉흥적인 것이 특징이다. 플라멩코의 요소에는 바일레(춤), 칸테(노래), 토케(기타 연주), 카스타뉴엘라(캐스터네츠)가 있는데, 이 네 가지 요소가 어우러져 조화를 만들어내며 플라멩코가 완성된다.

* 문단 중심 내용

1문단	플라멩코의 기원
2문단	플라멩코의 발전 과정
3문단	플라멩코의 요소 ① – 바일레
4문단	플라멩코의 요소 ② – 칸테
5문단	플라멩코의 요소 ③ – 토케
6문단	플라멩코의 요소 ④ – 카스타뉴엘라

한방에! 어휘풀이

* 집시: 코카서스 인종에 속하는 소수의 유랑 민족. 일정한 거주지가 없이 항상 이동하면서 생활한다. 미신적이고 쾌활하고 음악에 뛰어난 재능을 가졌다.
* 즉흥적(卽興的): 그 자리에서 일어나는 감흥이나 기분에 따라 하는 것.
* 파생되다(派生되다): 사물이 어떤 근원으로부터 갈려 나와 생기게 되다.

※ 다음 글을 읽고 물음에 답하시오.

[A]

플라멩코란 스페인 남부 안달루시아에서 발달한 독특하고 강렬한 인상을 주는 춤이다. 그 특유의 정서 덕에 세계적으로 많은 사랑을 받고 있다. 기원과 역사는 정확히 알려져 있지 않지만, 15세기경 집시*들이 스페인에 들여와 안달루시아의 전통 음악과 어울리며 발전했다는 설이 유력하다.

이후 18~19세기경에 이르러 지금의 형태에 가까워졌으며, 축제와 연회를 통해 세계적으로 인기를 얻게 되었다. 플라멩코는 20세기에 무대공연으로 발전하면서 주요 형식이 정해졌지만, 엄격한 형식보다는 기본 동작을 위주로 감정적이고 즉흥적*인 변화와 박자, 리듬을 중시한다. 그리고 춤만큼 노래와 기타를 중요하게 여긴다. 그렇기 때문에 플라멩코는 조화로 완성되는 예술이라고 할 수 있다.

플라멩코의 요소에는 네 가지가 있다. 첫 번째로, 춤을 바일레라고 부른다. 남자 무용수는 바일라오르, 여자 무용수는 바일라오라라고 부른다. 구두 소리와 손뼉 치는 소리, 손가락 튕기는 소리에 관객들이 장단을 맞추는 소리까지 더해져 흥겹게 전개된다.

두 번째로, 노래를 칸테라고 부른다. 이는 플라멩코에서 춤만큼 중요한 부분으로, 노래만으로 이루어진 플라멩코 공연이 있을 정도이다. 스페인에서는 칸테만을 평가하는 대회가 열리기도 한다. 아무리 거칠고 갈라지는 목소리의 노래라고 해도 감정을 움직인다면 좋은 평가를 받는다.

세 번째로, 플라멩코 가수의 노래와 어우러지는 기타 연주를 토케라고 한다. 플라멩코 기타는 현대 클래식 기타에서 파생된* 것으로, 클래식 기타보다 더 폭이 좁고 가벼운 형태이다. 소리가 나오는 구멍 아래가 두꺼운 판으로 되어있어 리듬을 타기 좋은 것이 특징이다. 이 덕에 플라멩코의 정확한 리듬을 만들 수 있으며 보통 혼자 연주한다.

네 번째로, 플라멩코의 리듬을 띄우기 위한 캐스터네츠를 카스타뉴엘라라고 한다. 조개 모양의 조각 두 개를 끈으로 묶어 만들고, 양손에 하나씩 엄지손가락에 끈을 끼워 매달아 사용한다. 카스타뉴엘라는 조각 두 개가 다른 음을 내는데, 보통 오른쪽에 조금 더 높은 음이 나는 것을 사용한다.

01 핵심 내용 파악하기

윗글의 제목으로 가장 적절한 것은?

① 스페인의 전통과 역사
② 집시들의 영혼의 자유로움
③ 각국의 전통춤의 다양한 양상
④ 스페인의 열정을 담은 플라멩코
⑤ 스페인의 전통 악기에 대한 고찰

02 세부 내용 파악하기

윗글에 대한 설명으로 적절하지 <u>않은</u> 것은?

① 플라멩코 기타는 클래식 기타보다 더 가볍다.
② 보통 왼손에 드는 카스타뉴엘라의 음이 더 낮다.
③ 춤 없이 노래만으로 이루어진 플라멩코 공연도 있다.
④ 플라멩코에서 노래 다음으로 중요한 것은 춤과 기타이다.
⑤ 플라멩코에서는 무용수의 구두 소리와 손뼉 소리 등이 어우러진다.

중요 03 세부 내용 파악하기

[A]의 내용을 보기 와 같이 정리했을 때, 적절하지 <u>않은</u> 것은?

보기

• 플라멩코의 변화 과정

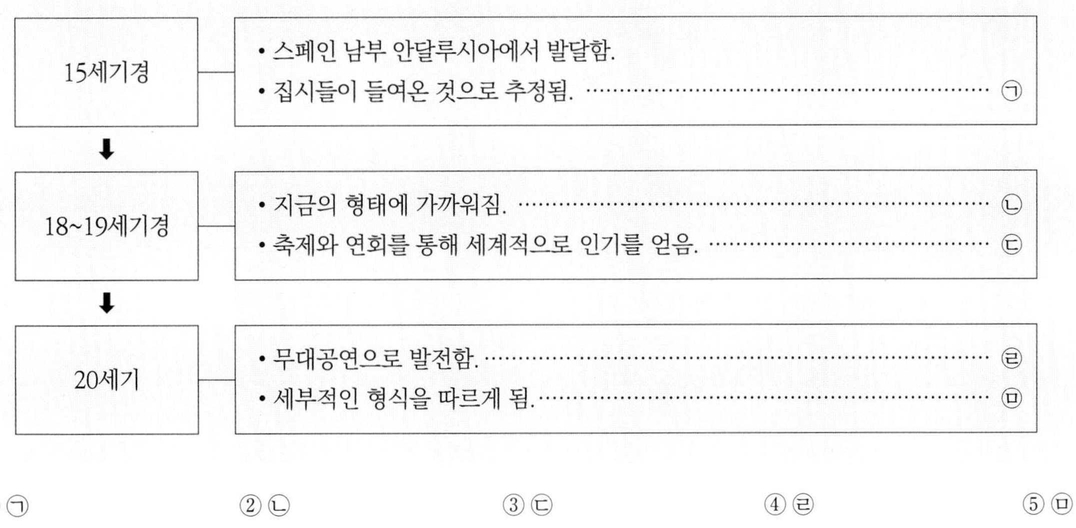

15세기경
• 스페인 남부 안달루시아에서 발달함.
• 집시들이 들여온 것으로 추정됨. ㉠
18~19세기경
• 지금의 형태에 가까워짐. ㉡
• 축제와 연회를 통해 세계적으로 인기를 얻음. ㉢
20세기
• 무대공연으로 발전함. ㉣
• 세부적인 형식을 따르게 됨. ㉤

① ㉠ ② ㉡ ③ ㉢ ④ ㉣ ⑤ ㉤

서답형 04 세부 내용 파악하기

ⓐ, ⓑ에 들어갈 말을 찾아 차례대로 쓰시오.

플라멩코의 노래는 (ⓐ)(이)라고 부르고, 노래와 어우러지는 기타 연주는 (ⓑ)(이)라고 부른다.

20강

문학 – 고전운문

오우가 _ 윤선도

| 정답 및 해설 | 118쪽

한방에! 개념정리

한방에! 핵심정리

갈래	평시조, 연시조
성격	예찬적, 자연 친화적
주제	다섯 자연물의 덕을 예찬
특징	① 대상을 의인화하여 그 속성을 예찬함. ② 자연물로부터 인간이 배워야 하는 덕성을 제시함.
해제	이 작품은 윤선도가 56세 때 해남 금쇄동에 은거할 무렵에 지은 《산중신곡》 속에 들어 있는 6수의 시조로, 물(水)·바위(石)·소나무(松)·대나무(竹)·달(月)을 다섯 벗으로 삼아 서시(序詩) 다음에 각각 그 자연물들의 특질을 들어 자연에 대한 사랑을 표현하였다. 윤선도는 좌절을 안겨준 현실에 무상함을 느끼면서 변하지 않는 자연의 다섯 벗을 찬양하였다.

※ 다음 글을 읽고 물음에 답하시오.

내 벗이 몇이냐 하니 수석과 송죽*이라
동산에 달 오르니 그 더욱 반갑구나
두어라 **이 다섯밖에 또 더하여 무엇하리**

〈제1수〉

구름 빛이 좋다 하나 검기를 자로* 한다
바람 소리 맑다 하나 그칠 적이 하노매라
좋고도 그칠 뉘 없기는 물뿐인가 하노라

〈제2수〉

꽃은 무슨 일로 피면서 쉬이 지고
풀은 어이하여 푸르는 듯 누르나니
아마도 변치 아닐손 바위뿐인가 하노라

〈제3수〉

더우면 꽃 피고 추우면 잎 지거늘
솔아 너는 어찌 눈서리를 모르느냐
구천*에 뿌리 곧은 줄을 그로 하여 아노라

〈제4수〉

나무도 아닌 것이 풀도 아닌 것이
곧기는 뉘 시키며 속은 어이 비었느냐
저렇게 사시*에 푸르니 그를 좋아하노라

〈제5수〉

작은 것이 높이 떠서 만물을 다 비추니
밤 중의 광명이 너만 한 이 또 있느냐
보고도 말 아니 하니 내 벗인가 하노라

〈제6수〉

- 윤선도, 〈오우가〉 -

한방에! 어휘풀이

* 수석(水石)과 송죽(松竹): 물과 바위, 소나무와 대나무.
* 자로: 자주.
* 구천(九泉): 땅속 깊은 밑바닥.
* 사시(四時): 봄·여름·가을·겨울의 네 철.

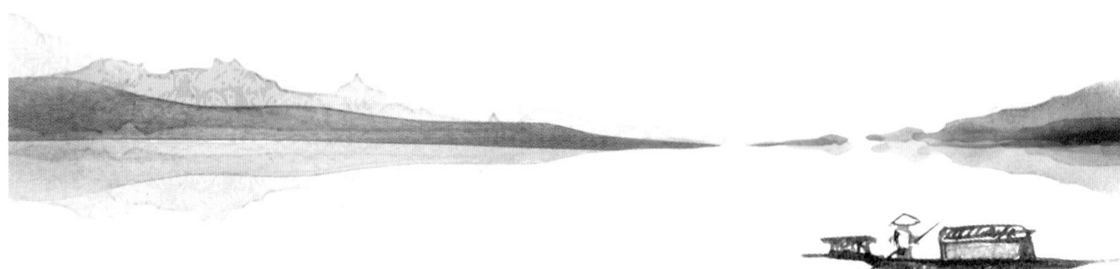

01 표현상의 특징 파악하기

윗글에 대한 설명으로 적절하지 않은 것은?

① 화자는 자연물을 통해 자신이 추구하는 가치를 드러내고 있다.
② 화자는 다른 대상과의 대조를 통해 지향하는 바를 드러내고 있다.
③ 화자는 과거를 성찰하면서 미래의 바람직한 모습을 제시하고 있다.
④ 화자는 관습적 상징을 이용해 그 의미를 이해하기 쉽게끔 돕고 있다.
⑤ 화자는 자연물을 유교적인 가치를 의미하는 매개물로 삼아 예찬하고 있다.

* 성찰(省察): 자기의 마음을 반성하고 살핌.
* 관습(慣習): 어떤 사회에서 오랫동안 지켜 내려와 그 사회 성원들이 널리 인정하는 질서나 풍습.

02 시상 전개 방식 파악하기

윗글의 전개 방식에 대한 설명으로 적절하지 않은 것은?

① 〈제1수〉에 제시된 소재가 이후의 작품에 순서대로 나온다.
② 〈제2수〉의 '구름'은 제3수의 '꽃'과 함축적 의미가 유사하다.
③ 〈제4수〉는 대비적 속성을 통해 대상의 함축적 의미를 드러내고 있다.
④ 〈제5수〉는 속성만으로 대상을 짐작할 수 있게 표현되었다.
⑤ 〈제6수〉의 소재는 이전 소재들의 속성을 아우르고 있다.

* 함축적(含蓄的): 말이나 글이 어떤 뜻을 속에 담고 있는.

중요 03 외적 준거를 바탕으로 작품 감상하기

보기 를 참고하여 윗글을 감상한 내용으로 적절하지 않은 것은?

보기

〈오우가〉는 정치적으로 불우하여 여러 차례 귀양살이를 했던 작가 윤선도가 노년에 은거지에서 정계와 거리를 두고 자기 수양에 힘쓸 때 지은 작품으로 알려져 있다.

① 〈제1수〉의 '이 다섯밖에 또 더하여 무엇하리'는 정계와 거리를 두고 자연에서 안분지족하려는 자세를 드러내고 있다.
② 〈제2수〉의 '구름'과 '바람'은 상황에 따라 변화하는 대상으로서 시대의 흐름에 따라 변모하는 소인배들을 풍자하고 있다.
③ 〈제4수〉에서 '솔'의 특성으로 '구천에 뿌리 곧은' 점을 들어 은거지에 있으면서도 마음은 항상 임금 곁에 있음을 드러내고 있다.
④ 〈제5수〉에서 '곧기는 뉘 시키며'라 하여 자신의 지조가 임금의 권유와 임금의 은혜에 대한 충성에서 비롯되었음을 제시하고 있다.
⑤ 〈제6수〉에서 '작은 것이 높이 떠서 만물을 다 비추'는 '달'을 소재로 삼아 자기 수양을 통해 선비가 가져야 할 덕목을 언급하고 있다.

* 불우하다(不遇하다): 재능이나 포부를 가지고 있으면서도 때를 만나지 못하여 불운하다.
* 은거지(隱居地): 몸을 숨겨 살고 있는 지역.
* 정계(政界): 정치에 관련된 일에 종사하는 조직체나 개인의 활동 분야.
* 수양(修養): 몸과 마음을 갈고닦아 품성이나 지식, 도덕 따위를 높은 경지로 끌어올림.
* 안분지족(安分知足): 편안한 마음으로 제 분수를 지키며 만족할 줄을 앎.

04 소재의 의미 파악하기

윗글의 3연에서 부정적으로 제시된 대상 두 개를 찾아 쓰시오.

문제풀이

20강

문학 – 극수필

동승 _ 함세덕

| 정답 및 해설 | 119쪽

한방에! 개념정리

한방에! 핵심정리

갈래	단막극, 비극, 낭만주의극
성격	비극적, 낭만적
주제	① 어머니에 대한 그리움과 사랑 ② 종교적 교리와 인간적 그리움 사이의 갈등
특징	① 인간의 복합적인 심리를 묘사함. ② 운명과 의지 사이의 갈등을 표현함.
해제	이 작품은 얼굴도 모르는 어머니를 그리워하는 동승 도념, 남편과 아들을 잃고 도념을 양자로 삼고 싶어 하는 미망인, 그리고 도념의 세속적 욕망을 다스리려는 주지 스님을 갈등의 축으로 하여 전개된다. 미망인에게 선물할 털목도리를 만들기 위해 토끼를 잡고, 털목도리를 불상에 걸어 둔 도념의 행동은 불교적 교리에서는 옳지 않지만, 어머니를 향한 인간적 그리움의 표현이기에 연민을 들게 한다.

* 전체 줄거리

도념은 열네 살의 동승으로, 여승과 사냥꾼 사이에서 태어났다. 주지는 도념의 어머니가 불교의 교리를 어기고 죄를 지었다고 가르치며 어머니를 기다리는 일을 포기하라고 하지만, 도념은 어머니에 대한 그리움을 떨치지 못한다. 어느 날 남편과 아들을 잃은 젊은 미망인이 절에 불공을 드리러 오고, 도념은 미망인에게서 어머니의 사랑을 느낀다. 미망인 역시 도념에게 각별한 정을 느껴 도념을 양자로 삼아 함께 서울로 가고자 하나, 주지의 반대에 부딪힌다. 그러다 도념이 미망인을 위해 토끼를 잡아 털목도리를 만들었다는 사실이 밝혀지며 입양은 없던 일이 된다. 눈이 내리는 어느 날, 도념은 어머니를 찾아 절을 떠난다.

※ 다음 글을 읽고 물음에 답하시오.

[앞부분 줄거리] 미망인은 도념을 양자로 삼아 함께 서울로 가고자 하나, 주지는 이를 반대한다. 그러다 도념이 미망인을 위해 토끼를 잡아 털목도리를 만들고, 그 목도리를 관세음보살상의 목에 걸어 놓았다는 사실이 밝혀진다.

도념: (미망인에게 매달리며) 어머니, 저를 데려가 주세요.

미망인: 응, 염려 마라.

주지: 염려 마라니요? 아씨는 그저 애를 데려가실 작정이십니까?

미망인: 그럼은요.

친정 모: 못한다. 넌 얘 하는 짓을 지금껏 두 눈으로 똑똑히 보구두 이러니?

미망인: 어머니, 봤기에 더 한층 데려가구 싶은 생각이 솟았어요. 얼마나 어머니를 그리워했으면 그런 짓을 다 했겠어요? 지금 이 애를 바른 길루 이끌어가려면, 내 사랑 속에서 키우는 것밖에 딴 도리가 없어요.

친정 모: ㉠ 얘는 전생에 제 부모의 죄를 받구 태어났기 때문에 아무리 구할랴구 해두 구할 수가 없단다. 홍역 마마*하듯 이렇게 피하지 못할 죄가 하나씩 둘씩 발병하지 않니? 얘보담, 우리 인철이 영혼 축원할* 도리나 걱정해라.

미망인: 인철인 기왕 죽은 애니까 재를 다시 지내면 그만 아니에요?

친정 모: 얘가 토끼 목도리를 존상* 뒤에다 감춰만 뒀다면 모를까. 젊은 별좌* 얘길 들으니까 어젯밤에 떡 그 더러운 것을 관세음보살님 목에다 걸어 놓구 물끄러미 바라다 보구 있었다는구나.

미망인: (울며 미친 듯이) 어머니, 난 얘 없이는 살 수가 없어요.

주지: 아씨께서 진정으로 얘를 사랑하신다면, 눈앞에 두구 노리개*를 삼으실랴구 하시지 말구 얘 매디매디에 사무쳐 있는 전생*의 죄 속에서 영혼을 구하게 이 절에 둬 주십시오. 자기 한 몸의 죄만 아니라 제 아비 제 어미 죄두 씻어야 할 테니까 얘는 여간한 공덕*을 쌓기 전에는 저승에 가서 무서운 지옥을 면치 못하게 될 것입니다.

도념: ㉡ 스님, 죽어서 지옥에 가드래두 난 내려가겠어요. 찾어오는 사람을 막지 않구 떠나는 사람을 붙들지 않는 것이 우리 절 주의라구 늘 말씀하시지 않으셨습니까?

주지: (열화*같이 노하며) 수다스러, 한번 못 간다면 못 가는 줄 알어라. (미망인을 보고 선언하듯) 아씨께서 서방님을 잃으시고 외아들마저 잃으신 것두 다 전생에 죄가 많으셨던 탓입니다. 아씨 죄두 미처 벗지 못하시구 이 죗덩이를 데려다가 어떻게 하실랴구 이러십니까? ㉢ 두 번 다시 이 이야기를 끌어내시려거든 다신 이 절에 오시지 마십시오.

주지, 뒤도 안 돌아보고 원내*로 들어간다. 친정 모도 뒤따른다. 미망인, 주지의 말에 찔려 전신을 부르르 떤다. 염하다* 놓친 사람 모양으로 털썩 나무등걸에 주저앉아 운다.

도념: 어머님, 이대루 그냥 도망이라두 가시지요.

미망인: 그렇게는 못 한단다. 넌 이 절에 남아서 스님의 말씀 잘 듣구 있어야 한다.

도념: 촛불만 깜박깜박하는 법당*을 또 어떻게 혼자 지켜요? 궂은 비가 줄줄 내리는 밤이나 부엉이가 우는 새벽엔 무서워 죽겠어요.

미망인: ㉣ 너한테는 그게 숙명*이니까 내 힘으로는 어떻게 할 도리가 없구나.

(중략)

멀리 산울림. 초부*, 나무를 안고 나와 지게에 얹고, 담배를 한 대 피운다. 휘날리는 초설*을 머리에 받은 채 슬픈 듯한 표정으로 종소리를 듣는다. 이윽고 종소리 그친다. 도념, 고깔을 쓰고 바랑*을 걸머지고 꺵매기*를 들고 나온다.

초부: (지게를 지고 일어서며) 지금 그 종 네가 쳤니?

도념: 그럼은요. 언제 내가 안 치구 다른 이가 쳤나요?

초부: 밤낮 나무해 가지구 비탈을 내려가면서 듣는 소리지만 오늘은 왜 그런지 유난히 슬프구나. (일어서다가 도념의 옷차림을 발견하고) ㉤ 아니, 너 갑자기 바랑은 왜 걸머지고 나오니?

도념: 이번 가면 다신 안 올지 몰라요. / **초부**: 왜? 스님이 동냥 나가라구 하시든?

도념: 아아니요. 몰래 나가려고 해요.

초부: 이렇게 눈이 오는데 잘 데두 없을 텐데. 어딜 간다구 이러니? 응. 갈 곳이 있니?

도념: 조선 팔도 다 돌아다닐 걸요, 뭐.

초부: 얘, 그런 생각 말구, 어서 가서 스님 말씀 잘 듣구 있거라.

도념: 벌써 언제부터 나가려구 별렀는데요? 그렇지만 스님을 속이고 몰래 도망가기가 차마 발이 떨어지지 않아서 못 갔어요.

초부: 어머니 아버질 찾기나 했으면 좋겠지만 찾지두 못하면 다시 돌아올 수도 없구, 거지밖에 될 게 없을 텐데 잘 생각해서 해라.

도념: 꼭 찾을 거예요. 내가 동냥 달라구 하니까 방문 열구 웬 부인이 나를 한참 바라보구 있더니 별안간 '도념아. 내 아들아, 이게 웬일이냐' 하구 맨발로 마당으로 뛰어 내려오던 꿈을 여러 번 꾸었어요.

초부: 가려거든 빨리 가자. 펑펑 쏟아지기 전에. 이 길루 갈 테니?

도념: 비탈길로 가겠어요. / **초부**: 그럼 잘 — 가라. 난 이 길루 가겠다.

도념: 네. 안녕히 가세요.

초부, 나무를 지고 내려간다. 도념, 두어 걸음 나갈 때 법당에서의 주지의 독경* 소리, 발을 멈추고 생각난 듯이 바랑에서 표주박을 꺼내 잣을 한 움큼 담아서 산문* 앞에 놓는다.

도념: (무릎을 꿇고) 스님, 이 잣은 다람쥐가 겨울에 먹으려구 등걸 구멍에다 모아둔 것을 제가 아침에 몰래 꺼내 뒀었어요. 어머니 오시면 드릴려구요. 동지섣달 긴긴밤 잠이 안 오시어 심심하실 때 깨무십시오. (산문에 절을 한 후) 스님, 안녕히 계십시오.

[A] 멀리 동리*를 내려다보고 길—게 한숨을 쉰다. 정숙. 원내에서는 목탁과 주지의 염불 소리만 청청히* 들릴 뿐. 눈은 점점 펑펑 내리기 시작한다. 도념, 산문을 돌아다보며 돌아다보며 비탈길을 내려간다.

- 함세덕, 〈동승〉 -

한방에! 어휘풀이

* 마마(媽媽): '천연두'를 일상적으로 이르는 말.
* 축원하다(祝願하다): 신적 존재에게 자기의 뜻을 아뢰고 그것이 이루어지기를 빌다.
* 존상(尊像): 지위가 높고 귀한 형상.
* 별좌(別座): 부처를 모신 곳에 음식을 차리는 일. 또는 그 일을 맡아 하는 사람.
* 노리개: 심심풀이로 가지고 노는 물건.
* 전생(前生): 삼생(三生)의 하나. 이 세상에 태어나기 이전의 생애를 이른다.
* 공덕(功德): 좋은 일을 행한 덕으로 훌륭한 결과를 가져오게 하는 능력.
* 열화(熱火): 뜨거운 불길이라는 뜻으로, 매우 격렬한 열정을 비유적으로 이르는 말.
* 원내(園內): 정원의 안.
* 염하다(殮하다): 시신을 수의로 갈아입힌 다음, 베나 이불 따위로 싸다.
* 법당(法堂): 불상을 안치하고 설법도 하는 절의 공간.
* 숙명(宿命): 날 때부터 타고난 정해진 운명. 또는 피할 수 없는 운명.
* 초부(樵夫): 땔나무를 하는 사람.
* 초설(初雪): 그해 겨울이 시작된 후 처음으로 내리는 눈.
* 바랑: 승려가 등에 지고 다니는 자루 모양의 큰 주머니.
* 깽매기: '꽹과리'의 전라도 방언.
* 독경(讀經): 불경을 소리 내어 읽거나 욈.
* 산문(山門): 절 또는 절의 바깥문.
* 동리(洞里): 주로 시골에서, 여러 집이 모여 사는 곳.
* 청청히(淸淸히): 소리가 맑고 깨끗하게.

01 인물의 태도, 심리 파악하기

윗글의 인물에 대한 설명으로 가장 적절한 것은?

① '친정 모'는 '미망인'과 같은 입장을 보이고 있다.
② '초부'는 '미망인'의 처지를 불쌍하게 여기고 있다.
③ '주지'는 '도념'이 떠나려는 것을 알면서도 막지 않고 있다.
④ '도념'은 '초부'에게 자신이 절을 떠난다는 것을 알리고 있다.
⑤ '미망인'은 '도념'의 말을 듣고 함께 도망칠 결심을 하고 있다.

02 연출 계획의 적절성 평가하기

윗글을 연극으로 공연하려고 할 때, ㉠~㉤에 대한 연출 계획으로 적절하지 않은 것은?

① ㉠: 도념을 못마땅하게 여기는 마음이 드러나도록 굳은 얼굴로 연기해야겠군.
② ㉡: 미망인을 따라가고자 하는 의지가 드러나도록 주지에게 매달리듯 말해야겠군.
③ ㉢: 도념과 미망인에 대한 안타까움이 드러나도록 시선을 맞추지 않고 연기해야겠군.
④ ㉣: 도념의 입양을 포기할 수밖에 없는 상황이 드러나도록 도념을 다독이듯이 말해야겠군.
⑤ ㉤: 평소와 다른 도념의 옷차림을 본 것에 대한 반응이 드러나도록 놀란 표정으로 연기해야겠군.

중요

03 외적 준거를 바탕으로 작품 감상하기

보기를 참고했을 때, [A]가 갖는 의미로 가장 적절한 것은?

보기

배경은 작품의 분위기를 형성하며, 인물의 심리 상태나 사건 전개를 암시하는 역할을 하기도 한다. 이때 비나 눈과 같은 배경은 주로 우울함이나 역경 등 부정적인 의미를 갖는다. 한편, 비탈길은 평탄한 길보다 걷기 어려운 속성을 토대로 하여 고난과 시련 등을 의미하는 상징으로 쓰이고는 한다.

① 도념이 자신의 처지를 우울하게 여기고 있음을 보여 준다.
② 도념이 어머니를 찾지 못할 것이라고 생각하고 있음을 보여 준다.
③ 도념이 주지의 반대 때문에 결국 절을 떠나지 못할 것임을 보여 준다.
④ 도념이 어머니를 찾기 위해 순탄하지 않은 여정을 거칠 것임을 보여 준다.
⑤ 도념이 불교적 교리로부터 벗어나기 위해 많은 고난을 겪을 것임을 보여 준다.

* 역경(逆境): 일이 순조롭지 않아 매우 어렵게 된 처지나 환경.
* 평탄하다(平坦하다): 바닥이 평평하다.
* 순탄하다(順坦하다): 삶 따위가 아무 탈 없이 순조롭다.

서답형

04 소재의 의미 파악하기

윗글에서 '주지'에 대한 '도념'의 마음을 드러내는 소재를 찾아 쓰시오.

문제풀이

복습하기

언어

[1] □□□	• 문장에 쓰인 단어들의 관계를 나타내는 조사 • 주로 [2] □□과 결합하지만, 보조사는 다른 단어 뒤에도 결합할 수 있음.
[3] □□□	• 다른 성분들과 문법적 관계를 맺지 않고 독립적으로 쓰이는 감탄사 • 단독으로 문장을 이룰 수 있음.

비문학

1문단	[4] □□□□의 기원
2문단	플라멩코의 발전 과정
3문단	플라멩코의 요소 ① - [5] □□□
4문단	플라멩코의 요소 ② - [6] □□
5문단	플라멩코의 요소 ③ - [7] □□
6문단	플라멩코의 요소 ④ - 카스타뉴엘라

문학 - 오우가(윤선도)

제1수	문답법을 통한 시적 대상 소개
제2수	가변적 존재인 구름·바람과 달리 맑고 깨끗한 [8] □의 불변성 예찬
제3수	순간적인 꽃·풀과 달리 영원한 [9] □□의 덕성 예찬
제4수	눈서리를 이겨 내고 뿌리조차 곧은 [10] □□□의 지조와 절개 예찬
제5수	언제나 푸르른 [11] □□□의 지조와 절개 예찬
제6수	광명의 존재이면서 과묵함의 미덕을 지닌 [12] □ 예찬

문학 - 동승(함세덕)

운명	• 전생의 죄 속에서 영혼을 구하고 부모님의 죄까지 씻어야 함. • [13] □□는 도념이 절을 떠나지 못하게 함.

↕

도념	• [14] □□□을 보며 어머니를 그리워함. • 몰래 절을 떠나 어머니를 찾아 나섬.

정답

1 관계언 2 체언 3 독립언 4 플라멩코 5 바일레 6 칸테 7 토케 8 물 9 바위 10 소나무 11 대나무 12 달 13 주지 14 미망인

펴 낸 이	주민홍
펴 낸 곳	서울특별시 마포구 월드컵북로 396(상암동) 누리꿈스퀘어 비즈니스타워 10층 ㈜NE능률 (우편번호 03925)
펴 낸 날	2022년 12월 12일 초판 제1쇄
전 화	02 2014 7114
팩 스	02 3142 0356
홈 페 이 지	www.neungyule.com www.iap2000.com
등 록 번 호	제 1-68호
정 가	14,000원

NE 능률 IAP BOOKS 아이에이피북스

교재 내용 문의: https://iap2000.com/booksinquiry
제품 구매, 교환, 불량, 반품 문의: 02-2014-7114
☎ 전화문의는 본사 업무시간 중에만 가능합니다.

한수

한 번에 수능까지

완성하는 중학국어

중등 국어 1-1

1. 한 권으로 국어 전 갈래를 한 번에!
2. 시험 출제 빈도가 높은 필수 지문 선정!
3. 국어의 기초체력을 키우는 문해력 개발!

정답 및 해설

- 한수 중학 국어 1-1 -

정답 및 해설

Contents

01강 ······ 02
02강 ······ 08
03강 ······ 14
04강 ······ 20
05강 ······ 26
06강 ······ 32
07강 ······ 37
08강 ······ 44
09강 ······ 50
10강 ······ 56
11강 ······ 62
12강 ······ 68
13강 ······ 74
14강 ······ 80
15강 ······ 86
16강 ······ 92
17강 ······ 98
18강 ······ 104
19강 ······ 110
20강 ······ 116

| 본문 | 9쪽

문법 음운과 음성, 음절

빠른 정답 체크 01 ④ 02 ④ 03 ③ 04 5개, 3개

01 음운, 음성, 음절 이해하기 답 | ④

보기 의 ㉠~㉢에 들어갈 말로 적절한 것은?

보기

(㉠)은 사람들에게 동일한 소릿값을 가졌다고 인식되는 소리이다. (㉠)이 모여 (㉡)을 이룬다. 한편, 추상적이고 관념적인 (㉠)과는 달리 (㉢)은 구체적이고 물리적인 소리를 뜻한다.

정답 선지 분석

	㉠	㉡	㉢
④	음운	음절	음성

음운은 사람들에게 동일한 소릿값을 가졌다고 인식되는 소리이다. 이러한 음운이 모여 하나의 음절을 이룬다. 한편, 음운은 추상적이고 관념적인 소리이지만 음성은 구체적이고 물리적인 소리이다.

02 음절의 구조 이해하기 답 | ④

단어를 이루는 음절 구조의 종류가 적절하게 연결되지 않은 것은?

정답 선지 분석

④ 대여: 자음 + 모음
'대여'의 '대'는 '자음 + 모음'의 구조가 맞으나, '여'는 음절의 첫소리에 오는 'ㅇ'이 음운이 아니므로 '모음'의 구조이다.

오답 선지 분석

① 우유: 모음
'우유'의 '우'와 '유' 모두 '모음'의 구조이다.

② 일임: 모음 + 자음
'일임'의 '일'과 '임' 모두 '모음 + 자음'의 구조이다.

③ 하지: 자음 + 모음
'하지'의 '하'와 '지' 모두 '자음 + 모음'의 구조이다.

⑤ 성장: 자음 + 모음 + 자음
'성장'의 '성'과 '장' 모두 '자음 + 모음 + 자음'의 구조이다.

03 음운의 개수 이해하기 답 | ③

다음 중 음운의 개수가 나머지와 다른 것은?

정답 선지 분석

③ 오늘
'오늘'은 'ㅗ, ㄴ, ㅡ, ㄹ'로 네 개의 음운으로 이루어진 단어이다. 음절의 첫소리에 오는 'ㅇ'은 음운이 아니다.

오답 선지 분석

① 사람
'사람'은 'ㅅ, ㅏ, ㄹ, ㅏ, ㅁ'으로 다섯 개의 음운으로 이루어진 단어이다.

② 만세
'만세'는 'ㅁ, ㅏ, ㄴ, ㅅ, ㅔ'로 다섯 개의 음운으로 이루어진 단어이다.

④ 운반
'운반'은 'ㅜ, ㄴ, ㅂ, ㅏ, ㄴ'으로 다섯 개의 음운으로 이루어진 단어이다.

⑤ 홍보
'홍보'는 'ㅎ, ㅗ, ㅇ, ㅂ, ㅗ'로 다섯 개의 음운으로 이루어진 단어이다.

04 음운과 음절의 개수 이해하기

보기 에 제시된 단어의 음운과 음절의 개수를 차례대로 쓰시오.

보기

어린이

정답

5개, 3개

독서 가스라이팅

빠른 정답 체크 01 ① 02 ② 03 ② 04 외상 후 스트레스 장애

최근 사회적으로 '가스라이팅'이란 단어가 대두되며 가스라이팅의 피해 사례와 문제점에 대해 활발히 조명되고 있다. 가스라이팅은「가해자가 피해자의 심리 또는 상황을 조종하며 피해자 스스로 이와 같은 사실을 인지하지 못하게 만들고 자신을 의심하게 만듦으로써 피해자에게 심리적으로 지배력을 강화하는 행위」이다. 이와 같은 용어는 1938년 작 〈가스등〉이란 연극에서 유래되었다. 가스라이팅은 정서적으로 고통을 유발하기 때문에 정서적 학대의 한 유형으로 정의할 수 있다.

「」: 가스라이팅의 정의 / '가스라이팅' 용어의 유래

▶ 1문단: 연극 〈가스등〉에서 유래한 정서적 학대, 가스라이팅

「가스라이팅 가해자는 피해자의 기억을 지속적으로 부정하거나 실수를 과장하여 피해자가 스스로를 의심하게 만든다. 또 피해자의 요구나 감정을 왜곡하거나, 진짜로 일어난 일을 일어나지 않았다고 하는 등의 행위를 지속한다.」 예컨대 가해자는 피해자에게 "당신 말은 틀렸어.", "너의 기억은 잘못된 거야." 등의 말로 피해자로부터 자존감과 판단 능력을 빼앗는다.

「」: 가스라이팅의 과정 / 가스라이팅의 예시

▶ 2문단: 가스라이팅의 과정

이러한 행위가 계속 지속되면 피해자는 가스라이팅에 세뇌당해 가해자의 생각만을 맞다고 여기게 된다. 그리고 자신이 인식하고 판단하는 모든 것을 의심하게 되어 자존감이 떨어지며, 스스로 정확히 판단하지 못하게 되면서 일상생활이 어려워진다. 이것이 반복되어 극단적인 상황까지 가게 되면 가볍게는 우울증, 심하게는 외상 후 스트레스 장애를 겪기도 한다.

가스라이팅으로 인해 발생하는 문제 ① / 가스라이팅으로 인해 발생하는 문제 ② / 가스라이팅으로 인해 발생하는 문제 ③ / 가스라이팅으로 인해 발생하는 문제 ④

▶ 3문단: 가스라이팅이 지속될 경우 발생할 수 있는 문제

그렇다면 가스라이팅은 보통 어떤 경우에 일어날까? 대개는 가족, 친구, 연인 등의 관계나 학교, 군대 또는 직장 등의 집단에서 일어난다. 즉, 원래라면 수평적이어야 할 관계에서 한쪽이 권력으로 상대를 통제하고 억압하려 할 때 가스라이팅이 이뤄지게 된다.「예컨대 가족의 경우 부모나 형제가 자식이나 동생을 과하게 통제하려 하고 오히려 자신은 피해자로 프레임화*하는 데서 나타나는데, "너 잘되라고 하는 말이다.", "너는 예전에는 말 잘 들었는데 지금은 왜 이러니?", "널 잘못 키운 내 죄지." 등의 표현이 이에 해당한다.」

가스라이팅이 일어나는 주된 관계 / 가스라이팅이 일어나는 이유 / 「」: 가스라이팅의 사례

▶ 4문단: 가스라이팅이 일어나는 주된 관계

정신분석가이자 심리치료자인 로빈 스턴은 가스라이팅은 자각만 한다면 스스로 빠져나올 수 있다고 이야기하며 자신의 저서인 《가스등 이펙트》를 통해 이에 대처하기 위한 몇 가지 방법을 제시했다. 첫째, 왜곡과 진실을 구분하기, 둘째, 상대방과의 대화가 한쪽에 책임을 전가하고 다른 쪽은 피해자로 만드는 식으로 흘러간다면 피하기, 셋째, 자신이 받아들일 때의 느낌을 중요하게 여기기 등이 그것이다. 피해자는 스스로 자신이 가스라이팅을 당하고 있는 것은 아닌지 의심해 보고, 그렇다는 생각이 들면 과감하게 상대와의 관계를 단절해야 가스라이팅에서 벗어날 수 있다.

가스라이팅 대처 방안 ① / 가스라이팅 대처 방안 ② / 가스라이팅 대처 방안 ③ / 가스라이팅 대처 방안 ④

▶ 5문단: 가스라이팅의 대처 방안

* 프레임화: 일정한 격식이나 형식을 갖추게 됨. 또는 그렇게 되게 함.

01 세부 내용 파악하기 답 | ①

윗글의 내용으로 적절한 것은?

정답 선지 분석

① 가스라이팅이라는 용어는 연극에서 유래되었다.

1문단에서 가스라이팅이라는 용어는 1938년 작 〈가스등〉이란 연극에서 유래되었다고 밝히고 있다.

오답 선지 분석

② 가스라이팅은 보통 가족과 친구, 연인 사이에서만 나타난다.

4문단에서 가스라이팅은 가족, 친구, 연인 등의 관계 외에도 학교, 군대 또는 직장 등에서도 일어난다고 이야기하고 있다.

③ 가스라이팅은 반드시 다른 이의 도움이 있어야만 벗어날 수 있다.

5문단에서 가스라이팅은 자각만 한다면 스스로 빠져나올 수 있다고 언급하고 있다.

④ 가스라이팅의 피해자는 타인을 의심함으로써 판단 능력을 상실한다.

2문단에서 가스라이팅 가해자는 피해자가 스스로를 의심하게 만든다고 하고 있기 때문에 타인을 의심한다는 것은 적절하지 않다.

⑤ 로빈 스턴은 가스라이팅에서 벗어나기 위해서는 가해자와 맞서야 한다고 주장한다.

5문단에서 로빈 스턴은 가스라이팅을 자각할 필요성에 대해 언급하고 있으나, 가해자와 맞서야 한다고 주장하고 있지 않다.

02 구체적 사례에 적용하기 답 | ②

다음 중 가스라이팅에 해당하지 않는 행위는?

정답 선지 분석

② 동료가 갚지 않은 돈을 갚았다고 감싸주는 것

가스라이팅은 가해자가 피해자를 스스로 의심하게 만들고, 자신의 잘못이 아닌 것도 자신의 잘못으로 여기게 하는 행동이다. 그러나 거짓말로 동료를 감싸주는 것은 피해자가 스스로를 의심하게 하는 행동이 아니다. 따라서 가스라이팅에 해당하는 행위로 볼 수 없다.

오답 선지 분석

① 아내의 잘못을 과장해서 여러 번 말하는 것

실수나 잘못을 과장해서 피해자가 스스로 의심하게 하는 행위이므로 가스라이팅에 해당한다.

③ 친구에게 같이 놀지 않으면 절교하겠다고 말하는 것

피해자의 상황을 하나로 고정하여 조작하고 친구의 의미를 왜곡하고 있으므로 가스라이팅에 해당한다.

④ 성적이 잘 안 나온 걸 보고 머리가 나쁘다고 구박하는 것

피해자의 실수를 과장하여 능력을 무시하고 깎아내리고 있으므로 가스라이팅에 해당한다.

⑤ 막내가 잘못했는데 첫째에게 잘 안 지켜봤다고 혼내는 것

피해자가 잘못하지 않았는데도 책임을 전가하고 자존감과 판단 능력을 빼앗고 있기 때문에 가스라이팅에 해당한다.

03 글쓰기 과정 파악하기

답 | ②

보기 중, 윗글을 보충할 자료로 적절한 것은?

보기

ㄱ. 연극 〈가스등〉의 줄거리
ㄴ. 가스라이팅 가해자의 상담 자료
ㄷ. 가스라이팅 용어가 오용되는 세태 인터뷰 자료
ㄹ. 가스라이팅으로 일어난 사건을 다룬 신문 기사

정답 선지 분석

② ㄱ, ㄹ

ㄱ. 1문단에서 가스라이팅 용어의 유래가 된 연극 〈가스등〉을 언급하며, 〈가스등〉의 줄거리를 함께 보충하여 설명한다면 가스라이팅에 대한 이해를 도울 수 있다.

ㄹ. 가스라이팅이 사회적으로 어떤 파장을 가져오는지, 사회적인 측면에서 바라볼 수 있는 신문 기사를 인용한다면 개인적인 측면에서의 문제점만을 다루고 있는 윗글의 내용을 보충하여 설명할 수 있다.

오답 선지 분석

ㄴ. 가스라이팅 가해자의 상담 자료는 가스라이팅으로 인해 발생할 수 있는 피해와 가스라이팅에서 벗어나기 위해 알아야 할 것들을 다루고 있는 윗글의 내용과 어울리지 않는다.

ㄷ. 가스라이팅 용어가 오용되는 세태에 대해서는 윗글에서 언급된 바가 없기 때문에 보충할 자료로 적절하지 않다.

04 세부 내용 파악하기

빈칸에 들어갈 말로 적절한 것을 윗글에서 찾아 4어절로 쓰시오.

가스라이팅의 피해자는 가스라이팅에 점점 익숙해지면서 가해자의 생각에 동조하게 되고, 피해자는 자신의 모든 것을 의심하며 스스로 정확한 판단을 내리지 못하게 된다. 이 과정에서 피해자는 우울증을 겪는 경우가 많은데 최악의 경우 (   )을/를 겪기도 한다.

정답

외상 후 스트레스 장애

문학 1

가 까마귀 싸우는 골에(영천 이씨)
나 까마귀 검다 하고(이직)

빠른 정답 체크 01 ② 02 ③ 03 ⑤ 04 백로

가

까마귀(부정) ↔ 백로(긍정)

㉠ 까마귀(소인배, 간신, 이성계 일파) 싸우는 골에(부정적 공간) ㉡ 백로(대인배, 충신, 정몽주)야 가지 마라(명령형) — 가지 말아야 할 까닭
▶ 백로와 까마귀가 어울리는 것을 경계함

[A]
성낸 까마귀(까마귀의 속성) ㉢ 흰빛(백로의 속성 → 지조, 절개)을 시샘할세라
▶ 까마귀와 어울리지 말아야 하는 이유를 밝힘
청강*(긍정적 공간)에 기껏 씻은 몸(백로의 본성)을 더럽힐까 하노라(영탄법)
▶ 백로의 깨끗함을 잃을까 염려함

- 영천 이씨, 〈까마귀 싸우는 골에〉 -

* 청강(淸江): 맑은 물이 흐르는 강.

나

까마귀(긍정) ↔ 백로(부정)

㉣ 까마귀 검다 하고 ㉤ 백로야 웃지 마라(명령형)
▶ 백로의 행동을 비판함

[B]
겉(외양)이 검은들 속(본질, 내면)조차 검을쏘냐(설의법)
▶ 겉과 속이 같음을 강조하며 까마귀를 옹호함
아마도 겉 희고 속 검은 것(표리부동(겉으로 드러나는 언행과 속으로 가지는 생각이 다름)한 사람)은 너(백로를 의인화)뿐인가 하노라(영탄법)
▶ 백로의 표리부동한 모습을 비판함
(본성: 백로)

- 이직, 〈까마귀 검다 하고〉 -

01 표현상의 특징 파악하기

답 | ②

(가)와 (나)에 대한 설명으로 적절한 것은?

정답 선지 분석

② (가)와 (나)는 색채어를 활용하여 대상의 속성을 부각하고 있다.

(가)와 (나)는 모두 까마귀의 검은색과 백로의 흰색의 대비를 통해 까마귀와 백로의 속성을 부각하고 있다. (가)는 까마귀를 소인배로, 백로를 대인배로 설정하여 까마귀를 비판하고 있고, (나)는 까마귀와 달리 겉과 속이 다른 백로를 비양심적인 존재로 설정하여 비판하고 있다.

오답 선지 분석

① (가)와 (나)는 어순을 도치하여 시구의 의미를 강조하고 있다.
(가)와 (나)는 모두 어순의 도치를 사용하지 않는다.

③ (가)와 (나)는 설의적인 표현을 사용해 화자의 가치관을 강조하고 있다.
(나)만 '겉이 검은들 속조차 검을쏘냐'에서 설의적 표현을 사용하고 있다.

④ (가)는 (나)와 달리 4음보를 규칙적으로 사용하여 안정된 리듬감을 형성하고 있다.
(가)와 (나) 모두 평시조로서 4음보를 규칙적으로 사용하고 있다.

⑤ (가)는 대조를 통해 대상을 풍자하고, (나)는 자연물의 속성을 통해 교훈을 주고 있다.
(가)는 흰 백로와 검은 까마귀의 속성을 대조하여 교훈을 주고 있고, (나)는 겉과 속이 같은 까마귀와 겉과 속이 다른 백로의 대조를 통해 백로의 표리부동한 모습을 풍자하고 있다.

02 핵심 어구 이해하기 답 | ③

[A]와 [B]에 대한 이해로 적절하지 않은 것은?

정답 선지 분석

③ [A]에서 '청강에 기껏 씻은 몸'은 까마귀가 깨끗한 본성을 회복한 상태를 의미한다.

[A]에서 '청강에 기껏 씻은 몸'은 백로의 깨끗한 본성을 의미한다.

오답 선지 분석

① [A]에서 화자는 백로의 지조와 절개가 훼손되는 것을 걱정하고 있다.

[A]의 '더럽힐까 하노라'를 통해 화자가 백로의 '청강에서 기껏 씻은 몸', 즉 백로의 지조와 절개가 훼손될까 봐 걱정하고 있음을 알 수 있다.

② [A]에서는 나쁜 무리와 어울리는 것을 경계하는 이유가 제시되어 있다.

[A]에서는 백로의 속성이 까마귀의 시샘으로 인해 더러워질까 봐 까마귀와 어울리는 것을 경계하고 있음을 알 수 있다.

④ [B]에서는 백로를 의인화하여 풍자하고 있다.

[B]에서는 '너뿐인가 하노라'라고 하며 백로를 의인화하여 풍자하고 있다.

⑤ [B]에서는 외양과 내면의 비교를 통해 까마귀를 옹호하고 있다.

[B]에서는 '겉이 검은들 속조차 검을쏘냐'라고 하며 외양과 내면의 비교를 통해 백로를 풍자하며 까마귀를 옹호하고 있다.

03 시어의 의미 이해하기 답 | ⑤

보기 를 참고하여 ㉠~㉤을 이해한 내용으로 적절하지 않은 것은?

보기

(가)는 조선을 개국하려는 이성계 일파와 고려에 충성을 다하려는 사람들을 비유적으로 표현하며 군자로서의 절의를 지킬 것을 권하고 있고, (나)는 고려 유신으로서 조선 개국에 참여한 작가가 자신의 행위의 정당성을 작품을 통해 표출하며 겉과 속이 다른 사람들을 비판하고 있다.

정답 선지 분석

⑤ ㉤은 ㉡과 동일한 존재로 표리부동한 인간을 상징한다.

㉤은 겉과 속이 다른 표리부동한 인간을 상징한다. 그러나 ㉡은 지조와 절개를 지키는 충신으로 표리부동한 인간으로 볼 수 없다.

오답 선지 분석

① ㉠은 지조와 절개를 저버린 소인배로 작가가 경계하는 대상이다.

㉠은 지조, 절개를 저버려 작가가 경계하는 이성계 일파를 가리킨다.

② ㉡은 군자로서의 절의를 지키는 존재로 이성계 일파와 대립한다.

㉡은 이성계 일파와는 대립하여 군자로서의 지조와 절개를 지키고자 하는 고려의 충신들을 가리킨다.

③ ㉢은 고려의 충신들이 지닌 지조와 절개를 가리킨다.

㉢은 백로의 속성으로 고려의 충신들이 지닌 대인배적 속성인 지조와 절개를 가리킨다.

④ ㉣은 작가가 자신의 행위의 정당성을 주장하기 위해 자신과 동일시하는 대상이다.

(나)의 화자는 ㉣을 옹호하면서 ㉤을 비판하고 있다. 즉 ㉣은 고려 유신으로서 조선 개국에 참여한 작가가 자신의 행위를 정당화하기 위해 사용한 소재이다.

04 소재의 의미 파악하기

(나)의 '너'가 가리키는 대상을 찾아 쓰시오.

정답

백로

문학 2 자전거 도둑(박완서)

빠른 정답 체크 01 ① 02 ② 03 ③ 04 신사

[앞부분 줄거리] 시골에서 서울로 올라온 소년 수남이는 전기 용품점에서 일을 한다. 수남이는 부지런해서 주위 사람들에게 칭찬을 받고, 자신에게 친절한 주인 영감님을 잘 따른다. 어느 날 영감님의 심부름으로 거래처에 수금을 하던 중, 세워둔 자전거가 바람에 넘어져 신사의 자동차에 작은 흠집을 내게 되어 수남이는 곤경에 처한다.

신사는 다시 네놈은 쳐다보기도 싫다는 듯이 수남이를 전혀 상대 안 하고, 묵묵히 자전거 바퀴에다 자물쇠를 채우고, 앞에 빌딩을 가리키면서,

"나 저기 306호실에 있으니까 돈 오천 원 갖고 와. 그러면 열쇠 내 줄 테니."
(수남에게 수리비를 꼭 받아 내려는 인정 없는 신사의 성격)

하고는 수남이를 힐끗 흘겨보고 유유히 빌딩 속으로 사라져 갔다.

수남이는 울지도 못하고 빌지도 못하고 그냥 막연히 서 있었다. (전지적 작가 시점) 수남이와 신사의 시비를 흥미진진하게 구경하던 사람들도 헤어지지 않고 그냥 서 있었다. 아마 수남이가 앙앙 울거나, 펄펄 뛰면서 욕을 하거나 그런 일이 일어나 주기를 기다리는 눈치였다.
(흥미로운 구경거리가 더 생기기를 바람 → 도시 사람들의 비도덕적이고 이기적인 모습)

수남이는 바보가 돼 버린 아이처럼 조용히 멍청히 서 있었다. 누군가가 나직이 속삭였다.

"토껴라 토껴. 그까짓 것 갖고 토껴라."
(구경꾼들의 무책임한 부추김 ①)

그것은 악마의 속삭임처럼 은밀하고 감미로웠다. (수남의 내적 갈등) 수남이의 가슴은 크게 뛰었다. 이번에는 좀 더 점잖고 어른스러운 소리가 나섰다.

㉠ "그래라, 그래. 그까짓 거 들고 도망가렴. 뒷일은 우리가 감당할게."
(구경꾼들의 무책임한 부추김 ②)

그러자 모든 구경꾼이 수남이의 편이 되어 와글와글 외쳐 댔다.

"도망가라, 어서어서 자전거를 번쩍 들고 도망가라, 도망가라."
(구경꾼들의 무책임한 부추김 ③)

수남이는 자기 편이 되어 준 이 많은 사람들을 도저히 배반할 수 없었다. (수남이 자전거를 들고 도망갈 수 있는 명분을 만들어 줌) 이상한 용기가 솟았다. 수남이는 자전거를 마치 검부러기*처럼 가볍게 옆구리에 끼고 질풍같이 달렸다.

「정말이지 조금도 안 무거웠다. 타고 달릴 때보다 더 신나게 달렸다. ㉡ 달리면서 마치 오래 참았던 오줌을 시원스레 내깔기는 듯한 쾌감까지 느꼈다.」
(「」: 잘못된 행동임을 인지하면서도 쾌감을 느낌 → 내적 갈등을 유발하는 계기)

주인 영감님은 자전거를 옆에 끼고 질풍처럼 달려온 놈을 눈을 휘둥그렇게 뜨고 바라볼 뿐이었다. 오늘 바람이 세더니만 필시 이 조그만 놈이 바람에 날아왔나, 설마 그럴 리야 없을 텐데 내 눈이 어떻게 된 것인가 그런 눈치였다.

수남이는 너무 숨이 차서 이런 주인 영감님의 궁금증을 시원히 풀어 주지 못하고 한동안 헉헉대기만 한다.

㉢ "임마, 말을 해. 무슨 일이야? 네놈 꼴이 영락없이 도둑놈 꼴이다, 임마."

수남의 죄책감을 불러일으키는 말

도둑놈 꼴이라는 소리가 수남이의 가슴에 가시처럼 걸린다. 수남이는 겨우 숨을 가라앉히고 자초지종을 주인 영감님께 고해* 바친다. 다 듣고 난 주인 영감님은 무엇이 그리 좋은지 무릎을 치면서 통쾌해 한다.

주인 영감의 말에 죄책감을 느낌 → 죄책감을 '가시'로 표현

자전거를 들고 도망친 일

"잘 했다, 잘 했어. 맨날 촌놈인 줄만 알았더니 제법인데, 제법이야."

수남의 잘못을 오히려 칭찬함 → 주인 영감에 대한 수남의 생각이 변하게 된 계기

그리고는 가게에서 쓰는 드라이버니 펜치를 가지고 자전거에 채운 자물쇠를 분해하기 시작한다. 엎드려서 그 짓을 하고 있는 주인 영감님이 수남이의 눈에 흡사 도둑놈 두목 같아 보여 속으로 정이 떨어진다. ㉣ 주인 영감님 얼굴이 누런 똥빛인 것조차 지금 깨달은 것 같아 속이 메스껍다.

주인 영감에 대한 생각이 달라짐 (이전: 애정과 감사 → 이후: 불쾌함)

비양심성, 부도덕성을 상징

마침내 자물쇠를 깨뜨렸나 보다. 영감님 얼굴에 회심*의 미소가 떠오르더니 자유롭게 된 자전거 바퀴를 시험이라도 하려는 듯이 자전거로 골목을 한 바퀴 빙그르르 돌아 들어와서는,

"네놈 오늘 운 텄다."

수남의 부도덕한 행동에 대한 주인 영감의 생각 → 물질적 가치만을 중시하는 성격이 드러남

그리고는 수남이의 머리를 쓰다듬고 볼과 턱을 두둑한 손으로 귀여운 듯이 감쌌다. 영감님이 기분이 좋을 때면 수남이에 대한 애정의 표시로 으레* 그렇게 했었고, 수남이도 그걸 좋아했었다.

그런데 오늘은 싫다. 영감님의 손이 싫다. 그것이 운 트기는커녕 재수 옴 붙었다는 생각이 여전하고, 수남이는 그날 온종일 우울했다. 그러나 자기가 왜 그렇게 우울한지 그걸 차분히 생각할 새도 없는 바쁜 하루였다. 가게 문을 닫고 주인댁에서 날라 온 저녁밥을 먹고 나면 비로소 수남이 혼자만의 시간이다. 꿀 같은 시간이었다. 책을 펴 놓고 영어 단어를 찾고, 수학 문제를 풀어 보고, 턱을 괴고 소년답게 감미로운 공상*에 잠길 수 있는 그런 시간이었다. 그러나 오늘 수남이는 그게 되지를 않았다. 책을 집어 던졌다. 「낮에 내가 한 짓은 옳은 짓이었을까? 옳을 것도 없지만 나쁠 것은 또 뭔가. 자가용까지 있는 주제에 나 같은 아이에게 오천 원을 우려내려고 그렇게 간악*하게 굴던 신사를 그 정도 골려 준 것이 뭐가 나쁜가? 그런데도 왜 무섭고 떨렸던가. 그때의 내 꼴이 어땠으면, 주인 영감님까지 "네놈 꼴이 꼭 도둑놈 꼴이다."고 하였을까. 그럼 내가 한 짓은 도둑질이었단 말인가.」

부도덕한 주인 영감에 대한 거부감

오늘 일에 대한 수남의 생각 → 주인 영감과 반대됨

자신의 행동에 대한 갈등

「」: 내적 갈등을 겪는 수남의 심리-자신을 변호하면서도 부도덕한 행동을 하면서 쾌감을 느낀 자신을 자책함

[중간 부분 줄거리] 수남이는 과거 도둑질로 인해 순경에게 잡혀갔던 형과, 도둑질을 하지 말라던 아버지의 말씀을 떠올린다.

"무슨 짓을 하든지 그저 도둑질을 하지 말아라, 알았쟈."

아버지의 당부 → 양심적으로 사는 것을 중요하게 여기고 있음

그런데 도둑질을 하고 만 것이다. 하지만 수남이는 스스로 그것은 결코 도둑질이 아니었다고 변명을 한다.

그런데 왜 그때, 그렇게 떨리고 무서우면서도 짜릿하니 기분이 좋았던 것인가? 문제는 그때의 그 쾌감이었다. 자기 내부에 도사린* 부도덕성이었다. 오늘 한 짓이 도둑질이 아닐지 모르지만 앞으로 도둑질을 할지도 모르겠다는 생각이 들었다. 형의 일이 자기와 정녕 무관한 일이 아니란 생각이 들었다.

옳지 않은 일을 하면서도 쾌감을 느낀 것에 대해 혼란스러움

자신의 부도덕성에 대한 성찰

형과 같은 도둑이 될지도 모른다고 생각

소년은 아버지가 그리웠다. 도덕적으로 자기를 견제해 줄 어른이 그리웠다. 주인 영감님은 자기가 한 짓을 나무라기는커녕 손해 안 난 것만 좋아서 "오늘 운 텄다."고 좋아하지 않았던가.

자신을 도덕적으로 이끌어줄 어른

자신의 부도덕성을 칭찬함 → 현대인의 부도덕성을 보여주는 인물

수남이는 짐을 꾸렸다. 아아, 내일도 바람이 불었으면. 바람이 물결치는 보리밭을 보았으면.

고향으로 돌아갈 것을 결심

도시의 '바람'과 대비되는 긍정적인 의미의 바람 → 생동감이 넘침 (도시의 '바람' → 앞으로 일어날 불길한 사건을 암시, 을씨년스러운 분위기를 조성)

㉤ 마침내 결심을 굳힌 수남이의 얼굴은 누런 똥빛이 말끔히 가시고, 소년다운 청순함으로 빛났다.

갈등의 해소 → 순수한 모습으로 돌아옴

- 박완서, 〈자전거 도둑〉 -

* 검부러기: 검불의 부스러기.
* 고하다(告하다): 어떤 사실을 알리거나 말하다.
* 회심(會心): 마음에 흐뭇하게 들어맞음. 또는 그런 상태의 마음.
* 으레: 두말할 것 없이 당연히.
* 공상(空想): 현실적이지 못하거나 실현될 가망이 없는 것을 막연히 그리어 봄. 또는 그런 생각.
* 간악(奸惡): 간사하고 악독함.
* 도사리다: 마음이나 생각 따위가 깊숙이 자리잡다.

01 구절의 의미 파악하기 답 | ①

㉠~㉤에 대한 이해로 적절하지 않은 것은?

정답 선지 분석

① ㉠: 도시 사람들은 수남의 일을 자신의 일처럼 여기고 있다.

㉠은 수남의 일을 자신의 일처럼 여기는 것이 아닌, 그저 구경거리로만 여기고 있는 부도덕하고 이기적인 모습을 보여 주고 있는 것이다.

오답 선지 분석

② ㉡: 수남의 내적 갈등이 일어나는 원인이 된다.

수남은 자전거를 들고 달려가면서 상쾌한 해방감을 느낀다. 이후 수남은 잘못된 행동임에도 쾌락을 느낀 자신에 대해 내적 갈등을 겪게 된다.

③ ㉢: '도둑놈 꼴'이라는 말을 들은 수남은 양심의 가책을 느끼게 된다.

'도둑놈 꼴'이라는 말은 수남에게 양심의 가책을 불러일으킨다.

④ ㉣: 수남은 자신을 칭찬해주는 주인 영감님에게 오히려 거부감을 느끼고 있다.

'속이 메스껍다.'는 표현에서 수남이 주인 영감에게 거부감을 느끼고 있음을 알 수 있다.

⑤ ㉤: 수남이 자책감에서 벗어나 갈등을 해소했음을 알 수 있다.

'소년다운 청순함으로 빛났다.'를 통해 수남이 도덕성을 회복하며 갈등이 해소됐음을 알 수 있다.

02 핵심 어구 파악하기 답 | ②

누런 똥빛이 의미하는 바로 적절한 것은?

정답 선지 분석

② 부도덕한 행동

'누런 똥빛'은 물질적 이익만을 추구하는 현대인들의 부도덕성과 비양심성을 의미한다. 따라서 윗글에서는 이런 부도덕성과 비양심성에 대해 비판하며 도덕성과 양심 회복의 필요성을 강조하고 있다.

03 외적 준거를 통해 작품 이해하기 답 | ③

보기 를 읽고 윗글에서 나타난 갈등 상황으로 적절하지 않은 것은?

보기

갈등이란 소설에서 등장인물이 겪게 되는 대립적 관계로서 개인의 어떤 정서나 동기가 다른 정서나 동기와 대립되기 때문에 생겨난다. 개인과 개인, 개인과 사회, 개인과 운명이 서로 대립되어 나타날 수 있는 인물과 인물, 인물과 환경 사이의 갈등을 '외적 갈등'이라 하고, 한 인물의 심리적 갈등을 '내적 갈등'이라고 한다.

정답 선지 분석

③ 아버지는 수남이 도둑질을 하지 못하게 견제하므로 수남과는 갈등 관계에 해당한다.

아버지가 수남에게 도둑질을 하지 못하게 견제하는 것은 수남에게 긍정적인 역할을 하고 있으므로 수남과 갈등 관계라고 볼 수 없다.

오답 선지 분석

① 구경꾼들은 수남의 내적 갈등을 부추기고 있다.

구경꾼들은 멍청하게 서 있는 수남에게 자전거를 들고 도망치라고 이야기를 하고 있다. 이에 수남은 구경꾼들의 말이 마치 '악마의 속삭임'처럼 들렸다는 점에서 구경꾼들의 말은 수남의 내적 갈등을 부추기고 있는 것으로 볼 수 있다.

② 수남은 심리적 갈등을 해소하기 위해 아버지가 계신 고향으로 내려가기로 결심한다.

윗글의 마지막에서 수남은 심리적 갈등, 즉 내적 갈등을 해소하기 위해 아버지가 계신 고향으로 내려가기로 결심하고 있음을 알 수 있다.

④ 보상금을 요구하는 신사와 보상금을 주지 않으려는 수남의 갈등은 외적 갈등에 해당한다.

바람 때문에 수남의 자전거가 쓰러지면서 신사의 고급 차에 흠집을 내자 보상을 요구하는 신사와 보상금을 주지 않으려는 수남 사이에서 갈등이 발생한다. 이는 개인과 개인의 갈등으로 외적 갈등에 해당한다.

⑤ 수남은 자전거를 들고 도망치면서 느낀 쾌감과 자신의 부도덕한 행동에 대한 죄책감 사이에서 내적 갈등을 겪고 있다.

수남은 자전거를 들고 도망치면서 쾌감을 느끼지만, 자신의 부도덕한 행동에 대한 죄책감과 두려움을 동시에 느끼고 있다. 이는 개인의 정서가 대립되는 내적 갈등에 해당한다.

04 작품의 주제 파악하기

빈칸에 들어갈 인물을 윗글에서 찾아 쓰시오.

이 소설은 경제 개발이 활발하게 전개되던 1970년대를 배경으로 한다. 1960년대 이후 경제 개발 계획에 따른 산업화가 급속하게 진행되면서 도시와 농촌 간의 격차는 더욱 심화되었고, 물질적인 가치만을 중시하는 사회 분위기가 형성되었다. 윗글에서는 '주인 영감'과 '(　　　)'의 모습을 통해 도덕성을 잃고 물질적 욕심만을 채우려는 사람들의 모습을 보여 주고 있다.

정답

신사

02강

| 본문 | 21쪽

문법 단모음과 이중 모음

빠른 정답 체크 01 ④ 02 ① 03 ④ 04 혀의 위치

01 모음의 특징 파악하기 답 | ④

모음에 대한 설명으로 적절하지 않은 것은?

정답 선지 분석

④ 단모음은 발음할 때 처음과 끝의 소리가 같지 않지만 이중 모음은 같다.
단모음은 발음할 때 처음과 끝의 소리가 같지만 이중 모음은 발음하는 도중에 입술 모양이나 혀의 위치가 달라지기 때문에 처음과 끝의 소리가 같지 않다.

오답 선지 분석

① '달'과 '돌'의 뜻을 구분해주고 있다.
'달'과 '돌'은 가운뎃소리, 즉, 모음 'ㅏ'와 'ㅗ'로 뜻이 구별되고 있다.

② 모음은 총 21개로, 단모음 10개와 이중 모음 11개로 이루어져 있다.
모음은 단모음 10개와 이중 모음 11개로 총 21개로 이루어져 있다.

③ 모음은 공기의 흐름이 발음 기관의 장애를 받지 않고 나오는 소리이다.
모음은 공기의 흐름이 발음 기관의 장애를 받지 않고 나오는 소리이다.

⑤ 단모음은 발음할 때 입술이나 혀가 움직이지 않지만 이중 모음은 움직인다.
단모음은 발음하는 도중에 입술 모양이나 혀의 위치가 달라지지 않는 모음이고, 이중 모음은 발음하는 도중에 입술 모양이나 혀의 위치가 달라지는 모음을 의미한다.

02 단모음과 이중 모음 이해하기 답 | ①

다음 중 단모음으로만 이루어진 단어는?

정답 선지 분석

① 개구리
단모음에는 'ㅏ, ㅐ, ㅓ, ㅔ, ㅗ, ㅚ, ㅜ, ㅟ, ㅡ, ㅣ'가 있고, 이중 모음에는 'ㅑ, ㅒ, ㅕ, ㅖ, ㅘ, ㅙ, ㅛ, ㅝ, ㅞ, ㅠ, ㅢ'가 있다. 개구리의 'ㅐ, ㅜ, ㅣ'는 모두 단모음에 해당한다.

오답 선지 분석

② 야구
'야구'의 'ㅑ'는 이중 모음, 'ㅜ'는 단모음이다.

③ 원인
'원인'의 'ㅝ'는 이중 모음, 'ㅣ'는 단모음에 해당한다.

④ 의자
'의자'의 'ㅢ'는 이중 모음, 'ㅏ'는 단모음에 해당한다.

⑤ 학교
'학교'의 'ㅏ'는 단모음, 'ㅛ'는 이중 모음에 해당한다.

03 표준 발음법 규정 파악하기 답 | ④

보기 는 표준 발음법 제2장에 관한 내용이다. 보기 의 내용을 잘못 이해한 사람은?

보기

제4항 'ㅏ ㅐ ㅓ ㅔ ㅗ ㅚ ㅜ ㅟ ㅡ ㅣ'는 단모음으로 발음한다.
[붙임] 'ㅚ ㅟ'는 이중 모음으로 발음할 수 있다.

제5항 'ㅑ ㅒ ㅕ ㅖ ㅘ ㅙ ㅛ ㅝ ㅞ ㅠ ㅢ'는 이중 모음으로 발음한다.
다만 1. 용언의 활용형에 나타나는 '져, 쪄, 쳐'는 [저, 쩌, 처]로 발음한다.
다만 2. '예, 례' 이외의 'ㅖ'는 [ㅔ]로도 발음한다.
다만 3. 자음을 첫소리로 가지고 있는 음절의 'ㅢ'는 [ㅣ]로 발음한다.
다만 4. 단어의 첫음절 이외의 '의'는 [ㅣ]로, 조사 '의'는 [ㅔ]로 발음함도 허용한다.

정답 선지 분석

④ 상희: 제5항 다만 3에 따르면 '의사'는 [이사]로 발음해야 하는구나.
제5항 다만 3은 자음을 첫소리로 가지고 있는 음절의 'ㅢ'의 경우를 규정하고 있다. '의사'의 경우는 자음을 첫소리로 가지고 있지 않기 때문에 이에 해당하지 않는다. 즉 '의사'의 경우는 [의사]로 발음하는 것이 적절하다.

오답 선지 분석

① 지수: 제4항에 따르면 'ㅟ'와 'ㅚ'는 원칙적으로는 단모음이지만 이중 모음으로 발음해도 되는구나.
'ㅚ'와 'ㅟ'는 원칙적으로는 단모음에 해당한다. 하지만 제4항 [붙임]에 따르면 'ㅚ'와 'ㅟ'는 이중 모음으로 발음함을 허용하고 있기 때문에 이중 모음으로 발음할 수 있다.

② 정진: 제5항 다만 1에 따르면 '가져'는 이중 모음으로 쓰지만 발음은 단모음으로 하는구나.
제5항 다만 1은 용언의 활용형에 나타나는 '져, 쪄, 쳐'를 [저, 쩌, 처]로 발음할 것을 규정하고 있다. 즉 '가져'의 경우 [가저]로 발음해야 하기 때문에 이중 모음으로 쓰더라도 발음은 단모음으로 해야 한다.

③ 지원: 제5항 다만 2에 따르면 '차례'는 [차레]로 발음할 수 없구나.
제5항 다만 2는 '예, 례' 이외의 'ㅖ'는 [ㅔ]로도 발음할 수 있다고 규정하고 있다. 따라서 '차례'의 경우는 해당하지 않기 때문에 [차레]로 발음할 수 없다.

⑤ 수연: 제5항에 따르면 '민주주의'의 '의'는 [의]와 [이] 모두 발음할 수 있구나.
제5항 다만 4에 따르면 단어의 첫음절 이외의 '의'는 [ㅣ]로 발음함을 허용하고 있다. 즉 '민주주의'의 '의'는 단어의 첫음절 이외의 '의'에 해당하기 때문에 [의]와 [이] 모두 발음할 수 있다.

04 단모음과 이중 모음의 구분 기준 파악하기

빈칸에 들어갈 단모음과 이중 모음을 구분하는 기준을 쓰시오.

단모음과 이중 모음은 발음하는 도중에 입술 모양이나 (　　　　)이/가 달라지는지에 따라 구분할 수 있다.

정답

혀의 위치

독서 토양 분류

빠른 정답 체크 01 ③ 02 ② 03 ③ 04 토양 성대성

토양을 분류하는 체계에는 계통분류와 실용분류의 두 가지가
토양의 분류 - ① 계통분류 ② 실용분류
있다. 최초의 토양분류는 실용적인 목적에서 시작하였는데, 실용
토양분류가 시작된 목적
분류는 경험적 구분에 속하며, 해설적 분류라고도 한다. 이 분류는 토양의 이용 목적이나 관리 등 이용 가치의 측면을 중심으로 실용상의 문제를 잣대로 삼아 분류하는 방법이다. 계통분류는 자
실용분류의 방법
연분류 혹은 체계적 분류라고 하는데, 토양의 다양성과 그들 사이의 상호관계를 보여 주며 토양의 자연적 유연관계*를 바탕으로 토양을 계층적으로 배열하는 것이다. 즉, 계통분류는 토양이 자
계통분류의 방법
연체 개체들의 집합이라는 개념에서 기인한다.
▶ 1문단: 토양의 두 가지 분류체계

토양 개체들 사이의 자연적 유연관계가 토양의 단면 형태에 드
계통분류적 접근
러난다는 생각은 1880년대 말 바실리 도쿠차예프에 의해 발전되
러시아의 토양학자, 토양의 생성과정에 기초하여 토양을 분류
었다. 도쿠차예프는 오랜 연구 끝에 토양은 현재의 기후, 기반암, 생물 사이의 상호작용으로 생성되었다는 것을 발표하였다. 그런
토양을 생성하는 여러 가지 환경 요인
데 기후, 식생, 모재* 등은 지역마다 천태만상*으로 다르기 때문
토양의 생성인자
에 토양의 분류는 동물, 식물, 광물의 분류와는 달리 국제적으로
토양과 달리 국제적으로 통일된 체계를 확립할 수 있음
통일된 체계를 확립하는 데 어려움을 겪었다. 결국 대부분의 국가는 지역적 특성을 고려하여 국가별로 독자적인 토양분류체계
토양의 기후, 식생, 모재 등이 지역마다 다르기 때문
를 확립하게 되었다.
▶ 2문단: 국가별 독자적인 토양분류체계가 등장하게 된 배경

미국의 옛 분류체계는 도쿠차예프의 토양 성대성*을 바탕으로 하여 마벗 등에 의해서 1927년 제안되었다. 이것은 토양단면의 형태를 결정한 생성인자의 영향을 기준으로 분류한 체계이며, 존
기후, 식생, 모재 등
토프 등에 의하여 보완을 거쳐 완성된 1949년의 최종안은 그 후 25년 동안 다수의 국가에서 채용되었다.
▶ 3문단: 미국의 옛 토양분류체계

그러나 이 분류체계는 토양조사*가 정비되면서 여러 문제점이
존 토프 등에 의해 보완을 거쳐 완성된 1949년 최종안
나타났다. 미국은 새로운 분류체계를 끊임없이 연구하고 시안 발표를 몇 차례 거치고 난 뒤에야 1975년에 새로운 분류체계인 토양분류법을 발표할 수 있었다. 여기에서 등장한 토양분류법이란 토양단면의 형태 위주로 토양을 분류하는 형태적인 체계이다.
토양분류법의 개념 ▶ 4문단: 미국의 새로운 토양분류체계 - 토양분류법

한편 토양자원에 대해 국제적으로 정보를 교환할 필요성이 커짐
세계적으로 통일된 분류체계가 필요해진 이유
에 따라 범세계적*으로 이용 가능한 통일된 분류체계가 필요해졌다. 유엔식량농업기구와 유엔교육과학문화기구는 1961년 이후 공동으로 작업을 거쳐 세계의 토양분류단위를 세계적으로 비교하고자 공통의 범례를 사용한 500만분의 1 축척 세계토양도를 발간하기에 이르렀다.
▶ 5문단: 통일된 분류체계의 필요성과 공통의 범례를 사용한 세계토양도 발간

* 유연관계(類緣關係): 생물들이 분류학적으로 얼마나 멀고 가까운지를 나타내는 관계.
* 모재(母材): 토양으로 발달하기 전의 원래의 물질. 화학적 풍화를 다소 받은 광물 또는 유기물들이 이에 해당하며, 이들은 토양 생성 과정을 거쳐 토양층으로 발달한다.
* 천태만상(千態萬象): 천 가지 모습과 만 가지 형상이라는 뜻으로, 세상 사물이 한결같지 아니하고 각각 모습 · 모양이 다름을 이르는 말.
* 토양 성대성(土壤成帶性): 토양을 분류하는 기준의 하나. 성대성 토양은 수평적으로는 위도에 따라, 수직적으로는 해발 고도에 따라 토양 특성이 다르게 나타난다.
* 토양조사(土壤調査): 어떤 일정한 면적의 토지를 대상으로 토양 단면의 성질을 조사하고 일정한 체계에 따라 분류하며, 그 분포도를 작성하는 일.
* 범세계적(汎世界的): 널리 온 세계에 다 관계되는 것.

01 중심 내용 파악하기 답 | ③

윗글의 중심 내용으로 적절한 것은?

정답 선지 분석

③ 토양분류체계의 발전 과정
윗글은 통시적으로 토양분류체계의 발전 과정에 대해 서술하고 있다.

오답 선지 분석

① 토양의 실용적 목적
윗글에서 토양의 분류가 실용적인 목적에서 시작되었고 실용적 분류는 실용상의 문제를 잣대로 삼아 분류하는 방법이라고 언급하고 있으나 이것이 중심 내용이라고 보기는 어렵다. 윗글은 토양을 분류하는 방법들을 제시하며 그것들의 한계를 극복하는 새로운 방법을 제시하면서 토양분류체계의 발전 과정을 드러내고 있다.

② 토양 개체들의 유연관계
윗글에서 토양 개체들 사이의 자연적 유연관계가 토양의 단면 형태에 드러난다는 도쿠차예프의 생각에 대한 언급이 나타나있지만 이에 대한 구체적인 설명이 나와 있지 않다. 따라서 윗글의 중심 내용으로 볼 수 없다.

④ 국가별 토양자원의 종류와 특성
국가별 토양자원의 종류와 특성은 윗글에서 언급되지 않았다.

⑤ 국가별 토양분류법의 공통점과 차이점
국가별 토양분류법의 공통점과 차이점은 윗글에서 언급되지 않았다.

02 세부 내용 파악하기 답 | ②

윗글에 대한 이해로 적절하지 않은 것은?

정답 선지 분석

② 국제적으로 통일된 토양분류체계는 1880년대에 이미 완성되었다.
2문단에 따르면 1880년대 대부분의 국가는 지역적 특성을 고려해서 국가별로 독자적인 토양분류체계를 확립하였다.

오답 선지 분석

① 최초의 토양분류는 경험적인 정보에 따라 이루어졌다.
1문단에 따르면 최초의 토양분류는 실용적인 목적으로 시작되었는데 실용분류는 경험적 구분에 속한다.

③ 미국의 옛 분류체계는 도쿠차예프의 체계를 바탕으로 1927년에 제안되었다.
3문단에 따르면 미국의 옛 분류체계는, 1927년에 도쿠차예프의 토양 성대성을 바탕으로 하여 제안되었다.

④ 도쿠차예프에 따르면 토양 개체들 사이의 관계는 토양의 형태와 관련이 있다.
2문단에 따르면 도쿠차예프는 토양 개체들 사이의 자연적 관계가 토양의 단면 형태에 드러난다고 생각하였다.

⑤ 토양자원에 대해 국제적인 정보 교환의 필요성이 커지자 국제기구는 세계토양도를 발표하였다.
5문단에 따르면 토양자원에 대해 국제적으로 정보를 교환할 필요성이 커짐에 따라 유엔식량농업기구와 유엔교육과학문화기구는 세계토양도를 발간하였다.

03 외적 준거를 통해 내용 이해하기 답 | ③

윗글을 참고하여 보기 를 이해한 내용으로 적절한 것은?

보기

토양은 우리가 발을 딛고 생활할 수 있도록 공간을 제공해 주고, 식탁을 풍성하게 해주는 생명의 공간이다. 이러한 토양은 땅 위에 생명체가 살아갈 수 있도록 지하수뿐 아니라 유기물을 저장하고 각종 산업원료를 공급해준다. 또한 생물의 배양 또는 분해, 정화를 담당하기도 한다.

정답 선지 분석

③ 〈보기〉는 토양을 실용상의 문제를 잣대로 삼아 분류하는 해설적 분류에 해당한다.
〈보기〉는 토양이 우리에게 줄 수 있는 이로움, 즉, 실용상의 목적을 기준으로 토양을 서술하고 있다. 토양의 이용 목적이나 관리 등 이용 가치의 측면을 중심으로 실용상의 문제를 잣대로 삼아 토양을 분류하는 것은 실용분류인데, 실용분류는 해설적 분류라고도 한다.

오답 선지 분석

① 〈보기〉는 도쿠차예프가 주장한 토양 성대성을 뒷받침하는 내용이다.
〈보기〉는 토양의 이용 목적이나 관리 등 이용 가치의 측면을 중심으로 실용상의 문제를 잣대로 삼아 분류하는 실용분류의 관점이다. 도쿠차예프가 주장한 토양 성대성은 토양이 현재의 기후, 기반암, 생물 사이의 상호작용으로 생성된다는 것을 바탕으로 하기 때문에 〈보기〉의 내용은 토양 성대성을 뒷받침할 수 없다.

② 〈보기〉는 토양의 다양성과 그들 사이의 상호 관계를 보여 주는 자연분류이다.
〈보기〉는 토양의 이용 목적이나 관리 등 이용 가치의 측면을 중심으로 실용상의 문제를 잣대로 삼아 분류하는 실용분류의 관점이다. 따라서 토양의 다양성과 그들 사이의 상호관계를 보여 주는 계통분류, 또는 자연분류로 볼 수 없다.

④ 〈보기〉를 통해 토양을 형성하는 기후, 식생, 모재 등이 지역마다 다름을 알 수 있다.
〈보기〉는 토양의 이용 목적이나 관리 등 이용 가치의 측면을 중심으로 실용상의 문제를 잣대로 삼아 분류하는 실용분류의 관점이다. 토양을 형성하는 기후, 식생, 모재 등이 지역마다 다르다는 것은 〈보기〉를 통해 알 수 없다. 또한 이는 토양의 유연관계와 관련 있는 것이기 때문에 실용분류라고 보기 어렵다.

⑤ 〈보기〉는 토양단면의 형태를 결정하는 생성인자의 영향을 중요시하는 분류체계이다.
〈보기〉는 토양의 이용 목적이나 관리 등 이용 가치의 측면을 중심으로 실용상의 문제를 잣대로 삼아 분류하는 실용분류의 관점이다. 토양단면의 형태를 결정하는 생성인자의 영향을 중요시하는 분류체계는 마벗 등에 의해서 1927년에 제안된 미국의 옛 분류체계이다.

04 세부 내용 이해하기

빈칸에 들어갈 말로 적절한 것을 윗글에서 찾아 2어절로 쓰시오.

러시아의 토양학자 바실리 도쿠차예프에 의해 발전된 (   )은/는 토양은 여러 환경요인의 상호작용에 의해 생성된다고 보았다. 이후 이 이론은 마벗과 존 토프 등에 의해 보완되어 새로운 토양의 분류체계를 만들어 냈다.

정답

토양 성대성

문학 1 떨어져도 튀는 공처럼(정현종)

빠른 정답 체크 01 ③ 02 ③ 03 ⑤ 04 살아 봐야지

그래 살아 봐야지
부정적인 현실 속에서 꿋꿋하게 살아가겠다는 의지, 삶에 대한 긍정적 태도
너도 나도 공이 되어 (도치법)

떨어져도 튀는 공이 되어
'공'의 속성 ① – 부정적인 현실에 대응하는 융통성, 긍정성

▶ 떨어져도 다시 튀어 오르는 공처럼 살아 보자는 다짐

살아 봐야지
반복 → 운율 형성
쓰러지는 법이 없는 둥근
'공'의 속성 ② – 쓰러지지 않음, 포기하지 않음 (도치법)
공처럼, ⓐ 탄력의 나라의

왕자처럼 → 직유법
힘들어도 꿋꿋하게 살아가는 공과 같은 존재

▶ 쓰러지는 법이 없는 탄력적인 공처럼 살아가겠다는 다짐

가볍게 떠올라야지

곧 움직일 준비되어 있는 꼴*
'공'의 속성 ③ – 준비되어 있음 (도치법)
둥근 공이 되어

▶ 곧 움직일 준비가 되어 있는 공처럼 가볍게 떠오를 것을 다짐

옳지 최선의 꼴
시적 화자가 생각하는 이상적인 모양
지금의 네 모습처럼
중의법(① 공의 모습, ② 시적 청자)
떨어져도 튀어 오르는 공

쓰러지는 법이 없는 공이 되어 (반복을 통한 강조)
화자의 지향, 쓰러져도 다시 일어나는 삶의 자세

▶ 쓰러지지 않고 비상하는 공과 같은 삶을 살아가겠다는 의지

- 정현종, <떨어져도 튀는 공처럼> -

* 꼴: 겉으로 보이는 사물의 모양.

01 표현상의 특징 파악하기 답 | ③

윗글에 대한 설명으로 적절하지 않은 것은?

정답 선지 분석

③ 압축된 시어의 사용으로 정적인 느낌을 주고 있다.
공의 탄력적인 모습을 보여 주고 있으므로 정적인 이미지로 보기 어렵다.

오답 선지 분석

① 상승과 하강의 이미지를 반복하고 있다.
'떨어져도', '쓰러지는' 등은 하강의 이미지를 나타내는 시어로 어려움이나 좌절 등을 의미하고, '떠올라야지', '튀어 오르는' 등의 시어는 상승의 이미지를 나타내는 시어로 극복과 의지를 상징하는 시어라고 볼 수 있다. 따라서 윗글에서 상승과 하강의 이미지의 반복이 나타나고 있다.

② 시적 대상에 대한 화자의 긍정적 인식이 드러난다.
'너도 나도 공이 되어'라고 말하는 화자를 통해 시적 대상에 대한 화자의 긍정적 인식을 찾아볼 수 있다.

④ 일상의 소재가 지닌 속성을 통해 주제 의식을 부각하고 있다.
'공'이라는 일상의 소재가 지닌 튀어 오르는 속성을 활용하여 주제 의식을 드러내고 있다.

⑤ 유사한 시구의 반복을 통해 운율을 형성하고 의미를 강조하고 있다.
'둥근 공', '떨어져도', '쓰러지는 법이 없는', '공이 되어'를 반복하여 운율을 형성하고 떨어져도 다시 튀어 오르는 공과 같은 삶을 살 것을 강조하고 있다.

02 표현상의 특징 파악하기 답 | ③

윗글의 밑줄 친 ⓐ와 동일한 비유법을 사용한 것으로 적절한 것은?

정답 선지 분석

③ 새처럼 훨훨 날아오르고 싶다.
'탄력의 나라의 왕자처럼'과 '새처럼 훨훨 날아오르고 싶다.' 모두 '~처럼'의 조사를 활용한 직유법이 사용되었다.

오답 선지 분석

① 박물관이 살아있다.
사람이 아닌 것을 사람에 비겨 사람이 행동하는 것처럼 표현하는 의인법이 사용되었다.

② 원숭이도 나무에서 떨어진다.
본뜻을 숨기고 비유하는 말만으로 숨겨진 뜻을 암시하는 풍유법이 사용되었다.

④ 하룻강아지 범 무서운 줄 모른다.
본뜻을 숨기고 비유하는 말만으로 숨겨진 뜻을 암시하는 풍유법이 사용되었다.

⑤ 무지개가 살고 있는 저 언덕 너머
무생물을 생물인 것처럼, 감정이 없는 것을 감정이 있는 것처럼 표현하는 활유법이 사용되었다.

03 작품 간의 공통점 파악하기 답 | ⑤

보기 와 윗글의 공통점으로 적절한 것은?

보기

꽃게가 간장 속에
반쯤 몸을 담그고 엎드려 있다.
등판에 간장이 울컥울컥 쏟아질 때
꽃게는 뱃속의 알을 껴안으려고
꿈틀거리다가 더 낮게
더 바닥 쪽으로 웅크렸으리라
버둥거렸으리라 버둥거리다가
어찌할 수 없어서
살 속으로 스며드는 것을
한때의 어스름을
꽃게는 천천히 받아들였으리라
껍질이 먹먹해지기 전에
가만히 알들에게 말했으리라

저녁이야
불 끄고 잘 시간이야

- 안도현, 〈스며드는 것〉

정답 선지 분석

⑤ 일상적인 소재에 의미를 부여해서 새롭게 해석하고 있다.
윗글은 공이 지닌 속성을 통해 화자가 추구하는 삶의 자세를 제시하였고, 〈보기〉는 간장게장을 통해 모성애를 표현하고 있다. 〈보기〉와 윗글 모두 일상적인 소재에 의미를 부여해서 새롭게 해석하고 있다.

오답 선지 분석

① 화자가 겉으로 드러나 있지 않다.
윗글에서는 '나'라는 시어를 통해 화자가 겉으로 드러나 있지만, 〈보기〉의 화자는 겉으로 드러나 있지 않다.

② 화자는 자신의 삶을 돌아보며 반성하고 있다.
윗글과 〈보기〉 모두 자신의 삶을 돌아보며 반성하고 있지 않다. 다만 〈보기〉의 경우 꽃게가 죽음을 수용하는 모습을 상징적으로 표현함으로써 생명의 존재에 대한 경시를 반성적으로 되돌아보게 하고 있다.

③ 시간의 흐름에 따른 대상의 변화가 나타나 있다.
윗글과 〈보기〉 모두 시간의 흐름에 따른 대상의 변화가 나타나 있지 않다.

④ 반어적 표현을 사용해서 주제 의식을 강화하고 있다.
윗글과 〈보기〉 모두 반어적 표현을 사용해서 주제 의식을 강화하고 있지 않다.

04 소재의 의미 파악하기

삶에 대한 화자의 의지를 표현한 시구를 윗글에서 찾아 2어절로 쓰시오.

정답

살아 봐야지

문학 2 홍길동전(허균)

빠른 정답 체크 01 ① 02 ⑤ 03 ⑤ 04 소인, 대감

[앞부분 줄거리] 조선 세종 때 재상이었던 홍 판서는 일찍이 두 아들을 두었는데, 한 명은 본처*인 유씨 부인이 낳은 인형이고, 다른 한 명은 여종 춘섬이 낳은 길동이다.

길동이 자라 여덟 살이 되자 남달리 총명하여 하나를 들으면 백 가지를 알았다. (길동의 영웅적 면모 – 비범한 능력을 타고남) 아들을 사랑하는 홍 판서의 마음도 더욱 깊어졌지만 길동의 **근본이 천한 출생**(갈등의 근본 원인(적서 차별 → 당시 사회상을 반영))인 것은 어쩔 수가 없었다. ㉠ 홍 판서는 길동이 호부호형*(사회·문화적 배경 ①: 적서 차별) 하기라도 하면 곧바로 꾸짖어 못 하게 했다. 그렇다 보니 길동은 열 살이 넘도록 감히 아버지와 형을 제대로 부르지 못했고, ㉡ 종들에게도 천대*를 받아 그 한이 뼈에 사무쳐 마음을 가누지 못했다. (사회·문화적 배경 ②: 신분 제도)

어느 가을 보름 무렵이었다.(시간적 배경(계절적 배경)) 달빛이 처량하게 비치고 맑은 바람이 쓸쓸하게 불어와 마음을 울적하게 했다.(길동의 갈등을 심화시키는 배경을 조성) 서당에서 글을 읽던 길동이 문득 책상을 밀치고 탄식했다.

㉢ "대장부가 세상에 나서 공자나 맹자(문관(대유법))를 본받지 못한다면 차라리 병법(무관(대유법))을 익히는 게 낫지 않겠는가. 대장인*을 허리춤에 비껴 차고 동서를 정벌해 나라에 큰 공을 세우고 이름을 만대*에 빛내는 것이 대장부의 통쾌한 일이리라.(당시 사대부들의 삶의 목표 → 입신양명(출세하여 이름을 세상에 떨침)) **이내 한 몸 어찌 이토**

록 쓸쓸한가.「아버지와 형님이 계시는데도 아버지를 아버지라
「」: 길동의 신세 한탄
부르지 못하고, 형을 형이라 부르지 못하니 심장이 터질 지경이구나. 어찌 원통하지 않겠는가?」

길동은 말을 마치고는 뜰에 내려와 검술을 공부했다. 마침 홍 판서가 달빛을 구경하러 나왔다가 길동이 밖에서 서성이는 것을
사건의 우연성(고전 소설의 특징)
보고는 즉시 불러서 물었다.

"너는 무슨 흥이 일어서 밤이 깊도록 잠도 자지 않고 나와 있느냐?"

길동이 공손하게 대답했다.

"소인이 달빛을 좋아하옵니다. ㉣「하늘이 만물을 낼 때 사람이
신분의 차이 때문에 '소자'라고 하지 못함 → 길동의 신분을 나타냄
라면 누구에게든 오롯이 귀함을 두었으나, 소인에게는 귀함이 없사오니 어찌 사람이라 하겠습니까?」 「」: 인간 평등, 만민 평등 사상

홍 판서는 길동이 한 말의 뜻을 짐작했으나 일부러 꾸짖었다.

"네가 대체 무슨 말을 하는 것이냐?"

길동은 홍 판서에게 절을 올리더니 말했다.

「"소인은 대감의 정기를 받아 당당한 남자로 태어났으며 낳아서
길동이 서자이기 때문에 아버지를 대감이라고 부름 → 길동의 신분을 나타냄
길러 주신 은혜도 깊이 입었습니다. 하지만 소인이 평생 설워하는 바는, **아버지를 아버지라 못 하옵고 형을 형이라 못 하는 것**이옵니다. 어찌 저를 사람이라 하겠습니까?」
「」: 아버지 홍 판서에게 호부호형 하지 못하는 설움을 토로
길동의 눈물이 흘러 옷을 적셨다. 홍 판서가 그 말을 다 듣고는 측은한 생각이 들었지만 만일 위로해 주면 길동의 마음이 방자해
홍 판서의 내적 갈등(아버지로서의 정↔사회 제도)
질까* 걱정되어 더 크게 꾸짖었다.

㉤ "재상가에서 태어난 천한 출생이 비단 너뿐이 아닌데 어찌
사회·문화적 배경 ③: 처첩 제도, 적서 차별
이다지 방자하단 말이냐? 이런 말을 다시 꺼내면 내 눈앞에서
홍 판서의 성격(현실 순응적, 봉건적, 권위적)
용서치 않겠다!"

길동은 감히 한마디도 더 하지 못하고 다만 땅에 엎드려 눈물을 흘릴 뿐이었다. 홍 판서가 물러가라고 하여 길동은 방으로 돌아왔으나 슬픔을 달랠 길이 없었다.

하루는 길동이 어미 침소*에 가 울면서 아뢰었다.

"소자가 모친과 더불어 전생연분이 중하여, 금세에 모자가 되
불교의 윤회사상이 반영
었으니, 그 은혜가 지극하옵니다. 그러나 소자의 팔자가 기박하여* 천한 몸이 되었으니 품은 한이 깊사옵니다. 장부가 세상에 살면서 남의 천대를 받음이 불가한지라, 소자는 자연히 설움을 억제하지 못하여 모친 슬하*를 떠나려 하오니, 엎드려 바라건대 모친께서는 소자를 염려하지 마시고 귀체*를 잘 돌보십시오."

그 어미가 듣고 나서 크게 놀라 말했다.

"재상가의 천생이 너뿐이 아닌데, 어찌 마음을 좁게 먹어 어미
떠나려는 길동을 만류함 → 현실 순응적 태도
간장을 태우느냐?"

길동이 대답했다.

「"옛날, 장충의 아들 길산은 천생이지만 열세 살에 그 어미와 이
조선 숙종 때 활동한 도둑의 우두머리
별하고 운봉산에 들어가 도를 닦아 아름다운 이름을 후세에 전
입신양명
하였습니다. 소자도 그를 본받아 세상을 벗어나려 하오니, 모친
길동도 장길산처럼 사회적 억압을 이겨 내고 후대에 이름을 전하겠다는 의지를 드러냄
은 안심하고 후일을 기다리십시오. 근간에 곡산댁의 눈치를 보
홍 판서의 첩
니 상공의 사랑을 잃을까 하여 우리 모자를 원수같이 알고 있습니다. 큰 화를 입을까 하오니 모친께서는 소자가 나감을 염려하지 마십시오."」 「」: 이후 길동이 입신양명하고 어머니와 재회할 것을 암시

하니, 그 어머니 또한 슬퍼하더라.

[중간 부분 줄거리] 홍 판서의 첩인 곡산댁은 아들이 있는 춘섬이 홍 판서의 사랑을 받는 것을 불쾌하게 여기고, 관상녀로 하여금 길동을 모함하게 만들 계획을 세운다.

이튿날 공이 내실*에 들어와 부인과 더불어 길동이 비범함을 화제로 이야기하면서 다만 신분이 천함을 안타까워하고 있던 중, 문득 한 여자가 들어와 마루 아래서 인사를 하기에, 공이 이상하
곡산댁이 데려온 관상녀
게 여겨 물었다.

"그대는 어떠한 여자인데 무슨 일로 왔소?"

그 여자가 말했다.

"소인은 관상 보는 사람이온데, 우연히 상공 댁에 이르렀습니다."

공이 이 말을 듣고 길동의 장래를 알고 싶어 즉시 길동을 불러
앞으로 다가올 일
서 보이니, 관상녀가 이윽히 보다가 놀라 말하기를,
그 옛날의 영웅과 비교해도 손색이 없을만큼 훌륭한 영웅
"이 공자의 상을 보니 천고 영웅이요 일대 호걸*이지만, 지체*
집안의 어린 자제 = 길동
가 부족하니 다른 염려는 없을 듯합니다."

하고는 **말을 하고자 하다가 주저하**기에, 공과 부인이 크게 의심이 나서 말했다.

"무슨 말인지 바른 대로 이르라."

관상녀가 마지 못하는 체하며 주위 사람들을 내보내고 말했다.

"공자의 상을 보니, 가슴속에 조화가 무궁하고 미간에 산천 정기
곡산댁과 관상녀의 계략 → 관상녀로 하여금 홍 판서의 마음을 흔들고 있음
가 영롱하오니 실로 왕이 될 기상*입니다. 장성하면* 장차 온 집안이 멸망하는 화를 당할 것이오니, 상공께서는 유념하십시오."
왕의 혈통이 아닌 자가 왕의 운명을 타고났다는 것은 곧 역적이기 때문에 집안의 재앙을 몰고 올 것이라며 모함함 - 허균, 〈홍길동전〉 -

* 본처(本妻): '아내'를 첩에 상대하여 이르는 말.
* 호부호형(呼父呼兄): 아버지를 아버지라고 부르고 형을 형이라고 부름.
* 천대(賤待): 업신여기어 천하게 대우하거나 푸대접함.
* 대장인(大將印): 대장이 가지던 도장.

* 만대(萬代): 아주 오래 계속되는 세대.
* 방자하다(放恣하다): 어려워하거나 조심스러워하는 태도가 없이 무례하고 건방지다.
* 침소(寢所): 사람이 잠을 자는 곳.
* 기박하다(奇薄하다): 팔자, 운수 따위가 사납고 복이 없다.
* 슬하(膝下): 무릎의 아래라는 뜻으로, 어버이나 조부모의 보살핌 아래. 주로 부모의 보호를 받는 테두리 안을 이른다.
* 귀체(貴體): 주로 편지글에서, 상대편의 안부를 물을 때 그 사람의 몸을 높여 이르는 말.
* 내실(內室): 안주인이 거처하는 방.
* 호걸(豪傑): 지혜와 용기가 뛰어나고 기개와 풍모가 있는 사람.
* 지체: 어떤 집안이나 개인이 사회에서 차지하고 있는 신분이나 지위.
* 기상(氣像): 사람이 타고난 기개나 마음씨. 또는 그것이 겉으로 드러난 모양.
* 장성하다(長成하다): 자라서 어른이 되다.

01 서술상의 특징 파악하기 답 | ①

윗글에 대한 설명으로 가장 적절한 것은?

정답 선지 분석

① 서술자가 인물의 심리를 직접적으로 제시하고 있다.
'홍 판서가 그 말을 다 듣고는 측은한 생각이 들었지만', '길동은 방으로 돌아왔으나 슬픔을 달랠 길이 없었다' 등에서 서술자가 인물의 심리를 직접적으로 제시하고 있다.

오답 선지 분석

② 현재의 사건과 과거의 사건을 교차하여 서술하고 있다.
길동의 과거 상황은 드러나 있으나 현재의 사건과 과거의 사건을 교차하여 서술하고 있지는 않다.

③ 특정 인물의 회상을 중심으로 하여 이야기를 전개하고 있다.
인물의 회상이 나타나는 부분은 나타나지 않는다.

④ 서술자가 개입하여 인물의 행동에 대한 비판을 드러내고 있다.
서술자는 인물의 심리를 제시할 뿐, 인물의 행동에 대한 비판을 드러내지는 않는다.

⑤ 서로 다른 공간에서 일어나는 사건을 병렬하여 갈등 상황을 나타내고 있다.
배경이 되는 장소는 길동이 글을 읽던 서당과 뜰로 한정되어 있다.

02 구절의 의미 파악하기 답 | ⑤

㉠~㉤에서 알 수 있는 당시의 사회상으로 적절한 것은?

정답 선지 분석

⑤ ㉤: 양반들이 첩을 두어 서자가 태어나는 일이 흔했다.
'재상가에서 태어난 천한 출생이 비단 너뿐이 아닌데'라는 말을 통해 길동과 같은 처지의 사람들이 많았다는 것을 알 수 있는데, 이는 곧 양반들이 첩을 두어 서자가 태어나는 일이 흔했다는 뜻이다.

오답 선지 분석

① ㉠: 어린 사람은 나이가 많은 사람을 함부로 부를 수 없었다.
㉠은 서자로 태어난 길동이 아버지를 아버지라 부를 수 없고, 형을 형이라 부를 수 없었다는 의미이므로 적자와 서자의 차별을 나타내는 것이다.

② ㉡: 종들이 양반에게 마음껏 자신의 의견을 표출할 수 있었다.
㉡은 서자인 길동이 자신보다 신분이 낮은 종들에게까지 무시당했다는 의미이지, 종들이 양반에게 마음껏 자신의 의견을 표출할 수 있었다는 의미가 아니다.

③ ㉢: 글을 읽는 것보다 전장에서 공을 세우는 것을 더 중요하게 여겼다.
㉢은 길동이 공자나 맹자를 본받아 문인이 되지 못한다면 차라리 병법을 익혀 무인이 되는 것이 낫겠다고 탄식하는 것이므로, 글을 읽는 것보다 전장에서 공을 세우는 것을 더 중요하게 여겼다는 의미로 해석할 수는 없다.

④ ㉣: 모든 사람은 평등하다는 사상이 널리 퍼져 있었다.
㉣은 길동이 자신의 천한 처지를 강조하기 위해 한 말이지, 모든 사람은 평등하다는 사상이 널리 퍼져 있었음을 드러내는 말은 아니다.

03 외적 준거를 통해 작품 이해하기 답 | ⑤

보기 를 참고하여 윗글을 이해한 것으로 적절하지 않은 것은?

보기

갈등은 어떠한 사건에 대해 인물 내부의 심리나 인물들 간의 입장 또는 태도가 서로 얽히어 충돌을 일으키는 것으로, 사건을 움직여 나가는 원동력이 되기도 한다. 갈등은 주로 인물의 말과 행동, 또는 서술자의 서술을 통해 구체적으로 나타난다. 갈등의 종류 중 하나는 인물과 사회의 갈등인데, 이는 인물과 인물을 둘러싸고 있는 특정한 사회적 배경이 조화를 이루지 못해 발생하는 갈등을 가리킨다. 즉, 인물이 사회 제도나 관습 등과 충돌하는 것이다.

정답 선지 분석

⑤ 관상녀가 '말을 하고자 하다가 주저하'는 것은 인물 내부의 심리가 충돌을 일으킨 것이다.
관상녀가 길동을 보고 천고 영웅이자 일대 호걸이라 말을 하다 주저하는 것은 인물 내부의 심리가 충돌을 일으킨 것이 아닌, 단순히 홍 판서의 관심을 얻어 길동을 모함하기 위함이다.

오답 선지 분석

① 길동이 '근본이 천한 출생'이라는 것은 사건을 움직여 나가는 원동력이 될 것으로 추측할 수 있다.
길동의 근본이 천한 출생이라는 것은 길동과 사회의 갈등을 암시하며, 사건을 움직여 나가는 원동력이 될 것으로 추측할 수 있다.

② 길동이 '이내 한 몸 어찌 이토록 쓸쓸한가'라고 생각하는 것은 사회적 배경과의 부조화 때문이다.
길동이 쓸쓸함을 느끼는 것은 자신의 천한 출생과, 적자와 서자의 차별이 존재했던 당시의 사회적 배경의 부조화 때문이다.

③ 길동이 '어찌 원통하지 않겠는가?'라고 탄식하는 것은 인물의 대사를 통해 갈등이 드러난 것이다.
길동이 '어찌 원통하지 않겠는가?'라고 탄식하는 것은 대사를 통해 갈등을 직접적으로 드러낸 것이다.

④ 길동이 '아버지를 아버지라 못 하옵고 형을 형이라 못 하는 것'은 사회 제도와의 충돌 때문이다.
길동이 아버지를 아버지라 부르지 못하고 형을 형이라 부르지 못하는 것은 서자를 차별하는 사회 제도와의 충돌 때문이다.

04 인물의 발화 파악하기

길동과 홍 판서의 신분을 대비하는 단어로 적절한 것을 2개 찾아 조건 에 맞게 쓰시오.

조건

- 인물의 대사에서 찾아 쓸 것.
- 길동의 신분을 드러내는 단어를 먼저 쓸 것.

정답

소인, 대감

03강

| 본문 | 33쪽

화법 의미 공유하며 듣고 말하기

빠른 정답 체크 01 ⑤ 02 ④ 03 ② 04 더, 않겠습니다.

「오늘 아침, 등교를 하면서 삼 년 전 한국 중학교에 입학하던 날
「」: 과거의 기억을 회상하며 연설을 시작
을 떠올려 보았습니다. 낯설고 두려운 마음으로 교문을 들어섰을 때 웃으며 반겨 주시던 교장 선생님, 환영한다고 말해 주시던 선생님들 얼굴이 떠올랐습니다. 까마득히 높아 보이던 선배님들을 보며 저는 언제 자랄까 궁금했는데 어느덧 삼 년이라는 시간이
상황 맥락을 유추할 수 있음 → 한국 중학교 졸업식 날, 졸업식장
흘렀습니다.」 그리고 오늘, 정든 학교를 떠나려 합니다.
연설 시작 전 청자의 관심을 유도
여기 제 손에 ㉠ 종이 한 장이 있습니다. 입학식 날, 우리 학교 전통에 따라 자신의 꿈을 적어 땅속에 묻어 두었던 종이입니다. 부끄럽게도 제 종이에는 아무것도 적혀 있지 않습니다. 그때만 해
입학 당시에는 꿈이 없었기 때문
도 저에게는 꿈이 없었기 때문입니다. 그런데 여기 ㉡ 다른 종이
입학식 날 적은 '종이 한 장'과 어제 적은 '다른 종이'의 비교를 통해 화자의 성장을 보여줌
가 있습니다. 어제, 우리 모두가 교실에서 적었던 바로 그 종이입니다. '나의 꿈은 무엇인가?' 이제 제 종이에는 수없이 많은 꿈이 적혀 있습니다. 저뿐만 아니라 우리 모두 그러할 것입니다. 한국 중학교에 다니는 삼 년 동안 우리는 꿈을 꾸는 사람으로 성
화자의 경험을 소개하며 학교를 다니며 꿈을 꾸는 사람으로 성장했음을 보여줌
장했기 때문입니다.

오늘날 우리가 살아가는 사회는 꿈이 사라진 사회라고들 합니다.
사회·문화적 맥락 ①
성공을 중요하게 여기는 사회 분위기 속에 치열하게 경쟁하느라
사회·문화적 맥락 ②
꿈을 꿀 여유가 없다고 합니다. 하지만 우리는 한국 중학교를 다
사회·문화적 맥락 ③
니며 꿈을 꾸는 사람이 되었습니다. 다양한 활동과 수업을 하며 스스로의 가능성을 발견하고 그 가능성을 펼치고자 하는 의지와
화자가 한국 중학교를 다니며 얻은 것
열정을 갖게 되었습니다. 꿈을 위해 살아가는 사람에게 더 큰 미래가 있다고 교장 선생님과 여러 선생님께서 가르쳐 주셨습니다.

「이제 우리는 한국 중학교를 졸업하지만 마음속 깊이 그 가르침
화자는 졸업하는 학생들의 대표로 연설을 하고 있음
을 간직하고 떠납니다. 더 큰 세계로 나아가며 여러 어려움에 부딪히더라도 한국 중학교에서 배운 대로 꿈을 꾸며 성장하기를 멈
화자가 청자에게 전달하고자 하는 바
추지 않겠습니다. 우리 학교의 소중한 전통과 가르침을 잊지 않겠다고 다짐합니다. 감사합니다.」 「」: 의지적인 어조로 주제를 직접적으로 드러내고 있음
마무리 인사

01 연설 내용 조직하기 답 | ⑤

위 연설자가 연설 전에 세운 연설 계획으로 적절하지 않은 것은?

정답 선지 분석

⑤ 미래에 대한 다짐으로 연설을 시작해야겠어.
연설은 미래에 대한 다짐이 아닌, 과거의 기억에 대한 회상으로 시작하고 있다.

오답 선지 분석

① 내 경험을 언급하며 이야기해야겠어.
1문단과 2문단에서 자신의 경험을 언급하고 있다.

② 선생님들께 감사했던 일을 말해야겠어.
3문단에서 '꿈을 위해 살아가는 사람에게 더 큰 미래가 있다고 교장 선생님과 여러 선생님께서 가르쳐 주셨습니다'라며 선생님들께 감사했던 일을 말하고 있다.

③ 학교에서 배운 것을 중심으로 말해야겠어.
3문단에서 '하지만 우리는 한국 중학교를 다니며~여러 선생님께서 가르쳐 주셨습니다'라고 하며 학교에서 배운 것을 중심으로 말하고 있다.

④ 학생들을 대표하는 연설임을 명심해야겠어.
4문단에서 '이제 우리는 한국 중학교를 졸업하지만 마음속 깊이 그 가르침을 간직하고 떠납니다'라고 하며 학생들을 대표하여 '우리'라는 주어를 사용하고 있다.

02 연설 전략 파악하기 답 | ④

위 연설자가 ㉠과 ㉡을 활용한 이유로 적절한 것은?

정답 선지 분석

④ 학교에 다니며 꿈을 꾸는 사람으로 성장했음을 드러내기 위해서이다.
㉠은 입학식 날, 학교의 전통에 따라 자신의 꿈을 적어 땅속에 묻어 두었던 종이로, 연설자의 종이에는 아무것도 적혀 있지 않다. ㉡은 졸업식 전날 교실에서 적었던 종이로, 연설자의 종이에는 수없이 많은 꿈이 적혀 있다. 그리고 2문단에서 연설자는 '한국 중학교에 다니는 삼 년 동안 우리는 꿈을 꾸는 사람으로 성장'했다고 말하고 있으므로 연설자가 ㉠과 ㉡을 활용한 것은 학교에 다니며 꿈을 꾸는 사람으로 성장했음을 드러내기 위해서이다.

오답 선지 분석

① 꿈을 꾸지 못하게 하는 사회를 비판하기 위해서이다.
연설자는 꿈을 꾸지 못하게 하는 사회를 비판하기 위해서가 아니라, 꿈을 꾸게 해 준 학교에 감사하는 마음을 표현하기 위해 ㉠과 ㉡을 활용하였다.

② 후배들에게 꿈의 중요성에 대해 설명하기 위해서이다.
연설자가 꿈의 중요성에 대해 말하고 있는 것은 맞지만, 이를 위해 ㉠과 ㉡을 활용한 것은 아니다.

③ 학교의 전통을 이해하지 못했던 것을 반성하기 위해서이다.
연설자는 학교의 전통을 이해하지 못했던 것을 반성하고 있지 않다.

⑤ 입학할 때의 꿈과 현재의 꿈이 어떻게 바뀌었는지 비교하기 위해서이다.
연설자는 입학할 때는 꿈을 적지 못했다고 했으므로, 입학할 때의 꿈과 현재의 꿈이 어떻게 바뀌었는지 비교하기 위해서라는 설명은 적절하지 않다.

03 사회·문화적 맥락 이해하기 답 | ②

윗글을 통해 알 수 있는 사회·문화적 맥락으로 적절한 것만 고른 것은?

보기

㉠ 성공을 중요하게 여기는 분위기가 만연해 있다.
㉡ 좋은 대학교에 가는 것을 가장 중요하게 생각한다.
㉢ 공동체의 이익을 위해 개인의 꿈을 포기해야 한다.
㉣ 치열한 경쟁 때문에 학생들은 꿈을 꿀 여유가 없다.

정답 선지 분석

② ㉠, ㉣

㉠ 3문단에서 연설자는 오늘날의 사회를 '성공을 중요하게 여기는 사회 분위기'라고 말하고 있으므로 윗글을 통해 알 수 있는 사회·문화적 맥락으로 적절하다.

㉣ 3문단에서 연설자는 오늘날 우리가 살아가는 사회가 '성공을 중요하게 여기'고 있다면서, 이러한 분위기 속에서 '치열하게 경쟁하느라 꿈을 꿀 여유가 없다'라고 말하고 있으므로 윗글을 통해 알 수 있는 사회·문화적 맥락으로 적절하다.

오답 선지 분석

㉡ 위 연설에서 좋은 대학교에 가는 것을 가장 중요하게 생각하는지에 관한 내용은 언급되지 않았다.

㉢ 위 연설에서 공동체의 이익을 위해 개인의 꿈을 포기해야 한다는 내용은 언급되지 않았다.

04 연설 주제 파악하기

연설의 주제가 직접적으로 드러난 문장의 첫 어절과 마지막 어절을 찾아 쓰시오.

정답

더, 않겠습니다.

독서 표면장력과 계면활성제

빠른 정답 체크 01 ① 02 ② 03 ③ 04 약화, 표면장력

단단한 표면에 물을 뿌리면 방울이 맺히거나 퍼지는 것을 쉽게 볼 수 있다. 가령「왁스를 칠해 미끄러운 유리 표면에는 물방울이 동그랗게 맺히고, 반면에 아무것도 칠하지 않은 유리 표면에는 얇은 수막이 넓게 퍼지는 것을 흔히 볼 수 있다.」(「」: 표면장력으로 인해 발생하는 현상 ①) 이는 다른 성질을 지닌 유리의 표면과 표면장력이 큰 물의 상호작용으로 이루어낸 결과이다. 토란의 잎이나 연잎 표면에 맺힌 빗방울이 마치 유리구슬처럼 굴러다니거나(표면장력으로 인해 발생하는 현상 ②), 소금쟁이가 수면 위에서 돌아다니는 것도(표면장력으로 인해 발생하는 현상 ③) 물의 ㉠ 표면장력 덕분이다.

▶ 1문단: 물의 표면장력으로 인해 발생하는 현상

물 이외에도 액체 상태로 존재하는 물질들은 많은 분자로 구성되어 있다. 그런데 이 액체를 구성하는 분자들의 거리는 상당히 가깝다. 이는 액체를 구성하는 분자들이 서로 끌어당기는 인력*이 작용해 서로 뭉쳐있으려는 강한 응집력을 발휘하기 때문이다.(액체를 구성하는 분자들의 특징 ①) 하지만 분자와 분자 간의 거리가 특정 거리보다 가까워지면 분자들끼리 서로 밀어내는 척력*이 작용하게 된다.(액체를 구성하는 분자들의 특징 ②) 액체 내부에 있는 분자들은 모든 방향으로 서로 균등한 인력이 작용하여 안정적이다.(균등한 인력이 작용하여 안정) 반면 공기와 접촉하는 액체의 표면에 있는 분자들은 액체 내부 방향으로 인력이 작용하지만, 바깥 방향으로 균형을 이룰 인력이 없어 불안정하다.(균등한 인력이 작용하지 않아 불안정) 내부로 향하려는 인력은 액체 표면을 팽팽히 잡아당기며 액체의 표면에 마치 탄성 막과 같은 표면을 생성하는데(표면장력의 생성 과정) 이 표면에 존재하는 장력*이 바로 표면장력이다. 물의 표면장력은 물 내부에서 작용하는 분자 간의 인력에 따라 달라질 수 있는 것이다.(액체의 표면장력이 달라지는 원인) 많은 액체 중에서도 물이 표면장력이 큰 이유는 액체 상태에 있는 물 분자 간의 인력이 크기 때문이다.(물이 가진 특수한 성질 → 표면장력이 큼)

▶ 2문단: 표면장력의 생성 원인

이러한 표면장력은 물의 온도가 증가하거나(물의 표면장력이 감소하는 원인 ①), 물의 표면으로 모이는 성질이 있는 친수성* 분자들을 첨가하면(물의 표면장력이 감소하는 원인 ②) 감소하게 된다. 친수성 분자로 이루어진 대표적인 물질이 바로 비누를 비롯한 세제이다.(친수성 분자들로 이루어진 대표적 물질) 비누를 녹인 수용액의 표면장력은 아무것도 첨가하지 않은 물의 표면장력보다 훨씬 약하다.(친수성 분자(녹인 비누)를 첨가하여 표면장력이 감소하였기 때문)

▶ 3문단: 표면장력의 변화

이처럼 액체의 표면장력에 영향을 주는 친수성 물질이 첨가된 약제를 계면활성제라고 한다.(계면활성제의 정의) 계면이란 물질이 같거나 다른 상끼리 접촉되어 만들어지는 면이다.(계면의 정의) 계면활성제는 액체 내의 분자 간의 응집력을 변화시키고(계면활성제의 특성 ①) 액체와 접촉되어 형성되는 액체와 액체, 액체와 고체, 혹은 액체와 기체 사이의 계면 성질의 변화를 가져오는 것이다.(계면활성제의 특성 ②)

▶ 4문단: 계면활성제의 개념과 특징

이러한 계면활성제는 섬유, 식품, 화장품, 의약품 등 여러 분야에서 널리 사용되고 있다.(실생활에서 유용하게 사용되고 있는 계면활성제) 예를 들어,「계면활성제가 들어간 세제를 사용하면 물과 기름 사이의 계면의 성질이 바뀌어, 기름을 구성하는 분자들이 옷감이나 그릇에서 잘 떨어지게 된다.」(「」: 계면활성제를 이용한 예시 ①) 「또한 화장을 지우기 위한 클렌징 크림의 경우에도 먼지나 기름기를 닦아내기 위해 계면활성제를 첨가한다.」(「」: 계면활성제를 이용한 예시 ②)

▶ 5문단: 실생활에서 유용한 계면활성제

* 인력(引力): 공간적으로 떨어져 있는 물체끼리 서로 끌어당기는 힘.
* 척력(斥力): 같은 종류의 전기나 자기를 가진 두 물체가 서로 밀어 내는 힘.
* 장력(張力): 당기거나 당겨지는 힘.
* 친수성(親水性): 물과 친화성이 있는 성질.

01 세부 내용 파악하기

답 | ①

윗글의 내용과 일치하지 않는 것은?

정답 선지 분석

① 물의 온도가 증가하면 물 분자 사이의 인력이 강해진다.

3문단에 따르면 표면장력은 액체 내부로 향하려는 인력으로 인해 형성되고, 4문단에 따르면 표면장력은 물의 온도가 증가하면 감소하게 된다. 즉, 물의 온도가 증가하면 물 분자 간의 인력이 약해져 표면장력이 약해지는 것이다.

오답 선지 분석

② 토란 잎 위에서 이슬이 굴러다니는 것은 표면장력 때문이다.

1문단에 따르면 토란 잎이나 연잎 표면에 맺힌 물방울이 굴러다니는 것은 물의 표면장력 덕분이다.

③ 액체 표면의 분자들은 내부의 분자들보다 인력의 균형이 불안정하다.

2문단에 따르면 액체 표면의 분자들은 내부 방향으로는 인력이 작용하지만 바깥 방향으로는 균형을 이룰 인력이 없어 불안정하다.

④ 액체를 이루는 분자는 일정한 거리 이상으로 가까워지면 척력이 작용한다.

2문단에 따르면 액체 내부의 분자는 분자 간의 거리가 특정 거리보다 가까워지면 분자들끼리 서로 밀어내는 척력이 작용한다고 밝히고 있다.

⑤ 계면활성제란 액체의 표면장력에 영향을 주는 친수성 물질이 첨가된 약제이다.

4문단에 따르면 계면활성제란 액체의 표면장력에 영향을 주는 친수성 물질이 첨가된 약제를 말한다.

02 사례의 적절성 판단하기

답 | ②

㉠과 관련된 사례로 적절하지 않은 것은?

정답 선지 분석

② 자동차 바퀴가 빙판길에서 미끄러지는 것

자동차 바퀴가 빙판길에서 미끄러지는 것은 지면과 타이어 간의 마찰력이 낮아 발생하는 현상이므로 표면장력과는 관련이 없다.

오답 선지 분석

① 거미줄에 이슬이 동그랗게 맺혀 있는 것

1문단에 따르면 물방울이 동그랗게 맺혀 있는 것은 표면장력 때문이다.

③ 바실리스크 도마뱀이 물 위를 뛰어다닐 수 있는 것

1문단에 따르면 소금쟁이가 수면 위에서 돌아다니는 것은 물의 표면장력 덕분이다. 따라서 바실리스크 도마뱀이 물 위를 뛰어다닐 수 있는 것 또한 물의 표면장력 덕분이라 할 수 있다.

④ 비눗방울이 일반 물방울보다 더 크게 만들어지는 것

3문단에 따르면 친수성 분자로 이루어진 물질인 비누를 녹인 수용액의 표면장력은 아무것도 첨가하지 않은 물의 표면장력보다 훨씬 약하므로, 비눗방울이 일반 물방울보다 더 크게 만들어지는 것은 물의 표면장력이 약화된 것과 관련이 있다.

⑤ 접시에 묻은 기름을 세제로 깨끗이 닦아낼 수 있는 것

5문단에 따르면 계면활성제가 들어간 세제를 사용하면 물과 기름 사이의 계면의 성질이 바뀌어, 표면장력이 감소하게 된다. 이에 따라 분자 간 응집력이 약화되어 기름을 구성하는 분자들이 접시에서 잘 떨어지게 된다.

03 구체적 사례에 적용하기

답 | ③

보기 의 ⓐ에 들어갈 말로 적절하지 않은 것은?

보기

물을 가득 담은 비닐봉지에 뾰족한 연필을 꽂아서 관통을 시키면 물이 줄줄 샐 거라는 예상과 달리 전혀 새지 않는다. 연필의 수를 늘려 보아도, 연필의 방향을 달리하여 비닐봉지에 꽂아도 비닐봉지 안의 물은 전혀 새지 않는다. 그 이유는 ______ⓐ______

정답 선지 분석

③ 물 분자들이 일정 거리 이상 가까워져, 서로 밀어내는 척력이 발생하였기 때문이다.

비닐봉지에 뾰족한 연필을 꽂아도 물이 새지 않는 이유는 물 분자들이 서로 끌어당기는 인력으로 인해 서로 뭉쳐있으려는 강한 응집력을 발휘하기 때문이다. 즉 인력으로 인해 발생하는 현상이기 때문에 물 분자 간 서로 밀어내는 척력이 발생하였다는 것은 적절하지 않다.

오답 선지 분석

① 물 분자와 연필 사이에 탄성과 같은 막이 형성되었기 때문이다.

비닐봉지에 뾰족한 연필을 꽂아도 물이 새지 않는 이유는 물 분자들이 서로 끌어당기는 인력으로 인해 서로 뭉쳐있으려는 강한 응집력을 발휘하기 때문이다. 2문단에서 액체 내부로 향하는 인력이 액체의 표면을 팽팽히 잡아당겨 액체의 표면에 마치 탄성 막과 같은 표면을 형성한다고 밝히고 있기 때문에 물 분자와 연필 사이에 탄성과 같은 막이 형성됐기 때문에 물이 새지 않는다는 것은 적절하다.

② 표면에 있는 물 분자들이 액체 내부 방향으로 힘이 작용하기 때문이다.

비닐봉지에 뾰족한 연필을 꽂아도 물이 새지 않는 이유는 물 분자들이 서로 끌어당기는 인력으로 인해 서로 뭉쳐있으려는 강한 응집력을 발휘하기 때문이다. 2문단에서 액체 표면에 있는 물 분자들이 내부로 향하는 인력으로 인해 액체의 표면에 탄성 막과 같은 표면을 형성한다고 밝히고 있기 때문에 적절하다.

④ 물 분자들 사이의 인력으로 인해 물 분자와 연필 사이에 계면이 형성되었기 때문이다.

비닐봉지에 뾰족한 연필을 꽂아도 물이 새지 않는 이유는 물 분자들이 서로 끌어당기는 인력으로 인해 서로 뭉쳐있으려는 강한 응집력을 발휘하기 때문이다. 2문단과 5문단에서 액체의 표면에 있는 분자들의 내부로 향하는 인력으로 인해 물의 표면에 탄성 막과 같은 표면을 생성하게 되는데, 이때 물질이 같거나 다른 상끼리 접촉되어 만들어지는 면을 계면이라고 한다고 밝히고 있다. 따라서 액체인 물 분자와 고체인 연필 사이에 계면이 형성되었다고 볼 수 있다.

⑤ 물 분자들끼리 서로 뭉쳐있으려는 강한 응집력에 의해 연필과 물 사이에 표면장력이 생겼기 때문이다.

비닐봉지에 뾰족한 연필을 꽂아도 물이 새지 않는 이유는 물 분자들이 서로 끌어당기는 인력으로 인해 서로 뭉쳐있으려는 강한 응집력을 발휘하기 때문이다. 2문단에서 물의 표면에 있는 불안정한 분자들이 내부로 향하는 인력으로 인해 표면을 형성하게 되고 이때 표면에 작용하는 장력이 표면장력이라고 밝히고 있기 때문에 적절하다.

04 세부 내용 이해하기

보기 는 계면활성제와 관련해서 두 학생이 나눈 대화이다. 빈칸에 들어갈 말로 적절한 것을 조건 을 참고하여 차례대로 쓰시오.

보기

민수: 계면활성제는 물 분자 간의 응집력을 강화시키는 친수성 분자가 첨가되어 있어.

민지: 아니야. 계면활성제는 물 분자 간의 응집력을 (㉮)시켜. 그래서 계면활성제를 사용하면 기름과 물이 잘 섞이는데 그 이유는 (㉯)이/가 감소했기 때문이야.

조건

• ㉮는 '민수'의 말에서 오류를 정정하여 2음절로 쓰고, ㉯는 윗글에서 찾아 4음절로 쓰시오.

정답

약화, 표면장력

문학 1 남으로 창을 내겠소(김상용)

빠른 정답 체크 01 ② 02 ② 03 ① 04 왜 사냐건 웃지요

화자가 지향하는 이상향 → 소박하고 건강한 삶을 기원
㉠ 남으로 창을 내겠소
□: '-소', '-요', '-오'의 대화체 어조(각운)의 반복 → 운율 형성
밭이 ㉡ 한참갈이 소로 잠깐이면 갈 수 있는 작은 농토 → 안분지족(편안한 마음으로 제 분수를 지키며 만족할 줄을 앎)의 삶
전원 생활의 공간
괭이로 파고
괭이, 호미: 농사일 전체를 대신하고 있음 → 대유법
호미론 풀을 매지요

▶ 자연 속에서의 안빈낙도(가난한 생활을 하면서도 편안한 마음으로 도를 즐겨 지킴)의 삶에 대한 소망

㉢ 구름이 꼬인다 갈 리 있소
세속적인 삶, 세속적 유혹
㉣ 새 노래는 공으로 들으랴오
자연이 주는 무한의 은혜와 축복
㉤ 강냉이가 익걸랑
농사의 결실인 오곡백과를 대신하고 있음 → 대유법
함께 와 자셔도 좋소
대가 없이 먹어도 좋다는 의미 → 훈훈한 인정미
타인과 더불어 소박하게 살고자 하는 마음

▶ 자연을 즐기며 훈훈한 인정을 나누며 살아가려는 태도

왜 사냐건
사느냐고 물으면
웃지요
시상과 주제의 압축 → 달관적 태도

▶ 달관적 삶의 태도

- 김상용, 〈남으로 창을 내겠소〉 -

01 세부 내용 파악하기 답 | ②

윗글에 대한 설명으로 적절하지 않은 것은?

정답 선지 분석

② 도시 문명을 비판하며 소박하고 평화로운 세계에 대한 동경을 드러내고 있다.
윗글에서는 소박하고 평화로운 세계에 대한 동경을 드러내고 있으나 도시 문명을 비판하고 있지는 않다.

오답 선지 분석

① '-소', '-요', '-오'의 종결 어미의 반복을 통해 운율을 형성하고 있다.
윗글에서는 '-소'. '-요', '-오'의 각운(구나 행의 끝에 규칙적으로 같은 운의 글자를 다는 것)을 사용하여 운율을 형성하고 있다.

③ 화자는 세속적인 욕망을 마다하고 자연 속에서의 자족적인 삶을 영위하고자 한다.
윗글에서의 '구름'은 세속적인 삶, 세속적인 유혹을 의미한다. 화자는 '구름이 꼬인다 갈 리 있소'라고 설의적으로 말하며 가지 않겠다는 의지를 보여 준다. 다시 말해 화자는 세속적인 욕망을 마다하고 자연 속에서 괭이와 호미로 농사를 지으며 자족적인 삶을 영위하고자 하는 소망을 드러내고 있다.

④ 화자는 자연의 섭리에 순응하여 살고자 하는 건강하고 낙천적인 삶의 자세를 보여 주고 있다.
윗글은 평화로운 전원에서의 삶에 대한 소망을 노래한 작품으로 자연친화적인 삶의 자세가 드러난다. '남으로 창을 내겠다'는 것은 집 안을 밝게 한다는 단순한 채광의 의미를 넘어 자연의 섭리에 순응하며 자연에서 살고 싶다는 건강하고 낙천적인 삶을 추구하는 화자의 소망이 담겨있다.

⑤ 전원생활에 대한 동경을 드러내는 것에 그칠 뿐, 전원생활에 대한 굳은 신념을 강요하고 있지는 않다.
화자는 전원생활에 대한 동경을 드러내고 있지만, 전원생활에 대한 굳은 신념을 강요하고 있지는 않다.

02 시어의 의미 파악하기 답 | ②

㉠~㉤을 이해한 내용으로 적절하지 않은 것은?

정답 선지 분석

② ㉡은 넉넉하지 않은 삶에 대한 아쉬움을 보여 준다.
㉡은 소로 잠깐이면 갈 수 있을 정도의 작은 밭이란 뜻으로 넉넉하지 않은 삶에 대한 아쉬움이 아니라 제 분수를 지키며 만족할 줄 아는 안빈낙도의 태도를 보여 주는 것이다.

오답 선지 분석

① ㉠은 화자가 지향하는 소박하고 평화로운 삶의 공간이다.
윗글에서 '남'은 전원생활의 밝고 긍정적인 이미지를 상징하는 시어이다. ㉠은 화자가 지향하는 이상향으로, 전원을 의미하며 소박하고 평화로운 삶을 지향하는 화자의 태도가 드러나 있다.

③ ㉢은 세속적이고 도시적인 삶의 유혹을 상징한다.
㉢은 부귀영화와 같은 세속적이고 도시적인 삶의 유혹을 상징하며 화자는 '갈 리 있소'라고 설의적으로 표현하며 도시 문명의 유혹을 이겨내고 자연 속에서 자족적인 삶을 영위하려는 태도를 보여 준다.

④ ㉣은 자연이 인간에게 베푸는 은혜와 축복을 상징한다.
㉣은 자연이 주는 무한의 은혜와 축복을 뜻하는 것으로 자연에 있어서의 '무상의 생활'을 의미한다.

⑤ ㉤은 화자의 넉넉한 마음씨를 보여 준다.
㉤은 자연에 인간의 노동이 가해져 이루어지는 오곡백과를 의미하며, 함께 와 먹어도 좋다는 것은 돈을 내지 않고 먹어도 좋다는 의미로 화자의 넉넉한 마음씨를 보여 주고 있다.

03 핵심 내용 이해하기 답 | ①

보기 와 윗글의 화자의 공통된 인생관을 나타낸 것으로 적절한 것은?

보기

마지막 연의 '왜 사냐건 / 웃지요'라는 화자의 심경은 이백의 시 〈산중문답〉의 둘째 구절 '笑而不答心自閑(웃을 뿐, 답은 않고 마음이 한가롭네)'과 상통하는 것으로, 이 시는 삶의 허무 의식에서 벗어나 자연과 합일되어 무위의 상태에 다다른 시인의 인생관 내지 삶에 대한 태도를 함축적으로 보여 준다.

정답 선지 분석

① 안분지족(安分知足)
안분지족은 편안한 마음으로 제 분수를 지키며 만족할 줄을 안다는 사자성어다. 〈산중문답〉과 윗글은 모두 전원에서의 생활을 의미하며 이는 제 분수를 지키며 만족할 줄 아는 생활 태도를 바탕으로 하고 있다.

오답 선지 분석

② 호연지기(浩然之氣)
호연지기는 거침없이 넓고 큰 기개를 뜻하는 사자성어이다.

③ 혈혈단신(孑孑單身)
혈혈단신은 의지할 곳이 없는 외로운 홀몸을 뜻하는 사자성어이다.

④ 반포지효(反哺之孝)
반포지효는 자식이 자란 후에 어버이의 은혜를 갚는 효성을 이르는 사자성어이다.

⑤ 전화위복(轉禍爲福)
전화위복은 재앙과 근심, 걱정이 바뀌어 오히려 복이 된다는 뜻의 사자성어이다.

04 핵심 내용 파악하기

윗글에서 화자의 달관적 삶의 태도를 보여 주며 시의 주제가 압축되어 나타난 부분을 찾아 3어절로 쓰시오.

정답

왜 사냐건 웃지요

문학 2 연(이청준)

빠른 정답 체크 01 ① 02 ② 03 ③ 04 한 점 까만 새

[앞부분 줄거리] 어머니는 형편이 어려워 아들을 상급 학교에 보내지 못한다. 아들은 상급 학교에 진학하는 것을 단념*하는 대신 매일 연을 띄우며 놀겠다며 평소 마련이 어려웠던 연실을 만들어 달라고 한다. 어머니는 큰맘 먹고 연실을 마련해 냈고 아들은 종일 연만 띄우며 지낸다.

봄이 되어 제 또래 아이들이 모두 마을을 떠나 읍내 상급 학교로 가 버린 다음에도 아들놈은 혼자서 그 파란 봄 보리밭 위로 하루같이 연만 띄워 올리고 있었다. 아침나절에 띄워 올린 연이
하루 종일 연을 날리며 시간을 보냄
해 질 녘까지 마을의 하늘을 맴돌았다.

어머니는 언제 어디서나 그 아들의 연을 볼 수 있었다.

연을 보면 아들의 얼굴을 보는 것 같았고, 아들의 마음을 보는
아들의 존재를 확인할 수 있음 / 떠나고 싶어 하는 아들의 마음을 인식하고 있음
것 같았다.

연은 언제나 머나먼 하늘 여행을 꿈꾸고 있는 작은 새처럼 보였고,
마을을 떠나 자유롭고 싶은 아들을 상징 / 연을 비유
그래서 언젠가는 실줄을 끊고 마을의 하늘을 떠나가 버릴 것처럼
어머니는 아들이 떠날 것 같은 불안감을 느낌
어머니의 마음을 불안하게 했다.

하지만 연이 그렇게 하늘에 떠올라 있는 동안엔 어머니도 아직
어머니는 연을 보며 아들의 존재를 확인하고 안도감을 느낌
은 마음을 놓을 수 있었다. 연이 하늘을 나는 동안은 어느 집 양지바른 담벼락 아래, 마을의 회관 뜰 한구석에, 또는 아지랑이 피어오르는 어느 보리밭 이랑* 끝에 그 봄 하늘처럼 적막스럽고 외로운 아들의 모습이 선하기 때문이었다.
상급 학교에 진학하지 못하고 쓸쓸하게 마을에 남은 아들의 모습을 적막한 봄 하늘에 비유

그래서 어머니는 아들놈의 연날리기를 탓해 본 일이 한 번도 없었다.

철 늦은 연날리기에 넋이 나간 아들놈을 원망해 본 일이 한 번
아들의 마음을 이해함
도 없었다.

녀석의 마음이 고이 머물고 있는 연의 위로를 감사할 뿐이었다.
어머니는 아들이 연날리기를 통해 위로받는다고 생각함

연에 실린 아들의 마음이 하늘을 내려오는 저녁 연처럼 조용히
아들이 떠나지 않고 자신의 곁에서 머물기를 바람
다시 마을로 가라앉기를 기다릴 뿐이었다.

그러던 어느 날이었다.
사건의 발생을 암시

하루는 결국 이변*이 일어나고 말았다.

그날은 유독 봄바람이 들녘을 설치던 날이었다.

어머니는 이날도 고개 너머 들밭 언덕에서 봄 무릇을 캐고 있던 참이었다.

바람을 태우기가 좋아 그랬던지 아들놈은 이날따라 연을 더 하
아들이 띄워 올린 연의 모습이 평소와 다름
늘 높이 띄워 올리고 있었다. 마을에서 띄워 올린 녀석의 연이 고개 이쪽 어머니의 머리 위까지 까맣게 떠올라 와 있었다. 얼레의 실이 모조리 풀려 나와 하늘 끝까지 닿고 있는 것 같았다.

무릇 싹을 찾아 헤매던 어머니의 발길이 자꾸만 헛디딤질을 되
어머니의 불안한 심리가 드러남
풀이했다. 연이 너무 높은 데다가 전에 없이 드센 바람기 때문에 마음이 놓이지 않는 탓이었다. 팽팽하게 하늘을 가로질러 올라간 연실 끝에서 드센 바람을 받고 심하게 오르내리는 연을 따라 어
높이 뜬 연을 보며 불안감을 느낌
머니의 마음도 불안하게 흔들리고 있었다.

아니나 다를까.
불안한 예감이 틀리지 않음

불안감에 쫓기던 어머니가 어느 순간엔가 다시 그 하늘의 연을 찾았을 때였다.

연이 있어야 할 곳에 연의 모습이 보이질 않았다.
연이 날아감 → 아들이 마을을 떠남

연은 어느새 실이 끊어져 날아간 것이었다. 빗살처럼 곧게 하늘
연실을 빗살에 비유
로 뻗어 오르던 연실이 머리 위를 구불구불 힘없이 흘러 내려오고 있었다.

실이 뻗쳐 올라가 있던 쪽 하늘을 자세히 살펴보니, 아직도 한 점 까만 새처럼 허공 속으로 아득히 멀어져 가고 있는 것이 있었다.
실이 끊긴 연을 새에 비유

어머니는 아예 밭 언덕에 주저앉아 연의 흔적이 시야에서 사라
아들이 떠났음을 알게 된 어머니의 안타까운 마음 → 망연자실
질 때까지 그 하염없는 눈길을 하늘에 못 박고 있었다.

그리고 그 연의 모습이 완전히 시야에서 자취*를 감추고 난 다음에야 어머니는 비로소 가는 한숨을 삼키면서 천천히 다시 자리를 털고 일어났다.

하지만 이제 반나마 차오른 무릇 바구니를 옆에 끼고 마을 길을 돌아가고 있는 어머니는 방금 전에 무슨 아쉬운 배웅이라도 끝내
아들과의 이별을 받아들이고 차분해짐 → 체념적 태도
고 돌아선 사람처럼 거동*이 무척 차분했다. 연을 지킬 때처럼 초조한 눈빛도 없었고, 발길을 조급히 서둘러 가려는 기색*도 아니었다.

어머니는 이미 모든 것을 알고 있고, 모든 것을 미리 체념해 버린 것 같은 거동이었다. 마을 쪽에서 그 땅으로 내려앉은 연실을 거두어들이는 기미가 보이지 않는 것도 전혀 이상스럽지가 않은 얼굴이었다.

"아지매요. 건이 새끼 좀 빨리 쫓아가 봐야 혀요. 건이 새낀 아까 도회지* 돈벌이 간다고 읍내께로 튀었다니께요. 지는 도회
아들이 마을을 떠난 표면적 이유
지 가서 돈 벌어 온다고 연실 같은 건 내나 실컷 감아 가지라면서요……."

어머니가 흐느적흐느적 허기진 걸음걸이로 마을을 들어섰을 때
아들이 떠난 것을 이미 알고 있었으므로 놀라지 않음
였다. 아들놈의 연실을 감아 들이고 있던 이웃집 조무래기 놈이 제풀에 먼저 변명을 하고 나섰으나, 어머니는 이번에도 미리 모든 것을 짐작하고 있었던 것처럼 놀라는 빛이 없었다. 앞뒤 사정을 궁금해하거나 집을 나간 녀석을 원망하는 기색 같은 것도 없었다. 아들의 뒤를 서둘러 쫓아 나서려기는커녕 걸음 한번 멈추지

않고 말없이 그냥 녀석의 곁을 지나쳐 갈 뿐이었다. 그러고는 내처* 그 텅 빈 초가의 사립문*을 들어서고 나서야 아들의 연이 날아간 하늘을 향해 어머니는 발길을 잠깐 머물러 섰을 뿐이었다.

하지만 이제 연의 흔적은 보이지 않았다. 텅 빈 하늘만 하염없이 멀어져 가고 있었다.

어머니는 다만 그 무심한 하늘을 향해 다시 한번 가는 한숨을 삼키며 허망스럽게* 중얼거리고 있었다.

"아가, 어딜 가거나 몸이나 성하거라……."
떠난 아들이 무사하기를 기원

- 이청준, 〈연〉 -

* 단념(斷念): 품었던 생각을 아주 끊어 버림.
* 이랑: 논이나 밭을 갈아 골을 타서 두두룩하게 흙을 쌓아 만든 곳.
* 이변(異變): 예상하지 못한 사태나 괴이한 변고.
* 자취: 어떤 것이 남긴 표시나 자리.
* 거동(擧動): 몸을 움직임. 또는 그런 짓이나 태도.
* 기색(氣色): 어떠한 행동이나 현상 따위가 일어나는 것을 짐작할 수 있게 하여 주는 눈치나 낌새.
* 도회지(都會地): 사람이 많이 살고 상공업이 발달한 번잡한 지역.
* 내처: 어떤 일 끝에 더 나아가.
* 사립문(사립門): 사립짝을 달아서 만든 문.
* 허망스럽다(虛妄스럽다): 어이없고 허무한 데가 있다.

01 표현상의 특징 파악하기 답 | ①

윗글에 대한 설명으로 적절한 것은?

정답 선지 분석

① 어머니의 심리가 섬세하게 묘사되고 있다.
'어머니의 마음을 불안하게 했다.', '아직은 마음을 놓을 수 있었다.' 등의 서술을 통해 아들이 띄우는 연을 바라보는 어머니의 심리가 섬세하게 묘사되고 있음을 알 수 있다.

오답 선지 분석

② 봄날의 도회지를 배경으로 소설이 전개되고 있다.
윗글은 봄날의 어느 마을을 배경으로 하고 있다. 도회지는 마을을 떠난 아들이 간 곳이다.

③ 작품 속 서술자가 사건을 객관적으로 서술하고 있다.
윗글은 작품 밖의 서술자가 신처럼 모든 것을 아는 입장에서 인물의 행동과 심리를 구체적으로 전달하는 전지적 작가 시점이다. 작품 속 서술자가 사건을 객관적으로 서술하는 것은 1인칭 관찰자 시점이다.

④ 아들의 심리는 소설 속에서 전혀 제시되고 있지 않다.
아들이 하루 종일 '연'을 날리는 행위를 통해 아들의 심리가 간접적으로 제시되고 있다.

⑤ 어머니와 아들의 갈등의 심화가 시간순으로 제시되고 있다.
윗글은 어머니와 아들의 갈등의 심화를 보여 주고 있지 않다.

02 세부 내용 파악하기 답 | ②

윗글의 '어머니'에 대한 이해로 적절하지 않은 것은?

정답 선지 분석

② '어머니'는 아들과의 이별을 받아들이지 못하고 한탄했다.
윗글에서 '아쉬운 배웅이라도 끝내고 돌아선 사람처럼 거동이 무척 차분했다.'는 것을 통해 어머니는 아들과의 이별을 받아들이고 오히려 차분해지고 있음을 알 수 있다.

오답 선지 분석

① '어머니'는 매일 연을 날리는 아들을 원망하지 않았다.
윗글에서 어머니는 아들의 연날리기를 탓해 본 일이 한 번도 없었고, 철 늦은 연날리기에 넋이 나간 아들을 원망해 본 일이 한 번도 없었다.

③ '어머니'는 아들이 연날리기를 통해 위로를 받는다고 생각했다.
윗글의 '녀석의 마음이 고이 머물고 있는 연의 위로를 감사할 뿐이었다.'를 통해 어머니는 아들이 상급 학교에 진학하지 못한 것을 연날라기를 통해 위로 받고 있다고 생각하고 있음을 알 수 있다.

④ '어머니'는 아들이 마을을 떠나지 않고 마을에 머무르기를 바랐다.
윗글에서 '저녁 연처럼 조용히 다시 마을로 가라앉기를 기다릴 뿐이었다.'에서 어머니는 아들이 마을을 떠나지 않고 계속해서 마을에 머무르기를 바라고 있음을 알 수 있다.

⑤ '어머니'는 이웃집 놈이 아들의 연실을 가져간 것을 보고도 놀라지 않았다.
윗글에서 어머니는 이미 날아간 연을 통해 아들이 마을을 떠났음을 짐작하고 있었기 때문에 아들의 연실을 이웃집 놈이 가지고 있는 것을 보고도 놀라지 않았다.

03 외적 준거를 통해 작품 이해하기 답 | ③

보기 를 참고하여 윗글을 이해한 것으로 적절하지 않은 것은?

보기

비유는 표현하려는 원관념을 직접 설명하지 않고 보조 관념에 빗대어 표현하는 것이고, 상징은 표현하고자 하는 원관념을 겉으로 드러내지 않고 구체적인 대상으로 대신하여 표현하는 방법이다. 비유가 원관념과 보조 관념 사이의 유사성에 기초한다면 상징은 원관념을 드러내지 않고 보조 관념만으로 의미를 표현하기 때문에 그 의미가 모호하고 암시적이다.

정답 선지 분석

③ '새'를 '아들'에 비유해서 아들이 가진 미지의 세계에 대한 동경을 표현했다.
'새'는 하늘을 자유로이 날 수 있다는 점에서 자유에 대한 갈망, 미지의 세계에 대한 동경 등의 의미로 사용되고 있다. '연은~작은 새처럼 보였고'라고 한 점에서 '연'을 '새'에 빗대어 표현하고 있는 것이지 '아들'에 비유하고 있는 것이 아니다.

오답 선지 분석

① 어머니는 외로운 '아들'의 모습을 '봄 하늘'에 비유하고 있다.
'그 봄 하늘처럼 적막스럽고 외로운 아들의 모습'을 통해 어머니는 '봄 하늘'에 외로운 '아들'의 모습을 비유하고 있음을 알 수 있다.

② '연'은 상징적 의미를 지닌 소재로 '아들'과 동일시되고 있다.
어머니는 연을 통해 아들을 생각하고 있다. 이를 통해 어머니는 '아들'과 '연'을 동일시하고 있으며, '아들'을 표현하기 위해 구체적 대상인 '연'을 사용하고 있음을 알 수 있다.

④ '새'는 '연'을 빗대어 표현한 대상으로 아들의 '연'과 유사한 의미를 갖는다.
'연은 언제나~작은 새처럼 보였고'를 통해 '새'를 아들의 '연'에 빗대어 표현하고 있으며 '새'와 '연'은 하늘로 떠나가 버릴 것 같다는 유사성에 기초하고 있다.

⑤ '연실'을 '빗살'에 빗대어 표현함으로써 대상을 더욱 구체적이고 생동감 있게 드러내고 있다.
'빗살처럼 곧게 하늘로 뻗어 오르던 연실'이라는 표현을 통해 '연실'을 '빗살'에 빗대어 표현함으로써 곧게 하늘로 뻗어 오르는 연실의 이미지를 구체적이고 생동감 있게 표현하고 있다.

04 세부 내용 파악하기

실이 끊겨 날아가는 연을 비유하고 있는 표현을 윗글에서 찾아 4어절로 쓰시오.

정답

한 점 까만 새

04강

| 본문 | 45쪽

작문 다양한 표현을 활용하여 글 쓰기

빠른 정답 체크 01 ③ 02 ② 03 ⑤ 04 그림자

슬기에게

슬기야, 잘 지내니?

네가 전학 간 지 얼마 지나지도 않았는데 아주 오랫동안 못 본 것 같은 기분이 들어.('나'는 슬기를 매우 그리워하고 있음) 참새가 방앗간을 그저 지나치지 않듯이(속담을 활용) 우리는 하굣길에 늘 떡볶이 가게에 들렀었잖아. 그 가게 앞을 나 혼자 지날 때마다 '참외'가 된 것 같아. 너 없이 나 혼자라 참 외롭거든.('참 외롭다'의 앞 글자를 따서 '참외'라고 표현)

솔직히 네가 이사 간다는 말을 처음 했을 때에도, 종례 시간에 마지막 인사를 했을 때에도 나는 네가 전학을 간다는 것이 사실인가 싶었어.(슬기가 전학을 가는 것이 실감이 나지 않음) 그런데 다음 날 아침 학교 가자는 너의 문자가 오지 않았을 때('나'가 평소 슬기와 함께 등교했음을 알 수 있음), 너와 함께 다닐 수 없다는 게 그제야 실감 나면서 너무 섭섭하고 속상하더라.('나'의 솔직한 감정)

며칠 전, 네가 블로그에 올린 사진을 보았어. 반 대항 농구 대회에서 역전 골을 넣었더라? 새 친구도 많이 사귀고 잘 지내는 것 같아서 다행이라고 생각했어.('나'는 슬기의 생활에 관심을 가지고 있음) 한편으로는 너와 함께했던 학교생활이 생각나서 네가 더 그리워지더라.(슬기의 사진을 본 '나'의 감정)

반 친구들도 모두 너를 그리워해. 큰 목소리로 응원 구호를 외치며 축구를 하던 네가 없으니 반 대항 축구 경기도 김빠진 탄산음료 같다고 하더라.(슬기가 없어 경기가 재미없다는 것을 김이 빠져 맛이 없는 탄산음료에 빗대어 표현하고 있음) 진행을 맡았던 네가 없어서일까? 반에서 생일 축하 행사를 해도 예전만큼 재미있지는 않아. '흥 부자'(흥이 많은 사람이라는 뜻)라고 불렸던 네가 얼마나 유쾌하고 재미있는 친구였는지(슬기의 성격을 드러냄) 다시 한번 깨달았어. 진심이야. 비행기 태우려고('남을 지나치게 칭찬하거나 높이 추어올려 주다'라는 의미의 관용구를 활용) 하는 말이 아닌 거 알지?

[A] 「기억나? 이번 봄에 내가 다리를 심하게 다쳐서 한동안 목발을 짚고 다녀야 했잖아. 그때 너는 나의 그림자처럼 늘 내 곁에 있었어.(직유법을 활용하여 구체적으로 표현) 이동 수업이 있을 때에는 짐을 들어 주고, 점심시간에는 식판을 대신 들어 주었지. 네가 많이 힘들었을 것 같아. 나를 돕느라 고생하는 너에게 너무 미안해서 정작 아무 말도 하지 못했어. 하지만 넌 내 마음을 눈치채고 얼른 나아서 떡볶이나 사라며 크게 웃었잖아. 그런 너를 보면서 나도 너에게 좋은 친구가 되어야겠다고 생각했어.(슬기에게 좋은 친구가 되고 싶은 '나'의 마음) 언제나 곁에서 나를 지켜 주던 너에게 못 했던 말을 이제야 전해. 정말 고마웠어.」

(「」: '나'는 슬기와의 추억을 떠올리며 고마움을 전함)

내 소중한 친구야, 네가 전학을 가고 나니 수영장에 같이 다닐 수도 없고 학교 축제 때 함께 공연을 할 수도 없게 되어 너무 슬프다.('나'가 슬픈 이유) 그래도 다행인 것은 이번 여름 방학에 내가 너희 집에 놀러 가는 것을 엄마가 허락하셨다는 거야. "한 시간의 대화가 오십 통의 편지보다 훨씬 낫다."(멀리 떨어져 많은 편지를 주고받는 것보다 잠깐이라도 만나서 대화를 나누는 것이 낫다는 뜻)라는 말도 있듯이 너와 빨리 만나 얼굴을 보며 수다 떨고 싶다. 얼른 여름 방학이 되었으면 좋겠어.

보고 싶다, 친구야.

20○○년 ○○월 ○○일

친구 유주가.

01 친교 표현 글쓰기 내용 이해, 평가하기 답 | ③

윗글에 대한 내용으로 적절하지 않은 것은?

정답 선지 분석

③ '나'는 슬기가 전학을 간다는 소식을 전혀 알지 못했다.

'나'는 슬기가 이사 간다는 말을 처음 했을 때에도, 종례 시간에 마지막 인사를 했을 때에도 전학 간다는 소식을 알고 있었으나 실감이 나지 않았다고 밝히고 있다.

오답 선지 분석

① '나'는 전학을 간 슬기에게 편지를 쓰고 있다.

편지의 서두에서 '슬기야, 잘 지내니? 네가 전학 간 지 얼마 지나지도 않았는데 아주 오랫동안 못 본 것 같은 기분이 들어.'라고 말하고 있다.

② 슬기는 전학 간 학교에서 역전 골을 넣었다.

'나'는 며칠 전 슬기의 블로그에서 반 대항 농구 대회에서 역전 골을 넣은 슬기의 사진을 봤기 때문에 적절하다.

④ 슬기는 과거 반 대항 축구 경기의 진행을 맡은 적이 있다.

'나'는 반 대항 축구 경기에서 진행을 맡았던 슬기가 없으니 김빠진 탄산음료 같다고 이야기하고 있다. 이를 통해 슬기가 과거 반 대항 축구 경기의 진행을 맡은 적이 있음을 유추할 수 있다.

⑤ '나'는 다리를 다쳤을 때 도와준 슬기에게 고마움을 전달하고 있다.

'나'는 이번 봄 다리를 심하게 다쳐서 한동안 목발을 짚고 다녀야 했을 때 그림자처럼 자신의 곁에서 도와준 슬기에게 고마웠다고 말하고 있다.

02 친교 표현 글쓰기 표현 전략 사용하기 답 | ②

윗글에서 사용된 표현에 대한 설명으로 적절하지 않은 것은?

정답 선지 분석

② 슬기가 없어 혼자 먹는 급식이 전혀 즐겁지 않음을 '김빠진 탄산음료'에 빗대어 표현하고 있다.

슬기가 없이 축구 경기를 하니 재미가 없다는 것을 '김빠진 탄산음료'에 비유하고 있다. 이는 슬기가 없는 허전함을 참신하게 표현하고 있는 것이지 슬기가 없이 혼자 먹는 급식이 전혀 즐겁지 않음을 표현하고 있는 것이 아니다.

오답 선지 분석

① '참외'라는 표현을 사용하여 슬기가 없어 외로운 심정을 참신하게 표현하고 있다.

슬기가 전학을 가서 외로운 심정을 '참 외롭다'의 앞 글자를 딴 '참외'라고 표현하며 참신하게 표현하고 있다.

③ 슬기에 대한 칭찬이 결코 과장이 아니라 진심임을 강조하기 위해 '비행기를 태우다'라는 관용구를 활용하고 있다.

'비행기 태우다'라는 표현은 '남을 지나치게 칭찬하거나 높이 추어올려 주다.'라는 의미의 관용구이다. '나'는 '비행기 태우려고 하는 말 아닌 거 알지?'라고 말하면서 슬기에 대한 칭찬이 결코 과장이 아니라 진심임을 강조하고 있다.

④ '참새가 방앗간을 그저 지나치지 않듯이'라는 속담을 활용하여 '나'와 슬기가 떡볶이 가게를 자주 들렀음을 알 수 있다.

'좋아하는 곳을 그대로 지나치지 않는다.'라는 의미의 속담을 활용하여 두 사람이 떡볶이 가게를 자주 들렀다는 것을 표현하고 있다.

⑤ '한 시간의 대화가 오십 통의 편지보다 훨씬 낫다'라는 명언을 활용하여 잠깐이라도 만나서 대화를 나누고 싶다는 마음을 표현하고 있다.

프랑스의 작가인 세비네의 말로, '멀리 떨어져 많은 편지를 주고받는 것보다는 잠깐이라도 만나서 나누는 대화가 좋다.'라는 의미이다. '나'는 편지에서 명언을 활용해 슬기와 만나서 대화를 나누고 싶다는 마음을 표현한 것이다.

03 친교 표현 글쓰기 내용 점검, 조정하기

답 | ⑤

보기 는 윗글에 대한 답장이다. 보기 의 ㉠~㉤과 바꿔 쓸 수 있는 표현으로 적절하지 않은 것은?

보기

유주야, 네가 편지를 보냈다는 문자 메시지를 받고 편지가 오기를 ㉠ 몹시 애타게 오랫동안 기다리고 있었어. 그리고 편지를 읽자마자 이렇게 답장을 쓴다. 잘 지내고 있지?

나도 너에게 편지로 고마움을 전하고 싶어. 너도 언제나 내 일이라면 ㉡ 적극적으로 나서서 도와줬잖아. 내가 너 다쳤을 때 도와줬던 건 네가 도와준 일에 비하면 ㉢ 아주 하찮은 일이지.

여러 친구가 있지만, 즐거울 때나 슬플 때나 네가 제일 먼저 생각나. 아마도 네가 ㉣ 사귄 지 가장 오래된 친구이고 또 내 마음을 가장 잘 헤아려 주는 친구이기 때문인 것 같아. 너와의 우정은 나에게 정말 소중해.

여름 방학에 네가 우리 집에 올 수 있다니 ㉤ "벗이 멀리서 찾아 주니 또한 즐겁지 아니한가?"라는 말이 떠올랐어. 그때 만나 우리만의 추억을 만들어 보자. 건강히 잘 지내고 또 연락하자.

20○○년 ○○월 ○○일 너의 친구 슬기가.

정답 선지 분석

⑤ ㉤: "그 사람을 모르거든 그 벗을 보라."

'그 사람을 모르거든 그 벗을 보라'는 사람은 서로 뜻이 맞는 사람을 벗으로 삼기 때문에 벗을 보면 알 수 있다는 뜻의 명언이다. 그러나 ㉤은 멀리 사는 친구가 와주니 즐겁단 뜻으로 쓰인 명언이기 때문에 적절하지 않다.

오답 선지 분석

① ㉠: 눈이 빠지게 기다리고 있었어

'눈이 빠지다'는 '몹시 애타게 오랫동안 기다리다'라는 뜻의 관용표현이다. 따라서 ㉠ 대신 쓸 수 있는 표현으로 적절하다.

② ㉡: 팔을 걷어 붙이고

'팔을 걷어 붙이다'는 '(사람이) 무슨 일에 적극적이다'라는 뜻의 관용표현이다. 따라서 ㉡ 대신 쓸 수 있는 표현으로 적절하다.

③ ㉢: 새 발의 피지

'새 발의 피'는 '하찮은 일이나 분량이 아주 적음'을 이르는 관용표현이다. 따라서 ㉢ 대신 쓸 수 있는 표현으로 적절하다.

④ ㉣: 죽마고우이고

'죽마고우'는 '어릴 때부터 같이 놀며 자란 벗'이란 뜻의 사자성어이다. 따라서 ㉣ 대신 쓸 수 있는 표현으로 적절하다.

04 친교 표현 글쓰기 표현 전략 파악하기

[A]에서 슬기를 비유한 표현을 찾아 3음절로 쓰시오.

정답

그림자

독서 자동차 엔진 과열

빠른 정답 체크 01 ④ 02 ③ 03 ② 04 냉각수

「한여름에 도로를 주행하다 보면 보닛*에서 새하얀 수증기를 잔뜩 뿜어내는 채로 갓길에 세워진 차량을 간혹 볼 수 있다.」 이는 여름철에 자주 발생하는 자동차 고장의 일종인 ㉠ '엔진 과열' 때문이다. 만약 엔진이 과열된 채로 계속 주행을 한다면 엔진이 멈추거나 크게 손상될 수 있다. 그렇다면 엔진 과열은 왜 일어나는 것일까? 엔진 과열이 왜, 어떻게 일어나는지, 그리고 어떻게 조치해야 하는지에 대해 자세히 알아보자.

「」: 엔진 과열로 인한 자동차 고장의 구체적 사례 / 엔진 과열로 발생하는 문제

▶ 1문단: 여름철에 자주 발생하는 엔진 과열로 인한 자동차 고장

엔진 과열이 일어나는 원인은 엔진에서 지속적으로 발생하는 열을 제대로 식혀 주지 못하는 것이 일차적이다. 그럼 원래라면 충분히 냉각되어 사라질 수 있는 열이 왜 사라지지 않는 것일까? 그 이유는 다음과 같다.

엔진 과열이 일어나는 원인

▶ 2문단: 엔진 과열이 일어나는 원인

첫째, 냉각 호스나 서머스탯* 등에 이상이 생겨 누수*가 생기거나, 냉각수의 양이 부족해지는 경우이다. 따라서 여름에는 냉각수의 양을 주기적으로 점검하여 적정량을 사전에 보충해 주어야 한다. 둘째, 팬 벨트*에 손상이 생기거나, 그것의 장력*이 약해진 경우이다. 이는 냉각 장치의 성능을 떨어뜨려 엔진 과열을 유발하기에 벨트가 항상 팽팽하게 유지되도록 꾸준한 관리가 필요하다. 셋째, 라디에이터* 코어 등 냉각수의 통로가 막히거나 호스가 파열된 경우이다. 냉각 호스는 오래 사용하면 딱딱해지고 압력에 파손될 수 있으므로 주기적으로 새 부품으로 교체해 주어야 한다. 즉, 냉각수와 관련된 부품이나 장치를 일정한 간격으로 점검해야 한다. 만약 이러한 관리에 소홀해지면 엔진 과열이 일어나게 되는 것이다.

엔진의 열이 사라지지 않는 이유 ① / 엔진의 열이 사라지지 않는 이유 ①의 조치 방안 / 엔진의 열이 사라지지 않는 이유 ② / 팬 벨트에 손상이 발생하거나 장력이 약해졌을 때 나타나는 문제점 / 엔진의 열이 사라지지 않는 이유 ②의 조치 방안 / 엔진의 열이 사라지지 않는 이유 ③ / 엔진의 열이 사라지지 않는 이유 ③의 조치 방안

▶ 3문단: 엔진의 열이 사라지지 않는 이유와 조치 방안

엔진 과열의 증상은 다음과 같다. 우선 계기판의 온도계가 적색선까지 계속 올라가게 된다. 이후 엔진에서 이상한 소리가 나며, 한순간 갑자기 출력이 떨어지고 노킹이 일어나 엔진이 조기 점화된다. 여기서 노킹이란 이상 연소*로 인한 소음을 의미한다. 이렇게 되면 자동차 속 각 부품이 변형되거나, 서로 녹아서 달라붙는 소결* 현상이 일어난다.

엔진 과열의 증상 ① / 엔진 과열의 증상 ② / 엔진 과열의 증상 ③ / 보통의 연소방식과는 다른 연소형태 / 엔진 과열의 증상 ④

▶ 4문단: 엔진 과열의 증상

이렇게 엔진이 과열되면 보통 사람들은 당황해서 가장 먼저 시동을 끄려고 한다. 하지만 이는 위험하다. 갑자기 시동이 꺼지면 냉각수의 흐름이 멈춰 엔진 온도가 급속히 상승할 수 있기 때문이다. 이럴 때는 우선 안전한 곳으로 이동해서 정차한 후, 히터를 최대한으로 강하게 고온 가동하여 엔진의 열기를 어느 정도 식힌 뒤에 시동을 끄는 것이 권장된다.

엔진이 과열되었을 때 시동을 끄면 안 되는 이유

엔진이 과열되었을 때의 대처 방법

▶ 5문단: 엔진 과열이 발생했을 때의 대처 방안

* 보닛: 차량 앞쪽의 엔진룸이나 뒤쪽의 트렁크를 덮고 있는 열었다 닫았다 할 수 있는 덮개.
* 서머스탯: 온도 조절 장치.
* 누수(漏水): 물이 샘. 또는 새어 나오는 물.
* 팬 벨트: 냉각 팬을 회전시키게 하는 벨트.
* 장력(張力): 당기거나 당겨지는 힘.
* 라디에이터: 증기나 온수의 열을 발산하여 공기를 따뜻하게 하는 난방 장치.
* 연소(燃燒): 물질이 산소와 화합할 때에, 많은 빛과 열을 내는 현상.
* 소결(燒結): 가루나 또는 가루를 어떤 형상으로 압축한 것을 녹는점 이하의 온도로 가열하였을 때, 가루가 녹으면서 서로 밀착하여 고결함.

01 내용의 전개 방식 파악하기 답 | ④

윗글의 내용 전개 방식으로 적절한 것은?

정답 선지 분석

④ 특정 현상의 원인과 해결책, 증상 및 주의점의 구조로 서술하고 있다.
엔진 과열에 대해 설명하고 그 원인과 해결책, 증상 및 주의점을 제시하고 있다.

오답 선지 분석

① 그림을 그리듯 상황을 시각적으로 자세히 서술하고 있다.
그림을 그리듯 상황을 시각적으로 자세히 서술하는 방식은 묘사이다. 하지만 윗글에서는 엔진 과열이 일어나는 원인과 조치 방안에 대해 설명하고 있을 뿐 그 과정을 시각적으로 서술하고 있지 않다.

② 대상의 정의를 명확하게 밝히고 글의 내용을 요약하고 있다.
엔진 과열의 정의를 명확하게 밝히고 있지 않으며, 글의 내용을 요약한 부분도 나타나지 않는다.

③ 다른 대상과의 비교, 대조를 통해 대상의 특징을 부각하고 있다.
윗글에서는 엔진 과열 현상을 다른 대상과 비교, 대조하고 있지 않다.

⑤ 대상의 구조를 구체적으로 분석하고 그 기능에 대해 부연 설명하고 있다.
엔진을 이루고 있는 부품과 장치를 언급하며 엔진 과열 현상의 원인과 해결책을 제시하고 있으나 엔진의 구조를 구체적으로 분석하지는 않는다.

02 세부 내용 파악하기 답 | ③

㉠에 대한 조치 방안으로 적절하지 않은 것은?

정답 선지 분석

③ 팬 벨트의 강한 장력이 유지되면 교체해야 한다.
3문단에 따르면 팬 벨트에 손상이 생기거나, 그것의 장력이 약해진 경우, 냉각 장치의 성능을 떨어뜨려 엔진 과열을 유발하기에 벨트가 항상 팽팽하게 유지되도록 꾸준한 관리가 필요하다. 따라서 팬 벨트의 강한 장력이 유지된다면 교체할 필요가 없다.

오답 선지 분석

① 팬 벨트의 손상 여부를 살펴야 한다.
3문단에 따르면 팬 벨트가 손상되면 냉각 장치의 성능을 떨어뜨려 엔진 과열을 유발한다.

② 냉각수의 양을 주기적으로 점검해야 한다.
3문단에 따르면 냉각 호스나 서머스탯 등에 이상이 생겨 누수가 생기거나, 냉각수의 양이 부족해지는 경우, 엔진 과열이 생길 수 있으므로 냉각수의 양을 주기적으로 점검하여 적정량을 사전에 보충해 주어야 한다.

④ 냉각수의 통로가 막히지 않았는지 확인해야 한다.
3문단에 따르면 냉각수의 통로가 막히면 냉각이 원활하게 이루어지지 않기 때문에 냉각수의 통로가 막히지 않았는지 확인해야 한다.

⑤ 냉각 호스가 꽤 딱딱해졌다면 교체하는 것이 좋다.
3문단에 따르면 냉각 호스는 오래 사용하면 딱딱해지고 압력에 파손되어 냉각에 문제가 생기기 때문에 주기적으로 교체해 주어야 한다.

03 세부 내용 파악하기 답 | ②

보기 에서 엔진이 과열되었을 때 나타나는 증상을 모두 고른 것은?

보기

ㄱ. 자동차 속 각 부품이 변형된다.
ㄴ. 엔진의 출력이 천천히 감소한다.
ㄷ. 정상 연소로 인한 소음이 발생한다.
ㄹ. 계기판의 온도계가 정상범위에 있지 않다.
ㅁ. 엔진에서 이전에는 나지 않았던 소리가 난다.

정답 선지 분석

② ㄱ, ㄹ, ㅁ
ㄱ. 엔진이 과열되면 자동차 속 각 부품이 변형되거나, 서로 녹아서 달라붙는 소결 현상이 일어난다고 설명하고 있다.
ㄹ. 계기판의 온도계가 적색 선까지 계속 올라가게 된다고 했으므로 계기판의 온도계가 정상범위를 벗어났음을 알 수 있다.
ㅁ. 엔진에서 이상한 소리가 나며, 한순간 갑자기 출력이 떨어진다고 밝히고 있다.

오답 선지 분석

ㄴ. 엔진의 출력이 한순간 갑자기 떨어진다고 밝히고 있으므로 천천히 감소한다는 말은 적절하지 않다.
ㄷ. 엔진이 과열되면 이상 연소로 인한 소음이 발생하고 이를 노킹이라고 한다고 설명하고 있다. 따라서 정상 연소로 인한 소음이 발생한다는 것은 적절하지 않다.

04 세부 내용 파악하기

빈칸에 들어갈 말로 적절한 것을 윗글에서 찾아 쓰시오.

엔진이 과열되었을 때 시동을 끄면 안 되는 이유는 (　　　)의 흐름이 갑자기 멈추게 되면 엔진의 온도가 오히려 급속하게 상승하기 때문이다.

정답

냉각수

문학 1 성장(이시영)

빠른 정답 체크 01 ③ 02 ⑤ 03 ④ 04 산골

> 성장의 주체, 성장기의 자녀를 상징
> ㉠ 바다가 가까워지자 ㉡ 어린 강물은 엄마 손을 더욱 꼭 그러
> 어린 강물이 나아가야 할 낯설고 넓은 새로운 세계
> 쥔 채 놓지 않았습니다. 그러다가 그만 ㉢ 거대한 파도의 뱃속
> 어린 강물의 심정 → 두려움, 무서움, 긴장감 / 어린 강물이 겪어야 할 시련
> 으로 뛰어드는 꿈을 꾸다 엄마 손을 아득히 놓치고 말았습니다.
> 「」: 아들이 더 큰 삶을 살기를 바라는 엄마 강물의 심정 → 걱정, 슬픔, 응원
> 「그래 잘 가거라 내 아들아. 이제부터는 크고 다른 삶을 살아야
> 어린 자식을 떠나보내는 엄마 강물의 서글픔과 안타까움을 표현
> 된단다.」 엄마 강물은 새벽 강에 ㉣ 시린 몸을 한번 뒤채고는
> 인생의 순리를 따르는 것을 비유적으로 표현
> ㉤ 오리처럼 곧 순한 머리를 돌려 반짝이는 은어들의 길을 따라
> 어린 강물을 바다로 떠나보내고 다시 산골로 향하는 엄마 강물
> 산골로 조용히 돌아왔습니다.
>
> \- 이시영, 〈성장〉 -

01 표현상의 특징 파악하기 답 | ③

윗글에 대한 설명으로 적절한 것은?

정답 선지 분석

③ 비유적 표현을 사용해 성장의 과정을 보여 준다.
성장의 과정을 바다로 흘러가는 강물에 비유하여 표현하며 어린 강물의 심정과 어린 강물을 떠나보내는 엄마 강물의 심정을 드러내고 있다.

오답 선지 분석

① 연과 행의 구분이 나타나 있다.
윗글은 산문시로 연과 행의 구분이 없다.

② 형식이 정해져 있는 정형시이다.
윗글은 연과 행의 구분이 없는 산문시이자 규칙적인 형식이 정해져 있지 않은 자유시이다.

④ 계절의 변화 과정을 강물에 비유하여 교훈을 주고 있다.
윗글은 바다로 흘러가는 강물을 통해 성장의 의미를 보여 주고 있는 것이지 계절의 변화 과정을 보여 주고 있지 않다.

⑤ 의성어, 의태어를 반복적으로 사용해 운율을 형성하고 있다.
윗글에서는 의성어와 의태어가 사용되고 있지 않다.

02 시어의 함축적 의미 파악하기 답 | ⑤

㉠~㉤에 대한 설명으로 적절하지 않은 것은?

정답 선지 분석

⑤ ㉤은 스스로 길을 개척하겠다는 어린 강물의 의지를 담고 있다.
㉤은 엄마 강물이 인생의 순리(자식이 성장할 수 있도록 떠나보내는 것)를 따르는 것을 비유적으로 표현한 것이지 어린 강물이 스스로 길을 개척하겠다는 의미를 담고 있는 것이 아니다.

오답 선지 분석

① ㉠은 어린 강물이 나아가야 할 낯설고 넓은 새로운 세상을 상징한다.
㉠은 어린 강물이 나아가야 할 낯설고 넓은 새로운 세상을 상징한다.

② ㉡은 성장의 주체이자 성장기의 자녀들을 상징한다.
윗글에서는 ㉡을 의인화하여 사람처럼 표현하고 있다. 이때의 ㉡은 성장의 주체이자 성장기의 자녀들을 상징한다.

③ ㉢은 어린 강물이 겪어야 할 시련을 상징하며 어린 강물이 두려워하는 대상이다.
㉢은 어린 강물이 겪어야 할 시련을 상징하며 어린 강물은 ㉢을 두려워하고 무서워하고 있다.

④ ㉣은 어린 자식을 떠나보내는 엄마 강물의 서글픔을 표현한 것이다.
㉣은 어린 자식을 떠나보내는 엄마 강물의 서글픔과 안타까움을 표현한 것이다.

03 작품 내용 파악하기 답 | ④

엄마 강물과 어린 강물이 대화를 나누었다고 가정했을 때, 윗글의 내용과 다른 것은?

보기

ⓐ 엄마 강물: 이제 거의 다 왔어. 여기부터는 너 혼자 가야 한단다.
ⓑ 어린 강물: 엄마, 아직 저는 무섭고 두려워요.
ⓒ 엄마 강물: 비록 지금은 두렵겠지만 너는 할 수 있을 거야.
ⓓ 어린 강물: 고마워요, 엄마. 여기서부터는 저 혼자 갈 수 있을 것 같아요.
ⓔ 엄마 강물: 잘 가거라. 이제부터는 더 넓은 세상에서 많은 것들을 보고 배우며 살아가렴.

정답 선지 분석

④ ⓓ
어린 강물은 스스로 엄마의 손을 놓은 것이 아니라 거대한 파도의 뱃속으로 뛰어드는 꿈을 꾸다 손을 놓치고 만 것이다. 즉 어린 강물은 얼떨결에 엄마 강물의 손을 놓친 것이기 때문에 ⓓ은 적절하지 않다.

04 시구의 의미 파악하기

빈칸에 들어갈 시어를 찾아 쓰시오.

윗글의 (　　)은/는 어린 강물과 엄마 강물이 원래 살던 익숙한 공간이자, 편안한 공간으로, '바다'와 대조되는 공간으로 이해할 수 있다.

정답

산골

문학 2 주몽 신화 – 열두 살에 나라를 세우다(일연)

빠른 정답 체크 01 ① 02 ④ 03 ② 04 오이, 마리, 협보

> 시조 동명성왕의 성은 고씨이며, 이름은 주몽이다. 이에 앞서
> 고구려의 시조 소개
> 북부여의 왕 해부루가 이미 동부여로 피해 갔으며, 부루가 세상
> 동부여의 시조
> 을 떠나자 금와가 왕위를 계승*했다. 이때 금와는 태백산 남쪽 우
> 발수에서 한 여자를 만나 누구인가를 물으니 여자가 말하기를,
> 물의 신
> "나는 하백의 딸로 이름은 유화인데, 여러 아우와 노닐고 있을
> 고귀한 신분(천부지모 모티프)
> 때에 한 남자가 나타나 자기는 천제의 아들 해모수라고 하면서
> 나를 웅신산 밑 압록강 가에 있는 집 속으로 꾀어 남몰래 정을

통해 놓고 가서는 돌아오지 않았습니다. 그래서 우리 부모는 내가 중매도 없이 혼인한 것을 꾸짖어 마침내 이곳으로 귀양을 보낸 것입니다."
유화가 인간 세상에 온 이유

라고 하였다.

금와는 이를 이상하게 여겨 그 여인을 방 속에 가두어 두었더니, 햇빛이 방속을 비췄다. 여인이 몸을 피하자 햇빛이 따라와 또 비췄다. 그로부터 태기*가 있더니 알 하나를 낳았는데, 크기가 다섯 되 정도 했다.「왕은 그것을 버려 개와 돼지에게 주었으나, 모두 먹지를 않았다. 그래서 길에 내다 버리게 하였더니, 소와 말이 모두 그 알을 피해서 지나갔다. 또 들에 내다 버리니, 새와 짐승이 오히려 덮어 주었다.」이에 왕이 알을 쪼개 보려고 했으나 깨뜨릴 수가 없어 마침내 그 어머니에게 다시 돌려주었다. 그 어머니는 알을 물건으로 싸서 따뜻한 곳에 두었더니, 한 아이가 껍질을 깨고 나왔는데, 골격과 외양이 영특하고 기이하였다.
기이한 탄생(난생화소: 사람이 알에서 태어난다는 화소)
「」: 위기, 시련 ① (기아 모티프)
양육자(동물 양육 모티프) → 신성성 부각
비범한 외모

나이가 겨우 7살이었음에도 영리함이 범상치 않아 스스로 활과 화살을 만들어 쏘았는데 백발백중이었다. 그 나라의 풍속에 활을 잘 쏘는 사람을 주몽이라 하였는데, 이런 연유*로 해서 그는 주몽이라 이름하였다.
비범한 능력 → 영웅적 면모를 보여줌
'주몽' 이름의 유래

금와에게는 아들이 일곱이 있었는데, 언제나 주몽과 함께 놀았으나 그 재능이 주몽을 따르지 못하였다. 이에 장자인 대소가 왕께 아뢰었다.

"주몽은 사람이 낳은 자식이 아니니 일찍 없애지 않으면 후환*이 있을까 두렵습니다."
주몽을 시기하는 금와의 아들들 → 주몽이 겪을 고난과 시련을 암시

그러나 왕은 듣지 않고 주몽을 시켜 말을 기르게 하였다.「주몽은 곧 좋은 말을 알아보았다. 그래서 좋은 말은 일부러 먹이를 적게 주어 여위게 하고, 나쁜 말은 먹이를 많이 주어 살찌게 하였다. 왕은 살찐 말은 자기가 타고 여윈 말은 주몽에게 주었다.」
「」: 주몽의 총명함

왕의 여러 아들과 여러 신하가 주몽을 죽이려고 하니, 주몽의 어머니가 이 사실을 미리 알아차리고 주몽에게 이르기를,
위기, 시련 ②

"이 나라 사람들이 너를 죽이려고 하는데, 너의 재주와 지략*으로 어디를 간들 살지 못하겠느냐. 그러니, 빨리 여기를 벗어나라."

하였다.

그리하여 주몽은 오이, 마리, 협보 세 사람을 벗으로 삼아 함께 도망하였는데, 엄수에 이르러 물을 향해 고하기를,
조력자 ①

"나는 천제의 아들이며 하백의 손자다. 오늘 도망가는 길인데, 뒤쫓는 자들이 거의 닥치게 되었으니 이를 어찌하리오."
주몽의 고귀한 혈통

하였다.

이에 물고기와 자라가 솟아올라 다리를 만들어 주어 그들을 건너게 한 다음 흩어졌다. 이로써 뒤쫓아 오던 기마병*은 건너지를 못하고 주몽은 무사히 졸본주에 이르러 이곳에 도읍을 정하였다. 그러나 미처 궁실*을 지을 겨를이 없어서 다만 비류수 위에 집을 지어 살았다. 그리고 나라 이름을 고구려라고 정하고 고(高)를 성으로 삼았다. 이때의 나이가 12세였는데, 한나라 효원제 건소 2년, 신라 시조 혁거세 21년 갑신년이었다. 사방에서 듣고 와서 따르는 자가 많았는데 고구려가 제일 융성하던* 때는 21만 5백 8호나 되었다.
조력자 ②
위기를 극복하고 위업을 달성
고구려를 건국 → 건국신화

- 일연, 〈주몽 신화 - 열두 살에 나라를 세우다〉 -

* 계승(繼承): 선임자의 뒤를 이어받음.
* 태기(胎氣): 아이를 밴 기미.
* 연유(緣由): 일의 까닭.
* 후환(後患): 어떤 일로 말미암아 뒷날 생기는 걱정과 근심.
* 지략(智略): 어떤 일이나 문제든지 명철하게 포착하고 분석 · 평가하며 해결 대책을 능숙하게 세우는 뛰어난 슬기와 계략.
* 기마병(騎馬兵): 말을 타고 싸우는 병사.
* 궁실(宮室): 궁전 안에 있는 방.
* 융성하다(隆盛하다): 기운차게 일어나거나 대단히 번성하다.

01 세부 내용 이해하기 답 | ①

윗글에 대한 이해로 적절하지 않은 것은?

정답 선지 분석

① 대소는 주몽을 걱정하여 금와에게 조언을 하였다.

대소는 주몽을 걱정한 것이 아니라, 시기 질투하여 주몽을 없애고자 금와에게 '주몽은 사람이 낳은 자식이 아니니 일찍 없애지 않으면 후환이 있을까 두렵습니다.'라고 말하였다.

오답 선지 분석

② 동부여에서는 '활을 잘 쏘는 사람'을 '주몽'이라고 하였다.

동부여에서는 활을 잘 쏘는 사람을 주몽이라 부르는 풍속이 있는데, 이러한 연유로 주몽이라는 이름이 붙여졌다.

③ 주몽은 좋은 말에게 먹이를 적게 주고 나쁜 말에게 먹이를 많이 주었다.

주몽은 좋은 말을 알아보고 좋은 말에게 일부러 먹이를 적게 주어 여위게 하고, 나쁜 말은 먹이를 많이 주어 살찌게 해서 좋은 말을 얻어내는 총명함을 보여주었다.

④ 유화는 아들에게 위험에 처하기 전에 빨리 다른 곳으로 떠날 것을 권하였다.

유화는 주몽에게 '이 나라 사람들이 너를 죽이려고 하는데, 너의 재주와 지략으로 어디를 간들 살지 못하겠느냐. 그러니, 빨리 여기를 벗어나라.'라고 하며 다른 곳으로 떠날 것을 권하였다.

⑤ 금와는 유화가 낳은 알을 없애려고 했으나 실패하고 다시 유화에게 돌려주었다.

금와는 유화가 낳은 알을 개와 돼지에게 주었으나 모두 먹지 않았고, 길에 내다 버리게 하였더니 소와 말이 모두 그 알을 피해서 지나갔다. 또한 들에 내다 버리니 새와 짐승이 오히려 덮어 주었고 알을 쪼개 보려 하였으나 깨뜨릴 수 없어서 다시 유화에게 알을 돌려주었다.

02 서술상의 특징 파악하기 답 | ④

윗글의 특징으로 적절하지 않은 것은?

정답 선지 분석

④ 구체적 증거물을 활용하여 역사적 사건의 사실성을 높이고 있다.

윗글은 고구려의 건국 과정에 대해 이야기를 하고 있으나, 구체적 증거물이 남아 있지 않다.

오답 선지 분석

① 동물 양육 모티프를 사용하여 신성성을 부각하고 있다.

금와가 알을 길에 내다 버리게 하였으나 소와 말이 알을 모두 피해가고 들에 내다 버리니 새와 짐승이 오히려 덮어 주었다는 점에서 동물 양육 모티프를 사용하여 주몽의 신성성을 부각하고 있음을 알 수 있다.

② 고구려의 건국 과정을 시간의 흐름에 따라 서술하고 있다.

고구려의 건국 과정을 주몽의 탄생부터 시작하여 시간의 흐름에 따라 서술하고 있다.

③ 전형적인 영웅의 일대기 구조를 통해 이야기를 전개하고 있다.

윗글은 기이한 출생, 고귀한 혈통, 비범한 능력을 가진 인물이 위기와 시련을 조력자를 만나 극복하고 위업을 달성하는 전형적인 영웅의 일대기 구조를 통해 이야기를 전개하고 있다.

⑤ 신화적 요소를 사용해 주몽을 묘사함으로써 민족의 자긍심을 고취시키고 있다.

알에서 태어나고 물의 신 화백의 손자이자 천제의 아들이라는 점 등 풍부한 신화적 요소를 사용하여 주몽을 묘사함으로써 민족의 자긍심을 고취시키고 있다.

03 전개 방식 파악하기 답 | ②

보기 는 영웅 서사 구조이다. 보기 를 참고하여 윗글을 이해한 것으로 적절하지 않은 것은?

보기

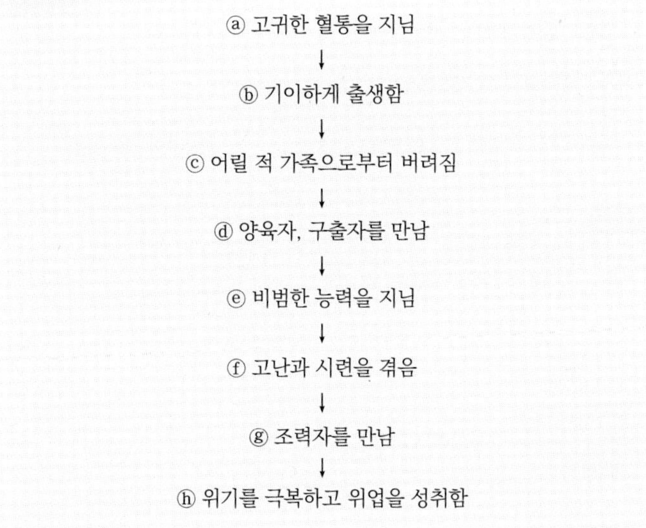

ⓐ 고귀한 혈통을 지님
↓
ⓑ 기이하게 출생함
↓
ⓒ 어릴 적 가족으로부터 버려짐
↓
ⓓ 양육자, 구출자를 만남
↓
ⓔ 비범한 능력을 지님
↓
ⓕ 고난과 시련을 겪음
↓
ⓖ 조력자를 만남
↓
ⓗ 위기를 극복하고 위업을 성취함

정답 선지 분석

② 물고기와 자라는 주몽을 구출해주는 ⓓ의 역할을 한다.

물고기와 자라는 고난과 시련을 겪는 주몽을 도와주는 조력자에 해당한다. 따라서 물고기와 자라는 ⓓ가 아닌 ⓖ에 해당한다.

오답 선지 분석

① 주몽이 스스로 천제의 아들이며 하백의 손자라고 말한 것은 ⓐ를 보여 준다.

천제의 아들 해모수의 피를 이어 받고 물을 주관하는 하백의 외손자는 고귀한 혈통에 해당한다.

③ 주몽이 '주몽'이라는 이름을 갖게 된 이유는 ⓔ를 보여 준다.

주몽은 활을 잘 쏘는 아이라는 뜻으로, 7살 때 스스로 활과 화살을 만들어 쏘았는데 백발백중이었다는 점에서 주몽의 비범한 능력을 보여 준다.

④ 대소와 그의 형제들은 주몽이 ⓕ를 겪는 원인이 된다.

금와의 아들들인 대소와 대소의 형제들은 주몽의 재능을 질투하여 주몽을 죽이려 한다. 따라서 대소와 그의 형제들은 주몽이 고난과 시련을 겪게 만드는 원인이라고 볼 수 있다.

⑤ 주몽이 12세에 나라를 세운 것은 ⓕ를 이겨 내고 ⓗ를 달성한 것으로 볼 수 있다.

주몽이 물고기와 자라의 도움으로 엄수를 건너 12세의 나이에 고구려를 세운 것은 금와의 아들들로부터의 위기를 극복하고 위업을 성취했다고 볼 수 있다.

04 핵심 소재 파악하기

보기 에서 설명하고 있는 인물 세 명을 윗글에서 찾아 쓰시오.

보기

주몽의 고구려 건국을 도운 인물로 등장하며, 위기에 처한 주몽을 도와주는 조력자로 등장한다.

정답

오이, 마리, 협보

| 본문 | 57쪽

문법 단모음의 분류

빠른 정답 체크 01 ⑤ 02 ② 03 ① 04 입술의 모양

01 모음의 특징 파악하기 답 | ⑤

모음에 관한 설명으로 적절하지 않은 것은?

정답 선지 분석

⑤ 혀의 높이에 따라 단모음을 분류했을 때, 'ㅓ', 'ㅏ'는 혀가 중간에 위치했을 때 발음되는 모음이다.

단모음은 혀의 높이에 따라 고모음, 중모음, 저모음으로 분류할 수 있다. 혀의 높이를 높여 발음하는 고모음에는 'ㅣ', 'ㅟ', 'ㅡ', 'ㅜ'가 해당하고, 혀의 높이를 중간으로 하여 발음하는 중모음에는 'ㅔ', 'ㅚ', 'ㅓ', 'ㅗ'가 해당하고, 혀의 높이를 낮춰 발음하는 저모음에는 'ㅐ', 'ㅏ'가 해당한다. 따라서 'ㅓ'는 중모음, 'ㅏ'는 저모음이다.

오답 선지 분석

① '아이'의 경우는 평순 모음이 두 번 사용되었다.

평순 모음은 입술을 평평하게 펴서 발음하는 모음으로 'ㅣ', 'ㅔ', 'ㅐ', 'ㅡ', 'ㅓ', 'ㅏ'가 있다. '아이'의 경우 모음 'ㅏ'와 'ㅣ'가 사용되었는데 이는 모두 평순 모음에 해당한다.

② 고모음에서 저모음으로 갈수록 발음할 때 혀의 높이가 낮아진다.

모음은 혀의 높이에 따라 고모음, 중모음, 저모음으로 분류할 수 있다. 고모음에서 저모음으로 갈수록 발음할 때 혀의 높이는 낮아진다.

③ 'ㅟ'와 'ㅚ'는 혀의 최고점의 위치가 앞에 있을 때 발음되는 모음이다.

모음은 혀의 최고점의 위치에 따라 전설 모음과 후설 모음으로 분류할 수 있다. 'ㅟ'와 'ㅚ'는 혀의 최고점이 앞쪽에 놓여 있을 때 발음되는 전설 모음에 해당한다.

④ 단모음은 입술의 모양에 따라 원순 모음과 평순 모음으로 나눌 수 있다.

단모음은 입술의 모양에 따라 원순 모음과 평순 모음으로 분류할 수 있는데, 원순 모음은 입술을 둥글게 오므려서 발음하는 모음이고 평순 모음은 입술을 평평하게 펴서 발음하는 모음이다.

02 후설 모음 구분하기 답 | ②

다음 중 후설 모음으로만 이루어진 것은?

정답 선지 분석

② ㅓ, ㅏ, ㅜ, ㅗ

후설 모음이란 발음할 때 혀의 최고점의 위치가 뒤쪽에 있는 모음을 의미한다. 후설 모음에는 'ㅡ', 'ㅓ', 'ㅏ', 'ㅜ', 'ㅗ'가 있다.

오답 선지 분석

① ㅣ, ㅡ, ㅟ, ㅜ

'ㅡ'와 'ㅜ'는 후설 모음에 해당하지만, 'ㅣ'와 'ㅟ'는 전설 모음에 해당한다.

③ ㅔ, ㅐ, ㅟ, ㅚ

'ㅔ', 'ㅐ', 'ㅟ', 'ㅚ'는 모두 혀의 최고점의 위치가 앞쪽에 있는 전설 모음에 해당한다.

④ ㅓ, ㅏ, ㅟ, ㅚ

'ㅓ'와 'ㅏ'는 후설 모음에 해당하지만, 'ㅟ',와 'ㅚ'는 전설 모음에 해당한다.

⑤ ㅣ, ㅡ, ㅔ, ㅐ

'ㅡ'는 후설 모음에 해당하지만, 'ㅣ', 'ㅔ', 'ㅐ'는 전설 모음에 해당한다.

03 모음의 특징 파악하기 답 | ①

보기 에서 설명하고 있는 모음이 쓰인 단어로 적절한 것은?

보기

이 모음은 발음하면서 입술 모양이나 혀의 위치가 달라지지 않습니다. 발음 할 때는 혀가 뒤쪽, 중간에 위치하고, 입술이 동그랗게 돼요.

정답 선지 분석

① 오리

발음할 때 입술 모양이나 혀의 위치가 달라지지 않는 모음은 단모음이다. 발음할 때 혀의 최고점이 뒤쪽에 위치하는 것은 후설 모음이며, 혀의 높이가 중간에 위치하는 것은 중모음이다. 입술 모양이 동그랗게 되는 것은 원순 모음이다. 즉 단모음이면서 후설 모음이고, 중모음이면서 원순 모음에 해당하는 모음은 'ㅗ'이다. 따라서 'ㅗ'가 사용된 '오리'가 적절하다.

오답 선지 분석

② 사과

'사과'의 경우 'ㅏ'는 단모음이면서 후설 모음이고, 저모음이면서 평순 모음에 해당하며, 'ㅘ'는 이중 모음이다.

③ 참외

'참외'의 경우 'ㅏ'는 단모음이면서 후설 모음이고, 저모음이면서 평순 모음에 해당하며, 'ㅚ'는 단모음이면서 전설 모음이고, 중모음이면서 원순 모음이다.

④ 겉절이

'겉절이'의 경우 'ㅓ'는 단모음이면서 후설 모음이고, 중모음이면서 평순 모음에 해당하며, 'ㅣ'는 단모음이면서 전설 모음이고, 고모음이면서 평순 모음에 해당한다.

⑤ 강아지

'강아지'의 경우 'ㅏ'는 단모음이면서 후설 모음이고, 저모음이면서 평순 모음에 해당하며, 'ㅣ'는 단모음이면서 전설 모음이고, 고모음이면서 평순 모음에 해당한다.

04 모음의 분류 기준 파악하기

빈칸에 들어갈 말을 2어절로 쓰시오.

원순 모음과 평순 모음은 단모음을 (　　　　)에 따라 분류한 것이다.

정답

입술의 모양

독서 초현실주의 화가 르네 마그리트

빠른 정답 체크 01 ⑤ 02 ⑤ 03 ③ 04 데페이즈망

벨기에 출신 초현실주의* 화가인 르네 마그리트는 양복재단사 레오폴 마그리트와 모자 상인 아들린 부부의 장남으로 태어났다. 일부 사람들은 그의 작품에 나타난 회화적 특징에 대해, 어린 시절 어머니의 비극적인 죽음이 큰 영향을 미쳤다고 주장하는데, 드레스 자락으로 얼굴이 덮인 채 강 위에 떠오른 어머니의 모습이 마그리트에게 각인되었고, 그 모습이 그의 작품에 많은 영향

을 끼쳤다는 것이다. 하지만 마그리트는 그 일설을 터무니없는 추측이라 선을 그었다.

▶ 1문단: 르네 마그리트의 유년 시절

1916년 마그리트는 왕립 미술 아카데미에서 공부를 시작했다. 하지만 학교를 졸업한 이후에 그가 바로 화가로 활동한 것은 아니었다. 그는 포스터와 광고 디자이너를 비롯한 여러 직업을 전전하다, 1926년에야 라상토르 화랑과 계약을 맺게 되어 비로소 회화 작업에 전념할 수 있었다(마그리트의 화가 생활의 시작). 그러나 1927년에 처음 연 개인전에서 그는 비평가들로부터 혹평을 받았다(마그리트가 브뤼셀을 떠난 이유). 이에 크게 마음이 상한 마그리트는 브뤼셀에서의 생활을 정리하고 파리로 떠나 초현실주의 작가 여럿과 교류하면서 시간을 보낸다. 하지만 이 생활은 오래가지 못했다. 라상토르 화랑과의 계약이 만료되어 파리에서의 생활비를 감당할 수 없었기 때문이었다. 결국 그는 1941년 미국으로 떠났다.

▶ 2문단: 르네 마그리트의 화가 생활

마그리트의 그림들은「언뜻 일상적인 오브제로 이루어진 것 같으나, 그는 종종 이런 오브제들을 참신한 발상으로 제시함으로써, 친숙한 것들을 낯설게 하고 새로운 의미를 부여하곤 했다.」(「」: 마그리트 그림의 회화적 특징 ①) 예를 들어 〈이미지의 배반〉(1929)(대표적인 마그리트의 작품)이 그러하다. 이 작품에는 담배 파이프가 그려져 있다. 그런데 그 아래에는 마그리트가 쓴, '이것은 파이프가 아니다'라는 뜻의 문구가 적혀 있다. 그 문구를 해석하자면, 그가 그린 그림 속 파이프는 파이프의 이미지일 뿐이다(이미지일 뿐 사물 자체가 될 수 없음). 마그리트는 관습적 사고방식에서 벗어나 그림과 문장을 모순적으로 표현하였다(마그리트 그림의 회화적 특징 ②). 이를 통해 마그리트는「미술가가 대상을 실물과 아주 똑같이 묘사한다 하더라도 그것은 그 대상을 재현한 것 그 이상이 될 수 없으며, 그 대상 자체가 될 수 없다고 역설한다.」(「」: 〈이미지의 배반〉을 통해 마그리트가 전달하고자 했던 메시지)

▶ 3문단: 르네 마그리트 그림의 회화적 특징

1940년대 중후반에 이르면, 마그리트의 작품은 좀 더 밝고 가벼운 데다 실험적인 색채를 띠게 된다(1940년대 중후반 마그리트 그림의 회화적 특징). 그는 야수파*의 그림들을 우스꽝스럽게 모방, 과장하여 그렸는데(마그리트의 새로운 시도) 그의 지인들은 그 그림이 너무 거칠고 서툴러 보인다고(1940년대 중후반 마그리트 그림에 대한 평가) 바슈(vache)라는 이름을 붙였다. '암소'를 의미하는 이 프랑스어 단어는 미숙함과 무딤, 조야함*을 의미하기도 한다. 그가 왜 이렇게 그림을 그렸는지에 대해서는 정확히 밝혀진 바 없으나 아마 전쟁이라는 어두운 시대를 견뎌내고, 초기 작품의 특징이었던 염세주의와 폭력성으로부터 벗어나기 위한 마그리트의 시도였을 것으로 생각된다.

▶ 4문단: 르네 마그리트의 새로운 시도

* 초현실주의(超現實主義): 무의식의 세계 내지는 꿈의 세계의 표현을 지향하는 20세기의 문학·예술사조.
* 야수파(野獸派): 20세기 초 프랑스에서 일어난 미술운동.
* 조야하다(粗野하다): 물건 따위가 거칠고 막되다.

01 세부 내용 파악하기

답 | ⑤

윗글에서 언급된 내용으로 적절하지 않은 것은?

정답 선지 분석

⑤ 야수파 그림에 대한 마그리트의 평가

4문단에서 마그리트가 야수파의 그림들을 우스꽝스럽게 모방, 과장하여 그렸다고 밝히고 있으나, 야수파 그림에 대한 마그리트의 평가는 나와있지 않다.

오답 선지 분석

① 마그리트의 조국

1문단에서 벨기에 출신 초현실주의 화가라고 밝히고 있기 때문에 적절하다.

② 화가 활동 전 마그리트의 직업

2문단에서 마그리트가 화가로 활동하기 이전에 포스터와 광고 디자이너를 비롯한 여러 직업을 전전했다고 밝히고 있기 때문에 적절하다.

③ 마그리트가 브뤼셀을 떠난 이유

2문단에 마그리트가 개인전에 대한 비평가들의 혹평에 크게 마음이 상해, 브뤼셀에서의 생활을 정리했다고 밝히고 있기 때문에 적절하다.

④ 마그리트의 첫 개인전에 대한 평가

2문단에서 마그리트의 첫 개인전에 대해 비평가들로부터 혹평을 받았다고 밝히고 있기 때문에 적절하다.

02 핵심 내용 파악하기

답 | ⑤

윗글을 통해 알 수 있는 마그리트 그림의 회화적 특징으로 적절한 것은?

정답 선지 분석

⑤ 마그리트는 일상적인 오브제를 낯설게 바라봄으로써 관습적인 사고방식에서 벗어나고자 했다.

3문단에 따르면 마그리트는 일상적인 오브제들을 참신한 발상으로 제시함으로써, 친숙한 것들을 낯설게 하고 새로운 의미를 부여했다. 또한 이를 통해 관습적인 사고방식에서 벗어나 그림과 문장을 모순적으로 표현하였다고 밝히고 있기 때문에 적절하다.

오답 선지 분석

① 마그리트는 1940년대부터는 한 가지 색으로만 그림을 그리기 시작했다.

4문단에서 르네 마그리트의 그림은 1940년대 중후반에 이르면, 좀 더 밝고 가벼운 데다 실험적인 색채를 띠게 된다고 밝히고 있지만, 한 가지 색으로만 그림을 그렸는지는 알 수 없다.

② 마그리트는 야수파의 그림을 모방하며 야수파의 조야한 그림을 비판하였다.

4문단을 통해 마그리트가 야수파의 그림들을 우스꽝스럽게 모방, 과장하여 그렸다는 것을 알 수 있으나, 이를 통해 야수파의 그림을 비판한 것은 아니다. 또한 야수파의 그림이 조야한 것이 아닌, 마그리트가 야수파의 그림을 모방하여 그린 그림이 조야하다고 평가받는다.

③ 마그리트는 유년 시절 어머니의 비극적 죽음으로부터 영향을 많이 받았다고 밝혔다.

1문단에서 일부 사람들이 마그리트의 작품에 나타난 회화적 특징에 대해 어린 시절 어머니의 비극적인 죽음이 큰 영향을 미쳤다고 주장하였지만, 이에 대해 마그리트가 터무니없는 추측이라며 선을 그었다고 하였으므로 적절하지 않다.

④ 마그리트는 그림과 문장을 모순적으로 표현하여 대상 자체가 될 수 있음을 표현하고자 했다.

마그리트가 그림과 문장을 모순적으로 표현한 것은 미술가가 대상을 실물과 아주 똑같이 묘사한다 하더라도 그것은 그 대상을 재현한 것 그 이상이 될 수 없으며, 그 대상 자체가 될 수 없다는 것을 말하기 위함이다. 따라서 대상 자체가 될 수 있음을 표현하고자 했다는 것은 적절하지 않다.

03 인과 관계 이해하기

답 | ③

윗글을 읽고, 보기 의 내용을 시간의 흐름에 따라 나열한 것으로 적절한 것은?

보기

ㄱ. 마그리트가 파리로 떠남.
ㄴ. 마그리트의 어머니가 사망함.
ㄷ. 마그리트의 첫 전시회가 실패함.
ㄹ. 마그리트가 실험적인 그림을 그림.

정답 선지 분석

③ ㄴ-ㄷ-ㄱ-ㄹ

마그리트는 유년 시절에 어머니가 세상을 떠났으며(ㄴ), 학교를 졸업한 후에 전시회를 열었다가 실패(ㄷ)하여 파리로 떠났다(ㄱ). 그 이후 파리에서의 생활을 마무리하고 실험적인 색채를 띤 그림을 그리게 된다(ㄹ).

04 작품 간의 공통점 파악하기

보기 1 은 르네 마그리트의 작품들이다. 이 작품들에 공통적으로 사용된 기법을 보기 2 에서 찾아 쓰시오.

보기 1

〈헤겔의 휴일〉, 1958

〈피레네의 성〉, 1959

보기 2

초현실주의 미술 기법에는 크게 세 가지가 있다. 바로 '데페이즈망', '데포르마시옹', '오토마티즘'이다. '데페이즈망'은 '추방하는 것'이란 뜻으로 초현실주의에서는 어떤 물체를 본래 있던 곳에서 떼어내는 것을 가리킨다. 다시 말해, 하나의 사물을 그것이 속하는 익숙한 환경에서 떼어 내 낯선 곳에 집어넣음으로써 기묘한 분위기를 만들어내는 것이다. '데포르마시옹'은 '변형, 왜곡, 기형'이란 뜻으로 자연을 대상으로 한 사실 묘사에서 특정 부분을 강조하거나 왜곡하여 변형시키는 미술 기법이다. 마지막으로 '오토마티즘'은 '무의식의 표출'이라고도 한다. 즉 미술적인 판단이나 생각, 계획으로부터 벗어나서 떠오르는 대로 즉각적으로 그리도록 하는 것이다.

정답

데페이즈망

문학 1 가시리(작자 미상)

빠른 정답 체크 01 ⑤ 02 ④ 03 ⑤ 04 나난, 위 증즐가 대평성대

「가시리 / 가시리잇고 / (나난) → 3·3·2조, 3음보
(a) (a) ○: 여음구(의미X, 흥을 돋우기 위한 것)
버리고 가시리잇고 (나난)」 「」: 이별의 상황
(b) (a) → aaba 구조로 민요적 특징을 계승
위 증즐가 대평성대*
후렴구

▶ 임이 떠나려고 하는 상황을 확인

날러는 어찌 살라 하고
버리고 가시리잇고 (나난)
→ 하소연, 원망의 태도 / 전통적인 여성의 수동적 자세 ①
1연의 2행을 반복 → 이별의 정한 강조
위 증즐가 대평성대

▶ 떠나는 임에 대한 원망의 표출

잡사와 두어리마나는
선하면 아니 올세라*
→ 떠나는 임을 붙잡으면 다시 돌아오지 않을까 염려 / 전통적인 여성의 수동적 자세 ②
서운하면
위 증즐가 대평성대

▶ 감정의 절제와 체념

[설온 님] 보내옵나니 (나난)
① 이별을 서러워하는 임 ② 화자(나)를 서럽게 하는 임
가시는 듯 돌아오소서 (나난) → 간절한 기다림, 화자의 소망
임이 돌아오기를 간절히 기다리는 소극적 태도
위 증즐가 대평성대

▶ 다시 만날 날에 대한 소망

- 작자 미상, 〈가시리〉 -

* 대평성대(大平聖代): 나라가 태평하고 융성한 시대.
* -ㄹ세라: 뒤 절 일의 이유나 근거로 혹시 그러할까 염려하는 뜻을 나타내는 연결 어미.

01 표현상의 특징 파악하기

답 | ⑤

윗글에 대한 설명으로 적절하지 않은 것은?

정답 선지 분석

⑤ 후렴구를 사용하여 화자가 느끼고 있는 정서를 강조하고 있다.

윗글은 후렴구는 궁중의 속악으로 편입되는 과정에서 추가된 것으로, 대평성대의 즐거움을 노래하는 정치적 내용을 담고 있으며 후렴구를 통해 구조상의 통일성을 부여하고 있는 것이지 화자의 정서를 강조하고 있지 않다.

오답 선지 분석

① 전통적인 여인의 모습이 드러나 있다.

'날러는 어찌 살라 하고', '잡사와 두어리마나는'을 통해 차마 임을 붙잡지 못하고 수동적인 태도를 보여 주는 전통적인 여인의 모습을 찾아볼 수 있다.

② 시어의 반복을 통해 이별의 슬픔을 강조하고 있다.

'버리고 가시리잇고'를 반복하여 사용함으로써 이별의 슬픔을 강조하고 있다.

③ 간결하고 함축적인 순우리말 시어를 사용하고 있다.

윗글은 간결하고 함축적인 순우리말 시어를 사용하여 이별의 정한과 임과의 재회에 대한 간절한 기원을 노래하고 있다.

④ 규칙적인 음보를 사용하여 리듬감을 형성하고 있다.

'가시리 가시리잇고 나난'에서 한국 문학의 전통적 음보율인 3·3·2조의 3음보 율격을 찾아볼 수 있다. 윗글은 이와 같이 규칙적인 음보를 반복적으로 사용하여 리듬감을 형성하고 있다.

02 화자의 태도 이해하기 답 | ④

윗글에 나타난 화자의 태도로 적절한 것은?

정답 선지 분석

④ 화자는 이별을 수용하고 임이 곧바로 다시 돌아오기를 기원하고 있다.
화자는 이별을 받아들이고 있지만 한편으로는 임이 '가시는 듯 돌아오'길 기대하고 있다.

오답 선지 분석

① 화자는 적극적으로 떠나가는 임을 붙잡고 있다.
화자는 떠나는 임을 붙잡으면 다시 임이 돌아오지 않을까 봐 붙잡지 못하고 소극적인 자세를 보이고 있다.

② 화자는 임이 떠나는 상황을 받아들이지 못하고 있다.
화자는 임이 떠나는 상황을 체념하고 받아들이고 있다.

③ 화자는 임이 다시 돌아올 것에 대한 강한 확신을 가지고 있다.
화자는 임이 다시 돌아오기를 기대하고 있으나 임이 돌아올 것에 대한 강한 확신을 가지고 있지는 않다.

⑤ 화자는 이별의 슬픔을 극복하고 새로운 사랑이 나타나길 소망하고 있다.
화자는 이별의 슬픔을 극복하는 것이 아닌, 떠나는 임을 원망하고, 아쉬움과 안타까움의 감정을 절제하고 체념하고 있음이 나타난다. 또한 마지막 연에서는 임이 다시 돌아오기를 소망하고 기원하고 있다.

03 작품 간의 공통점, 차이점 파악하기 답 | ⑤

윗글과 보기 를 비교한 내용으로 적절하지 않은 것은?

보기

나 보기가 역겨워
가실 때에는
말없이 고이 보내 드리우리다

영변에 약산
진달래꽃
아름 따다 가실 길에 뿌리우리다

가시는 걸음 걸음
놓인 그 꽃을
사뿐히 즈려 밟고 가시옵소서

나 보기가 역겨워
가실 때에는
죽어도 아니 눈물 흘리우리다

- 김소월, 〈진달래꽃〉

정답 선지 분석

⑤ 윗글과 〈보기〉는 모두 임을 떠나보내는 복잡한 심정을 반어적으로 표현하였다.
〈보기〉에서는 '죽어도 아니 눈물 흘리오리다'라고 하며 임을 떠나보내는 심정을 반어적으로 표현하였으나 윗글에서는 반어적으로 표현하고 있지 않다.

오답 선지 분석

① 윗글과 〈보기〉는 모두 이별의 정한을 노래하고 있다.
윗글과 〈보기〉는 모두 이별 상황에 처한 화자의 심정이 담겨 있다.

② 윗글과 〈보기〉는 모두 3음보의 민요적 율격을 사용했다.
윗글은 '가시리 / 가시리 / 잇고', 〈보기〉는 '나 보기가 / 역겨워 / 가실 때에는'과 같이 3음보로 민요적 율격을 사용하고 있다.

③ 〈보기〉는 윗글과 달리 수미상관의 구조로 마무리하고 있다.
〈보기〉는 1연과 4연이 서로 대응되는 구조를 형성함으로써 형태적 안정감을 형성하고 있다.

④ 윗글과 〈보기〉는 모두 기승전결의 구조 안에서 정서의 변화가 드러나고 있다.
윗글과 〈보기〉는 모두 기승전결의 4단 구성으로 시상을 전개하고 있다.

04 시어의 의미 파악하기

윗글에서 고려 가요의 형식적 특징에 해당하는 여음구와 후렴구를 찾아 차례대로 쓰시오.

정답

나난, 위 증즐가 대평성대

문학 2 막내의 야구 방망이(정진권)

빠른 정답 체크 01 ④ 02 ② 03 ⑤ 04 야구 방망이

어느 날 퇴근을 해 보니, 초등학교 5학년의 개구쟁이 칠팔 명이 마루에 둘러앉아 있었다. 묻지 않아도 막내의 동무애들이었다.

그날 저녁에 막내는 야구 방망이 하나만 사 달라고 졸랐다. 조르는 대로 다 사 줄 수는 없는 일이지만 너무도 간절히 원하기 때문에 나는 사 주마고 약속을 했다. 그리고 다음 날 퇴근을 할 때 방망이 하나를 사다 주었다.
(막내의 간절한 소망을 외면하지 못해 야구 방망이를 사줌)

그 다음 날부터 막내는 늦게 돌아왔다. (야구 연습 때문에 매일 늦게 귀가하는 막내) 어떤 때는 하늘에 별이 떠야 방망이에 장갑을 꿰어 매고 새카만 거지 아이가 되어 돌아오는 것이다. 그러고는 한 사흘 굶는 놈처럼 밥을 퍼먹는다.

"왜 이렇게 늦었니?"

"야구 연습 좀 하느라구요."

"이 캄캄한 밤에 공이 보이니?"

막내는 말이 없었다.

"또 이렇게 늦으면 혼날 줄 알아." (늦게 들어오는 막내에게 야단을 침)

그러나 그 다음 날도 여전히 늦었다. 나는 좀 걱정이 되었다. 초등학교 5학년짜리들이 야구를 한다면 그건 취미 활동쯤에 불과한 것이다. 그런데 무엇에 쏠려서 별이 떠야 돌아오는 것일까?
(늦게 들어오는 막내가 걱정이 되면서도 늦게 오는 이유가 궁금해짐)

"왜 이렇게 늦었니?"

"……."

"말 못하겠니?"

"내일 모레가 시합이에요."

"무슨 시합?"

"5학년 각 반 대항 시합인데 우리가 꼭 이겨야 해요."

그런데 시합 날이라던 그날 막내는 우승을 하지 못한 모양이었다. 밥도 먹는 둥 마는 둥 그냥 잠자리에 돌아가 이불을 뒤집어쓰는 것이다. 나는 지나치게 승부에 민감한 것이 좋지 않을 듯해서,

막내는 시합에서 우승하지 못해 매우 상심함

"다음에 또 기회가 있지 않니? 갑자기 서두르면 못써. 느긋하게 연습을 해야지."

하고는 이불을 벗겨 주었다. 그러나 막내는 무슨 대단한 한이라도 맺힌 듯 누운 채로 면벽*을 하고 있었다.

그런데 막내는 이튿날도 또 늦었다. 나는 아무래도 이 아이가 자기 생활의 질서를 잃은 듯해서

"왜 이렇게 늦었니? 시합 끝나면 일찍 오겠다고 하지 않았니? 어떻게 된 거야 이게?"

시합이 끝난 이후에도 늦게 돌아오는 막내를 심하게 나무람 → 막내를 바라보는 나의 마음: 걱정

하고 좀 심하게 나무랐다. 그제야 막내는 자초지종*을 털어놓았다. 다음에 적는 것은 그 이야기의 대강이다.

『막내의 담임선생님은 마흔 남짓*한 남자분이신데 무슨 깊은 병환으로 입원을 하셔서 한 두어 달 학교를 쉬시게 되었다. 그렇게 되자 학교에서는 막내의 반 아이들을 이 반 저 반으로 나누어 붙였다. 그러니까 막내의 반은 하루아침에 해체되고 반 아이들은 뿔뿔이 헤어지게 된 것이다.

그런데 배치해 주는 대로 가 보니 그 반 아이들의 괄시*가 말이 아니었다. 그런 괄시를 받을 때마다 옛날의 자기 반이 그리웠다. 선생님을 졸졸 따라 소풍을 가던 일, 운동회에서 다른 반 아이들과 당당하게 겨루던 일, 그런저런 자기 반의 아름다운 역사가 안타깝게 명멸*하는 것이었다. 때로는 편찮으신 선생님이 너무 보고 싶어서 길도 잘 모르는 병원에도 찾아갔다.

그러는 동안 아이들은 선생님이 다 나으셔서 오실 때까지 우리 기죽지 말자 하고 서로서로 격려하게 되었고 이러한 기운이 팽배*해지자 이른바 간부였던 아이들은 자기네의 사명*을 깨닫게 되었다. 그래서 몇 아이들이 우리 집에 모였던 것이고, 그 기죽지 않을 방법으로 채택된 것이 야구 대회를 주최하여 우승을 차지하는 것이었다.

야구가 중요한 의미를 지님

연습은 참으로 피나는 것이었다. 뱃속에서 쪼르륵거리는 소리가 나도 누구 하나 배고프다는 말을 하지 않았다. 연습이 끝나면 또 작전 계획을 세우고 검토했다. 그러노라면 어느새 하늘에 별이 떠 있기 일쑤였다.』

매우 열심히 연습을 했음 / 시간이 많이 흐름

『』: 밤늦게까지 막내가 야구 연습을 한 이유 → 야구 시합에서 우승을 차지하여 새로운 반 아이들의 괄시에 기죽지 않기 위해

그리하여 마침내 결승에 진출했다. 이 반 저 반으로 헤어진 동무애들은 예선처럼 한 사람 빠짐없이 응원에 나섰다. 그 응원의 소리는 차라리 처절한 것이었다. 그러나 열광의 도가니처럼 들끓던 결승에서 그만 패하고 만 것이다.

기죽지 않을 방법으로 야구 대회를 주최했으나 결승전에서 패함

"아빠, 우린 해야 돼. 다음번에 우승해야 돼. 선생님이 다 나으실 때까지 우린 누구 하나도 기죽을 수 없어."

야구 시합에서 우승하고자 하는 마음이 매우 간절하고 진지함

막내는 이야기를 마치면서 이렇게 말했다. 나는 아무 말도 하지 못했다. 무슨 망국민*의 독립 운동사라도 읽는 것처럼 감동 비슷한 것이 가슴에 꽉 차 오는 것 같았다. 학교라는 데는 단순히 국어, 수학이나 가르치는 데가 아니구나 하는 생각도 들었다.

망국민의 독립 운동사: 잃어버린 반을 되찾을 때까지 노력하는 반 친구들

○: 단합력을 기를 수 있고, 할 수 있다는 의지를 다지며 어려움을 함께 극복할 수 있는 공간

막내를 바라보는 나의 마음의 변화(걱정 → 감동, 대견)

이튿날 밤 나는 늦게 돌아오는 막내의 방망이를 미더운* 마음으로 소중하게 받아 주었다. 그때도 막내와 그 애의 친구 애들의 초롱초롱한 눈 같은 맑고 푸른 별이 두어 개 하늘에 떠 있었다. 나는 그때처럼 맑고 푸른 별을 일찍이 본 일이 없다.

막내의 야구 방망이를 소중하게 받아 줌

밤하늘에 뜬 별 → 아이들의 맑고 순수한 동심, 열정

- 정진권, 〈막내의 야구 방망이〉 -

* 면벽(面壁): 벽을 마주 봄.
* 자초지종(自初至終): 처음부터 끝까지의 과정.
* 남짓: 크기, 수효, 부피 따위가 어느 한도에 차고 조금 남는 정도임을 나타내는 말.
* 괄시(恝視): 업신여겨 하찮게 대함.
* 명멸(明滅): 나타났다 사라졌다 함.
* 팽배(澎湃): 어떤 기세나 사조 따위가 매우 거세게 일어남.
* 사명(使命): 맡겨진 임무.
* 망국민(亡國民): 망하여 없어진 나라의 백성.
* 미덥다: 믿음성이 있다.

01 세부 내용 파악하기

답 | ④

윗글의 내용과 일치하지 않는 것은?

정답 선지 분석

④ '막내'는 반 아이들과 함께 열심히 연습했지만 결승전에 가지 못해 절망했다.
'막내'가 절망을 한 것은 우승을 하지 못해서이다. '막내'의 반 친구들은 결승전에는 올라갔다.

오답 선지 분석

① '나'는 '막내'에게 야구 방망이를 하나 사다 주었다.
'나'는 야구 방망이 하나 사 달라고 조르는 아이에게 퇴근할 때 방망이 하나를 사다주었다.

② '막내'는 반이 해체되고 새로 배치된 반 아이들의 괄시를 받았다.
'막내'는 '나'에게 새롭게 배치된 반에 가 보니 그 반 아이들의 괄시가 말이 아니었고 그런 괄시를 받을 때마다 옛날의 자기 반이 그리웠다고 말해준다.

③ '나'는 막내가 야구 대회를 연습하는 이유를 처음에는 알지 못했다.
'나'는 막내가 야구 대회를 연습하는 이유를 처음에는 전혀 알지 못했기 때문에 늦게 돌아오는 막내를 심하게 나무랐다.

⑤ '나'는 '막내'의 이야기를 듣고 대견하기도 하고, 노력하는 아이들이 이해가 됐다.
처음에 '나'는 늦게 돌아오는 '막내'를 나무랐지만 '막내'의 이야기를 듣고 노력하는 '막내'가 대견하기도 하고 이해가 됐다. 그래서 '나'는 늦게 돌아오는 '막내'의 방망이를 미더운 마음으로 소중하게 받아 주었다.

02 핵심 어구 파악하기 답 | ②

맑고 푸른 별이 의미하는 것은?

정답 선지 분석

② 아이들의 맑고 순수한 동심

윗글에서 '막내'의 이야기를 들은 후 '나'는 '감동 비슷한 것이 가슴에 꽉 차오는 것 같'다고 생각하며 '늦게 돌아오는 막내의 방망이를 미더운 마음으로 소중하게 받아 주'었다. 그리고 '그때도 막내와 그 애의 친구 애들의 초롱초롱한 눈 같은 맑고 푸른 별이 두어 개 하늘에 떠 있었다'라고 하고 있다. 이를 통해 '맑고 푸른 별'은 밤하늘의 별을 가리키는 동시에 '아이들의 맑고 순수한 동심'을 의미한다고 볼 수 있다.

03 외적 준거를 바탕으로 작품 감상하기 답 | ⑤

보기 를 참고하여 '막내'의 상황과 망국민의 상황을 비교했을 때 적절하지 않은 것은?

보기

우리나라는 1910년 8월 29일 일본에게 주권이 넘어갔다. 일본의 멸시와 차별 속에서 조국에 대한 사무치는 그리움으로 독립운동을 전개하는 독립운동가들도 있었고, 조국의 문화 보전을 위한 행사를 개최하는 독립운동가들도 있었다. 이들의 이러한 노력 끝에 마침내 1945년 8월 15일 우리나라는 해방이 되어 나라를 되찾았다.

정답 선지 분석

⑤ '막내'의 반이 야구 대회에서 우승을 한 것은 해방이 되어 나라를 되찾은 것과 이어진다.

해방이 되어 나라를 되찾은 것은 문제 상황의 해결을 의미하지만 막내의 반은 아직 우승을 하지 못했기 때문에 문제가 해결됐다고 보기 어렵다. 또한 독립하여 나라를 되찾은 것은 모든 갈등이 해소된 상황이지만 야구 대회에서의 우승은 반의 해체라는 본질적인 문제가 해결되는 것이 아닌 반의 사기를 올리기 위한 정도에 그치기 때문에 적절한 비교라고 볼 수 없다.

오답 선지 분석

① '막내'의 반이 해체된 것은 일본에게 주권이 넘어가 나라를 잃은 우리나라의 상황과 이어진다.

'막내'의 반이 해체되어 뿔뿔이 흩어진 것은 일본에게 주권이 넘어가 나라를 잃은 우리나라의 상황과 이어진다고 볼 수 있다.

② 다른 반 아이들의 괄시를 받는 '막내'와 '막내'의 반 친구들은 일본의 멸시와 차별을 받는 우리나라의 상황과 유사하다고 볼 수 있다.

'막내'와 '막내'의 반 친구들이 다른 반 아이들의 괄시를 받은 것은 일본의 멸시와 차별을 받는 우리나라의 상황과 유사하다고 볼 수 있다.

③ '막내'의 자기 반에 대한 그리움은 독립운동가들의 조국에 대한 사무치는 그리움과 유사하다고 볼 수 있다.

'막내'가 해체되기 이전의 자기 반을 그리워한 것은 독립운동가들이 조국을 사무치게 그리워한 것과 유사하다고 볼 수 있다.

④ '막내'의 반 친구들이 야구 대회를 주최하고자 한 것은 조국의 문화 보전을 위한 행사를 개최한 것과 이어진다.

'막내'가 반 친구들과 야구 대회를 주최한 것은 선생님이 돌아오실 때까지 새로운 반 아이들의 괄시에 맞서 기죽지 않기 위해서이다. 이는 조국의 문화 보존을 위해 행사를 개최한 독립운동가들과 이어진다.

04 인물의 심리 파악하기

빈칸에 들어갈 말로 적절한 것을 윗글에서 찾아 2어절로 쓰시오.

( )은/는 '막내'에 대한 '나'의 오해를 불러일으키는 매개체이면서, '막내'의 반 아이들을 단합하게 만드는 매개체이다. 또한 윗글의 마지막에서는 '막내'와 '나'의 갈등의 해소를 보여 주는 역할을 하기도 한다.

정답

야구 방망이

06 강

| 본문 | 69쪽

문법 자음의 분류

빠른 정답 체크 01 ④ 02 ④ 03 ③ 04 무성음, 유성음

01 소리 나는 위치에 따른 자음의 분류 이해하기 답 | ④

자음을 소리 나는 위치에 따라 분류했을 때 바르게 연결된 것은?

정답 선지 분석

④ ㅂ, ㅃ, ㅍ, ㅁ – 입술소리

자음 'ㅂ, ㅃ, ㅍ, ㅁ'은 입술소리로, 두 입술 사이에서 나는 소리이다.

오답 선지 분석

① ㅎ – 잇몸소리

자음 'ㅎ'은 목청소리로, 목청 사이에서 나는 소리이다.

② ㅈ, ㅉ, ㅊ – 목청소리

자음 'ㅈ, ㅉ, ㅊ'은 센입천장소리로, 혓바닥과 센입천장 사이에서 나는 소리이다.

③ ㄱ, ㄲ, ㅋ – 센입천장소리

자음 'ㄱ, ㄲ, ㅋ'은 여린입천장소리로, 여린입천장과 혀의 뒷부분 사이에서 나는 소리이다.

⑤ ㄷ, ㄸ, ㅌ, ㄴ, ㄹ – 여린입천장소리

자음 'ㄷ, ㄸ, ㅌ, ㄴ, ㄹ'은 잇몸소리로, 윗잇몸과 혀끝이 닿아서 나는 소리이다.

02 자음 이해하기 답 | ④

자음에 대한 설명으로 적절하지 않은 것은?

정답 선지 분석

④ 자음 중 'ㄴ, ㄹ, ㅇ, ㅁ'은 소리를 낼 때 목청을 울리지 않고 나는 소리이다.

'ㄴ, ㄹ, ㅇ, ㅁ'은 소리를 낼 때 목청을 울리며 나는 울림소리이다.

오답 선지 분석

① 'ㅂ, ㅃ, ㅍ, ㅁ'은 소리 나는 위치가 모두 같다.

'ㅂ, ㅃ, ㅍ, ㅁ'은 모두 입술소리이다. 즉 소리 나는 위치가 모두 같다.

② 된소리는 예사소리보다 단단하고 급한 느낌을 준다.

자음은 소리의 세기에 따라 예사소리, 된소리, 거센소리로 구별할 수 있다. 이때 된소리는 발음할 때 단단하고 급한 느낌을 준다.

③ 자음은 공기의 흐름이 발음 기관에서 장애를 받고 나오는 소리이다.

자음은 공기의 흐름이 발음 기관에서 장애를 받고 나오는 소리를 말한다. 반대로 공기의 흐름이 발음 기관에서 장애를 받지 않고 나오는 소리를 모음이라고 한다.

⑤ 입안의 통로를 막고 코로 공기를 내보내면서 내는 소리를 '비음'이라고 한다.

입안의 통로를 막고 코로 공기를 내보내면서 내는 소리를 '비음'이라고 한다. 비음에는 'ㅁ, ㄴ, ㅇ'이 해당한다.

03 자음의 분류 이해하기 답 | ③

보기 의 조건을 모두 충족하는 자음이 쓰인 단어로 적절하지 않은 것은?

보기

조건 1. 공기의 흐름을 막았다가 터뜨리면서 내는 소리

조건 2. 숨이 거세게 나오는 소리

정답 선지 분석

③ 낚시

조건 1은 소리를 내는 방법에 따른 분류 중 파열음에 관한 설명이다. 파열음은 'ㅂ, ㅃ, ㅍ, ㄷ, ㄸ, ㅌ, ㄱ, ㄲ, ㅋ'이 있다. 조건 2는 소리의 세기에 따른 분류 중 거센소리에 대한 설명이다. 'ㅍ. ㅌ, ㅋ, ㅊ'이 거센소리에 해당한다. 따라서 조건 1과 조건 2를 모두 만족시키는 자음은 'ㅍ, ㅌ, ㅋ'이다. '낚시'의 'ㄴ'은 비음이자 잇몸소리이며, 'ㄲ'은 파열음이기는 하나 거센소리가 아닌 된소리이다. 'ㅅ'은 마찰음이자 예사소리에 해당한다. 즉, 조건에 맞는 자음이 사용되지 않았다.

오답 선지 분석

① 토마토

조건 1과 조건 2를 모두 만족시키는 'ㅌ'이 사용되었다.

② 카세트

조건 1과 조건 2를 모두 만족시키는 'ㅋ'과 'ㅌ'이 사용되었다.

④ 땅콩

조건 1과 조건 2를 모두 만족시키는 'ㅋ'이 사용되었다.

⑤ 피자

조건 1과 조건 2를 모두 만족시키는 'ㅍ'이 사용되었다.

04 안울림소리와 울림소리 이해하기

빈칸에 들어갈 말로 적절한 것을 골라 차례대로 쓰시오.

자음을 소리 내는 방법에 따라 분류했을 때, 파열음과 파찰음, 마찰음은 (유성음 / 무성음)이고, 비음과 유음은 (유성음 / 무성음)이다.

정답

무성음, 유성음

독서 고슴도치 딜레마

빠른 정답 체크 01 ② 02 ⑤ 03 ⑤ 04 친밀한, 나르시시즘

고슴도치 딜레마는 독일의 철학자 쇼펜하우어의 저서에 처음으로 등장한 개념이다. 「고슴도치들은 추위를 피하기 위해 모였지만, 서로의 날카로운 가시 때문에 상처를 입는다. 결국 그들은 모인 상태에서도 거리를 두어야 한다. 이러한 과정을 반복한 고슴도치들은 서로 최소한의 간격을 두는 것이 가장 좋은 방법임을 발견한다.」 이것이 바로 고슴도치 딜레마이고, 인간의 애착* 형성의 어려움을 비유한 것이다. 이러한 딜레마는 친밀한 관계일수록 불가피해지고, 쇼펜하우어는 외부로부터 따뜻함을 갈망하는 사람은 어느 정도 타인으로부터 상처받을 것을 각오해야 한다고 이야기한다. 다시 말해, 서로를 다치게 하지 않는 유일한 방법은 너무 가까워지는 것을 피하는 것이다.

「」: '고슴도치 딜레마' 용어의 기원
적당한 거리를 유지할 수밖에 없는 인간의 본성을 상징
인간관계의 모순 – 친밀함을 갈망함에도 상처받는 것이 두려워 타인을 경계하고 스스로를 방어
상처받지 않기 위해 서로에게 약간의 거리를 두어야 함

▶ 1문단: '고슴도치 딜레마' 용어의 기원

프로이트는 고슴도치 딜레마를 자신이 저술한 《집단 심리학과 자아의 분석》에서 인용했다. 「그는 부부, 친구, 부모-자식 관계와 같은, 장기적인 모든 유형의 인간관계에는 애정 외에도 혐오와 질투, 적대감 등의 부정적인 감정이 남는다고 보았다.」 프로이트는 어머니와 아들 관계만이 이러한 관계를 벗어난다고 보았고, 그 이유를 나르시시즘으로 설명했다. 나르시시즘은 어떤 근거로 자신이 굉장히 뛰어난 인물이라고 느끼거나 믿는 자기애적 성격과 행동을 의미한다. 어머니와 아들 관계는 이런 나르시시즘에서 자유로워 부정적인 감정이 쌓이지 않는다고 본 것이다.

고슴도치 딜레마 – 두 가지 마음 상태의 공존
「」: 모든 인관관계에는 고슴도치 딜레마가 존재한다고 본 프로이트
나르시시즘의 정의
어머니와 아들 관계가 딜레마를 벗어날 수 있는 이유

▶ 2문단: '고슴도치 딜레마'에 대한 프로이트의 분석

프로이트의 수많은 저서는 친밀함에 초점이 맞춰져 있다. 그는 「어느 정도가 적절한 친밀함인지, 우리가 살아가는 데 필요한 친밀함의 수준은 어느 정도여야 하는지, 인간은 왜 친밀함을 갈구하면서도 동시에 그것을 거부하는지 탐구했다.」 즉, 쇼펜하우어의 고슴도치 딜레마는 대인관계에서 프로이트가 지닌 문제의식과 이어진다고 볼 수 있다.

「」: 인간이 왜 친밀함을 원하는 동시에 거부하는지를 연구했던 프로이트
쇼펜하우어의 '고슴도치 딜레마'를 심리학의 전반으로 확장한 프로이트

▶ 3문단: '고슴도치 딜레마'를 심리학의 영역으로 확장한 프로이트

정신분석학자 도널드 위니캇은 이와 같은 딜레마를 탐구하며 평범한 어머니가 자신이 낳은 자식을 혐오하게 되는 18가지의 이유를 제시했다. 평범한 어머니는 자식을 극도로 사랑하면서 동시에 싫어하는 양면적인 감정을 가진다고 했다. 더해, 자녀에 대한 사랑이 모순적인 면을 가지고 있다고 인정하는 어머니들이 그렇지 않은 어머니들에 비해 자녀에게 공격적으로 굴 확률이 낮다고 보았다.

인간관계에 있어 두 가지 마음 상태가 공존한다는 생각과 이어짐

▶ 4문단: '고슴도치 딜레마'에 대한 도널드 위니캇의 탐구

하지만 이러한 고슴도치 딜레마와 그에 대한 분석은 흥미로운 것이나 「근본적으로는 철학적인 논의에서 파생된 것이므로, 심리학적인 연구를 위해서는 명확한 조작적 정의*를 통해 연구의 범위를 좁히는 과정이 필요하다. 또한 대인관계, 애착, 친밀감 등을 연구하는 학자들의 관점에 따라 이 딜레마에 대한 설명이 다소 다를 수 있다.」

「」: '고슴도치 딜레마' 연구의 쟁점 및 한계

▶ 5문단: '고슴도치 딜레마'에 대한 연구의 쟁점 및 한계

* 애착(愛着): 몹시 사랑하거나 끌리어서 떨어지지 아니함. 또는 그런 마음.
* 조작적 정의(操作的定義): 사회 조사를 할 때에 사물 또는 현상을 객관적이고 경험적으로 기술하는 정의. 대개는 수량화할 수 있는 내용으로 만들어진다.

01 내용의 전개 방식 파악하기 답 | ②

윗글에 대한 설명으로 적절한 것은?

정답 선지 분석

② 하나의 개념을 여러 관점에서 분석하고 있다.
고슴도치 딜레마를 쇼펜하우어, 프로이트, 위니캇의 관점으로 구분하여 설명하고 있다.

오답 선지 분석

① 비슷한 개념 여러 개를 비교, 대조하고 있다.
쇼펜하우어의 고슴도치 딜레마에 대한 프로이트의 심리학적 접근이 3문단에서 나타나며 비슷한 개념에 대한 다양한 견해를 보여 주고 있으나 이를 비교, 대조하고 있다고 보기는 어렵다.

③ 개념 자체가 지닌 한계점을 꼬집어 비판하고 있다.
고슴도치 딜레마의 연구를 위해서는 명확한 조작적 정의를 통해 연구의 범위를 좁히는 과정이 필요하다고 밝히고 있으나, 고슴도치 딜레마 자체가 지닌 한계점을 이야기하며 비판하고 있지는 않다.

④ 전문가의 말을 직접 인용하여 설득력을 높이고 있다.
윗글에서는 다양한 학자들의 말을 간접적으로 인용하고 있으나, 전문가의 말을 직접 인용하고 있지는 않다.

⑤ 현상의 원인과 이에 대한 해결 방안에 대해 설명하고 있다.
윗글에서는 외부로부터 따뜻함을 갈망하는 사람은 타인과의 관계에서 상처를 받지 않기 위해 일정한 거리를 유지하는 고슴도치 딜레마가 발생한다고 이야기하고 있다. 즉, 고슴도치 딜레마가 발생하는 원인은 인간관계에서 상처받고 싶지 않기 때문이다. 그러나 윗글에서는 고슴도치 딜레마에서 벗어나기 위한 해결 방안에 대해서는 설명하고 있지 않다.

02 세부 내용 파악하기 답 | ⑤

윗글에 대한 이해로 적절하지 않은 것은?

정답 선지 분석

⑤ 애착 관계와 고슴도치 딜레마에 대한 심리학자들의 관점은 비슷한 경향을 보인다.
5문단에서 대인관계, 애착, 친밀감 등을 연구하는 학자들의 관점에 따라 고슴도치 딜레마에 대한 설명이 다소 다를 수 있다고 이야기하고 있기 때문에 애착 관계와 고슴도치 딜레마에 대한 심리학자들의 관점이 비슷한 경향을 보인다는 것은 적절하지 않다.

오답 선지 분석

① 프로이트는 쇼펜하우어의 이론을 심리학의 영역으로 확장했다.
프로이트는 쇼펜하우어가 말한 고슴도치 딜레마를 자신의 저서, 《집단 심리학과 자아의 분석》에 인용하여 심리학의 영역으로 확장했다.

② 쇼펜하우어는 친밀한 관계일수록 딜레마가 불가피하다고 주장한다.
쇼펜하우어는 고슴도치 딜레마에 대해 이야기하며 이러한 딜레마는 친밀한 관계일수록 불가피하다고 주장한다.

③ 도널드 위니캇은 평범한 어머니가 가진 모순적인 감정에 대해 이야기했다.
도널드 위니캇은 평범한 어머니는 자식을 극도로 사랑하면서 동시에 싫어하는 양면적인 감정을 가진다고 이야기한다.

④ 프로이트는 어머니와 아들 관계만이 나르시시즘에서 자유롭다고 이야기한다.
프로이트는 모든 유형의 인간관계에는 애정 외에도 혐오와 질투, 적대감 등의 부정적인 감정이 남지만 어머니와 아들 관계만이 이러한 관계에서 벗어난다고 보았는데, 이는 어머니와 아들 관계는 나르시시즘에서 자유로워 부정적인 감정이 쌓이지 않기 때문이라고 하였다.

03 외적 준거를 통해 작품 이해하기 답 | ⑤

윗글을 참고하여 보기 를 이해한 내용으로 적절한 것은?

보기

과거 대한민국 사회가 공동체 중심의 사회였다면 지금은 개인주의 사회로 변하고 있다. 또한 남과 비교하고 경쟁하는 등 남을 의식하는 경향이 매우 강해졌다. 이러한 심리적 요인 때문에 누군가와 관계를 유지하고 공동체를 형성하는 것에 어려움과 피곤함을 느끼는 사람들이 점차 증가하고 있다. 그렇게 등장하게 된 것이 바로 '나홀로족'이다.

정답 선지 분석

⑤ 나홀로족은 고슴도치 딜레마를 겪는 사람들이 서로 멀어지기를 택한 예시라고 볼 수 있겠군.
나홀로족은 고슴도치 딜레마를 겪는 사람들이 인간관계에 있어 일정한 거리를 유지하기 위해 선택한 방법이기 때문에 적절하다.

오답 선지 분석

① 고슴도치 딜레마에 처한 사람은 모두 나홀로족이 되겠군.
고슴도치 딜레마를 겪는 사람들이 선택한 방법이 나홀로족이 될 수 있으나 고슴도치 딜레마에 처한 모든 사람들이 나홀로족이 되는지에 대해서는 알 수 없다.

② 나홀로족이 되면 고슴도치 딜레마에 미리 대비할 수 있겠군.
고슴도치 딜레마를 겪는 사람들이 사람들과 일정 거리를 유지하기 위해 선택한 것이 나홀로족이다. 따라서 나홀로족이 됨으로써 고슴도치 딜레마를 대비하는 것은 적절하지 않다.

③ 나홀로족은 고슴도치 딜레마를 극복하기 위해 노력했다고 볼 수 있겠군.
나홀로족은 고슴도치 딜레마를 극복하기 위해 노력한 것이 아닌, 고슴도치 딜레마를 겪는 사람들이 인간관계에서 오는 스트레스에서 벗어나고자 선택한 방법으로 보는 것이 적절하다.

④ 고슴도치 딜레마를 겪는 사람이 나홀로족이 되면 모든 문제가 해결되겠군.
고슴도치 딜레마를 겪는 사람이 나홀로족이 됨으로써 공동체 형성의 어려움으로부터 벗어날 수 있으나 고슴도치 딜레마가 갖는 이중성, 즉 외부로부터 얻는 따뜻함을 충족할 수 없기 때문에 나홀로족이 되면 모든 문제가 해결될 것이라고 보기 어렵다.

04 세부 내용 파악하기

다음은 윗글의 내용의 일부를 요약·정리한 것이다. ㉠과 ㉡에 들어갈 말로 적절한 것을 차례대로 쓰시오.

고슴도치 딜레마는 (㉠) 관계일수록 불가피해지는데, 이때 프로이트는 어머니와 아들 관계만이 (㉡)에서 자유로워 고슴도치 딜레마의 관계에서 벗어날 수 있다고 보았다.

정답

친밀한, 나르시시즘

문학 1 봄은 고양이로다(이장희)

빠른 정답 체크 01 ⑤ 02 ① 03 ② 04 고양이의 수염

직유법(원관념 = 고양이의 털, 보조관념 = 꽃가루)
꽃가루와 같이 부드러운 고양이의 털에
촉각적 심상
고운 봄의 향기가 어리우도다.
봄의 포근함 → 후각적 심상, 정적 이미지

□: 동일한 종결 표현의 반복(각운) → 감탄, 영탄법 사용 → 운율 형성
▶ 봄의 향기 – 고양이의 털

직유법(원관념 = 고양이의 눈, 보조관념 = 금방울)
금방울과 같이 호동그란* 고양이의 눈에
시각적 심상
미친 봄의 불길이 흐르도다.
봄의 생명력 → 시각적 심상, 동적 이미지

○: 유사한 문장 구조의 반복
▶ 봄의 불길 – 고양이의 눈

고요히 다물은 고양이의 입술에
청각적, 시각적 심상
㉠ 포근한 봄의 졸음이 떠돌아라.
봄의 나른함 → 촉각적 심상, 정적 이미지

대칭 구조
1, 3연의 정적 이미지
↔ 2, 4연의 동적 이미지
▶ 봄의 졸음 – 고양이의 입술

날카롭게 쭉 뻗은 고양이의 수염에
시각적 심상
푸른 봄의 생기가 뛰놀아라.
봄의 생동감 → 시각적 심상, 동적 이미지
▶ 봄의 생기 – 고양이의 수염

– 이장희, 〈봄은 고양이로다〉 –
→ A는 B다 = 은유법(비유) 사용
원관념 = 봄, 보조관념 = 고양이

* 호동그란: 호젓하고 조용한.

01 표현상의 특징 파악하기 답 | ⑤

윗글의 표현상의 특징으로 적절하지 않은 것은?

정답 선지 분석

⑤ 대상의 이미지보다 대상의 의미를 전달하는 것을 우선시하고 있다.
윗글은 대상의 의미를 전달하는 것보다 대상의 이미지를 전달하는 것을 우선시하고 있다.

오답 선지 분석

① 유사한 통사 구조의 반복을 통해 운율을 형성하고 있다.
윗글은 '꽃가루와 같이 부드러운 고양이의 털에 ~도다', '금방울과 같이 호동그란 고양이의 눈에 ~도다', '고요히 다물은 고양이의 입술에 ~아라', '날카롭게 쭉 뻗은 고양이의 수염에 ~아라'와 같이 유사한 통사 구조의 반복을 통해 운율을 형성하고 있다.

② 연상의 기법을 통해 대상을 감각적으로 묘사하고 있다.
고양이를 통해 봄을 연상하며 고양이를 감각적으로 묘사하고 있다.

③ 시각적·후각적·촉각적 심상이 다양하게 활용되고 있다.
'금방울과 같이 호동그란', '미친 봄의 불길', '고요히 다물은', '날카롭게 쭉 뻗은', '푸른 봄의 생기' 등에서 시각적 심상을, '고운 봄의 향기'에서 후각적 심상을, '꽃가루와 같이 부드러운', '포근한 봄의 졸음'에서 촉각적 심상을 확인할 수 있다.

④ 정적인 이미지와 동적인 이미지가 번갈아 나타나고 있다.
1연과 3연에서는 정적인 이미지인 봄의 향기와 졸음을 제시하였고, 2연과 4연에서는 동적인 이미지인 봄의 불길과 생기를 제시하고 있다.

02 시구의 특징 파악하기 답 | ①

㉠과 동일한 심상이 쓰인 것은?

정답 선지 분석

① 젊은 아버지의 서느런 옷자락

㉠은 '포근한'에서 촉각적 심상이 사용되었고, '서느런 옷자락' 역시 촉각적 심상이 사용되었다.

오답 선지 분석

② 좁은 들길에 들장미 열매 붉어

'들장미 열매 붉어'는 시각적 심상이다.

③ 금으로 타는 태양의 즐거운 울림

'금으로 타는'은 시각적 심상이고, '즐거운 울림'은 청각적 심상이므로 공감각적 심상이다.

④ 집집 끼니마다 봄을 씹고 사는 마을

'봄을 씹고'는 미각적 심상이다.

⑤ 발자국 소리 호르락 소리 문 두드리는 소리

'발자국 소리 호르락 소리 문 두드리는 소리'는 청각적 심상이다.

03 작품 간의 공통점, 차이점 파악하기 답 | ②

윗글과 보기 를 비교한 내용으로 적절한 것은?

보기

이른 봄 어느 날인가
소리 없이 새싹 돋아나고
산수유 노란 꽃 움트고
목련 꽃망울 부풀며
연녹색 샘물이 솟아오릅니다
까닭 없이 가슴이 두근거리며
갑자기 바빠집니다
단숨에 온 땅을 물들이는
이 초록색 속도
빛보다도 빠르지 않습니까

- 김광규, 〈초록색 속도〉

정답 선지 분석

② 윗글과 〈보기〉 모두 봄의 생명력을 생생하게 표현하고 있다.

윗글의 2연에서는 '금방울과 같이 호동그란 고양이의 눈에 / 미친 봄의 불길이 흐르도다'라고 하며 봄의 생명력을 고양이에 빗대어 생생하게 표현하고 있고, 〈보기〉에서는 봄의 생명력을 '초록색 속도'에 빗대어 생생하게 표현하고 있다.

오답 선지 분석

① 윗글과 〈보기〉 모두 봄을 동물에 비유하여 표현하고 있다.

윗글은 봄을 고양이에 비유하여 표현하고 있지만, 〈보기〉에서는 봄을 동물에 비유하여 표현하고 있지 않다.

③ 윗글은 계절의 변화가 드러나고 있지만, 〈보기〉는 드러나지 않는다.

윗글은 계절의 변화가 드러나지 않는다. 오히려 〈보기〉에서 '소리 없이~솟아오릅니다'라고 하며 겨울에서 봄으로 변화하는 계절을 표현했다고 볼 수 있다.

④ 윗글은 동일한 시어를 반복하고 있지 않지만, 〈보기〉는 반복하고 있다.

윗글은 '고양이'라는 시어를 반복하고 있으나, 〈보기〉에서는 동일한 시어를 반복하고 있지 않다.

⑤ 윗글은 은유법을 주로 사용하고 있지만, 〈보기〉는 직유법을 주로 사용하고 있다.

윗글은 '꽃가루와 같이 부드러운 고양이의 털', '금방울과 같이 호동그란 고양이의 눈'에서 직유법을 주로 사용하였고, 〈보기〉는 '이 초록색 속도'라고 하며 은유법을 주로 사용하고 있다.

04 시어의 의미 파악하기

윗글에서 '푸른 봄의 생기'를 연상하게 된 소재를 찾아 2어절로 쓰시오.

정답

고양이의 수염

문학 2 이옥설(이규보)

빠른 정답 체크 01 ③ 02 ⑤ 03 ⑤ 04 나라의 정사

집에 오래 지탱할 수 없이 퇴락*한 행랑채* 세 칸이 있어서 나는 부득이 그것을 모두 수리하게 되었다. (작품의 제재: 행랑채를 수리하게 된 일) 이때 그중 두 칸은 비가 샌 지 오래 되었는데, 나는 그것을 알고도 어물어물하다*가 미처 수리하지 못하였고, (잘못된 것임을 알고도 미루고 고치지 않음 → '나'가 깨달음을 얻게 되는 계기) 다른 한 칸은 한 번밖에 비를 맞지 않았기 때문에 급히 기와를 갈게 하였다. (「」: 비가 샌 지 오래된 것과 한 번밖에 비를 맞지 않은 것을 대조 → 오래 방치하면 손해가 크고, 잘못을 빨리 고치면 쉽게 개선될 수 있음)

[A] 「그런데 수리하고 보니, 비가 샌 지 오래된 것은 서까래·추녀·기둥·들보가 모두 썩어서 못 쓰게 되었으므로 경비*가 많이 들었고, (비가 샌 지 오래된 것을 고치지 않고 미루다 큰 비용을 치르게 됨) 한 번밖에 비를 맞지 않은 것은 재목*들이 모두 완전하여 다시 쓸 수 있었기 때문에 경비가 적게 들었다.」

(행랑채를 수리한 경험에서 깨달음을 얻음) 나는 여기에서 이렇게 생각한다. 사람의 몸도 역시 마찬가지이다. (깨달음 ① 행랑채를 수리한 경험에서 얻은 깨달음을 사람의 몸으로 확장하여 적용) 잘못을 알고서도 곧 고치지 않으면 몸이 패망*하는 것이 나무가 썩어서 못 쓰게 되는 이상으로 될 것이고, 잘못이 있더라도 고치기를 꺼려하지 않으면 다시 좋은 사람이 되는 것이 집 재목이 다시 쓰일 수 있는 이상으로 될 것이다. (잘못을 빨리 고쳐야 함을 깨달음)

이뿐만 아니라, 나라의 정사*도 이와 마찬가지다. (깨달음 ② 행랑채를 수리한 경험에서 얻은 깨달음을 나라의 정사로 확장하여 적용) 모든 일에 있어서, 백성에게 심한 해가 될 것을 머뭇거리고 개혁하지 않다가, 백성이 못살게 되고 나라가 위태하게 된 뒤에 갑자기 변경하려 하면, 곧 붙잡아 일으키기가 어렵다. 삼가지 않을 수 있겠는가? (경계의 태도를 가질 것을 설의법을 사용하여 당부)

- 이규보, 〈이옥설〉 -

* 퇴락(頹落): 낡아서 무너지고 떨어짐.
* 행랑채(行廊채): 대문간 곁에 있는 집채.
* 어물어물하다: 말이나 행동 따위를 시원스럽게 하지 못하고 꾸물꾸물하다.
* 경비(經費): 어떤 일을 하는 데 드는 비용.
* 재목(材木): 목조의 건축물 · 기구 따위를 만드는 데 쓰는 나무.
* 패망(敗亡): 싸움에 져서 망함.
* 정사(政事): 정치 또는 행정상의 일.

01 서술상의 특징 파악하기

답 | ③

윗글의 서술상 특징으로 적절하지 않은 것은?

정답 선지 분석

③ 권위 있는 인물의 말을 인용하여 주장의 설득력을 높이고 있다.
윗글은 글쓴이가 경험한 일을 바탕으로 깨달은 바를 서술하고 있는 것이지 권위 있는 인물의 말을 인용하여 주장의 설득력을 높이고 있지는 않다.

오답 선지 분석

① 작가 본인이 이야기를 이끌고 있는 인물로 등장한다.
윗글은 수필로, 작가가 직접 자신이 경험한 일을 전달하고 있다. 따라서 이야기 속에 등장하여 이야기를 이끌고 있는 '나'는 작가 본인이다.

② 설의법을 활용하여 전하고자 하는 바를 강조하고 있다.
'삼가지 않을 수 있겠는가'라고 설의법을 사용하여 경계의 태도를 가져야 함을 강조하고 있다.

④ 문제를 알고 수리한 행랑채와 그렇지 않은 행랑채를 대조하고 있다.
'수리하고 보니, 비가 샌 지 오래된 것은 서까래·추녀·기둥·들보가 모두 썩어서 못 쓰게 되었으므로 경비가 많이 들었고, 한 번밖에 비를 맞지 않은 것은 재목들이 모두 완전하여 다시 쓸 수 있었기 때문에 경비가 적게 들었다'라는 말을 통해 문제를 알고 수리한 행랑채와 그렇지 않은 행랑채를 대조하여 이야기를 전개하고 있음을 알 수 있다.

⑤ 대상의 유사성에 의거하여 다른 대상에 적용시킴으로써 자신의 주장을 강화하고 있다.
윗글에서는 행랑채를 수리했던 글쓴이의 경험을 '사람의 몸'과 '나라의 정사'에 빗대는 유추의 방법을 통해 자신의 주장을 강화하고 있다.

02 작품의 주제 파악하기

답 | ⑤

윗글의 '나'가 [A]를 통해 깨달은 바로 적절한 것은?

정답 선지 분석

⑤ 잘못은 알았을 때 미루지 말고 빨리 고쳐야 한다는 것을 깨달았다.
[A]에서는 오래 방치하면 손해가 크고, 잘못을 빨리 고치면 쉽게 개선될 수 있음을 보여 주고 있다. 즉 글쓴이는 잘못을 알았을 때 미루지 말고 빨리 고쳐야 한다는 점을 깨달았다고 볼 수 있다.

오답 선지 분석

① 잘못을 저지르면 먼저 사과해야 한다는 것을 깨달았다.
[A]에서는 오래 방치하면 손해가 크고, 잘못을 빨리 고치면 쉽게 개선될 수 있음을 보여 주고 있다. 그렇기 때문에 잘못을 저지르면 먼저 사과해야 한다는 것을 깨달았다는 선지는 적절하지 않다.

② 오래된 물건은 함부로 수리해서는 안 된다는 것을 깨달았다.
[A]에서는 오래 방치하면 손해가 크고, 잘못을 빨리 고치면 쉽게 개선될 수 있음을 보여 주고 있다. 그렇기 때문에 오래된 물건은 함부로 수리해서는 안 된다는 것을 깨달았다는 선지는 적절하지 않다.

③ 경비를 많이 들여 집을 짓는 것이 중요하다는 것을 깨달았다.
[A]에서는 오래 방치하면 손해가 크고, 잘못을 빨리 고치면 쉽게 개선될 수 있음을 보여 주고 있다. 그렇기 때문에 경비를 많이 들여 집을 짓는 것이 중요하다는 것을 깨달았다는 선지는 적절하지 않다.

④ 일을 할 때 실수를 하지 않고 신중해야 한다는 것을 깨달았다.
[A]에서는 오래 방치하면 손해가 크고, 잘못을 빨리 고치면 쉽게 개선될 수 있음을 보여 주고 있다. 그렇기 때문에 일을 할 때 실수를 하지 않고 신중해야 한다는 것을 깨달았다는 선지는 적절하지 않다.

03 외적 준거와 비교하여 작품 감상하기

답 | ⑤

보기 와 윗글을 비교한 내용으로 적절한 것은?

보기

1999년 4월 29일 오후 12시 30분, 나는 다섯 번째 도전 만에 드디어 안나푸르나의 정상을 밟았다. 이 순간을 얼마나 고대했던가. 마음속에서 참았던 눈물이 터져 나왔다.

왜 산에 오르는가? 내려올 것이면서 왜 목숨을 걸고 산에 오르는가? 산을 오른다는 것은 산속으로 들어가는 것이다. 산속으로 들어가면서 산을 알게 되고, 배우게 되고, 또 이해하게 된다. 안나푸르나는 정상을 앞두고 자만에 빠져서는 안 된다는 것을, 정상에 올랐다는 결과보다는 정상에 오르는 과정이 중요함을 알려 주었다. 안나푸르나에 오르면서 나는 거대한 존재 앞에서 고개 숙일 줄 알게 되었고, 평온과 겸허를 배울 수 있었다.

- 엄홍길, 〈살아 있는 한 다시 올 수 있다〉

정답 선지 분석

⑤ 〈보기〉와 윗글은 모두 작가의 경험을 통해 얻은 깨달음을 서술하고 있다.
〈보기〉와 윗글은 모두 수필로, 작가가 경험을 통해 얻은 깨달음을 서술하고 있다.

오답 선지 분석

① 〈보기〉와 달리 윗글은 화자가 직접적으로 드러나 있다.
〈보기〉와 윗글은 모두 수필로, 화자가 직접적으로 글 속에 등장하고 있다.

② 〈보기〉와 달리 윗글은 화자의 강한 의지가 드러나 있다.
〈보기〉는 화자가 히말라야 산맥 중 하나인 안나푸르나에 올랐던 경험에 대해 서술하며 어려움을 극복하기 위한 화자의 강한 의지를 드러내고 있다. 따라서 화자의 강한 의지가 드러나 있는 것은 〈보기〉이다. 윗글은 행랑채를 수리한 경험을 통해 얻은 깨달음을 전하고 있으나 강한 의지가 드러난다고 보기 어렵다.

③ 〈보기〉와 윗글은 모두 작가가 관찰자의 시점에서 서술하고 있다.
〈보기〉와 윗글은 모두 작가 본인의 이야기를 서술하고 있다. 따라서 관찰자의 시점에서 서술하고 있다는 것은 적절하지 않다.

④ 〈보기〉와 윗글은 모두 사회 문제에 대한 작가의 견해를 밝히고 있다.
〈보기〉와 윗글은 모두 작가가 경험한 이야기를 통해 얻은 깨달음을 서술하고 있지, 사회 문제에 대한 작가의 견해를 밝히고 있지는 않다.

04 핵심 내용 파악하기

빈칸에 들어갈 말을 윗글에서 찾아 쓰시오.

윗글은 고전 수필로, '나'가 퇴락한 행랑채 세 칸을 수리했던 경험에서 얻은 깨달음을 사람의 몸과 (   )(으)로 확장하여 서술하고 있다.

정답

나라의 정사

07강

| 본문 | 81쪽

매체 매체의 표현 방법

빠른 정답 체크 01 ② 02 ② 03 ① 04 9, 10

[카드 1]	[카드 2]
뉴스의 내용과 관련된 캐릭터를 삽입함으로써 독자들이 뉴스의 내용을 예측하게 함 괜찮아, 사람이야 ▶ 삽화를 통해 뉴스의 제목과 주제를 소개함	강조하고 싶은 부분에 형광펜처럼 음영을 주어 눈에 들어오도록 함 ① 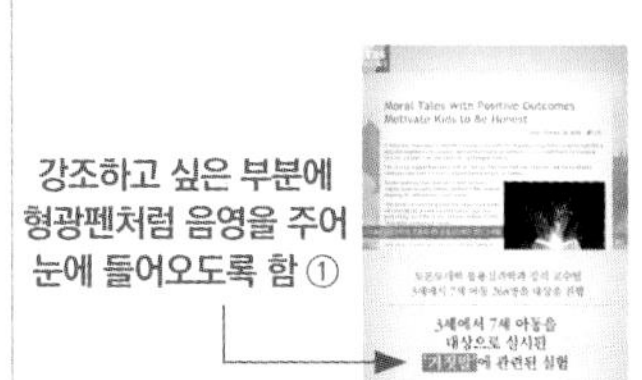 ▶ 거짓말 관련 실험 사례
[카드 3]	**[카드 4]**
실험 내용을 설명하는 이미지를 삽입하여 독자의 이해를 도움  ▶ 실험 내용 설명	 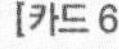 ▶ 아이들에게 점점 어려운 장난감 소리를 들려줌
[카드 5]	**[카드 6]**
 ▶ 아이들에게 정직할 것을 당부함	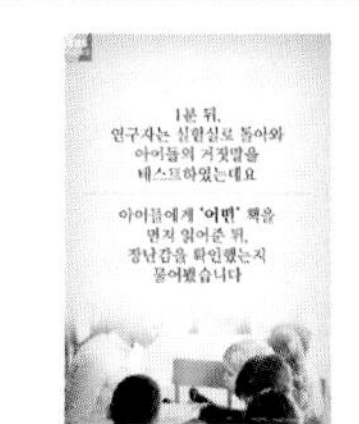 ▶ 아이들의 거짓말을 확인하기 전에 이야기를 들려줌
[카드 7]	**[카드 8]**
강조하고 싶은 부분에 형광펜처럼 음영을 주어 눈에 들어오도록 함 ② 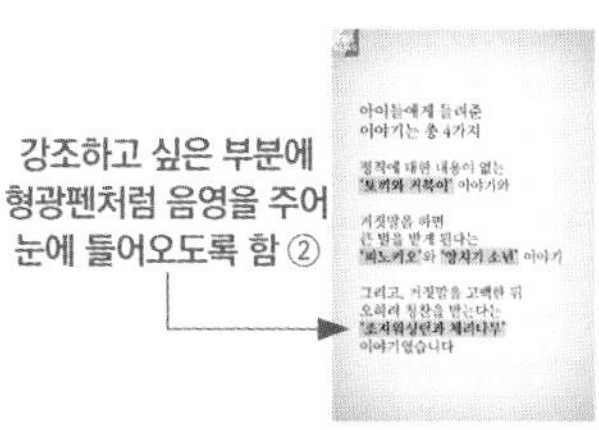	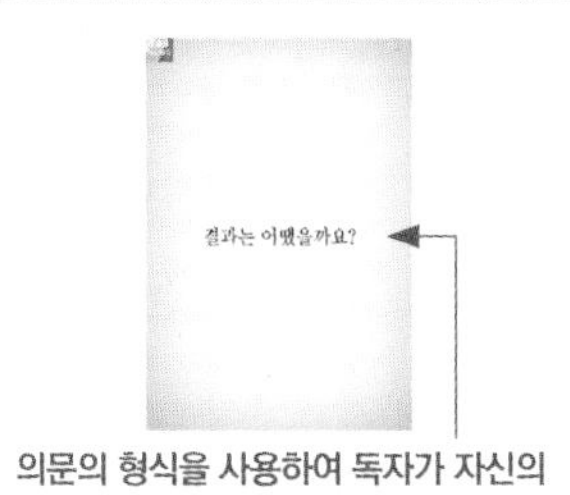 의문의 형식을 사용하여 독자가 자신의 생각을 정리할 수 있도록 도움
[카드 9]	**[카드 10]**
선명한 색의 큰 숫자와 픽토그램을 통해 주요 내용을 알기 쉽게 제시함 픽토그램: 사물, 시설, 개념 등을 쉽게 알아볼 수 있게 처리한 상징적인 그림  ▶ 거짓말과 관련 없는 이야기를 들은 아이들은 2/3가 거짓말을 함	 ▶ 거짓말을 고백하면 칭찬을 받는다는 이야기를 들은 아이들은 절반 넘게 정직하게 대답함

01 매체 자료의 효과 파악하기 답 | ②

윗글에 사용된 매체 표현 방식으로 적절하지 않은 것은?

정답 선지 분석

② [카드 2]에서는 다양한 이미지를 삽입하여 가독성을 높이고 있다.

[카드 2]에서는 인터넷 기사를 캡처한 화면만을 이미지로 제시하고 있다. 또한 다양한 이미지의 삽입은 가독성을 높이지 않으므로 적절하지 않다.

오답 선지 분석

① [카드 1]에서는 뉴스의 중심 주제와 관련된 캐릭터를 삽입함으로써 내용을 예측하게 하고 있다.

[카드 1]에서는 거짓말과 관련 있는 캐릭터인 '피노키오'를 삽입함으로써 독자가 뉴스의 내용을 예측하게 하였다.

③ [카드 3]에서는 실험 내용을 설명하는 이미지를 삽입함으로써 독자의 이해를 돕고 있다.

[카드 3]에서는 실험 내용을 설명하는 이미지를 통해 독자가 실험의 내용을 이해할 수 있도록 돕고 있다.

④ [카드 7]에서는 형광펜을 활용하여 강조하고자 하는 문장을 효과적으로 드러내고 있다.

[카드 7]에서는 아이들에게 들려준 이야기의 제목을 강조하기 위해 이야기의 제목에 빨간색 형광펜을 칠해 주었다.

⑤ [카드 9], [카드 10]에서는 선명한 색의 큰 숫자와 사람 모양 그래프를 통해 실험의 결과를 직관적으로 파악할 수 있도록 유도하고 있다.

[카드 9], [카드 10]에서는 실험의 결과를 직관적으로 파악할 수 있도록 사람 모양의 그래프와 빨간색 배경에 하얀색 큰 숫자를 삽입하여 독자의 눈에 잘 들어오도록 유도하였다.

02 매체의 언어적 표현 파악하기 답 | ②

[카드 10]의 내용이 올바르지 않은 이유로 적절한 것은?

정답 선지 분석

② 카드 이미지와 글의 정보가 일치하지 않아 독자들에게 혼란을 주었다.

[카드 10]의 글 부분에서는 '절반 넘게' 정직한 대답을 하였다고 되어 있고, 이미지의 숫자는 50%+로 쓰여 있는 데 반해 그래프 이미지는 약 75% 정도의 수치로 보여 독자에게 혼동을 일으키고 있다.

오답 선지 분석

① 실험 결과를 글쓴이의 주관에 따라 자의적으로 해석하였다.

[카드 10]은 토론토대학 응용심리학과의 실험 결과를 설명하고 있다. 글쓴이의 주관에 따라 자의적으로 해석한 부분은 찾아볼 수 없다.

③ 이미지를 과도하게 삽입하여 독자들이 글의 내용을 한 번에 파악하지 못한다.

[카드 10]에서는 글의 내용에 관련된 이미지를 적절하게 삽입하여 독자의 이해를 돕고 있다.

④ 글의 주제와 관련이 없는 이미지를 삽입하여 내용을 분명하게 전달하지 못한다.

[카드 10]에서는 글의 주제와 관련된 이미지를 삽입하여 내용을 분명하게 전달하고 있다.

⑤ 이야기의 제목과 내용이 서로 일치하지 않아 이야기의 주제가 무엇인지 정확히 알 수 없다.

[카드 10]에서는 [카드 7]에서 제시된 것과 같이 이야기의 거짓말을 고백한 뒤 칭찬을 받는다는 이야기인 '조지워싱턴과 체리나무'에 대해 설명하고 있으므로 이야기의 제목과 내용이 서로 일치한다.

03 매체 자료의 적절성 판단하기

답 | ①

보기 는 윗글과 같은 내용을 다룬 인터넷 신문 기사이다. 윗글과 보기 를 비교한 것으로 적절하지 않은 것은?

보기

〈'피노키오 효과' 아이들에게 실험해 보니…〉

10년 넘게 아동들의 거짓말을 연구해 온 캐나다 토론토대학의 연구진이 흥미로운 실험 결과를 내놓았다. 3세에서 7세 아동 268명을 대상으로 한 이번 실험에서는 아이들의 등 뒤에 있는 장난감을 소리만 듣고 어떤 장난감인지 맞추게 하였는데, 연구자들은 아이들에게 장난감을 확인하기 전 거짓말과 관련된 네 개의 이야기를 읽어주었다. 그 결과 거짓말을 고백한 뒤 칭찬을 받는다는 내용의 이야기를 들은 아이들만이 절반 넘게 정직한 대답을 한 것으로 나타났다. (후략)

정답 선지 분석

① 윗글과 〈보기〉 모두 종이를 전제로 한 인쇄 매체에 해당한다.
〈보기〉는 인터넷 신문 기사이고, 윗글은 카드 뉴스이므로 둘 다 종이를 전제로 한 인쇄 매체에 해당하지 않는다.

오답 선지 분석

② 윗글과 〈보기〉 모두 글이나 시각적 이미지를 활용하여 내용을 전달하고 있다.
윗글과 〈보기〉 모두 글과 사진 자료를 활용하여 내용을 전달하고 있다.

③ 윗글은 〈보기〉와 달리 짧은 글을 이미지와 함께 전달한다.
윗글은 〈보기〉와 달리 〈보기〉의 문장을 압축하여 짧게 요약한 글을 전달하고 있다.

④ 윗글은 〈보기〉와 달리 모바일 환경에서 쉽게 읽을 수 있도록 제작되었다.
윗글은 카드 뉴스로, 모바일 환경에서 쉽게 읽을 수 있도록 제작된 매체이다.

⑤ 윗글은 〈보기〉와 달리 의문의 형식을 사용하여 독자의 몰입감을 높이고 있다.
윗글은 '결과는 어땠을까요?'처럼 의문문을 사용하여 〈보기〉와 달리 독자의 몰입감을 높이고 있다.

04 매체 언어의 표현 방법 파악하기

보기 에서 설명하는 개념이 사용된 두 부분을 찾아 차례대로 쓰시오. (단, 카드의 숫자만을 적을 것.)

보기

사물, 시설, 형태, 개념 등을 누가 보더라도 쉽게 알아볼 수 있는 상징적인 그림으로 나타낸 언어 체계로, 그 의미를 직관적으로 이해할 수 있다는 장점이 있다.

정답

9, 10

독서 가격 규제 정책

빠른 정답 체크 01 ① 02 ② 03 ③ 04 생산자, 소비자

애덤 스미스는 《국부론》에서 전통적인 시장경제는 기본적으로 공급과 수요라는 보이지 않는 손에 의해 자율적으로 상품의 가격이 조정될 수 있다고 보았다. 하지만 실제로는 담합*과 독점 등의 행위로(상품의 가격을 높이는 요인) 상품의 가격이 지나치게 높아지거나, 상품의 가격이 외부적인 요인으로 인해 폭락하여 공급자의 권익이 보장받기 힘들어지는 상황이 발생한다. 가격 규제 정책(가격의 폭등과 폭락을 막기 위한 정책)이란 이렇게 시장에서 결정된 가격을 무시하고, 정부가 물가를 안정시키고 생산자와 소비자를 보호하기 위한 목적으로 가격을 규제하는 정책을 일컫는다.

▶ 1문단: 가격 규제 정책의 개념

가격 규제 정책은 크게 ㉠ 최저 가격제와 최고 가격제 두 가지로 나뉜다. 「최저 가격제란 상품 생산자의 이익을 보호하고자 정부가 상품의 하한가 또는 최저가를 설정해서 그 이하로 가격이 하락하지 못하게 막는 제도」(「」: 최저 가격제의 개념)를 말한다. 가령 닭고기를 예로 들면, 조류인플루엔자가 유행(닭고기의 가격이 하락한 배경)해 실제로 출하되는 닭고기의 품질이나 안전성과 상관없이 값이 낮아지는 경우가 있다. 이 경우에는 국가가 닭고기를 매입해 공공 배식에 활용하여 생산자의 손해를 덜어 주거나(닭고기의 가격이 낮아지는 것을 막기 위한 방법 ①), 위축된 닭고기 소비 심리를 정상화하기 위해 잘못된 인식을 바로잡고자 전단 등을 배부(닭고기의 가격이 낮아지는 것을 막기 위한 방법 ②)하게 된다.

▶ 2문단: 최저 가격제의 개념과 사례

「최고 가격제는 생필품 등의 공급량을 의도적으로 줄이거나 가격을 올리는 담합 등이 발생할 경우, 물가 안정과 소비자 보호를 목적으로 정부가 가격 상한을 설정하여 그 이하 금액으로만 거래하도록 통제하는 제도」(「」: 최고 가격제의 개념)이다. 대표적인 예로 아파트 임대료 규제 등이 있다. 자택 대신 월세나 전세로 아파트 등을 임대하여 살아가는 이들은 대부분 서민층으로, 아파트 임대료가 지나치게 오르면 살 곳이 없어지게 된다. 따라서 국민의 권익을 보호(아파트 임대료 규제의 목적)하기 위해 국가가 법적으로 규제하는 것이다. 이외에도 국가는 공공 서비스 요금에 가격 상한제를 지정(최고 가격제 적용 사례 ①)하거나, 독점 기업에 대한 규제를 시행(최고 가격제 적용 사례 ②)하거나, 금융 이자율을 제한하여 통화량을 조절(최고 가격제 적용 사례 ③)하는 방식으로 가격을 통제한다.

▶ 3문단: 최고 가격제의 개념과 사례

하지만 가격 규제에도 부작용이 있다. 규제 준수를 확인하기 위해 인력을 비효율적으로 쓰게 되는 경우(가격 규제 정책의 부작용 ①)가 있으며, 가격 규제로 인해 암시장이 성행(가격 규제 정책의 부작용 ②)할 수 있다는 것이다. 게다가 기업은 이윤 추구가 최우선 목적이기 때문에, ㉡ 규제를 피할 수 있는 수단을(가격 규제 정책의 부작용 ③) 찾게 된다.

▶ 4문단: 가격 규제 정책의 부작용

* 담합(談合): 경쟁 입찰을 할 때에 입찰 참가자가 서로 의논하여 미리 입찰 가격이나 낙찰자 따위를 정하는 일.

01 세부 내용 이해하기 답 | ①

윗글에 대한 이해로 가장 적절한 것은?

정답 선지 분석

① 주택 임대료를 제한하는 정책도 가격 규제 정책에 해당한다.

주택 임대는 서민들의 수요가 대부분을 차지하므로, 주택 임대료를 제한하는 정책은 국민의 권익을 보호하기 위해 국가가 법적으로 임대료를 규제하는 가격 규제 정책에 해당한다.

오답 선지 분석

② 애덤 스미스는 전통적인 시장경제에서 담합이 일어날 수 있다고 보았다.

1문단에서 애덤 스미스는 전통적인 시장경제는 보이지 않는 손에 의해 자율적으로 가격이 결정된다고 하였을 뿐, 담합이 일어날 수 있다고 보았는지는 윗글에서 확인할 수 없다.

③ 가격 규제 정책은 소비자만을 보호하기 위해 정부가 실시하는 정책이다.

1문단에 따르면 가격 규제 정책은 정부가 소비자뿐만 아니라 생산자를 보호하기 위한 목적으로 가격을 규제하는 정책을 말한다.

④ 공공 서비스 요금이 저렴한 것은 가격 경쟁이 활발한 영역이기 때문이다.

3문단에 따르면 공공 서비스의 요금에 가격 상한제를 지정하는 것은 국가가 법적으로 규제하는 정책 중 하나이다. 이로 인해 공공 서비스 요금이 저렴한 것이지, 가격 경쟁이 활발한 영역이기 때문에 저렴한 것으로 볼 수 없다. 가격 경쟁이 활발한 영역은 전통적인 시장경제 영역으로 이 영역에서는 가격 규제 정책을 실시하지 않는다.

⑤ 가격 규제는 국가 정책이므로 기업은 이익이 감소하더라도 이를 피해 갈 수 없다.

4문단에 따르면 기업은 이윤을 최우선적으로 추구하기 때문에 만일 최고 가격제로 인해 이윤에 침해를 받으면 그것을 피해 가고자 할 것이다.

02 중심 내용 이해하기 답 | ②

㉠에 해당하는 정책으로 적절한 것은?

정답 선지 분석

② 최저 임금제 정책

2문단에 따르면 최저 가격제란 상품 생산자의 이익을 보호하고자 정부가 상품의 하한가 또는 최저가를 설정해서 그 이하로 가격이 하락하지 못하게 막는 제도를 말한다. 최저 임금제는 국민의 기본적인 생활을 영위하기 위해 임금의 하한가를 설정해 그 이상으로 임금을 지급하게 하는 제도로, '최저 가격제'에 해당한다.

오답 선지 분석

① 담합 규제 정책

생필품 등의 공급량을 의도적으로 줄이거나 가격을 올리는 담합을 직접 규제하는 방법이다.

③ 금융 이자 규제 정책

3문단에 따르면 '최고 가격제'는 물가 안정과 소비자 보호를 목적으로 정부가 가격 상한을 설정하여 그 이하 금액으로만 거래하도록 통제하는 제도이므로, 이자율의 상한을 규제하는 '금융 이자 규제 정책'은 '최고 가격제'에 해당한다.

④ 독점 기업 규제 정책

'독점 기업 규제 정책'은 시장을 독점하는 기업이 공급량을 의도적으로 줄이거나 가격을 올리는 것을 직접 규제하는 방법이다.

⑤ 공공요금 가격 상한제

3문단에 따르면 '최고 가격제'는 물가 안정과 소비자 보호를 목적으로 정부가 가격 상한을 설정하여 그 이하 금액으로만 거래하도록 통제하는 제도이므로, 공공요금의 가격을 규제하는 '공공요금 가격 상한제'는 '최고 가격제'에 해당한다.

03 구체적 사례에 적용하기 답 | ③

보기 에서 ㉡에 해당하는 사례를 모두 고른 것은?

보기

ㄱ. 샴푸의 가격을 낮추는 대신 고가의 샴푸가 포함된 패키지의 가격을 올리는 것

ㄴ. 향수의 가격은 그대로 유지하면서 품질을 높이고 고급스러운 포장으로 변경하여 구매를 유도하는 것

ㄷ. 햄버거의 가격을 그대로 유지하는 대신 돼지고기의 원산지를 국내산에서 더 저렴한 미국산으로 바꾸는 것

정답 선지 분석

③ ㄱ, ㄷ

ㄱ. 상품 가격을 낮추되 그와 연관된 제품을 끼워 팔아 패키지 상품 가격으로 더 많은 이윤을 확보하는 것은 가격 규제를 피해 가는 행위이다.

ㄷ. 상품 가격을 유지하면서 품질을 떨어뜨려 원료 지출을 줄이면 가격 규제로 인한 손실을 피해 이윤을 더 얻을 수 있다.

오답 선지 분석

ㄴ. 가격을 그대로 유지하면서 품질을 높이고, 포장을 변경하는 것은 더 많은 이윤을 확보하는 것과 관련이 없다.

04 세부 내용 파악하기

다음은 최저 가격제와 최고 가격제를 보호 주체를 중심으로 구분한 것이다. 빈칸에 들어갈 말로 적절한 것을 골라 차례대로 쓰시오.

최저 가격제는 (생산자 / 소비자)를 보호하기 위한 제도이고, 최고 가격제는 (생산자 / 소비자)를 보호하기 위한 제도이다.

정답

생산자, 소비자

문학 1 나무(박목월)

빠른 정답 체크 01 ④ 02 ④ 03 ③ 04 수도승, 과객, 파수병

여행의 출발지, 새로운 인식의 시작
유성에서 조치원으로 가는 어느 들판에 우두커니 서 있는 한 그
삶에 대한 새로운 인식을 불러일으키는 대상 □: 고독한 존재, 나무의 보조관념
루 늙은 ㉠ 나무를 만났다. **수도승**일까. 묵중하게* 서 있었다.
▶ 유성에서 조치원으로 가는 길에 발견한 나무 - 수도승 같이 묵중하게 서 있음
다음 날은 조치원에서 공주로 가는 어느 가난한 마을 어귀에
그들은 떼를 져 몰려 있었다. 멍청하게 몰려 있는 그들은 어설픈
나무 / 나무에 대한 화자의 감상 ①
과객*일까. 몹시 추워 보였다.
▶ 조치원에서 공주로 가는 길에 발견한 나무 - 어설픈 과객처럼 몹시 추워 보임
공주에서 온양으로 우회하는 뒷길 어느 산마루에 그들은 멀리
나무에 대한 화자의 감상 ②
서 있었다. 하늘 문을 지키는 **파수병***일까, 외로워 보였다.
▶ 공주에서 온양으로 우회하는 뒷길에 발견한 나무 - 하늘 문을 지키는 파수병처럼 외로워 보임
온양에서 **서울**로 돌아오자, 놀랍게도 그들은 이미 **내 안에 뿌리**
여행의 종착지, 본질적 인식의 도달 / 감탄사
를 펴고 있었다. 묵중한 그들의. 침울한 그들의. 아아 고독한 모
나무의 본질(고독)과 자신의 내면이 닮아 있음을 발견함 → 인생의 근원적 고독
습. 그 후로 나는 뽑아낼 수 없는 몇 그루의 ㉡ 나무를 기르게 되
었다.
▶ 온양에서 서울로 돌아오자 나무가 내 안에 뿌리를 피고 있음을 깨달음

- 박목월, 〈나무〉 -

* 묵중하다(默重하다): 말이 적고 몸가짐이 신중하다.
* 과객(過客): 지나가는 나그네.
* 파수병(把守兵): 경계하여 지키는 일을 하는 병정.

01 표현상의 특징 파악하기 답 | ④

윗글에 대한 설명으로 적절하지 않은 것은?

정답 선지 분석

④ 계절의 변화에 따라 시상을 전개하면서 작가의 내면을 형상화하고 있다.
윗글은 공간의 이동에 따라 시상을 전개하고 있다.

오답 선지 분석

① 대상을 의인화하여 대상에 대한 화자의 태도를 드러내고 있다.
화자는 나무를 '수도승', '과객', '파수병'으로 의인화하여 대상에 대한 화자의 감상을 드러내고, 대상에 감정을 이입하고 있다.

② 유사한 문장 구조를 반복적으로 제시하여 의미를 심화하고 있다.
'~에서 ~(으)로 가는', '~일까' 등의 문장 구조가 반복되면서 나무의 상징적 의미를 심화하고 있다.

③ 감탄사를 활용하여 대상과 화자가 동일시되는 모습을 나타내고 있다.
자신에게서 나무의 모습을 발견한 화자가 '아아'라는 감탄사를 활용하여 자신과 나무가 동일시되었음을 나타내고 있다.

⑤ 하나의 대상을 다양한 이미지로 비유하여 대상이 지닌 의미를 드러내고 있다.
윗글에서는 나무를 '수도승', '과객', '파수병' 등 다양한 이미지에 비유함으로써 대상이 지닌 고독하고 쓸쓸한 의미를 드러내고 있다.

02 시어의 의미 파악하기 답 | ④

㉠과 ㉡을 비교한 것으로 적절한 것은?

정답 선지 분석

④ ㉡은 ㉠과 달리 화자의 내면에 존재하는 대상이다.
화자가 지역을 돌아다니면서 ㉠을 발견함으로써 근원적 고독이라는 새로운 인식을 불러 일으켰고, 화자의 내면에 고독을 받아들이면서 ㉡을 기르게 되었다고 하였으므로 ㉡의 나무는 화자의 내면에 존재하는 대상이다.

오답 선지 분석

① ㉠과 ㉡ 모두 현실의 문제를 해결할 수 있는 대상이다.
윗글에서는 화자가 겪고 있는 문제 상황이 드러나 있지 않으며, ㉠의 '나무'는 화자가 현실에서 발견한 대상, ㉡의 '나무'는 현실의 나무를 통해 깨달은 인생의 근원적 고독을 의미하므로 ㉠, ㉡ 모두 현실의 문제를 해결할 수 있는 대상이 아니다.

② ㉠과 ㉡ 모두 화자가 지향하고자 하는 삶의 자세를 의미한다.
㉠과 ㉡의 '나무' 모두 화자가 지향하는 삶의 자세를 의미한다고 볼 수 없다.

③ ㉠은 ㉡과 달리 다양한 모습으로 변화할 수 있는 대상이다.
화자가 ㉠의 '나무'를 보며 '수도승', '과객', '파수병' 등 다양한 존재로 비유하는 것은 맞으나, 다양한 모습으로 변화하는 것은 아니다.

⑤ ㉡은 ㉠과 달리 화자가 지역을 돌아다니면서 발견한 대상이다.
화자가 지역을 돌아다니면서 발견한 대상은 ㉠이다.

03 외적 준거를 통해 작품 감상하기 답 | ③

보기를 참고하여 윗글을 감상한 것으로 적절하지 않은 것은?

보기

박목월의 〈나무〉는 자신의 내면에 자리한 근원적 고독을 발견하게 되는 과정을 그리고 있다. 이때 여행은 새로운 인식을 얻는 과정으로, 화자는 여행을 시작하면서 외롭고 고독한 '나무'를 발견하고, 이를 다양한 대상으로 비유한다. 여행의 끝에서는 나무의 본질과 자신의 내면이 닮아 있음을 깨닫게 된다. 이를 통해 결국 인간의 고독은 벗어날 수 없는 삶의 본질이라는 깨달음을 얻게 된다.

* 근원적(根源的): 사물이 비롯되는 근본이나 원인이 되는.

정답 선지 분석

③ 화자는 하늘 문을 지키는 '파수병'이 자신과 닮아 있다고 생각하겠군.
'파수병'은 '나무'를 비유한 것으로, '나무'가 자신과 닮아 있다고 생각하였지 '파수병'이 자신과 닮아 있다고 생각한 것은 아니다.

오답 선지 분석

① '유성'은 새로운 인식을 얻는 첫 번째 공간에 해당하겠군.
〈보기〉에 따르면 여행은 새로운 인식을 얻는 과정이고, '유성'은 화자가 여행을 시작하는 출발지이므로 화자가 새로운 인식을 얻는 첫 번째 공간에 해당한다고 볼 수 있다.

② '수도승'과 '과객'은 외롭고 고독한 존재를 의미하겠군.
'수도승'과 '과객'은 외롭고 고독한 이미지의 '나무'를 비유한 것으로, 적절하다.

④ '서울'은 여행의 종착지로, 깨달음을 완성시킨 공간에 해당하겠군.
〈보기〉에 따르면 여행의 끝에서 나무의 본질과 자신의 내면이 닮아있음을 깨닫게 되었다고 하였으므로 마지막 종착지인 '서울'은 깨달음을 완성시킨 공간이다.

⑤ 나무가 '내 안에 뿌리'를 내렸다는 것은 자신의 내면에 고독이 자리잡았음을 의미하겠군.
고독하고 쓸쓸한 존재인 '나무'가 '내 안에 뿌리' 내린 것은 자신의 내면에도 근원적 고독이 자리 잡고 있음을 의미한다.

04 유사한 시어 파악하기

윗글에서 '나무'를 비유한 시어 세 개를 찾아 차례대로 쓰시오.

정답

수도승, 과객, 파수병

문학 2 하늘은 맑건만(현덕)

빠른 정답 체크 01 ⑤ 02 ③ 03 ② 04 외적

[앞부분 줄거리] 숨겨둔 공과 쌍안경이 없어진 것을 발견한 문기는 숙모나 삼촌에게 자신의 잘못이 발각되었을까 봐 불안해한다. 며칠 전 문기는 숙모의 심부름으로 고깃간*에 갔다가 주인의 실수로 거스름돈을 더 많이 받았는데, 친구인 수만의 꼬드김에 넘어가 그만 거스름돈으로 공과 쌍안경을 사고 군것질을 한 것이다. 방에서 공과 쌍안경을 본 삼촌에게 문기는 수만이 준 것이라고 거짓말하고, 삼촌은 문기에게 나쁜 마음을 먹지 말라고 충고한다.

문기는 아랫방에 내려와 혼자 되자 삼촌 앞에서보다 갑절* 얼굴이 달아올랐다(양심의 가책을 느꼈기 때문에). ㉠ 지금까지 될 수 있는 대로 생각지 않으려고 힘을 써 오던 그편(양심, 정의로움)에 정면으로 제 몸을 세워 놓고 보지 않을 수 없었다. 그러자 자기라는 몸은 벌써 삼촌의 이른바 나쁜 데 빠지고 만 것이었다. 그야 자기는 수만이가 시켜서 한 일이니까 잘못이 없다는 것이지만 당초*에 그것은 제 허물을 남에게 밀려는 얄미운 구실이 아니고 뭐냐(자신의 잘못을 객관적인 시선에서 바라봄). 그리고 문기는 이미 삼촌을 속였다(공과 쌍안경에 대해 거짓말을 한 것). 또 써서는 아니 될 돈(잘못 받은 거스름돈)을 쓰고 말았다. 아아, 「일찍이 어머니를 여의고, 아버지란 사람은 일상 천냥만냥* 하고 허한 소리만 하면서 남루한* 주제에 거처가 없이 시골, 서울로 돌아다니는 사람이고, 어려서부터 문기를 길러 낸 사람이 삼촌이었다.」(「」: 문기의 성장 배경) 그리고 조카의 장래를 자기의 그것보다 더 중히 알고 염려하며 잘되어 주기를 바라는 삼촌이었다. 그 삼촌의 기대에 어그러지지 않는 인물이 되어 보이겠다고 엊그제도 주먹을 쥐고 결심하던 문기가 아니냐. ㉡ 생각할수록 낯이 뜨거워지는 일이다(삼촌의 기대에 어긋난 행동을 한 것에 대해 부끄러움을 느낌).

마침내 문기는 공과 쌍안경을 집어 들고 문밖으로 나갔다. 어둑어둑 저물어가는 행길*이다. 문기는 골목으로 들어섰다. 대낮에 많은 사람 가운데에서 거리낌 없이 가지고 놀던 그 공이 지금은 사람이 드문 골목 안에서도 남이 볼까 두려워졌다(양심의 가책 때문에). 컴컴해질수록 더 허옇게 드러나 보이는 커다란 공을 처치하기에 곤란해 문기는 옆으로 꼈다 뒤로 돌렸다 하며 사람의 눈을 피한다. 쌍안경이 든 불룩한 주머니가 또 성화다. 골목 하나를 돌아서 나올 즈음, 문기는 모르고 흘리는 것인 양 슬며시 쌍안경을 꺼내 길바닥에 떨어뜨렸다(내적 갈등에서 벗어나기 위한 문기의 행동 ①). 그리고 걸음을 빨리 건너편 골목으로 들어간다.

개천가 앞에 이르렀다. 거기서 문기는 커다란 공을 바지 앞에 품고 앉아서 길 가는 사람이 없기를 기다린다(사람이 없을 때 공을 몰래 버리고자 함).

자전거가 가고 노인이 오고 동이 뜬 그 중간을 타서 문기는 허옇게 흐르는 물 위로 공을 던져 버렸다(내적 갈등에서 벗어나기 위한 문기의 행동 ②). 이어 양복 안주머니에 간직해 두었던 나머지 돈을 꺼내 들었다. 그것도 마저 던져 버리려다가 문득 들었던 손을 멈춘다. 그리고 잠시 둥실둥실 물을 따라 떠나가는 공을 통쾌한 듯 바라보다가는 돌아서 걸음을 옮긴다.

문기는 삼거리 고깃간을 향해 갔다. 그리고 골목으로 돌아가 나머지 돈을 종이에 싸서 담 너머로 그 집 안마당을 향해 던졌다(내적 갈등에서 벗어나기 위한 문기의 행동 ③).

㉢ 그제야 문기는 무거운 짐을 풀어 놓은 듯 어깨가 거뜬했다(죄책감에서 벗어남(내적 갈등의 해결)). 아까 물 위로 둥실둥실 떠가던 그 공, 지금은 벌써 십 리고 이십 리고 멀리 떠갔을 듯싶은 그 공과 함께 문기는 자기의 허물(잘못 받은 거스름돈을 쓰고 삼촌을 속인 것)도 멀리 사라져 깨끗이 벗어난 듯 속이 후련했다(죄책감에서 벗어나 홀가분함). 그리고,

"다시는, 다시는……."

하고 문기는 두 번 다시 그런 허물을 범하지 않겠다고(양심에 어긋나는 행동을 하지 않겠다고) 백번 다지며 집을 향해 돌아간다.

ⓐ 그러나 문기는 그것만(쌍안경과 공을 버리고 남은 돈을 고깃집에 몰래 돌려준 것)으로는 도저히 자기 허물을 완전히 벗을 수 없었다(문기와 수만의 외적 갈등이 시작될 것을 암시함). 그가 자기 집 어귀에 이르렀을 때 뜻하지 않은 것(수만)이 기다리고 있다 나타났다.

"너 어디 갔다 오니?"

하고 컴컴한 처마 밑에서 수만이가 튀어나오며 반긴다.

"지금 느이 집에 다녀오는 길이다."

그리고 문기 어깨에 팔 하나를 걸고 행길을 향해 돌아서며,

"어서 가자."

약조한* 환등* 틀을 사러 가자는 것이다(수만이 문기에게 찾아온 이유). 극장 앞 장난감 가게에 있는 조그만 환등 틀을 오고 가는 길에 물건도 보고 금도 보아 두었던 것이다. 그리고 오늘 낮에도 보고 온 것이건만 수만이는,

"그새 팔리지나 않았을까?"(환등 틀을 빨리 사고 싶어 조바심이 남)

하고 걸음을 재촉한다. 문기는 생각 없이 몇 걸음 끌려가다가는 갑자기 그 팔을 쳐 내리며 물러선다.

"난 싫다."(양심에 어긋나는 행동을 하고 싶지 않음)

수만이는 어리둥절해 쳐다본다.

"뭐 말야? 환등 틀 사기 싫단 말야?"

"난 인제 돈 가진 것 없다."

"뭐?"

하고 수만이는 의외라는 듯 눈이 둥그레지다가는 금세 능청스러운 웃음을 지으며

문기의 말을 제대로 이해하지 못함

㉣ "너 혼자 두고 쓰잔 말이지? 그러지 말구 어서 가자."

"정말 없어. 지금 고깃간 집 안마당으로 던져 주고 오는 길야. 공두 쌍안경두 버리구."

하고 문기는 증거를 보이느라고 이쪽저쪽 주머니를 털어 보이는 것이나 수만이는 흥 하고 코웃음을 친다.

수만은 문기가 돈을 혼자 쓰려고 거짓말을 한다고 생각함

"누군 너만 못 약을 줄 아니?"

그리고 연신 빈정댄다.

"고깃간 집 마당으로 던졌다? 아주 핑계가 됐거든."

"거짓말 아니다. 참말야."

할 뿐, 문기는 어떻게 변명할 줄을 몰라 쳐다보기만 하다가 고개를 떨어뜨리고 울상을 한다.

문기의 소심하고 착한 심성이 드러남

"오늘 작은아버지에게 막 꾸중 듣구. 그리고 나두 인젠 그런 건 안 헐 작정이다."

㉤ "그래도 나하고 약조헌 건 실행해야지. 싫으면 너는 빠져도 좋아. 그럼 돈만 이리 내."

하고 턱 밑에 손을 내민다.

"정말 없대두 그래."

수만이는 내밀었던 손으로 대뜸 멱살을 잡는다.

"이게 그래두 느물거려*."

이런 때 마침 기침을 하며 이웃집 사람이 골목으로 들어서자 수만이는 슬며시 물러선다. 그러나,

"낼은 안 만날 테냐, 어디 두고 보자."

수만이 문기를 가만 두지 않을 것을 암시함

하고 피해 가는 문기 등을 향해 소리쳤다

수만과의 외적 갈등을 피하기 위해 달아남

- 현덕, 〈하늘은 맑건만〉 -

* 고깃간(고깃間): 예전에, 쇠고기나 돼지고기 따위의 고기를 끊어 팔던 가게.
* 갑절: 어떤 수나 양을 두 번 합한 만큼.
* 당초(當初): 일이 생기기 시작한 처음.
* 천냥만냥(千兩萬兩): '노름'을 달리 이르는 말.
* 남루하다(襤褸하다): 옷 따위가 낡아 해지고 차림새가 너저분하다.
* 행길: '한길(사람이나 차가 많이 다니는 넓은 길)'의 방언.
* 약조하다(襤褸하다): 조건을 붙여서 약속하다.
* 환등(幻燈): 그림, 사진, 실물 따위에 강한 불빛을 비추어 그 반사광을 렌즈에 의하여 확대하여서 영사(映射)하는 조명 기구. 또는 그 불빛.
* 느물거리다: 말이나 행동을 자꾸 능글맞게 하다.

01 핵심 내용 파악하기

답 | ⑤

윗글에서 문기와 수만 사이에 갈등이 일어난 원인으로 적절한 것은?

정답 선지 분석

⑤ 문기가 남은 돈을 고깃간 안마당으로 던져 버린 것

문기는 더 이상 양심의 가책을 느끼고 싶지 않아 남은 돈을 고깃간 안마당으로 던져 버렸다. 그러나 수만은 문기가 당연히 돈을 가지고 있을 것이라고 여기고, 돈을 던져 주었다는 문기의 말을 믿지 않기 때문에 문기와 수만 사이의 갈등이 일어나고 있다.

오답 선지 분석

① 문기가 공과 쌍안경을 잃어버린 것

문기는 공과 쌍안경을 잃어버린 것이 아니라, 일부러 공은 물 위로 던져 버리고 쌍안경은 길바닥에 떨어뜨린 것이다.

② 수만이 문기를 기다렸지만 만나지 못한 것

수만이 "지금 느이 집에 다녀오는 길이다."라고 한 것을 통해 문기를 만나기 위해 문기네 집에 갔다오는 길이라는 것을 알 수 있지만, 문기를 만나지 못했기 때문에 갈등이 일어난 것은 아니다.

③ 문기가 삼촌에게 수만에 대해 이야기한 것

문기가 삼촌에게 수만에 대해 이야기한 것은 맞지만 그것이 갈등이 일어난 원인은 아니다.

④ 수만이 문기 때문에 문기 삼촌의 꾸중을 들은 것

수만이 문기 때문에 삼촌의 꾸중을 들었는지는 윗글을 통해 알 수 없다.

02 인물의 심리 파악하기

답 | ③

㉠~㉤에서 알 수 있는 인물의 심리로 적절하지 않은 것은?

정답 선지 분석

③ ㉢: 삼촌에게 용서받을 수 있게 되어 마음이 가벼워진 것을 느끼고 있다.

문기가 ㉢에서 마음이 가벼워진 것을 느낀 것은 자신의 허물도 털어 버린 것 같다고 여겼기 때문이지, 삼촌에게 용서받을 수 있게 되었기 때문은 아니다.

오답 선지 분석

① ㉠: 자신의 잘못을 제대로 마주하고 반성하려 하고 있다.

㉠에서 문기는 지금까지 생각하지 않으려 했던 자신의 잘못을 제대로 마주보고 반성하려 하고 있다.

② ㉡: 자신을 염려하던 삼촌을 실망시킨 것을 부끄러워하고 있다.

㉡에서 문기는 자신을 염려하고 자신에게 기대를 건 삼촌을 잘못된 행동으로 실망시킨 것에 부끄러움을 느끼고 있다.

④ ㉣: 문기가 자신의 제안을 거절한 이유를 잘못 짐작하고 있다.

㉣에서 수만은 문기가 환등 틀을 사러 가지 않겠다고 말하는 이유가 혼자 돈을 차지하기 위함이라고 잘못 짐작하고 있다.

⑤ ㉤: 문기가 아니라 돈이 목적이라는 것을 드러내고 있다.

㉤에서 수만은 자신의 목적이 문기가 가지고 있었던 돈이라는 것을 드러내고 있다.

03 외적 준거를 통해 작품 이해하기

답 | ②

보기 에서 드러난 갈등이 윗글에서 해결된 방법으로 적절하지 않은 것은?

보기

내적 갈등은 한 인물의 내면 속에서 일어나는 갈등이다. 사람들은 언제나 서로 모순되는 가치들 사이에서 이성적으로나 심리적으로 갈등을 겪는다. 물질적 가치를 추구할지 정신적 가치를 추구할지, 자신만의 행복을 추구할지 공동체의 이상을 추구할지를 고민하며 결정한다. 소설 속에서도 서로 모순되는 가치들을 둘러싸고 한 인물이 내부에서 겪게 되는 갈등을 다루는데, 그것이 바로 내적 갈등이다.

정답 선지 분석

② 이웃집 사람이 골목에 들어선 틈에 수만을 피해 갔다.
문기는 잘못 받은 거스름돈에 대해 삼촌과 숙모에게 말하지 않고 수만의 꾀에 이끌려 장난감을 사는 데 써 버린 뒤, 이로 인해 삼촌에게 꾸중을 듣고 죄책감을 느끼며 내적 갈등을 겪고 있다. 이웃집 사람이 골목에 들어선 틈을 타 문기가 수만을 피해 간 것은 수만과의 외적 갈등을 피하기 위한 방법이다.

오답 선지 분석

① 남은 돈을 고깃집 담 너머로 안마당을 향해 던졌다.
문기는 나머지 돈을 종이에 싸서 고깃집 담 너머 안마당을 향해 던졌다.

③ 모르고 흘리는 것인 양 쌍안경을 길바닥에 떨어뜨렸다.
문기는 모르고 흘리는 것인 양 슬며시 쌍안경을 꺼내 길바닥에 떨어뜨렸다.

④ 사람이 지나가지 않을 때 개천에 흐르는 물 위로 공을 던져 버렸다.
문기는 길 가는 사람이 없기를 기다리다가 개천의 물 위로 공을 던져 버렸다.

⑤ 삼촌의 충고에 부끄러움을 느끼고 잘못을 저지르지 않을 것을 다짐하였다.
"오늘 작은아버지에게 막 꾸중 듣구. 그리고 나두 인젠 그런 건 안 헐 작정이다."를 통해 문기가 자신을 염려하는 삼촌의 충고에 부끄러움을 느끼고 잘못을 저지르지 않을 것을 다짐했음을 알 수 있다.

04 문장의 의미 파악하기

ⓐ의 의미를 서술하는 말로 적절한 것을 골라 쓰시오.

ⓐ는 문기와 수만의 (외적 / 내적) 갈등이 시작될 것을 암시하는 의미의 문장이다.

정답

외적

08강

| 본문 | 93쪽

문법 형태소

빠른 정답 체크 01 ④ 02 ③ 03 ④ 04 나, 바다, 고래, 보-

01 형태소의 개념 이해하기

답 | ④

형태소에 대한 설명으로 적절하지 않은 것은?

정답 선지 분석

④ 형태소는 반드시 다른 형태소와 함께 사용해야 한다.
자립 형태소는 다른 형태소가 없어도 홀로 사용할 수 있는 형태소이다.

오답 선지 분석

① 형태소를 더 쪼개면 의미가 사라진다.
형태소는 최소의 의미 단위이므로, 더 쪼개면 말의 의미가 사라진다.

② 실질적인 의미가 없어도 형태소에 해당한다.
형식 형태소는 실질적인 의미가 없어도 형태소에 해당한다.

③ 일정한 의미를 가진 가장 작은 말의 단위이다.
형태소는 일정한 의미를 가진 가장 작은 말의 단위이다.

⑤ 하나의 형태소는 두 가지 기준에 따라 다르게 나눌 수 있다.
하나의 형태소는 자립성의 유무에 따라, 실질적 의미 유무에 따라 그 종류가 달라진다.

02 형태소의 종류 이해하기

답 | ③

보기의 ㉠과 ㉡에 들어갈 말로 적절한 것은?

보기

형태소는 홀로 쓰일 수 있는가에 따라 다른 말에 의존하지 않고 혼자 쓰일 수 있는 (㉠) 형태소와 다른 말에 의존하여 쓰이는 (㉡) 형태소로 나뉜다. '그녀가 말을 걸었다'의 문장에서 (㉠) 형태소는 '그녀', '말'이고, (㉡) 형태소는 '가', '을', '-었-', '-다'이다.

정답 선지 분석

	㉠	㉡
③	자립	의존

㉠ 다른 말에 의존하지 않고 혼자 쓰일 수 있는 형태소는 자립 형태소이다.
㉡ 다른 말에 의존하여 쓰이는 형태소는 의존 형태소이다.

03 형태소의 개수 이해하기

답 | ④

단어를 실질 형태소와 자립 형태소로 나눴을 때, 다음 중 개수가 다른 것은?

정답 선지 분석

④ 도시락
'도시락'은 더 이상 쪼갤 수 없으므로 형태소의 개수가 하나이다.

오답 선지 분석

① 햇과일
'햇과일'의 형태소는 '햇-'과 '과일'로, 두 개이다.

② 책가방
'책가방'의 형태소는 '책'과 '가방'으로 두 개이다.

③ 주름살
'주름살'의 형태소는 '주름'과 '살'로 두 개이다.

⑤ 소설책
'소설책'의 형태소는 '소설'과 '책'으로 두 개이다.

04 형태소에 따라 단어 분류하기

보기에 제시된 문장에서 실질 형태소 네 개를 찾아 차례대로 쓰시오.

보기

나는 바다에서 고래를 보았다.

정답

나, 바다, 고래, 보-

독서 금속의 녹

빠른 정답 체크 01 ④ 02 ③ 03 ④ 04 아세트산구리

대개의 금속은 공기 중에 있는 산소와 수분, 이산화 탄소 등의 산화작용으로 산화물, 수산화물, 탄산염 등을 생성해 피막*을 만드는데, 이로써 금속의 표면은 광택을 잃게 된다(피막 생성의 결과). 그리고 이들은 대체로 녹의 주성분이 된다. 이 중(산화물, 수산화물, 탄산염 등)에서도 가장 일반적인 것은 산화물로, 주변에서 볼 수 있는 가장 흔한 산화물 중 하나는 바로 ㉠ 녹슨 철이다.

▶ 1문단: 금속이 녹스는 원인

「철은 공기 중의 이산화 탄소, 수분과 반응해 탄산철 $FeCO_3$를 생성하고, 이것이(탄산철 $FeCO_3$) 수분과 산소에 분해되면 적갈색의 산화철(III) 수화물이 만들어진다. 그 뒤 수화물의 잔여물이 이산화 탄소의 형태로 빠져나가는 과정을 반복하면, 금속 표면에 불그스름하게 녹슨 철이 형성된다(산화철(III) 수화물의 색깔이 적갈색이므로).」(「」: 철이 녹스는 과정) 한편 철을 고온에서 산화시키면 표면에 단단한 검은색의 산화피막이 생기는데, 이는 금속 표면에 직접적인 산화작용이 일어나는 것을 방지한다(일반적으로 녹은 산화작용이 일어나 생성됨). 흥미로운 것은 산화피막 또한 녹에 해당한다는 것인데, 일반적으로 녹은 화학적 반응으로 금속 표면에 생기는 피막을 총칭하는 용어이기 때문이다(산화피막이 녹에 해당하는 이유). 또한 구리는 산화한 직후에는 검은색이 되지만, 습기와 이산화 탄소(산화피막의 색깔이 변하는 조건 ①) 때문에 염기성 탄산구리를 생성하는 과정에서 녹색, 청색과 같은 푸른색으로 변한다. 이러한 현상을 동록, 동청 또는 ⓐ 녹청이라 한다.

▶ 2문단: 철이 녹스는 과정과 구리에 산화피막이 생성되는 과정

이외에도 구리가 식초나 아세트산의 증기와 접촉하는 경우(산화피막의 색깔이 변하는 조건 ②)에도 푸른색의 염기성 아세트산구리가 생성되는데, 이 또한 동록 혹은 녹청이라 부른다. 녹은 시간이 지날수록 그 금속의 내부까지 퍼

지는 경향이 있으나 늘 그렇지는 않다. 알루미늄, 마그네슘, 아연 과 같이 이온화 경향이 강한 금속은 표면에 생긴 산화물의 피막이 내부를 보호하므로 이러한 문제에서 어느 정도 자유롭다. 그러나 잘못된 방법으로 녹을 제거하면 녹으로 보호받고 있던 내부가 공기 중의 수분에 침식당해 똑같이 녹슬어 버리고 만다.

녹이 내부까지 퍼지지 않는 금속들 / 녹이 내부까지 퍼지지 않는 이유

▶ 3문단: 녹이 내부까지 퍼지지 않는 이온화 경향이 강한 금속들

이렇듯 녹이 스는 것에는 다양한 원인이 있으며, 녹을 방지하기 위해서는 근본적으로 금속이 공기나 습기 등에 직접 노출되지 않도록 해야 한다. 금속을 다른 피막으로 미리 덮어 녹이 생기지 않도록 하는 방법이 가장 대중적으로 쓰이며, 금속에 페인트를 칠하거나 날붙이*에 자성산화철* 피막을 입히는 것, 알루미늄 표면에 산화알루미늄을 덮어씌운 알루마이트 등이 그에 속한다.

녹을 방지하기 위한 근본적인 방법

▶ 4문단: 녹이 스는 것을 방지하기 위한 다양한 방법

* 피막(被膜): 덮어 싸고 있는 막.
* 날붙이: 칼, 낫, 도끼 따위와 같이 날이 있는 연장을 통틀어 이르는 말.
* 자성산화철(磁性酸化鐵): 스스로 자성을 띠면서 물에 녹지 않고 산의 침식을 받지 않는 흑색의 결정이나 가루.

01 세부 내용 이해하기 답 | ④

윗글에 대한 이해로 적절하지 않은 것은?

정답 선지 분석

④ 녹은 물리적 반응으로 금속 표면에 생기는 피막을 의미한다.
2문단에 따르면 녹은 화학적 반응으로 금속 표면에 생기는 피막을 총칭하는 용어이므로 적절하지 않다.

오답 선지 분석

① 녹은 제거할수록 오히려 더욱 녹슬어 버리기도 한다.
3문단에 따르면 잘못된 방법으로 녹을 제거할 경우, 녹으로 보호받고 있던 내부가 공기 중의 수분에 침식당해 똑같이 녹슬어 버린다고 하였으므로 적절하다.

② 공기 중에 있는 물질에 금속이 변질되면 녹이 만들어진다.
1문단에 따르면 금속은 공기 중에 있는 산소와 수분, 이산화 탄소 등의 작용으로 피막이 만들어진다고 하였고, 2문단에 따르면 녹은 화학적 반응으로 금속 표면에 생기는 피막을 의미한다고 하였으므로 적절하다.

③ 금속과 반응하는 가장 일반적인 공기 중의 물질은 산소이다.
1문단에 따르면 녹 중에서 가장 일반적인 것은 산화물이며, 산화물은 공기 중에 있는 산소와 수분, 이산화 탄소들의 작용으로 생성된 피막 중 하나에 해당하므로 적절하다.

⑤ 녹은 시간이 지날수록 점점 더 깊은 곳까지 침식하는 경향이 있다.
3문단에 따르면 녹은 시간이 지날수록 그 금속의 내부까지 퍼지는 경향이 있다고 하였으므로 적절하다.

02 중심 소재의 특징 이해하기 답 | ③

금속의 산화작용을 방지하는 방법으로 적절하지 않은 것은?

정답 선지 분석

③ 더러워진 철제 도구를 젖은 수건으로 닦는 것
1문단에 따르면 금속은 공기 중의 산소, 수분 등에 반응하여 산화작용을 일으키고, 이로 인해 산화물 등의 피막을 생성한다고 하였으므로 수분이 많은 젖은 수건으로 닦고 방치하면 오히려 산화작용이 일어날 가능성이 더 커진다.

오답 선지 분석

① 철을 고온에서 산화시키는 것
2문단에 따르면 철을 고온에서 산화시키면 표면에 단단한 검은색의 산화피막이 생기고, 이는 금속 표면에 직접적인 산화작용이 일어나는 것을 방지한다고 하였으므로 적절하다.

② 자전거 프레임에 페인트를 칠하는 것
4문단에 따르면 금속에 페인트를 칠하는 방법은 금속을 다른 피막으로 미리 덮어 녹이 생기지 않도록 하는 방법에 해당한다. 이때 녹은 금속의 산화작용으로 인해 만들어진 피막을 의미하므로 적절하다.

④ 금속이 아닌 재질로 만들어진 도구를 쓰는 것
2문단에 따르면 녹은 금속의 산화작용으로 인해 만들어진 피막을 의미한다. 피막을 의미한다. 따라서 금속이 아닌 재질로 된 도구에는 녹이 슬지 않을 것이므로 적절하다.

⑤ 금속의 날붙이에 자성산화철 피막을 입히는 것
4문단에 따르면 금속의 날붙이에 자성산화철 피막을 입히는 것은 금속을 다른 피막으로 미리 덮어 녹이 생기지 않도록 하는 방법에 해당한다. 녹은 금속의 산화작용으로 인해 만들어진 피막을 의미하므로 적절하다.

03 인과 관계 파악하기 답 | ④

보기 는 ㉠의 생성 과정을 무작위로 늘어놓은 것이다. 순서대로 나열한 것은?

보기

ㄱ. 철이 불그스름한 빛깔로 변한다.
ㄴ. 탄산철이 수분과 산소에 분해된다.
ㄷ. 공기 중의 이산화 탄소와 수분과 반응한다.
ㄹ. 잔여물이 이산화 탄소의 형태로 빠져나간다.

정답 선지 분석

④ ㄷ-ㄴ-ㄹ-ㄱ
2문단에 따르면 철은 공기 중의 이산화 탄소와 수분과 반응하여 탄산철을 생성하고(ㄷ), 생성된 산화철이 수분과 산소에 분해되어 산화철 수화물이 만들어진다(ㄴ). 그 뒤 수화물의 잔여물이 이산화 탄소의 형태로 빠져나가기를 반복하면(ㄹ) 불그스름하게 녹슨 철이 만들어진다(ㄱ).

04 세부 내용 파악하기

다음은 구리가 ⓐ라 불리는 이유를 서술한 것이다. 빈칸에 들어갈 말을 쓰시오.

구리가 생성하는 염기성 탄산구리와 염기성 (   )의 색깔이 푸른색이기 때문에 ⓐ라 불린다.

정답

아세트산구리

문학 1 우리가 눈발이라면(안도현)

빠른 정답 체크 01 ① 02 ⑤ 03 ① 04 함박눈, 새살

우리가 눈발이라면
□: 청유형 어미 '-자'의 반복으로 화자의 의지 강조, 독자의 공감과 동참 유도

허공에서 쭈빗쭈빗* 흩날리는
△: 어려운 이웃에게 고난을 주는 부정적 존재
진눈깨비*는 되지 말자.
어려운 이웃을 외면하는 존재
▶ '진눈깨비'는 되지 말자는 당부
세상이 바람 불고 춥고 어둡다 해도
삭막하고 고달픈 현실
사람이 사는 마을

가장 낮은 곳으로
소외된 이웃들이 사는 공간
㉠ 따뜻한 함박눈이 되어 내리자.
○: 어려운 이웃에게 위로와 희망이 되는 긍정적 존재
▶ 따뜻한 '함박눈'이 되자는 당부
우리가 눈발이라면

잠 못 든 이의 창문가에서는
상처받고 소외된 사람들
편지가 되고

그이의 깊고 붉은 상처 위에 돋는

새살이 되자.
▶ 어려운 이웃에게 희망을 주는 존재가 되고자 하는 마음

- 안도현, 〈우리가 눈발이라면〉 -

* 쭈빗쭈빗: 몹시 송구스럽게 망설이며 자꾸 머뭇머뭇하는 모양.
* 진눈깨비: 비가 섞여 내리는 눈.

01 작품의 내용 이해하기 답 | ①

윗글에 대한 설명으로 적절한 것은?

정답 선지 분석

① 바람직한 삶의 태도를 나타내고 있다.
윗글의 화자는 어려운 이웃을 외면하는 존재인 '진눈깨비'가 되지 말고, 어려운 이웃에게 위로와 희망을 주는 '함박눈'이 되자고 권유하고 있다. 따라서 화자는 '우리'를 '눈발'에 비유하여 소외된 이웃에게 위안을 주는 존재가 되자는 바람직한 삶의 태도를 나타내고 있다.

오답 선지 분석

② 삶에 대한 새로운 깨달음을 드러내고 있다.
윗글에서는 바람직한 삶의 태도를 드러냈을 뿐 삶에 대한 새로운 깨달음을 드러내고 있지는 않다.

③ 과거의 삶에 대한 반성적 태도를 보이고 있다.
윗글에서는 과거의 삶에 대한 반성적 태도를 보이고 있지 않다.

④ 부정적 현실에 대해 직접적으로 비판하고 있다.
윗글에서는 '진눈깨비'라는 시어를 통해 지양해야 할 삶의 태도를 제시하고 있을 뿐, 부정적 현실에 대해 직접적으로 비판하고 있지는 않다.

⑤ 사랑하는 사람을 향한 그리움과 안타까움을 표현하고 있다.
윗글에서는 사랑하는 사람을 향한 그리움과 안타까움을 표현하고 있지 않다.

02 구절의 의미 파악하기 답 | ⑤

㉠에 대한 설명으로 적절하지 않은 것은?

정답 선지 분석

⑤ '창문가'에 내려앉아 편지를 전달해주겠다는 의미를 담고 있다.
'따뜻한 함박눈이 되어 내리자'는 것은 '함박눈'이 되어 '잠 못 든 이'의 창문가에 내려앉아 그 사람이 기다리는 편지 같은 존재가 되자고 하는 것이지, 편지를 전달해주겠다는 의미를 담은 것은 아니다.

오답 선지 분석

① '새살이 되자'와 유사한 의미를 드러낸다.
'따뜻한 함박눈이 되어 내리자'와 '편지가 되고', '새살이 되자'는 모두 고통받고 소외된 사람들에게 위안을 줄 수 있는 존재가 되자는 의미이다.

② '함박눈'은 '붉은 상처'와 색채 대비를 이룬다.
'함박눈'은 흰색의 이미지를, '붉은 상처'는 붉은색의 이미지를 연상하므로 서로 색채 대비를 이루고 있다고 볼 수 있다.

③ 청유형 어미를 사용하여 화자의 의지를 강조한다.
청유형 어미 '-자'를 사용하여 화자의 의지를 강조하며 듣는 이의 공감과 동참을 유도하고 있다.

④ 글쓴이가 말하고자 하는 궁극적인 주제라고 할 수 있다.
'따뜻한 함박눈이 되어 내리자'는 어려운 처지에 놓인 사람들을 위로하면서 희망을 주는 존재가 되자는 의미를 담고 있는 구절이다. 이는 화자가 실천하고자 하는 삶의 태도라고 볼 수 있다.

03 작품 비교하기 답 | ①

윗글과 보기 를 비교한 것으로 적절한 것은?

보기

나도 별과 같은 사람이
될 수 있을까.
외로워 쳐다보면
눈 마주쳐 마음 비춰 주는
그런 사람이 될 수 있을까.

나도 꽃이 될 수 있을까.
세상일이 괴로워 쓸쓸히 밖으로 나서는 날에
가슴에 화안히 안기어
눈물짓듯 웃어 주는
하얀 들꽃이 될 수 있을까. (후략)

- 이성선, 〈사랑하는 별 하나〉

정답 선지 분석

① '진눈깨비'는 고통스럽고 소외된 이웃을 외면하는 존재라는 점에서 〈보기〉의 '별'과 그 의미가 대조되는군.
윗글의 '진눈깨비'는 고통스럽고 소외된 이웃을 외면하는 존재이다. 그러나 〈보기〉의 별은 외로운 사람에게 눈을 마주치며 위로해주는 존재이므로 그 의미가 대조된다.

오답 선지 분석

② 윗글의 '바람 불고 춥고 어'두운 세상은 화자가 지향하는 현실을 표현했다는 점에서 〈보기〉의 '세상일이 괴로워 쓸쓸히 밖으로 나서는 날'과 유사한 의미이군.
윗글의 '바람 불고 춥고 어두'운 세상은 화자가 지향하는 현실이 아닌, 소외된 이웃이 겪는 고통과 아픔을 의미한다. 〈보기〉의 '세상일이 괴로워 쓸쓸히 밖으로 나서는 날' 또한 화자가 지향하는 현실이 아닌 현실로 인해 화자가 겪는 괴로움과 쓸쓸함을 의미한다.

③ '가장 낮은 곳'은 고통스러운 현실에서 위안을 얻는 공간이라는 점에서 〈보기〉의 '가슴'과 유사한 의미이군.

윗글의 '가장 낮은 곳'은 소외된 이웃이 사는 공간을 의미한다. 그러나 〈보기〉에서 '가슴'은 '세상일이 괴로워 쓸쓸히 밖으로 나서는 날' 하얀 들꽃이 화자에게 위안을 주고자 안기는 곳으로 그 의미가 유사하다고 볼 수 없다.

④ '잠 못 든 이'는 화자가 지향하는 인간상이라는 점에서 〈보기〉의 '눈물짓듯 웃어 주는' 이와 유사한 의미이군.

윗글의 '잠 못 든 이'는 현실의 어려움으로 상처받고 소외된 사람들을 의미한다. 화자가 지향하는 자세는 이러한 사람들과 함께 더불어 살아가는 따뜻한 삶이다.

⑤ '새살'은 소외된 사람들에게 위로와 희망을 나타낸다는 점에서 〈보기〉의 '하얀 들꽃'과 그 의미가 대조되는군.

윗글에서 '새살'은 소외된 사람들에게 위로와 희망을 의미하며, 〈보기〉의 '하얀 들꽃' 또한 소외된 사람들에게 위안이 되는 존재이므로 그 의미가 유사하다고 볼 수 있다.

04 유사한 의미의 시어 파악하기

윗글에서 '편지'와 유사한 의미의 시어를 두 개 찾아 조건 에 맞게 쓰시오.

조건

- 각각 1어절로 쓸 것.
- 윗글에 등장한 차례대로 쓸 것.

정답

함박눈, 새살

문학 2 옹고집전(작자 미상)

빠른 정답 체크 01 ② 02 ② 03 ② 04 부적

[앞부분 줄거리] 황해도 옹진 고을에 부유하지만 성미가 괴팍하고 욕심 많은 옹고집이란 인물이 살았다. 늙고 병든 어머니를 제대로 돌보지 않고, 불교를 업신여겨 중을 보면 심한 모욕을 주었다. (옹고집의 못된 심성) 이에 학대사는 허수아비에 부적을 붙여 가짜 옹고집을 만든다. (비현실적 요소를 통한 사건 전개) 허옹가(가짜 옹고집)와 실옹가(진짜 옹고집)는 서로 진짜라고 다투지만 집안 사람들은 진위 판별을 못 하고 마침내 관가에 송사*한다.

두 옹고집이 송사 가는 제, 읍내를 들어가니 허옹가 거동 보소. 주저 없이 제가 앞에 가며 읍의 존가*인 하나와 만나 보면 깜짝 반겨 두 손을 잡고,

「"나는 가변을 송사하러 가는지라. 자네와 나와 아무 연분에 서로 알아 죽마고우로 지냈으니 나를 몰라볼쏘냐."」 (「」: 자신이 진짜 옹고집인 척 하는 허옹가의 모습 ①)

또 하나를 보면,

"자네 내게서 아무 연분에 돈 오십 냥을 취하여 갔으니 이참에 못 주겠느냐. 노잣돈 보태 쓰게 하라." (자신이 진짜 옹고집인 척 하는 허옹가의 모습 ②)

또 하나 보면,

"자네 쥐골평 논 두 섬지기 이때까지 소작할 제, 거년 선자* 스물닷 말을 어찌 아니 보내는가." (자신이 진짜 옹고집인 척 하는 허옹가의 모습 ③)

이처럼 하니 실옹가가 허옹가를 본즉 낱낱이 내 소견대로 내가 할 말을 제가 먼저 하니 기가 질려 뒤에 오며, 실성한 사람같이, 아는 사람도 오히려 허옹가 같이도 모르는지라. 허옹가가 노변에서 지나가는 사람 데리고 하는 말이,

「"가운이 불길하여 어떠한 놈이 왔으되 용모 나와 비슷해 제가 내라 하고 자칭 옹고집이라 하기로, 억울한 분을 견디지 못하여 일체 구별로 송사하러 가는지라. 뒤에 오는 사람이 기네. 자네들도 대소간 눈이 있거든 혹 흑백을 가릴쏘냐."」 (「」: 자신이 진짜 옹고집인 척 하는 허옹가의 모습 ④)

실옹가가 뒤에 오면서 기가 막히고 얼척도 없어 말도 못 하고 울음 울 제, 행인들이 이어 보고 하는 말이,

"누가 알아보리오. 뉘 아들인지 알 수가 없다. 아마도 상동이란 말밖에 또 하리오." (허옹가의 행동이 실옹가와 허옹가를 더욱 구분할 수 없도록 함)

[중간 부분 줄거리] 치열한 송사 끝에 사또는 고심 끝에 허옹가를 진짜 옹가(옹고집)로 판결하고, 결국 실옹가는 집에서 쫓겨난다.

허옹가와 실옹가의 마누라가 즐거이 지낼 무렵, ㉠ 실옹가는 할 수 없이 세간 처자 모조리 빼앗기고 팔자에 없는 곤장 맞고 쫓겨나니 세상에 살아본들 무엇하리? (아내도 실옹가(진짜 옹고집)와 허옹가(가짜 옹고집)을 구분하지 못함)

"애고 애고 내 팔자야. 죽장망혜* 단표자*로 만첩청산* 들어가니 (대나무 지팡이에 짚신 신고 표주박 하나 차고 푸른 산 찾아가니) 산은 높아 천봉이요, 골은 깊어 만학이라. 인적은 고요하고 수목은 빽빽한데 때는 마침 봄철이라. 출림비조* 산새들은 쌍거쌍래 날아들 새, 슬피 우는 두견새는 이내 설움 자아내어 꽃떨기에 눈물 뿌려 점점이 맺어두고 불여귀*를 삼으니 슬프다, 이런 공산 속에서는 아무리 철석같은 간장이라도 (아무리 굳센 사람이라도) 아니 울지는 못하리라."

자살을 결심하고 슬피 울 새 한 곳을 쳐다보니 층암절벽 벼랑 위에 백발도사 (옹고집의 문제를 해결해 주는 인물) 높이 앉아 청려장*을 옆에 끼고 반송 (소나무) 가지를 휘어잡고 노래 불러 하는 말이,

"뉘우쳐도 미치지 못하느니라. 하늘이 주신 벌이거늘, 누구를 원망하며 누구를 탓하고자 하는가?"

실옹가는 이 말을 다 들으매 어찌할 줄 모르는 듯, 도사 앞에 급히 나아가 합장 배례 급히 하며 애원하되,

「"이 몸의 죄 돌이켜 생각하면 천만 번 죽사와도 아깝지 아니하오나, 밝으신 도덕 하에 제발 덕분 살려 주사이다. 당상의 늙은 모 (「」: 자신의 처지를 강조하며 도와주기를 부탁함)

친, 규중의 어린 처자, 다시 보게 하옵소서. 이 소원 풀고 나면 지하로 돌아가도 여한이 없을까 하나이다. 제발 살려 주옵소서.」 온갖 정성 다 기울여 애걸하니, 도사가 소리 높여 꾸짖기를,

[㉡] "천지간에 몹쓸 놈아! 인제도 팔십 당년 병든 모친 구박하여 냉돌방에 두려는가? 불도를 업신여겨 못된 짓 하려는가? 너 같은 몹쓸 놈은 응당 죽여 마땅하되, 정상이 가긍하고 너의 처자 불쌍하기로 풀어 주겠으니 돌아가 개과천선하여라."

도사는 부적 한 장을 써 주면서 일러두길,

"이 부적을 몸에 붙이고 네 집에 돌아가면 괴이한 일이 있으리라."
옹고집에게 닥친 문제를 해결해 주는 소재 / 미래의 상황을 암시함
하고 슬며시 사라지니, 도사는 간데온데없었다.

즐거운 마음으로 고향에 돌아와서 제집 문전 다다르니, 고루거각* 높은 집에 청풍명월(맑은 바람과 밝은 달빛) 맑은 경은 이미 눈에 익은 풍취로다. 담장 안의 홍련화(붉은 연꽃)는 주인을 반기는 듯, 영산홍아 잘 있더냐, 자산홍아 무사하냐, 옛일을 생각하매 오늘이 옳으며 어제는 잘못임을 깨닫고 옛집을 다시 찾아오니 죽을 마음 전혀 없다.

"가소롭다, 허옹가야! 이제도 옹가라고 장담을 할 것이냐?"
도사에게 도움을 받은 후 옹고집의 태도가 변화함
하며 들어가니, 마누라 이 거동을 보고 심히 대경실색*하여 하는 말이,

㉢ "애고 애고 좌수님, 저 놈이 또 왔소이다. 천살맞았는지 또 와서 지랄하니 이 일을 어찌하오리까?"

이러할 즈음에, 방에 있던 옹가는 간 데 없고, 난데없는 짚 한 뭇(허옹가의 실체)이 놓여 있을 따름이요, 허옹가와 수다한 자식들도 홀연히 허수아비 되므로, 온 집안이 그제서야 깨달은 듯 박장대소하더라.

좌수(옹고집)가 부인에게 하는 말이,

"마누라, 그 사이 허수아비 자식을 저렇듯이 무수히 낳았으니, 그 놈과 한가지로 얼마나 좋아하였을꼬? 한상에서 밥도 먹었는가?"

얼이 빠진 부인은 아무 말 못 하고서, 방안을 돌아가며 허옹가의 자식들 살펴보니, 이를 보아도 허수아비요, 저를 보아도 허수아비라, 아무리 다시 보아도 허수아비 무더기가 분명하다. ㉣ 부인은 실옹가를 맞이하여 반갑기 그지없되 일변 지난 일을 생각하고 매우 부끄러워하더라.
(진짜 옹고집을 알아보지 못한 일)

도승의 술법에 탄복하여, 「옹 좌수 그로부터 ㉤ 모친께 효성하며 불도를 공경하여 잘못을 뉘우치고 착한 일 많이 하니, 모두 그 어짊을 칭찬하더라.」
「」: 옹고집의 개과천선

- 작자 미상, 〈옹고집전〉 -

* 송사(訟事): 백성끼리 분쟁이 있을 때, 관부에 호소하여 판결을 구하던 일.
* 촌가(村家): 시골 마을에 있는 집.
* 선자(先資): 일을 시작하기에 앞서 드는 돈.
* 죽장망혜(竹杖芒鞋): 대지팡이와 짚신이란 뜻으로, 먼 길을 떠날 때의 아주 간편한 차림새를 이르는 말.
* 단표자(單瓢子): 한 개의 표주박.
* 만첩청산(萬疊靑山): 겹겹이 둘러싸인 푸른 산.
* 출림비조(出林飛鳥): 숲으로 새들이 날아듦.
* 불여귀(不如歸): 두견새.
* 청려장(靑藜杖): 명아줏대로 만든 지팡이.
* 고루거각(高樓巨閣): 높고 크게 지은 집.
* 대경실색(大驚失色): 몹시 놀라 얼굴빛이 하얗게 질림.

01 서술상의 특징 파악하기

답 | ②

윗글에 대한 설명으로 가장 적절한 것은?

정답 선지 분석

② 사건 전개 과정에서 비현실적 요소가 나타나고 있다.
도사가 옹고집을 처벌하기 위해 허수아비로 만들었던 허옹가(가짜 옹고집)를 다시 허수아비로 되돌리는 것은 비현실적 요소에 해당한다.

오답 선지 분석

① 새로운 사건이 전개되면서 서술자가 교체되고 있다.
윗글은 전지적 작가 시점의 소설로 작품 밖 서술자가 사건을 전달하고 있다. 서술자가 교체되며 새로운 사건을 도입하는 부분은 찾을 수 없다.

③ 배경 묘사를 통해 주제를 상징적으로 드러내고 있다.
쫓겨난 옹고집이 신세를 한탄하는 부분에서 배경이 제시되고는 있으나 주제를 드러내는 것은 아니다.

④ 장면을 빠르게 전환하여 긴박한 분위기를 조성하고 있다.
장면의 빠른 전환은 나타나고 있지만 그것이 긴박한 분위기를 조성하는 것은 아니다.

⑤ 과거와 현재를 넘나들며 사건을 입체적으로 구성하고 있다.
윗글에는 사건이 순차적으로 제시되고 있으므로 과거와 현재의 시간을 교차하여 사건을 전개하고 있지 않다.

02 구절의 의미 파악하기

답 | ②

㉠~㉤에 대한 설명으로 적절하지 않은 것은?

정답 선지 분석

② ㉡: 옹고집의 지난날을 크게 꾸짖으며 쫓아내고 있다.
백발도사는 옹고집의 지난날을 크게 꾸짖기는 하였으나, 돌아가 개과천선하라는 의미로 옹고집에게 도움을 주었다.

오답 선지 분석

① ㉠: 걸인 신세가 된 옹고집이 자포자기의 심정을 드러내고 있다.
'자포자기'란 '스스로 자신을 포기하여 돌아보지 않음'이라는 뜻으로 허옹가(가짜 옹고집)에게 세간 처자를 모조리 빼앗기고 걸인 신세가 된 옹고집의 심정으로 적절하다.

③ ㉢: 허옹가를 진짜 옹고집으로 생각하는 아내가 옹고집을 쫓아내기 위해 허옹가에게 도움을 청하고 있다.
아내는 실옹가가 집에 오자 깜짝 놀라 허옹가에게 이 일을 전달하고 있다. 이는 실옹가를 가짜라고 판단하여 다시 집에서 쫓아내기 위한 것으로 볼 수 있다.

④ ㉣: 아내임에도 진짜 남편을 구별하지 못해 옹고집을 쫓아냈던 과거를 떠올리고 있다.
부인은 옹고집이 진짜 옹고집임을 깨닫고는 반가워하지만, 자신이 아내임에도 남편을 알아보지 못해 진짜 옹고집을 쫓아냈던 과거를 떠올리고 매우 부끄러워하였다.

⑤ ㉤: 도사의 도움으로 위기를 해결한 옹고집이 개과천선하였음을 드러낸다.
옹고집은 백발도사의 도움으로 진짜 옹고집으로 살아가게 된다. 그 후 옹고집은 어머니께 효도하고 불교를 공경하며 잘못을 뉘우치고 착한 일을 많이 하였으므로 옹고집이 개과천선하였음을 알 수 있다.

03 외적 준거를 통해 작품 감상하기 답 | ②

보기 를 참고하여 윗글을 이해한 것으로 적절하지 않은 것은?

보기

옛날에 아주 인색하고 포악한 장자가 살고 있었다. 어느 날, 지나가던 중이 와서 시주를 부탁하자 장자는 쌀 대신 쇠똥을 중의 바구니에 잔뜩 넣어 주었다. 이 광경을 지켜보던 장자의 며느리가 몰래 쌀을 퍼서 바랑에 담아 주었다. 그러자 중이 며느리에게 자기를 따라오되 어떤 경우에도 절대로 뒤를 돌아보지 말라고 당부했는데, 갑작스런 소리에 놀란 며느리는 자신도 모르게 뒤를 돌아보고 말았다. 그러자 자신이 살던 집은 흔적도 없이 사라지고 그 자리는 깊이를 알 수 없는 깊은 못으로 변해 있었다. 이 모습에 놀란 며느리가 소리를 지르려는 순간 그 자리에서 돌로 변하고 말았다.

- 〈장자못 설화〉

* 인색하다(吝嗇하다): 재물을 아끼는 태도가 몹시 지나치다.

정답 선지 분석

② 등장인물이 조력자의 도움으로 문제를 해결할 수 있었다는 점은 〈보기〉와 유사하군.
옹고집은 허옹가(가짜 옹고집)로 인해 집에서 쫓겨나 산을 돌아다니다 백발도사의 도움으로 문제를 해결할 수 있었으나, 〈보기〉의 장자는 조력자에 의해 문제를 해결할 수 없었으며, 장자의 며느리 또한 중의 도움을 받았지만 결국 돌로 변하고 말았다는 점에서 문제를 해결한 것이라 볼 수 없다.

오답 선지 분석

① 등장인물이 과거 불교를 업신여겨 중을 하대했다는 점은 〈보기〉와 유사하군.
옹고집이 벌을 받게 된 이유 중 하나는 중을 모욕했기 때문이고, 〈보기〉의 장자 또한 시주 온 스님에게 쌀 대신 쇠똥을 넣어 주었으므로 윗글과 〈보기〉는 불교를 업신여겨 중을 하대했다는 공통점이 있다.

③ 등장인물이 그간의 잘못을 뉘우치고 새 사람이 되는 점은 〈보기〉에서 등장하지 않는 내용이군.
윗글의 주인공인 옹고집은 백발도사의 꾸중을 듣고 집으로 돌아온 뒤 모친께 효도하고 불도를 공경하며 잘못을 뉘우치고 착한 일을 많이 하였다고 언급되어 있다. 그러나 〈보기〉의 주인공인 며느리가 잘못을 뉘우치고 새 사람이 되는 내용은 찾을 수 없으므로 적절하다.

④ 비현실적 요소가 나타난다는 점은 〈보기〉와 유사하지만 윗글은 일시적, 〈보기〉는 영구적이라는 점에서 차이가 있군.
윗글은 허수아비가 사람으로 변한 '허옹가'를 통해 비현실적 요소가 나타나고, 〈보기〉는 집에 깊은 못으로 변한다는 점에서 비현실적 요소가 드러난다. 그러나 윗글에서는 옹고집이 부적을 지니고 집에 들어가자 허옹가가 다시 허수아비의 모습으로 돌아가고, 〈보기〉에서는 집이 깊은 못으로 변한 데다 며느리 또한 돌로 변하고 말았다고 하였으므로 윗글은 비현실적 요소가 나타났다 사라지고, 〈보기〉는 결말까지 비현실적 요소가 지속된다.

⑤ 등장인물의 악행으로 인해 문제가 일어난다는 점은 〈보기〉와 유사하지만, 이에 대한 인물들의 대응 방법은 차이가 있군.
심성이 괴팍하여 늙고 병든 모친을 돌보지 않고 스님에게 모욕을 주던 옹고집은 가짜 옹고집에 의해 집에서 쫓겨나게 되었고, 〈보기〉의 장자 또한 스님에게 모욕을 주었다가 자신이 살던 집이 흔적 없이 사라져 못이 되었으므로 윗글과 〈보기〉는 자신의 악행에 대한 처벌을 받는다는 공통점이 있다. 그러나 윗글의 옹고집은 자신에게 닥친 문제를 해결하기 위해 백발도사에게 애걸하며 적극적으로 행동하지만, 〈보기〉의 장자나 장자의 며느리의 경우 자신에게 닥친 문제를 적극적으로 해결하는 모습을 찾을 수 없다.

04 소재의 의미 파악하기

백발도사가 옹고집에게 건넨 것으로, 옹고집에게 닥친 문제를 해결하는 소재에 해당하는 것을 윗글에서 찾아 2음절로 쓰시오.

정답

부적

09강

| 본문 | 105쪽

문법 단어

빠른 정답 체크 01 ④ 02 ⑤ 03 ② 04 7개

01 단어의 개념 이해하기 답 | ④

단어에 대한 설명으로 적절하지 않은 것은?

정답 선지 분석

④ 자립할 수 있는 말에는 붙을 수 없다.
단어는 자립할 수 있는 말에 붙어 쉽게 분리될 수 있다.

오답 선지 분석

① 어근과 접사로 이루어져 있다.
단어의 구성 요소는 어근과 접사이다.

② 형태소보다 큰 단위를 가리킨다.
형태소는 의미를 가진 최소 단위이기 때문에 단어와 같거나 단어보다 작은 단위를 가리킨다. 따라서 단어는 형태소보다 큰 단위를 가리킨다.

③ 뜻을 지니고 자립할 수 있는 말이다.
단어는 뜻을 지니고 자립할 수 있는 말을 가리킨다.

⑤ 다른 단어의 뒤에 붙어 문법적 기능을 나타낸다.
단어 중 조사는 자립할 수 있는 말에 붙어 문법적 기능을 나타낼 수 있다.

02 단어의 구성 요소 파악하기 답 | ⑤

다음 중 단어 구성 요소가 같은 것끼리 묶인 것은?

정답 선지 분석

⑤ 맨발, 햇과일
'맨발'은 접두사 '맨'과 어근 '발'로 이루어진 단어이고, '햇과일' 또한 접두사 '햇'과 어근 '과일'로 이루어진 단어이므로 구성 요소가 같다.

오답 선지 분석

① 하늘, 울보
'하늘'은 하나의 어근으로 이루어진 단어이고, '울보'는 어근 '울'과 접미사 '-보'로 이루어진 단어이다.

② 나무, 덧신
'나무'는 하나의 어근으로 이루어진 단어이고, '덧신'은 접두사 '덧'과 어근 '신'으로 이루어진 단어이다.

③ 사과, 구경꾼
'사과'는 하나의 어근으로 이루어진 단어이고, '구경꾼'은 어근 '구경'과 접미사 '-꾼'으로 이루어진 단어이다.

④ 시계, 풋사과
'시계'는 하나의 어근으로 이루어진 단어이고, '풋사과'는 접두사 '풋'과 어근 '사과'로 이루어진 단어이다.

03 단어의 구성 요소 이해하기 답 | ②

보기 에서 적절한 설명을 모두 고른 것은?

보기

㉠ 어근은 단어에서 실질적인 부분이다.
㉡ '새파랗다'의 '새-'는 접미사에 해당한다.
㉢ 어근에 붙어 그 뜻을 제한하는 주변 부분을 접사라고 한다.
㉣ 접두사는 어근이나 단어의 뒤에 붙어 새로운 단어를 만든다.

정답 선지 분석

② ㉠, ㉢
㉠ 어근은 단어에서 실질적인 의미를 나타내는 중심 부분이다.
㉢ 접사는 어근에 붙어 그 뜻을 제한하는 주변 부분이다.

오답 선지 분석

㉡ '새파랗다'의 '새-'는 접두사에 해당한다.
㉣ 어근이나 단어의 뒤에 붙어 새로운 단어를 만드는 접사는 접미사다.

04 단어의 단위 파악하기

보기 의 문장은 몇 개의 단어로 분류되는지 쓰시오.

보기

우리는 겨울에 목도리를 두른다.

정답

7개

독서 와이파이(Wi-Fi)

빠른 정답 체크 01 ③ 02 ③ 03 ④ 04 멀어지게

케이블 연결을 바탕으로 한 근거리 컴퓨터 네트워크 방식인 랜(랜의 개념)은 1970년대에 개발되어 1990년대에 와서는 완전한 대중화를 이루었다. 하지만 휴대용 컴퓨터 시스템이 점차 보급되면서 네트워크 연결에 케이블이 필수적인 랜은 한계에 직면했다(케이블을 연결하는 방식은 휴대성이 낮기 때문에). 이에 따라 랜의 무선화는 1990년대 초반부터 본격적으로 시도되었고 전기 전자 기술자 협회에서는 무선 랜 표준을 제정하여 1997년에 최초의 표준 무선 랜 규격을 제정했다. 이 규격의 브랜드명인(표준 무선 랜 규격) 'Wireless Fidelity'를 줄인 명칭이 바로 'Wi-Fi(와이파이)'이다. 현재 대부분의 무선랜 기기들이 와이파이 규격을 따르고 있어 와이파이는 곧 무선 랜으로 인식되는 경우가 많다.

▶ 1문단: 와이파이의 개발 배경

와이파이는 인프라스트럭처 모드와 ㉠ 애드혹 모드 두 가지로 나뉜다. 무선 공유기와 같은 액세스 포인트가 일정 반경 내에 있

는 단말기에 무선 신호를 송신해 데이터를 주고받게 하는 인프라
인프라스트럭처 모드의 개념
스트럭처 모드, 그리고 액세스 포인트 없이 단말기끼리 서로 데
애드혹 모드의 개념
이터를 주고받게 하는 애드혹 모드이다. 인프라스트럭처 모드는 우리 주변에서 가장 흔히 찾아볼 수 있는 와이파이 사용 형태로, 「무선 공유기를 유선 랜 케이블에 접속시켜 집안에 와이파이를
「」: 인프라스트럭처 모드의 활용 예시
설치하면 주변에 있는 노트북과 스마트폰, 태블릿 피시 등이 모두 무선으로 인터넷에 접속되는 방식이다.」 반대로, 애드혹 모드는「단말기끼리 직접 접속해 통신하는 형태로 휴대용 게임기를 연
「」: 애드혹 모드의 활용 예시
결해 다인용 게임을 즐기거나, 휴대폰을 비롯한 무선 단말기끼리 데이터를 통신하는 용도로 활용된다.」

▶ 2문단: 인프라스트럭처 모드와 애드혹 모드의 개념과 활용 사례

와이파이는 근거리 네트워크 방식인 랜을 무선화한 것이라 사용 거리에 제한이 있다. 가정용 제품의 범위는 20~30미터 이내, 기업용 제품의 범위는 100~200미터 정도가 일반적인 한계치이다. 액세스 포인트에서 점차 멀어지게 되면 통신 속도도 저하되
거리에 따른 와이파이의 한계점
며, 범위를 벗어나면 접속이 끊어지게 된다.

▶ 3문단: 사용 거리에 따른 와이파이의 한계점

이와 같은 한계점에도 불구하고 와이파이는 액세스 포인트를 설
와이파이의 장점 ①
치하기 수월하고 이에 드는 비용도 낮은 편이며, 데이터를 전송하
와이파이의 장점 ②
는 속도 또한 빨라 오늘날 대중적으로 활용되고 있다. 그러나 액세
와이파이의 장점 ③
스 포인트 하나에 여러 기기가 동시에 접속하는 와이파이의 특성 때문에 위험도 존재한다. 한 액세스 포인트로 접속한 기기 간에 개인 정보가 유출되거나 해킹이 일어날 수 있는 것이 대표적이다. 따라서 공용으로 제공되는 와이파이를 이용할 때는 방화벽이나 백
와이파이로 인한 정보 유출을 막기 위한 방법
신 등의 보안 대책을 마련해 둘 것을 전문가들은 권장하고 있다.

▶ 4문단: 와이파이의 위험성과 올바른 활용 방법

01 세부 내용 이해하기

답 | ③

윗글에 대한 독자의 반응으로 적절한 것은?

정답 선지 분석

③ 가정용 와이파이는 30미터 이내의 범위에서 사용하여야겠군.

3문단에 따르면 와이파이는 근거리 네트워크 방식인 랜을 무선화한 것이기 때문에 가정용 제품의 경우, 20~30미터 이내라는 사용 거리의 제한이 있다.

오답 선지 분석

① 랜의 표준 규격은 1997년이 되어서야 제정되었군.

랜은 1970년에 개발되었다고 하였으므로 적절하지 않다. 1997년에 표준 규격이 제정된 것은 무선 랜이다.

② 랜이 대중화된 이유는 무선으로 쓸 수 있기 때문이군.

1문단에 따르면 랜은 무선 랜이 개발되기 전인 1970년에 개발되어 1990년대에 와서 완전한 대중화를 이루었다고 하였으므로 적절하지 않다.

④ 와이파이를 사용하려면 방화벽이나 백신을 따로 설치하지 않아도 되겠군.

4문단에 따르면 와이파이는 보안적인 문제가 있어 방화벽이나 백신 설치가 요구된다.

⑤ 전기전자기술자협회는 'Wireless Fidelity'와의 협력을 통해 표준 무선 랜 규격을 만들었군.

1문단에 따르면 'Wireless Fidelity'는 전기 전자 기술자 협회가 제정한 표준 무선 랜 규격의 브랜드명이므로, 적절하지 않다.

02 설명 방식 파악하기

답 | ③

윗글의 내용과 설명 방법을 적절하게 연결한 것은?

정답 선지 분석

내용	설명 방법
③ 이 규격의 브랜드명인 'Wireless Fidelity'를 줄인 명칭이 바로 'Wi-Fi(와이파이)'이다.	정의

말하고자 하는 특정 개념을 정확히 규정해 설명하는 것이므로 '정의'에 해당한다.

오답 선지 분석

① 주변에 있는 노트북과 스마트폰, 태블릿 피시 등 — 구분

주변에 있는 여러 사물을 예로 들고 있으므로 '예시'에 해당한다.

② 와이파이는 인프라스트럭처 모드와 애드혹 모드 두 가지로 나뉜다. — 분석

와이파이에 해당하는 하위 개념인 모드 두 가지로 나누어 설명하고 있으므로 분석이 아닌 '구분'에 해당한다.

④ 한 액세스 포인트로 접속한 기기 간에 개인 정보가 유출되거나 해킹이 일어날 수 있는 것이 대표적이다. — 인과

개인 정보 유출, 해킹 등 와이파이를 쓸 때의 보안 문제를 예로 들고 있으므로 '예시'에 해당한다.

⑤ 가정용 제품의 범위는 20~30미터 이내, 기업용 제품의 범위는 100~200미터 정도가 일반적인 한계치이다. — 대조

가정용 제품과 기업용 제품의 범위를 '비교'하여 설명하고 있다.

03 구체적 사례에 적용하기

답 | ④

보기 중 ㉠과 관련된 사례를 있는 대로 고른 것은?

보기

ㄱ. 가정용 공유기를 통해 와이파이로 정보를 검색하는 서진
ㄴ. 다인용 네트워크를 활용하여 전투 게임을 즐기는 연수와 민준
ㄷ. 블루투스를 통해 태블릿 PC로 사진을 주고받는 지연과 민아

정답 선지 분석

④ ㄴ, ㄷ

ㄴ. 단말기 간 다인용 네트워크를 활용하여 게임을 즐기는 것은 애드혹 모드와 관련이 있다.
ㄷ. 블루투스로 무선 단말기끼리 데이터를 주고받는 것은 애드혹 모드와 관련이 있다.

오답 선지 분석

ㄱ. 가정용 공유기는 무선 공유기에 해당하므로 인프라스트럭처 모드와 관련이 있다.

04 세부 내용 추론하기

보기 는 민정이 고객센터에 문의한 내용이다. 빈칸에 들어갈 적절한 말을 골라 쓰시오.

보기

민정: 어제 무선 공유기가 있는 거실에서 와이파이를 이용해 친구와 영상통화를 하고 있었는데, 친구에게 마당에 핀 예쁜 꽃을 보여 주기 위해 현관을 나서는 순간부터 점점 통화 연결이 느려지기 시작했어요. 왜 이런 것일까요?

고객센터: 액세스 포인트에서 (멀어지게 / 가까워지게) 되면 통신 속도가 저하되기 때문입니다.

정답

멀어지게

문학 1 햇비(윤동주)

빠른 정답 체크 01 ③ 02 ② 03 ④ 04 하늘 다리

아씨*처럼 나린다
햇비가 내리는 모습을 아씨에 빗대어 표현함 - 직유법
보슬보슬 햇비
의태어의 활용 ①
□: 청유형 어미 '-자'의 반복으로 운율을 형성함
[맞아 주자] 다 같이
중의적 의미 - ① 햇비를 온몸으로 맞자 ② 햇비를 반갑게 맞이하자
옥수숫대처럼 크게
비를 맞으며 무럭무럭 자라는 아이들의 모습 - 직유법
닷 자* 엿 자 자라게

㉠ 해님이 웃는다
나 보고 웃는다.
미래의 희망인 아이(다음 세대)에 대한 기대를 드러냄 - 의인법

▶ 햇비를 맞는 아이들의 모습

「하늘 다리 놓였다
「」: 무지개를 하늘 다리에 빗대어 표현함 - 은유법
알롱알롱 무지개」
의태어의 활용 ②
[노래하자] 즐겁게

동무들아 이리 오나

다 같이 [춤을 추자]

해님이 웃는다
즐거워 웃는다.
아이들의 희망찬 모습을 보며 즐거워하는 마음을 드러냄 - 의인법

▶ 무지개 아래에서 노래하고 춤추는 아이들

- 윤동주, 〈햇비〉 -

* 아씨: 아랫사람들이 젊은 부녀자를 높여 이르는 말.
* 자: 길이의 단위. 한 자는 약 30.3cm에 해당한다.

01 표현상의 특징 파악하기 답 | ③

윗글에 대한 설명으로 적절하지 않은 것은?

정답 선지 분석

③ 대조적 시어를 사용하여 작품의 주제를 강조하였다.
윗글에서는 '햇비', '아이들', '무지개'를 각각 '아씨', '옥수숫대', '하늘 다리'에 비유하고, '해'를 사람처럼 표현하여 햇비를 맞으며 밝게 자라는 아이들의 모습을 드러내었다. 그러나 대조적 의미를 가진 시어를 사용하지는 않았다.

오답 선지 분석

① 순우리말로만 이루어져 있다.
윗글은 순우리말로만 이루어진 작품으로 우리말의 아름다움을 느낄 수 있다.

② 다양한 표현법을 사용하여 시상을 전개하고 있다.
직유법, 은유법, 의인법 등의 다양한 표현법을 사용하여 시상을 전개하고 있다.

④ 유사하거나 동일한 문장의 반복으로 운율이 느껴진다.
'보슬보슬 햇비', '알롱알롱 무지개'나 '해님이 웃는다', '즐거워 웃는다' 등 유사하거나 동일한 문장의 반복을 통해 운율이 느껴진다.

⑤ '-자'라는 청유형 어미가 반복되면서 리듬감을 형성한다.
'맞아 주자 다 같이', '다 같이 춤을 추자' 등에서 청유형 어미 '-자'의 반복을 통해 리듬감을 형성하고 있음을 알 수 있다.

02 시구의 특징 파악하기 답 | ②

㉠과 동일한 비유법이 쓰인 시구로 적절한 것은?

정답 선지 분석

② 나비가 춤을 춘다
사람이 아닌 나비가 사람처럼 춤을 춘다고 표현하였으므로 의인법이 사용되었다. ㉠에서도 사람이 아닌 해가 사람처럼 웃는다고 표현하였으므로 의인법이 사용되었다.

오답 선지 분석

① 내 마음은 호수요
'내 마음'을 '호수'에 비유함으로써 표현하려는 대상을 이어주는 말 없이 간접적으로 무언가에 빗대어 표현하는 은유법이 사용되었다.

③ 밥티처럼 따스한 별들
따스하다는 공통점을 가진 두 대상인 '밥티'와 '별'을 '처럼'을 활용하여 직접 비유하는 직유법이 사용되었다.

④ 나는 나룻배 당신은 행인
'나'를 '나룻배', '당신'을 '행인'에 비유함으로써 표현하려는 대상을 이어주는 말 없이 간접적으로 무언가에 빗대어 표현하는 은유법이 사용되었다.

⑤ 구름에 달 가듯이 가는 나그네
'듯이'를 활용함으로써 나그네가 걸어가는 모습을 구름에 달이 가는 모습에 직접 비유하는 직유법이 사용되었다.

03 외적 준거를 통해 작품 감상하기 답 | ④

보기 를 바탕으로 윗글을 감상한 내용으로 적절한 것은?

보기

윤동주 시인은 일제 강점기의 어두운 시대를 살다가 일제를 반대하는 사상범으로 체포되어 광복을 앞두고 28세의 나이로 형무소에서 생을 마감하였다. 때문에 윤동주 시인의 작품 중에는 암울한 시대 상황이 반영된 작품을 찾아볼 수 있다.

정답 선지 분석

④ 암울한 현실에도 쑥쑥 자라나는 아이들을 통해 희망을 가지려고 하였군.
이 작품의 창작 배경이 일제 강점기임을 고려할 때, 윤동주 시인은 자라나는 아이들의 모습에서 희망을 보고자 했다고 이해할 수 있다.

오답 선지 분석

① 일제의 감시를 피하기 위해 중의적인 표현을 사용하였군.
윗글의 '맞아 주자 다 같이'라는 시행에서 '햇비를 맞자' 또는 '햇비를 반갑게 맞이하자'라는 중의적 의미가 있다고 볼 수 있으나 이는 일제의 감시를 피하기 위한 목적으로 사용된 것은 아니다.

② 다양한 비유를 통해 일제 강점기의 현실을 생생하게 표현하였군.
윗글에 사용된 다양한 표현법은 '햇비', '해님', '무지개' 등의 소재를 감각적이고 구체적으로 표현하기 위한 것이다. 일제 강점기의 현실을 생생하게 표현하기 위해 표현법을 사용하지 않았다.

③ 햇비, 옥수숫대 등의 소재는 한국의 고유한 특징을 잘 드러낸 것이군.
'햇비', '옥수숫대' 등의 소재는 한국의 고유한 특징을 드러낸 것이라 볼 수 없다.

⑤ 시인은 자라나는 아이들만이 어두운 시대 상황을 해결할 수 있다고 생각하였군.
시인은 미래의 희망인 아이들에 대한 기대를 드러냈을 뿐, 아이들만이 어두운 현실을 해결할 수 있다고 생각하지 않았다.

04 구절의 의미 파악하기

빈칸에 들어갈 시어를 윗글에서 찾아 2어절로 쓰시오.

비유는 표현하고자 하는 대상을 다른 대상에 빗대어 표현하는 방법이다. 윤동주의 〈햇비〉에서는 이러한 비유의 방법이 다양하게 활용되었는데, 가령 '무지개'를 '(　　　　)'(이)라고 표현함으로써 무지개가 하늘 높은 곳에 있음을 강조하였다.

정답

하늘 다리

문학 2 학(황순원)

빠른 정답 체크 01 ③ 02 ④ 03 ④ 04 도망칠

[앞부분 줄거리] 6·25 전쟁 직후 고향으로 돌아온 성삼은 동네 치안대 사무소에서 포승줄에 묶인 옛 친구 덕재를 발견한다. 깜짝 놀란 성삼은 덕재의 호송*을 자청한다. 성삼은 덕재를 호송하는 동안 어린 시절 덕재와의 추억을 떠올린다.

성삼이는 와락 저도 모를 화가 치밀어, 고함을 질렀다.

"이 자식아, 그동안 **사람을 몇이나 죽였냐**?" (덕재에게 궁금했던 바를 직설적으로 묻고 있음)

그제야 덕재가 힐끗 이쪽을 쳐다보더니, 다시 고개를 거둔다. (성삼의 말을 무시함)

"이 자식아, 사람 몇이나 죽였어?"

덕재가 다시 고개를 이리로 돌린다. 그러고는 성삼이를 쏘아본다. 그 눈이 점점 빛을 더해 가며 제법 수염발 (길게 길러서 치렁치렁 늘어뜨린 수염의 채) 잡힌 입 언저리가 실룩거리더니,

㉠ "그래, 너는 사람을 그렇게 죽여 봤니?"

이 자식이! 그러면서도 성삼이의 가슴 한복판이 환해짐을 느낀다. ㉡ 막혔던 무엇이 풀려 내리는 것만 같은 (덕재의 결백을 확인한 성삼은 안도감을 느낌). 그러나

"농민 동맹* 부위원장쯤 지낸 놈이 왜 피하지 않고 있었어? 필시 무슨 사명(맡겨진 임무)을 띠구 잠복해 있는 거지?"

덕재는 말이 없다.

"바른 대루 말해라. 무슨 사명을 띠구 숨어 있었냐?"

그냥 덕재는 잠잠히 걷기만 한다. 역시 이 자식 속이 꿀리는 모양이구나. 이런 때 한번 낯짝을 봤으면 좋겠는데, (성삼의 내면이 서술됨) 외면한 채 다시는 고개를 돌리지 않는다.

성삼이는 **허리에 찬 권총을 잡**으며, (사건에 긴장감을 주며 갈등을 고조시키는 소재)

"변명은 소용없다. 영락없이 넌 총살감이니까. 그저 여기서 바른 대루 말이나 해봐라."

덕재는 그냥 외면한 채,

"변명은 할려구두 않는다. 내가 제일 ㉢ 빈농의 자식인 데다가 근농*꾼이라구 해서 농민 동맹 부위원장 됐든 게 죽을죄라면 하는 수 없는 거구, 나는 예나 이제나 땅 파먹는 재주밖에 없는 사람이다."

(중략)

"하여튼 네가 피하지 않구 남아 있는 건 수상하지 않어?"

"나두 피하려구 했었어. 이번에 이남서 쳐들어오믄 사내란 사낸 모주리 잡아 죽인다구 열일곱에서 마흔 살까지의 남자는 강제루 북으로 이동하게 됐었어. 할 수 없이 나두 아버질 업구라두 피난 갈까 했지. 그랬드니 「아버지가 안 된다는 거야. ㉣ 농사꾼이 다 지어 놓은 좋은 농살 내버려두구 어딜 간단 말이냐구 (농사꾼으로서의 순박한 모습). 그래 나만 믿구 농사일루 늙으신 아버지의 마지막 눈이나마 내 손으루 감겨 드려야겠구, 사실 우리같이 땅이나 파먹는 것이 피난 간댔자 별수 있는 것두 아니구……."」 「」: 덕재가 피난을 가지 못한 이유

지난 유월달에는 성삼이 편에서 피난을 갔었다. 밤에 몰래 아버지더러 피난 갈 이야기를 했다. 그때 성삼이 아버지도 같은 말을 했다. 농사꾼이 농사일을 늘어놓구 어디루 피난 간단 말이냐. 성삼이 혼자서 피난을 갔다 (덕재의 선택과 대조됨). 남쪽 어느 낯설은 거리와 촌락을 헤매 다니면서 언제나 머리에서 떠나지 않는 건 늙은 부모와 어린 처자에게 맡기고 나온 농사일이었다 (성삼의 농사꾼적 면모 ①). 다행히 그때나 이제나 자기네

식구들은 몸 성히들 있다.

고갯마루를 넘었다. 어느새 이번에는 성삼이 편에서 외면을 하
덕재를 호송해야 하는 것과 덕재와의 우정 사이에서 내적 갈등하였기 때문에
고 걷고 있었다. 가을 햇볕이 자꾸 이마에 따가웠다. 참 오늘 같은 날은 타작하기에 꼭 알맞은 날씨라고 생각했다.
성삼의 농사꾼적 면모 ②

고개를 다 내려온 곳에서 성삼이는 주춤 발걸음을 멈추었다.

저쪽 벌 한가운데 흰 옷을 입은 사람들이 허리를 굽히고 섰는 것 같은 것은 틀림없는 학 떼였다. 소위 삼팔선 완충 지대가 되었
남북으로 갈린 당시의 현실을 알 수 있음
던 이곳. 사람이 살고 있지 않은 그동안에도 이들 학들만은 전대
변함없는 학의 모습을 통해 전쟁을 하는 인간들을 간접적으로 비판함
로 살고 있는 것이다.

지난날, 성삼이와 덕재가 아직 열두어 살쯤 났을 때 일이었다. 어른들 몰래 둘이서 올가미를 놓아 여기 **학 한 마리를 잡은** 일이 있었다. 단정학*이었다. 새끼로 날개까지 얽어매 놓고는 매일같이 둘이서 나와 학의 목을 쓸어안는다, 등에 올라탄다, 야단을 했다. 그러한 어느 날이었다. 동네 어른들의 수군거리는 소리를 들었다. 서울서 누가 학을 쏘러 왔다는 것이다. 무슨 표본인가를 만들기 위해서 총독부의 허가까지 맡아 가지고 왔다는 것이다. 그 길로 둘이는 벌로 내달렸다. 이제는 어른들에게 들켜 꾸지람 듣
학을 몰래 잡아 놓은 것을 어른들에게 들켜 혼나게 되는 일
는 것 같은 건 문제가 아니었다. 그저 자기네의 학이 죽어서는 안 된다는 생각뿐이었다. 숨 돌릴 겨를도 없이 잡풀 새를 기어 학 발
총독부가 학을 죽이지 못하도록 학을 도망가게 함
목의 올가미를 풀고 날개의 새끼를 끌렀다. 그런데 학은 잘 걷지도 못하는 것이다. 그 동안 얽매여 시달린 탓이리라. 둘이서 학을 마주 안아 공중에 투쳤다. 별안간 총소리가 들렸다. 학이 두서너 번 날갯짓을 하다가 그대로 내려왔다. 맞았구나. 그러나 다음 순간, 바로 옆 풀숲에서 펄럭 단정학 한 마리가 날개를 펴자 땅에 내려앉았던 자기네 학도 긴 목을 뽑아 한번 울음을 울더니 그대로 공중에 날아올라, 두 소년의 머리 위에 둥그러미를 그리며 저쪽 멀리로 날아가 버리는 것이었다. 두 소년은 언제까지나 자기네 학이 사라진 푸른 하늘에서 눈을 뗄 줄을 몰랐다.

ⓜ "얘, 우리 학 사냥이나 한번 하구 가자."
덕재에게 도망칠 기회를 주겠다는 암시가 담긴 말임
성삼이가 불쑥 이런 말을 했다.

덕재는 무슨 영문인지 몰라 어리둥절해 있는데,

"내 이걸루 올가밀 만들어 놀게 너 학을 몰아오너라."

포승줄을 풀어 쥐더니, 어느새 성삼이는 잡풀 새로 기는 걸음을 쳤다.

대번 덕재의 얼굴에서 핏기가 걷혔다. 좀 전에, 너는 총살감이라던 말이 퍼뜩 머리를 스치고 지나갔다. 이제 성삼이가 기어가는 쪽 어디서 총알이 날아오리라.
덕재는 성삼이 자신을 죽이려는 줄로 오해함

저만치서 성삼이가 홱 고개를 돌렸다.

"어이, 왜 멍추같이 게 섰는 게야? 어서 학이나 몰아오너라!"
자신의 의도를 이해하지 못한 덕재에게 도망가라고 일러 줌
그제서야 덕재도 ⓐ 무엇을 깨달은 듯 잡풀 새를 기기 시작했다.

때마침 단정학 두세 마리가 높푸른 가을 하늘에 큰 날개를 펴고
성삼과 덕재의 우정이 회복됨과 동시에 이념의 대립으로 인한 민족의 상처가 치유됨을 암시함
유유히 날고 있었다.

- 황순원, 〈학〉 -

* 호송(護送) : 죄수를 어떤 곳에서 목적지로 감시하면서 데려가는 일.
* 농민 동맹(農民同盟): 6·25 전쟁 때에, 북한군이 남침하여 만든 농민 단체.
* 근농(勤農): 농사를 부지런히 지음. 또는 그런 농민.
* 단정학(丹頂鶴): 붉은 볏을 가진 학.

01 서술상의 특징 파악하기

답 | ③

윗글에 대한 설명으로 적절하지 않은 것은?

정답 선지 분석

③ 자세한 묘사와 긴 대화를 통해 인물의 성격을 나타내고 있다.
성삼과 덕재의 대화는 짧고 간결하게 진행되며, 전반적인 상황을 자세히 묘사하거나 설명하지 않고 간략하게 줄여 서술하면서 인물의 성격을 드러내고 있다.

오답 선지 분석

① 6·25 전후 상황을 배경으로 하고 있다.
'농민 동맹 부위원장', '피난', '삼팔선' 등의 단어를 통해 6·25 전쟁이라는 시대적 상황을 파악할 수 있다.

② 상징적 소재를 통해 주제를 효과적으로 드러내고 있다.
윗글의 제목이자 중심 소재인 '학'은 성삼과 덕재의 우정을 회복하는 것과 동시의 덕재의 자유를 의미한다. 자유롭게 하늘을 나는 학의 모습으로 글을 끝맺음으로써 이념의 대립을 넘어선 인간애의 실현은 우리 민족의 상처에 대한 치유책이라는 주제를 상징적으로 드러낸다.

④ 서로 대립되는 두 인물을 내세움으로써 민족의 비극을 형상화하고 있다.
남한의 이념을 대변하는 성삼과 북한의 이념을 대변하는 덕재를 작품 전반에 내세움으로써 당시 남과 북의 이념이 대립되었던 우리 민족의 비극을 형상화하고 있다.

⑤ 시간의 흐름에 따라 이야기를 진행하면서 과거 사건을 중간중간 삽입하고 있다.
윗글은 성삼이 덕재를 호송하는 이야기가 진행되면서 성삼이 피난 갔던 일과, 성삼과 덕재가 함께 학을 잡았던 과거 사건이 삽입되어 있다.

02 구절의 의미 파악하기

답 | ④

㉠~ⓜ에 대한 설명으로 적절하지 않은 것은?

정답 선지 분석

④ ㉣: 덕재가 피난을 가지 못한 이유이며, 덕재 아버지의 가부장적인 모습이 드러나고 있다.
㉣은 피난을 가자는 덕재의 말에 대한 덕재 아버지의 대답으로, 전쟁이라는 위급한 상황임에도 농사를 중시하는 농사꾼으로서의 면모가 드러난다. 가부장적인 모습이 드러나는 것은 아니다.

오답 선지 분석

① ㉠: 성삼의 질문에 반문함으로써 자신이 사람을 죽이지 않았다고 주장하고 있다.
㉠은 사람을 몇이나 죽였냐는 성삼의 질문에 대한 덕재의 대답으로, 자신이 사람을 죽이지 않았음을 간접적으로 주장하는 말이다.

② ㉡: 덕재의 대답을 들은 성삼이 안도감을 느끼고 있다.
㉡은 사람을 죽이지 않았다는 덕재의 대답을 듣고 난 뒤의 성삼의 심정이다. 이를 통해 성삼은 안도감을 느끼고 있다.

③ ㉢: 덕재가 농민 동맹 부위원장이 되었던 원인으로, 덕재가 원해서 된 것이 아님을 드러내고 있다.
㉢은 덕재가 농민 동맹 부위원장이 되었던 원인으로, 가난한 농사꾼의 자식이었기 때문에 농민 동맹 부위원장이 되었다는 의미이다. 이를 통해 농민 동맹 부위원장은 덕재가 원해서 된 것이 아님을 알 수 있다.

⑤ ㉤: 성삼이 학 사냥을 핑계로 덕재를 풀어 주려 하고 있다.
㉤은 성삼이 덕재에게 한 말로, 성삼은 이를 핑계로 덕재의 포승줄을 풀며 도망치게 한다.

03 외적 준거를 통해 작품 이해하기

답 | ④

보기 를 바탕으로 윗글을 감상한 반응으로 적절하지 않은 것은?

보기

6·25전쟁은 같은 민족끼리 서로 총부리를 겨누었던 역사적 비극이었다. 한민족이었던 사람들은 남과 북으로 갈라지며 이념의 대립으로 인해 서로를 불신하게 되었고, 삼팔선 완충 지대가 되었던 근처 전쟁 지역에서는 서로 간에 밀고 밀리는 치열한 공방전이 계속되었다. 더불어 점령지에서는 상대편에 협력한 사람들에 대한 처벌이나 처형이 이루어졌다. 전쟁 상황에서 상대편에 협력한 사람은 적과 동일하게 취급되는 것이 일반적이었다.

정답 선지 분석

④ 성삼과 덕재가 '학 한 마리를 잡은' 것은 점령지로 날아든 학을 적과 동일하게 취급했기 때문이겠군.
성삼과 덕재가 '학 한 마리를 잡은' 것은 어린 시절 호기심에 의한 일이지, 학을 적과 동일하게 취급한 것은 아니다.

오답 선지 분석

① '사람을 몇이나 죽였냐'는 성삼의 물음은 이념의 대립으로 인해 서로를 불신하는 상황을 의미하는군.
어린 시절 절친한 친구였던 성삼이 '사람을 몇이나 죽였냐'며 덕재를 의심하는 것은 이념의 대립으로 인해 서로를 불신하는 상황을 의미한다.

② 성삼이 덕재에게 말할 때 '허리에 찬 권총을 잡'는 것은 같은 민족임에도 서로 총부리를 겨누었던 비극적 상황에 해당하는군.
어린 시절 절친한 친구였던 덕재에게 윽박을 지르며 '허리에 찬 권총을 잡'는 성삼의 모습은 같은 민족임에도 서로 총부리를 겨누었던 비극적 상황과 관련이 있다고 볼 수 있다.

③ '저쪽 벌'은 남과 북 사이에 치열한 공방전이 계속되었던 공간이겠군.
'저쪽 벌'은 삼팔선 완충 지대로, 〈보기〉에서 삼팔선 근처 전쟁 지역에서 남과 북 서로 간에 치열한 공방전이 계속되었다고 하였다.

⑤ 덕재의 '포승줄을 풀어' 준 성삼은 전쟁 상황에서 상대편에 협력했다는 이유로 처벌받을 수 있겠군.
〈보기〉에 따르면 상대편에 협력한 사람은 적과 동일하게 취급되어 처벌이나 처형을 받았다고 하였으므로 성삼이 자신과 다른 이념을 가진 덕재의 '포승줄을 풀어'준 것은 적에게 협력했다는 근거가 될 수 있다.

04 문장의 의미 파악하기

ⓐ의 의미를 서술하는 말로 적절한 것을 골라 쓰시오.

ⓐ는 성삼이 덕재에게 (도망칠 / 체포될) 기회를 주는 것을 의미한다.

정답

도망칠

10강

| 본문 | 117쪽

화법 공감하며 대화하기

빠른 정답 체크 01 ⑤ 02 ③ 03 ④ 04 그러니까, 끝나는구나

광휘: 예준아! 잠시 이야기할 수 있니?

예준: ㉠ (학습 과제 작성에 열중하면서) 왜?
대화 상대방과 눈을 마주치지 않음 – 공감적 대화의 자세로 적절하지 않음

광휘: 1층 중앙 현관 특별 구역 청소가 이제야 끝났거든. 예준아, 나 좀 봐줄래?

예준: ㉡ (광휘의 눈을 마주치며) 그래. 내가 과제에 열중하다 보니……. 미안해. 수업 마친 지 한참이나 지났는데 지금 끝났구나. ㉢ 많이 힘들었겠다.
상대방의 눈을 마주치며 이야기를 듣고 있음을 드러냄 – 소극적 들어주기
상대방의 정서에 공감함 – 적극적 들어주기

[A]

광휘: 그래서 특별 구역 청소 배정에 대해 이야기 좀 하려고. 너희 청소 구역이 1층 좌측 계단부터 3층 계단 올라가기 전까지잖아. ㉣ 너희는 몇 명이서 하니?
대화의 중심 주제

예준: 우리는 민수, 준형이하고 나, 세 명이서 하고 있어.

광휘: ㉤ (손뼉을 치며) 그렇구나. 우리는 두 명이서 하고 있는데, 둘이서 청소를 하기에는 구역이 너무 넓은 것 같아. 시간도 많이 걸리고. 너희는 셋이서 청소하는 데 시간이 얼마나 걸리니?
비언어적 표현을 사용하여 적절한 맞장구를 침 – 소극적 들어주기
광휘가 겪고 있는 문제 상황

예준: 보통 10분 정도 걸리는 것 같아.

광휘: 그러니까 너희 특별 구역은 세 명이서 10여 분 만에 끝나는구나. 우리는 20분 이상 청소해도 끝날까 말까 하거든. 미안하지만 너하고 민수, 준형이가 양해를 해 줄 수 있을까? 우리가 청소 구역을 합쳐서 청소를 하면 시간이 더 절약될 것 같거든. 그리고 네가 반장으로서 선생님께 우리가 이야기한 청소 구역을 말씀드려서 허락받았으면 좋겠어.
상대방의 말을 요약 정리함 – 적극적 들어주기
광휘가 예준에게 부탁하는 것
반장인 예준의 지위를 고려하여 선생님께 대표로 말할 것을 요청함

예준: 그래. 우리 특별 구역 청소를 맡은 친구들도 너희 사정을 충분히 이해할 거야. 친구들한테 동의를 구하고 선생님께 1층 중앙 현관부터 3층 계단 올라가기 전까지 우리들이 함께 청소해 보겠다고 말씀드려 볼게.
광휘의 부탁을 받아들임
광휘가 부탁한 내용을 요약함 – 적극적 들어주기

01 대화 내용 이해, 평가하기 답 | ⑤

윗글에 대한 설명으로 적절하지 않은 것은?

정답 선지 분석

⑤ 예준이 광휘와 대화하면서 눈을 마주치지 않은 것은 광휘와 대화하고 싶지 않아서이다.
예준이 광휘와 대화하면서 눈을 마주치지 않은 것은 광휘와 대화하고 싶지 않아서가 아니라 과제에 열중하느라 그런 것이다.

오답 선지 분석

① 예준은 광휘가 처한 어려움에 대해 공감하고 있다.
예준은 특별 구역 청소를 하느라 늦게 끝난 광휘에게 "많이 힘들었겠다."라고 하며 광휘의 어려움에 공감하고 있다.

② 예준은 광휘의 제안을 긍정적으로 받아들이고 있다.
광휘는 원래 나눠진 예준과 광휘의 청소 구역을 합쳐서 같이 청소를 해 주기를 부탁하고 있다. 이에 예준은 "그래. 우리 특별 구역 청소를 맡은 친구들도 너희 사정을 충분히 이해할 거야."라며 광휘의 제안을 긍정적으로 받아들이고 있다.

③ 광휘가 예준에게 먼저 말을 걸면서 대화가 시작되고 있다.
광휘는 예준에게 "예준아! 잠시 이야기할 수 있니?"라고 먼저 말을 걸면서 대화를 시작하고 있다.

④ 광휘는 예준의 지위를 언급하며 자신이 원하는 바를 구체적으로 언급하고 있다.
광휘는 반장인 예준에게 "네가 반장으로서 선생님께 우리가 이야기한 청소 구역을 말씀드려서 허락받았으면 좋겠어."라며 자신이 원하는 바를 구체적으로 언급하고 있다.

02 대화 내용 이해, 평가하기 답 | ③

예준과 광휘가 공통적으로 실천하고 있는 대화 방식으로 적절한 것은?

정답 선지 분석

③ 상대방이 계속 이야기를 이어 나갈 수 있도록 공감적 듣기를 하고 있다.
예준과 광휘는 모두 상대방이 계속 이야기를 이어 나갈 수 있도록 맞장구를 치거나 상대방의 말을 요약하고 있다.

오답 선지 분석

① 상대방의 말에 대해 줄곧 부정적으로 반응하고 있다.
예준은 광휘의 특별 청소 구역을 다시 정하자는 의견에 긍정적으로 반응하고 있다.

② 상대방의 말을 요약하면서 상대방의 말에 대해 반박하고 있다.
예준과 광휘는 모두 상대방의 말을 요약하고 있으나, 이는 상대방에게 공감하며 듣기 위해서이지 상대방의 말을 반박하기 위한 것은 아니다.

④ 상대방이 자신의 문제를 객관적으로 바라볼 수 있도록 이끌어가고 있다.
예준과 광휘 모두 상대방이 자신의 문제를 객관적으로 바라볼 수 있도록 유도하고 있지 않다.

⑤ 표정과 몸짓을 통해 상대방에게 자신의 말을 효과적으로 전달하고 있다.
광휘가 손뼉을 치며 예준의 말에 공감을 표현하였을 뿐 표정을 통해 자신의 말을 효과적으로 전달하고 있지는 않다.

03 대화 표현 전략 사용하기 답 | ④

윗글의 ㉠~㉤ 중 보기 의 ⓐ에 해당하는 듣기 방법을 모두 고른 것으로 적절한 것은?

보기

공감적 듣기란 상대방의 감정을 이해하고, 상대방의 입장에서 문제를 바라보는 듣기 행위이다. 공감적 듣기는 ⓐ 소극적 들어주기와 적극적 들어주기의 방법으로 나뉜다.

정답 선지 분석

④ ㉡, ㉤
㉡ 예준은 광휘의 눈을 마주치며 대화에 참여하고 있다. 이는 상대방의 눈을 맞추며 지속적으로 관심을 표현하는 소극적 들어주기의 한 방법이다.
㉤ 광휘는 손뼉을 치며 예준의 말에 대해 맞장구를 치고 있다. 이는 소극적 들어주기의 방법 중 하나에 해당한다.

오답 선지 분석

㉠ 예준은 광휘와의 대화에서 적극적으로 참여하지 않고 학습 과제 작성에 열중하고 있다. 이는 적절한 공감적 듣기 방법이라고 볼 수 없다.

㉢ 예준은 광휘의 말에 '많이 힘들었겠다'라고 말하며 감정이입을 통해 상대방의 정서에 반응하고 있으므로 이는 적극적 들어주기 방법에 해당한다.

㉣ 광휘가 예준에게 질문한 것으로 공감적 듣기에 해당하지 않는다.

04 대화 표현 전략 사용하기

[A]에서 적극적 들어주기 방법이 쓰인 문장을 찾아 조건 에 맞게 쓰시오.

조건

• 문장의 첫 어절과 마지막 어절을 쓸 것.

정답

그러니까, 끝나는구나

독서 디자인의 전개 과정

빠른 정답 체크 01 ④ 02 ④ 03 ④ 04 산업 기술, 예술

디자인이라는 용어는 '지시하다', '표현하다', '성취하다'를 의미하는 라틴어 단어 '데시그나레'에서 유래했다. ('디자인'이라는 용어의 어원) 디자인은 단순한 관념이 아닌 그것을 실체로 구현할 수 있는 실용적인 개념이므로, (디자인의 특성 ①) 어떠한 종류의 디자인이라도 실체와 떼어놓고 생각하는 것은 불가능하다. 디자인은 주어진 목적을 달성하기 위해 여러 조형 요소들을 의도적으로 선택해 구성한 것으로, (디자인의 특성 ②) 합리적이면서도 유기적인 통일을 지향하는 창조적 활동이며, (디자인의 특성 ③) 그에 따른 결과의 실현을 가리킨다.

▶ 1문단: 디자인의 개념

산업혁명 직후의 디자인은 순수미술을 바탕으로 얻어낸 미술적 요소를 산업에 응용하는 픽토리얼 디자인으로 이해되었으나, (산업혁명 직후의 디자인 전개 방식) 19세기 초부터 기계·기술의 발달로 인해 대량생산이 가능해지자 (19세기 이후 디자인이 새로운 개념으로 이해되기 시작한 원인) 기능주의 철학을 밑바탕으로 한 새로운 개념으로 이해되기 시작하였다. 인간이 의미 있는 것을 실체화하고자 의도적으로 노력해 얻어낸 것이 인간의 생활 양식이고 인류가 쌓아 올린 문명의 세계라고 한다면 디자인의 세계는 이러한 인간의 생활 양식의 실체, 문명의 실체를 의미하는 것이다. (디자인에 대한 새로운 개념) 19세기에서 20세기 초의 디자인의 역사는 이념을 반영하여 발전했으며, 디자인의 주된 논의는 미의 절대성과 공리성에 대한 것이었다. ㉠ 미의 절대성은 미 그 자체, 아름다움의 본질에 관한 것이며 ㉡ 미의 공리성은 기능적인 면에 초점을 맞추는 것이다. 이 두 가지의 가치 규범에 대한 논의는 지금까지도 디자인의 중심 과제로 활발하게 이어져 오고 있다.

▶ 2문단: 산업혁명 직후부터 20세기 초까지의 디자인 전개 과정과 디자인의 주된 논의

19세기에 이르러 디자인은 산업 기술에 예술을 더함으로써 새로운 예술을 추구하게 된다. 따라서 ⓐ 현대의 디자인은 곧 산업디자인을 의미한다고 보아도 무방하다. (디자인이 산업 기술에 예술을 더함으로써 새로운 예술을 추구하게 되었으므로) 과학 기술과 예술의 접목이 실현됨으로써 현대 사회는 인간이 영위하는 생활환경과 디자인의 관계가 상당히 긴밀하면서도 복잡해졌다.

▶ 3문단: 산업 기술과 예술이 통합된 새로운 예술로서의 디자인

이에 따라 디자인이 발전하는 양상은 매우 다양해졌다. 시각디자인은 (디자인의 발전 양상 ①) 인간 생활에 필요한 정보와 지식을 확장할 뿐만 아니라 더욱 신속하고 정확하게 전달하기 위하여 시각을 중심으로 한다. 또한, 제품디자인은 (디자인의 발전 양상 ②) 인간 생활의 발전에 필요한 제품 또는 도구를 더 대량으로, 더 높은 품질로 생산하기 위해 발전해 왔다. 한편, 인간이 살아가는 데 필요한 환경이나 공간을 더 실용적이면서도 아름답게 만드는 데 중점을 두는 환경디자인도 (디자인의 발전 양상 ③) 이들과 같은 맥락 아래에서 발전하였다.

▶ 4문단: 현대 디자인의 다양한 발전 양상

01 중심 내용 파악하기 답 | ④

윗글의 중심 내용으로 가장 적절한 것은?

정답 선지 분석

④ 시대에 따른 디자인의 발전 양상

윗글은 산업혁명 이후부터 디자인이 어떻게 발전해왔는지 시대에 따라 서술하고 있다.

오답 선지 분석

① 디자인의 개념

1문단에서 디자인의 개념에 대해서 다루고 있으나, 이를 중심 내용으로 볼 수는 없다.

② 산업디자인의 기원

산업디자인의 기원은 2문단에서만 언급되는 내용으로 글 전체를 포괄하지는 못한다.

③ 산업혁명 당시 디자인의 위상

산업혁명 당시 디자인의 위상은 윗글에 제시되어 있지 않다.

⑤ 디자인의 발전을 저해하는 요소와 그 극복 방안

디자인의 발전을 저해하는 요소와 그 극복 방안에 대한 내용은 윗글에서 언급하고 있지 않다.

02 맥락을 바탕으로 추론하기 답 | ④

㉠과 ㉡에 해당하는 예시를 연결한 것으로 적절한 것은?

정답 선지 분석

④ ㉡: 자신의 키에 맞춰 손쉽게 사용할 수 있도록 책상의 높이를 조절하는 것

㉡은 미 그 자체보다 기능적인 면에 초점을 맞추는 것이다. 자신의 키에 맞춰 손쉽게 사용할 수 있도록 책상의 높이를 조절하는 것은 미의 공리성에 해당한다.

오답 선지 분석

① ㉠: 사람이 다치지 않게 유리보다는 플라스틱 화병을 배치하는 것

화병의 기능적인 면에 초점을 맞춘 것이므로 ㉡과 관련이 있다.

② ㉠: 같은 가격과 디자인이라면 성능이 우수한 제품을 구매하는 것
미 그자체보다 기능적인 면에 초점을 맞춘 것이므로 ㉡과 관련이 있다.

③ ㉡: 유명한 영화배우의 외모를 보고 잘생겼다고 생각하는 것
영화배우의 외모를 보고 잘생겼다고 생각하는 것은 미 그 자체에 초점을 맞추는 것이므로 ㉠에 해당한다.

⑤ ㉡: 붉은색 모직에 은색 금속 단추로 마감한 코트를 고급스럽다고 여기는 것
옷의 디자인을 보고 고급스럽다고 여기는 것은 미 그 자체, 아름다움의 본질에 관한 것에 초점을 맞추는 것이므로 ㉠에 해당한다.

03 구체적 사례에 적용하기

답 | ④

보기 에서 활용한 디자인에 대한 설명으로 적절한 것은?

보기

○○시, 도시 디자인을 통한 안전한 골목 조성 나선다.

○○시는 올해 A구 노후 공장 지역 일대에 도시 디자인을 통한 안전한 골목길 조성 사업을 시행한다고 밝혔다.

4월부터 6월까지 진행되는 이 사업은 동네 표지판과 가로등, 골목길과 주거지 등에 범죄 예방 디자인을 적용하여 어두운 거리를 밝히고 안전한 골목길을 조성하여 공간을 보다 실용적이고 아름답게 만드는 것을 목표로 한다.

○○시는 지난해 셉테드 기법 등을 적용한 B구 유흥가 주변 생활 안전 디자인 사업을 벌여 지역민의 범죄 불안감을 줄인 바 있다.

정답 선지 분석

④ 인간이 살아가는 데 필요한 환경이나 공간을 더 실용적으로 만들기 위한 디자인이다.
4문단에 따르면 인간이 살아가는 데 필요한 환경이나 공간을 더 실용적이면서도 아름답게 만드는 데 중점을 두는 디자인은 환경디자인으로, 〈보기〉에서는 디자인을 통해 범죄 예방과 시민의 불안감을 해소하려 하였으므로 환경디자인이 사용되었다고 볼 수 있다.

오답 선지 분석

① 인간 생활에 필요한 정보와 지식을 확장하기 위한 디자인이다.
4문단에 따르면 인간 생활에 필요한 정보와 지식을 확장하고, 이를 더욱 신속하고 정확하기 전달하기 위해 시각을 중심으로 한 디자인을 시각디자인이라 한다. 〈보기〉에서는 필요한 정보나 지식을 전달하려는 의도를 가지고 디자인을 활용하지 않았으므로 적절하지 않다.

② 제품 또는 도구를 더 높은 품질로 생산하기 위해 발전된 디자인이다.
4문단에 따르면 인간 생활의 발전에 필요한 제품 또는 도구를 더 대량으로, 더 높은 품질로 생산하기 위해 발전한 디자인은 제품디자인이다. 〈보기〉에서 활용한 디자인은 인간이 살아가는 데 필요한 환경을 더 실용적으로 만들기 위한 목적을 가지고 있으므로 적절하지 않다.

③ 순수미술을 바탕으로 얻어낸 미술적 요소를 산업에 응용하는 디자인이다.
2문단에 따르면 순수미술을 바탕으로 얻어낸 미술적 요소를 산업에 응용하는 디자인은 픽토리얼 디자인으로, 이는 산업혁명 직후의 디자인에 해당한다. 〈보기〉에서 활용한 디자인은 순수미술을 바탕으로 한 미술적 요소를 산업에 응용하지 않았으므로 적절하지 않다.

⑤ 인간이 의미 있는 것을 실체화하고자 의도적으로 노력해 얻어낸 것을 바탕으로 한 디자인이다.
2문단에 따르면 인간이 의미 있는 것을 실체화하고자 의도적으로 노력해 얻어낸 인간의 생활 양식의 실체와 문명의 실체를 의미하는 것은 19세기 초 기능주의 철학을 바탕으로 한 새로운 개념의 디자인이므로, 〈보기〉에서 활용한 디자인에 해당하지 않는다.

04 세부 내용 파악하기

ⓐ의 이유를 서술하는 말로 적절한 것을 차례대로 골라 쓰시오.

19세기에 이르러 디자인은 (순수미술 / 산업 기술)에 (기술 / 예술)을 더함으로써 새로운 예술을 추구하게 되었기 때문이다.

정답

산업 기술, 예술

문학 1 가 십 년을 경영하여(송순) 나 짚방석 내지 마라(한호)

빠른 정답 체크 01 ④ 02 ③ 03 ④ 04 초려삼간, 박주산채

가

「」: 안분지족, 안빈낙도의 삶의 자세가 드러남
화자의 소박한 삶을 드러냄

「십 년을 경영(經營)*하여 초려삼간(草廬三間)* 지어 내니」
나와 달, 청풍이 어우러지는 모습(물아일체) - 의인법
▶ 화자가 초려삼간을 지음

나 한 칸 ㉠ 달 한 칸에 청풍(淸風) 한 칸 맡겨 두고
□: 시선의 이동(근경→원경)
▶ '나, 달, 청풍'이 초려삼간의 한 칸씩 맡음

강산은 들일 데 없으니 둘러 두고 보리라.
강산을 병풍에 비유함
▶ 강산을 둘러 두고 보려 함

- 송순, 〈십 년을 경영하여〉 -

* 경영(經營): 계획을 세워 집을 지음.
* 초려삼간(草廬三間): 초가집 세 칸이라는 뜻으로, 아주 초라하고 보잘것없는 집.

나

△: 인위적 소재 ○: 자연적 소재

짚방석(方席) 내지 마라 낙엽인들 못 앉으랴
▶ 인위적인 짚방석을 거부하고 낙엽을 받아들임

솔불 켜지 마라 어제 진 ㉡ 달 돋아온다
「」: 안빈낙도의 삶
▶ 인위적인 솔불을 거부하고 달빛을 받아들임

「아이야 박주산채(薄酒山菜)*일망정 없다 말고 내어라」
소박한 풍류, 소탈한 멋과 흥취
▶ 박주산채를 먹으며 풍류를 즐김

- 한호, 〈짚방석 내지 마라〉 -

* 박주산채(薄酒山菜): 맛이 변변하지 못한 술과 산나물.

01 표현상의 특징 파악하기

답 | ④

(가)에 대한 설명으로 적절하지 않은 것은?

정답 선지 분석

④ 자연과 대조적인 시어를 통해 작품의 주제를 직접적으로 드러내고 있다.
(가)에서 자연과 대조적인 시어를 찾아볼 수 없으며, 이를 통해 작품의 주제를 직접적으로 드러내고 있지도 않다.

오답 선지 분석

① 시상이 근경에서 원경으로 이동하며 전개되고 있다.
(가)에서는 화자의 시선이 '나', '달', '청풍'이 있는 초려삼간에서 '강산'으로 이동하고 있다. 따라서 가까운 거리인 근경에서 먼 거리인 원경으로 시상이 이동하고 있다.

② 화자의 바람을 마지막 행에서 정리하여 표현하고 있다.
'~두고 보리라'는 화자의 의지를 나타내는 표현으로, 종장에 화자의 소망이 정리되어 나타나 있음을 알 수 있다.

③ 다양한 자연물을 통해 자연에 대한 긍정적 인식을 나타내고 있다.
(가)의 화자는 '초려삼간'을 지어 자연물인 '달', '청풍'에 한 칸씩 공간을 내주고, '강산'은 병풍처럼 '둘러 두고 보'려 하고 있으므로 자연에 대한 긍정적 인식을 나타내고 있다.

⑤ 비슷한 의미를 지닌 대상을 삽입하여 화자가 지향하는 바를 표현하고 있다.
'달', '청풍'은 자연물을 의미하며, 화자는 이를 통해 자연과 더불어 사는 물아일체의 삶을 표현하고 있다.

02 내용상의 특징 파악하기

답 | ③

(나)를 감상한 학생들의 반응으로 적절한 것은?

정답 선지 분석

③ (나)에서는 대립적인 소재를 작품에 삽입함으로써 화자가 추구하는 가치를 드러내고 있군.
(나)에서는 화자가 추구하는 자연물인 '낙엽', '달'과 화자가 거부하는 인공물인 '짚방석', '솔불'을 삽입함으로써 화자가 추구하는 자연 친화적 삶을 효과적으로 드러내고 있다.

오답 선지 분석

① (나)의 화자는 자신이 처한 상황을 부정적으로 받아들이고 있군.
(나)의 화자는 자연 속에서 소박한 삶을 사는 자신의 상황을 긍정적으로 받아들이고 있다.

② (나)에서 화자가 거부하는 '짚방석'과 '솔불'은 화자의 가난한 삶과 관련이 있군.
(나)에서 화자가 거부하는 소재인 '짚방석'과 '솔불'은 인공적인 소재로, 자연을 추구하려는 화자의 가치관과 관련이 있다. 윗글에서 화자가 가난한지는 알 수 없다.

④ (나)에서는 현실과 멀리 떨어진 화자가 학문 수양을 위해 열심히 노력하는 모습을 엿볼 수 있군.
(나)의 '아이야 박주산채일망정 없다 말고 내어라'라는 시행을 통해 자연에서 소박한 삶을 살며 풍류를 즐기는 화자의 모습을 볼 수 있다.

⑤ (나)에는 화자가 자연을 인간보다 낮은 존재로 인식하고 자연을 지배하며 살아가려는 태도가 나타나 있군.
(나)에서는 인공적 소재인 '짚방석'과 '솔불'을 거부하고 자연적 소재인 '낙엽'과 '달'을 받아들임으로써 자연과 함께 더불어 살아가려는 화자의 자연 친화적 태도가 나타나 있다.

03 시어의 의미 파악하기

답 | ④

보기를 참고할 때, ㉠과 ㉡에 대한 설명으로 적절한 것은?

보기

문학 작품에서 자연물은 시간적 배경을 나타내는 기능뿐만 아니라 화자의 내면을 표현하는 수단으로 활용된다. 작품의 주제에 따라 자연물은 화자가 지향하고자 하는 삶의 태도나 인식의 표현, 혹은 임을 향한 그리운 마음이나 임금을 향한 충성을 투영하는 소재가 된다. 나아가 자연물과 다른 시어와의 대조를 통해 현실에 대한 비판을 드러내기도 한다.

정답 선지 분석

④ ㉠과 ㉡ 모두 자연에 대한 화자의 긍정적 인식이 나타나고 있다.
(가)와 (나)의 '달' 모두 자연에 대한 화자의 긍정적 인식을 드러내는 소재이다.

오답 선지 분석

① ㉠은 ㉡과 달리 화자의 서글픈 심정이 투영되어 있다.
(가)와 (나)의 '달'은 모두 화자의 서글픈 심정이 투영된 것이 아닌, 화자가 추구하는 자연 친화적 삶과 관련이 있다.

② ㉠은 ㉡과 달리 임금을 향한 충성을 투영하는 소재이다.
(가)와 (나)의 '달'은 임금을 향한 충성을 투영하는 소재가 아닌, 화자가 추구하는 자연 친화적 삶을 의미하는 소재이다.

③ ㉡은 ㉠과 달리 대상에 대한 화자의 부정적 태도가 반영되었다.
(가)와 (나)의 '달'은 모두 대상에 대한 긍정적 태도가 반영되었다.

⑤ ㉠과 ㉡ 모두 부조리한 현실을 비판하고자 하는 의도로 사용되었다.
(가)와 (나)의 '달' 모두 현실 비판의 의도로 활용되지 않았다.

04 소재의 의미 파악하기

(가), (나)에서 화자의 소박한 삶을 의미하는 시어를 각각 찾아 조건에 맞게 차례대로 쓰시오.

조건

• 모두 4음절에 해당하는 시어를 찾아 쓸 것.

정답

초려삼간, 박주산채

문학 2 완득이(김려령 원작 · 김영환 각색)

빠른 정답 체크 01 ③ 02 ④ 03 ② 04 완득이

[앞부분 줄거리] 공부는 못하지만 싸움만큼은 누구보다 잘하는 완득이에게는 사람들 앞에서 춤추며 일하는 아버지와 민구 삼촌이 유일한 가족이다. 어느 날, 옆집에 사는 담임 선생님 '똥주'가 완득이에게 그동안 존재조차 몰랐던 어머니의 소식을 전해 준다.

4장
연극이나 뮤지컬 등의 장면을 구분하는 단위

완득이네 옥탑방. 낡은 문 앞에 한 사람이 서 있다. 완득이의 어머니이다.
완득이의 생활 형편이 드러남

7. 마주치지 않을게요 - 어머니 → 노래를 부르는 인물
인물의 심리를 노래로 표현함

사는 내내 보고팠지만 내 두 눈 앞에 서 있지만

불러 볼 수 있을까, 안아 볼 수 있을까, 난…… 난…….

하루 종일 곁을 맴돌아도 저만치 내 앞에 있어도

문득 마주칠까 봐 겁이 났어요, 난……
완득이와 마주칠까 봐
마주치지 않을게요.

숨을 쉬는 내내 보고픈 그 ⓐ 얼굴

무엇과도 바꿀 수 없는 얼굴

눈 감아도 눈 떠 봐도 하염없이 떠오르는 그 얼굴.

매일 너를 찾아왔지만

난 고개 들지 못할 것 같아
완득이를 두고 떠난 죄책감 때문에
다른 사람인 척, 모르는 척할 것 같아

난 마주치지 않을게요.

완득이 등장. 완득이와 어머니, 서로를 마주하고는 할 말을 잃는다.

어머니: ……. 잘 지냈어요?
존댓말을 통해 완득이와의 거리감이 느껴짐
(마주치지 않을게요 / 배경음악)

어머니: 잘 커 줘서 고마워요. 나는 그냥 한 번만…….

어머니, 들고 온 종이 가방들을 완득이에게 건넨다.
완득이에게 주기 위한 것들

어머니: 이거……. (포장을 뜯으며) 요즘 남자아이들한테 제일 인기 있는 거래요.

어머니가 상자를 뜯으면 ㉠ 운동화가 나타난다.
㉠: 어머니가 완득이에게 선물한 것

어머니: 신어 봐요……. 신어 보세요.

완득: 필요 없으니까, 가져가세요.
어머니에 대한 거부감

어머니: (품 안에서 ㉡ 흰 봉투를 꺼내 건네며) 이거…… 말로는 잘 못 하겠어서…… 너무 미안해서…….

달동네가 시끄럽다. 완득이 아버지와 민구 삼촌이 옥탑방으로 들어선다.

어머니, 얼른 완득이의 손에 흰 봉투를 쥐여 준다.

민구 삼촌: 안, 안녕, 안녕하세요! 완, 완득이, 손, 손님인가 봐요!
인물의 말투를 통해 특징을 파악할 수 있음

아버지: 누가 왔어?

어머니, 아버지를 마주하고는 파르르 떤다.

아버지: 이게 뭐야!

아버지, 운동화를 옥탑방 밖으로 내던진다.
어머니에 대한 분노가 담긴 행동

완득: (말리며) 왜 이러세요. 아버지, 왜 이러세요.

민구 삼촌: 이, 이러지 마! 싸, 싸우, 싸우지 마!

아버지: 여기가 어디라고 찾아와! 자식 놈 버리고 저 혼자 호강하겠다고 도망쳐 놓고 여기가 어디라고 다시 와! 당신이 완득이 얼굴 볼 자격이 있다고 생각해? 어서 나가! 우리 집에서 당장 나가!
아버지는 어머니가 혼자 편안한 삶을 누리겠다고 자식을 버렸다고 생각함

어머니, 신발을 신을 겨를도 없이 맨발로 도망치듯 옥탑방에서 뛰쳐나간다.

완득, 어머니 신발을 챙겨 들고 어머니를 쫓아간다.

8. 엄마 향기 - 완득, 어머니

[완득]

방에서 이상한 향기가 났던 것 같아.
어머니의 향기
무슨 향인지는 모르겠지만 어쩐지 익숙한

나 혼자 있을 때와는 달랐던 이 향기.

화장도 안 했던데 도대체 무슨 향일까, [A]

다른 사람들은 다 알고 있는 이 향기.

나만 지금껏 몰랐었던 걸까,

이런 게 바로, 바로.

완득, 어머니가 건넨 흰 봉투를 꺼내 읽는다.
어머니가 건네준 편지

[어머니]

잊고 살지 않았어요. 많이 보고 싶었어요.

난 나쁜 여자예요. 정말 미안해요.
완득이를 두고 혼자 떠난 것을 자책함
혹시 전화할 수 있다면 꼭 해 주세요.

안 해도 돼. 그런데 한번 꼭 듣고 싶어요.

목소리 한번 꼭 듣고 싶어요.

옆에 있어 주지 못해서 미안해요. 미안해요.

완득: 보고 싶었다면 날 버리고 가지 말았어야지요…….
어머니에 대한 서운한 감정이 대사를 통해 드러남

[완득]

그 흔한 아들이니 엄마라는 말은 없어.

난 보고 싶었던 적

없었는데, 그냥 궁금하기만 했었는데

언제 다시 만날 수 있을까.
다시 만나길 바라면서 점점 마음을 열고 있음

[어머니]

내게는 부질없는 이야기

난 잊었던 적

그저 난

[완득]

뭐가 이래, 뭐가 이렇게 허무해,
어머니와의 만남을 허무하게 느낌
뭐가 이렇게 허무해.

- 김려령 원작·김명환 각색, 〈완득이〉 -

01 내용상의 특징 파악하기

답 | ③

인물에 대한 설명으로 적절하지 않은 것은?

정답 선지 분석

③ 어머니의 말에도 완득이가 대꾸를 하지 않는 것은 어머니에 대한 미안함 때문이다.

완득이와 어머니가 만난 상황에서, 어머니의 말에 완득이가 대꾸하지 않은 것은 어머니에 대한 완득이의 거부감 때문으로 볼 수 있다.

오답 선지 분석

① 어머니가 완득이에게 존댓말을 하는 것은 완득이를 어려워하기 때문이다.

어머니가 완득이에게 존댓말을 하는 것은 완득이에 대한 미안함과 그동안 만나지 못했기 때문에 생긴 거리감 때문이다.

② 아버지는 어머니가 홀로 편안한 삶을 누리기 위해 자식을 버렸다고 생각한다.

아버지는 어머니에게 "자식 놈 버리고 저 혼자 호강하겠다고 도망쳐 놓고 여기가 어디라고 다시 와!"라면서 어머니를 쫓아내고 있다. 따라서 아버지는 어머니가 홀로 편안한 삶을 누리기 위해 자식을 버렸다고 생각한다.

④ 완득이가 운동화를 받지 않는 모습은 어머니에게 마음을 열지 못하고 있음을 나타낸다.

어머니는 완득이를 위해 운동화를 선물했지만 완득이가 "필요 없으니까, 가져가세요."라며 선물을 거부하는 것은 어머니에게 마음을 열지 못했기 때문이다.

⑤ 민구 삼촌이 어머니에게 하는 말로 보아 완득이 어머니의 존재에 대해 모르고 있었음을 알 수 있다.
민구 삼촌이 완득이의 어머니를 보고 "완, 완득이, 손, 손님인가 봐요!"라고 하는 것으로 보아 완득이 어머니의 존재에 대해 모르고 있었음을 알 수 있다.

02 소재의 의미 이해하기 답 | ④

㉠, ㉡에 대한 설명으로 적절한 것은?

정답 선지 분석

④ ㉠과 ㉡을 통해 완득이에 대한 어머니의 미안함과 사랑을 알 수 있다.
㉠과 ㉡은 모두 어머니의 완득이에 대한 미안함과 사랑을 알 수 있는 소재이다.

오답 선지 분석

① ㉠은 어머니에 대한 완득이의 사랑을 의미한다.
㉠은 어머니가 완득이에게 선물한 운동화로, 완득이에 대한 어머니의 사랑을 보여 준다.

② ㉡은 어머니가 완득이에게 건네는 경제적 도움을 의미한다.
㉡은 완득이를 향한 어머니의 편지로, 경제적 도움이 아닌 완득이에 대한 미안함을 담고 있다.

③ ㉠은 완득이, ㉡은 완득이 아버지에게 전달하고자 한 것이다.
㉠과 ㉡은 모두 어머니가 완득이에게 건넨 것이다.

⑤ ㉠과 ㉡ 모두 어머니와 완득이의 사이를 더욱 멀어지게 하는 소재이다.
㉠과 ㉡은 어머니가 완득이에게 선물한 것으로, 사이를 멀어지게 하는 것은 아니다.

03 원작과 비교하기 답 | ②

보기 는 [A]의 원작 부분이다. 이를 통해 알 수 있는 윗글과 보기 의 차이점으로 적절하지 않은 것은?

보기

방에서 이상한 냄새가 나는 것 같다. 무슨 냄새인지는 모르겠다. 어쨌든 나 혼자 있을 때와는 다른 냄새다. 화장도 안 했던데 무슨 냄새일까. 이런 게 어머니 냄새라는 걸까. 그분이 먹었던 라면 그릇이 전과 달라 보였다. 나는 그분이 두고 간 봉투를 뜯었다. 돈인 줄 알았는데 편지였다.

미안해요. 잊고 살지 않았어요. 많이 보고 싶었어요. 나는 나쁜 사람이에요. 정말 미안해요. 혹시 전화할 수 있다면 전화해 주세요.

OOO-OOOO-OOOO

안 해도 돼요. 옆에 있어 주지 못해서 미안해요.

정답 선지 분석

② 윗글은 〈보기〉와 달리 인물이 서술자가 되어 사건을 설명한다.
윗글은 〈보기〉의 내용을 인물의 노래로 표현하고 있다. 인물이 서술자가 되어 사건을 설명하는 것은 원작 소설인 〈보기〉이다.

오답 선지 분석

① 윗글은 〈보기〉와 달리 인물의 대사로 사건이 전개된다.
〈보기〉는 완득이가 자신의 관점에서 사건을 서술한 부분이다. 그러나 윗글에서는 완득이의 대사(노래)로 극을 이끌어가고 있다.

③ 윗글은 〈보기〉와 달리 원작의 내용을 각색하였음을 알 수 있다.
〈보기〉에서는 '그분이 먹었던 라면 그릇이 전과 달라 보였다.'와 완득이 어머니의 전화번호가 제시되어 있지만, 윗글에서는 이를 확인할 수 없으므로 원작의 내용을 각색하였음을 알 수 있다.

④ 윗글은 〈보기〉와 달리 노래를 통해 등장인물의 심리가 드러난다.
〈보기〉에서는 줄글로 인물의 심리가 드러나지만, 윗글은 노래를 통해 드러내고 있다.

⑤ 윗글은 〈보기〉와 달리 배우가 등장인물의 행동을 직접 연기하여 보여주도록 지시문을 제시한다.
윗글에서는 지시문인 '완득, 어머니가 건넨 흰 봉투를 꺼내 읽는다.'를 통해 등장인물의 행동을 직접 연기하여 보여 주고 있다.

04 세부 내용 파악하기

ⓐ가 가리키는 인물을 윗글에서 찾아 3음절로 쓰시오.

정답

완득이

11강

| 본문 | 129쪽

작문 설명하는 글 쓰기

빠른 정답 체크 01 ③ 02 ④ 03 ③ 04 머리카락은, 있다

건강한 머릿결을 갖고 싶어요!

「윤기가 흐르는 건강한 머릿결은 남녀를 가리지 않고 누구나 바라는 것이다. 하지만 거울을 볼 때마다 상하고 푸석푸석한 머리카락 때문에 고민하는 사람이 많은 것이 현실! 이 고민을 해결하기 위해서는 어떻게 해야 할까? 지금부터 머릿결과 관련된 궁금증을 풀어 보도록 하자.」
「」: 예상 독자를 고려하고 독자의 흥미를 유발함
설명 대상 소개

[A] 머리카락이 상한다는 것은 어떤 의미일까? 「머리카락은 김, 밥, 속 재료가 말려 있는 김밥처럼 모표피, 모피질, 모수질이라는 3개의 층으로 이루어져 있다.」 이 중 가장 바깥층인 모표피는 세포가 물고기 비늘 모양으로 겹쳐 있는 층이다. 머리카락이 상한다는 것은 이 모표피가 벌어지거나 떨어져서 손상된 것을 의미한다.
「」: 머리카락의 구조를 분석의 방법으로 설명함
독자의 이해를 돕기 위해 비유의 설명 방식을 활용함
머리카락이 상한다는 것을 정의의 방법으로 설명함

그렇다면 머릿결이 나빠지는 이유는 무엇일까? ㉠「머리카락은 케라틴이라는 단백질로 이루어져 있는데 단백질은 열에 약하다. 그래서 뜨거운 물이나 바람 등과 자주 접촉하면 머리카락이 상하여 머릿결이 나빠진다.」 또 영양 상태가 좋지 않은 것도 머릿결에 나쁜 영향을 줄 수 있다. 이 밖에도 머리카락을 비벼서 말리거나 머리카락이 젖어 있을 때 빗질을 하는 것도 머릿결에 나쁜 영향을 준다.
「」: 머릿결이 나빠지는 이유를 인과의 방법으로 설명함

머리카락이 상하는 것을 막고 건강한 머릿결을 유지하기 위해서는 어떻게 해야 할까? 머릿결에 좋은 음식을 먹는 것이 도움이 된다. 머리카락을 튼튼하게 하거나 머리카락이 자라는 데 도움이 되는 음식에는 시금치, 굴, 달걀, 호두 등이 있다. 평소 머리카락을 잘 관리하는 습관을 지니는 것도 중요하다. 「예를 들어 머리를 감고 나서 머리카락이 젖은 채로 자는 것을 피하고, 머리카락을 말릴 때에는 수건으로 눌러서 물기를 제거하도록 한다. 또 머리카락을 자극하는 파마나 염색은 자주 하지 않는 것이 좋다.」
머리카락에 도움이 되는 음식들
「」: 머리카락을 잘 관리하는 습관의 예시

지금까지 머리카락 손상의 의미와 머릿결이 나빠지는 이유, 건강한 머릿결을 유지하는 방법을 살펴보았다. 결국 머릿결은 우리의 일상생활과 밀접한 관련이 있다. 건강한 머릿결을 원한다면 생활 습관을 바꿔야 한다. 올바른 생활 습관을 통해 머릿결을 건강하게 유지해 나가기를 바란다.

「- 참고한 자료: 《재미있는 과학 수사 이야기》, 《모발학 사전》, 《헬스조선》과 《공감신문》의 기사, 우리 동네 미용전문가 면담, ○○피부과 누리집 상담 게시판」
「」: 참고 자료의 출처를 삽입함

01 정보 전달 글쓰기 내용 생성하기 답 | ③

윗글에 대한 설명으로 적절하지 않은 것은?

정답 선지 분석

③ 3문단에서는 머릿결을 상하게 하는 주범인 '케라틴'에 대해 설명하고 있다.
3문단에서는 머릿결이 나빠지는 이유를 설명하면서, 뜨거운 물이나 바람 때문에 머리카락이 상한다고 하였으므로, 케라틴이 머릿결을 상하게 하는 주범이라는 설명은 적절하지 않다.

오답 선지 분석

① 1문단에서는 설명하려는 대상인 '머리카락'에 대해 소개하고, 앞으로 이어질 내용을 제시하고 있다.
1문단에서는 글의 중심 소재인 '머리카락'을 언급하고 있으며, '지금부터 머릿결과 관련된 궁금증을 풀어 보도록 하자'를 통해 앞으로 이어질 내용을 제시하고 있다.

② 2문단에서는 글의 중심 소재인 '머리카락'의 구조와 머리카락 손상의 의미를 설명하고 있다.
2문단에서 머리카락은 모표피, 모피질, 모수질이라는 3개의 층으로 이루어져 있으며, 머리카락이 상한다는 것은 모표피가 벌어지거나 떨어져서 손상된다는 것을 의미한다고 하였으므로 적절하다.

④ 4문단에서는 건강한 머릿결을 유지하는 방법을 구체적으로 설명하고 있다.
4문단에서는 건강한 머릿결을 유지하기 위해 머릿결에 좋은 음식을 먹거나, 머리카락을 잘 관리하는 습관을 지니는 것이 중요하다고 하였으므로 적절하다.

⑤ 5문단에서는 앞의 내용을 요약하면서, 건강한 머릿결을 위한 올바른 생활 습관을 강조하며 글을 마무리하고 있다.
5문단에서는 '지금까지 머리카락 손상의 의미와 머릿결이 나빠지는 이유, 건강한 머릿결을 유지하는 방법을 살펴보았다'라고 함으로써 앞의 내용을 요약하고, '건강한 머릿결을 원한다면 생활 습관을 바꿔야 한다.'라고 하며 글을 마무리하고 있으므로 적절하다.

02 정보 전달 글쓰기 표현 전략 사용하기 답 | ④

㉠의 설명 방법을 사용한 문장으로 적절한 것은?

정답 선지 분석

④ 구들은 방 밖의 아궁이에서 불을 땐다. 따라서 화재 위험도 적고, 이산화탄소에 중독될 위험도 거의 없다.
구들이 안전한 이유를 인과의 방법을 활용하여 설명하고 있다. ㉠의 문장 또한 머릿결이 나빠지는 이유를 인과의 방법을 사용하여 설명하고 있다.

오답 선지 분석

① 구들은 고래를 켜고 구들장을 덮어 흙으로 방바닥을 만들어 불을 때는 난방 시설을 말한다.
구들의 개념을 명확하게 밝혀 주고 있으므로 정의의 방법을 활용하여 설명하고 있다.

② 구들의 구조는 크게 불을 때는 아궁이, 열기가 지나가는 고래, 연기가 배출되는 굴뚝으로 나뉜다.
구들의 구조를 여러 부분으로 나눠 설명하고 있으므로 분석의 방법을 사용하고 있다.

③ 벽난로는 장작이 다 타면 실내가 금방 추워지지만, 구들은 장작을 조금만 때도 열이 오래 지속된다.
구들의 장점을 강조하기 위해 벽난로와 구들의 차이점을 중심으로 설명하는 대조의 방법을 사용하고 있다.

⑤ 구들은 우리 몸에도 좋다. 예를 들어, 하체를 따뜻하게 해주기 때문에 노인이나 환자의 건강에 도움이 된다.
구들이 우리 몸에 좋은 이유를 설명하기 위해 구체적인 예시의 방법을 사용하고 있다.

03 정보 전달 글쓰기 자료, 매체 활용하기

답 | ③

[A] 부분에 보기 와 같은 그림을 추가하여 글을 작성할 때, 그 효과로 가장 적절한 것은?

보기

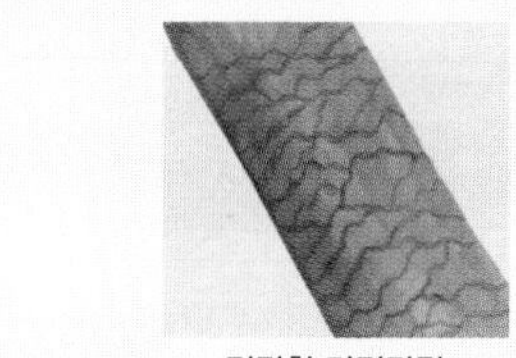
건강한 머리카락

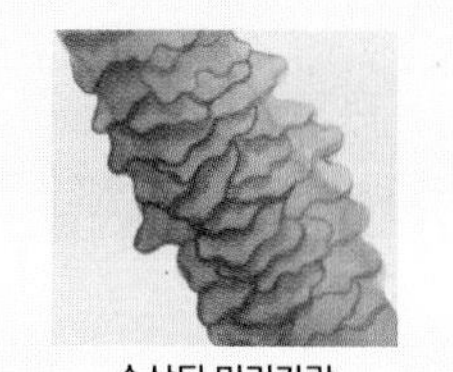
손상된 머리카락

정답 선지 분석

③ 머리카락이 손상된다는 것의 의미를 쉽게 이해할 수 있다.

[A]에서는 머리카락 손상에 대해 설명하고 있다. 〈보기〉는 건강한 머리카락과 손상된 머리카락의 차이를 보여 주므로 독자들이 손상된 머리카락의 의미를 이해하는 데 도움을 줄 것이다.

오답 선지 분석

① 머리카락의 구조를 구체적으로 파악할 수 있다.

[A]에서 머리카락이 3개의 층으로 이루어져 있다고는 하였으나, 제시된 그림만으로는 머리카락의 내부 구조까지 파악하기는 어렵다.

② 머리카락의 사전적 의미를 정확하게 이해할 수 있다.

〈보기〉를 통해 머리카락의 사전적 의미를 이해할 수 없다.

④ 건강한 머리카락을 유지하는 것의 중요성을 파악할 수 있다.

〈보기〉를 통해 건강한 머리카락을 유지하는 것의 중요성을 파악할 수 없다.

⑤ 시금치, 굴, 달걀, 호두 등의 음식이 머리카락에 어떻게 도움이 되는지 자세하게 알 수 있다.

〈보기〉를 통해 음식이 어떻게 머리카락에 도움이 되는지 알 수 없다.

04 정보 전달 글쓰기 표현 전략 사용하기

윗글에서 분석의 방법을 사용한 문장을 찾아 조건 에 맞게 쓰시오.

조건

• 문장의 첫 어절과 마지막 어절을 적을 것.

정답

머리카락은, 있다

독서 논증의 두 가지 방법

빠른 정답 체크 01 ⑤ 02 ④ 03 ② 04 고래는 새끼를 낳는다.

논증이란 참이라고 주장되는 어떤 결론을 뒷받침하는 일련의 이유나 증거들을 밝히는 표현 양식이다.(논증의 개념) 이때 일련의 이유나 증거들은 주장을 뒷받침할 수 있으며, 믿을 수 있고 객관적인 근거여야 한다.(논증을 뒷받침하는 근거의 필수 조건)

▶ 1문단: 논증의 개념

㉠ 귀납법은 개별적 사실들로부터 일반적 법칙을 도출하는 논증 방법으로,(귀납법의 개념) 「각각의 개별적 사실인 'A가 죽었다.', 'B가 죽었다.', 'C가 죽었다.'를 종합하여 '모든 사람은 죽는다.'라는 일반적 법칙을 도출하는 것이다.」(「」: 귀납법의 논증 방법) 귀납법은 주로 경험을 중요시하는 경험주의자들이 주장하는 논증 방식으로, 특히 "아는 것이 힘이다."라는 말로 유명한 프랜시스 베이컨은(귀납법을 주장한 대표적 인물) 경험론의 아버지로 불린다. 그는 철학의 시작을 사물을 선입견 없이 관찰하는 것이라고 보았으며, 따라서 사물에 대한 선입견과 편견을 버려야 한다고 주장했다.

▶ 2문단: 귀납법의 개념과 논증 방법

이와 같은 귀납법은 특수한 현상이나 원리가 일반적인 경우에도 동일하게 적용될 것이라는 개연성에 의존하고 있기 때문에 논리적 필연성을 갖지는 못한다.(귀납법의 한계) 그러나 새로운 지식이나 이론의 발견과 확장을 가능하게 하여(귀납법의 효과) 오늘날 실험이나 통계 자료를 폭넓게 활용해야 하는 자연과학, 사회과학을 비롯한 사회 각 영역에서(귀납법의 활용 분야) 다양하게 활용되고 있다.

▶ 3문단: 귀납법의 특징과 활용 분야

반면 "나는 생각한다, 고로 존재한다."라는 말로 유명한 데카르트는(연역법을 주장한 대표적 인물) 귀납법이 불완전하다고 생각하여 새로운 논증 방법인 ㉡ 연역법을 주장했다. 연역법은 확실한 사실, 명백한 진리에서 출발해서 다른 개별적 진리를 이끌어내는 방법으로,(연역법의 개념) 「명백한 진리인 '모든 인간은 죽는다.'와 'A는 인간이다.'를 통해 'A는 죽는다'라는 결론, 즉 일반적 법칙을 도출하는 것이다.」(「」: 연역법의 논증 방법) 경험을 중시하는 귀납법과 달리 연역법은 이성의 역할을 중시하기 때문에 합리주의자들이 주장하는 논증 방법이다.

▶ 4문단: 연역법의 개념과 논증 방법

연역법은 새로운 지식과 개념의 확장으로 나아가는 힘은 부족하지만,(연역법의 한계) 논리적인 일관성과 체계성을 가진다.(연역법의 효과) 예를 들어 일정한 규범이나 규칙이 성립되어 있는 사회에서 한 개인의 행위의 옳고 그름을 판단할 때(연역법의 활용 분야 ①) 주로 연역법을 활용한다. 또한 수학 분야에서 특정한 값을 구해내는 과정(연역법의 활용 분야 ②) 역시 연역법에 기대는 경우가 대부분이다.

▶ 5문단: 연역법의 특징과 활용 분야

01 핵심 내용 파악하기

답 | ⑤

윗글의 중심 내용으로 가장 적절한 것은?

정답 선지 분석

⑤ 연역법과 귀납법의 논증 방식

윗글은 두 가지 논증 방식인 연역법과 귀납법을 설명하는 글이다.

오답 선지 분석

① 현대인의 실용주의

실용주의는 실제 결과가 진리를 판단한다고 주장하는 입장인데, 윗글에서는 이에 대한 언급이 없다.

② 데카르트의 합리주의

4문단에서 데카르트가 귀납법이 불완전하다고 생각하여 새로운 논증 방법인 연역법을 주장했다는 것은 알 수 있으나, 데카르트의 합리주의에 대한 내용은 윗글에서 알 수 없다.

③ 프랜시스 베이컨의 경험론
2문단에서 사물을 선입견 없이 관찰하는 프랜시스 베이컨의 경험론을 제시하고 있으나 이는 글의 전체 내용을 포괄하지 못한다.

④ 연역법과 귀납법의 절충안
윗글은 연역법과 귀납법을 분석하고는 있으나 이 두 방법을 절충하지는 않는다.

02 핵심 내용 파악하기

답 | ④

㉠과 ㉡에 대한 설명으로 적절하지 않은 것은?

정답 선지 분석

④ ㉡은 새로운 지식과 개념의 확장을 이루어 낸다.
5문단에 따르면 ㉡은 새로운 지식과 개념의 확장으로 나아가는 힘은 부족하지만, 논리적인 일관성과 체계성을 가진다고 하였으므로 적절하지 않다.

오답 선지 분석

① ㉠은 프랜시스 베이컨이 주장한 논증 방식이다.
2문단에 따르면 ㉠은 경험주의자들이 주장한 논증 방법이고, 프랜시스 베이컨이 경험론의 아버지로 불린다고 하였으므로 적절하다.

② ㉠은 각각의 사실로부터 일반적 법칙을 도출한다.
2문단에 따르면 ㉠은 개별적 사실들로부터 일반적 법칙을 도출하는 논증 방법이다.

③ ㉡은 합리주의자들이 주장하는 논증 방식이다.
4문단에 따르면 ㉡은 이성의 역할을 중시하기 때문에 합리주의자들이 주장하는 논증 방법이다.

⑤ ㉠과 ㉡에서 활용되는 근거는 주장을 뒷받침하며 믿을 수 있고 객관적이어야 한다.
㉠과 ㉡은 논증 방법에 해당하며, 1문단에 따르면 논증에서 활용되는 일련의 이유나 증거들은 주장을 뒷받침할 수 있으며, 믿을 수 있고 객관적인 근거여야 한다고 하였으므로 적절하다.

03 구체적 사례에 적용하기

답 | ②

윗글을 참고하여 보기 를 이해한 내용으로 적절하지 않은 것은?

보기

관측 1일 차, 해가 동쪽에서 떴다.
관측 2일 차, 해가 동쪽에서 떴다.
⋮
관측 482일 차, 해가 동쪽에서 떴다.
결론: 해는 동쪽에서 뜬다.

정답 선지 분석

② 경험주의자들은 〈보기〉의 결론을 받아들이지 않을 것이다.
경험주의자들은 귀납법을 주장한 사람들이므로 귀납법으로 증명한 〈보기〉의 결론을 받아들일 것이다.

오답 선지 분석

① 〈보기〉는 귀납법을 사용한 논증이다.
〈보기〉는 구체적인 사례를 관찰한 뒤에 일반적인 결론을 내렸으므로 귀납법에 해당한다.

③ '해는 동쪽에서 뜬다.'라는 결론은 일반적 법칙에 해당한다.
〈보기〉는 해가 동쪽에서 뜬다는 개별적 사실에서 '해는 동쪽에서 뜬다.'라는 일반적 법칙을 도출해내고 있다.

④ 관측 첫째 날 해가 동쪽에서 뜬 것은 개별적 사실에 해당한다.
'관측 1일 차, 해가 동쪽에서 떴다.'는 개별적 사실에 해당한다.

⑤ 데카르트는 '해는 동쪽에서 뜬다.'라는 확실한 진리에서 논증을 시작할 것이다.
데카르트는 연역법을 주장했으므로 확실한 진리인 '해는 동쪽에서 뜬다.'로부터 논증을 시작하여 개별적 진리를 이끌어 낼 것이다.

04 구체적 사례에 적용하기

보기 의 문장이 명백한 진리에 해당할 때, 연역법을 통해 도출할 수 있는 결론을 3어절로 쓰시오.

보기

ㄱ. 모든 포유류는 새끼를 낳는다.
ㄴ. 고래는 포유류이다.

정답

고래는 새끼를 낳는다.

문학 1 첫사랑(고재종)

빠른 정답 체크 01 ④ 02 ② 03 ③ 04 세상에서, 터뜨린다

「흔들리는 나뭇가지에 꽃 한 번 피우려고
「」: 눈이 나뭇가지에 내려 눈꽃을 피우는 상황을 의인화함
눈은 얼마나 많은 도전을 멈추지 않았으랴.」
눈꽃을 피우기 위한 눈의 노력 – 의인법, 설의법
▶ 눈꽃을 피우기 위한 눈의 도전
○: 음성 상징어를 통해 눈이 도전하는 모습을 형상화함
싸그락 싸그락 두드려 보았겠지. □: 동일하거나 유사한 말의 반복으로 운율을 형성함
난분분* 난분분 춤추었겠지.

㉠ 미끄러지고 미끄러지길 수백 번,
눈꽃을 피우기 위한 수많은 도전과 실패
▶ 눈꽃을 피우기 위해 겪는 눈의 시련

바람 한 자락* 불면 휙 날아갈 사랑을 위하여
첫사랑이 쉽게 이루어질 수 없음을 의미함
㉡ 햇솜* 같은 마음을 다 퍼부어 준 다음에야
사랑하는 대상을 향한 순수한 마음 – 직유법
㉢ 마침내 피워 낸 저 황홀* 보아라.
역경을 딛고 피워낸 눈꽃(첫사랑)의 아름다움
▶ 헌신과 노력 끝에 얻은 아름다운 눈꽃

봄이면 가지는 그 ㉣ 한 번 덴 자리에
눈꽃이 피었던 자리, 첫사랑으로 인한 고통의 흔적
㉤ 세상에서 가장 아름다운 상처를 터뜨린다.
첫사랑의 아픔을 겪고 난 후의 정신적 성숙 – 역설법
▶ 눈꽃이 진 후 봄에 피어난 꽃의 아름다움

- 고재종, 〈첫사랑〉 -

* 난분분(亂紛紛): '난분분하다'의 어근. 눈이나 꽃잎 따위가 흩날리어 어지럽다.
* 자락: 한차례의 바람이나 빗줄기.
* 햇솜: 당해에 새로 난 솜.
* 황홀(恍惚): 눈이 부시어 어릿어릿할 정도로 찬란하거나 화려함.

01 표현상의 특징 파악하기

답 | ④

윗글에 대한 설명으로 적절하지 않은 것은?

정답 선지 분석

④ 어조의 변화를 통해 화자의 태도가 변화하는 과정을 보여 주고 있다.
윗글에서는 어조의 변화를 통해 화자의 태도가 변화하는 과정이 나타나지 않는다.

오답 선지 분석

① 비유적 표현을 통해 첫사랑의 아픔을 나타내고 있다.
'한 번 덴 자리'를 통해 첫사랑의 고통과 아픔의 흔적을 나타내고 있다.

② 음성 상징어를 통해 시적 상황을 실감 나게 그려 내고 있다.
'싸그락 싸그락'에서 청각적 이미지를, '난분분 난분분'에서 시각적 이미지를 사용하여 시적 상황을 실감 나게 그려 내고 있다.

③ 동일하거나 유사한 시어의 반복을 통해 운율을 형성하고 있다.
'싸그락 싸그락', '난분분 난분분', '미끄러지고 미끄리지길' 등의 유사한 시어의 반복을 통해 리듬감을 형성하고 있다.

⑤ 의인법을 통해 눈꽃을 피우기 위한 눈의 도전을 구체화하여 표현하고 있다.
'두드려 보았겠지', '춤추었겠지' 등의 표현을 통해 눈의 도전을 구체화하여 표현하고 있다.

02 시구의 함축적 의미 이해하기 답 | ②

㉠~㉤의 의미로 적절하지 않은 것은?

정답 선지 분석

② ㉡: 첫사랑을 향한 연민과 걱정
'햇솜 같은 마음'은 사랑하는 대상을 향한 순수한 마음을 의미한다.

오답 선지 분석

① ㉠: 첫사랑을 이루기 위한 노력과 시련
'미끄러지고 미끄러지길 수백 번'은 눈꽃을 피우기 위한 수많은 도전과 실패를 가리키는 것으로, 첫사랑을 이루기 위한 노력과 시련을 의미한다.

③ ㉢: 첫사랑을 이룬 기쁨
'마침내 피워 낸 저 황홀'은 눈의 헌신과 노력으로 눈꽃이 피어났음을 가리키는 것으로, 첫사랑이 이루어진 기쁨을 의미한다.

④ ㉣: 첫사랑으로 인한 고통의 흔적
'한 번 덴 자리'는 눈꽃이 피었던 자리를 가리키는 것으로, 첫사랑으로 인한 고통의 흔적을 의미한다.

⑤ ㉤: 첫사랑의 아픔을 겪고 난 후의 정신적 성숙
'세상에서 가장 아름다운 상처'는 봄에 꽃이 핀 모습을 가리키는 것으로, 첫사랑의 아픔을 겪고 난 후의 정신적 성숙과 성숙한 사랑을 의미한다.

03 작품 간의 공통점, 차이점 파악하기 답 | ③

윗글과 보기 를 비교한 것으로 적절한 것은?

보기

가야 할 때가 언제인가를
분명히 알고 가는 이의
뒷모습은 얼마나 아름다운가.

봄 한철 / 격정을 인내한
나의 사랑은 지고 있다.
(중략)

헤어지자
섬세한 손길을 흔들며
하롱하롱 꽃잎이 지는 어느 날.

나의 사랑, 나의 결별
샘터에 물 고인 듯 성숙하는
내 영혼의 슬픈 눈.

- 이형기, 〈낙화〉

정답 선지 분석

③ 윗글과 〈보기〉 모두 음성 상징어를 통해 대상을 묘사하고 있다.
윗글의 2연에서 '싸그락 싸그락', '난분분 난분분'과, 〈보기〉에서 '하롱하롱' 등의 음성 상징어를 통해 대상을 생동감 있게 묘사하고 있음을 알 수 있다.

오답 선지 분석

① 윗글과 〈보기〉 모두 대상에 대한 비관적 태도가 드러나 있다.
윗글에서는 '마침내 피워 낸 저 황홀 보아라'를 통해, 〈보기〉에서는 '뒷모습은 얼마나 아름다운가'를 통해 대상에 대한 예찬적 태도가 드러나 있음을 알 수 있다.

② 윗글과 〈보기〉 모두 시선의 이동에 따라 시상을 전개하고 있다.
윗글과 〈보기〉 모두 시선의 이동이 아닌 시간의 흐름에 따라 시상을 전개하고 있다.

④ 윗글은 〈보기〉와 달리 자연 현상을 인간의 삶과 연관 지어 표현하고 있다.
윗글은 자연 현상인 눈을, 〈보기〉는 자연 현상인 낙화를 인간의 삶과 연관 지어 표현하고 있다.

⑤ 윗글은 〈보기〉와 달리 설의법을 사용하여 화자의 정서를 효과적으로 드러내고 있다.
윗글에서는 '눈은 얼마나 많은 도전을 멈추지 않았으랴'를 통해, 〈보기〉에서는 '뒷모습은 얼마나 아름다운가'를 통해 윗글과 〈보기〉 모두 설의적 표현을 사용하였음을 알 수 있다.

04 시어의 표현법 파악하기

윗글에서 보기 와 같은 표현법을 사용한 시행을 찾아 첫 어절과 마지막 어절을 쓰시오.

보기

• 찬란한 슬픔의 봄
• 소리 없는 아우성

정답

세상에서, 터뜨린다

문학 2 야, 춘기야(김옥)

빠른 정답 체크 01 ② 02 ② 03 ② 04 이중창

[앞부분 줄거리] 중학교 입학을 앞두고 있는 '나'는 공부보다는 멋 내기에 관심이 많다. 엄마는 그런 '나'를 '사춘기'의 '춘기'라고 부르며 '나'가 학생이란 신분에 맞게 행동하길 바라지만, '나'는 엄마의 말이 잔소리로만 들린다. 어느 날, '나'는 엄마 몰래 집에서 친구 윤선이와 함께 머리를 염색하고, '나'를 본 엄마는 불같이 화를 내며 휴대 전화까지 압수한다.

"엄마도 화장하고 파마도 하잖아."
'나'가 염색한 것에 대한 정당성
"나하고 너하고 같아? 나는 어른이고 너는 학생이잖아."
엄마가 '나'의 염색을 반대하는 까닭
"그럼 엄마처럼 바쁘다는 핑계로 딸 밥도 잘 안 챙겨 주는 거는
엄마에 대한 '나'의 불만
엄마 노릇 잘하는 거야?"

나는 울면서 소리쳤다.

"내가 누구 때문에 이렇게 열심히 사는데……."
엄마는 '나'를 위해 열심히 살고 있음
"누군 누구야. 엄마가 좋아서 엄마 인생 사는 거지. 나는 바보처럼 공부만 하면서 살고 싶지 않아. **해 보고 싶은 것**은 다 하면서

살 거야. 그리고 절대로 엄마처럼은 살지 않을 거야."
엄마와는 다른 '나'의 생각

엄마 눈이 휘둥그레졌다.

짧은 순간 커다란 눈 가득 눈물을 글썽이더니 내 등짝을 세게
'나'의 말을 듣고 엄마는 서운함과 슬픔을 느낌
후려치며 말했다.

"난 **애들이 어른한테 대드는 꼴**은 죽어도 못 봐. 하여간 검은 염색약 사다 다시 염색할 거니까 그런 줄 알아."

나는 내 방에 들어가 문을 걸어 잠그고 엉엉 울었다.

'집 나가 버릴 거야. 혼자서도 얼마든지 살 수 있어.'
'나'는 엄마와의 갈등으로 가출을 하고 싶어 함

(중략)

"할머니, 엄마는 나만 할 때 공부만 했어?"

그러자 할머니가 잠이 묻은 소리로 말했다.

"누구? 니 엄마가?"

"응, 공부가 너무 재미있어서 멋도 안 부리고 죽으라고 공부만
'나'가 엄마에게 들은 엄마의 어린 시절
했대. 그래서 나는 엄마 딸 같지가 않대. 엄마 닮은 구석이 하나도 없어서 그렇게 놀 궁리만 하는 거래."

"아이고, 별소리를 다 한다. 내 새끼가 어때서. 사과처럼 예쁘기만 하구먼. 힝, 저 클 때는 안 그랬나? 그때「남학생들이랑 빵집
「」: 할머니에게 들은 엄마의 어린 시절
으로 들판으로 극장으로 얼마나 쏘다니던지 내가 학교도 한번 불려 가고 진짜 속 썩었는데」그건 까맣게 잊었는가 보다."

"정말? 엄마가 그렇게 할머니 속을 썩였단 말야?"

할머니는 아차 했는지 입을 다물더니 얼른 덧붙였다.

"아니, 뭐냐 저, 그게 아니고, 그래도 네 엄마는 형제들 중에 가장 인정이 많았어. 속 썩일 때도 있었지만 용돈 모아서 선물도 사다 주고 과수원 일하고 오면 등도 주물러 주고 애교도 부리고 하던 건 네 엄마였단다."

엄마의 비밀이 드러나 버렸다. 그동안 나만 감쪽같이 속았다.
엄마 또한 어렸을 때 외할머니의 속을 썩였다는 것
역시 얼른 어른이 돼야 한다.

"할머니, 나도 얼른 어른이 되면 좋겠어. 어디든 맘대로 가고 내
'나'의 소원
맘대로 다 해 볼 거야."

그러자 할머니는 웃으며 말했다.

[A] "암, 그래야지. 우리 예린이는 잘할 수 있을 거야. 할머니는 우리 예린이를 믿어요. 무엇이든 하고 싶은 것은 다 해 보고 세상을 돌아다녀 보렴. 그런데 예린아, 사과는 오랫동안 충분히 익어야 달고 맛있단다. 햇빛도 맘껏 쬐고 별빛도 맘껏
인간 또한 사과처럼 충분한 경험과 오랜 시간을 들여야 비로소 성숙해짐을 의미함
받고 비도 맞고 바람도 받고 이슬도 먹고, 먹고……."

"……?"

이상해서 보니 할머니는 어느새 잠들어 있고 엄마의 코 고는 소리만 요란하다.

'엄마는 그래 놓고 나한테는 그렇게 거짓말을 했단 말야?'

자는 엄마 모습을 보니 이상하게도 화가 나기보다 피식 웃음이
엄마와 동질감을 느끼고 마음이 풀린 '나'
나왔다. 엄마에게도 나와 같은 시절이 있었던 것이다. 아무래도 집 나가는 것은 잠깐 뒤로 미뤄야겠다.

할머니랑 할머니 속에서 나온 엄마랑, 엄마 속에서 나온 나는 나란히 누워 그렇게 잠이 들었다.

할머니는 닷새 동안 우리 집에 머물렀다. 엄마가 더 있으라고
할머니에게 어리광을 부리는 엄마
졸랐지만, 할머니는 이제부터는 열심히 사과만 따야 하는 때가 됐다고 했다.

우리 집에 온 이튿날, 할머니는 여러 종류의 김치를 담그고 김치찌개를 끓였다. 엄마는 할머니에게 편안한 신발을 한 켤레 사 드렸다. 그다음 날, 할머니는 된장찌개를 끓이고 골고루 밑반찬을 만들었다. 엄마는 할머니를 모시고 안경점으로 가 안경을 맞춰 드렸다. 또 그다음 날, 할머니는 오리탕을 끓이고 엄마랑 나는 할머니 머리를 염색약으로 검게 물들여 드렸다. 그리고 사과보다
염색으로 갈등을 빚은 엄마와 '나'가 할머니의 머리를 염색해드림
더 빨간 옷을 한 벌 사 드렸다. 할머니는 점점 젊어졌다.

"역시 우리 엄마 음식 솜씨가 최고야."

할머니가 끓여 준 오리탕을 먹으며 엄마는 젊어진 할머니 앞에
엄마에 대한 할머니의 사랑을 의미함
서 어린애처럼 어리광을 부렸다. 나는 확실히 알았다.

'우리 엄마도 누군가의 딸이구나.'

그리고 정확히 닷새째 되는 날 할머니는 내려갔다. 닷새는 **엄마와 나의 몸과 영혼이 회복**되기에 충분한 시간이었다.
엄마와 '나'의 갈등이 해소될 것을 암시함

할머니를 지하철역까지 바래다 준 엄마는 자전거를 꺼내더니 말했다.

"야, 춘기야. 우리 들꽃 공원으로 운동하러 가자."

엄마는 **내가 좋아하는 초록 껌 하나를 내**밀었다. 엄마가 내미는
엄마가 '나'에게 건넨 화해의 표시
껌 하나에 마음이 열린 나는 인라인스케이트를 신고 따라나섰다.

"우리 누가 잘 타나 시합할까?"

"당연히 내가 이기지. 엄마는 절대 내 속도를 따라올 수 없을걸."

"그러니까 이 엄마가 서툴러서 넘어질 때면 네가 좀 봐줘라. 응?"
'나'에게 엄마로서 완벽하지 못할 때
"그건 내가 엄마에게 하고 싶던 말이라고. 아 참, 내가 엄마 머리도 빨갛게 염색해 줄까?"

그러자 엄마 자전거가 휘청거렸다. 엄마는 얼른 균형을 잡더니 내게 눈을 흘겼다. 나는 큰 소리로 웃었다.

우리는 들꽃 공원을 신나게 돌았다. 함께 '딱딱' 소리 내어 씹는 껌 소리가 경쾌하게 울려 퍼졌다. 꼭 이중창* 같았다.

엄마와 '나'가 서로 화합하고 있음을 상징함

- 김옥, 〈야, 춘기야〉 -

* 이중창(二重唱): 두 사람이 한 성부씩 맡아서 같이 노래를 부르는 일.

01 서술상의 특징 파악하기

답 | ②

윗글에 대한 설명으로 가장 적절하지 않은 것은?

정답 선지 분석

② 주변 인물이 주인공의 행동을 객관적으로 관찰하고 있다.

윗글은 1인칭 주인공 시점이다. 주변 인물이 주인공의 행동을 객관적으로 관찰하는 것은 1인칭 관찰자 시점이다.

오답 선지 분석

① 인물 간의 갈등을 중심으로 사건이 전개되고 있다.

윗글에서는 엄마와 '나'의 갈등을 중심으로 사건이 전개되고 있다.

③ 주인공이 갈등을 극복하며 성장하는 과정이 드러나고 있다.

윗글은 엄마와 '나'가 갈등을 극복하며 내적으로 성장하는 이야기를 다루고 있다.

④ 서술자가 작품 속의 주인공이 되어 사건을 이끌어 가고 있다.

서술자가 작품 속의 주인공이 되어 사건을 이끌어 가는 시점은 1인칭 주인공 시점이다. 윗글은 1인칭 주인공 시점에 해당하므로 적절하다.

⑤ 주인공의 내면 심리가 대화나 행동의 묘사를 통해 제시되고 있다.

윗글은 주인공인 '나'의 내면 심리를 대화나 행동을 통해 드러내는 간접 제시 방법을 통해 드러내고 있다.

02 구절의 의미 파악하기

답 | ②

[A]의 의미로 적절한 것은?

정답 선지 분석

② 어른이 되기까지는 많은 경험과 오랜 시간이 필요하다.

할머니는 사과가 오랫동안 충분히 익어야 맛있는 사과가 되듯이, 사람도 성숙한 어른이 되기 위해서는 많은 일들을 겪으며 몸과 마음이 자라는 시간이 필요하다고 얘기하였다.

오답 선지 분석

① 어른이 되면 무엇이든 자유롭게 할 수 있다.

할머니는 '나'에게 무엇이든 하고 싶은 것은 다 해보고 세상을 돌아다녀 보라고 하였지만 이는 성숙한 어른이 되기 위해 여러 경험을 하는 것이 중요하다는 의미로 한 말이다.

③ 할 수 있다는 믿음만 있다면 무슨 일이든지 해낼 수 있다.

할머니는 '나'를 믿는다면서, 잘 할 수 있다고 응원하고 있으나, 할 수 있다는 믿음이 중요하다는 의미로 한 말은 아니다.

④ 좋은 사과를 수확하기 위해서는 적절한 기후가 가장 중요하다.

할머니는 사과가 햇빛도 쬐고 비도 맞으면서 오랫동안 충분히 익어야 달고 맛있다고 하였으나, 적절한 기후가 중요하다는 것을 의미하는 것이 아닌, 인간 역시 여러 경험과 사건을 통해 성숙한 어른이 될 수 있다는 말을 하기 위해 꺼낸 말이다.

⑤ 사춘기 때에는 자연 속에서 시간을 보내는 것이 제일 중요하다.

할머니는 사과가 햇빛도 맘껏 쬐고 별빛도 맘껏 받고 비도 맞고 바람도 받고 이슬도 먹고 해야 달고 맛있다고 하였으나, 이는 인간 또한 사과처럼 여러 경험을 통해서 성숙한 어른이 될 수 있음을 말하고자 한 것으로, 자연 속에서 시간을 보내는 것이 중요하다는 의미로 한 말은 아니다.

03 외적 준거를 통해 작품 이해하기

답 | ②

보기 를 바탕으로 윗글을 이해한 것으로 적절하지 않은 것은?

보기

외적 갈등은 한 인물이 다른 사람이나 세상, 환경과 대립하여 나타나는 갈등이다. 이때 외적 갈등은 개인과 개인 사이의 갈등, 개인과 사회의 갈등, 개인과 자연의 갈등, 개인과 운명의 갈등으로 나뉜다. 외적 갈등은 소설의 절정 부분에서 크게 두드러지다 결말 부분에서 해소되는 방식으로 구성된다.

정답 선지 분석

② '애들이 어른한테 대드는 꼴'을 절대로 보지 못한다는 엄마의 말에서 개인과 사회와의 갈등을 확인할 수 있다.

엄마는 염색한 '나'가 엄마의 말에 반항하는 것을 '애들이 어른한테 대'든다고 말한 것이다. 이는 엄마와 '나' 사이의 갈등이므로 개인과 개인 사이의 갈등에 해당한다.

오답 선지 분석

① '나'의 염색은 '나'가 말한 '해 보고 싶은 것'에 해당하며, 이는 '나'와 엄마의 갈등이 촉발된 원인에 해당한다.

'나'는 엄마에게 '해 보고 싶은 것'은 다 하고 살 것이라 하였으므로 '나'의 염색은 이에 해당한다고 볼 수 있으며, 엄마와 '나'의 외적 갈등이 촉발하게 된 원인이다.

③ '엄마의 비밀'은 엄마 또한 '나'와 같은 외적 갈등을 겪었음을 의미한다.

'엄마의 비밀'은 엄마가 남학생들이랑 빵집으로 들판으로 극장으로 쏘다녀 할머니가 학교에 불려 갈 정도로 속을 썩인 일을 말한다. '나' 또한 염색으로 엄마의 속을 썩였기 때문에 엄마와 '나' 모두 외적 갈등을 겪었다고 볼 수 있다.

④ '엄마와 나의 몸과 영혼이 회복'된다는 것은 엄마와 '나' 사이의 갈등이 해소될 것이라는 것을 암시한다.

할머니가 계시던 닷새 동안, '엄마와 나의 몸과 영혼이 회복'되었고, 그 뒤 엄마는 냉전 중이던 '나'에게 자전거를 꺼내더니 운동하러 가자고 말하며 '나'가 좋아하는 초록 껌을 건넸다. 이는 엄마의 화가 풀렸음을 뜻하므로 갈등이 해소될 것을 암시한다고 볼 수 있다.

⑤ 엄마가 '나'에게 '내가 좋아하는 초록 껌 하나를 내'민 것은 갈등을 해소하려는 엄마의 행동에 해당한다.

엄마가 '나'가 좋아하는 초록 껌 하나를 내밀고, '나'는 그 껌 하나에 마음이 열렸으므로 이는 갈등을 해소하려는 엄마의 행동에 해당한다고 볼 수 있다.

04 소재의 의미 파악하기

보기 의 ㉠에 해당하는 단어를 윗글에서 찾아 쓰시오.

보기

(㉠)은/는 서로 다른 음색을 지닌 두 사람이 함께 부르는 노래를 뜻하는 말로, 이 작품에서는 '나'와 엄마가 서로를 바라보는 관점이 다르지만 결국 서로를 이해하고 화합했다는 것을 의미한다.

정답

이중창

12강

| 본문 | 141쪽

문법 단어의 종류

빠른 정답 체크 01 ⑤ 02 ① 03 ④ 04 알밤, 맨주먹, 개살구

01 단어의 종류 이해하기 답 | ⑤

단어의 종류에 대한 설명으로 적절하지 않은 것은?

정답 선지 분석

⑤ 합성어는 의미와 구성 방법, 어근의 개수에 따라 분류할 수 있다.
합성어는 의미와 구성 방법으로 분류된다. 어근의 개수에 따라 분류되지는 않는다.

오답 선지 분석

① '들판'은 둘 이상의 어근이 결합한 단어이다.
'들판'은 '들'+'판'으로 두 개의 어근이 결합한 합성어이다.

② '나무'는 하나의 어근으로 이루어진 단일어이다.
'나무'는 하나의 어근으로 이루어진 단어이므로, 단일어에 해당한다.

③ 파생어는 합성어와 달리 단어에 접사가 붙어 형성된다.
둘 이상의 어근으로 이루어지는 합성어와 달리, 파생어는 어근에 접사가 붙어 형성된다.

④ '꽃병'은 한 어근이 다른 어근의 의미를 수식하는 합성어이다.
'꽃병'은 '꽃'+'병'으로 꽃을 담는 병의 의미를 담고 있다. 이때 '꽃'은 '병'의 의미를 수식하므로 종속 합성어에 해당한다.

02 합성어의 종류 파악하기 답 | ①

다음 중 대등 합성어가 사용된 문장으로 적절한 것은?

정답 선지 분석

① 어머니는 아침 일찍 논밭에 나가셨다.
'논밭'은 어근이 각각 본래의 형태를 유지하는 대등 합성어에 해당한다.

오답 선지 분석

② 아빠는 밤나무 밑에서 밤을 주워 오셨다.
'밤나무'는 '밤'이 '나무'의 의미를 수식하므로 종속 합성어에 해당한다.

③ 환경 보호를 위해 종이컵 사용을 줄입시다.
'종이컵'은 '종이'가 '컵'의 의미를 수식하므로 종속 합성어에 해당한다.

④ 이번 농사는 농부들의 피땀과 수고로 이루어졌다.
'피땀'은 '무엇을 이루기 위하여 애쓰는 노력과 정성을 비유적으로 이르는 말'로, 실제 단어의 뜻인 '피'와 '땀'이 아닌 새로운 의미를 나타내고 있다. 따라서 융합 합성어에 해당한다.

⑤ 가을이면 우리 집 뒷산에 노란 들국화가 가득 핀다.
'들국화'의 '들-'은 야생의 의미를 나타내는 접두사이므로, 어근 '국화'에 접사 '들-'이 붙어 이루어진 파생어에 해당한다.

03 합성어의 구성 방법 이해하기 답 | ④

보기 의 단어를 통사적 합성어와 비통사적 합성어로 분류한 것으로 적절한 것은?

보기

새해, 큰집, 척척박사, 뛰놀다, 철들다

정답 선지 분석

	통사적 합성어	비통사적 합성어
④	새해, 큰집, 철들다	척척박사, 뛰놀다

'새해'는 관형사와 명사가 결합된 통사적 합성어이다. '큰집'은 형용사와 명사가 결합된 통사적 합성어이다. '척척박사'는 부사와 명사가 결합된 비통사적 합성어이다. '뛰놀다'는 용언의 어간과 용언의 어간이 결합할 때 연결 어미가 생략된 비통사적 합성어이다. '철들다'는 명사와 동사가 결합된 통사적 합성어이다. 따라서 통사적 합성어는 '새해', '큰집', '철들다'이고, 비통사적 합성어는 '척척박사', '뛰놀다'이다.

04 파생어의 종류 파악하기

보기 에서 파생어에 해당하는 단어 세 개를 골라 차례대로 쓰시오.

보기

알밤, 옷장, 여름방학, 맨주먹, 개살구

정답

알밤, 맨주먹, 개살구

독서 주식의 개념과 종류

빠른 정답 체크 01 ④ 02 ④ 03 ② 04 예금, 이익

회사는 회사를 설립하거나 경영하는 데 필요한 자금을 충당하기 위해(주식 발행의 목적) 주식을 발행한다. 주식이란 회사에 투자한 사람에게 주는 증서로(주식의 의미), 회사는 투자자들에게 자금을 투자받는 대신 이익금을 나누어 줄 것을 약속한다. 이때 주식을 발행한 회사를(주식회사의 의미) 주식회사라고 하고, 이 주식을 소유한 사람을(주주의 의미) 주주라고 한다. 주주들은 일 년에 한 번 회사 운영에 관한 사항을 결정하는 데 영향을 끼칠 수 있는 주주 총회에 참여할 수 있는 권한이 주어지고, 주식을 많이 가질수록 회사에 끼칠 수 있는 영향력이 커지며, 배당받는 이익금 또한 증가한다.

▶ 1문단: 주식의 개념

주식의 가치를 의미하는 주가는 경제 사정과 회사의 실적에(주가의 변동 요인 ①) 따라 달라지는데, 회사가 좋은 성적을 거두고 있다면 주가는 올라가고, 반대로 회사가 힘들다면 주가는 떨어지게 된다. 이외에도 금리*나 정부 정책(주가의 변동 요인 ②) 등 주가를 변하게 하는 요인은 다양하다. 주식

투자는 이를 활용하여 주식의 가치가 낮은 시점에 주식을 사고, 가치가 높아졌을 때 파는 방식으로 이익을 보는 것이다.

주식 투자의 개념

▶ 2문단: 주가의 변동 요인과 주식 투자의 개념

주식 투자는 개인이 직접 사고파는 직접 투자와, 전문가에게 주식거래를 맡기는 간접 투자로 나뉜다. 펀드는 대표적인 간접 투자 방식으로, 「전문가가 여러 사람으로부터 모은 돈을 주식에 분산 투자하여 얻은 이익금을 나누어주는 방식이다.」 보통 개인은 어떤 회사에 투자해야 돈을 벌 수 있을지에 대한 정보를 얻기 힘들기 때문에 전문가를 통해 주식에 투자한다면 비교적 안전하게 이익을 볼 수 있으나, 이를 위해서는 전문가에게 투자에 대한 수수료를 지불해야 한다. 직접 투자의 경우 수수료에 대한 부담은 없으나 그만큼 위험성이 높다.

「」: 펀드의 개념 / 간접 투자의 장점 / 간접 투자의 단점 / 직접 투자의 장점 / 직접 투자의 단점

▶ 3문단: 직접 투자와 간접 투자

주식 투자는 예금에 비해 더 많은 이익을 기대할 수 있다. 그러나 예금과 달리 원금 손실의 위험성이 있다. 가진 주식의 가격이 폭락하면 손해를 크게 입을 수 있어 전 재산을 투자하거나 돈을 빌려서 투자하면 커다란 타격을 입을 수도 있기 때문이다. 따라서 「투자할 때는 비상금을 남겨놓고 투자하고, 투자할 회사가 어떤 회사인지, 앞으로의 비전을 신중하고 꼼꼼하게 확인한 뒤에 투자해야 한다.」

예금과 비교할 때 주식 투자의 장점 / 예금과 비교할 때 주식 투자의 단점 / 「」: 적절한 투자 방법

▶ 4문단: 주식 투자의 위험성과 적절한 투자 방법

* 금리(金利): 빌려준 돈이나 예금 따위에 붙는 이자. 또는 그 비율.

01 핵심 내용 파악하기 답 | ④

윗글의 중심 내용으로 적절한 것은?

정답 선지 분석

④ 주식의 개념과 주식 투자의 종류

윗글에서는 주식의 개념과 직접 투자, 간접 투자와 같이 주식 투자의 종류를 설명하고 있으므로 적절하다.

오답 선지 분석

① 원금 손실의 위험성

4문단에서 주식 투자가 예금에 비해 원금 손실의 위험성이 크다고 언급하였지만, 윗글의 중심 내용으로는 적절하지 않다.

② 정부 정책과 주가의 관련성

2문단에 따르면 정부 정책은 주가를 변하게 하는 요인 중 하나라고 언급되어 있으나, 이를 윗글의 중심 내용으로 포괄할 수 없다.

③ 주주 총회의 목적과 참여 대상

1문단에 따르면 주주 총회에서 회사 운영에 관한 사항을 결정한다고 언급되어 있지만, 윗글의 중심 내용이라 볼 수는 없다.

⑤ 자산에 따라 달라지는 펀드의 목적

윗글에서 펀드의 목적과 자산에 따라 달라지는 기준 등을 언급한 내용은 없다.

02 세부 내용 파악하기 답 | ④

윗글에 대한 이해로 가장 적절한 것은?

정답 선지 분석

④ 주가는 경제 상황 이외에도 다양한 요인에 의해 달라진다.

2문단에 따르면 주식의 가치는 경제 사정과 회사의 실적, 금리나 정부 정책 등에 따라 달라진다.

오답 선지 분석

① 회사는 투자 전문가들을 위해 펀드를 발행한다.

1문단에 따르면 회사는 회사를 설립하거나 경영하는 데 필요한 자금을 충당하기 위해 주식을 발행한다. 펀드는 주식 투자의 한 종류인 간접 투자 상품에 해당한다.

② 펀드의 수수료가 높아질수록 안정성도 증가한다.

펀드를 통해 간접 투자를 하게 되면 직접 투자할 때보다 안정성이 증가한다고 언급되었을 뿐, 수수료가 높아지는 것에 대한 언급은 윗글에서 확인할 수 없다.

③ 직접 투자를 많이 할수록 배당받는 이익금이 증가한다.

1문단에 따르면 주식은 많이 가지고 있을수록 배당받는 이익금이 증가한다. 주식 투자의 방식은 이익금의 증가와 관련이 있다고 볼 수 없다.

⑤ 주주들은 주식회사에 이익금을 나눠주어야 할 의무가 있다.

1문단에 따르면 주식회사는 투자자들에게 자금을 투자받는 대신 이익금을 나누어 줄 것을 약속한다.

03 구체적 사례에 적용하기 답 | ②

윗글을 참고하여 보기 를 이해한 내용으로 적절하지 않은 것은?

보기

A와 B는 현재 ○○ 주식회사의 주식을 가지고 있다. A는 주식의 가격이 1,000원일 때 100주의 주식을 구매했고, B는 주식의 가격이 1,500원일 때 100주의 주식을 구매하였다.

정답 선지 분석

② B가 A보다 회사에 끼칠 수 있는 영향력이 크겠군.

2문단에 따르면 주식의 가격에 따라서가 아니라, 주식의 수에 따라 회사에 끼치는 영향력이 커지는 것이므로 각각 100주를 가진 A와 B는 회사에 끼칠 수 있는 영향력이 동일할 것이다.

오답 선지 분석

① A와 B는 ○○ 주식회사의 주주라 할 수 있겠군.

A와 B가 ○○ 주식회사의 주식을 가지고 있으므로, 두 명 모두 ○○ 주식회사의 주주이다.

③ A와 B 모두 주주 총회에 참여할 수 있는 권한을 가지고 있군.

A는 B는 ○○ 주식회사의 주주이고, 1문단에 따르면 주주는 일 년에 한 번 주주 총회에 참여할 수 있는 권한을 가진다고 하였으므로 적절하다.

④ 주식의 가격이 2,000원일 때 A와 B 모두 모든 주식을 팔게 된다면 A가 더 많은 이익을 보겠군.

A는 ○○ 주식회사의 주가가 1,000원일 때 100주를 구매했으므로 100,000원을 소비했고, B는 주가가 1,500원일 때 100주를 구매했으므로 150,000원을 소비했다. 현재 ○○ 주식회사의 주가가 2,000원이라면 100주를 200,000원에 팔 수 있고, 이때 A는 100,000원의 수익을 얻고 B는 50,000원의 수익을 얻으므로 A가 더 많은 이익을 볼 것이다.

⑤ ○○ 주식회사는 회사를 설립하거나 경영하는 데 필요한 자금을 충당하기 위해 주식을 발행했겠군.

1문단에 따르면 회사는 회사를 설립하거나 경영하는 데 필요한 자금을 충당하기 위해 주식을 발행한다고 하였으므로 적절하다.

04 세부 내용 파악하기

다음은 주식 투자의 특징을 서술한 것이다. 빈칸에 들어갈 적절한 말을 골라 차례대로 쓰시오.

주식 투자는 (펀드 / 예금)와/과 달리 더 많은 (이익 / 손실)을 기대할 수 있으나, 원금 손실의 위험성이 있다.

정답

예금, 이익

문학 1 고래를 위하여(정호승)

빠른 정답 체크 01 ③ 02 ④ 03 ③ 04 별

푸른 바다에 고래가 없으면
청년기의 삶 푸른 바다를 아름답게 만드는 존재
㉠ 푸른 바다가 아니지 □: '~면', '~지', '바라본다'의 반복을 통한 운율 형성

마음속에 푸른 바다의

고래 한 마리 키우지 않으면
인생의 꿈과 목표를 키우고 세우지 않으면
㉡ 청년이 아니지 → 진정한 청년의 가치를 잃음

▶ 마음속에 고래를 키우는 청년이 되어야 함

㉢ 푸른 바다가 고래를 위하여

푸르다는 걸 아직 모르는 사람은 ― 세상이 나를 사랑하기 위해 존재하고, 나는 세상을 사랑하기 위해 존재한다는 것을 모르는 사람

㉣ 아직 사랑을 모르지

▶ 바다가 고래를 위해 푸른 것처럼 사랑을 알아야 함

고래도 가끔 수평선 위로 치솟아 올라

별을 바라본다
꿈과 희망을 추구하는 모습
㉤ 나도 가끔 내 마음속의 고래를 위하여

밤하늘 별들을 바라본다

▶ 마음속 고래를 위해 별을 바라보아야 함

- 정호승, 〈고래를 위하여〉 -

01 표현상의 특징 이해하기 답 | ③

윗글에 대한 설명으로 적절하지 않은 것은?

정답 선지 분석

③ 색채의 대비를 활용하여 작품에 강한 인상을 남기고 있다.
이 시에서는 바다의 푸른색이 중요한 상징적 의미를 드러내지만, 바다의 푸른색과 대비되는 색채는 나타나지 않는다.

오답 선지 분석

① 상징적 소재를 통해 화자의 정서를 표현하고 있다.
'바다', '고래', '별'이라는 상징적인 시어를 사용하여 화자의 정서를 효과적으로 표현하고 있다.

② 유사한 문장 구조를 반복하여 운율을 형성하고 있다.
'~면 ~지'의 문장 구조를 반복함으로써 운율을 형성하고 있다.

④ 감각적 이미지를 활용하여 자연물에 의미를 부여하고 있다.
푸른색이라는 시각적 이미지를 활용하여 바다에 청년기의 삶이라는 의미를 부여하고 있다.

⑤ 화자를 작품 표면에 드러내어 전달하고자 하는 주제를 표현하고 있다.
윗글에서는 '나'라는 화자를 표면에 드러내고 있고, 바닷속 고래를 생각하며 화자 자신의 경우에 적용하면서 꿈과 희망, 이상을 드러내고 있다.

02 구절의 의미 파악하기 답 | ④

㉠~㉤에 대한 설명으로 적절하지 않은 것은?

정답 선지 분석

④ ㉣: 화자는 꿈과 희망을 추구하는 사람들은 오히려 사랑의 의미를 모를 것이라고 생각한다.
'아직 사랑을 모르지'는 꿈과 사랑을 추구하지 않는 청년은 사랑을 모른다는 의미로, 이는 꿈과 희망을 추구하는 청년이라면 사랑의 의미도 알 것이라고 강조하는 것이다.

오답 선지 분석

① ㉠: 화자는 꿈과 희망이 없으면 의미 없는 삶이라고 생각하고 있다.
'푸른 바다에 고래가 없으면'은 꿈과 희망이 없다는 의미이고, '푸른 바다가 아니지'는 의미 있는 삶이 아니라는 것을 의미한다.

② ㉡: 화자는 청년들이 꿈과 희망을 추구하며 살아가기를 바라고 있다.
'고래 한 마리 키우지 않으면 / 청년이 아니지'는 꿈과 희망이 없으면 청년이 아니라는 의미로 화자는 이를 통해 청년들이 꿈과 희망을 추구하기를 바라고 있다.

③ ㉢: 푸른 바다는 고래가 사는 곳으로, 인생, 청년기의 삶을 의미한다.
'푸른 바다'는 고래가 사는 곳으로, 청년기의 삶을 의미한다.

⑤ ㉤: 화자는 자신의 경험을 떠올리면서 작품의 주제를 드러내고 있다.
화자는 '나도 가끔 내 마음속의 고래를 위하여 / 밤하늘 별들을 바라본다'면서, 자신의 경험을 통해 꿈과 희망이라는 주제를 드러내고 있다.

03 외적 준거를 통해 작품 이해하기 답 | ③

보기 의 내용을 참고할 때, A에 들어갈 말로 가장 적절한 것은?

보기

상징이란 표현하고자 하는 대상을 숨기고 구체적인 다른 사물로 표현하는 방법으로, 주로 인간의 정체성이나 감정, 사상 등의 추상적인 내용을 나타낼 때 상징을 사용한다. 이에 따르면, 정호승 시인의 〈고래를 위하여〉에서 '고래'는 ______A______ 을/를 상징한다고 볼 수 있다.

정답 선지 분석

③ 인생의 꿈과 희망을 추구하며 살아가는 청년들
'고래'는 청년의 정체성을 상징하는 것으로 인생에서 꿈과 희망을 추구하며 사는 청년들을 상징한다.

오답 선지 분석

① 양심을 버리고 부도덕한 삶을 사는 존재
시의 전체적인 맥락을 볼 때, '고래'는 인생에서 꿈과 희망을 추구하며 살아가는 청년들을 상징하는 것으로, 양심을 버리고 부도덕한 삶을 사는 존재로 볼 수 없다.

② 공동체 의식 없이 이기적인 삶을 사는 권력자

시의 전체적인 맥락을 볼 때, '고래'는 인생에서 꿈과 희망을 추구하며 살아가는 청년들을 상징하는 것으로, 공동체 의식 없이 이기적인 삶을 사는 권력자로 볼 수 없다.

④ 현실을 벗어나 자연 속에 파묻혀 사는 고독한 사람

시의 전체적인 맥락을 볼 때, '고래'는 인생에서 꿈과 희망을 추구하며 살아가는 존재를 상징하는 것으로, 현실을 벗어나 자연 속에 파묻혀 사는 고독한 사람으로 볼 수 없다.

⑤ 현실에 안주하면서 무기력하게 살아가는 소극적인 노년층

시의 전체적인 맥락을 볼 때, '고래'는 인생에서 꿈과 희망을 추구하며 살아가는 청년들을 상징한다고 볼 수 있다. 현실에 안주하면서 무기력하게 살아가는 소극적인 노년층으로 볼 수 없다.

04 유사한 의미의 시어 파악하기

윗글에서 '고래'와 유사한 의미의 시어 한 개를 찾아 쓰시오.

정답

별

문학 2 난중일기(이순신)

빠른 정답 체크 01 ② 02 ⑤ 03 ④ 04 4월 13일, 10월 14일

임진년(1592년) 4월 15일 → 시간적 배경: 임진왜란 발발일
일기의 특징 – 구체적 날짜를 명시함

맑음. 나라 제삿날(성종 공혜 왕후 한씨의 제사)이라 공무를 보지 않았다. (이순신이 공무를 보지 않은 원인) 순찰사에게 보내는 답장과 별록*을 써서 하인을 시켜 딸려 보냈다.

해질 무렵에 영남 우수사 원균이 문서로 전하기를,

㉠「"왜선 90여 척이 와서 부산 앞 절영도(영도)에 정박했다."라고 하였다. 이와 동시에 경상 좌수사 박홍의 공문이 왔는데, "왜적 350여 척이 이미 부산포 건너편에 도착했다."라고 하였다.」 (「」: 왜군이 조선을 침략함) 그래서 즉시 장계*를 올리고, 이와 함께 순찰사 이광, 병마사 최원, 우수사 이억기에게도 공문을 보냈다. (왜군의 침략에 맞서기 위한 준비를 함)

정유년(1597년) 4월 13일

맑음. 일찍 아침을 먹은 뒤에 어머니를 마중 가려고 바닷가로 가는 길에 홍 찰방 집에 잠깐 들러 이야기하는 동안 아들 울이 종 애수를 보내면서, "아직 배 오는 소식이 없다."라고 하였다. 또 들으니, "황천상이 술병을 들고 변흥백의 집에 왔다."라고 하였다. 홍 찰방과 작별하고 변흥백의 집에 이르렀다. 조금 있으니, 종 순화가 배에서 와서 어머니의 부고*를 전하였다. 뛰쳐나가 가슴을 치며 발을 동동 굴렀다. (어머니의 죽음과 임종을 지키지 못한 것에 대한 애통한 마음) 하늘이 캄캄했다. 곧 갯바위로 달려가니, 배는 벌써 와 있었다. 애통함을 다 적을 수가 없다.

정유년(1597년) 9월 16일 → 시간적 배경: 명량해전 발발일

맑음. 아침에 별망군*이 나와서 보고하는데, 적선이 헤아릴 수 없을 만큼 많이 울돌목을 거쳐 진 치고 있는 곳으로 곧장 온다고 하였다. 곧 여러 배에 명령하여 닻을 올리고 바다로 나가니, 적선 133척이 우리의 여러 배를 에워쌌다.

대장선(군장인 이순신이 탄 배)이 홀로 적진 속으로 들어가 포탄과 화살을 비바람같이 쏘아 대건만 배 여럿은 멀리서 바라만 보고 진군하지 않아 앞으로의 사태를 헤아릴 수 없었다. 여러 장수가 적은 군사로써 많은 적을 맞아 싸우는 형세임을 알고 돌아서 피할 궁리만 하였다. (군사들의 소극적인 행동)

우수사 김억추가 탄 배는 물러나 아득히 먼 곳에 있었다. (군사들을 호령해야 하는 자신의 본분을 잊고 전투에 소극적으로 임함) ㉡ 나는 노를 바삐 저어 앞으로 돌진하여 지자 총통*·현자 총통 등 각종 총통을 어지러이 쏘아 대니, 마치 나가는 게 바람 같기도 하고 우레 같기도 하였다. 군관들이 배 위에 빽빽히 서서 빗발치듯이 쏘아 대니, 적의 무리가 감히 대들지 못하고 나왔다 물러갔다 하곤 하였다.

그러나 적에게 몇 겹으로 둘러싸여 앞으로 어찌 될지 한 가진들 알 수가 없었다. 배마다 사람들이 서로 돌아보며 얼굴빛을 잃었다. (예상보다 많은 적군의 수에 전의를 상실함) 나는 침착하게 타이르면서,

㉢ "적이 비록 1,000척이라도 우리 배에는 감히 곧바로 덤벼들지 못할 것이다. 전혀 마음을 동요하지 말고 힘을 다해 적선에게 쏘라."라고 하고서, 여러 장수를 돌아보니, 물러나 먼 바다에 있었다. 나는 배를 돌려 명령을 내리자니 적들이 더 대들 것 같아 나아가지도 물러나지도 못할 형편이었다. (진퇴양난의 상황)

호각을 불어서 중군에게 명령하는 깃발을 내리고 또 초요기*를 돛대에 올리니, 조항 첨사 김응함의 배가 차차로 내 배로 가까이 오고, 거제 현령 안위의 배가 먼저 왔다. 나는 배 위에 서서 몸소 안위를 불러 이르되, ㉣ "안위야, 군법에 죽고 싶으냐? 네가 군법에 죽고 싶으냐? 도망간다고 해서 어디 가서 살 것 같으냐?" (전투에 적극적으로 임하지 않는 군사에게 일침을 가함) 라고 하니, 안위가 황급히 적선 속으로 돌입하였다.

정유년(1597년) 10월 14일

[A] 맑음. 밤 2시쯤 꿈에,「내가 말을 타고 언덕 위로 가는데 말이 발을 헛디뎌 냇물 가운데로 떨어졌으나 쓰러지지는 않고 막내아들 면을 끌어안고 있는 것 같은 형상이었는데, 깨었다. 이것은 무슨 징조인지 모르겠다.」 (「」: 아들에게 불길한 일이 일어날 것임을 암시함)

저녁 나절에 배 조방장과 우후 이의득이 와서 보았다. 배 조방장의 종이 영남에서 와서 적의 형세를 전하였다. 황득중 등은 와서 아뢰기를 내수사의 종 강막지라는 자가 소를 많이 기르기 때

문에 12마리를 끌고 갔다고 하였다. 저녁에 어떤 사람이 천안에서 와서 집안 편지를 전하였다. ⓜ 봉한 것을 뜯기도 전에 뼈와 살이 먼저 떨리고 정신이 아찔하고 어지러웠다.(불길한 일임을 직감하였기 때문에) 대충 겉봉을 뜯고 둘째 아들인 열의 편지를 보니, 겉에 통곡 두 글자가 써어 있어(막내아들 면의 죽음을 알리는 편지임을 알 수 있음) 면이 전사함을 짐작하였다. 하늘이 어찌 이다지도 인자하지 못하는고! 간담이 타고 찢어지는 것 같다.(아들을 잃은 이순신의 고통과 슬픔) 내가 죽고 네가 사는 것이 이치에 마땅하거늘, 네가 죽고 내가 사니, 이런 어그러진 이치가 어디 있는가! 천지가 캄캄하고 해조차 빛이 변하였구나. 슬프다. 내 아들아! 나를 버리고 어디로 갔느냐? 남달리 영특하여 하늘이 이 세상에 머물게 두지 않은 것이냐? 내 지은 죄가 네 몸에 미친 것이냐? 내 이제 세상에 살아 있어 본들 앞으로 누구에게 의지할 것인가! 너를 따라 같이 죽어 지하에서 같이 지내고 같이 울고 싶건마는(아들을 따라 죽어 저승에서라도 만나고 싶어 함) 네 형, 네 누이, 네 어머니가 의지할 곳이 없으니, 아직은 참으며 연명이야 한다마는 마음은 죽고 몸만 남아 있어(슬픔의 극단적 표현) 울부짖을 따름이다. 울부짖을 따름이다. 하룻밤 지내기가 1년 같구나.(애통한 심정을 담은 과장적 표현) 이날 밤 10시쯤에 비가 왔다.

- 이순신, 〈난중일기〉 -

* 별록(別錄): 따로 만든 기록.
* 장계(狀啓): 왕명을 받고 지방에 나가 있는 신하가 자기 관하의 중요한 일을 왕에게 보고하던 일. 또는 그런 문서.
* 부고(訃告): 사람의 죽음을 알림. 또는 그런 글.
* 별망군(別望軍): 적의 움직임을 살피기 위하여 임시로 둔 군사.
* 총통(銃筒/銃㷁): 화약 무기를 통틀어 이르던 말.
* 초요기(招搖旗): 조선시대에, 대장이 장수들을 부르고 지휘하는 데에 쓰던 신호용 군기.

01 갈래의 특징 파악하기

답 | ②

윗글에 대한 설명으로 적절하지 않은 것은?

정답 선지 분석

② 인물의 업적을 기리기 위해 쓰인 글이다.
인물의 업적을 기리기 위해 쓰인 글의 갈래는 전기문이다.

오답 선지 분석

① 글쓴이의 체험을 기록한 글이다.
윗글의 갈래는 일기로, 글쓴이가 자신의 체험을 기록한 글에 해당한다.

③ 시대적 배경이 구체적으로 제시되어 있다.
윗글에서는 '임진년(1592년) 4월 15일' 등 구체적 날짜가 제시되어 있다.

④ 글쓴이의 심정이 직접적으로 드러나 있다.
윗글에서 이순신은 어머니의 죽음에 대해 '하늘이 캄캄했다.', '애통함을 다 적을 수가 없다.' 등 자신의 심정을 직접적으로 드러내고 있다.

⑤ 전쟁 당시의 긴박한 상황을 생생하게 묘사하였다.
윗글의 '정유년(1597년) 9월 16일'은 적군과의 전쟁 상황을 기록한 것으로, 전쟁 당시의 상황을 생생하게 드러내었다.

02 구절의 의미 파악하기

답 | ⑤

㉠~㉤에 대한 설명으로 적절하지 않은 것은?

정답 선지 분석

⑤ ㉤: 아들에 대한 걱정으로 잠을 이루지 못했음을 알 수 있다.
이순신이 편지를 '뜯기도 전에 뼈와 살이 먼저 떨리고 정신이 아찔하고 어지러웠다'는 것은 편지의 내용이 불길한 일임을 직감하였기 때문이지, 전날 잠을 이루지 못했기 때문은 아니다.

오답 선지 분석

① ㉠: 왜군이 조선을 침략함으로써 임진왜란이 일어났음을 알 수 있다.
"왜선 90여 척이 와서 부산 앞 절영도(영도)에 정박했다."고 한 원균의 문서로 보아 왜적이 부산에 침범하자, 이순신은 상황이 심상치 않음을 느끼고 즉시 임금에게 공문을 보냈다. 따라서 왜군이 조선의 영토를 침범함으로써 전쟁이 시작되었음을 알 수 있다.

② ㉡: 전쟁의 급박한 상황이 사실적으로 서술되고 있다.
이순신이 적군과 싸우면서 '노를 바삐 저어 앞으로 돌진하여' 화약 무기인 '총통'을 쏘아 대었다고 하였으므로 전쟁의 급박한 상황을 서술하고 있다고 볼 수 있다.

③ ㉢: 군사들을 이끄는 이순신의 지도력을 확인할 수 있다.
적의를 상실한 군사들에게 이순신은 적군이 아무리 많아도 우리 배까지는 곧바로 덤벼들지 못할 것이라고 안심시키면서, 동요하지 말고 전쟁에 임하라고 격려하고 있다. 이를 통해 군사들을 이끄는 이순신의 지도력을 확인할 수 있다.

④ ㉣: 이순신은 소극적인 안위의 행동을 책망하고 있음을 알 수 있다.
이순신은 안위에게 전투에서 도망간다면 군법을 통해 책임을 묻겠다고 하면서, 군사들을 통솔해야 하는 자리임에도 소극적으로 전투에 임하는 안위를 책망하고 있다.

03 작품 비교하기

답 | ④

보기 를 참고할 때, [A]와 보기 를 비교한 것으로 적절하지 않은 것은?

보기

〈장끼전〉에서 장끼는 아내 까투리와 함께 아홉 아들, 열두 딸을 거느리고 한겨울에 먹이를 찾아 헤매다가 콩을 발견한다. 장끼가 콩을 먹으려 하니, 까투리는 지난밤에 남편 장끼가 깊은 물에 빠진 불길한 꿈을 꾸었다며 장끼를 말린다. 그러나 장끼는 아내의 말을 무시하고 콩을 먹는다. 까투리의 말처럼 콩은 사냥꾼이 뿌려둔 미끼였고, 결국 장끼는 사냥꾼의 덫에 걸려서 죽는다.

정답 선지 분석

④ [A]의 이순신과 〈보기〉의 까투리가 꾼 꿈은 각각 막내아들과 남편에 대한 불안이 꿈에서 반영된 것이라고 볼 수 있군.
윗글에서는 이순신이 막내아들에 대해 불안감을 느낀 부분을 찾아볼 수 없고, 〈보기〉의 까투리 역시 남편에 대해 불안감을 느꼈는지 알 수 없다.

오답 선지 분석

① [A]와 〈보기〉 모두 꿈이 미래의 일을 예견하는 기능을 했군.
[A]에서 이순신이 꾼 꿈과 〈보기〉에서 장끼가 꾼 꿈은 불길한 내용의 꿈으로, 결국 죽음이라는 미래의 일을 예견하는 기능을 한 것으로 볼 수 있다.

② [A]와 〈보기〉 모두 불길한 꿈을 꾼 당사자가 아닌 주변 사람이 죽게 된다는 공통점이 있군.
[A]에서 꿈을 꾼 당사자는 이순신이었지만, 같이 꿈에 나온 막내아들이 죽었고, 〈보기〉에서 꿈을 꾼 당사자는 까투리지만 그의 남편이 죽었으므로 당사자가 아닌 주변 사람이 죽었다는 공통점이 있다.

③ 〈보기〉의 장끼는 아내 까투리와 [A]의 이순신과 달리 꿈을 대수롭지 않게 생각하였군.
〈보기〉의 장끼는 아내가 꾼 꿈을 언급하며 만류하였음에도 콩을 먹어 죽게 되었으므로 [A]의 이순신과 〈보기〉의 까투리와 달리 꿈을 대수롭지 않게 생각하였다.

⑤ [A]에서 이순신과 막내아들이 냇물로 떨어진 것과, 〈보기〉에서 장끼가 깊은 물에 빠지게 된 것은 불길한 일을 의미하는군.

이순신은 자신과 막내아들이 냇물에 떨어진 꿈을 꾸었고, 〈보기〉의 까투리는 남편 장끼가 깊은 물에 빠진 꿈을 꾼 뒤 각각 막내아들과 장끼가 죽었으므로 둘 다 불길한 일을 의미한다고 볼 수 있다.

04 세부 내용 파악하기

윗글에서 ⓐ에 해당하는 내용이 담긴 날짜를 두 개 찾아 차례대로 쓰시오.
(단, '○월 ○○일'의 형식으로 쓸 것.)

이순신이 전쟁 중 써 내려간 〈난중일기〉는 당시 전란 속 적군과의 교전 상황부터 서민들의 생활상, 조선의 지형, ⓐ 가족의 죽음과 같은 이순신 장군의 개인적 아픔까지 구체적으로 담고 있어 역사적 사료로도 높은 평가를 받는다.

4월 13일, 10월 14일

13강

| 본문 | 153쪽

문법 품사

빠른 정답 체크 01 ⑤ 02 ④ 03 ③ 04 불변어, 수식언

01 형태 변화 유무에 따라 품사 구분하기 답 | ⑤

다음 중 가변어에 해당하는 단어는?

문장	그 는 새 책을 읽는다. (㉠그 ㉡는 ㉢새 ㉣책 ㉤읽는다)					
품사	그	는	새	책	을	읽는다
	대명사	조사	관형사	명사	조사	동사

정답 선지 분석

⑤ ㉤

㉤ '읽는다'는 동사이므로 용언이자 활용할 때 형태가 바뀌는 가변어이다.

오답 선지 분석

① ㉠

㉠ '그'는 대명사이므로 체언이자 불변어이다.

② ㉡

㉡ '는'은 조사이므로 관계언이자 불변어이다.

③ ㉢

㉢ '새'는 관형사이므로 수식언이자 불변어이다.

④ ㉣

㉣ '책'은 명사이므로 체언이자 불변어이다.

02 기능에 따라 품사 구분하기 답 | ④

다음 중 품사의 기능적 분류가 알맞게 연결되지 않은 것은?

문장	아까 둘째 동생이 시원한 물을 줬다. (㉠아까 ㉡둘째 ㉢동생 ㉣시원한 ㉤을)							
품사	아까	둘째	동생	이	시원한	물	을	줬다
	부사	관형사	명사	조사	형용사	명사	조사	동사

정답 선지 분석

④ ㉣: 독립언

㉣ '시원한'은 형용사이므로 독립언이 아니라 용언이다.

오답 선지 분석

① ㉠: 수식언

㉠ '아까'는 부사이므로 수식언이다.

② ㉡: 수식언

㉡ '둘째'는 관형사이므로 수식언이다.

③ ㉢: 체언

㉢ '동생'은 명사이므로 체언이다.

⑤ ㉤: 관계언

㉤ '을'은 조사이므로 관계언이다.

03 품사 분류법 파악하기 답 | ③

품사를 기능에 따라 구분한 것과 의미에 따라 구분한 것이 알맞게 연결되지 않은 것은?

정답 선지 분석

③ 관계언-부사

부사는 기능에 따른 구분에서는 관형사와 함께 수식언에 포함된다. 관계언에 포함되는 것은 조사이다.

오답 선지 분석

① 체언-수사

수사는 기능에 따른 구분에서는 명사, 대명사와 함께 체언에 포함된다.

② 용언-형용사

형용사는 기능에 따른 구분에서는 동사와 함께 용언에 포함된다.

④ 독립언-감탄사

감탄사는 기능에 따른 구분에서는 독립언에 포함된다.

⑤ 수식언-관형사

관형사는 기능에 따른 구분에서는 부사와 함께 수식언에 포함된다.

04 품사 분류법 파악하기

보기 의 ㉮, ㉯에 들어갈 말을 차례대로 쓰시오.

보기

관형사는 형태에 따라 분류하면 (㉮)이고, 기능에 따라 분류하면 (㉯)이다.

정답

불변어, 수식언

독서 별의 일생

빠른 정답 체크 01 ③ 02 ② 03 ④ 04 흑색 성운

밤하늘의 별은 영원히 빛날 것 같지만, 별도 영원히 존재하지는 않는다. 우리처럼 태어나고, 자라고, 죽는다.(인간과 별의 공통점) 우리의 삶은 우주에 비하면 아주 잠깐이고, 별의 삶은 우리에 비하면 너무나 길다는(인간과 별의 차이점) 것이 두 삶의 차이점이다. 우주 공간에는 수많은 먼지와 가스 등 다양한 물질이(별이 다시 태어나는 데 중요한 역할을 하는 재료) 존재한다. 이러한 먼지와 물질들은 별과 별 사이에 존재하면서 별이 다시 태어나는 데 아주 중요한 역할을 한다.

▶ 1문단: 인간의 삶보다 훨씬 긴 별의 삶

[A] 기존 별들이 죽어 사라질 때 생기는 잔해*, 즉 먼지나 가스들이 주위의 물질들과 다시 뭉쳐지면 새로운 별이 만들어질 수 있다.(별의 탄생 과정 ①) 이 별을 원시별이라고 부른다. 원시별이 수축*을 시작하면 중심인 핵 부분의 밀도*가 증가한다.(별의 탄생 과정 ②) 그리고 원시별이 붕괴되면 수많은 가스 덩어리로 분리되고,(별의 탄생 과정 ③) 각각의 덩어리는(별의 탄생 과정 ④)

[A] 다시 수축한다. 그 후 덩어리 속의 가스는 압력으로 인해 온도가 점차 올라가고 이윽고 빛을 뿜기 시작한다. 핵의 밀도가 한계에 다다르면 수소와 헬륨의 핵융합 반응이 시작된다. 이 핵융합이 시작될 때 비로소 항성, 즉 스스로 빛을 내며 타오르는 별이 된다. 사실 이 과정에는 수백만 년 이상의 긴 시간이 걸린다. 탄생이 긴 만큼 별의 수명은 엄청나게 길다. 그래서 천문학자들은 태어난 지 수백만 년이 된 별도 어린 별로 여긴다.

별의 탄생 과정 ⑤ / 별의 탄생 과정 ⑥ / 항성의 개념 / 별의 수명은 굉장히 길기 때문

▶ 2문단: 별의 탄생 과정

탄생이 있으면 죽음도 찾아오는 법, 별은 자라서 어른 별이 되었다가 결국 종말*을 맞이하게 된다. 연료가 다 떨어졌기 때문이다. 별의 종말은 그 별의 질량에 달려 있다. 질량의 크기에 따라 별의 운명은 달라지지만, 보통 수명을 다한 별은 부풀어 오르고 붉은 색을 띠게 된다. 이 별을 '적색 거성'이라고 부른다. 시간이 지나면 적색 거성의 외부를 둘러싸고 있는 가스가 밖으로 빠져나가고 그 자리에 작은 흰색 별이 남는데, 이것이 '백색 왜성'이다. 이후 또 시간이 흐르면 백색 왜성은 점차 식고 더 이상 빛을 발하지 않게 된다. 이 별을 '흑색 성운*'이라고 한다. 우리의 태양도 언젠가는 이렇게 죽게 될 것이다.

별이 종말을 맞이하는 시점 / 별의 종말 단계 ① 적색 거성 / 별의 종말 단계 ② 백색 왜성 / 별의 종말 단계 ③ 흑색 성운

▶ 3문단: 별의 종말

* 잔해(殘骸): 부서지거나 못 쓰게 되어 남아 있는 물체.
* 수축(收縮): 부피나 규모가 줄어듦.
* 밀도(密度): 빽빽이 들어선 정도.
* 종말(終末): 계속된 일이나 현상의 맨 끝.
* 성운(星雲): 구름 모양으로 퍼져 보이는 천체.

01 핵심 내용 파악하기 답 | ③

윗글의 제목으로 가장 적절한 것은?

정답 선지 분석

③ 별은 어떻게 태어나서 어떻게 죽을까?
윗글은 2문단에서 별의 탄생을, 3문단에서 죽음을 다루고 있다. 따라서 '별은 어떻게 태어나서 어떻게 죽을까'가 가장 적절한 제목이다.

오답 선지 분석

① 달은 어떻게 태어났을까?
윗글은 달이 아닌, 별의 탄생 원리에 대해 설명하고 있다.

② 태양은 어떻게 태어났을까?
윗글은 태양이 아닌, 별의 탄생 원리에 대해 설명하고 있다.

④ 인류가 생기기 전 우주는 어떻게 생겼을까?
윗글에서 인류의 탄생 이전의 우주의 모습에 대해 설명한 부분은 없다.

⑤ 천문학자들은 어떻게 우주를 관찰하고 있을까?
윗글은 천문학자들의 우주 관찰 방법에 대해 언급하지 않는다.

02 내용 전개 방식 파악하기 답 | ②

윗글에 대한 설명으로 가장 적절한 것은?

정답 선지 분석

② 현상이 일어나는 과학적 원리를 과정에 따라 설명하고 있다.
별의 탄생과 소멸이 일어나는 원리를 과정에 따라 설명하고 있다.

오답 선지 분석

① 화제와 관련된 서적을 소개하며 독자의 이해를 돕고 있다.
서적을 소개하는 내용은 드러나 있지 않다.

③ 예상되는 반론을 제시하고 그에 대한 대안을 소개하고 있다.
윗글은 논설문이 아니라 설명문으로서, 예상되는 반론을 제시하지 않으며 따라서 그에 대한 대안을 제시하고 있지 않다.

④ 설명하는 대상을 종류별로 분류해 각각의 특성을 설명하고 있다.
분류의 설명 방식을 사용하지 않았다. 붉은 거성, 백색 왜성, 흑색 성운은 별의 죽음의 단계를 설명하기 위한 것이지, 별의 종류를 분류한 것이 아니다.

⑤ 화제와 관련된 여러 해결 방안을 소개하고 그 한계를 지적하고 있다.
별의 생성과 소멸에 대한 문제를 제기하는 글이 아니며, 따라서 문제에 대한 해결 방안을 소개하지 않는다.

03 세부 내용 파악하기 답 | ④

보기 는 [A]의 별이 태어나는 과정을 순서대로 정리한 것이다. 보기 에 대한 설명 중 적절하지 않은 것은?

보기

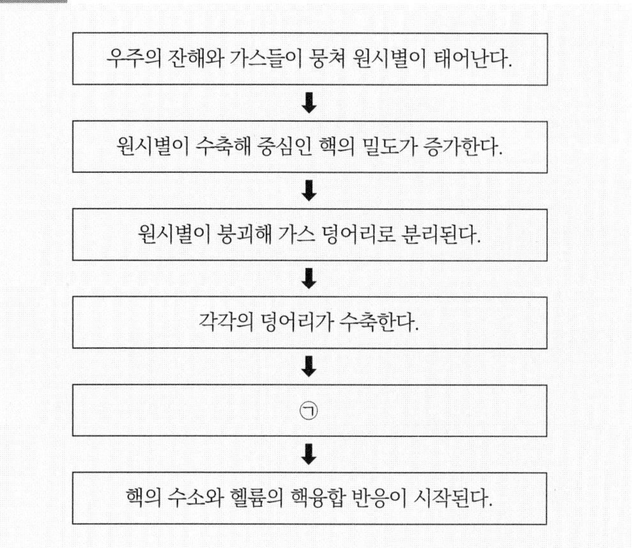

우주의 잔해와 가스들이 뭉쳐 원시별이 태어난다.
원시별이 수축해 중심인 핵의 밀도가 증가한다.
원시별이 붕괴해 가스 덩어리로 분리된다.
각각의 덩어리가 수축한다.
㉠
핵의 수소와 헬륨의 핵융합 반응이 시작된다.

정답 선지 분석

④ 〈보기〉의 방식으로 태어난 별의 잔해는 새로운 별을 만들지 못한다.
2문단에서 '기존 별들이 죽어 사라질 때 생기는 잔해, 즉 먼지나 가스들이 주위의 물질들과 다시 뭉쳐지면 새로운 별이 만들어질 수 있다'고 하였다. 이는 곧 죽은 별의 잔해로 새로운 별이 만들어진다는 의미이다. 〈보기〉의 방식으로 태어난 별의 잔해로는 새로운 별이 만들어지지 않는다는 내용은 윗글에서 찾을 수 없으므로 적절하지 않다.

오답 선지 분석

① 〈보기〉의 과정은 수백만 년 이상이 걸린다.
2문단에서 '이 과정에는 수백만 년 이상의 긴 시간이 걸린다'고 하였으므로 적절하다.

② 〈보기〉의 과정이 이루어지면 스스로 빛을 내는 별이 된다.
2문단에서 '이 핵융합이 시작될 때 비로소 항성, 즉 스스로 빛을 내며 타오르는 별이 된다'고 하였으므로 적절하다.

③ 〈보기〉의 과정 이후 연료가 떨어진 별은 보통 적색 거성이 된다.
3문단에서 '별은~결국 종말을 맞이하게 된다. 연료가 다 떨어졌기 때문이다', '보통 수명을 다한 별은 부풀어 오르고 붉은 색을 띠게 된다. 이 별을 '적색 거성'이라고 부른다'고 하였으므로 적절하다.

⑤ 〈보기〉의 ㉠에는 '덩어리 속 가스의 압력이 올라가 빛을 뿜기 시작한다.'가 들어간다.
2문단에 따르면, 원시별이 분리된 덩어리가 수축한 이후 '덩어리 속의 가스는 압력으로 인해 온도가 점차 올라가고 이윽고 빛을 뿜기 시작'하여, 핵의 밀도가 한계에 다다르면 핵융합 반응이 시작된다고 하였으므로 적절하다.

04 세부 내용 파악하기

윗글에서 종말을 맞이하는 별의 마지막 단계를 찾아 쓰시오.

정답

흑색 성운

문학 1 나무들의 목욕(정현정)

빠른 정답 체크 01 ⑤ 02 ⑤ 03 ① 04 씨앗 마중하려고

나무들이

㉠ 샤워하고 있다.
의인법 → 꽃을 피우는 나무들의 모습
▶ 꽃을 피우는 나무들

저것 봐
나무들이 샤워하는 모습
저것 봐
① 다정하고 친근한 느낌
② 독자의 궁금증 유발
③ 화자의 말에 주목
▶ 꽃을 피우는 나무들에 주목하게 함

㉡ 진달래는 분홍 거품이
은유법 → 진달래의 분홍 꽃
조팝나무는 하얀 거품이
은유법 → 조팝나무의 하얀 꽃
영산홍은 빨강 거품이
은유법 → 영산홍의 빨간 꽃
㉢ 보글보글 일고 있잖아
① 꽃이 피는 모습을 샤워할 때 거품이 보글거리는 것에 비유함
② 의태어 사용 → 운율 형성
▶ 나무들에 색색의 꽃이 핀 풍경

㉣ 깨끗이 씻은 자리
꽃이 피어 있던 자리, 씨앗이 생겨날 자리
씨앗 마중하려고
나무들이 꽃을 피우는 이유
㉤ 부지런히 목욕 중이야
의인법 → 꽃을 피우는 나무들의 모습
▶ 나무들이 꽃을 피우는 이유

[A] 온 산이 공중목욕탕처럼
직유법 → 꽃을 피우는 나무들로 가득한 산
색색의 거품으로 부글거리고 있어.
여러 색깔의 꽃 ① '온 산'과 '공중목욕탕'의 유사성 ② 봄의 생명력
▶ 꽃을 피우는 나무들로 가득한 산

- 정현정, 〈나무들의 목욕〉 -

01 표현상의 특징 파악하기 답 | ⑤

윗글의 표현상 특징으로 적절하지 않은 것은?

정답 선지 분석

⑤ 시각을 청각화하여 눈으로 보이는 심상을 귀로 듣는 듯이 느끼게 하고 있다.
윗글에서 시각을 청각화한 공감각적 심상은 찾아볼 수 없다.

오답 선지 분석

① 유사한 문장 구조를 반복하여 운율을 형성하고 있다.
3연에서 '~은/는 ~이'의 문장 구조를 반복하여 운율을 형성하고 있다.

② 다양한 비유를 활용하여 대상의 모습을 새롭게 표현하고 있다.
1연과 4연에서는 의인법을, 3연에서는 은유법을, 5연에서는 직유법을 활용하여 꽃을 피우는 나무들의 모습을 새롭게 표현하고 있다.

③ 색채 이미지를 활용하여 대상의 이미지를 선명하게 드러내고 있다.
3연에서 '분홍', '하얀', '빨강'의 색채 이미지를 활용하여 나무의 이미지를 선명하게 드러내고 있다.

④ 말을 건네는 방식을 사용하여 독자로 하여금 친근감을 느끼게 하고 있다.
2연의 '저것 봐' 등에서 말을 건네는 방식을 사용하여 독자로 하여금 친근감을 느끼게 하고 있다.

02 시구의 의미 파악하기 답 | ⑤

㉠~㉤에 대한 이해로 적절하지 않은 것은?

정답 선지 분석

⑤ ㉤: 나무들이 시든 꽃을 떨어뜨리는 모습을 의인화하여 표현한 것이다.
㉤은 나무들이 시든 꽃을 떨어뜨리는 모습이 아닌, 꽃을 피우는 모습을 의인화하여 나무들이 목욕하고 있는 것이라고 표현한 것이다.

오답 선지 분석

① ㉠: 봄에 꽃을 피우는 나무들의 모습을 의인화하여 표현한 것이다.
㉠은 봄 햇살을 받으며 꽃을 피우는 나무들의 모습을 의인화하여 나무들이 샤워하고 있는 것이라고 표현한 것이다.

② ㉡: 진달래의 분홍색 꽃을 분홍 거품에 빗대어 표현한 것이다.
㉡은 한 가지 끝에 크기가 작은 꽃이 여러 송이 피는 진달래의 모습을 분홍 거품에 빗대어 표현한 것이다.

③ ㉢: 꽃이 피어나는 모습을 샤워할 때의 거품에 빗대어 표현한 것이다.
㉢은 나무에 꽃이 피는 모습을 샤워할 때 거품이 보글보글 이는 것에 빗대어 표현한 것이다.

④ ㉣: 씨앗이 생겨날 자리를 깨끗이 씻은 자리에 빗대어 표현한 것이다.
㉣은 꽃이 피어 있었고, 곧 씨앗이 생겨날 자리를 샤워를 하여 깨끗이 씻은 자리에 빗대어 표현한 것이다.

03 감상의 적절성 평가하기 답 | ①

보기 를 [A]와 같이 표현했다고 할 때, [A]에 대한 감상으로 적절하지 않은 것은?

보기

온 산에
색색의 꽃이 피고 있어.

정답 선지 분석

① 풍경을 객관적으로 서술하여 보편적인 감상을 이끌어 내고 있군.
〈보기〉는 색색의 꽃이 핀 산의 풍경을 객관적으로 서술한 것이고, [A]는 〈보기〉의 풍경을 비유법을 활용하여 서술한 것이다. 따라서 [A]가 풍경을 객관적으로 서술하여 보편적인 감상을 이끌어 내고 있다는 감상은 적절하지 않다.

오답 선지 분석

② 이미지를 형성하여 꽃이 핀 산의 풍경을 생생하게 전달하고 있군.
[A]는 비유법을 통해 이미지를 형성하여 꽃이 핀 산의 풍경을 생생하게 전달하고, 봄의 생명력과 생동감을 표현하고 있다.

③ 독특한 비유를 통해 일상적인 소재에 대한 상상력을 자극하고 있군.
[A]는 꽃을 피우는 나무들로 가득한 산의 모습을 거품이 부글거리는 공중목욕탕에 비유하여 산과 나무라는 일상적인 소재에 대한 상상력을 자극하고 있다.

④ 꽃이 핀 산의 모습을 재미있고 참신하게 표현하여 신선함을 주고 있군.
[A]는 꽃이 핀 산의 모습을 공중목욕탕에 비유하는 재미있고 참신한 표현을 통해 신선함과 즐거움을 주고 있다.

⑤ 생명을 맞이하는 일의 소중함이라는 주제를 효과적으로 전달하고 있군.
[A]는 비유법을 활용하여 전달하고자 하는 바를 인상 깊게 표현하고, 나무들이 꽃을 피우는 것은 새로운 생명을 맞이하기 위한 소중한 일이라는 주제를 효과적으로 전달하고 있다.

04 시구의 의미 파악하기

나무들이 꽃을 피우는 이유가 드러난 시행을 찾아 쓰시오.

정답

씨앗 마중하려고

문학 2 흰 종이 수염(하근찬)

빠른 정답 체크 01 ⑤ 02 ④ 03 ③ 04 활동사진

[앞부분 줄거리] 동길이의 아버지는 전쟁에서 오른팔을 잃은 채 돌아온다. 동길이가 학교에 가지 않겠다고 하자 아버지는 동길이를 야단친다. 창식이가 다른 아이들에게 동길이의 아버지가 외팔이라는 것을 알린 탓에 동길이는 놀림을 받는다. 학교에 갔다 온 아버지는 동길이에게 자신이 극장에 취직했다고 하고, 가위와 종이로 수염을 만든다.

삼거리에 이르렀을 때였다. 동길이는 눈이 번쩍 뜨였다.(광고판을 보고 호기심이 생김) 참 희한한 것을 보았기 때문이다.(커다란 광고판)

저만큼 먼 거리였으나 얼른 보아 그것이 무슨 광고판이라는 것을 알 수 있었다. 가마니 한 장만이나 한 크기일까? ㉠ 그런 광고판이 길 한가운데를 이쪽으로 걸어오고 있는 것이었다.(사람이 광고판을 걸고 있다는 것을 알아차리지 못함) 그 움직이는 광고판을 따라 우르르 아이들이 떠들어대며 몰려오고 있었다.

동길이는 저도 모르게 뛰고 있었다.(광고판에 이끌렸기 때문) 차츰 가까워지면서 보니 그것은 틀림없는 광고판이었다. 그러나 그 광고판에는 다리가 두 개 달려 있고, 머리도 하나 붙어 있었다.(광고판이 혼자 걸어다니는 것이 아니라 실제로는 사람임)

사람이었다. 사람이 가슴 앞에 큼직한 광고판을 매달고 걸어오고 있는 것이었다. 등에도 똑같은 광고판을 짊어지고 있는 듯했다. 「머리에는 알롱달롱하고 쭈뼛한* 고깔을 쓰고 있었고, 얼굴에는 밀가룬지 뭔지 모를 뿌연 분이 덕지덕지 칠해져 있었다. 그리고 턱에는 수염이 허옇게 나부끼고 있었다.(흰 종이 수염을 달고 있음) 아주 늙은 노인인 것 같기도 했고, 어찌 보면 그렇지 않은 듯도 했다.」(「」: 광고판을 매단 사람의 우스꽝스러운 모습)

이 희한한 사람이 간간이 또 메가폰을 입에다 갖다 대고, 뭐라고 빽빽 소리를 질러 대는 것이 아닌가. 재미있는 구경거리가 아닐 수 없었다.(다른 사람들에게는 광대 짓으로 보임)

"야아, 오늘 밤의, 아아, 오늘 밤의 활동사진*은 쌍권총을 든 사나이, 아아, 쌍권총을 든 사나이.(시대적 배경을 드러냄 / 쌍권총은 양손으로 쏘는 것인데, 아버지는 한 팔을 잃었다는 점에서 모순이 느껴짐) 많이 구경하러 오이소! 많이많이 구경하러 오이소!"

그러고는 쑥스러운 듯 얼른 메가폰을 입에서 떼어버리는 것이었다. 그럴라치면 이번에는 아이들이 제가끔* 목소리를 돋우어,

"아아, 오늘 밤에는 쌍권총을 든 사나이."

"아아, 쌍권총을 든 사나이, 구경하러 오이소."

"아아, 오늘 밤에 많이많이 구경하러 오이소."

하고 떠들어댔다.

㉡ 동길이는 공연히 즐거웠고, 가슴이 울렁거렸다.(아버지인 것을 모른 채 활동사진에만 마음이 설렘) 우뚝 멈추어 서서 우선 광고판의 그림부터 바라보았다.

「시꺼먼 안경을 낀 코쟁이*가 큼직한 권총을 두 자루 양쪽 손에 쥐고 있는 그림이었다. 노란 머리카락과 새파란 눈깔을 가진 여자도 하나 윗도리를 거의 벗은 것처럼 하고 권총을 든 사나이 등 뒤에 납작 붙어 있었다.」(「」: 광고판에 그려진 서양 영화 광고) 괴상한 그림이었다.

"아아, 쌍권총을 든 사나이, 아아, 오늘 밤의 활동사진은 쌍권총을 든 사나이, 많이 구경 오이소! 많이많이 구경 오이소!"

그리고 메가폰을 입에서 뗀 그 희한한 사람의 시선이 동길이의 시선과 마주쳤다.(동길이가 그 사람의 정체를 알아차리게 됨)

순간 동길이의 가슴이 철렁 내려앉고 말았다. 뒤통수를 야물게* 한 대 얻어맞은 것 같았다. 그리고 눈물이 핑 돌았다. 어처구니가 없었다.(그 사람이 아버지임을 알아보고 당혹스러움과 슬픔을 느낌)

그 희한한 사람이 바로 아버지였던 것이다.

㉢ 아버지는 동길이와 눈이 마주치자 약간 멋쩍은 듯했다.(아버지는 자신의 모습을 부끄러워함) 그러고는 얼른 시선을 돌려버리는 것이었다. 동길이는 코끝이 매워오며 뿌옇게 눈앞이 흐려져 갔다.

아이들은 더욱 신명*이 나서 떠들어댄다.

"아아, 오늘 밤에는 쌍권총입니다."

"아아, 쌍권총을 든 사나이 재미가 있습니다."

이런 소리에 섞여 분명히,

"동길아! 느그 아부지다. 느그 아부지 참 멋쟁이다."(반어적 표현 → 아버지를 조롱함)

하는 소리가 동길이의 귓전을 때렸다. 용돌이란 놈의 목소리에 틀림없었다.

동길이는 온몸의 피가 얼굴로 치솟는 듯했다. 주먹으로 아무렇게나 눈물을 뿌리쳤다. 뿌옇던 눈앞이 확 트이며 얼른 눈에 들어온 것은 소리를 지른 용돌이 아닌 창식이란 놈이었다.「요놈이 나무 꼬챙이를 가지고 아버지의 수염을 곧장 건드리면서,

용돌이의 말을 듣고 분노를 느낌

"진짜 앙이다야. 종이로 만든 기다, 종이로."

하고 켈켈 웃어쌓는 것이 아닌가.」 「」: 아버지를 조롱하는 창식이의 행동

동길이는 가슴속에 불이 확 붙는 것 같았다. ㉣ 순간 동길이의 눈은 매섭게 빛났다. 이미 물불을 가릴 계제*가 아니었다.

창식이의 행동이 동길이의 분노를 부채질함

살쾡이처럼 내달을 따름이었다.

창식이에게 달려듦

"으악!"

비명 소리와 함께 길바닥에 나가떨어진 것은 물론 창식이었다. 개구리처럼 뻗었다. 그러나 동길이는 그 위에 덮쳐서 사정없이 마구 깔고 문댔다.

"아이크, 아야야야……. 캥!"

창식이의 얼굴은 떡이 되는 판이었다. 아이들은 덩달아서 와아 와아 소리를 지르며 떠들어댔다.

㉤ 동길이 아버지는 두 눈이 휘둥그레지며 손에서 메가폰을 떨어뜨렸다. 어찌 된 영문인지 알 수가 없었다.

동길이의 행동에 놀라고 당황함

창식이는 이제 소리도 지지지 못하고 윽! 윽! 넘어가고 있었다.

"와 이카노? 와 이카노? 와 이캐?"

동길이 아버지는 후닥닥 광고판을 벗겨 던졌다. 그리고 하나 남은 손을 대고 내저으며 어쩔 줄을 몰라 했다. 턱에 붙였던 수염이, 실밥이 떨어져서 흰 종이 수염이 가슴 앞에 매달려 너풀너풀 춤을 춘다.

동길이를 말리려 함

동길이 가족의 비극성을 극대화함

"이누무 자식이 미쳤나, 와 이카노, 와 이캐 잉?"

갈등이 완전히 해소되지 않은 채 작품이 끝남

- 하근찬, 〈흰 종이 수염〉 -

* 쭈뼛하다: 물건의 끝이 차차 가늘어지면서 삐죽하게 솟다.
* 활동사진(活動寫眞): '영화'의 옛 용어. 움직이는 사진이라는 뜻으로, 무성(無聲) 영화와 같은 초기 영화를 오늘날의 영화에 상대하여 이르는 말로도 쓰인다.
* 제가끔: 저마다 따로따로.
* 코쟁이: 코가 크다는 뜻에서 서양 사람을 놀림조로 이르는 말.
* 야물다: 사람됨이나 씀씀이 따위가 퍽 옹골차고 헤프지 않다.
* 신명: 흥겨운 신이나 멋.
* 계제(階梯): 어떤 일을 할 수 있게 된 형편이나 기회.

01 서술상의 특징 파악하기 답 | ⑤

윗글의 시점에 대한 설명으로 가장 적절한 것은?

정답 선지 분석

⑤ 작품 밖의 서술자가 주인공의 심리를 직접 서술하고 있다.

작품 밖의 서술자가 주인공의 심리를 직접 서술하는 것은 전지적 작가 시점이다. 윗글은 '동길이는 공연히 즐거웠고, 가슴이 울렁거렸다.', '동길이는 가슴속에 불이 확 붙는 것 같았다.' 등에서 작품 밖의 서술자가 주인공 '동길'의 심리를 직접 서술하고 있으므로 적절하다.

오답 선지 분석

① 작가가 자신의 경험을 사실적으로 서술하고 있다.

작가가 자신의 경험을 사실적으로 서술하는 것은 수필 갈래이다. 윗글은 소설이므로 적절하지 않다.

② 주인공이 자신의 이야기를 스스로 서술하고 있다.

주인공이 자신의 이야기를 스스로 서술하는 것은 1인칭 주인공 시점이다. 윗글은 주인공의 이야기를 작품 밖의 서술자가 서술하고 있으므로 적절하지 않다.

③ 주변 인물이 주인공의 행동을 관찰하여 서술하고 있다.

주변 인물이 주인공의 행동을 관찰하여 서술하는 것은 1인칭 관찰자 시점이다. 윗글은 주인공의 주변 인물이 주인공을 관찰하는 장면이 드러나지 않으므로 적절하지 않다.

④ 작품 밖의 서술자가 주인공의 행동만을 서술하고 있다.

작품 밖의 서술자가 주인공의 행동만을 서술하는 것은 3인칭 관찰자 시점이다. 윗글은 작품 밖의 서술자가 주인공의 심리까지 서술하고 있으므로 적절하지 않다.

02 구절의 의미 파악하기 답 | ④

㉠~㉤에 담긴 의미로 적절하지 않은 것은?

정답 선지 분석

④ ㉣: 동길이가 광고판을 건 사람의 정체가 아버지라는 것을 마침내 알아차렸음을 의미한다.

동길이는 아버지와 시선이 마주쳤을 때 이미 광고판을 건 사람의 정체가 아버지라는 것을 알아차렸다. ㉣에서 동길이의 눈이 매섭게 빛난 것은, 아버지의 수염을 나무 꼬챙이로 건드리며 놀리는 창식이에 대한 분노 때문이다.

오답 선지 분석

① ㉠: 동길이가 광고판이 사람이라는 것을 아직 알아차리지 못했음을 의미한다.

㉠에서 동길이는 광고판이 길 한가운데를 걸어오고 있다고 생각하는데, 이는 동길이가 광고판이 사람이라는 것을 아직 알아차리지 못했기 때문이다.

② ㉡: 동길이가 광고판을 건 사람이 아버지라는 것을 아직 알아차리지 못했음을 의미한다.

㉡에서 동길이는 광고판이 실제로는 사람이 가슴 앞에 광고판을 매단 것임을 알아차렸으면서도 활동사진 광고 그림을 보며 즐거움을 느끼고 있는데, 이는 그 사람이 아버지라는 것은 아직 알아차리지 못했기 때문이다.

③ ㉢: 동길이 아버지가 자신의 모습을 아들에게 보인 것을 부끄러워하고 있음을 의미한다.

㉢에서 동길이 아버지는 동길이와 눈이 마주치자 멋쩍은 듯해 보이고 이어지는 문장에서 얼른 시선을 돌려버렸다고 했는데, 이는 동길이 아버지가 고깔을 쓰고 분을 칠하고 종이 수염을 매단 자신의 모습을 아들인 동길이에게 보인 것을 부끄러워하기 때문이다.

⑤ ㉤: 동길이 아버지가 동길이가 창식이를 때리는 이유를 이해하지 못하고 있음을 의미한다.

㉤에서 동길이가 창식이에게 달려들어 창식이를 마구 때리자 동길이 아버지는 놀라 메가폰을 떨어뜨리는데, 이는 동길이 아버지가 동길이가 창식이를 때리는 이유를 이해하지 못했기 때문에 이어진 문장에서 설명하듯 어찌 된 영문인지 알 수 없어 놀라고 당황했기 때문이다.

03 제목의 의미 이해하기 답 | ③

보기 는 윗글의 다른 부분이다. 윗글과 보기 를 통해 알 수 있는, 흰 종이 수염이 갖는 의미로 적절하지 않은 것은?

보기

"이봐, 나 오늘 취직했어, 취직. 손이 하나 없으니까 목수질은 못하지만 그래도 다 써어먹을 데가 있단 말이여. 써어먹을 데가……."

정말인지 거짓부렁인지 알 수 없는 소리를 대고 주워섬긴다.

"아니, 참말로 카능교? 부로 카능교?"

"허, 부로 카긴 와 부로캐. 내가 언제 거짓말을 하더나?"

"……."

"극장에 취직이 됐어, 극장에……."

"뭐 극장에요?"

"그래, 와, 나는 극장에 취직하면 안 될 사람이가? 그것도 다 김 주사, 우리 오야붕 덕택이란 말이여, 팔뚝을 한 개 나라에 바친 그 덕택이란 말이여, 으흐흐흐……. 내일 나갈 적에 종이로 쉬염을 만들어 갖고 가야 돼. 바로 이 종이가 쉬염 만들 종이 앙이가."

* 부로: 일부러.
* 오야붕: 두목.
* 쉬염: '수염'의 방언.

정답 선지 분석

③ 돈으로 문제를 해결할 수 있는 사회

아버지가 흰 종이 수염을 달고 일을 하는 것은 돈을 벌기 위해서이지만, 흰 종이 수염이 돈으로 문제를 해결할 수 있는 사회를 상징한다고는 해석할 수 없다.

오답 선지 분석

① 전쟁으로 인한 우리 민족의 비극

윗글과 〈보기〉를 통해 아버지가 한 팔을 잃은 것은 나라를 위한 전쟁에 나갔기 때문임을 알 수 있다. 아버지는 한 팔을 잃은 뒤 목수 일을 더 이상 하지 못하게 되어 흰 종이 수염을 달고 일을 나가게 되었으므로 흰 종이 수염이 전쟁으로 인한 우리 민족의 비극을 상징한다는 해석은 적절하다.

② 가족에 대한 가장으로서의 책임감

아버지는 전쟁에서 한 팔을 잃었지만, 가족을 위해 장애가 있는 몸으로도 돈을 벌러 극장에 취직하였고, 분칠을 하고 종이 수염을 붙인 우스꽝스러운 모습으로 광고판을 목에 걸었다. 따라서 흰 종이 수염이 가족에 대한 가장으로서의 책임감을 상징한다는 해석은 적절하다.

④ 비참한 현실을 극복하고자 하는 의지

아버지는 목수 일을 하지 못하게 되었으나 이에 좌절하고만 있지 않고, 비참한 현실을 극복하기 위해 극장에 취직하였다. 따라서 흰 종이 수염이 비참한 현실을 극복하고자 하는 의지를 상징한다는 해석은 적절하다.

⑤ 전쟁으로 상처받은 사람들의 비극적 삶

윗글과 〈보기〉를 통해 아버지가 한 팔을 잃은 것은 나라를 위한 전쟁에 나갔기 때문임을 알 수 있다. 아버지는 한 팔을 잃은 뒤 목수 일을 더 이상 하지 못하게 되었고, 흰 종이 수염을 달고 우스꽝스러운 모습으로 극장에서 일하게 되었으므로 흰 종이 수염이 전쟁으로 상처받은 사람들의 비극적인 삶을 상징한다는 해석은 적절하다.

04 소재의 의미 파악하기

보기 에서 설명하는 소재를 찾아 쓰시오.

보기

- 시대적 배경을 나타냄.
- 동길이 아버지가 광고하는 대상임.

정답

활동사진

14강

| 본문 | 165쪽

매체 | 매체 자료의 효과 판단하기

빠른 정답 체크 01 ④ 02 ② 03 ③ 04 금지, 불평등

[장면 1] 	㉠ 학교에서의 휴대 전화 사용, 허용해야 할까요? 아니면 금지해야 할까요? (가치 중립적인 발화)
[장면 2] 	㉡ 청소년들에게도 없어서는 안 될 소통 수단, 휴대 전화. 그런데, 교실에서의 휴대 전화 사용에 대해 어떻게 생각하시는지요? (뉴스 수용자에게 질문을 던짐)
[장면 3] 	부모들은 언제든 자녀들과 연락을 취할 수 있어 자녀의 안전에 대해 걱정을 줄일 수 있으며, 수업 중 휴대 전화를 적극 활용하면 학업에 대한 흥미도 높아진다는 겁니다. (교내 휴대 전화 사용 찬성 측의 근거 ①) (교내 휴대 전화 사용 찬성 측의 근거 ②)
[장면 4] 	㉢ 런던정치경제대학교 경제성과연구센터는 교내 휴대 전화 금지의 효과에 관한 연구 결과를 발표했습니다. 교내에서의 휴대 전화 사용을 금지했더니 성적이 향상되었다는 겁니다. (교내 휴대 전화 사용 반대 측의 근거 ①)
[장면 5] 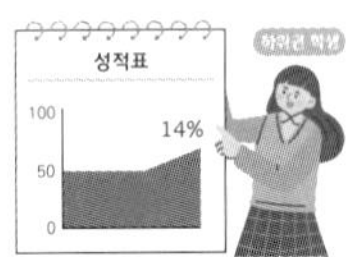	하위권 학생들은 성적이 향상되었죠. 성적이 14퍼센트나 높아진 겁니다. (하위권의 기준이 명확하게 드러나 있지 않음)
[장면 6] 	㉣ 런던정치경제대학교 경제성과연구센터는 교내 휴대 전화 금지가 성적 차이로 인한 학생들의 불평등을 해소할 수 있을 거라고 봅니다. (교내 휴대 전화 사용 반대 측의 근거 ② → 비약적)
[장면 7] 	'학생을 위해' 교내 휴대 전화 사용을 허용해야 한다는 입장과 마찬가지로 '학생을 위해' 금지해야 한다는 입장. ㉤ 여러분은 어떤 입장에 더 공감하시는지요? (뉴스 수용자의 능동적 사고를 유도함)

- 이비에스(EBS) 뉴스, 〈교내 휴대 전화 금지, 약일까 독일까〉 -

01 매체 자료의 효과 파악하기 　답 | ④

윗글에 사용된 매체 표현 방식으로 적절하지 않은 것은?

정답 선지 분석

④ [장면 6]에서는 보도의 흐름을 보여 주기 위해 기호를 활용하고 있다.
[장면 6]에서 금지 기호가 사용되기는 했으나, 이는 보도의 흐름을 보여 주기 위해서가 아니라 휴대 전화 사용을 금지하는 측 주장의 근거임을 드러내기 위해서이다.

오답 선지 분석

① [장면 1]에서는 화면의 하단에 자막으로 보도 내용의 요점을 제시하고 있다.
[장면 1]에서는 화면의 하단에 '교내 휴대 전화 금지, 약일까 독일까'라는 자막을 내보내어 보도 내용의 요점을 제시하고 있다.

② [장면 3]과 [장면 4]에서는 주장의 핵심 근거를 자막으로 제시하고 있다.
[장면 3]에서는 휴대 전화 사용을 찬성하는 측 주장의 핵심 근거인 '자녀의 안전 걱정'을, [장면 4]에서는 휴대 전화 사용을 반대하는 측 주장의 핵심 근거인 '성적 향상'을 자막으로 제시하고 있다.

③ [장면 5]에서는 그래프를 활용하여 뉴스 내용을 가시적으로 전달하고 있다.
[장면 5]에서는 하위권 학생의 성적 향상 비율을 그래프를 활용하여 가시적으로 전달하고 있다.

⑤ [장면 7]에서는 뉴스 시청자에게 던지는 질문을 자막으로 제시하고 있다.
[장면 7]에서는 '여러분은 어떤 입장을 더 공감하시는지요?'라고 하며 뉴스 수용자에게 던지는 질문을 자막으로 제시하고 있다.

02 매체의 언어적 표현 파악하기 　답 | ②

㉠~㉤에 대한 설명으로 적절하지 않은 것은?

정답 선지 분석

② ㉡: 비유적 표현을 사용하여 내용에 대한 수용자의 흥미를 끌고 있다.
㉡에는 비유적 표현이 사용되지 않았다. '청소년들에게도 없어서는 안 될 소통 수단'은 휴대 전화를 설명하는 말에 불과하다.

오답 선지 분석

① ㉠: 객관적인 표현을 사용하여 뉴스 보도의 공정성을 지키고 있다.
㉠은 학교에서의 휴대 전화 사용에 대해 허용과 금지의 단어를 사용하며 쟁점을 가치 중립적으로 제시하며 뉴스 보도의 공정성을 지키고 있다.

③ ㉢: 전문 기관의 조사를 인용하여 뉴스 보도의 신뢰성을 확보하고 있다.
㉢에서는 '런던정치경제대학교 경제성과연구센터'라는 전문 기관의 조사를 인용하여 뉴스 보도의 신뢰성을 확보하고 있다.

④ ㉣: 미래 시제를 나타내는 표현을 사용하여 기대 효과를 제시하고 있다.
㉣은 미래 시제를 나타내는 표현인 '~라고 봅니다'를 사용하여 교내 휴대 전화 사용을 금지했을 때의 기대 효과를 제시하고 있다.

⑤ ㉤: 의문형 문장을 사용하여 수용자의 능동적 사고를 유도하고 있다.
㉤은 '여러분은 어떤 입장에 더 공감하시는지요?'라는 의문형 문장을 사용하여, 수용자로 하여금 두 가지 입장 중 하나를 선택하도록 하는 능동적 사고를 유도하고 있다.

03 매체 자료의 적절성 판단하기 답 | ③

보기 를 참고했을 때, [장면 5]의 그래프에 대한 평가로 가장 적절한 것은?

보기

그래프를 왜곡하는 방법에는 여러 가지가 있다. 그중 하나는 그래프의 가로와 세로 눈금 간격을 지나치게 좁거나 넓게 하는 것이다. 실제 기울기보다 가파르거나 완만하게 그리는 방법도 있고, 그래프 밑부분을 잘라 사람들이 착각하게 만드는 방법도 있다.

정답 선지 분석

③ 그래프의 기울기를 실제보다 가파르게 했으므로 올바르지 않다.
[장면 5]의 그래프는 14퍼센트라는 비율을 나타내고 있으나, 이에 비해 그래프의 기울기는 지나치게 급격하다. 따라서 그래프의 기울기를 실제보다 가파르게 했으므로 올바르지 않다는 평가는 적절하다.

오답 선지 분석

① 그래프 아래에 자료의 출처를 밝혔으므로 올바르다.
그래프 아래에는 자료의 출처가 밝혀져 있지 않고, 아나운서의 말을 통해 그래프 결과가 런던정치경제대학교 경제성과연구센터의 조사에 따른 것임을 알 수 있을 뿐이므로 적절하지 않은 평가이다.

② 가로와 세로 눈금 축을 정확하게 표기했으므로 올바르다.
그래프의 세로 눈금에는 '0, 50, 100'의 수치가 표기되어 있으나 가로 눈금에는 수치가 표기되어 있지 않으므로 적절하지 않은 평가이다.

④ 그래프 밑부분을 잘라 사람들의 착각을 유도했으므로 올바르지 않다.
그래프의 세로 눈금이 '0'으로 시작하는 것으로 보아 그래프 밑부분을 자른 것이 아니므로 적절하지 않은 평가이다.

⑤ 눈금 간격을 지나치게 좁게 설정하여 읽기 불편하게 했으므로 올바르지 않다.
그래프의 세로 눈금은 '0, 50, 100'으로 해당 눈금이 점수를 나타낸다는 것을 고려할 때 눈금 간격이 좁게 설정되어 있지도 않고, 읽기 불편하지도 않으므로 적절하지 않은 평가이다.

04 매체 표현의 적절성 파악하기

다음은 [장면 6]의 뉴스가 올바르지 않은 이유이다. 빈칸에 들어갈 말을 골라 차례대로 쓰시오.

교내 휴대 전화 사용을 (허용 / 금지)하여 학생들의 성적 차이로 인한 (평등 / 불평등)을 해소할 수 있다는 것은 비약적인 표현이므로 올바르지 않다.

정답

금지, 불평등

독서 면역 체계와 백신

빠른 정답 체크 01 ⑤ 02 ⑤ 03 ② 04 항원, 항체

㉠ 바이러스는 우리 몸속의 세포 안에서 증식한다. 따라서 바이러스를 제거하려면 「우리 몸의 세포까지 공격해야 하기 때문에」 박멸이 힘들다. 그러나 우리 몸은 스스로 깨끗한 상태를 유지하려는 성질이 있어서, 몸 외부의 해로운 물질이 몸 안으로 들어오면 이것을 배제하는 시스템을 갖추고 있다. 우리는 이 시스템을 면역 체계라고 부른다. 면역 기능은 몸속에 들어온 낯선 물질을 '항원'으로 보고, 이것을 제거하는 물질인 '항체'를 만들어 낸다. 항체는 항원을 분해해 우리 몸을 지킨다.

(「」: 바이러스 제거가 어려운 이유 / 면역 체계의 개념 / 항원의 개념 / 항체의 개념 / 항체의 기능)

▶ 1문단: 바이러스를 배제하기 위해 존재하는 면역 체계

㉡ 그러나 항체가 항상 항원을 이기지는 못한다. 항체는 항원이 몸 안에 들어온 이후에 만들어지기 때문에, 너무 늦게 만들어지는 경우, 혹은 항원보다 약한 경우 제 기능을 수행하지 못한다. 이때 우리는 병에 걸리게 되고, 심하면 죽기도 한다.

(항체가 기능을 수행하지 못하는 경우 ① / 항체가 기능을 수행하지 못하는 경우 ② / 항체가 기능을 수행하지 못할 때의 결과)

▶ 2문단: 항체가 기능을 수행하지 못하는 경우

㉢ 다행히 우리의 면역 체계는 기억력이 좋은 편이다. 그래서 한 번 만났던 바이러스는 기억하고 있다가 이후 같은 바이러스가 몸에 들어오면 이전보다 더 빨리 항체를 만들어 내고 이 항체는 이전보다 더 바이러스를 쉽게 퇴치할 수 있다. 따라서 병에 걸리기 전에 미리 같은 종류의 연습용 바이러스를 몸에 넣으면, 진짜 바이러스가 들어왔을 때 그에 대응할 항체를 만들기 쉬워진다.

(백신이 필요한 이유 / 항체가 너무 늦게 만들어지면 기능을 수행하지 못함 / 백신)

㉣ 「연습용으로 우리 몸에 투입하는 약한 바이러스」를 우리는 백신이라고 부른다.

(「」: 백신의 개념)

▶ 3문단: 백신이 필요한 이유

초기에는 죽은 바이러스로 백신을 만들었다. 이것을 죽은 백신, '사백신'이라고 한다. 이후 과학 기술의 발달로 살아 있는 바이러스도 인위적인 방법으로 힘을 약하게 만들거나 독성을 없앨 수 있게 되었는데, 이런 것을 '생백신' 혹은 '약독화 백신'이라고 한다.

(사백신의 개념 / 생백신(약독화 백신)의 개념)

㉤ 우리는 이러한 「백신을 우리 몸에 넣어 면역 체계를 강화하고,」 이를 예방 접종이라고 한다.

(「」: 예방 접종의 개념)

▶ 4문단: 사백신과 생백신

최근엔 몸에 바이러스를 주입하는 것이 아닌 항체의 설계도 자체를 주입하는 백신인 mRNA 백신도 등장했다. 기존 백신에 비해 개발 비용과 기간 면에서 우위를 점하고 있으나, 구조가 불안정하여 초저온에서 보관하지 않으면 쉽게 변이가 일어나 관리가 까다롭다는 단점이 있다.

(mRNA 백신의 개념 / mRNA 백신의 장점 / mRNA 백신의 단점)

▶ 5문단: mRNA 백신의 장단점

01 내용 전개 방식 파악하기 답 | ⑤

㉠~㉤에 대한 설명으로 적절하지 않은 것은?

정답 선지 분석

⑤ ㉤은 백신과 예방 접종을 대조의 방식으로 설명하고 있다.

대조는 차이점을 위주로 설명하는 설명방식이다. ㉤은 정의의 방식으로 예방 접종을 설명하고 있는 것이지, 백신과 예방접종을 대조하여 설명하고 있지 않다.

오답 선지 분석

① ㉠은 인과의 방식을 사용하여 바이러스를 설명하고 있다.

㉠은 접속 부사 '따라서'를 사용하여 인과의 설명방식을 사용하고 있다.

② ㉡은 앞의 내용과 반대되는 내용을 연결하고 있다.

㉡은 앞의 내용과 반대되는 내용을 연결하기 위한 역접 부사이다.

③ ㉢은 면역 체계를 의인화하여 친근감 있게 표현하고 있다.

㉢은 면역 체계를 사람처럼 표현하여 독자로 하여금 친근감을 느끼게 한다.

④ ㉣은 정의의 방식을 사용하여 백신에 대해 알려주고 있다.

㉣은 백신의 개념을 정의하여 설명하고 있다.

02 세부 내용 파악하기 답 | ⑤

윗글에 대한 이해로 적절하지 않은 것은?

정답 선지 분석

⑤ 살아 있는 바이러스로 만든 백신이 죽은 바이러스로 만든 백신보다 먼저 개발되었다.

4문단에 따르면, 초기에는 죽은 바이러스로 백신을 만들었고, 이후 과학 기술의 발달로 살아 있는 바이러스로 생백신을 만들게 되었다. 따라서 죽은 바이러스로 만든 백신이 살아 있는 바이러스로 만든 백신보다 먼저 개발된 것이므로 적절하지 않다.

오답 선지 분석

① 항체가 항상 바이러스에 효과가 있는 것은 아니다.

2문단에서 항체가 항상 항원을 이기는 것은 아니라고 하면서, 항체가 너무 늦게 만들어지거나 항원보다 약한 경우 제 기능을 수행하지 못한다고 했으므로 적절하다.

② mRNA 백신은 초저온에서 보관해야 변이를 막을 수 있다.

5문단에서 mRNA 백신은 초저온에서 보관하지 않으면 쉽게 변이가 일어난다고 했으므로 적절하다.

③ 백신을 맞는 것은 면역 체계가 해당 바이러스를 기억하게 하기 위해서이다.

3문단에서 우리의 면역 체계는 한 번 만났던 바이러스를 기억하고 있다가 더 빨리 항체를 만들어 낼 수 있다고 했고, 연습용으로 우리 몸에 투입하는 약한 바이러스를 백신이라고 부른다고 했으므로 적절하다.

④ 우리 몸은 바이러스가 침투하면 스스로 제거할 수 있는 능력을 갖추고 있다.

5문단에서 우리 몸은 외부의 해로운 물질이 몸 안으로 들어오면 이것을 배제하는 시스템을 갖추고 있다고 했으므로 적절하다.

03 구체적 사례에 적용하기 답 | ②

윗글을 읽고 보기 의 철수에게 해줄 조언으로 적절하지 않은 것은?

보기

철수는 유튜브에서 백신이 사실 약화된 바이러스라는 이야기를 들은 뒤로 바이러스를 일부러 몸에 넣는 이유를 이해할 수 없었기 때문에 백신 반대론자가 되었다.

정답 선지 분석

② 약한 바이러스가 몸에 들어와 있어야 강한 바이러스를 막을 수 있어.

3문단에 따르면, 약한 바이러스로 이루어진 백신을 투여하면 다음에 같은 바이러스가 들어왔을 때 항체가 더 빠르게 생겨나 바이러스를 더 쉽게 퇴치할 수 있다고 하였다. 그러나 약한 바이러스가 몸에 들어와 있어야 한다고는 하지 않았으므로 적절하지 않다.

오답 선지 분석

① 백신을 맞아야 면역 체계를 강화할 수 있어.

4문단에서 백신을 우리 몸에 넣어 면역 체계를 강화한다고 하였다.

③ 이제 바이러스를 주입하는 형태 말고 다른 형태의 백신도 나오고 있어.

5문단에서 최근에 등장한 mRNA 백신은 바이러스가 아닌, 항체의 설계도 자체를 주입한다고 하였다.

④ 바이러스의 형태를 면역 체계가 알고 있어야 진짜 바이러스를 막을 수 있어.

3문단에서 면역 체계는 한 번 만났던 바이러스를 기억하고 있다가 이후 같은 바이러스가 들어오면 더 빨리 항체를 만들어 내어 바이러스를 퇴치할 수 있다고 하였다.

⑤ 몸에 해를 끼치지 않도록 약체화한 바이러스이기 때문에 건강에 영향을 끼치지 않아.

3문단에서 백신은 연습용으로 우리 몸에 투입하는 약한 바이러스이며, 4문단에서 백신 중 생백신은 살아 있는 바이러스를 인위적인 방법으로 힘을 약하게 만들거나 독성을 제거한 것이라고 하였다.

04 구체적 사례에 적용하기

빈칸에 들어갈 말을 골라 차례대로 쓰시오.

수두는 수두-대상포진 바이러스에 의해 호흡기가 감염되는 질병이다. 그렇기 때문에 국가에서는 어릴 때 수두 백신을 접종하도록 하고 있다. 한 번 수두에 걸린 사람은 면역을 획득하여 수두에 다시 걸리지 않는다. 이때, 수두-대상포진 바이러스는 (항원 / 항체), 수두 백신은 (항원 / 항체)(이)라고 할 수 있다.

정답

항원, 항체

문학 1 유성(오세영)

빠른 정답 체크 01 ③ 02 ③ 03 ④ 04 오늘따라, 바자닌다.

「밤하늘은
「」: 은유법 → 밤하늘을 별들의 운동장에 빗대어 표현함
별들의 운동장」

오늘따라 별들 부산하게 바자닌다*.
의인법, 시각적 심상 ▶ 별들이 반짝이는 밤하늘의 모습
「운동회를 벌였나
「」: 의인법 → 반짝이는 별들이 운동회에서 함성을 지르는 것처럼 표현함
아득히 들리는 함성」
청각적 심상
먼 곳에서 아슴푸레* 빈 우레* 소리 들리더니
청각적 심상 → 유성이 나타나려는 순간을 표현함
빗나간 야구공 하나
은유법 → 유성을 빗나간 야구공에 빗대어 표현함
「짱그랑
□: 음성 상징어
유리창을 깨고」 「」: 청각적 심상

또르르 지구로 떨어져 구른다.
시각적 심상 ▶ 밤하늘을 가르고 떨어지는 유성의 모습
- 오세영, 〈유성〉 -

* 바자니다: '바장이다'의 옛말. 부질없이 짧은 거리를 오락가락 거닐다.
* 아슴푸레: 빛이 약하거나 멀어서 조금 어둑하고 희미한 모양.
* 우레: 뇌성과 번개를 동반하는 대기 중의 방전 현상.

01 표현상의 특징 파악하기 답 | ③

윗글의 표현상 특징으로 가장 적절한 것은?

정답 선지 분석

③ 음성 상징어를 활용하여 유성에 생동감을 부여하고 있다.
윗글은 음성 상징어인 '짱그랑', '또르르'를 활용하여 유성이 지구에 떨어지는 모습을 생동감 있게 표현하고 있다.

오답 선지 분석

① 같은 문장 구조를 반복하여 운율을 형성하고 있다.
윗글에서 같은 문장 구조가 반복되는 부분은 찾을 수 없다.

② 대조적인 시어를 사용하여 주제 의식을 강화하고 있다.
윗글에 대조적인 시어는 사용되지 않았다.

④ 시간의 흐름을 표현하여 상황을 실감 나게 전달하고 있다.
윗글의 시간적 배경이 밤이라는 것은 알 수 있지만, 시간의 흐름을 표현하지는 않았다.

⑤ 공감각적 심상을 활용하여 밤하늘을 입체적으로 표현하고 있다.
윗글에 시각적, 청각적 심상은 활용되었지만 공감각적 심상은 활용되지 않았다.

02 시적 상황 파악하기 답 | ③

윗글의 시적 화자의 상황으로 가장 적절한 것은?

정답 선지 분석

③ 반짝이는 별이 가득한 밤하늘을 올려다보고 있다.
'밤하늘은 / 별들의 운동장 / 오늘따라 별들 부산하게 바자닌다.'에서 화자가 반짝이는 별이 가득한 밤하늘을 올려다보고 있음을 알 수 있다.

오답 선지 분석

① 밤하늘의 별에게 혼자 말을 걸고 있다.
시적 화자는 밤하늘의 별을 보고 있기는 하지만, 별에게 말을 걸고 있지는 않다.

② 비가 오는 날에 밤하늘을 보러 나가고 있다.
'우레'라는 시어가 사용되기는 했지만 이는 유성을 표현하기 위한 비유로, 화자가 비가 오는 날에 밤하늘을 보러 나갔는지는 알 수 없다.

④ 야구공으로 유리창을 깨고 혼날까 봐 무서워하고 있다.
'빗나간 야구공 하나 / 짱그랑 / 유리창을 깨고'라는 시구가 사용되기는 했지만 이는 유성을 표현하기 위한 비유로, 화자가 야구공으로 유리창을 깨고 혼날까 봐 무서워하고 있는 것은 아니다.

⑤ 운동장에서 친구들과 함께 함성을 지르며 뛰어놀고 있다.
'운동회를 벌였나 / 아득히 들리는 함성'이라는 시구가 사용되기는 했지만 이는 별들을 표현하기 위한 비유로, 화자가 운동장에서 친구들과 함께 함성을 지르며 뛰어놀고 있는 것은 아니다.

03 표현상의 특징 파악하기 답 | ④

보기 의 ㉠, ㉡에 들어갈 말로 가장 적절한 것은?

보기

이 시에서는 은유가 두 번 사용되었다. 하나는 (㉠)을 운동장에 비유한 것이고, 둘째는 유성을 (㉡)에 비유한 것이다.

정답 선지 분석

	㉠	㉡
④	밤하늘	야구공

㉠ '밤하늘은 / 별들의 운동장'에서 밤하늘을 별들의 운동장에 비유하고 있음을 알 수 있다.
㉡ '빗나간 야구공 하나 / 짱그랑 / 유리창을 깨고 / 또르르 지구로 떨어져 구른다.'에서 유성을 빗나간 야구공에 비유하고 있음을 알 수 있다.

04 시구의 의미 파악하기

보기 에서 설명하는 표현법이 사용된 부분을 윗글의 1~3행에서 찾아 첫 어절과 마지막 어절을 쓰시오.

보기

사람이 아닌 것을 사람처럼 표현하는 방법이다.

정답

오늘따라, 바자닌다.

문학 2 전우치전(작자 미상)

빠른 정답 체크 01 ④ 02 ② 03 ① 04 집, 호조

하루는 우치가 한가함을 타서 명승지*를 두루 구경하다가 한 곳에 이르니 슬피 우는 소리가 들리거늘, 나아가 우는 이유를 물어
한자경이 우는 소리
보니 그 사람이 공손히 대답하여 가로되,

"나의 성명은 한자경이러니, 부친의 상사*를 당하여 장사 지낼
한자경이 울고 있던 이유 ①
길이 없고, 또한 겸하여 이처럼 날씨가 찬데 칠십 모친을 봉양
한자경이 울고 있던 이유 ②
할* 도리가 없어 우노라."

우치가 아주 불쌍히 여겨 소매에서 족자* 하나를 내어 주며 가로되,
한자경에게 돈이 나오는 족자를 주기로 함

"이 족자를 집에 걸고 '고직*아' 부르면 대답할 것이라. 「'은자*
「」: 전우치가 알려 준 족자의 사용법
백 냥만 내라' 하면 그 족자가 소리에 응하여 즉시 줄 것이니 이로써 장사 지내고, 그 후부터는 매일 한 냥씩만 내라 하여 어머니를 봉양하라.」 만일 더 달라 하면 큰 화가 있을 것이니, 욕심내
한자경에게 지시를 지킬 것을 경고함
지 말고 부디 조심하라."

그 사람이 믿지 아니하나, 받은 후 사례하여 가로되,
전우치의 말을 믿지는 않지만 자신을 도우려는 것을 고마워함

"대인*의 높으신 이름을 알고자 하나이다."

하거늘, 우치가 가로되,

"나는 남섬부 사람 전우치로다."

그 사람이 거듭 절하여 사례하고 집에 돌아와 족자를 걸고 보니, 아무것도 없이 큰 집 하나를 그리고 집 속에 열쇠 가진 동자*
족자의 그림
를 그렸더라. 시험해 보리라 하고 '고직아' 하고 부르니, 그 동자
전우치의 말대로 됨
가 대답하고 나오는지라. 매우 신기하여 '은자 일백 냥을 내라' 하니, 말이 끝나기 전에 동자가 은자 일백 냥을 앞에 놓거늘, 한자경이 크게 놀라고 기뻐하여 그 은을 팔아 부친의 장사를 지내고, 매일 은자 한 냥씩 내라 하여 날마다 쓰니, 가산*이 풍족하여 노
전우치의 지시를 따름
모를 봉양하며 은혜를 잊지 못하더라.

하루는 쓸 곳이 있어 헤아리되 '은자 일백 냥을 미리 쓰면 관계
전우치의 지시를 어기게 됨
있으랴?' 하고, 고직을 부르니 동자가 대답하거늘, 자경이 가로되,

"내 마침 은을 쓸 곳이 있나니, 은자 일백 냥을 먼저 쓰게 함이 어떠한가?"

고직이 듣지 아니하는지라. 두 번 세 번 간청하니 고직이 문을
처음에는 한자경의 뜻대로 해주지 않으려 함
열거늘, 자경이 따라 들어가 은자 백 냥을 가지고 나오려 하니 벌
한자경이 화를 당하게 됨
써 문이 잠겼는지라. 자경이 크게 놀라 고직을 불렀으되 대답이 없거늘, 크게 노하여 문을 박차더라.

이때 호조판서가 관아에 좌기할*새, 고직이 고하여 가로되,

"돈 넣은 창고에서 사람 소리가 나니 매우 괴이하여이다."
한자경이 내는 소리

호조판서가 의심하여 사람을 모으고 문을 열어 보니, 한 사람이
한자경
은을 가지고 섰거늘, 고직 등이 크게 놀라 급히 물어 가로되,

"너는 어떤 놈이건대 감히 이곳에 들어와 은을 훔쳐가려 하느냐?"
호조의 창고에 들어가 있는 한자경을 도둑으로 생각함

한자경이 크게 노하여 가로되,

"너희는 어떤 놈이건대 남의 내실에 들어와 무례하게 구느냐?
자신이 호조의 창고에 들어와 있음을 알아차리지 못함
빨리 나가거라."

하고 재촉하니, 고직이 잡아다가 고하니 호판이 분부하되,

"이 도적놈을 꿇어 앉히라."

하고 죄를 다스릴새, 한자경이 그제야 정신을 차려 자세히 보니
뒤늦게 상황을 파악함
제 집이 아니요 호조인지라. 크게 놀라 가로되,

ⓐ "내가 어찌하여 이곳에 왔던고? 이것이 꿈이 아닌가?"

하더니, 호판이 물어 가로되,

"너는 어떠한 놈이건대 감히 어고*에 들어와 도적질하는가? 죽음을 면치 못할지라. 네 당류*를 자세히 아뢰라."
한자경이 도적의 무리라고 생각함

한자경이 가로되,

"소인이 집에 걸린 족자 속에 들어가 은을 가지고 나오려 하더
비현실적인 경험을 하게 됨
니 이런 변을 당하오니, 소인도 생각지 못한 일이로소이다."

호조판서가 의혹하여 족자의 출처를 물으니, 자경이 전후 사정
전우치로부터 족자를 받았음을 이야기함
을 고하니라. 호조판서가 크게 놀라 물어 가로되,

"네가 언제 전우치를 보았느냐?"

대답하여 가로되,

"본 지 다섯 달이나 되었나이다."
한자경이 족자를 받은 지 다섯 달이 지남

호조판서가 자경을 엄히 가두어두고 창고들을 조사하는데, 은상자를 열고 본즉 은은 없고 청개구리만 가득하며, 또 돈 상자를
전우치가 도술을 부려 은과 돈을 다른 것으로 바꾸어 둠
열어 본즉 돈은 없고 누런 뱀만 가득하거늘, 호조판서가 크게 놀라 이 일을 아뢰더라. 임금이 크게 놀라셔서 여러 신하를 모아 의논하시더니, 창고의 관원들이 아뢰되,

"창고의 쌀이 변하여 벌레뿐이요, 쌀은 한 섬도 없나이다."
전우치의 도술로 인한 일 ①

또 각 군영의 장수들이 아뢰되,

"창고의 무기가 변하여 나무가 되었나이다."
전우치의 도술로 인한 일 ②

또 궁녀가 아뢰되,

"내전에 범이 들어와 궁인을 해치나이다."
전우치의 도술로 인한 일 ③

하거늘, 임금이 크게 놀라셔서 급히 활 가진 군사를 내전에 보내니, 궁녀마다 범 하나씩 탔는지라, 화살을 쏘지 못하고 이 일을
범에게 화살을 쏘지 못한 이유
임금께 아뢰니, 임금이 더욱 놀라셔서 화살을 쏘라 하니, 군사들이 이 말씀을 듣고 일시에 쏘니 검은 구름이 일어나며 범을 탄 궁녀들이 구름에 싸여서 하늘로 올라가 아득히 흩어지는지라. 임금
비현실적인 상황을 묘사함
이 이 광경을 보시고 가라사대,

"이는 다 우치의 술법이니, 이놈을 잡아야 국가가 태평하리라."
전우치와 임금은 서로 대립하는 인물임

하시고 한탄하시더니, 호조판서가 아뢰어 가로되,

"어고에 은 도적을 엄히 가두어두었삽더니, 이놈이 우치의 무리
한자경 / 한자경을 전우치의 무리라고 생각하고 죽이려 함
라 하오니 죽이사이다."

임금이 윤허*하심에 한자경의 형을 집행할새, 문득 사나운 바람이 크게 일어나며 한자경이 간 데 없으니, 이는 전우치가 구한 것
상황 설명 – 형을 집행하는 관리가 아뢴 말

이라. 형을 집행하는 관리가 이대로 아뢰니라.

이때 우치가 자경을 구하여 제 집으로 보내며 가로되,

"내 그대더러 무엇이라 당부하였는가? 그대를 불쌍히 여겨 그림을 주었거늘 그대 내 말을 듣지 않고 거의 죽을 번하였으니, 이제 누구를 원망하리오."

(한자경이 화를 당한 이유를 알고 있음 / 자신의 지시를 따르지 않은 한자경을 꾸짖음)

하고 제 집으로 보내니라.

- 작자 미상, 〈전우치전〉 -

* 명승지(名勝地): 경치가 좋기로 이름난 곳.
* 상사(喪事): 사람이 죽은 사고.
* 봉양하다(奉養하다): 부모나 조부모와 같은 웃어른을 받들어 모시다.
* 족자(簇子): 그림이나 글씨 따위를 벽에 걸거나 말아 둘 수 있도록 양 끝에 가름대를 대고 표구한 물건.
* 고직(庫直): 관아의 창고를 보살피고 지키던 사람.
* 은자(銀子): 은으로 만든 돈.
* 대인(大人): 말과 행실이 바르고 점잖으며 덕이 높은 사람.
* 동자(童子): 남자인 아이.
* 가산(家産): 한집안의 재산.
* 좌기하다(坐起하다): 관아의 으뜸 벼슬에 있던 이가 출근하여 일을 시작하다.
* 어고(御庫): 대궐 안에서 임금이 사사로이 쓰던 곳간.
* 당류(黨類): 같은 무리나 편에 드는 사람들.
* 윤허(允許): 임금이 신하의 청을 허락함.

01 서술상의 특징 파악하기 답 | ④

윗글에 대한 설명으로 가장 적절한 것은?

정답 선지 분석

④ 전기적 요소를 통해 비현실적인 분위기를 조성하고 있다.
'은 상자를 열고~누런 뱀만 가득하거늘', '검은 구름이 일어나며~아득히 흩어지는지라' 등에서 전기적 요소를 통해 비현실적인 분위기를 조성하고 있다.

오답 선지 분석

① 과장된 상황을 통해 인물의 해학성을 드러내고 있다.
윗글에서 과장된 상황은 찾아볼 수 없으며, 인물의 해학성 또한 드러나지 않는다.

② 상징적 소재를 통해 비극적인 결말을 암시하고 있다.
윗글에는 비극적인 결말이 암시되어 있지 않다.

③ 공간 전환을 통해 인물의 성격 변화를 나타내고 있다.
윗글의 공간이 한자경의 방에서 관아의 창고로 전환되기는 하지만, 이를 통해 인물의 성격 변화를 나타내고 있지는 않다.

⑤ 꿈과 현실의 교차를 통해 사건을 입체적으로 구성하고 있다.
윗글에서 꿈과 현실의 교차는 찾아볼 수 없다.

02 작품의 내용 이해하기 답 | ②

윗글에 대한 이해로 가장 적절한 것은?

정답 선지 분석

② 전우치는 한자경을 도와주기 위해 족자를 주었다.
전우치는 부친의 장례를 치르고 모친을 봉양할 돈이 없어 울고 있던 한자경을 불쌍히 여겨 돈이 나오는 족자를 주었다.

오답 선지 분석

① 한자경은 마지막까지 전우치의 지시를 지켰다.
전우치는 한자경에게 처음에 족자에 대고 은자 백 냥을 내라고 한 뒤에는 매일 한 냥씩만 내라 하라고 했지만, 한자경은 처음에만 이 지시를 지키다가 은자 일백 냥을 미리 쓰려고 하였다.

③ 한자경은 창고의 은을 청개구리로 바꾸어 두었다.
호조판서가 창고의 은 상자를 열어보니 청개구리만 가득하다고 하였는데, 이러한 일을 임금에게 보고하자 임금이 이는 다 우치의 술법이라고 하였다. 한자경이 은을 청개구리로 바꾼 것이 아니다.

④ 전우치는 곤란에 빠진 한자경을 구해주지 않았다.
한자경이 도둑으로 몰려 가두어지고 전우치의 무리라 하여 형을 집행당하게 되자, 전우치는 한자경을 구하여 집으로 보내 주었다.

⑤ 한자경은 호판에게 전우치의 이야기를 하고 풀려났다.
한자경은 호조판서에게 족자의 출처가 전우치임을 이야기했으나, 이 이야기를 하고 풀려난 것이 아니라 가두어졌다.

03 사건 전개 양상 파악하기 답 | ①

윗글의 흐름을 보기 와 같이 정리할 때, ㉠과 ㉡에 대한 이해로 가장 적절한 것은?

보기

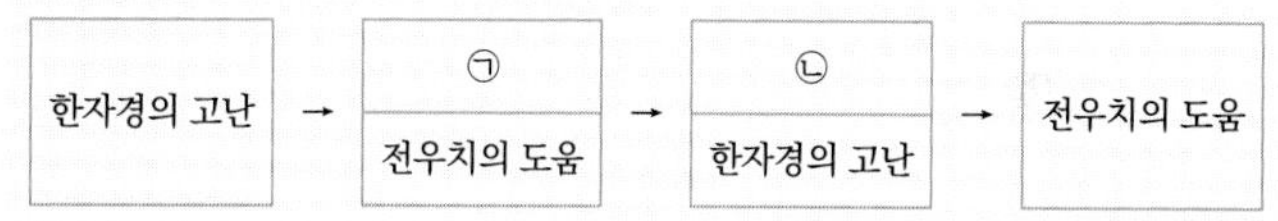

정답 선지 분석

① ㉠에서 전우치는 ㉡의 가능성을 경고한다.
㉠에서 전우치가 '만일 더 달라 하면 큰 화가 있을 것이니, 욕심내지 말고 부디 조심하라'라고 말한 것을 보아 전우치는 한자경이 고난을 겪을 수도 있음을 예측하고 경고하였다.

오답 선지 분석

② ㉡에서 한자경은 ㉠이 없는 상황을 가정한다.
㉡에서 한자경이 전우치로부터 도움을 받지 않은 상황을 가정하는 장면은 찾아볼 수 없다.

③ ㉠은 ㉡을 막기 위한 것이었으나 실패했다.
㉠은 ㉡을 막기 위한 것이 아니라, ㉡이 일어나는 데 영향을 미친 것이다.

④ ㉡은 ㉠과는 관계없이 일어난 사건이다.
㉠이 없었더라면 ㉡이 일어날 일도 없었을 것이므로 ㉡은 ㉠과 관련이 있는 사건이다.

⑤ ㉠과 ㉡은 모두 외부 인물의 개입에 의한 것이다.
㉠에서 전우치가 한자경을 도운 것은 외부 인물의 개입 때문이 아니라 자신의 의지에 의한 것이다.

04 인물의 태도, 심리 파악하기

다음은 한자경이 ⓐ와 같이 말한 이유를 설명한 것이다. 빈칸에 들어갈 말을 골라 차례대로 쓰시오.

한자경은 자신이 (집 / 군영)이 아니라 (궁궐 / 호조)에 있었기 때문에 놀라서 ⓐ와 같이 말하고 있다.

정답

집, 호조

15강

| 본문 | 177쪽

문법 품사 (1) 명사, 대명사, 수사

빠른 정답 체크 01 ① 02 ⑤ 03 ③ 04 옛날, 열쇠, 필요

01 체언의 특징 이해하기 답 | ①

체언의 특징으로 적절하지 않은 것은?

정답 선지 분석

① 문장 내에서 형태가 변한다.
체언은 문장 내에서 형태가 변하지 않는 불변어이다.

오답 선지 분석

② 문장의 주체 자리에 위치한다.
체언은 문장의 주체 자리에 나타나 '누구' 또는 '무엇'을 나타낸다.

③ 관형사의 꾸밈을 받을 수 있다.
체언은 관형사의 수식을 받을 수 있다.

④ 문장에서 목적어나 보어로 쓰일 수 있다.
체언은 주로 주어가 되는 자리에 오지만, 목적어나 보어가 되기도 한다.

⑤ 명사, 대명사, 수사를 통틀어 이르는 말이다.
체언의 종류에는 명사, 대명사, 수사가 있다.

02 명사의 종류 이해하기 답 | ⑤

명사의 종류를 이해한 것으로 적절하지 않은 것은?

정답 선지 분석

⑤ '희망'은 고유 명사이면서 추상 명사이다.
'희망'은 눈에 보이지 않는 사물의 이름을 나타내는 명사이므로 추상 명사이고, 같은 종류의 사물에 두루 붙여진 이름이므로 보통 명사이다.

오답 선지 분석

① '미국'은 고유 명사이다.
'미국'은 특정한 사물에만 붙여진 이름이므로 고유 명사이다.

② '백합'은 보통 명사이다.
'백합'은 같은 종류의 사물에 두루 붙여진 이름이므로 보통 명사이다.

③ '여자'는 구체 명사이다.
'여자'는 눈에 보이는 사물의 이름을 나타내는 명사이므로 구체 명사이다.

④ '토끼'는 보통 명사이면서 구체 명사이다.
'토끼'는 같은 종류의 사물에 두루 붙여진 이름을 나타내는 명사이므로 보통 명사이고, 눈에 보이는 사물의 이름을 나타내는 명사이므로 구체 명사이다.

03 품사의 종류 이해하기 답 | ③

㉠~㉤ 중, 같은 품사가 아닌 것은?

보기

어느 집안에 삼 형제가 살았습니다. 아버지가 세상을 떠나자 큰아들은 물레방앗간을, 둘째 ㉠ 아들은 당나귀를, 막내아들은 ㉡ 고양이 한 마리를 받았습니다. 두 형은 ㉢ 함께 물레방앗간을 가지기로 하고 막내를 쫓아냈습니다. 쫓겨난 막내가 앞으로 어떻게 살아야 할지 고민하고 있는데, 고양이가 ㉣ 장화를 사 달라고 말했습니다. 막내가 고양이에게 장화를 사 주자, 고양이는 ㉤ 그를 귀족으로 만들어 주었습니다.

정답 선지 분석

③ ㉢
'함께'는 '한꺼번에 같이. 또는 서로 더불어'라는 뜻의 부사이다.

오답 선지 분석

① ㉠
'아들'은 사물의 이름을 나타내는 명사이다.

② ㉡
'고양이'는 사물의 이름을 나타내는 명사이다.

④ ㉣
'장화'는 사물의 이름을 나타내는 명사이다.

⑤ ㉤
'그'는 사람의 이름을 대신하여 나타내는 대명사이다.

04 체언 구분하기

보기 의 문장에서 체언 세 개를 찾아 쓰시오.

보기

옛날에는 열쇠를 들고 다녀야 할 필요가 있었다.

정답

옛날, 열쇠, 필요

독서 독립영화

빠른 정답 체크 01 ⑤ 02 ③ 03 ④ 04 영화동아리

뉴스를 보다 보면 '독립영화'라는 표현을 종종 찾아볼 수 있다. 지배당하고 있는 것도 아닌데, 어디서 독립했다는 것일까? 독립영화란 본래 할리우드에 속하지 않은 사람들이 만드는 영화를 부르는 말이다.(독립영화의 원래 뜻) 할리우드 영화보다 적은 예산*으로 제작되기 때문(독립영화의 특징 ①)에 돈이 많이 드는 특수 효과가 적게 들어가고,(독립영화의 특징 ②) 메시지와 주제를 강조하는 편이다.(독립영화의 특징 ③) 우리나라에서는 「㉠ 상업 영화처럼 자본*에 의지하지 않고 제작되는 영화」를 ㉡ 독립영화라고 부른다.(「」: 우리나라에서의 독립영화의 정의)

▶ 1문단: 독립영화의 뜻과 특징

여기서 '독립'에는 두 가지 의미가 있다. 첫 번째는 자본으로부터의 독립이다. 자본이란 영화를 만드는 데 들어가는 돈을 말한다.(자본의 개념) 영화도 사업의 일종이기 때문에 영화를 만드는 데 들어간 돈보다 적은 돈을 벌면 손해를 보게 된다.(상업 영화의 경우) 그러나 독립영화는 감독의 자본으로(독립영화의 자본 ①) 제작되거나, 정부나 공공단체 등 비상업적 자본으로(독립영화의 자본 ②) 제작된다. 어떤 때에는 관객들로부터 직접 모금을 받거나(독립영화의 자본 ③) 공익적 기금*을 통해(독립영화의 자본 ④) 제작되기도 한다. 따라서 흥행에 실패하더라도 큰 문제가 생기지는 않는다.(수익에 연연하지 않음)

▶ 2문단: '독립'의 의미 ① - 자본으로부터의 독립

두 번째는 상업 영화의 내러티브로부터의 독립이다. 내러티브란 사건을 설명하는 데 쓰이는 기술로,(내러티브의 개념) 상업 영화는 이익을 얻기 위해 마케팅 관점에서 유리한 영화 내용을 전개한다.(상업 영화의 내러티브) 그에 비해 독립영화는 제작자 혹은 감독의 메시지와 주제를 표현하기 위한 내용과 형식을 담아낸다.(독립영화의 내러티브) ⓐ 상업 영화가 내러티브를 관습화하는* 반면, 독립영화는 그런 내러티브로부터 '독립'한 것이다.

▶ 3문단: '독립'의 의미 ② - 상업 영화의 내러티브로부터의 독립

우리나라의 독립영화를 보려면 먼저 80년대 사회의 모습을 보아야 한다. 그 시대의 대한민국은 민주화 운동의 열풍이 불고 있었는데, 사회 운동의 일환*으로 영화가 주목받기 시작했다.(영화는 80년대 민주화 운동의 일환임) 대학교에서 시작해 영화동아리들이 등장했고, 이후 동아리들은 독립영화 단체로 발전하게 된다.(대학교의 영화동아리가 독립영화 단체로 발전함) 사회의 모습을 바꾸려 등장한 독립영화의 명맥과 정신은(독립영화의 정신) 지금까지도 이어져 새로운 메시지와 영화들을 만들어 내고 있다.

▶ 4문단: 독립영화의 역사

* 예산(豫算): 필요한 비용을 미리 헤아려 계산함. 또는 그 비용.
* 자본(資本): 장사나 사업 따위의 기본이 되는 돈.
* 기금(基金): 어떤 목적이나 사업, 행사 따위에 쓸 기본적인 자금. 또는 기초가 되는 자금.
* 관습화하다(慣習化하다): 한 사회에서 역사적으로 굳어지게 만들다.
* 일환(一環): 서로 밀접한 관계로 연결되어 있는 여러 것 가운데 한 부분.

01 핵심 내용 파악하기 답 | ⑤

㉠과 ㉡에 대한 설명으로 적절하지 않은 것은?

정답 선지 분석

⑤ ㉡은 ㉠보다 뛰어난 문화라고 할 수 있으므로 ㉠보다는 ㉡을 소비하는 것이 좋다.

㉠은 상업 영화, ㉡은 독립영화이다. 독립영화가 상업 영화보다 뛰어난 문화라는 내용은 윗글에서 찾아볼 수 없으므로 적절하지 않다.

오답 선지 분석

① ㉠은 상업 자본에 의지하여 제작되는 영화이다.

1문단에서 독립영화는 상업 영화와 달리 상업 자본에 의지하지 않는다고 했으므로 상업 영화는 상업 자본에 의지하여 제작되는 영화임을 알 수 있다.

② ㉠은 마케팅 관점에 유리한 내용으로 전개되어 상업 자본에 도움을 준다.

3문단에서 상업 영화는 이익을 얻기 위해 마케팅 관점에서 유리한 영화 내용을 전개한다고 했으므로 적절하다.

③ ㉡은 정부나 공공단체 등 비상업적 자본을 통해 제작되기도 한다.

2문단에서 독립영화는 감독의 자본으로 제작되거나, 정부나 공공단체 등 비상업적 자본으로 제작된다고 하였다.

④ ㉡은 우리나라에선 80년대 민주화 운동과 함께 발전하게 되어 지금의 모습을 지닌다.

4문단에서 독립 영화는 80년대 민주화 운동 열풍 때 생긴 영화동아리를 기반으로 발전했다고 했으므로 적절하다.

02 세부 내용 추론하기 답 | ③

ⓐ의 이유로 가장 적절한 것은?

정답 선지 분석

③ 자본에 의지하는 영화이므로 이익을 얻어야 하기 때문이다.

1문단에서 상업 영화는 자본에 의지하는 영화임을 알 수 있고, 3문단에서 이익을 얻기 위해 마케팅 관점에서 유리한 영화 내용을 전개한다고 했으므로 상업 영화의 내러티브가 관습화된 이유로 적절하다.

오답 선지 분석

① 마케팅에 드는 예산을 최대한 줄여야 하기 때문이다.

3문단에서 상업 영화는 이익을 얻기 위해 마케팅 관점에서 유리한 영화 내용을 전개한다고 했지만, 마케팅에 드는 예산에 대해서는 언급하지 않았다.

② 새로운 시도를 하는 영화가 더 인기가 많기 때문이다.

상업 영화는 이익을 얻기 위해 내러티브를 관습화하는 것이므로, 새로운 시도를 하는 영화가 더 인기가 많다는 것은 ⓐ의 이유로 적절하지 않다.

④ 영화 제작을 위해 지원받은 금액을 회수해야 하기 때문이다.

상업 영화가 영화 제작을 위해 금전적 지원을 받는지에 대해서는 알 수 없다.

⑤ 관객의 돈으로 만들어져 관객의 취향에 맞춰야 하기 때문이다.

2문단을 통해 관객의 돈으로 만들어지는 영화는 독립영화라고 하였다.

03 구체적 사례에 적용하기

답 | ④

윗글을 읽고 〈보기〉에 대해 보일 반응으로 적절하지 않은 것은?

보기

예은: 우리 〈구름 위에 피는 꽃〉 보러 가자.
세정: 나는 화려한 액션 영화가 좋던데. 그건 너무 조용한 영화 같아서 싫더라.
예은: 상업 자본으로부터 독립한 영화라서 그래. 특수 효과보다 감독의 메시지를 보는 영화지. 아마 너도 진득하게 즐기면 재미를 느낄 수 있을 거야.

정답 선지 분석

④ 영화 〈구름 위에 피는 꽃〉은 감독의 돈으로만 제작된 영화일 것이 분명해.
〈보기〉에서 '예은'이 〈구름 위에 피는 꽃〉이 '상업 자본으로부터 독립한 영화'라고 설명하는 것을 통해, 〈구름 위에 피는 꽃〉이 독립영화임을 알 수 있다. 그런데 2문단에서 독립영화는 감독의 자본으로 제작되거나 비상업적 자본, 관객으로부터의 모금 등으로 제작된다고 했으므로 〈구름 위에 피는 꽃〉이 감독의 돈으로만 제작된 영화라고 확신할 수는 없다.

오답 선지 분석

① 영화 〈구름 위에 피는 꽃〉은 독립영화겠군.
'예은'이 〈구름 위에 피는 꽃〉이 상업 자본으로부터 독립된 영화라고 설명하고 있으므로 독립영화라고 할 수 있다.

② 영화 〈구름 위에 피는 꽃〉은 할리우드 영화와는 거리가 멀겠군.
1문단에서 할리우드 영화는 상업 영화라고 추론할 수 있으므로 〈구름 위에 피는 꽃〉은 할리우드 영화와는 거리가 멀다고 할 수 있다.

③ 영화 〈구름 위에 피는 꽃〉은 상업 영화의 내러티브에서 벗어났을 거야.
3문단에 따르면, 독립영화는 상업 영화의 내러티브로부터 독립한 영화이므로 적절하다.

⑤ 영화 〈구름 위에 피는 꽃〉은 돈을 많이 벌지 않아도 큰 문제가 생기지는 않겠군.
2문단에 따르면, 상업 영화는 흥행에 실패하면 문제가 되는 반면 독립영화는 그렇지 않다고 했으므로 적절하다.

04 세부 내용 파악하기

윗글에서 우리나라 독립영화 단체의 전신이 무엇이라고 하였는지 찾아 1어절로 쓰시오.

정답

영화동아리

문학 1 황조가(유리왕)

빠른 정답 체크 01 ④ 02 ⑤ 03 ④ 04 꾀꼬리

객관적 상관물 → 화자의 외로움을 드러냄
[A] ┌ 펄펄 나는 저 꾀꼬리
음성상징어
└ 암수 서로 정답구나
화자의 처지와 대조됨 ▶ 선경: 꾀꼬리의 정다운 모습
[B] ┌ 외로워라 이내 몸은
화자의 정서를 직접적으로 제시함
└ 뉘와 함께 돌아갈꼬
함께 돌아갈 사람이 없는 것을 탄식함 ▶ 후정: 화자의 외로운 처지

- 유리왕, 〈황조가〉 -

01 표현상의 특징 파악하기

답 | ④

윗글에 대한 설명으로 가장 적절한 것은?

정답 선지 분석

④ 자연물을 통해 화자의 정서를 간접적으로 형상화하고 있다.
윗글은 '꾀꼬리'라는 자연물을 객관적 상관물로 삼아 화자의 외로움을 간접적으로 형상화하고 있다.

오답 선지 분석

① 음성 상징어를 활용하여 화자의 심리를 표현하고 있다.
'펄펄'이라는 음성 상징어가 활용되어 있으나, 이는 화자의 심리를 표현하는 것이 아니라 꾀꼬리의 모습을 묘사하는 것이다.

② 공간의 이동에 따른 화자의 태도 변화가 나타나고 있다.
공간의 이동을 찾아볼 수 없으며, 화자의 태도 변화 또한 나타나지 않는다.

③ 화자의 심리를 표현한 후 외부의 풍경을 묘사하고 있다.
1, 2구에서는 외부의 풍경을 묘사하고, 3, 4구에서 화자의 심리를 표현하고 있다.

⑤ 색채 이미지를 사용하여 대상을 구체적으로 묘사하고 있다.
색채 이미지가 사용된 부분은 찾을 수 없다.

02 장면의 의미 파악하기

답 | ⑤

[A], [B]를 이해한 것으로 가장 적절한 것은?

정답 선지 분석

⑤ [B]의 화자는 [A]의 자연물과 자신을 대비한다.
[A]의 꾀꼬리는 암수가 정답게 놀고 있고, [B]의 화자는 외로움을 느끼고 있다. 따라서 [B]의 화자가 [A]의 자연물과 자신을 대비한다는 것은 적절하다.

오답 선지 분석

① [A]는 [B]보다 늦게 일어난 사건이다.
화자는 [A]에서 묘사된 풍경을 보고 [B]에서 묘사된 감정을 느끼고 있으므로, [A]가 [B]보다 늦게 일어난 사건이라고 할 수 없다.

② [B]는 [A]에서 일어나는 사건의 원인이다.
화자는 [A]에서 묘사된 풍경을 보고 [B]에서 묘사된 감정을 느끼고 있으므로, [A]가 [B]의 원인이라고 볼 수 있다.

③ [A]와 [B]에 묘사된 상황은 서로 유사하다.
[A]의 꾀꼬리는 암수가 정답게 놀고 있으나 [B]의 화자는 외로워하고 있으므로, [A]와 [B]에 묘사된 상황이 서로 유사하다고 할 수 없다.

④ [A]의 자연물은 [B]의 화자에게 위로가 된다.
화자는 [A]의 꾀꼬리를 보며 외로워하고 있으므로, [A]의 자연물이 [B]의 화자에게 위로가 된다고 할 수 없다.

03 외적 준거에 따라 작품 감상하기 답 | ④

보기 를 바탕으로 하여 윗글을 감상한 것으로 가장 적절한 것은?

보기

왕비 송씨가 세상을 떠나자, 유리왕은 화희와 치희를 계비로 맞아들였다. 두 여인은 왕의 사랑을 차지하기 위해 다투었다. 그러다가 왕이 다른 지역으로 사냥을 갔을 때, 화희와 치희 사이에 큰 싸움이 일어나 치희는 고향으로 돌아가 버렸다. 왕은 급히 치희를 쫓아갔으나 치희의 화는 풀리지 않았고, 왕은 결국 혼자 돌아와야 했다. 돌아오는 길에 왕은 암수가 함께 노니는 꾀꼬리를 보고 이 노래를 지어 불렀다.

* 계비(繼妃): 임금이 다시 장가를 가서 맞은 아내.

정답 선지 분석

④ '이내 몸'은 치희의 마음을 돌리지 못하고 혼자 돌아오는 유리왕을 가리키는군.

'이내 몸'은 치희를 다시 데려오기 위해 쫓아갔으나 결국 혼자 돌아와야 했던 유리왕을 가리키킨다.

오답 선지 분석

① '펄펄 나는 저 꾀꼬리'는 왕비 송씨가 살아 있을 때의 모습을 의미하는군.

'펄펄 나는 저 꾀꼬리'는 외로워하는 유리왕과 달리 암수가 정답게 노니는 자연물로, 유리왕의 심리를 간접적으로 형상화하기 위한 객관적 상관물이지 왕비 송씨가 살아 있을 때의 모습을 의미하는 것은 아니다.

② '암수 서로 정답'게 보이는 꾀꼬리의 모습은 유리왕과 두 계비를 의미하는군.

'암수 서로 정답'게 보이는 꾀꼬리의 모습은, 화희와 치희의 싸움 탓에 치희를 떠나보내게 된 유리왕의 처지와 대비된다.

③ '외로워라'는 화희와 치희를 한꺼번에 잃게 된 유리왕의 슬픔을 드러내는군.

'외로워라'는 치희와 함께 돌아오지 못하고 혼자 돌아와야 했던 유리왕의 슬픔을 드러내는 것이다. 유리왕이 화희와 치희를 한꺼번에 잃지는 않았다.

⑤ '뉘와 함께 돌아갈꼬'는 두 계비 중 한 명을 선택해야 하는 유리왕의 갈등을 나타내는군.

'뉘와 함께 돌아갈꼬'는 유리왕이 암수가 정다운 꾀꼬리를 보며 혼자 돌아가야만 하는 자신의 처지를 한탄하는 것이지, 유리왕이 두 계비 중 한 명을 선택해야 하기 때문에 갈등하는 것은 아니다.

04 소재의 기능 파악하기

보기 의 ㉠에 들어갈 말을 찾아 쓰시오.

보기

객관적 상관물은 화자의 감정을 객관화하거나 감정을 표현하기 위한 역할을 하는 대상을 가리킨다. 화자의 감정을 다른 대상에 투영하여 그 대상이 화자의 감정을 대신 나타내는 감정 이입과는 차이가 있다. 〈황조가〉에서는 (㉠)이/가 객관적 상관물로 사용되었다.

정답

꾀꼬리

문학 2 괜찮아(장영희)

빠른 정답 체크 01 ④ 02 ⑤ 03 ③ 04 친구들, 가수

초등학교 때 우리 집은 제기동에 있는 작은 한옥이었다. 골목 안에는 고만고만한 한옥 네 채가 서로 마주 보고 있었다. 그때만 해도 한 집에 아이가 네댓은 되었으므로 그 골목길만 초등학교 아이들이 줄잡아 열 명이 넘었다. 그 때문에 학교가 파할* 때쯤 되면 골목 안은 시끌벅적 아이들의 놀이터가 되었다.

(과거 회상 / 골목 안에 사는 아이들이 많았음 / 과거의 골목길 풍경)

어머니는 내가 집에서 책만 읽는 것을 싫어하셨다. 그래서 방과 후 골목길에 아이들이 모일 때쯤이면 어머니는 대문 앞 계단에 작은 방석을 깔고 나를 거기에 앉히셨다. 아이들이 노는 것을 구경이라도 하라는 뜻이었다.

(친구들과 어울리지 않고 혼자 있기 때문 / '나'가 친구들과 어울릴 수 있게 함)

[A] 딱히 놀이 기구가 없던 그때 친구들은 대부분 술래잡기, 사방치기*, 공기놀이, 고무줄 등을 하고 놀았지만, 나는 공기놀이 외에는 어떤 놀이에도 참여할 수 없었다. 하지만 골목 안 친구들은 나를 위해 꼭 무언가 역할을 만들어 주었다.「고무줄이나 달리기를 하면 내게 심판을 시키거나 신발주머니와 책가방을 맡겼다. 뿐인가? 술래잡기를 할 때에는 한곳에 앉아 있는 내가 답답할까 봐, 미리 내게 어디에 숨을지를 말해 주고 숨는 친구도 있었다.」

(친구들이 하던 놀이 / 다리가 불편했기 때문 / '나'에 대한 친구들의 배려심이 드러남 / 「」: 놀이에 참여하지 못하는 '나'에게 친구들이 보여준 배려)

우리 집은 골목 안에서 중앙이 아니라 구석 쪽이었지만 내가 앉아 있는 계단 앞이 친구들의 놀이 무대였다. 놀이에 참여하지 못해도 나는 전혀 소외감*이나 박탈감*을 느끼지 않았다. 아니, 지금 생각하면 내가 소외감을 느낄까 봐 친구들이 배려를 해 준 것이었다.

('나'가 놀이에서 소외되지 않게 함 / 친구들의 배려 덕분)

그 골목길에서의 일이다. 초등학교 1학년 때였던 것 같다. 하루는 우리 반이 좀 일찍 끝나서 나는 혼자 집 앞에 앉아 있었다. 그런데 그때 마침 깨엿 장수가 골목길을 지나고 있었다. 그 아저씨는 가위만 쩔렁이며 내 앞을 지나더니 다시 돌아와 내게 깨엿 두 개를 내밀었다. 순간 그 아저씨와 내 눈이 마주쳤다. 아저씨는 아무 말도 하지 않고 아주 잠깐 미소를 지어 보이며 말했다.

(골목길 친구들이 놀러 오기 전 / '나'에 대한 깨엿 장수의 배려)

ⓐ "괜찮아."

무엇이 괜찮다는 것인지는 몰랐다. 돈 없이 깨엿을 공짜로 받아도 괜찮다는 것인지, 아니면 목발을 짚고 살아도 괜찮다는 것인지……. 하지만 그건 중요하지 않다. 중요한 건 내가 그날 마음을 정했다는 것이다. 이 세상은 그런대로 살 만한 곳이라고.

('나'의 다리가 불편함을 알 수 있음)

좋은 사람들이 있고, 선의*와 사랑이 있고, '괜찮아.'라는 말처럼
'괜찮아'라는 말을 통해 '나'가 얻은 깨달음
용서와 너그러움이 있는 곳이라고 믿기 시작했다는 것이다.

[B] 어느 방송 채널에 오래전 학교 친구를 찾는 프로그램이 있다. 한번은 어느 가수가 나와서 초등학교 때 친구들을 찾았는데, 함께 축구하던 이야기가 나왔다. 당시 허리가 36인치일 정도로 뚱뚱한 친구가 있었는데, 뚱뚱해서 잘 뛰지 못한다고 다른 친구들이 축구팀에 끼워 주려고 하지 않았다. 그때 그 가수가 나서서 말했다.

"그럼 얘가 골키퍼를 하면 함께 놀 수 있잖아!"
친구에 대한 가수의 배려

그래서 그 친구는 골키퍼로 친구들과 함께 축구를 했고, 몇십 년이 지난 후에도 그 따뜻한 말과 마음을 그대로 기억하고
자신을 위한 배려를 잊지 않음
있었다.

'괜찮아.' 난 지금도 이 말을 들으면 괜히 가슴이 찡해진다.

「지난 2002년 월드컵 4강에서 독일에게 졌을 때 관중들은 선수
「」: '괜찮아'라는 말로 다른 사람을 격려하고 위로함
들을 향해 외쳤다.

"괜찮아! 괜찮아!"

혼자 남아 문제를 풀다가 결국 골든벨을 울리지 못해도 친구들이 얼싸안고 말해 준다.

"괜찮아! 괜찮아!"」

'그만하면 참 잘했다.'라고 용기를 북돋워 주는 말, '너라면 뭐든
□: '괜찮아'에 담긴 의미
지 다 눈감아 주겠다.'라는 용서의 말, '무슨 일이 있어도 나는 네 편이니 넌 절대 외롭지 않다.'라는 격려의 말, '지금은 아파도 슬퍼하지 마라.'라는 나눔의 말, 그리고 마음으로 일으켜 주는 부축*의 말, 괜찮아.

참으로 신기하게도 힘들어서 주저앉고 싶을 때마다 난 내 마음 속에서 작은 속삭임을 듣는다. 오래전 따뜻한 추억 속 골목길 안
힘들 때마다 깨엿 장수에게 들은 말을 떠올림
에서 들은 말, '괜찮아! 조금만 참아. 이제 다 괜찮아질 거야.'

그래서 '괜찮아'는 이제 다시 시작할 수 있다는 희망의 말이다.
글쓴이가 생각하는 '괜찮아'의 의미

- 장영희, 〈괜찮아〉 -

* 파하다(罷하다): 어떤 일을 마치거나 그만두다.
* 사방치기(四方치기): 어린이 놀이의 하나. 땅바닥에 여러 공간을 구분해 그려 놓고, 그 안에서 납작한 돌을 한 발로 차서 차례로 다음 공간으로 옮기다가 정해진 공간에 가서는 돌을 공중으로 띄워 받아 돌아온다.
* 소외감(疏外感): 남에게 따돌림을 당하여 멀어진 듯한 느낌.
* 박탈감(剝奪感): 박탈당하였다고 여기는 느낌이나 기분.
* 선의(善意): 착한 마음.
* 부축: 겨드랑이를 붙잡아 걷는 것을 도움.

01 세부 내용 파악하기 답 | ④

윗글의 내용과 일치하지 않는 것은?

정답 선지 분석

④ 깨엿 장수는 '나'의 자존심을 지켜 주기 위해 돈을 받고 깨엿을 주었다.
'나'는 깨엿 장수의 '괜찮아'가 돈 없이 깨엿을 공짜로 받아도 괜찮다는 것일지도 모른다고 생각했으므로, 깨엿 장수가 '나'의 자존심을 지켜 주기 위해 돈을 받고 깨엿을 주었다는 것은 적절하지 않다.

오답 선지 분석

① 친구들은 놀이에 참여할 수 없는 '나'의 처지를 배려하였다.
친구들은 놀이에 참여할 수 없는 '나'가 소외감을 느끼지 않게 고무줄이나 달리기를 하면 '나'에게 심판을 시키는 등의 방법으로 배려해 주었다.

② 친구들은 '나'를 위해 골목 구석의 계단 앞을 놀이 무대로 삼았다.
'나'의 집은 골목 안에서 중앙이 아니라 구석 쪽이었지만, '나'가 앉아 있는 계단 앞이 친구들의 놀이 무대였다.

③ '나'는 친구들과 달리 공기놀이 외에는 참여할 수 있는 놀이가 없었다.
친구들은 대부분 술래잡기, 사방치기, 공기놀이, 고무줄 등을 하고 놀았지만, '나'는 공기놀이 외에는 어떤 놀이에도 참여할 수 없었다.

⑤ '나'는 '괜찮아'라는 말 속에 세상에 대한 긍정적 인식이 담겨 있다고 느꼈다.
'나'는 '괜찮아'라는 말처럼 세상은 용서와 너그러움이 있는 곳이라고 믿기 시작했다

02 작품의 주제 파악하기 답 | ⑤

'나'가 ⓐ를 통해 얻은 삶의 깨달음으로 적절하지 않은 것은?

정답 선지 분석

⑤ 남을 해치려는 사람들에게도 너그러워야 한다.
'나'는 어린 시절의 경험을 통해 세상에 대한 긍정적인 시각을 갖게 되었다고 말하고 있다. 하지만 남을 해치려는 사람들에게도 너그러워야 한다고는 하지 않았다.

오답 선지 분석

① 세상은 그런대로 살 만한 곳이다.
'나'는 깨엿 장수와의 만남을 통해 이 세상은 그런대로 살 만한 곳이라고 믿게 되었다.

② 세상에는 용서와 너그러움이 있다.
'나'는 '괜찮아.'라는 말처럼 세상은 용서와 너그러움이 있는 곳이라고 믿기 시작했다.

③ 세상에는 좋은 사람들이 많이 있다.
'나'는 깨엿 장수를 보고 세상에는 좋은 사람들이 있다는 것을 알게 되었다.

④ 세상은 선의와 사랑이 있는 곳이다.
'나'는 깨엿 장수와의 만남을 통해 세상에는 선의와 사랑이 있음을 깨닫게 되었다.

03 외적 준거를 바탕으로 작품 감상하기

답 | ③

〈보기〉를 참고하여 윗글을 감상한 것으로 옳지 않은 것은?

보기

수필은 글쓴이가 일상생활 속에서 얻은 깨달음이 잘 드러나는 글이므로, 수필을 읽을 때는 글쓴이가 처한 상황과 그에 따른 글쓴이의 행동을 파악해야 한다. 또한 수필에 드러난 글쓴이의 행동 방식, 사물을 바라보는 시각, 태도 등을 통해 글쓴이의 개성을 파악해 보아야 한다. 수필을 읽다 보면 자신의 삶에 보탬이 되는 깨달음을 얻을 수도 있고 잔잔한 감동을 받기도 하는데, 글쓴이의 체험을 자신의 체험과 비교하며 읽으면 더욱 즐겁게 읽을 수 있다.

정답 선지 분석

③ '나'를 바깥에 나가게 한 어머니의 행동은 '나'를 위한 것이 맞는지 비판하며 읽었어.

〈보기〉에서 수필을 읽으면서 비판적인 시각을 가져야 한다는 내용은 찾아볼 수 없다. 윗글을 읽을 때, '나'를 바깥에 나가게 한 어머니의 행동이 '나'를 위한 것이 맞는지 비판하며 읽을 필요는 없다.

오답 선지 분석

① 내가 일상생활 속에서 '괜찮아'라는 말을 들었던 경험을 떠올려 보았어.

〈보기〉에서 글쓴이의 체험을 자신의 체험과 비교하며 읽으면 수필을 더욱 즐겁게 읽을 수 있다고 했으므로 적절하다.

② '나'를 배려하여 '나'의 역할을 만들어 주는 친구들의 모습을 보고 감동을 느꼈어.

〈보기〉에서 수필을 읽다 보면 잔잔한 감동을 받기도 한다고 했으므로 적절하다.

④ 깨엿 장수의 '괜찮아'라는 말을 통해 세상을 긍정적으로 보게 된 '나'의 마음에 공감했어.

〈보기〉에서 수필을 읽다 보면 자신의 삶에 보탬이 되는 깨달음을 얻을 수도 있다고 했으므로 적절하다.

⑤ '나'가 목발을 짚는다는 정보를 통해 '나'가 놀이에 참여하지 못한 이유를 이해할 수 있었어.

〈보기〉에서 수필에 드러난 글쓴이의 행동 방식, 사물을 바라보는 시각, 태도 등을 통해 글쓴이의 개성을 파악해 보아야 한다고 했으므로 적절하다.

04 인물의 태도 파악하기

㉠, ㉡에 들어갈 말을 찾아 차례대로 쓰시오.

[A]의 '(㉠)'와/과 [B]의 '(㉡)'은/는 모두 친구가 소외감을 느끼지 않도록 배려하는 마음을 가졌다는 공통점이 있다.

정답

친구들, 가수

16강

| 본문 | 189쪽

문법 품사 (2) 동사, 형용사

빠른 정답 체크 01 ① 02 ④ 03 ③ 04 동사, 형용사

01 품사 구분하기 답 | ①

밑줄 친 말의 품사가 나머지와 다른 것은?

정답 선지 분석

① 여기저기서 단풍잎 같은 슬픈 가을이 뚝뚝 떨어진다
'슬픈'의 기본형은 '슬프다'로, '가을'의 성질을 나타내는 형용사이다.

오답 선지 분석

② 단풍잎 떨어져 나온 자리마다 봄을 마련해 놓고
'떨어져'의 기본형은 '떨어지다'로, '단풍잎'의 움직임을 나타내는 동사이다.

③ 가만히 하늘을 들여다보려면 눈썹에 파란 물감이 든다
'든다'의 기본형은 '들다'로, '물감'의 움직임을 나타내는 동사이다.

④ 손금에는 맑은 강물이 흐르고 맑은 강물이 흐르고
'흐르고'의 기본형은 '흐르다'로, '강물'의 움직임을 나타내는 동사이다.

⑤ 사랑처럼 슬픈 얼굴—아름다운 순이의 얼굴이 어린다
'어린다'의 기본형은 '어리다'로, '얼굴'의 움직임을 나타내는 동사이다.

02 동사와 형용사의 특징 파악하기 답 | ④

보기 의 ㉠과 ㉡의 품사에 대한 설명으로 가장 적절한 것은?

보기

오늘 날씨가 ㉠ 추운 것은 비가 ㉡ 내렸기 때문이다.

정답 선지 분석

④ ㉠은 명령형 종결 어미와 결합할 수 없지만, ㉡은 결합할 수 있다.
㉠의 기본형은 '춥다'로 '날씨'의 상태를 나타내는 형용사이고, ㉡의 기본형은 '내리다'로 '비'의 움직임을 나타내는 동사이다. 형용사는 명령형 종결 어미와 결합할 수 없지만, 동사는 결합할 수 있다.

오답 선지 분석

① ㉠와 ㉡ 모두 부사어의 꾸밈을 받을 수 없다.
형용사와 동사 모두 부사어의 꾸밈을 받을 수 있다.

② ㉠와 ㉡ 모두 관형어의 꾸밈을 받을 수 있다.
형용사와 동사 모두 관형어의 꾸밈을 받을 수 없다.

③ ㉠와 ㉡ 모두 청유형 종결 어미와 결합할 수 없다.
형용사는 청유형 종결 어미와 결합할 수 없지만, 동사는 결합할 수 있다.

⑤ ㉠은 현재 시제 선어말 어미와 결합할 수 있지만, ㉡은 결합할 수 없다.
형용사는 현재 시제 선어말 어미와 결합할 수 없지만, 동사는 결합할 수 있다.

03 자동사와 타동사의 특징 파악하기 답 | ③

보기 의 ⓐ와 ⓑ에 들어갈 수 있는 예시를 알맞게 짝지은 것은?

보기

자동사는 '(ⓐ)'와 같이 동사가 나타내는 동작이 주어에만 미치는 동사이고, 타동사는 '(ⓑ)'와 같이 동작의 대상인 목적어를 필요로 하는 동사이다.

정답 선지 분석

	ⓐ	ⓑ
③	울다	세우다

'울다'는 '아이가 울다'와 같이 목적어 없이 쓸 수 있으므로 자동사이고, '세우다'는 '기둥을 세우다'와 같이 목적어가 필요하므로 타동사이다.

오답 선지 분석

① 피다 보이다
'피다'는 '꽃이 피다'와 같이 목적어 없이 쓸 수 있으므로 자동사이고, '보이다' 역시 '풍경이 보이다'와 같이 목적어 없이 쓸 수 있으므로 자동사이다.

② 넣다 들리다
'넣다'는 '주머니에 돈을 넣다'와 같이 목적어가 필요하므로 타동사이고, '들리다'는 '노래가 들리다'와 같이 목적어 없이 쓸 수 있으므로 자동사이다.

④ 주다 남기다
'주다'는 '선물을 주다'와 같이 목적어가 필요하므로 타동사이고, '남기다' 역시 '음식을 남기다'와 같이 목적어가 필요하므로 타동사이다.

⑤ 만들다 잡히다
'만들다'는 '요리를 만들다'와 같이 목적어가 필요하므로 타동사이고, '잡히다'는 '도둑이 잡히다'와 같이 목적어 없이 쓸 수 있으므로 자동사이다.

04 동사와 형용사 구분하기

보기 의 ㉮, ㉯의 품사를 차례대로 쓰시오.

보기

새벽이 ㉮ 밝아 오니 곧 ㉯ 밝은 해가 뜨겠구나.

정답

동사, 형용사

독서 태극기

빠른 정답 체크 01 ① 02 ③ 03 ⑤ 04 태극

우리나라의 상징이라고 하면 무엇이 떠오르는가? 아마 태극기를 떠올린 사람들이 많을 것이다. 이 태극기는 누가 언제 만들어 우리나라의 상징이 되었을까? 조선 조정*은 일본과 서양의 여러 나라와 교류하고 조약을 체결하게* 되면서 국기의 필요성을 알게 되었다. 그래서 다른 나라의 국기를 참고해 조선의 국기를 만들기로 하였다. 그리고 1882년 8월, 수신사*로서 일본의 문물*을 시찰하는* 임무를 맡은 박영효가 배 안에서 태극기를 만들게 되었다. 박영효는 조선으로 돌아와 자신이 만든 태극기를 고종에게 바쳤고, 이후 조선은 태극기를 국기로 사용하게 된다.

(질문의 형식 활용 ①) (질문의 형식 활용 ②) (태극기를 만들게 된 계기) (태극기가 만들어진 시기) (태극기를 만든 사람) (이전에는 국기가 따로 없었음)

▶ 1문단: 태극기가 만들어진 계기

태극기의 모양이 복잡한 것은 여러 가지 상징이 들어 있기 때문이다. 개화*파 관리였던 박영효는 우리 민족의 전통과 정신을 담을 수 있는 색과 무늬를 그려낸 태극기를 고안했다*. 태극과 4괘는 그런 뜻에서 선택된 것이다. 첫 번째로, 바탕의 흰색은 평화를 사랑하는 우리 민족을 뜻한다. 두 번째로, 태극은 우리 민족의 이상을 표현한 것이다. 태극의 푸른색은 음을, 붉은색은 양을 뜻한다. 우리 조상은 음과 양이 세상 만물의 근본 이치라고 생각했다. 세 번째로, 4괘는 건, 곤, 감, 리로 각각 하늘과 땅, 물, 불을 상징한다. 세상을 태극기 안에 담아낸 것이다.

(태극기에 담긴 의미) (태극기에 들어 있는 상징 ①) (태극기에 들어 있는 상징 ②) (태극기에 들어 있는 상징 ③)

▶ 2문단: 태극기에 들어 있는 상징

박영효가 만들어 낸 이후, 태극기는 우리 민족과 나라를 상징하게 된다. 3·1운동이 있었던 날, 사람들이 만세를 불렀을 때 독립운동가들의 손에는 태극기가 들려있었다. 독립군들은 대한독립에 자신의 몸과 영혼을 바친다는 맹세를 태극기에 써넣기도 했다. 1945년 8월 15일 광복이 있었던 날, 태극기를 미처 구하지 못한 사람들은 일장기에 파란색을 칠해 태극무늬를 만들고 건곤감리를 그려 넣어 태극기로 바꿔 들고나오기도 했다.

(태극기가 사용된 역사적 사건 ①) (태극기에 독립의 의지를 담음) (태극기가 사용된 역사적 사건 ②)

▶ 3문단: 태극기가 사용된 역사적 사건

이때까지의 태극기는 가운데 태극 문양이나 건곤감리의 위치가 통일되지 않았다. 그래서 사용하는 깃발마다 서로 조금씩 달랐다. 그러다 1948년 대한민국 정부가 수립되고* 태극기에 관한 규정*을 만들어 오늘날과 같은 모양으로 통일되었다.

(과거의 태극기는 모양이 제각각이었음) (태극기의 모양이 통일된 시기)

▶ 4문단: 태극기의 모양 통일

* 조정(朝廷): 임금이 나라의 정치를 신하들과 의논하거나 집행하는 곳. 또는 그런 기구.
* 체결하다(締結하다): 계약이나 조약 따위를 공식적으로 맺다.
* 수신사(修信使): 구한말에, 일본에 보내던 외교 사절.
* 문물(文物): 문화의 산물. 곧 정치, 경제, 종교, 예술, 법률 따위의 문화에 관한 모든 것을 통틀어 이르는 말이다.
* 시찰하다(査察하다): 조사하여 살피다.
* 개화(開化): 조선 시대에, 갑오개혁으로 정치 제도를 근대적으로 개혁한 일.
* 고안하다(考案하다): 연구하여 새로운 안을 생각해 내다.
* 수립되다(樹立되다): 국가나 정부, 제도, 계획 따위가 이룩되어 세워지다.
* 규정(規程): 조목별로 정하여 놓은 표준.

01 내용 전개 방식 파악하기 답 | ①

윗글에 대한 설명으로 적절하지 않은 것은?

정답 선지 분석

① 태극기를 게양하는 방법을 순서대로 설명하고 있다.

윗글에 태극기를 게양하는 방법은 설명되어 있지 않다.

오답 선지 분석

② 태극기가 만들어진 계기와 그 결과를 서술하고 있다.

1문단에서 조선 조정이 국기의 필요성을 알게 되어 태극기가 만들어졌다고 서술하고 있다.

③ 태극기가 실제로 사용된 사건의 예시를 소개하고 있다.

3문단에서 태극기가 실제로 사용된 사건의 예시로 3·1운동과 광복을 소개하고 있다.

④ 태극기의 구성을 분석하여 각각의 의미를 제시하고 있다.

2문단에서 태극기의 구성을 하얀 바탕, 태극, 4괘로 분석하여 각각의 의미를 제시하고 있다.

⑤ 태극기가 현재의 모양을 갖추게 된 시기를 언급하고 있다.

4문단에서 태극기가 현재의 모양을 갖추게 된 것은 1948년 대한민국 정부 수립 이후라고 언급하고 있다.

02 세부 내용 파악하기 답 | ③

윗글의 내용으로 적절하지 않은 것은?

정답 선지 분석

③ 태극기를 이용해 다른 나라의 국기를 만드는 사람도 있었다.

3문단에서 일장기에 파란색을 칠하고 건곤감리를 그려 넣어 태극기로 바꾼 사람들이 있었음을 알 수 있지만, 태극기를 이용해 다른 나라의 국기를 만드는 사람이 있었는지는 알 수 없다.

오답 선지 분석

① 1948년 이후 태극기의 모양이 법적으로 정형화되었다.

4문단에서 1948년 대한민국 정부가 수립되고 태극기에 관한 규정을 만들어 오늘날과 같은 모양으로 통일되었다고 하였다.

② 박영효는 태극기에 우리 민족의 전통과 정신을 담았다.

2문단에서 개화파 관리였던 박영효는 우리 민족의 전통과 정신을 담을 수 있는 색과 무늬를 그려낸 태극기를 고안했다고 하였다.

④ 1882년 8월 이전까지 조선에는 나라를 대표하는 국기가 없었다.

1문단에서 조선 조정은 여러 나라와 교류하고 조약을 체결하게 되면서 국기의 필요성을 알게 되고 조선의 국기를 만들기로 했다고 하였으며, 1882년 8월 박영효가 배 안에서 만든 태극기를 국기로 사용하게 되었다고 하였다.

⑤ 태극기의 바탕색은 우리 민족의 민족성을, 태극의 색은 만물의 이치를 상징한다.

2문단에서 태극기 바탕의 흰색은 평화를 사랑하는 우리 민족을, 태극의 푸른색과 붉은색은 각각 음과 양을 뜻하며 우리 조상들은 음과 양이 세상 만물의 이치라고 생각했다고 하였다.

03 글의 맥락 파악하기 답 | ⑤

보기 는 윗글에 추가하고자 하는 내용이다. 보기 를 삽입할 위치로 적절한 것은?

보기

지금까지 태극기의 기원과 의미에 대해 알아보았다. 이를 통해 태극기에 대한 자긍심을 한층 키울 수 있었을 것이다. 국가의 중요한 날, 창밖에 태극기를 거는 것도 잊지 말아야 한다.

정답 선지 분석

⑤ 4문단 뒤

〈보기〉는 앞의 글을 정리하고 독자에게 권고 사항을 알리는 내용이므로 글의 결말부인 4문단 뒤에 들어가는 것이 적절하다.

04 내용 적용하기

보기 는 과거의 태극기와 현재의 태극기를 비교한 것이다. 빈칸에 들어갈 말을 찾아 쓰시오.

보기

㉮ 과거의 태극기

㉯ 현재의 태극기

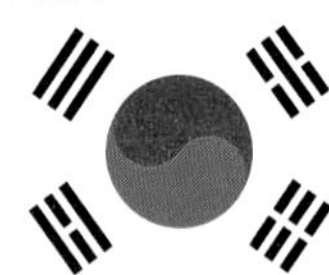

㉮와 ㉯는 가운데의 ( ) 모양이 서로 다르다.

정답

태극

문학 1 포근한 봄(오규원)

빠른 정답 체크 01 ② 02 ② 03 ② 04 새끼 고양이의 눈

눈이 내린다

봄이라서
계절적 배경 봄눈이 주는 느낌 ①
봄빛처럼 포근한 눈
□: 봄눈을 비유한 대상(직유법) ▶ 봄빛처럼 포근한 봄눈

담장 위에 쌓이는 봄눈
동일한 문장 구조가 반복됨
나무 위에 쌓이는 봄눈

마당 위에 쌓이는 봄눈
○: 봄눈이 쌓이는 장소 ▶ 담장, 나무 마당 위에 쌓이는 봄눈

그리고

마루에서 졸다가 깬

눈을 하고 앉은

「새끼 고양이의 눈 속에도
「」: 새끼 고양이의 눈에 봄눈이 비치는 것을 감각적으로 묘사함
내리는 봄눈」 ▶ 졸다가 깬 새끼 고양이의 눈에 비치는 봄눈

감았다 떴다 하는

새끼 고양이의 눈처럼

보드라운
봄눈이 주는 느낌 ② ▶ 새끼 고양이의 눈처럼 보드라운 봄눈

[A] 봄
봄 하늘
봄 하늘의 봄눈

시적 대상을 점점 구체화하여 봄눈의 느낌을 강조함

▶ 봄과 봄 하늘과 봄 하늘의 봄눈

- 오규원, 〈포근한 봄〉 -

01 화자의 정서 및 태도 파악하기 답 | ②

윗글의 화자에 대한 설명으로 가장 적절한 것은?

정답 선지 분석

② 시적 대상을 보며 포근함과 보드라움을 느끼고 있다.

화자는 봄눈을 보며 포근함과 보드라움을 느끼고 이를 봄빛과 새끼 고양이의 눈에 비유하여 표현하고 있다.

오답 선지 분석

① 과거를 회상하며 현실의 고달픔을 이겨내고 있다.

화자는 현재 자신의 눈앞에 보이는 풍경을 묘사하고 있고, 현실의 고달픔을 이겨내고 있지도 않다.

③ 현대인을 비판하며 나누는 삶의 가치를 제시하고 있다.

현대인에 대한 화자의 비판은 드러나지 않으며, 나누는 삶의 가치를 제시하고 있지도 않다.

④ 내면을 반성하며 미래의 상황을 긍정적으로 인식하고 있다.

화자가 내면을 반성하거나, 미래의 상황을 긍정적으로 인식하고 있는 부분은 찾아볼 수 없다.

⑤ 계절의 변화에 주목하며 대상에 대한 그리움을 표현하고 있다.
계절이 봄이라는 것은 드러나지만 계절의 변화는 드러나지 않으며, 화자가 대상에 대한 그리움을 표현하고 있지도 않다.

02 표현상의 특징 파악하기 답 | ②

[A]의 표현상 특징으로 적절하지 않은 것은?

정답 선지 분석

② 추상적인 대상을 구체화하여 표현하고 있다.
[A]에 언급된 '봄, 하늘, 봄눈' 등은 추상적인 대상이 아니므로, 추상적인 대상을 구체화하여 표현하고 있다는 설명은 적절하지 않다.

오답 선지 분석

① 의도적인 시행 배열이 드러나고 있다.
[A]는 '봄 / 봄 하늘 / 봄 하늘의 봄눈'으로 행이 바뀔수록 글자 수가 많아지도록 의도적인 시행 배열을 보이고 있다.

③ 같은 시어를 반복하여 운율을 형성하고 있다.
[A]의 1~3행에 '봄'을, 2~3행에 '하늘'을 반복하여 운율을 형성하고 있다.

④ 봄눈이 쌓이는 모습을 시각적으로 형상화하고 있다.
[A]는 점점 시행이 길어지도록 배열하여 봄눈이 쌓이는 모습을 시각적으로 형상화하고 있다.

⑤ 시적 대상을 좁혀 가며 봄눈의 느낌을 강조하고 있다.
[A]는 시적 대상을 '봄'에서 '봄 하늘'로, 그리고 다시 '봄 하늘의 봄눈'으로 좁혀 가며 봄눈의 느낌을 강조하고 있다.

03 외적 준거를 통해 작품 이해하기 답 | ②

보기 를 바탕으로 하여 윗글을 이해한 것으로 가장 적절한 것은?

보기

㉠ 심상은 시어를 읽으면서 마음속에 떠오르는 감각적 영상으로, 시각적·청각적·후각적·미각적·촉각적·공감각적 심상이 있다.
㉡ 반복법은 같거나 비슷한 말, 구절, 문장 등을 반복 사용하여 뜻을 강조하거나 흥을 돋우는 표현법이다.
㉢ 비유법은 표현하고자 하는 대상을 직접 설명하지 않고 그와 유사한 다른 대상에 빗대어 표현하는 방법이다.
㉣ 감정 이입은 시적 화자의 감정을 다른 대상에 이입시켜 마치 대상이 그렇게 느끼고 생각하는 것처럼 표현하는 방법이다.
㉤ 도치법은 문장 성분의 정상적인 배열 순서를 바꾸어 놓는 표현법으로, 주로 강조의 초점이 뒤에 놓인다.

* 공감각적(共感覺的): 하나의 감각이 동시에 다른 영역의 감각을 불러일으키는.

정답 선지 분석

② ㉡: 2연의 '~위에 쌓이는 봄눈'은 문장 구조를 반복하여 봄눈을 강조한 것이군.
2연의 '~위의 쌓이는 봄눈'이 세 행에 걸쳐 반복되는 것은 동일한 문장 구조를 반복하여 봄눈을 강조한 것이다.

오답 선지 분석

① ㉠: 1연의 '봄빛처럼 포근한 눈'은 시각적 심상을 활용하여 눈을 묘사한 것이군.
1연의 '봄빛처럼 포근한 눈'은 시각적 심상이 아닌, 촉각적 심상을 활용하여 눈을 묘사한 것이다.

③ ㉢: 3연의 '새끼 고양이의 눈'은 비유법을 활용하여 봄을 묘사한 것이군.
3연에는 비유법이 활용되지 않았으며, 4연에서 봄눈을 '새끼 고양이의 눈'에 빗대고 있다.

④ ㉣: 4연의 '새끼 고양이'는 시적 화자의 감정이 이입된 것이군.
4연의 '새끼 고양이'는 시적 화자의 감정이 이입된 것이 아니라, 봄눈을 빗댄 것이다.

⑤ ㉤: 4~5연의 '보드라운'을 전후로 문장이 도치된 것이군.
4~5연에서는 도치법이 나타나지 않았다.

04 시어의 의미 이해하기

3~5연에서 봄눈을 빗댄 대상을 찾아 3어절로 쓰시오.

정답

새끼 고양이의 눈

문학 2 아기 장수 우투리(작자 미상)

빠른 정답 체크 01 ① 02 ⑤ 03 ② 04 좁쌀, 콩, 팥

㉠ 옛날 옛날 먼 옛날, 임금과 벼슬아치들이 백성들을 종처럼 부리던 때의 이야기야. 욕심 많은 임금과 사나운 벼슬아치들에게 시달릴 대로 시달리던 백성들은 누군가 힘세고 재주 많은 영웅이 나타나 자기들을 살려 주기를 목이 빠지게 바라고 살았지. (백성들이 영웅을 바라게 된 이유 / 우투리)

이때 지리산 자락 외진 마을에 한 농사꾼 내외가 살았어. 산비탈에 밭을 일구어 구메농사*나 지어 먹으며, 그저 산 입에 거미줄이나 안 치는 걸 고맙게 여기고 살았지. 그렇게 살다가 늘그막에 아기를 하나 낳았는데, 낳고 보니 아기 탯줄이 안 잘라져. 가위로 잘라도 안 되고 낫으로 잘라도 안 되고 작두*로 잘라도 안 돼. 별 짓을 다 해도 안 되더니 산에 가서 억새풀을 베어다 그걸로 탯줄을 치니까 그제야 잘라지더래. (우투리의 부모님(평범한 백성) / 가난한 집안 형편 / □: 백성의 끈질긴 생명력 / 우투리의 비정상적인 출생)

아기 이름을 '우투리'라고 했는데, 이 우투리가 갓난아기 때부터 하는 짓이 달라. 「방에다 뉘어 놓고 나가서 일을 하고 들어와 보면 시렁*에 덜렁 올라가 있지를 않나, 곁에 뉘어 놓고 잠깐 잠들었다 깨어나 보면 장롱 위에 납죽 올라가 있지를 않나.」 이래서 참 이상하게 여긴 어머니 아버지가 하루는 아기를 방에 두고 나와서 문구멍으로 들여다봤지. 그랬더니, 아 이런 변이 있나. 글쎄 아기가 방 안에서 포르르포르르 날아다니지 뭐야. 가만히 보니 아기 겨드랑이에 조그마한 날개가, 꼭 얼레빗*만한 게 붙어 있더란 말이지. 그걸 보고 어머니가 그만 기겁을 해. (「」: 날개가 있었기 때문에 가능했던 일 / 자신들이 없는 사이 아기가 무엇을 하는지 확인하려 함 / 우투리의 비범함이 드러남)

"아이고, 여보, 이것 큰일 났소. 내가 아기를 낳아도 예사 아기를 낳은 게 아니라 영웅을 낳았소."

겨드랑이에 날개 돋친 아기는 장차 영웅이 될 아기란다. 그런데 이게 참 좋아할 일이 아니라 기겁을 할 일이야. ㉡ 가난한 백성이

영웅을 낳으면 임금과 벼슬아치들이 가만히 두지를 않거든. 영웅
어머니가 우투리의 날개를 보고 기겁한 이유
이 백성을 살리려고 저희들과 맞서 싸우기라도 하면 큰일이니,
임금과 벼슬아치들은 백성의 편에 선 영웅의 출현을 두려워함
힘을 쓰기 전에 죽여버리려고 든단 말이야. 잘못하다가는 온 식구가 다 죽을 판국*이지.

그래서 어머니 아버지가 의논 끝에 우투리를 데리고 지리산 속 아주아주 깊은 골로, 사람 발길이 닿지 않는 곳으로 들어가 숨어
임금과 벼슬아치들의 눈을 피하기 위함
살았어.

그런데 발 없는 말이 천 리 간다더니, 우투리라고 하는 영웅이
소문이 빠르게 퍼짐
지리산에 났다고, 이런 소문이 백성들 사이에 돌고 돌아 임금 귀에까지 들어가게 됐어. ㉢ 임금이 그 소문을 듣고 가만있을 리
영웅이 힘을 쓰기 전에 죽이려 함
있나. 사납고 힘센 장군을 뽑아 우투리를 잡으러 보냈어. 장군이 군사들을 많이 거느리고 우투리네 집에 들이닥쳤지.

그런데 우투리가 참 영웅이라도 큰 영웅인지, 군사들이 몰려오
우투리는 군사들이 자신을 잡으러 올 것을 알고 있었음
는 걸 어떻게 알고 감쪽같이 사라져 버렸어. 어디로 갔는지 자취도 없어. 그 많은 군사들이 온 산속을 이 잡듯이 뒤져도 못 찾지. 사흘 밤낮을 뒤지고도 못 찾으니까 장군이 애매한 우투리 어머니
우투리의 부모로부터 우투리가 간 곳을 알아내기 위함
아버지를 잡아갔어. 잡아가서 묶어 놓고 곤장*을 치는 거야.

"우투리 있는 곳을 어서 대라."

이렇게 으르면서 곤장을 친단 말이야. 그런데 어머니 아버지인들 알 수가 있나. 때려도 때려도 모른다고 하니까 어쩔 수 없었던
우투리의 부모로부터 우투리가 간 곳을 알아내지 못함
지 사흘 만에 풀어줬지.

어머니 아버지가 초주검*이 돼서 집으로 돌아오니, 그새 우투리가 집에 돌아와 눈물을 줄줄 흘리면서 기다리고 있어. 저 때문에
자신으로 인해 부모님이 고생한 것을 마음 아파함
어머니 아버지가 두드려 맞은 걸 보고 가슴이 아파서 그러지.

그런 뒤에 하루는 우투리가 어디서 구했는지 콩을 한 말이나 가지고 와서 어머니한테 볶아 달라고 그러더래. 그래서 어머니가 콩
볶은 콩으로 갑옷을 만들기 위함
을 넣고 볶는데, 볶다가 보니 콩 한 알이 톡 튀어나오겠지. 하도 배가 고파서 어머니가 그걸 주워 먹어 버렸네. ㉣ 그러니까 한 말
콩 한 말에서 한 알이 부족해짐
에서 한 알이 모자라게 볶아 줬단 말이야.

우투리가 볶은 콩으로 갑옷을 짓는데, 콩을 하나하나 붙여 옷을 만드니 온몸을 다 가릴 만큼 되었어. 그런데 딱 한 알이 모자라서 한 군데를 못 가렸어. 어디를 못 가렸는고 하니 왼쪽 겨드랑이 날갯죽지 바로 아래를 못 가렸어.
어머니가 콩 한 알을 먹어 버렸기 때문

우투리가 그렇게 갑옷을 지어 입고 나서, 어머니더러,

"조금 있으면 군사들이 다시 올 것입니다. 혹시 내가 싸우다 죽
미래에 일어날 일을 예측함
거든 뒷산 바위 밑에 묻어 주되, 좁쌀 서 되, 콩 서 되, 팥 서 되
우투리의 부탁 ① □: 하층민의 주식 → 백성을 상징함
를 같이 묻어 주세요. 그리고 삼 년 동안은 아무에게도 묻힌 곳
우투리의 부탁 ② 우투리의 부탁 ③
을 가르쳐 주지 마세요. 그렇게만 하면 삼 년 뒤에는 나를 다시
자신의 부활을 예고함
만날 수 있을 것입니다."

이러거든.

그러고 나서 조금 있으니 아닌 게 아니라 장군이 군사들을 데리
우투리의 예측이 들어맞음
고 다시 왔어. 우투리가 갑옷을, 그 왜 볶은 콩으로 지은 갑옷 있잖아. 그걸 입고 집 앞에 떡 버티고 섰으니, 군사들이 겁을 내어 가까이 오지 못하고 멀리서 활을 쏘는데, 뭐 몇백 발을 쏘는지 몇
군사들은 우투리의 능력을 두려워함
천 발을 쏘는지 몰라. 화살이 참 비 오듯이 쏟아져. ㉤ 그 많은 화살이 죄다 갑옷에 맞아 부러지는데, 꼭 썩은 겨릅대* 부러지듯 툭
화살이 볶은 콩으로 만든 갑옷을 뚫지 못함
툭 부러져. 그러니 그 많은 화살을 다 맞아도 끄떡없어. 군사들이 화살을 다 쏘고 이제 딱 한 개가 남았는데, 그때 갑자기 우투리가 왼팔을 번쩍 들어 겨드랑이를 썩 내놓는 게 아니겠어? 그 콩 한 알 모자라서 날갯죽지 밑에 맨살 드러난 데 말이야. 거기를 썩 드
갑옷을 입은 우투리의 유일한 약점
러내 놓고 가만히 서 있는 거야. 그때 마지막 한 개 남은 화살이
의도적으로 죽으려 했음을 짐작할 수 있음
탁 날아와서 거기를 딱 맞추니 우투리가 풀썩 쓰러져 죽었어.

장군이 군사들을 데리고 돌아간 뒤에, 어머니 아버지가 슬피 울면서 우투리를 뒷산 바위 밑에 묻어 줬어. 우투리 말대로 좁쌀 서
우투리의 부탁 ①을 지킴
되, 콩 서 되, 팥 서 되를 같이 넣어 묻어 줬지.
우투리의 부탁 ②를 지킴

- 작자 미상, 〈아기 장수 우투리〉 -

* 구메농사(구메農事): 농사 형편이 고르지 못하여 곳에 따라 풍작과 흉작이 같지 않은 농사.
* 작두: 마소의 먹이를 써는 연장. 대체로 기름하고 두툼한 나무토막 위에 긴 칼날을 달고 그 사이에 짚이나 풀 따위를 넣어 자루를 손으로 누르거나 발판을 발로 디뎌 가며 썰게 되어 있다.
* 시렁: 물건을 얹어 놓기 위하여 방이나 마루 벽에 두 개의 긴 나무를 가로질러 선반처럼 만든 것.
* 얼레빗: 빗살이 굵고 성긴 큰 빗.
* 판국(판局): 일이 벌어진 사태의 형편이나 국면.
* 곤장(棍杖): 예전에, 죄인의 볼기를 치던 형구. 또는 그 형벌.
* 초주검(初주검): 두들겨 맞거나 병이 깊어서 거의 다 죽게 된 상태. 또는 피곤에 지쳐서 꼼짝을 할 수 없게 된 상태.
* 겨릅대: 껍질을 벗긴 삼대.

01 서술상의 특징 파악하기

답 | ①

윗글의 서술상 특징으로 가장 적절한 것은?

정답 선지 분석

① 구어체를 사용하여 생동감과 친근감을 느끼게 하고 있다.

윗글은 서술자가 독자에게 직접 이야기하는 듯한 구어체를 사용하여 독자로 하여금 생동감과 친근감을 느끼게 하고 있다.

오답 선지 분석

② 사건을 시간의 흐름과 반대로 배열하여 흥미를 높이고 있다.
윗글은 우투리의 탄생부터 죽음까지의 사건을 시간의 흐름대로 배열하고 있다.

③ 시·공간적 배경을 구체적으로 제시하여 현실성을 강조하고 있다.
윗글의 공간적 배경은 '지리산 자락 외진 마을', '지리산 속 아주아주 깊은 골'이라고 구체적으로 제시되어 있으나, 시간적 배경은 두리뭉실하게 '옛날 옛날 먼 옛날'이라고만 제시되어 있다.

④ 역사적 사건을 언급하여 옛사람들의 삶을 사실적으로 그려내고 있다.
윗글은 역사적 사건을 언급하고 있지 않다.

⑤ 운명에 순응하는 주인공을 등장시켜 백성을 교화하려는 목적을 드러내고 있다.
윗글의 주인공인 우투리는 임금과 벼슬아치들로 인해 고통받는 백성들을 구해 주기 위해 등장한 영웅으로, 운명에 순응한다고 볼 수 없다. 또한 윗글이 백성을 교화하려는 목적을 가지고 있지도 않다.

02 구절의 의미 파악하기

답 | ⑤

㉠~㉤에 대한 이해로 적절하지 않은 것은?

정답 선지 분석

⑤ ㉤: 우투리의 능력이 더 이상 힘을 발휘하지 못함을 나타내고 있다.
화살은 군사들이 쏜 것으로, 화살이 갑옷에 맞아 부러졌다는 것은 우투리가 콩으로 지어 만든 갑옷이 화살을 막았다는 의미로 우투리의 신비한 능력을 드러낸다.

오답 선지 분석

① ㉠: 우투리라는 영웅이 등장하게 된 배경을 설명하고 있다.
㉠은 임금과 벼슬아치들이 백성을 괴롭히고 있다는 배경을 드러내는 것으로, 이로 인해 백성들이 힘세고 재주 많은 영웅을 원하게 되어 우투리라는 영웅이 등장하게 되었음을 알 수 있다.

② ㉡: 우투리의 능력을 알게 된 어머니가 기뻐하지 않은 이유를 드러내고 있다.
우투리에게 날개가 달렸음을 알게 된 어머니는 자신이 영웅을 낳았다며 기겁하는데, 이는 임금과 벼슬아치들이 우투리 가족을 해칠 것을 걱정했기 때문이다.

③ ㉢: 우투리의 부모의 우려가 현실이 되었음을 나타내고 있다.
우투리의 부모는 우투리가 영웅이라는 것이 알려지면 임금과 벼슬아치들이 해치려 들 것을 걱정하여 지리산 깊은 골로 숨어 살게 되었는데, 우투리라는 영웅이 지리산에 났다고 하자 임금이 군사를 보내 우투리를 잡아 오게 했으므로 부모의 우려가 현실이 되었음을 알 수 있다.

④ ㉣: 우투리가 화살을 맞아 쓰러져 죽게 되는 이유를 드러내고 있다.
우투리는 콩 한 말을 어머니에게 볶아 달라고 하였으나 어머니가 배가 고파 그 중 한 알을 주워 먹는 바람에 한 말에서 한 알이 모자라게 볶아 주었는데, 이 때문에 우투리가 콩으로 지어 만든 갑옷은 왼팔 날갯죽지 아래를 가리지 못해 우투리가 그곳에 화살을 맞아 죽게 된다.

03 외적 준거를 바탕으로 작품 이해하기

답 | ②

보기 의 ⓐ~ⓔ 중 윗글에 드러난 요소만 고른 것은?

보기

일반적인 영웅소설은 ⓐ 고귀한 혈통을 지닌 주인공이 ⓑ 비정상적으로 잉태되거나 출생하며 시작된다. 주인공은 보통 사람과는 다른 ⓒ 탁월한 능력을 타고나나, 어려서 가족과 헤어지고 고난을 겪게 된다. ⓓ 구출자나 양육자를 만나 죽을 고비에서 벗어난 주인공은 자라며 또다시 위기에 부딪치지만, 이를 ⓔ 극복하고 결국 승리자가 된다.

* 잉태되다(孕胎되다): 아이나 새끼가 배 속에 생기다.
* 탁월하다(卓越하다): 남보다 두드러지게 뛰어나다.

정답 선지 분석

② ⓑ, ⓒ
ⓑ 우투리를 낳고 보니 탯줄이 가위나 낫, 작두로도 잘리지 않다가 산에 가서 베어 온 억새풀로 탯줄을 치니 그제야 잘라졌다는 것은 주인공의 비정상적 출생을 보여 준다.
ⓒ 우투리의 겨드랑이에 조그마한 날개가 달려 있어 날아다닐 수 있는 것, 군사들이 몰려오는 것을 알고 미리 사라진 것, 볶은 콩으로 갑옷을 지어 화살을 막은 것 등은 우투리의 탁월한 능력을 보여 준다.

오답 선지 분석

ⓐ 우투리가 고귀한 혈통을 가졌는지는 윗글에서 확인할 수 없다.
ⓓ 우투리는 부모님 외의 구출자나 양육자를 만나지 않는다.
ⓔ 장군이 군사들을 데리고 우투리를 잡으러 온 것을 위기라고 할 수는 있으나, 우투리는 이를 극복하고 승리자가 된 것이 아니라 화살을 맞고 죽게 된다.

04 소재의 의미 파악하기

보기 에서 설명하는 소재를 윗글에서 찾아 조건 에 맞게 쓰시오.

보기

- 우투리가 자신이 죽으면 함께 묻어 달라고 한 것.
- 하층민들의 주식으로, 백성을 상징함.
- 농경 사회가 배경임을 보여 줌.

조건

- 단위를 제외하고 쓸 것.
- 세 가지를 모두 쓰되, 윗글에 등장한 순서대로 쓸 것.

정답

좁쌀, 콩, 팥

17강

| 본문 | 201쪽

화법 핵심을 담아 발표하기

빠른 정답 체크 01 ⑤ 02 ④ 03 ① 04 환경

안녕하세요. 저는 ○○모둠에서 발표를 맡은 이혜원입니다. 저희 모둠은 '깨끗한 학교를 만들기 위해 노력하자.'라는 주제로 발
발표의 주제
표하려고 합니다.「이를 위해 먼저 우리 학교 환경의 실태를 살펴
「」: 발표의 순서 제시
보고, 그다음에 깨끗한 학교 환경을 만드는 방법을 말씀드리겠습니다. 그리고 마지막으로 저희 모둠이 학교를 깨끗하게 만들기 위해 실천한 활동을 소개하면서 함께 노력하자고 말씀드리고자 합니다.」
▶ 발표 주제 및 내용 구성 소개

우선 저희가 우리 학교 학생들을 대상으로 설문 조사한 내용을
'자료 1'의 내용
살펴보겠습니다. (㉠ 자료 1 제시) 표를 보시면 우리 학교 학생 60명 중 75퍼센트가 학교의 환경이 깨끗하지 않다고 생각한다는
학교 환경의 실태 ①
것을 알 수 있습니다. 또 그래프를 보시면 학교에서 가장 지저분한 장소가 어디냐는 질문에 많은 학생이 학생 쉼터 주변과 운동
학교 환경의 실태 ②
장 구석이라고 답했습니다.
▶ 학생들도 인지하고 있는 학교 환경의 실태

저희가 설문 조사 결과를 보고 실제로 이 장소들을 찾아가 보았
학생 쉼터 주변과 운동장 구석
더니 과자 봉지나 빈 병 등이 여기저기 많이 버려져 있는 것을 확
깨끗하지 않은 학교 환경
인할 수 있었습니다. 학교 환경이 깨끗하지 않은 이유는 이렇게 쓰레기가 함부로 버려지고 있기 때문입니다.
▶ 학교 환경이 깨끗하지 않은 이유

그렇다면 우리 학교의 환경을 깨끗하게 만들기 위해 어떻게 해
묻고 답하는 방식으로 내용을 전개함
야 할까요? 이 질문의 답을 알아보기 위해 네덜란드 어느 대학의
'자료 2'의 내용
실험을 살펴보겠습니다. 다음 두 장의 사진을 비교해 보시지요. (㉡ 자료 2 제시) 쓰레기통이 없는 골목길에 세워진 자전거에 광
네덜란드 대학의 실험 내용
고지를 붙인 뒤 자전거 주인들이 광고지를 어떻게 처리하는지 관찰했습니다.
▶ 네덜란드 대학의 실험 내용

그 결과 벽이 깨끗한 골목길에서는 33퍼센트의 사람들만이 광
네덜란드 대학의 실험 결과
고지를 길에 버렸지만, 벽이 낙서로 지저분한 골목길에서는 69퍼센트가 광고지를 길에 버렸습니다. 이러한 실험 결과는 주변 환경이 지저분할 때 더 많은 사람이 쓰레기를 함부로 버린다는
실험 결과의 의미
것을 보여 줍니다. 이 실험 결과를 고려할 때, 학교에 쓰레기를 함부로 버리는 문제를 해결하기 위해서는 낙서를 지우거나 쓰레기를 바로 치우는 등 주변 환경을 깨끗하게 정돈하는 노력이 필요하
실험 결과에서 학교를 깨끗하게 만들 방법을 이끌어 냄
다고 생각합니다.
▶ 네덜란드 대학의 실험 결과와 이를 통해 얻을 수 있는 교훈

마지막으로 학교 환경을 깨끗하게 만들기 위해 저희 모둠이 실천한 활동을 소개하겠습니다. 저희는 주변 환경을 정돈하는 여러
학교 환경을 깨끗하게 만들기 위해 모둠이 실천한 활동
가지 방법 중에서 학교 꽃밭 만들기를 선택했습니다.
▶ 학교 환경을 깨끗하게 만들기 위해 모둠이 실천한 활동

관리가 소홀하거나 버려진 공간에 남몰래 식물을 심어 환경을
게릴라 가드닝의 정의
개선하는 시민운동을 '게릴라 가드닝'이라고 합니다. 저희는 이 운동을 보고 학교에서 쓰레기가 많이 버려지는 곳에 꽃밭을 만들
학교에서 게릴라 가드닝을 하기로 함
어 가꾸어 보면 어떨까 생각했습니다. 저희 모둠의 활동을 촬영
'자료 3'의 내용
한 영상을 같이 보시지요. (㉢ 자료 3 제시) 영상에서 보시다시피 저희는 우리 학교에서 가장 지저분한 곳에 화분을 가져다 놓고 꽃을 심었습니다. 저희가 꽃밭을 만든 뒤 학생들이 그 주변에 쓰
게릴라 가드닝의 효과
레기를 버리는 일이 눈에 띄게 줄었습니다. 작은 실천으로 학교의 환경이 깨끗해졌을 뿐만 아니라 아름답게 가꾸어져서 마음이 뿌듯했습니다.
▶ 학교 환경을 깨끗하게 만들기 위한 실천인 게릴라 가드닝

발표를 준비하면서 저희는 주변 환경을 깨끗하게 하면 그 속
발표를 준비하면서 얻은 깨달음
에서 살아가는 우리도 행복해진다는 것을 깨달았습니다. 따라서 우리 모두를 위해 학교 환경에 꾸준히 관심을 기울이고 깨끗한
청중에 대한 당부
학교를 만들기 위해 노력해야 한다고 생각합니다. 이상으로 발표를 마치겠습니다.
▶ 발표의 주제를 강조하며 마무리

01 발표 표현 전략 사용하기 답 | ⑤

발표자가 사용한 표현 전략으로 적절하지 않은 것은?

정답 선지 분석

⑤ 마무리 단계에서 발표 내용을 요약하여 전달하고 있다.
8문단에서는 발표를 준비하며 느낀 점과 청중에 대한 당부의 말을 전달하고 있을 뿐, 발표 내용을 요약하지는 않았다.

오답 선지 분석

① 도입 단계에서 발표 순서를 제시하고 있다.
1문단에서 '이를 위해 먼저~노력하자고 말씀드리고자 합니다.'라고 하며 발표 순서를 제시하고 있다.

② 구체적인 수치를 들어 주장을 뒷받침하고 있다.
5문단에서 네덜란드 대학의 실험을 언급하며 구체적인 수치를 들고, 이 실험의 결과를 고려할 때 학교에 쓰레기를 함부로 버리는 문제를 해결하기 위해서는 주변 환경을 깨끗하게 정돈하는 노력이 필요하다고 주장하고 있다.

③ 어려운 용어를 정의하여 청중의 이해를 돕고 있다.
7문단에서 '관리가 소홀하거나~'게릴라 가드닝'이라고 합니다.'라고 하며 '게릴라 가드닝'의 정의를 밝혀 청중의 이해를 돕고 있다.

④ 묻고 답하는 방식을 통해 청중의 주의를 끌고 있다.
4문단에서 '그렇다면 우리 학교의 환경을 깨끗하게 만들기 위해 어떻게 해야 할까요?'라고 질문을 던지고, 이에 대해 직접 대답함으로써 청중의 주의를 끌고 있다.

02 발표에서 자료, 매체 활용하기

답 | ④

발표자의 자료 활용에 대한 설명으로 적절하지 않은 것은?

정답 선지 분석

④ ㉡: 학교를 깨끗하게 유지하기 어려운 이유를 설명하기 위해 사진 자료를 활용하였다.

㉡은 네덜란드 어느 대학의 실험 사진으로, 이를 통해 주변 환경이 지저분할 때 더 많은 사람이 쓰레기를 함부로 버린다는 것을 알 수 있다. ㉡은 학교를 깨끗하게 만들기 위한 방법을 설명하기 위한 자료이지, 학교를 깨끗하게 유지하기 어려운 이유를 설명하기 위한 자료가 아니다.

오답 선지 분석

① ㉠: 학교 환경에 대한 학생들의 인식을 보여 주기 위해 설문 조사 자료를 활용하였다.

㉠은 학생들을 대상으로 실시한 설문 조사로, 이를 통해 학생 60명 중 75퍼센트가 학교의 환경이 깨끗하지 않다고 생각한다는 것을 알 수 있다.

② ㉠: 학교 환경이 개선되어야 함을 알려 주기 위해 설문 조사 자료를 활용하였다.

㉠의 결과에 따르면 가장 지저분한 장소로 학생 쉼터 주변과 운동장 구석이 꼽혔는데, 이 장소들은 실제로 쓰레기가 함부로 버려져 있어 학교 환경이 깨끗하지 않은 이유를 알려 준다.

③ ㉡: 학교를 깨끗하게 만들기 위한 방법을 설명하기 위해 사진 자료를 활용하였다.

㉡을 고려했을 때, 학교에 쓰레기를 함부로 버리는 문제를 해결하기 위해서는 주변 환경을 깨끗하게 정돈하는 노력이 필요하다고 발표자는 설명하고 있다.

⑤ ㉢: 학교를 깨끗하게 만들기 위해 실천한 활동을 소개하기 위해 영상 자료를 활용하였다.

㉢은 ○○모둠의 게릴라 가드닝 활동을 촬영한 영상이다. 이는 학교를 깨끗하게 만들기 위해 실천한 활동을 소개하는 것이다.

03 발표 내용 이해, 평가하기

답 | ①

보기 는 위 발표를 들은 청중이 보인 반응이다. 두 반응의 공통점으로 가장 적절한 것은?

보기

학생 1: 학생 쉼터에서 쉴 때마다 주위의 쓰레기 때문에 눈살이 찌푸려졌는데, 꽃밭이 만들어진 뒤로 확실히 쓰레기가 줄어든 것 같아. 나도 학교에 꽃밭을 만들어 봐야겠어. 그리고 꽃밭을 만들기 전후 사진을 비교했어도 좋았을 것 같아.

학생 2: 단독주택에서 살 때, 집 앞 골목길에 다른 사람들이 쓰레기를 버리고 가는데도 귀찮다는 이유로 치우지 않았어. 그랬더니 골목길이 점점 더 지저분해져서 뒤늦게 후회했지. 발표를 들으니 그때 기억이 났어. 이런 현상을 부르는 명칭이 따로 있을까?

정답 선지 분석

① 발표 내용에 관한 과거의 경험을 떠올리고 있다.

'학생 1'은 학생 쉼터에서 쉴 때마다 주위의 쓰레기 때문에 눈살이 찌푸려졌던 경험을, '학생 2'는 단독주택에서 살 때 집 앞 골목길의 쓰레기를 치우지 않았더니 골목길이 점점 더 지저분해졌던 경험을 떠올리고 있다.

오답 선지 분석

② 발표 내용에서 다루지 않은 내용을 아쉬워하고 있다.

'학생 1'은 꽃밭을 만들기 전후 사진을 비교했으면 좋았을 것이라고 언급하고 있지만, '학생 2'는 발표 내용에서 다루지 않은 내용을 아쉬워하지 않았다.

③ 발표 내용과 관련하여 추가적인 활동을 계획하고 있다.

'학생 1'은 자신도 학교에 꽃밭을 만들어 봐야겠다면서 추가적인 활동을 계획하고 있지만, '학생 2'는 발표 내용과 관련하여 추가적인 활동을 계획하고 있지 않다.

④ 발표를 듣고 기존에 가졌던 자신의 태도를 반성하고 있다.

'학생 1'과 '학생 2' 모두 기존의 태도를 반성하는 모습은 보이지 않는다.

⑤ 발표를 듣고 생긴 의문점을 해결하는 방법을 생각하고 있다.

'학생 2'는 지저분한 골목길에서 사람들이 쓰레기를 더 쉽게 버리는 현상을 부르는 명칭이 따로 있는지 의문을 표시하고 있지만 그 의문점을 해결하는 방법을 생각하고 있지는 않고, '학생 1' 역시 발표를 듣고 생긴 의문점을 해결하는 방법을 생각하고 있지 않다.

04 발표 내용 이해하기

다음은 발표에서 학교에 버려지는 쓰레기를 줄이기 위해 제시한 방법이다. 빈칸에 들어갈 말을 찾아 쓰시오.

발표에서는 주변 (　　　)을/를 깨끗하게 정돈하는 노력이 필요하다고 언급하였다.

정답

환경

독서 1인 미디어

빠른 정답 체크 01 ③ 02 ⑤ 03 ④ 04 많은, 커질

1인 미디어란 개인이 자신의 영상, 사진, 글 등을 사람들에게 보여 줄 수 있는 서비스를 말한다. [1인 미디어의 개념] 1인 미디어의 시초*는 블로그였다. 블로거가 블로그에 글과 영상을 올렸고 [1인 미디어의 시초] 인기 블로거들의 블로그는 하루에 몇십만 명이 찾아왔다. 그러다 블로그의 인기가 식어가면서 [1인 미디어의 발전 배경 ①] 인터넷 방송이 인기를 끌기 시작했다. 방송 진행에 재능이 있었던 사람들은 인터넷 방송을 통해 시청자들에게 이름을 알렸다.

▶ 1문단: 1인 미디어의 개념

한국인터넷진흥원이 2021년에 실시한 조사에 따르면, 우리나라 국민 중 만 3세 이상의 무선 인터넷 이용률은 93%이고, 모바일 인터넷 이용률은 92.6%이다. [스마트폰의 대중화로 1인 미디어를 즐길 수 있는 환경이 만들어짐] 이것이 가능한 것은 스마트폰의 대중화 덕분이다. 이렇듯 탄탄하게 다져진 인터넷 기반*을 바탕으로 하여 [1인 미디어의 발전 배경 ②] 1인 미디어는 크게 발전하게 되었다.

▶ 2문단: 1인 미디어의 발전 배경

1인 미디어의 내용은 천차만별*이다. 무엇이든 사람들이 좋아하기만 하면 콘텐츠가 될 수 있기 때문이다. [1인 미디어의 내용이 다양한 이유] 게임, 패션, 스포츠 등 자신의 관심사로 방송을 하는 사람들, [1인 미디어의 콘텐츠 종류 ①] 먹방 등 소통을 위주로 하는 방송들, [1인 미디어의 콘텐츠 종류 ②] 그리고 남들이 가지 않는 새로운 길에 나서는 사람들도 등장했다. [1인 미디어의 콘텐츠 종류 ③] 마음만 먹으면 누구든지 미디어콘텐츠를 만들어 자신을 알릴 수 있는 1인 미디어 시대인 것이다.

▶ 3문단: 1인 미디어의 내용

1인 미디어의 가장 큰 매력은 누구든지 직접 미디어의 생산자가 될 수 있고, [1인 미디어의 장점 ①] 개인의 미디어를 찾아볼 수 있다는 점이다. 또한 일반적인 경우 누구의 간섭도 받지 않고 콘텐츠를 제작할 수 있 [1인 미디어의 장점 ②]

기 때문에 다른 어떤 매체보다도 개성이 뚜렷하다. 콘텐츠에 대한 소비자의 반응도 바로 알 수 있어 소통이 빠른 것도 장점이다.
1인 미디어의 장점 ③
이런 매력 덕에 많은 사람들이 생산자로서, 소비자로서 1인 미디
점점 규모가 커지는 1인 미디어 시장
어 시장에 뛰어들어 규모가 날이 갈수록 커지고 있다.

▶ 4문단: 1인 미디어의 장점

* 시초(始初): 맨 처음.
* 기반(基盤): 기초가 되는 바탕. 또는 사물의 토대.
* 천차만별(千差萬別): 여러 가지 사물이 모두 차이가 있고 구별이 있음.

01 내용 전개 방식 파악하기 답 | ③

윗글의 글쓰기 전략으로 가장 적절한 것은?

정답 선지 분석

③ 1인 미디어의 발전 배경을 설명하며 통계를 제시하고 있다.
2문단에서 한국인터넷진흥원이 2021년에 실시한 조사 결과와 통계를 제시하며, 93%에 달하는 무선 인터넷 이용률이 1인 미디어의 발전 배경이 되었음을 밝히고 있다.

오답 선지 분석

① 1인 미디어의 장단점을 밝히고 한계를 분석하고 있다.
4문단에서 1인 미디어의 장점을 밝히고 있지만 단점은 밝히지 않았으며, 한계를 분석하고 있지도 않다.

② 1인 미디어의 문제점에 대해 여러 관점을 정리하고 있다.
1인 미디어의 문제점에 대한 내용은 윗글에 없으며, 여러 관점을 정리하고 있지도 않다.

④ 기존의 방송과 새롭게 등장한 1인 미디어를 대조하고 있다.
4문단에서 1인 미디어가 다른 매체에 비해 갖는 장점을 설명하고 있지만, 기존의 방송과 대조하고 있지는 않다.

⑤ 1인 미디어의 발전 과정을 시간의 경과에 따라 서술하고 있다
1인 미디어의 발전 과정을 시간의 경과에 따라 서술하지 않았다.

02 세부 내용 파악하기 답 | ⑤

윗글의 내용으로 적절하지 않은 것은?

정답 선지 분석

⑤ 1인 미디어는 매체의 특성상 소비자의 반응을 즉시 확인하기 어렵다.
4문단에서 1인 미디어의 장점 중 하나는 콘텐츠에 대한 대중의 반응을 바로 알 수 있어 소통이 빠른 것이라고 하였다. 따라서 1인 미디어가 대중의 반응을 즉시 확인하기 어렵다는 것은 적절하지 않다.

오답 선지 분석

① 1인 미디어에는 영상과 사진, 글을 올릴 수 있다.
1문단에서 1인 미디어란 개인이 자신의 영상, 사진, 글 등을 사람들에게 보여 줄 수 있는 서비스를 말한다고 하였다.

② 1인 미디어가 다루는 분야는 사람의 선호에 따라 다양하다.
3문단에서 무엇이든 사람들이 좋아하기만 하면 1인 미디어의 콘텐츠가 될 수 있다고 하였다.

③ 1인 미디어의 소비자가 되기 위해서 특별한 자격은 필요하지 않다.
4문단에서 1인 미디어의 가장 큰 매력은 누구든지 개인의 미디어를 찾아볼 수 있다는 점이라고 하였다.

④ 1인 미디어가 널리 퍼진 것에는 스마트폰의 대중화가 영향을 미쳤다.
2문단에서 스마트폰의 대중화로 탄탄하게 다져진 인터넷 기반을 바탕으로 하여 1인 미디어가 크게 발전하게 되었다고 하였다.

03 구체적 사례에 적용하기 답 | ④

윗글과 보기 를 읽은 학생의 반응으로 적절하지 않은 것은?

보기

평범한 대학생인 갑은 편의점에서 과자를 직접 사고 후기를 올리는 블로거였다. 꽤 인기를 끌었으나 점점 방문자 수가 줄어들었고, 마침 댓글로 한 구독자가 유튜브 활동으로 접근성을 높여 보는 것이 어떻겠냐고 건의하자 갑은 이를 받아들여 유튜브 채널을 개설하였다.

첫 영상은 별로 반응이 좋지 않았다. 갑은 영상에 달린 댓글을 통해 개선점을 찾고, 구독자들의 취향에 맞는 영상을 제작하였다. 꾸준히 영상을 올리면서 갑은 인기 유튜버가 되었다. 협찬을 해 줄 테니 좋은 후기를 올려 달라는 요청이 들어오기도 했지만, 갑은 여전히 자신의 돈으로 산 과자의 후기만을 올리고 있다.

정답 선지 분석

④ 갑에게 좋은 후기를 올려 달라는 요청이 들어왔다는 것은, 1인 미디어의 개성을 더욱 뚜렷하게 하는 요인이 되겠군.
4문단에서 1인 미디어는 누구의 간섭도 받지 않고 콘텐츠를 제작할 수 있기 때문에 다른 어떤 매체보다도 개성이 뚜렷하다고 하였다. 그러나 〈보기〉에서 갑에게 좋은 후기를 올려 달라는 요청이 들어왔다는 것은, 외부의 간섭을 받게 된 상황이므로 1인 미디어의 개성을 없애는 요인이 될 수 있다. 따라서 적절하지 않다.

오답 선지 분석

① 갑이 평범한 대학생이라는 것은, 누구든지 미디어의 생산자가 될 수 있다는 예시이군.
4문단에서 누구든지 1인 미디어의 생산자가 될 수 있다고 하였다. 〈보기〉에서 1인 미디어의 생산자인 갑이 평범한 대학생이라는 것은, 이러한 1인 미디어의 장점의 예시가 될 수 있다.

② 갑이 영상에 달린 댓글을 통해 개선점을 찾았다는 것은, 소통이 빠른 1인 미디어의 특징을 보여 주는군.
4문단에서 1인 미디어는 콘텐츠에 대한 소비자의 반응을 바로 알 수 있어 소통이 빠르다고 하였다. 〈보기〉에서 갑이 영상에 달린 댓글을 통해 개선점을 찾았다는 것은, 이러한 1인 미디어의 특징을 보여 준다.

③ 갑이 과자를 먹고 후기 영상을 올린다는 것은, 무엇이든 1인 미디어의 콘텐츠가 될 수 있다는 점을 드러내는군.
3문단에서 1인 미디어의 내용은 천차만별이며, 무엇이든 콘텐츠가 될 수 있다고 하였다. 〈보기〉에서 갑이 과자를 먹고 후기 영상을 올린다는 것은, 이러한 1인 미디어의 특징을 보여 준다.

⑤ 갑이 블로그를 하다가 유튜브 채널을 개설한 것은, 블로그의 인기가 식으면서 인터넷 방송이 떠오른 것과 관련이 있겠군.
1문단에서 블로그의 인기가 식어가면서 1인 미디어가 떠올랐다고 하였다. 〈보기〉에서 갑이 블로그를 하다가 유튜브 채널을 개설한 것은, 점점 블로그의 방문자 수가 줄어든 상황과 연관이 있다.

04 세부 내용 추론하기

다음은 1인 미디어의 전망에 대한 설명이다. 빈칸에 들어갈 말을 골라 차례대로 쓰시오.

더 (많은 / 적은) 사람들이 1인 미디어의 생산자와 소비자가 될 것이므로, 1인 미디어 시장의 규모는 점점 (커질 / 작아질) 것이다.

많은, 커질

문학 1 새로운 길(윤동주)

빠른 정답 체크 01 ② 02 ③ 03 ③ 04 푸른 별

내를 건너서 숲으로
△: 살면서 맞닥뜨리는 어려움 ○: 평화, 희망
고개를 넘어서 마을로
▶ 어려움을 넘어 평화로운 곳으로 나아감

어제도 가고 오늘도 갈
물리적으로는 같은 길을 감
나의 길 새로운 길
화자가 살아온 인생
▶ 언제나 가야 할 새로운 길

민들레가 피고 까치가 날고
□: 길에서 만나는 존재들 → 삶에 희망을 줌
아가씨가 지나고 바람이 일고
'~가 ~고'의 문장 형태가 반복됨
▶ 길 위에서 만나는 다양한 존재들

[A] 나의 길은 언제나 새로운 길
인생을 언제나 새롭게 느낌 → 긍정적 태도
오늘도…… 내일도……
말줄임표를 활용하여 '가고'를 생략함
▶ 언제나 새로운 길을 걷겠다는 다짐

내를 건너서 숲으로
고개를 넘어서 마을로
1연 반복 – 수미상관의 구조
① 운율을 형성함
② 의미를 강조함
③ 시적인 여운을 남김
④ 형태적인 안정감을 줌
▶ 어려움을 넘어 평화로운 곳으로 나아감
- 윤동주, 〈새로운 길〉 -

01 화자의 태도 파악하기 답 | ②

윗글의 화자에 대한 설명으로 가장 적절한 것은?

정답 선지 분석

② 늘 새로운 마음으로 살아가고자 하고 있다.
2연의 '나의 길 새로운 길', 4연의 '나의 길은 언제나 새로운 길'을 통해 화자는 늘 새로운 마음으로 살아가고자 하는 태도를 갖고 있음을 알 수 있다.

오답 선지 분석

① 매일 새로운 길을 찾아 걸어가고 있다.
2연에서 '어제도 가고 오늘도 갈'이라고 한 것을 보아 화자는 매일 같은 길로 걸어가고 있다.

③ 반복되는 일상에 대해 지루함을 가지고 있다.
화자가 반복되는 일상에 대해 지루함을 가지고 있음을 알 수 있는 부분은 찾아볼 수 없으며, 화자는 오히려 반복되는 일상 속에서도 새로움을 찾고 있다.

④ 자연과 더불어 사는 삶에 자부심을 느끼고 있다.
3연에 '민들레', '까치' 등 자연물이 언급되기는 하나 화자가 자연과 더불어 사는 삶에 자부심을 느끼고 있는 것은 아니다.

⑤ 평화로운 생활에 안주하지 않을 것을 다짐하고 있다.
1연의 '내'와 '고개'는 시련을, '숲'과 '마을'은 평화를 뜻하나 화자가 평화로운 생활에 안주하지 않을 것을 다짐하고 있는지는 알 수 없다.

02 표현상의 특징 파악하기 답 | ③

[A]의 표현상의 특징에 대한 설명으로 적절하지 않은 것은?

정답 선지 분석

③ 대조적인 시어를 통해 의미를 강조하고 있다.
[A]에서 대조적인 시어는 찾아볼 수 없다.

오답 선지 분석

① 시적 화자를 시의 표면에 내세우고 있다.
'나의 길'이라고 하며 시적 화자를 시의 표면에 내세우고 있다.

② 2연의 내용을 형태만 바꾸어 반복하고 있다.
2연의 '어제도 가고 오늘도 갈 / 나의 길 새로운 길'이 행의 순서와 형태가 바뀌어 반복되고 있다.

④ 시행을 명사로 종결하여 여운을 남기고 있다.
'나의 길은 언제나 새로운 길'이라고 하며 시행을 명사로 종결하여 여운을 남기고 있다.

⑤ 말줄임표를 사용하여 일부 내용을 생략하고 있다.
'오늘도…… 내일도……'에서 말줄임표를 사용하여 '가고'를 생략하고 있다.

03 외적 준거에 따라 작품 감상하기 답 | ③

보기 를 참고하여 윗글을 감상한 내용으로 적절하지 않은 것은?

보기

〈새로운 길〉의 중심 소재는 '길'이다. 화자는 자신이 가는 길은 언제나 새로운 길이라고 말하며 미래 지향적인 의지를 보여 준다. 또한 화자는 인생에서 만나는 다양한 존재를 통해 삶에 대한 희망을 느끼며, 살아가면서 겪게 되는 여러 어려움을 극복하고 평화로운 곳을 향해 나아가고자 하고 있다.

* 지향(志向): 어떤 목표로 뜻이 쏠리어 향함. 또는 그 방향이나 그쪽으로 쏠리는 의지.

정답 선지 분석

③ '어제'와 '오늘'은 화자가 극복해야 할 과거를 의미한다.
'어제'와 '오늘'은 화자가 가는 길이 물리적으로는 같은 길임을 나타내기 위한 시어이지, 화자가 극복해야 할 과거를 의미하지는 않는다.

오답 선지 분석

① '내'와 '고개'는 화자가 살아가면서 겪는 어려움을 의미한다.
'내'와 '고개'는 화자가 살아가면서 겪게 되는 고난과 어려움을 의미한다.

② '숲'과 '마을'은 화자가 지향하는 평화의 공간을 의미한다.
'숲'과 '마을'은 '내를 건너'고 '고개를 넘'는 등 어려움을 극복해야 도달할 수 있는 곳으로, 화자가 지향하는 평화와 희망을 의미한다.

④ '새로운 길'은 화자가 희망을 가지고 살아가는 삶을 의미한다.
'길'은 곧 화자의 인생을 가리키는 것으로, '새로운 길'은 화자가 미래에 대한 희망을 가지고 살아가는 삶을 의미한다.

⑤ '아가씨'와 '바람'은 화자의 삶에 희망을 주는 존재를 의미한다.
'민들레', '까치', '아가씨', '바람'은 화자가 길을 걸으며 마주치는 존재로, 화자의 삶에 희망을 주는 존재를 의미한다.

04 시어의 의미 파악하기

윗글의 새로운 길과 같은 의미를 지닌 시어를 보기 에서 찾아 2어절로 쓰시오.

보기

뼈에 저리도록 생활은 슬퍼도 좋다
저문 들길에 서서 푸른 별을 바라보자
- 신석정, 〈들길에 서서〉

정답

푸른 별

문학 2 보리 방구 조수택(유은실)

빠른 정답 체크 01 ② 02 ② 03 ④ 04 미안해서

점심시간이 되면 아이들은 보온* 도시락에서 따뜻한 밥을 꺼내 먹었어. 우리 반에서 보온 도시락이 없는 사람은 수택이뿐이었지.
다른 아이들과 달리 수택이는 보온 도시락을 살 돈이 없음
수택이는 고개를 숙이고 차갑게 식은 양은* 도시락을 열었어. 그러고는 풀풀 날리는 보리밥을 꺼내 먹었지. 반찬도 고춧가루가 군데군데 묻어 있는 **허연 깍두기** 한 가지뿐이었어.
□: 수택이의 가정 형편이 어려움을 보여 주는 소재

다른 애들은 삼삼오오 모여 앉아서 밥을 먹었어. 서로 반찬도 바꿔 먹고 말이야. 하지만 수택이는 늘 혼자였어.
아이들과 어울리지 못하는 수택이의 모습

수택이는 **보리밥**이랑 허연 깍두기 반찬이 부끄러웠던 모양이야. 늘 뚜껑으로 도시락 한쪽을 비스듬히 가리고 밥을 먹었지. 어깨를 움츠리고 왼팔로는 도시락이랑 깍두기 통을 가리면서 말이야.
초라한 도시락을 부끄러워함

"야, 첫눈이다." / "아니야, 진눈깨비*야."

"하얗게 내리는데?"

"저 봐, 땅에 닿자마자 녹아 버리잖아."

그렇게 진눈깨비를 두고 첫눈이네, 아니네 하고 말씨름을 하던 때였어. ㉠ 나는 수택이 냄새에 조금 익숙해져 있을 무렵이었고.
수택이와 짝이 되고 어느 정도 시간이 흐름

"자, 오늘부터 밥은 제자리에서 먹는다."
수택이가 혼자 밥을 먹게 하지 않기 위한 선생님의 결정
선생님 말씀에 아이들이 웅성댔어.

"날씨가 추워서 창문을 자주 못 여니까, 먼지를 내면 안 돼서 그래."
밥을 제자리에서 먹어야 하는 표면적 이유
먼지 때문이라는 선생님 말씀을 우리는 이해할 수가 없었어.

「"선생님, 교실에서 말뚝박기를 하는 것도 아닌데요."
「」: 선생님의 결정을 이해하지 못하는 아이들
"도시락 통 들고 몇 발짝 걷는데 무슨 먼지가 그렇게 나요?"

"화장실 가는 것보다도 조금 움직이는데요?"」

아이들은 이상하니까 자꾸 얘기했어.

선생님은 우리 얘기를 잘 들어주시는 편이었거든. 우리 말이 맞으면 선생님이 생각을 바꾸실 때도 있었어.
평소 선생님의 성격이 드러남

"내가 보기엔 먼지가 난다. 오늘부터 제자리에서 먹어라."

그날따라 선생님은 우리 얘기를 통 들어주지 않으셨어. 교실은 갑자기 조용해졌지. 우리는 그렇게 딱딱한 선생님이 낯설었어.
선생님의 딱딱한 태도가 낯설었기 때문
나는 하는 수 없이 수택이 옆에서 밥을 먹게 되었지.

나도 **깍두기**를 자주 싸 왔어. 수택이처럼 날마다는 아니었지만. 내 깍두기는 고춧가루랑 젓갈이 넉넉히 들어가서 빨갛고 먹음직스러웠지. 나는 깍두기를 집어서 입으로 가져가다가 힐끗 수택이를 보게 되었어.「㉡ 수택이는 뭔가 잘못한 아이 같았지. 몰래 훔쳐 먹는 아이처럼 허연 깍두기를 제대로 씹지도 못하고 삼키는 거야.」
수택이의 허연 깍두기와 대조적임
「」: 자신의 가난을 부끄러워함

나는 조금 망설이다가 용기를 내어 수택이 보리밥 위에 내 깍두기를 얹어 주었어. 젓가락으로 들어서 얼른 옮겨 놓고 고개를 푹 수그렸지. 수택이는 밥을 우물거리다 말고 멍하니 있었고.
움츠러들어 있는 수택이가 안타까웠기 때문
'나'가 보여준 배려에 놀람

한참 그렇게 보고만 있던 수택이가 젓가락으로 깍두기를 푹 찍었어. 그러고는 깍두기 하나를 조금씩 다섯 번으로 나눠서 먹는 거야. 도시락 밑으로 흘러내린 국물까지 밥으로 싹싹 닦아 먹었지.
'나'가 준 깍두기를 소중히 먹음

"윤희야, 이거 어제 배달하고 남은 거야."

깍두기를 나눠 먹기 시작하고 얼마 안 되었을 때였어. 수택이는 **어린이 신문**을 한 부씩 갖다 주기 시작했어. 나는 차마 신문을 거절할 수가 없더라. 건네주는 손에 거무죽죽한 자줏빛이 돌았거든. 손등에는 여기저기 튼 자국이 있었고. 추운 날씨에 배달을 하느라고 동상*에 걸렸던 모양이야. 나는 신문을 받아서 가방에 넣었어. ㉢ 친구들이 알아챌까 봐 빨리 넣느라고 신문이 구겨져 버리곤 했지.
수택이가 '나'에게 고마움을 표현하는 방식
수택이는 집안 형편이 어려워 어린 나이에도 신문 배달을 하며 돈을 벌어야 함
아이들이 자신과 수택이가 친해졌음을 몰랐으면 하기 때문

[중간 부분의 줄거리] '나'와 수택이가 사귄다는 소문이 생겨나 다른 반까지 퍼지자, '나'는 더 이상 깍두기를 나눠 먹지 않고 신문도 수택이의 서랍에 도로 넣어 버린다. 그런데도 수택이가 계속 '나'의 책상 서랍에 신문을 넣자 '나'는 수택이에게 신문을 주지 말라고 으름장을 놓는다. 다음 날, '나'는 반 아이들이 자신의 책상 서랍에서 신문을 꺼내어 읽는 것을 발견한다.

나는 서랍에서 신문을 꺼냈어. 신문을 들고 뒤로 돌아섰지. 나는 **난로** 쪽으로 성큼성큼 걸어갔고 아이들 시선은 나한테로 모아졌어.
'나'의 반응을 궁금해함
나는 난로 뚜껑을 열었어. 난로 속에는 석탄이 빨갛게 달구어져 있었지. 나는 두 손으로 있는 힘껏 신문을 구겨서 공처럼 만들었어. 그리고 아이들 보란 듯이 신문을 난로 속에 던져 버렸단다.
아이들에게 자신과 수택이가 사귄다는 소문이 사실이 아님을 증명하고자 함

신문에는 금세 불이 붙었어. 내 가슴은 쿵쾅쿵쾅 뛰기 시작했어. ㉣ 교실은 숨소리도 들릴 만큼 조용했고. 나는 난로 뚜껑을 덮고 교실 밖으로 나가 버렸지. 그리고 ⓐ 다시는…… 다시는 말이야, 수택이 얼굴을 똑바로 보지 못했어.
반 아이들이 '나'의 행동에 놀람
수택이에 대한 미안함 때문

다시 보지 못한 건 수택이 얼굴뿐이 아니었어. 바들바들 떨던 어깨도, 어깨를 축 늘어뜨린 뒷모습도 제대로 볼 수 없었어. 곧 겨울 방학이 되었고, 수택이는 방학 때 시골 친척 집으로 이사를 가 버리고 말았거든. 왜 갔는지 아는 사람은 아무도 없었어. 선생님은 가정 형편상 이사 갔다는 말만 하셨고.
수택이에게 사과할 기회가 없어짐

㉤ 나는 육 학년이 되어서도 자꾸 태워 버린 신문 생각이 났어.
수택이에 대한 미안함이 사라지지 않음
신문을 접거나 구길 때면 그날 구겨 버린 신문 생각이 났지. 초등

봐도, 신문 재가 목구멍을 꽉 막고 있는 것처럼 답답했어.
'나'에게 죄책감이 남아 있음

그리고 시간이 많이 흐른 지금도 이렇게 겨울 부츠 속에 신문
어른이 됨
지를 구겨 넣을 때면, 봄 신발을 꺼내 구겨 넣었던 신문지를 빼낼
신문을 볼 때마다 수택이를 떠올림
때면, 나는 한참씩 수택이 생각에 잠긴단다. 수택이는 지금 어디서 어떻게 살까 궁금해지기도 하지.

어디서 무얼 했으면 좋겠냐고? 음…… 어디서 무얼 하든……그날이 생각나지 않았으면…… 생각나더라도 너무 아프지 않았
'나'가 난로에 신문을 태워 수택이에게 상처를 준 날
으면…… 그랬으면, 내 친구 수택이가 꼭 그랬으면 좋겠어.
수택이가 그날의 상처를 잊고 살아가기를 바람

- 유은실, 〈보리 방구 조수택〉 -

* 보온(保溫): 주위의 온도에 관계없이 일정한 온도를 유지함.
* 양은(洋銀): 구리, 아연, 니켈 따위를 합금하여 만든 금속. 빛이 희고 녹슬지 않으며 상온에서 가공하기 쉬워서 식기나 장식품을 만드는 데 많이 쓴다.
* 진눈깨비: 비가 섞여 내리는 눈.
* 동상(凍傷): 추위 때문에 살갗이 얼어서 조직이 상하는 일.

01 인물의 특징 파악하기 답 | ②

'나'와 수택이에 대한 설명으로 가장 적절한 것은?

정답 선지 분석

② '나'는 수택이와 달리 보온 도시락을 들고 다녔다.
반에서 보온 도시락이 없는 사람은 수택이뿐이었다고 했으므로, '나'가 수택이와 달리 보온 도시락을 들고 다녔음을 알 수 있다.

오답 선지 분석

① '나'와 수택이는 서로 반찬을 바꾸어 먹었다.
'나'가 수택이에게 자신의 깍두기를 나누어 주는 것이지, '나'와 수택이가 서로 반찬을 바꾸어 먹은 것은 아니다.

③ 수택이는 '나'와 달리 가난을 부끄러워하지 않았다.
'나'가 가난을 부끄러워한 것은 아니며, 수택이가 고개를 숙인 채 몰래 훔쳐 먹는 아이처럼 도시락을 먹는 모습을 통해 가난을 부끄러워했음을 알 수 있다.

④ '나'는 실수로 신문을 태워 버리고 수택이에게 사과했다.
'나'가 난로에 신문을 던져 태운 것은 실수가 아니라, 아이들 앞에서 자신이 수택이와 사귀지 않는다는 것을 증명하기 위해서이다.

⑤ 수택이는 '나'를 곤란하게 하기 위해 신문을 갖다 주었다.
수택이가 '나'에게 신문을 갖다 준 것은 '나'를 곤란하게 하기 위해서가 아니라, 깍두기를 나누어 주는 것에 대한 고마움을 표현하기 위해서이다.

02 구절의 의미 파악하기 답 | ②

㉠~㉤을 이해한 내용으로 적절하지 않은 것은?

정답 선지 분석

② ㉡: 수택이가 다른 아이의 도시락을 훔쳐 먹고 있음을 알 수 있다.
'나'가 도시락을 먹는 수택이의 모습이 뭔가 잘못한 아이 같았다고 생각한 것은, 수택이가 다른 아이의 도시락을 훔쳐 먹고 있었기 때문이 아니라 자신의 어려운 형편을 부끄러워하여 움츠러들어 있었기 때문이다.

오답 선지 분석

① ㉠: '나'가 수택이와 짝이 된 후 시간이 흘렀음을 알 수 있다.
'나'가 수택이의 냄새에 익숙해졌다는 것을 통해, '나'가 수택이와 짝이 된 후 시간이 흘렀음을 알 수 있다.

③ ㉢: '나'가 수택이와 친해진 사실을 들키고 싶지 않아 함을 알 수 있다.
'나'가 수택이가 준 신문을 친구들이 보기 전에 빨리 넣어 버린 것은, 다른 아이들이 자신과 수택이가 친해졌다는 것을 모르기를 바랐기 때문이다.

④ ㉣: 반 아이들이 '나'의 극단적인 행동에 놀랐음을 알 수 있다.
'나'가 소문이 거짓이라는 것을 증명하기 위해 수택이가 준 신문을 난로에 던져 태워버리자, 반 아이들은 '나'의 극단적인 행동에 놀라 조용해졌다.

⑤ ㉤: '나'가 수택이에게 죄책감을 느끼고 있음을 알 수 있다.
'나'가 육 학년이 되어서도 태워 버린 신문 생각을 한 것은 수택이에 대한 미안함을 떨치지 못하고 죄책감을 느끼고 있었기 때문이다.

03 외적 준거를 바탕으로 작품 이해하기 답 | ④

보기 를 참고하여 윗글을 이해한 것으로 적절하지 않은 것은?

보기

소재란 작품 속에서 사건을 전개하기 위해 사용하는 매개를 뜻하는 말로, 인물의 심리나 성격, 행동의 의미를 제시한다. 특정 소재를 대하는 인물의 태도나 반응을 통해 인물의 심리 상태를 파악할 수 있다. 또, 소재를 통해 인물의 처지나 상황, 가치관 등을 보여줌으로써 등장인물의 성격이 상징적으로 드러나기도 한다. 소재는 갈등을 유발하기도 하고, 반대로 특정 소재가 개입되면서 인물들의 갈등이 해소되고 분위기가 바뀌는 경우도 있다. 한편, 소재는 회상의 매개로 사용되기도 한다.

정답 선지 분석

④ '난로'는 '나'와 수택이 사이의 갈등을 해소하고 분위기를 전환한다.
'나'는 반 아이들의 놀림에 화가 나 '난로'에 수택이가 준 '어린이 신문'을 던져 넣었다. 이는 '나'와 수택이 사이의 갈등을 해소한 것이 아니라 '나'로 하여금 수택이에게 미안함과 죄책감을 느끼게 된 계기가 되었다.

오답 선지 분석

① 점심시간에 수택이가 먹는 '보리밥'과 '허연 깍두기'를 통해 수택이의 처지가 드러난다.
'보리밥'과 '허연 깍두기'를 부끄러워하며 먹는 수택이의 모습을 통해 수택이의 어려운 처지가 드러난다

② '나'가 '깍두기'를 수택이에게 나누어 주는 행위를 통해 '나'의 성격을 파악할 수 있다.
제대로 된 반찬도 없이 밥을 먹는 수택이를 안타까워하며, 빨갛고 먹음직스러운 자신의 '깍두기'를 수택이에게 나누어 주는 '나'의 행위를 통해 배려심 있는 '나'의 성격을 파악할 수 있다.

③ 수택이가 '나'에게 주는 '어린이 신문'은 '나'와 반 아이들 사이의 갈등을 유발한다.
수택이는 고마움의 표시로 '나'에게 '어린이 신문'을 주었으나, 이는 '나'와 수택이가 사귄다는 소문의 근거가 되어 '나'와 반 아이들 사이의 갈등을 유발한다.

⑤ '신문지'는 '나'가 과거의 일을 회상하는 매개로 사용되기도 한다.
'나'는 겨울 부츠 속에 '신문지'를 구겨 넣거나, 봄 신발에서 '신문지'를 빼낼 때면 수택이와 있었던 일을 떠올리게 된다고 하였다.

04 인물의 심리 파악하기

ⓐ에 담긴 '나'의 심리를 설명하는 말로 적절한 것을 골라 쓰시오.

'나'는 수택이에게 (미안해서 / 화가 나서 / 질투가 나서) ⓐ처럼 행동했을 것이다.

정답

미안해서

18강

| 본문 | 213쪽

작문 썼던 글 고쳐 쓰기

빠른 정답 체크 01 ③ 02 ② 03 ⑤ 04 3문단

공기 반, 과자 반
대구법을 활용한 제목으로 독자의 흥미를 유발함

지난 설 때였다. 명절을 맞이하여 온 친척이 오랜만에 우리 집 (과거의 경험) 에 모이기로 하였다. 나는 오랫동안 보지 못했던 서정이를 볼 수 있다는 생각에 마음이 들떴다. ㉠ 해외에 있는 사촌 동생 서정이도 말이다. 나는 서정이가 오기 전에 서정이가 좋아하는 과자를 사 놓을 생각이었다. 그래서 서둘러 집안일을 마치고, 곧장 가게로 향했다. (과자를 사기 위해 가게로 감)

가게에는 각양각색의 과자들이 진열되어 있었다. 나는 과자를 보고 무척 좋아할 서정이의 얼굴을 떠올리며 과자를 골랐다. 그런데 직접 사러 와 보니 과자의 가격이 생각했던 것보다 훨씬 비쌌다. (글쓴이가 당황한 이유) 지갑을 열어 확인해 보니, 서정이가 좋아하는 과자를 다 사기에는 돈이 턱없이 부족해서 (과자의 가격이 생각보다 비쌌기 때문) 아쉬운 마음이 들었다. ㉡ 그래서 가진 돈이 얼마 없는 걸 어쩌겠는가. 나는 하는 수 없이 가지고 있는 돈에 맞추어 과자를 신중하게 골랐다.

나는 집에 돌아와서 예쁜 접시에 과자를 담기 시작했다. 그런데 과자 세 봉지의 내용물이 접시 하나도 가득 채우지 못했다. 가격은 비싼데 봉지 안에 들어 있는 내용물이 터무니없이 ㉢ 작으니 정말 화가 났다. 「단 음식을 많이 먹으면 건강에 해로우니 소비자가 먹는 양을 조절해 주려고 배려한 것인가 싶었다. 과자 회사가 어쩌나 고맙던지.」 (「 」: 반어적 표현을 활용함)

다행히 서정이는 적은 양에도 투정을 부리지 않고 과자를 맛있게 먹었다. 하지만 서정이가 과자를 먹는 모습을 보고 있어도 분노와 의문은 (적은 과자 양 때문에 글쓴이가 느끼는 감정) 사라지지 않았다. 나는 정말 궁금했다. 과자의 양이 ㉣ 이렇게 적은지가 말이다. 우리 집에 오느라 피곤했는지, 아니면 과자를 먹고 배가 불렀는지 서정이는 텔레비전을 보다가 이내 잠들었다. 난 내 방으로 들어가 컴퓨터를 켰다. 그리고 인터넷에서 '과자 포장'을 검색해 보니 과대 포장과 관련하여 불만을 드러낸 블로그 글이나 그 문제에 대한 기사가 많았다. (글쓴이와 같은 문제를 인식하는 사람들이 많음) ㉤ 요즘 블로그에는 광고성 글이 너무 많다. 글들은 하나같이 과대 포장의 문제점을 지적하는 내용을 담고 있었다. 과자가 손상되지 않도록 (봉지에 든 과자의 양이 적은 이유) 봉지 안에 질소를 채워 넣은 것이라고는 하지만, 터무니없이 양이 적은 과자를 비싸게 사야 하는 소비자의 마음을 헤아리지 못했다는 생각이 들었다. (소비자가 과자의 양에 불만족스러워하는 이유)

나는 블로그 글과 기사를 읽으면서, 참 씁쓸했다. 과자가 손상되면 손상된 대로 과자의 양이 적으면 적은 대로 소비자의 기분이 상할 테니, 과자 회사는 난처할지도 모르겠다. (과자 회사의 난처함) 하지만 그렇다 하더라도, 내용물이 그 값어치만큼은 들어 있어야 소비자가 과자 회사의 입장을 이해할 수 있지 않을까? (글쓴이의 주장 – 내용물이 과자 가격만큼은 들어 있어야 함) 과자의 손상을 막는다는 것은 어쩌면 이익을 높이려는 과자 회사의 핑계일지도 모르겠다는 생각이 들었다. (과자 봉지에 질소를 많이 넣는 것을 비판함) 그래서 난 과자 회사의 누리집에 이와 관련하여 항의하는 글을 올려야겠다고 결심했다. (문제를 해결하기 위한 글쓴이의 실천) 내 항의에 귀를 기울일지는 모르겠지만, '공기 반, 과자 반'에 불만이 있는 소비자가 있다는 사실을 알려 주고 싶다. (제목의 표현을 반복하여 사용함)

[A]

01 성찰 글쓰기 표현 전략 사용하기 답 | ③

보기 는 윗글을 작성하기 위해 세운 작문 계획이다. 윗글에 반영된 것만을 고른 것은?

보기

ㄱ. 사자성어를 활용해서 주제를 강조해야겠어.
ㄴ. 의문문을 활용해서 내 생각을 드러내야겠어.
ㄷ. 대구법을 활용해서 독자의 흥미를 끌어야겠어.
ㄹ. 속담을 활용해서 상황을 재치 있게 묘사해야겠어.

정답 선지 분석

③ ㄴ, ㄷ

ㄴ. 5문단의 '하지만 그렇다 하더라도~이해할 수 있지 않을까?'에서 의문문을 활용하여 글쓴이의 생각을 드러내고 있다.
ㄷ. 제목과 5문단의 '공기 반, 과자 반'에서 대구법을 활용하여 독자의 흥미를 끌고 있다.

오답 선지 분석

ㄱ. 2문단의 '가게에는 각양각색의 과자들이 진열되어 있었다.'에서 사자성어를 활용하고는 있지만, 이는 주제를 강조한 것이 아니라 상황을 묘사하기 위한 것이다.
ㄹ. 속담을 활용한 부분은 윗글에서 찾아볼 수 없다.

02 성찰 글쓰기 내용 점검, 조정하기 답 | ②

㉠~㉤을 고쳐 쓴 것으로 적절하지 않은 것은?

정답 선지 분석

② ㉡: 문장과 문장의 연결이 자연스럽지 않으므로 '그리고'로 수정한다.

앞뒤 내용을 고려할 때, 글쓴이는 서정이에게 과자를 마음껏 사 주고 싶었지만 가진 돈이 얼마 없기 때문에 과자를 신중하게 골라야 했다. 따라서 '그리고'가 아닌 '하지만', '그러나' 등으로 수정하는 것이 적절하다.

오답 선지 분석

① ㉠: 문장의 배열이 잘못되었으므로 앞 문장과 순서를 바꾼다.
앞뒤 맥락을 고려할 때, 문장의 배열이 잘못되었으므로 '해외에 있는 사촌 동생 서정이도 말이다. 나는 오랫동안 보지 못했던 서정이를 볼 수 있다는 생각에 마음이 들떴다.'로 이어지도록 앞 문장과 순서를 바꾸어야 한다.

③ ㉢: 맥락을 고려할 때 적절하지 않은 단어이므로 '적으니'로 수정한다.
과자 봉지 안에 들어 있는 내용물의 양을 표현하기 위한 형용사가 들어가야 하므로 '길이, 넓이, 부피 따위가 비교 대상이나 보통보다 덜하다'라는 뜻의 '작으니'가 아니라 '수효나 분량, 정도가 일정한 기준에 미치지 못하다'라는 뜻의 '적으니'로 수정해야 한다.

④ ㉣: 빠진 단어가 있어 문장이 자연스럽지 않으므로 '왜'를 추가한다.
'과자의 양이 이렇게 적은지가 말이다.'는 자연스럽지 않은 문장이므로 '양이'와 '이렇게' 사이에 '왜'를 추가해야 한다.

⑤ ㉤: 글의 내용상 불필요한 문장이므로 삭제한다.
글의 내용이 과자 봉지 안에 든 과자의 양이 너무 적다는 것임을 고려할 때, 블로그에 광고성 글이 많다는 것은 글의 내용상 불필요한 문장이므로 삭제해야 한다.

03 성찰 글쓰기 내용 생성하기 답 | ⑤

보기 는 윗글을 읽은 선생님의 조언이다. 이를 반영하여 [A]를 작성한 것으로 가장 적절한 것은?

보기

"비유적 표현을 활용하여 글을 읽는 사람들에게 함께 행동할 것을 권유하며 마무리하면 어떨까?"

정답 선지 분석

⑤ 질소가 더 많이 든 과자 봉지는 속 빈 강정과도 같다. 나와 비슷한 경험을 한 사람이 있다면, 함께 항의하는 글을 올려 주기를 바란다.
'질소가 더 많이 든 과자 봉지'를 '속 빈 강정'에 빗대는 비유적 표현을 활용하고 있고, '나와 비슷한 경험을 한 사람이 있다면, 함께 항의하는 글을 올려 주기를 바란다'라고 하며 글을 읽는 사람들에게 함께 행동할 것을 권유하고 있다.

오답 선지 분석

① 나처럼 생각하는 사람들이 하나둘 불만을 드러낼 때, 과자 회사도 생각을 바꿀 것이라고 믿는다.
비유적 표현을 활용하지 않았고, 글을 읽는 사람들에게 함께 행동할 것을 권유하지도 않았다.

② 우리 함께 과자 회사의 누리집에 항의하는 글을 올리자. 누리집의 '고객의 소리'에 글을 올리면 항의할 수 있다.
'우리 함께 과자 회사의 누리집에 항의하는 글을 올리자'라고 하며 글을 읽는 사람들에게 함께 행동할 것을 권유하고 있지만, 비유적 표현을 활용하지 않았다.

③ 나는 비록 물 한 방울에 불과하지만, 이러한 물 한 방울이 모여서 호수를 만들게 되는 것이니 포기하지 않을 것이다.
자신의 행동을 '물 한 방울'에 빗대는 비유적 표현을 활용하고 있지만, 글을 읽는 사람들에게 함께 행동할 것을 권유하고 있지 않다.

④ 열 번 찍어 안 넘어가는 나무는 없다. 여러 차례에 걸쳐 과자 회사에 항의한다면 과자 회사도 결국 소비자의 말을 듣게 될 것이다.
'열 번 찍어 안 넘어가는 나무는 없다'라는 속담을 사용한 것을 비유적 표현으로 볼 수는 있지만, 글을 읽는 사람들에게 함께 행동할 것을 권유하고 있지 않다.

04 성찰 글쓰기 표현 전략 사용하기

윗글에서 반어적 표현이 사용된 문단을 쓰시오.

정답

3문단

독서 번개

빠른 정답 체크 01 ④ 02 ② 03 ② 04 뾰족한, 둥근

구름은 수증기와 얼음 알갱이로 이루어져 있다.(구름의 구성 물질) 구름이 상승하다가 마찰을 일으키면 아래쪽은 음전하를 띠게 되고, 위쪽은 양전하를 띠게 된다.(번개가 치는 순서 ①) 전기를 띤 구름이 이동하면 아래쪽의 음전하에 의해 땅 위는 양전하를 띠게 되고,(번개가 치는 순서 ②, ③) 구름 아래쪽과 땅 위는 기전력*의 차이에 의해 방전*이 일어난다.(번개가 치는 순서 ④) 바로 ㉠ 번개가 치는 것이다.(번개가 치는 순서 ⑤) 번개의 전압*은 약 1억~10억V에 이르고,(번개의 전압) 그 길이는 수십km에 이른다.(번개의 길이) 이때 나오는 빛은 약 3×108m/s의 속도로 이동한다.(번개의 빛의 속도) 번쩍하고 잠깐 나타나는 빛이 바로 이것이다.

▶ 1문단: 번개가 치는 원리

번개는 혼자 다니지 않는다. 번개가 칠 때는 꼭 큰 소리를 동반한다. 바로 ㉡ 천둥이다. 위에서 언급한 대로 번개가 칠 때의 전압은 매우 크기 때문에 30000K의 고온이 발생하고,(천둥이 치는 순서 ①) 초음속*으로 공기가 팽창한다*.(천둥이 치는 순서 ②) 온도가 올라가면 공기의 부피가 증가하기 때문이다. 이 기압의 충격파가 천둥을 울리는 것이다.(천둥이 치는 순서 ③) 천둥 자체는 0.5초 밑의 짧은 시간에 일어나지만, 천둥이 도달하는 거리는 보통 2~14km나 된다.(짧은 시간에 일어나지만 도달하는 거리가 긺) 따라서 우리에게 도달하는 시간이 지연되어* 소리가 길게 끌리면서 들린다.(천둥이 오랫동안 치는 듯한 착각이 드는 이유) 그러면서 마치 천둥이 오랫동안 치는 듯한 착각을 들게 한다.

▶ 2문단: 번개로 인해 발생하는 천둥

번개는 수많은 인명과 산림의 피해를 주기도 하지만 긍정적인 역할도 한다. 예를 들어, 질소를 땅으로 돌려줌으로써 식물과 자연을 돕기도 한다.(번개의 긍정적인 역할) 그러나 자연에겐 좋을지 몰라도 인간이 번개에 맞으면 매우 위험하다. 번개를 피하기 위해서는 차 안에 있는 것이 좋다.(번개를 피하는 방법 ①) 전하는 항상 도체 표면에만 존재하기(전하의 특징 ①) 때문에 차 내부에는 전하가 없다. 따라서 차가 번개를 맞아도 내부의 사람은 안전하게 살아남을 수 있다.

▶ 3문단: 번개를 피하는 방법 ①

또한 전하는 뾰족한 곳에 많이 모인다.(전하의 특징 ②) 피뢰침은 이러한 원리를 이용하여 만들어진 것으로, 빌딩에 번개가 치더라도 피뢰침에 맞으면 건물과 건물 내부의 사람들에게 피해가 가지 않게 할 수 있다.(번개를 피하는 방법 ②) 그래서 번개가 치는 날 끝이 뾰족한 우산보다는 둥근 우산을 쓰는 것이 좋다.(번개를 피하는 방법 ③)

▶ 4문단: 번개를 피하는 방법 ②, ③

* 기전력(起電力): 두 점 사이의 전위차(두 점 사이에서 단위 양전하를 어떤 한 점에서 다른 점으로 이동하는 데 필요한 일)를 발생시켜 전류를 흐르게 하는 힘.
* 방전(放電): 전지나 축전기 또는 전기를 띤 물체에서 전기가 외부로 흘러나오는 현상.
* 전압(電壓): 전기장이나 도체 안에 있는 두 점 사이의 전기적인 위치 에너지 차.
* 초음속(超音速): 소리의 속도보다 빠른 속도.
* 팽창하다(膨脹하다): 부풀어서 부피가 커지다.
* 지연되다(遲延되다): 무슨 일이 더디게 끌어져 시간이 늦추어지다.

01 세부 내용 파악하기 답 | ④

윗글의 내용으로 적절하지 않은 것은?

정답 선지 분석

④ 피뢰침은 도체가 아니므로 번개로부터 사람을 지켜 준다.

3문단에 따르면, 전하는 항상 도체 표면에만 존재한다. 또한 5문단에서 전하는 뾰족한 곳에 많이 모이며, 빌딩에 피뢰침이 있으면 번개가 피뢰침에 맞게 된다고 하였다. 따라서 피뢰침이 번개로부터 사람을 지켜 주는 것은 맞지만 도체가 아니라고 할 수는 없다.

오답 선지 분석

① 번개가 칠 때는 항상 천둥도 함께 친다.

2문단에서 번개가 칠 때는 꼭 큰 소리를 동반한다고 하였다.

② 번개가 치면 전압 때문에 고온이 발생한다.

2문단에서 번개가 칠 때의 전압은 매우 크기 때문에 30000K의 고온이 발생한다고 하였다.

③ 전하는 도체 표면 외의 곳에는 존재하지 못한다.

3문단에서 전하는 항상 도체 표면에만 존재한다고 하였다.

⑤ 마찰을 일으킨 구름은 위쪽과 아래쪽의 전하가 서로 다르다.

1문단에서 구름이 상승하다가 마찰을 일으키면 아래쪽은 음전하를 띠게 되고, 위쪽은 양전하를 띠게 된다고 하였다.

02 중심 내용 파악하기 답 | ②

㉠과 ㉡에 대한 설명으로 적절하지 않은 것은?

정답 선지 분석

② ㉡은 ㉠보다 빠르고 멀리 이동한다.

㉠은 번개이고, ㉡은 천둥이다. 2문단에서 천둥이 0.5초 밑의 짧은 시간에 일어난다고 설명하였지만, 번개보다 빠르고 멀리 이동하는지는 알 수 없다.

오답 선지 분석

① ㉠은 구름의 마찰에 의해 일어난다.

1문단에서 구름이 상승하다가 마찰을 일으키면 전기를 띠게 되고, 구름 아래쪽과 땅 위에서 방전이 일어나 번개가 친다고 하였다.

③ ㉠의 전압은 매우 높아서 사람에게 위협적이다.

1문단에서 번개의 전압은 1억~10억V에 달하며, 3문단에서 인간이 번개에 맞으면 매우 위험하다고 하였다.

④ ㉠은 대기 중의 질소를 땅에 돌려줘 식물을 돕기도 한다.

3문단에서 번개는 질소를 땅으로 돌려줌으로써 식물과 자연을 돕기도 한다고 하였다.

⑤ ㉠이 발생하면 기압이 높아져 소리 현상인 ㉡을 발생시킨다.

2문단에서 번개가 칠 때 고온이 발생하고, 초음속으로 공기가 팽창하면 이 기압의 충격파가 천둥을 울린다고 하였다.

03 구체적 사례에 적용하기 답 | ②

보기 중 적절하지 않게 행동한 사람은?

보기

갑: 번개가 치자 피뢰침이 설치된 백화점 건물 안으로 들어갔다.

을: 운전 중 번개가 너무 치자 차에 번개가 맞을까 봐 두려워 갓길에 주차하고 차에서 빠져나왔다.

병: 번개가 치는 날 외출할 일이 생겨 평소 쓰는 뾰족한 우산을 고르지 않고 끝이 둥근 우산을 챙겨 외출했다.

정답 선지 분석

② 을

3문단에 따르면, 번개를 피하기 위해서는 차 안에 있는 것이 좋다. 차가 번개를 맞아도 내부의 사람은 안전하게 살아남을 수 있기 때문이다.

오답 선지 분석

갑: 4문단에 따르면, 빌딩에 번개가 치더라도 피뢰침에 맞으면 건물 내부의 사람들에게 피해가 가지 않는다.

병: 4문단에 따르면, 번개가 치는 날에는 끝이 뾰족한 우산보다는 둥근 우산을 쓰는 것이 좋다.

04 인과 관계 추론하기

빈칸에 들어갈 말을 골라 차례대로 쓰시오.

끝이 (둥근 / 뾰족한) 우산은 피뢰침 역할을 하여 번개를 맞게 될 수 있기 때문에, 번개가 치는 날에는 끝이 (둥근 / 뾰족한) 우산을 쓰는 것이 좋다.

정답

뾰족한, 둥근

문학 1 나는 지금 꽃이다(이장근)

빠른 정답 체크 01 ① 02 ① 03 ③ 04 팔랑팔랑, 살랑살랑

(팔랑팔랑) ○: 음성 상징어
□: 보조관념
[나비]가 날아다니는 것 같다 ▶ 가위질을 나비가 날아다니는 것으로 느낌
활유법

[A]
(사각사각)
미용실 누나 손에 들린 은빛 가위 ▶ 미용실 누나의 가위질 소리
'나비'의 원관념
붙었다 떨어졌다
내 머리 주위를 날아다닌다
활유법 ▶ 가위의 움직임을 나비가 날아다니는 것으로 느낌

(폴폴) 날리는 [꽃가루]
머리카락(은유법)
(살랑살랑) 나는 [은빛 나비] ▶ 잘린 머리카락을 꽃가루로 느낌
가위(은유법)

나는
지금 — 시행을 구분하여 강조함
[꽃]이다 ▶ 머리카락을 자르며 자신을 꽃으로 느낌

- 이장근, 〈나는 지금 꽃이다〉 -

01 화자의 정서, 태도 파악하기

답 | ①

윗글의 화자에 대한 설명으로 가장 적절한 것은?

정답 선지 분석

① 화자는 밝고 경쾌한 분위기에서 머리를 자르고 있다.
'팔랑팔랑', '사각사각', '폴폴', '살랑살랑' 등의 음성 상징어에서 밝고 경쾌한 분위기가 드러나며, 화자는 이러한 분위기에서 머리를 자르고 있다.

오답 선지 분석

② 화자는 자신의 감정보다 외양 변화에 주목하고 있다.
화자는 자신의 외양 변화보다, 머리를 자르며 느끼는 기분 좋은 감정에 주목하고 있다.

③ 화자는 손님의 머리를 잘라 주며 기쁨을 느끼고 있다.
화자는 미용실 누나에게 머리를 맡기고 있는 입장으로, 화자가 손님의 머리를 잘라 주고 있는 것은 아니다.

④ 화자는 머리카락이 잘리는 것에 대해 상실감을 느끼고 있다.
화자는 머리카락을 자르면서 기분 좋은 감정을 느끼고 있는 것이지, 상실감을 느끼고 있는 것이 아니다.

⑤ 화자는 꽃밭을 날아다니는 나비를 보며 가위를 떠올리고 있다.
화자는 머리카락을 자르기 위해 가위가 움직이는 모습을 보며 나비를 떠올리고 있다.

02 표현상의 특징 파악하기

답 | ①

[A]와 유사한 표현 방법으로 가장 적절한 것은?

정답 선지 분석

① 어둠은 새를 낳고, 돌을 / 낳고, 꽃을 낳는다.
- 박남수, 〈아침 이미지〉

[A]에는 생명이 없는 '가위'가 '날아다닌다'고 하며 생명이 있는 것처럼 표현하는 활유법이 사용되었다. ①에서도 생명이 없는 '어둠'이 새와 돌과 꽃을 '낳는다'고 하며 생명이 있는 것처럼 표현하였다.

오답 선지 분석

② 오늘도 어제도 아니 잊고 / 먼 후일 그때에 '잊었노라.'
- 김소월, 〈먼 후일〉

화자의 상황이나 의도와는 반대로 표현함으로써 문장에 변화를 주는 표현법인 반어법이 사용되었다.

③ 해야 솟아라, 해야 솟아라, 말갛게 씻은 얼굴 고운 해야 솟아라.
- 박두진, 〈해〉

같거나 비슷한 말, 구절, 문장 등을 반복 사용하여 뜻을 강조하거나 흥을 돋우는 표현법인 반복법이 사용되었다.

④ 시장에 간 우리 엄마 / 안 오시네, 해는 시든 지 오래 / 나는 찬밥처럼 방에 담겨
- 기형도, 〈엄마 걱정〉

비슷한 성질이나 모양을 가진 두 사물을 '같이', '처럼', '듯이'와 같은 연결어로 결합하여 직접 비유하는 표현법인 직유법이 사용되었다.

⑤ 아, 누구던가 / 이렇게 슬프고도 애달픈 마음을 / 맨 처음 공중에 달 줄을 안 그는.
- 유치환, 〈깃발〉

기쁨, 슬픔, 놀람, 분노 등의 인간 감정을 있는 그대로 드러내어 극적으로 고조된 정서를 감탄의 형태로 표현하여 강조하는 표현법인 영탄법이 사용되었다.

03 표현상의 특징 파악하기

답 | ③

보기 의 ㉠~㉢에 들어갈 말로 가장 적절한 것은?

보기

원관념은 비유를 통해 표현하고자 하는 실제 대상이고, 보조관념은 원관념을 빗대어 표현한 대상이다. 윗글에서 '가위'의 보조관념은 (㉠)이고, '머리카락'의 보조관념은 (㉡)이며, '나'의 보조관념은 (㉢)이다.

정답 선지 분석

	㉠	㉡	㉢
③	나비	꽃가루	꽃

㉠ 1~3연에서 화자는 '은빛 가위'를 '나비'에 비유하고 있다.
㉡ 4연에서 화자는 머리카락이 잘려 떨어지는 것을 '폴폴 날리는 꽃가루'에 비유하고 있다.
㉢ 5~6연에서 화자는 '나는 지금 / 꽃이다'라고 하며 자신을 '꽃'에 비유하고 있다.

04 시어의 의미 파악하기

'가위'의 움직임을 나타내기 위해 사용된 의태어 두 개를 찾아 쓰시오.

정답

팔랑팔랑, 살랑살랑

문학 2 소를 줍다(전성태)

빠른 정답 체크 01 ① 02 ⑤ 03 ④ 04 소

[앞부분 줄거리] 소를 기르고 싶어 하던 '나'는 장마로 불어난 강에서 소를 주워 온다. 아버지는 처음에는 '나'를 혼내며 소를 거두지 않으려고 했지만, 주인이 나타나지 않자 '나'와 같이 정성껏 소를 키운다.
농기구 끄는 법을 가르치고 수소와 짝을 지어 줌

그럭저럭 석 달이 지난 무렵이었다. 하루는 학교에서 돌아와 보니 소가 오간 데가 없었다. 아버지도 보이지 않았다. 어머니만 툇마루*에 앉아 한숨을 폭 쉬는 게 예감이 심상치 않았다.
시간의 흐름을 나타냄
소에게 무슨 일이 일어났음을 알아차림

"소 주인이 나타났다." / 어머니는 또 한숨이었다.

"올라믄 진작 오지 이제사 올 건 또 뭐다냐."
소에게 정이 든 뒤에야 주인이 나타난 것을 안타까워함

어머니는 뛰쳐나가려는 내 손을 끌어 잡았다. 나는 칭얼칭얼 울기 시작했다.
소가 없어진 것에 속상함을 느낌

"울지 마라. 원래 그러자고 들인 소 아니었냐?"
주인이 나타나면 돌려줄 생각으로 들인 소였음

그래 놓고 어머니는 또 한숨이었다.
말로는 티 내지 않았으나 소가 없어진 것에 착잡함을 느낌

아버지는 손수 고삐를 잡고 주인과 함께 고개 너머 경찰서로 넘어갔다고 했다. 나는 눈을 싹싹 문지르고 말했다.

"그람 아부지가 소를 다시 찾아올랑갑네이?"
아버지가 소를 다시 찾아올 것이라고 막연히 기대함

"뭔 수로 고걸 다시 데려오겄냐."

"또 모르제. 그간 길러 줘서 고맙다고 주인이 싸게 팔지도."

㉠ 나는 그 긴 오후 한나절을 막연한 기대를 품은 채 아버지를 기다렸다. 혹시 쇠꼴*을 베어다 놓으면 그게 무슨 주술이 되어 소가 다시 돌아올 것만 같아 꼴을 두 망태기나 걷어다가 놓았다. 점심 전에 나갔다는 아버지는 해거름* 녘이 되어도 나타나지 않았다.

아버지가 소를 다시 데려올지도 모른다고 기대함

'나'가 혼자 쇠꼴을 베어다 놓은 이유

아버지의 귀가가 늦어짐

저녁 무렵에 아버지는 오쟁이 아버지와 함께 집으로 들어왔다. 빈손이었다.

소를 데려오지 못함

"어떻게 됐다요?"

어머니가 물었다. 아버지는 한숨이었고 오쟁이 아버지가 대신 대답했다.

소를 데려오지 못한 것을 안타까워함

"일단 주인이 데려갔소." / 그래놓고 그는 아버지를 향해 덧붙였다.

"나 말대로 하란 말일세. 이참에 좀 세게 나가서 섭섭지 않게 받아내란 말여. 아까 순경도 안 그러등가? 그간 수고한 건 서로 알아서들 하라고. 그것이 뭔 소리겠어? 사정이 이만저만 됐응께 소 주인이 정상*을 참작해라*, 그 소리제."

아버지에게 소를 키워 준 값을 받아내라고 권유함

순경의 말에 대한 오쟁이 아버지의 해석

"그러지 말고 자네 여윳돈 좀 돌리세." / "나가 뭔 여윳돈이 있당가?"

소를 사기 위해 오쟁이 아버지의 돈을 빌리고자 함

"콩이랑 보리 매상한* 것 좀 있잖여?" / "그거이 을매나 된다고?"

"아쉬운 대로 이것저것 좀 보태믄 흥정*이라도 너 볼 수 있잖여."

소 주인과 흥정하여 소를 사겠다는 뜻을 밝힘

"흥정? ㉡ 와따매, 아까부터 자꼬 그 소리인디 누가 빚내서 송아지도 아니고 다 큰 소를 사겄다믄 안 웃겄어?"

빚을 내어 소를 사더라도 송아지를 사는 것이 일반적임

"다른 말 말고 좀 돌리세. 나가 낼은 직접 찾아 다녀오겄다니께."

소를 사겠다는 아버지의 굳은 의지

[중간 부분 줄거리] '나'는 아버지와 함께 소 주인의 집으로 간다. 소 주인의 집은 '나'의 집과 다를 바 없이 작고 초라하다. 소 주인도, 소도 집에 없어 아버지는 소를 사고 싶다는 말도 꺼내지 못한 채 모레 다시 오겠다고 약속한다.

소 주인의 가난함을 드러냄

"야가 소 좀 보겠다고 학교도 안 가고 요래 삐득삐득 따라 안 오요."

'나'는 소를 보기 위해 학교를 빠지고 아버지를 따라옴

"오매, 그랑게 니가 강에서 소를 건진 갸구나? 영 슬겁게* 생겼네."

'나'가 누구인지 알아봄

아주머니는 내 머리를 쓰다듬었다.

"소한테 정 주지 말라고 그렇게 말했는디도 요놈이 고만 정을 줘 갖고 밤낮 밥도 안 묵고 울기만 해싸요."

'나'가 소를 소중히 여기고 있음을 말하며 소를 사고 싶다는 뜻을 에둘러 전달함

㉢ 그렇게 말한 아버지는 정말 짠하고 속상한 눈빛으로 나를 바라보았다. 그러자 갑자기 나는 눈물이 찔찔 나기 시작했다. 나는 점점 콧물까지 삼키며 서럽게 울어 버렸다. 나도 모를 일이었다. 안댁*이 어쩔 줄 몰라 했다.

소에 대한 '나'와 아버지의 마음이 같음

아주머니 = 소 주인의 부인

"허허, 넘 부담시럽게……. 뚝 못 그치냐."

아버지는 꺼칠한 손바닥으로 내 낯을 훔쳤다. 안댁이 집 안으로 뛰어갔다가 돌아와 내 손에 뭔가를 덥석 쥐여 주었다. 천 원짜리 한 장이었다.

'나'를 위로하기 위한 아버지의 행동 ①

"공책 사서 써라 잉." / "아따, 뭘 이런 걸 주고 그란다요. 애 버릇 나빠지게."

아버지와 나는 마을을 걸어 나왔다. 장터에서 아버지는 자장면을 사 주었다.

'나'를 위로하기 위한 아버지의 행동 ②

이틀 뒤 나는 수업이 끝나자마자 집으로 달려갔다. 아버지는 돌아와 있지 않았다.

아버지가 다시 소 주인을 찾아가기로 한 날

"점심 자시고 가셨는디 금방 오겄나?" / 어머니가 찐 고구마를 내놓으며 말했다.

"소 꼭 사 온다고 했제?"

"그랄라고 갔다만……. 오쟁이 아부지가 따러나섰응께 잘 안 되겄나? 그 양반이 그래도 흥정 붙이는 디는 느그 아부지보다 난께."

아버지가 소를 사 오기를 기대하는 심리가 드러남

해가 설핏 기울고 형이 돌아왔는데도 아버지는 돌아오지 않았다. 나는 형과 함께 동구* 밖까지 서너 차례나 들락날락했다.

아버지의 귀가가 늦어짐

아버지의 귀가를 기다리며 초조해함

㉣ "하긴 버스에 못 태운께 소를 걸켜 오자면 늦을 거네잉?"

아버지가 늦는 이유를 소와 연관 지어 생각함

위안이나 삼자고 나는 네댓 차례도 넘게 같은 말을 반복했다. 어머니가 저녁상을 밀어 주었지만 우리는 뜨는 둥 마는 둥 했다.

저녁밥보다 아버지가 소를 데려오는지가 더 중요함

아버지가 돌아온 것은 달빛이 훤했을 때였다.

술에 취해 비틀거리며 사립문*을 들어서는 아버지를 보며 우선 나는 고삐가 들렸는지 살펴보았다. 그러나 달빛 아래 선 아버지는 맨손이었다. 아니다, 손에는 예의 그 종이 꾸러미가 달랑달랑 매달려 있었다. 아버지는 종이 꾸러미를 땅바닥에 내던지고 감나무 밑으로 걸어가 통나무처럼 털썩 주저앉았다.

아버지가 느끼는 심란함과 허탈함이 드러나는 행동 ①

아버지가 소를 데려왔는지 확인함

아버지가 소를 데려오지 않음

전에 소 주인을 찾아갔을 때 돈을 싸 갔던 꾸러미

아버지가 느끼는 심란함과 허탈함이 드러나는 행동 ②

나는 얼른 종이 꾸러미부터 풀어헤쳤다. 돈 꾸러미를 확인해야 현실을 받아들이겠다는 조급함이 앞섰다. 종이 꾸러미에서는 차갑고 물컹한 고깃덩어리가 나왔다.

꾸러미에 돈이 들어 있다면 아버지가 소를 사지 못한 것임

소 주인이 감사의 의미로 준 것

"워매, 소를 잡어부렀는갑다, 씨!"

어린아이의 순수함 – 소를 잡은 고기를 줬다고 생각함

나는 나도 모르게 소리쳤는데, 형이 대뜸 내 뒤통수를 콕 쥐어박았다. 아버지가 껵껵 울고 있었던 것이다.

아버지가 느끼는 심란함과 허탈함이 드러나는 행동 ③

㉤ "그 집구석도 한심하더란 말이지. 그거 없으면 농사고 뭐고 못 묵고 산디야. 워매!"

소 주인의 사정 때문에 소를 사 오지 못함

다 큰 아버지가 우는 모습을 본 것은 그때가 처음이었다.

- 전성태, 〈소를 줍다〉 -

* 툇마루(退마루): 툇간에 놓은 마루.

* 쇠꼴: 소에게 먹이기 위하여 베는 풀.
* 해거름: 해가 서쪽으로 넘어가는 일. 또는 그런 때.
* 정상(情狀): 있는 그대로의 사정과 형편.
* 참작하다(參酌하다): 이리저리 비추어 보아서 알맞게 고려하다.
* 매상하다(賣上하다): 상품을 팔다.
* 흥정: 물건을 사거나 팔기 위하여 품질이나 가격 따위를 의논함.
* 슬겁다: 마음씨가 너그럽고 미덥다.
* 안댁: 남의 부인을 높여 이르는 말.
* 동구(洞口): 동네 어귀.
* 사립문(사립門): 사립짝을 달아서 만든 문.

01 서술상의 특징 파악하기 답 | ①

윗글의 서술자에 대한 설명으로 가장 적절한 것은?

정답 선지 분석

① 어린아이의 순수한 시선에서 상황을 바라보고 있다.
윗글의 서술자는 어린아이인 '나'로, '나'는 소를 사러 나간 아버지가 들고 온 종이 꾸러미에서 고깃덩어리가 나오자 "워매, 소를 잡어부렀는갑다, 씨!"라고 소리치는 등 어린아이의 순수한 시선에서 상황을 바라보고 있다.

오답 선지 분석

② 작품 밖에서 인물의 행동과 심리를 꿰뚫어 보고 있다.
윗글의 서술자는 '나'이므로 서술자가 작품 밖에 위치한다는 설명은 적절하지 않다.

③ 작품의 주인공으로서 사건을 객관적으로 서술하고 있다.
윗글의 서술자는 작품의 주인공인 '나'가 맞지만, '나'는 사건을 객관적으로 서술하는 것이 아니라 자신의 입장에서 주관적으로 서술하고 있다.

④ 다른 등장인물의 심리를 파악하여 독자에게 전달하고 있다.
윗글의 서술자인 '나'는 다른 등장인물의 심리를 파악하지는 못하고, 자신의 심리만을 독자에게 전달하고 있다.

⑤ 작품 밖에서 주인공의 행동을 시간의 흐름에 따라 서술하고 있다.
주인공인 '나'의 행동이 시간의 흐름에 따라 서술되는 것은 맞지만, 윗글의 서술자는 '나'이므로 서술자가 작품 밖에 위치한다는 설명은 적절하지 않다.

02 작품의 내용 이해하기 답 | ⑤

㉠~㉤에 대한 설명으로 적절하지 않은 것은?

정답 선지 분석

⑤ ㉤: 돈이 모자라 소를 사지 못한 아버지가 이 상황을 안타까워하고 있음을 알 수 있다.
㉤을 통해 소 주인의 집이 가난하여 소가 없으면 농사를 하지 못해 먹고 살 수가 없으며, 아버지가 그 얘기를 듣고 차마 소를 사 오지 못했음을 알 수 있다. 아버지가 돈이 모자라 소를 사지 못한 것은 아니다.

오답 선지 분석

① ㉠: '나'가 소를 다시 데려오는 것을 바라고 있음을 알 수 있다.
'나'가 아버지를 기다리며 품은 '막연한 기대'는 주인이 그간 소를 길러 준 것에 대한 고마움으로 소를 싸게 팔아 아버지가 소를 다시 찾아올 수도 있을 거라는 기대이다.

② ㉡: 아버지가 소를 사려는 것이 일반적인 상황이 아님을 알 수 있다.
아버지가 소를 사기 위해 흥정을 하겠다는 뜻을 보이자 오쟁이 아버지는 '누가 빚내서 송아지도 아니고 다 큰 소를 사겄다믄 안 웃겄어?'라고 하고 있는데, 이는 아버지가 소를 사려는 것이 일반적인 상황이 아님을 의미한다.

③ ㉢: 아버지가 소에 대해 '나'와 같은 마음을 가지고 있음을 알 수 있다.
아버지가 '나'가 소에게 정을 주어 소를 돌려준 후 슬퍼하고 있음을 말하며 '짠하고 속상한 눈빛'으로 '나'를 바라본 것은, 아버지 또한 소와 함께 있지 못하는 것을 속상해하고 있기 때문이다.

④ ㉣: '나'가 아버지가 늦는 이유를 소와 연관 지어 생각하려 하고 있음을 알 수 있다.
해가 기울고 나서도 아버지가 돌아오지 않자, '나'는 아버지가 소를 버스에 태우지 못해 소와 함께 걸어오고 있기 때문에 늦는 것이라고 스스로 위안 삼는 말을 하고 있다.

03 외적 준거를 바탕으로 작품 이해하기 답 | ④

보기 를 참고하여 윗글을 감상한 내용으로 가장 적절한 것은?

보기

〈소를 줍다〉는 1970년대의 농촌을 배경으로 하고 있다. 산업화가 이루어지기 전인 1970년대까지만 해도 농촌에서 소의 가치는 매우 컸다. 소는 대다수 농민들에게 단순한 가축이 아니라 가족과도 같이 소중한 존재였다. 농민들은 소를 이용하여 농사를 지어 먹고 살았다. 뿐만 아니라 소를 담보로 돈을 빌리기도 했고, 소를 내다 팔아 돈을 마련하기도 했다.

* 담보(擔保): 맡아서 보증함.

정답 선지 분석

④ 소 주인은 소가 있어야 농사를 지을 수 있기 때문에 소를 팔지 않은 것이군.
아버지가 소 주인을 가리켜 '그거(소) 없으면 농사고 뭐고 못 묵고 산디야.'라고 말하는 것을 통해, 소 주인은 소가 있어야 농사를 지어 먹고 살 수 있기 때문에 아버지에게 소를 팔지 않았음을 알 수 있다.

오답 선지 분석

① 오쟁이 아버지는 소를 담보로 돈을 빌릴 것을 아버지에게 권유하고 있군.
오쟁이 아버지는 아버지에게 소를 담보로 돈을 빌릴 것을 권유하고 있는 것이 아니라, 세게 나가서 소 주인에게 그동안 소를 키워 준 값을 섭섭하지 않게 받을 것을 권유하고 있다.

② 아주머니는 가치 있는 소를 멋대로 데려간 '나'에게 나쁜 감정을 품고 있군.
아주머니는 강에서 소를 건진 사람이 '나'라는 것을 알고는 '나'의 머리를 쓰다듬고, '나'가 울자 천 원을 주는 등 '나'에게 호의를 베풀고 있다. '나'에게 나쁜 감정을 품고 있는 것이 아니다.

③ 어머니는 소를 내다 팔아 돈을 마련하려던 계획이 어그러져 한숨을 쉬었군.
어머니가 한숨을 쉬는 것은 이미 '나'와 아버지가 소에게 정을 붙인 뒤인데, 석 달이 지나서야 소 주인으로부터 연락이 왔기 때문이다. 어머니가 소를 내다 팔아 돈을 마련하려고 했는지는 알 수 없다.

⑤ '나'와 아버지는 소를 가족처럼 여기기 때문에 주인에게 돌려보내 준 것이군.
'나'는 소 주인이 소를 다시 데려간 것에 울기까지 하였고, 아버지는 빚을 내어서라도 소를 살 돈을 마련할 생각을 하고 있다. 즉, '나'와 아버지가 소를 가족처럼 여기는 것은 맞으나, 두 사람은 그렇기 때문에 소를 다시 데려올 생각을 하고 있다.

04 소재의 의미 이해하기

ⓐ가 가리키는 것을 윗글에서 찾아 1음절로 쓰시오.

〈소를 줍다〉의 배경은 농촌이다. 배경이 지니는 상징적 의미는 ⓐ 소설의 중심 소재나 주제와 관련되는 것이 대부분이다.

정답

소

19강

| 본문 | 225쪽

문법 품사 (3) 관형사, 부사

빠른 정답 체크 01 ③ 02 ② 03 ③ 04 어휘력

01 문장에서 수식언 구분하기 답 | ③

다음 중 수식언이 사용되지 않은 문장은?

정답 선지 분석

③ 아름다운 경치를 보니 기분이 좋았다.
수식언은 관형사와 부사를 포함한다. 이 문장에는 체언인 명사 '경치', '기분', 용언인 형용사 '아름답다', '좋다'와 동사 '보다'는 사용되었지만 수식언은 사용되지 않았다.

오답 선지 분석

① 내일 다시 이야기하도록 하자.
부사 '내일'과 '다시'가 사용되었다.

② 옛 친구를 만나니 굉장히 반가웠다.
관형사 '옛'과 부사 '굉장히'가 사용되었다.

④ 물론 휴일이라고 해서 한가한 것은 아니다.
부사 '물론'이 사용되었다.

⑤ 지금까지 본 드라마를 시청해 주셔서 감사합니다.
부사 '지금'과 관형사 '본'이 사용되었다.

02 품사의 종류 파악하기 답 | ②

보기 의 밑줄 친 단어와 품사가 같은 것은?

보기

주말인데도 벌써 일어나다니 대단하다.

정답 선지 분석

② 꽤 먼 곳까지 가서 그를 만났다.
'벌써'는 '예상보다 빠르게'라는 뜻의 성상 부사로, '일어나다'를 꾸며 준다. '꽤'는 '보통보다 조금 더한 정도로'라는 뜻의 성상 부사로, '멀다'를 꾸며 준다.

오답 선지 분석

① 전 직장이 조금도 그립지 않다.
'전'은 '이전의 경력을 나타내는 말'이라는 뜻의 지시 관형사이다.

③ 맨 처음에 쓴 글이 제일 마음에 든다.
'맨'은 '더 할 수 없을 정도나 경지에 있음을 나타내는 말'이라는 뜻의 성상 관형사이다.

④ 외딴 길에 그의 집이 있을 줄은 몰랐다.
'외딴'은 '외따로 떨어져 있는'이라는 뜻의 성상 관형사이다.

⑤ 갖은 고생을 하고 나서야 성공할 수 있었다.
'갖은'은 '골고루 다 갖춘. 또는 여러 가지의'라는 뜻이다. '골고루 다 갖춘'의 의미로 사용될 때는 성상 관형사로, '여러 가지의'라는 의미로 사용될 때는 수 관형사로 사용된다. 여기서는 '여러 가지의'라는 의미로 사용되었으므로 수 관형사이다.

03 부사의 종류 파악하기 답 | ③

보기 의 ㉠~㉤에서 밑줄 친 부사의 종류를 알맞게 연결한 것은?

보기

㉠ 수미야, 잠깐 이리 와 봐.
㉡ 떡볶이가 너무 매워서 못 먹겠다.
㉢ 오늘은 집에 일찍 들어갈 생각이다.
㉣ 아무리 피곤해도 양치는 해야 한다.
㉤ 성적이 오르기는커녕 오히려 떨어졌다.

정답 선지 분석

③ ㉢: 성상 부사
㉢의 '일찍'은 '들어가다'를 꾸며 주는 성상 부사이다.

오답 선지 분석

① ㉠: 부정 부사
㉠의 '이리'는 '오다'를 꾸며 주는 지시 부사이다.

② ㉡: 지시 부사
㉡의 '못'은 '먹다'를 꾸며 주는 부정 부사이다.

④ ㉣: 접속 부사
㉣의 '아무리'는 화자의 심리적 태도를 나타내는 양태 부사이다.

⑤ ㉤: 양태 부사
㉤의 '오히려'는 앞 문장과 뒤 문장을 이어 주는 접속 부사이다.

04 수식언의 대상 파악하기

보기 의 밑줄 친 수식언이 꾸며 주는 부분을 찾아 쓰시오.

보기

모름지기 시인은 풍부한 어휘력을 갖추고 있어야 한다.

정답

어휘력

독서 발전소

빠른 정답 체크 01 ② 02 ③ 03 ④ 04 발전소, 변압기

빵을 굽는 토스터, 추운 겨울밤을 책임져주는 전기난로, 매일 아침 머리를 말려주는 헤어드라이어. 이런 기구들은 전열선*을 사용한다. 도선*을 통해 흐르는 전류는 열을 발생시키거나 전동기를 움직이게 할 수 있다.(전기 에너지의 역할) 이렇게 다른 물건을 움직이거나 열을 내는 전기의 능력을 전기 에너지라고 부른다.(전기 에너지의 개념)

▶ 1문단: 전기 에너지의 개념

이 전기 에너지는 어디서 올까? 우리가 쓰는 전기 에너지는 보통 발전소(전기 에너지가 만들어지는 곳)에서 만들어진다. 그런데 이 전기는(발전소에서 만들어진 전기) 너무 크기 때문에 바로 사용할 수 없다.(변압기가 필요한 이유) 그래서 변압기*를 통해 적절한 전압으로 바꾼 후 가정이나 공장으로 보내진다.

▶ 2문단: 발전소에서 만들어지는 전기 에너지

발전소에는 수력·화력·원자력 발전소가 있다. ㉠ 수력 발전소는 높은 곳에 있는 물을 떨어뜨려 터빈*을 돌려서 전기 에너지를 생산한다.(수력 발전 방법) 위치 에너지를 전기 에너지로 바꾸는 것이다. ㉡ 화력 발전소에서는 석탄, 석유, 천연가스 등의 연료를 태워 열을 얻고, 그 열로 물을 끓여 증기를 발생시킨다. 이 증기의 압력으로 발전기의 터빈을 돌려 전기 에너지를 생산한다.(화력 발전 방법) ㉢ 원자력 발전소는 핵분열 반응에서 얻어지는 열로 물을 끓인다.(원자력 발전 방법) 그리고 화력 발전소와 마찬가지로 증기의 압력으로 발전기의 터빈을 돌려 전기 에너지를 생산한다.

▶ 3문단: 수력, 화력, 원자력 발전소의 발전 방법

전기를 만드는 이 세 발전 방법들은 각각 장점과 단점을 갖고 있다. 우선 수력 발전은 공해*도 없고 연료비도 거의 들지 않는다.(수력 발전의 장점) 그러나 건설비가 많이 들고 물이 있는 곳에만 지을 수 있기 때문에 건설하기 좋은 위치를 정하기가 어렵다는 단점이 있다.(수력 발전의 단점) 국내에서 가장 많은 전기를 생산하는 화력 발전은 발전소를 세우는 비용이 적게 들고 건설 조건이 비교적 자유롭기 때문에 이곳저곳에 세울 수 있어 가정까지 운반하는 비용도 줄어든다.(화력 발전의 장점) 그러나 매연이나 수질* 오염 등의 공해가 심각해 환경을 파괴한다는 문제가 있다.(화력 발전의 단점) 원자력 발전은 연료비가 적게 들고 친환경적인 대신(원자력 발전의 장점) 건설하는 데 시간이 오래 걸리고, 방사능을 제대로 처리하지 않으면 인류에게 큰 위협이 될 수 있다.(원자력 발전의 단점)

▶ 4문단: 수력, 화력, 원자력 발전소의 장단점

그래서 요즘에는 세 방법 이외에 공해가 없는 발전 방식들을 연구하고 있다. 그중 대표적인 것이 집열판*에 태양열을 모아 그 열로 증기를 만든 뒤 터빈을 돌리는 태양열 발전이다.(태양열 발전 방법) 또한 밀물과 썰물의 차이를 이용해(조력 발전 방법) 전기를 만드는 조력 발전이나 바람을 이용하는(풍력 발전 방법) 풍력 발전, 땅속의 열을 이용한(지열 발전 방법) 지열 발전 등도 연구되고 있다.

▶ 5문단: 새롭게 연구되는 발전 방법

* 전열선(電熱線): 전류를 통하여 전열을 발생시키는 도선.
* 도선(導線): 전기의 양극을 이어 전류를 통하게 하는 쇠붙이 줄.
* 변압기(變壓器): 전자 상호 유도 작용을 이용하여 교류 전압을 높이거나 낮추는 장치.
* 터빈: 높은 압력의 유체를 날개바퀴의 날개에 부딪치게 함으로써 회전하는 힘을 얻는 원동기.
* 공해(公害): 산업이나 교통의 발달에 따라 사람이나 생물이 입게 되는 여러 가지 피해.
* 수질(水質): 물의 성질.
* 집열판(集熱板): 열을 한데 모으는 데에 쓰이는 판.

01 내용 전개 방식 파악하기 답 | ②

윗글에 대한 설명으로 적절하지 않은 것은?

정답 선지 분석

② 발전소의 구조를 세 부분으로 나누어 설명하고 있다.
윗글에서 발전소의 구조를 설명한 부분은 찾을 수 없다.

오답 선지 분석

① 다양한 발전 방법의 장단점을 제시하고 있다.
4문단에서 수력 발전, 화력 발전, 원자력 발전의 장단점을 제시하고 있다.

③ 전기 에너지의 개념을 정의하여 독자의 이해를 돕고 있다.
1문단에서 '이렇게 다른 물건을 움직이거나 열을 내는 전기의 능력을 전기 에너지라고 부른다'라고 하며 전기 에너지의 개념을 정의하고 있다.

④ 기존의 발전 방법을 개선한 새로운 방법을 소개하고 있다.
5문단에서 기존의 수력, 화력, 원자력 발전 방법을 개선한 태양열 발전과 조력 발전, 풍력 발전, 지열 발전을 소개하고 있다.

⑤ 발전소를 전력을 발생시키는 방법을 기준으로 분류하고 있다.
3문단에서 전력을 발생시키는 방법을 기준으로 하여 발전소를 수력 발전소, 화력 발전소, 원자력 발전소로 분류하고 있다.

02 세부 내용 파악하기 답 | ③

㉠~㉢에 대한 설명으로 적절하지 않은 것은?

정답 선지 분석

③ ㉠과 ㉡은 모두 건설하기 적절한 위치를 찾기 어렵다.
㉠은 수력 발전소, ㉡은 화력 발전소, ㉢은 원자력 발전소이다. 4문단에 따르면, 수력 발전소는 물이 있는 곳에만 지을 수 있기 때문에 건설하기 좋은 위치를 정하기가 어렵다. 그러나 화력 발전소는 건설 조건이 비교적 자유롭기 때문에 이곳저곳에 세울 수 있다고 하였으므로 ㉠과 ㉡ 모두 건설하기 적절한 위치를 찾기 어렵다는 것은 적절하지 않다.

오답 선지 분석

① ㉠은 물의 위치 에너지를 전기 에너지로 바꾼다.
3문단에서 수력 발전소는 높은 곳에 있는 물을 떨어뜨려 터빈을 돌려서 전기 에너지를 생산하며, 이는 위치 에너지를 전기 에너지로 바꾸는 것이라고 하였다.

② ㉡은 국내에서 가장 많은 전기를 생산하고 있다.
4문단에서 화력 발전은 국내에서 가장 많은 전기를 생산한다고 하였다.

④ ㉡과 ㉢은 모두 증기의 압력으로 전기 에너지를 만든다.
3문단에서 화력 발전소에서는 증기의 압력으로 발전기의 터빈을 돌려 전기 에너지를 생산한다고 하였고, 원자력 발전소도 화력 발전소와 마찬가지로 증기의 압력으로 발전기의 터빈을 돌려 전기 에너지를 생산한다고 하였다.

⑤ ㉠~㉢ 이외에도 여러 가지 발전 방식이 연구되고 있다.
5문단에서 요즘에는 수력 발전, 화력 발전, 원자력 발전 이외에 공해가 없는 발전 방식들을 연구하고 있다고 하였다.

03 내용 비교하기 답 | ④

보기 는 윗글을 읽고 추가적으로 수집한 자료이다. 보기 를 이해한 내용으로 적절하지 않은 것은?

보기

화석연료의 사용량 급증으로 인해 심각한 환경 문제가 일어나고 있다. 이러한 상황에서, 태양광은 미래의 대체 에너지로 손꼽히는 자원 중 하나이다. 태양광 발전은 반영구적으로 활용할 수 있으며, 탄소 배출이 없어 친환경적이다. 설치에서 전력 생산까지 6개월이라는 짧은 시간이면 완료되고, 설비 및 설치가 간편하다는 것도 장점이다.

* 급증(急增): 갑작스럽게 늘어남.
* 반영구적(半永久的): 거의 영구에 가까운 것.

정답 선지 분석

④ 태양광 발전은 원자력 발전보다 연료 비용이 많이 든다.
4문단에서 원자력 발전은 연료비가 적게 든다고 하였다. 그러나 〈보기〉에서 태양광은 태양을 이용하여 반영구적으로 활용할 수 있다고 하였으므로 장기적으로 볼 때, 태양광 발전이 원자력 발전보다 연료 비용이 많이 든다는 설명은 적절하지 않다.

오답 선지 분석

① 태양광 발전은 화력 발전의 단점을 보완할 수 있다.
4문단에서 화력 발전은 공해가 심각해 환경을 파괴하는 문제가 있다고 하였는데, 〈보기〉에서 태양광은 환경 문제가 심각한 상황에서 대체 에너지로 손꼽힌다고 하였으므로 적절하다.

② 태양광 발전과 수력 발전은 모두 자연물을 활용한다.
3문단에서 수력 발전소는 높은 곳에 있는 물을 떨어뜨려 전기 에너지를 생산하고, 4문단에서는 물이 있는 곳에만 발전소를 지을 수 있다고 하였다. 〈보기〉에서 태양광도 대체 에너지로 손꼽히는 자원 중 하나라고 하였으므로 적절하다.

③ 태양광 발전은 수력 발전보다 발전소를 건설하기 쉽다.
4문단에서 수력 발전소는 물이 있는 곳에만 지을 수 있기 때문에 건설하기 좋은 위치를 정하기가 어렵다는 단점이 있다고 하였는데, 〈보기〉에서 태양광 발전소는 설비 및 설치가 간편하다고 하였으므로 적절하다.

⑤ 태양광 발전은 원자력 발전보다 발전소 건설 기간이 짧다.
4문단에서 원자력 발전소는 건설하는 데 시간이 오래 걸린다고 하였는데, 〈보기〉에서 태양광 발전소는 설치에서 전력 생산까지 6개월이라는 짧은 시간이면 완료된다고 하였으므로 적절하다.

04 인과 관계 파악하기

ⓐ, ⓑ에 들어갈 말을 찾아 차례대로 쓰시오.

(ⓐ)에서 만들어진 전기는 너무 크기 때문에, 가정이나 공장으로 보낼 때 적절한 전압으로 바꾸기 위해 (ⓑ)이/가 필요하다.

정답

발전소, 변압기

문학 1 바다와 나비(김기림)

빠른 정답 체크 01 ② 02 ① 03 ③ 04 수심, 바다

아무도 그에게 수심*을 일러준 일이 없기에
△: 근대 문명의 냉혹함
흰 나비는 도무지 바다가 무섭지 않다.
○: 순수하고 연약한 존재 현실의 냉혹함을 모름
▸ 바다의 무서움을 모르는 순진한 나비

청무우밭인가 해서 내려갔다가는
나비가 동경하는 세계
어린 날개가 물결에 절어서
공주처럼 지쳐서 돌아온다. ▸ 바다로 날아갔다가 지쳐서 돌아온 나비
세상 물정을 모르는 존재

삼월달 바다가 **꽃이 피지 않**아서 서글픈
봄이 되었는데도 꽃이 피지 않음 → 생명력의 상실
나비 허리에 새파란 초생달*이 시리다.
나비의 좌절감을 형상화 – 시각의 촉각화 ▸ 냉혹한 현실에 의해 좌절된 나비의 꿈
- 김기림, 〈바다와 나비〉 -

* 수심(水深): 강이나 바다, 호수 따위의 물의 깊이.
* 초생달(初生달): 초승달.

01 표현상의 특징 파악하기 답 | ②

윗글의 표현상의 특징으로 적절하지 않은 것은?

정답 선지 분석

② 유사한 문장 구조를 반복하여 운율을 형성하고 있다.
윗글에서 유사한 문장 구조를 반복한 부분은 찾을 수 없다.

오답 선지 분석

① 대상의 공간 이동에 따라 시상을 전개하고 있다.
나비는 바다로 내려갔다가 다시 돌아오고 있으며, 이러한 공간 이동에 따라 시상을 전개하고 있다.

③ 현재형 어미를 사용하여 상황에 생동감을 부여하고 있다.
1연의 '않다', 2연의 '돌아온다', 3연의 '시리다' 등 현재형 어미를 사용하여 상황에 생동감을 부여하고 있다.

④ 공감각적 이미지를 활용하여 대상의 정서를 표현하고 있다.
3연의 '나비 허리에 새파란 초생달이 시리다'는 나비의 좌절감을 형상화한 것으로, 시각의 촉각화가 드러난다.

⑤ 푸른색과 흰색의 색채 대비를 통해 주제의식을 드러내고 있다.
푸른 색채의 '바다'와 흰 색채의 '흰 나비'의 대비를 통해 주제의식을 드러내고 있다.

02 시어의 의미 파악하기 답 | ①

청무우밭에 대한 설명으로 적절하지 않은 것은?

정답 선지 분석

① '흰 나비'가 현실을 깨닫게 되는 공간이다.
2연에서 '흰 나비'는 '바다'를 '청무우밭'으로 착각하고 내려갔다가 '어린 날개가 물결에 절어서' 돌아온다. 따라서 '청무우밭'이 '흰 나비'가 현실을 깨닫게 되는 공간이라는 설명은 적절하지 않다.

오답 선지 분석

② '흰 나비'에게 휴식을 줄 수 있는 공간이다.
'청무우밭'은 '흰 나비'에게 꿈과 휴식을 줄 수 있는 공간이다.

③ '바다'와 대조적인 의미를 이루는 공간이다.
'청무우밭'은 '흰 나비'에게 있어 휴식의 공간으로, 냉혹한 공간인 '바다'와 대조적인 의미를 이룬다.

④ '흰 나비'에게 있어 이상향과 같은 공간이다.
'청무우밭'은 '흰 나비'가 동경하는, 이상향과 같은 생명의 공간이다.

⑤ '흰 나비'가 꿈꾸었으나 도달하지 못하는 공간이다.
'흰 나비'는 '청무우밭'을 꿈꾸었으나 '바다'를 '청무우밭'으로 착각하여 '청무우밭'에 도달하지 못한다.

03 외적 준거에 따라 작품 감상하기

답 | ③

윗글과 보기 를 비교한 것으로 적절하지 않은 것은?

보기

〈바다와 나비〉는 거대하고 푸른 바다와 작고 하얀 나비를 대비하여 새로운 세계에 대한 동경과 좌절을 그리고 있다. 이 시가 쓰인 1930년대는 일제 강점기로, 근대 문명이 유입되는 시기였다. 〈바다와 나비〉에는 근대화로 나아가기 위해 반드시 겪어야 하는 과정을 동경했지만, 냉혹한 현실과 죽음의 세계 앞에서 좌절할 수밖에 없었던 당시 식민지 지식인의 모습이 투영되어 있다. 시인은 근대 문명을 무조건 수용하기보다 그 이면의 어두움을 경계하고 있다.

* 투영하다(投影하다): (비유적으로) 어떤 일을 다른 일에 반영하여 나타내다.

정답 선지 분석

③ '흰 나비'가 '공주처럼 지쳐서 돌아'왔다는 것은 근대 문명을 경계한 사람들을 나타내고 있군.
'공주'는 세상 물정을 모르는 존재로, '흰 나비'가 '공주처럼 지쳐서 돌아'왔다는 것은 근대 문명의 어두운 이면을 모른 채 동경했다가 좌절한 사람들을 나타내는 것이다.

오답 선지 분석

① '흰 나비'가 '도무지 바다가 무섭지 않'았다는 것은 냉혹한 현실을 모르는 사람들의 상황을 표현하고 있군.
'흰 나비'가 '도무지 바다가 무섭지 않'았던 것은 '아무도 그에게 수심을 일러준 일이 없'기 때문인데, '수심'과 '바다'는 모두 냉혹한 현실을 의미하므로 이는 냉혹한 현실을 모르는 사람들의 상황을 표현하고 있다.

② '흰 나비'의 '어린 날개가 물결에' 전 것은 당시 식민지 지식인의 모습을 투영하고 있군.
'흰 나비'의 '어린 날개가 물결에 절어'서 돌아온 것은 '바다'를 '청무우밭'으로 착각하고 내려갔다가 현실의 냉혹함을 마주했기 때문으로, 근대화를 동경했으나 현실 앞에서 좌절한 식민지 지식인의 모습을 투영하고 있다.

④ '삼월달 바다'에 '꽃이 피지 않'는다는 것은 생명이 자라지 않는 죽음의 세계를 의미하고 있군.
'삼월달'은 시간적 배경이 봄임을 나타내므로, '삼월달 바다'에 '꽃이 피지 않'는다는 것은 '바다'가 생명력을 상실한 죽음의 세계임을 의미한다.

⑤ '나비 허리에 새파란 초생달이 시리'다는 것은 식민지 지식인이 느낀 좌절을 형상화하고 있군.
'나비 허리에 새파란 초생달이 시리'다는 것은 나비의 좌절감을 공감각적으로 형상화한 것인데, '흰 나비'는 곧 식민지 지식인을 의미하므로 이는 식민지 지식인이 느낀 좌절을 형상화한 것이다.

04 대조적인 시어 파악하기

윗글의 1연에서 '흰 나비'와 대조적인 의미의 시어 두 개를 찾아 쓰시오.

정답

수심, 바다

문학 2 꿩(이오덕)

빠른 정답 체크 01 ③ 02 ② 03 ④ 04 자신감, 용기

[앞부분 줄거리] 4학년이 된 첫날, 용이는 학교에 가지 않겠다고 어머니에게 투정을 부린다. 용이는 남의 책 보퉁이*를 대신 메고 다니는 것이 부끄러워 학교에 가지 않으려는 것이지만, 어머니는 초등학교도 졸업하지 않으면 안 된다고 생각하며 용이를 학교에 보내려 한다. 용이는 아버지가 머슴 일을 올해까지만 하고 그만둔다는 어머니의 말을 듣고 결국 학교에 가기로 한다. 아이들은 용이가 머슴의 자식이라는 이유로 용이에게 자신의 책 보퉁이를 메게 한다.

저 밑에서 따라 올라오던 2학년, 3학년 아이들이(용이보다 어린 아이들) 모두 책 보퉁이를 허리에 둘러메고 용이를 앞질러 올라갑니다. 그 아이들은 용이를 돌아보면서 저희들끼리 수군거렸습니다.

"헤헤, 4학년이 됐다는 아이가(용이) 남의 책 보퉁이나 메다 주고……."

"참 못난 아이제."

모두 이런 말로 수군거리는 것 같았습니다.(실제로 이렇게 수군거렸는지는 알 수 없음)

'뭐, 못난 아이라고?'(작은따옴표를 이용해 용이의 생각을 직접 제시함)

용이는 화가 났습니다. 벌써 고개 위로 다 올라갔는지 아이들의 고함 소리가 산 위에서 들려왔을 때, 용이는 눈앞에 있는 책 보퉁이를 그냥 콱콱 짓밟아 버리고 싶은 충동이 났습니다.(자신의 처지가 부끄럽고 화가 남) 발밑에 돌멩이 하나가 밟혔습니다. 용이는 벌떡 일어나 그 돌멩이를 집어 힘껏 골짜기 아래로 던졌습니다. 돌멩이가 저 밑에 떨어지자, 갑자기 온 산골을 뒤흔드는 소리를 치면서 커다란 뭉텅이*(꿩) 하나가 솟아올랐습니다.

"꼬공 꼬공 푸드득!"(꿩의 울음소리 → 생명력이 느껴짐)

그것은 온 산골의 가라앉은 공기를 뒤흔들어 놓고 하늘을 날아오르는, 정말 살아있는 목숨이 부르짖는 소리였습니다.

'야, 참 멋지다!'(꿩을 보고 감탄하는 용이)

날개를 쫙 펴고 꽁지를 쭉 뻗고 아침 햇빛에 눈부신 모습으로(생명력이 넘치는 꿩의 모습을 구체적으로 묘사함) 산을 넘어가는 꿩을(용이가 각성하는 계기가 됨) 쳐다보는 용이의 온몸에 갑자기 어떤 힘이(자신감, 용기) 솟구쳤습니다. 용이는 그 자리에서 한번 훌쩍 뛰어올라 보았습니다. 하늘에라도 날아오를 듯합니다. 용이는 발에 채는 책 보퉁이 하나를 집어 들었습니다. 그리고 그것을 하늘 위로 던졌습니다.(꿩을 보고 용기를 얻어 다른 아이의 책 보퉁이를 던져 버림)

휭! 공중에서 몇 바퀴 돌던 책 보퉁이가 퍽 소리를 내면서 골짜기에 떨어졌을 때, 용이는 두 번째 책 보퉁이를 집어 던졌습니다 또 하나, 또 하나…….

마지막에 던진 작대기는 건너편 벼랑의 소나무 가지를 철썩 치도록 멀리 떨어졌습니다. / "됐다!"

용이는 이제 하늘이 탁 트이고 가슴이 시원해져서, 저 건너 산을 보고 하하하 웃었습니다.
용이를 괴롭게 했던 억울함이 사라짐

떠가는 구름을 따라 마구 날아갈 것 같았습니다.
직유법을 활용해 용이의 심리를 표현함

"내가 정말 못난이였구나! 이제 다시는 그런 짓 안 한다!"
다시는 아이들이 하라는 대로 하지 않겠다는 의미

용이는 제 책 보퉁이만 허리에 둘러맸습니다. 그리고는 고갯마루*를 한번 쳐다보더니 날 듯이 뛰어올랐습니다.

고갯마루에는 아이들이 앉아 기다리고 있었습니다. 모두 손에 참꽃* 가지를 한 줌씩 꺾어 들었습니다.

어떤 가지는 벌써 불그레한 봉오리가 피어나려고 했습니다.

"어, 용이가 빈손으로 오네?"
자신들의 책 보퉁이가 없어졌음을 알아차림

"정말 저 자식이?" / "임마, 책 보퉁이 모두 어쨌나?"

용이는 아무 말이 없이 그냥 올라오고만 있었습니다. 아이들이 용이를 빙 둘러쌌습니다.

"너, 책 보퉁이 어쨌어?"

㉠ 용이는 아이들을 한 번 둘러보고는 조용히, 그러나 힘찬 소리로 말했습니다. 이상하게도 책 보퉁이를 모두 날리고 나니 마음이 가라앉는 것이 조금도 겁이 나지 않았습니다.
자신감과 용기가 생겼기 때문

"너희들 책보 말이제? 저 밑의 두꺼비 바위 밑에 던져 놨어."
아이들에게 당당하게 사실을 말함

"뭐? 이 자식이!" / "빨리 못 가져오겠나?"

그러나 용이는 여전히 조용한 소리로 말했습니다.

"나, 이젠 못난 아이 아니야!"

"어, 이 자식이!"

아이들의 발과 주먹이 용이를 향해 덮쳐 왔을 때, 용이는 번개같이 거기를 빠져나와 몇 걸음 발을 옮기더니, 발밑에 있는 돌을 두 손으로 한 개씩 거머쥐고는 거 있는 커다란 바윗돌 위에 껑충 뛰어올랐습니다. 그 몸놀림이 어찌나 재빠른지, 아이들이 모두 놀랐습니다. 지금까지의 용이와는 아주 다른 딴 아이였습니다.
자신들이 알던 용이의 모습이 아니었기 때문
아이들이 하라는 대로 했던 용이

"자, 덤빌람 덤벼! 누구든지 오는 녀석은 가만 안 둘 끼다!"
아이들을 대하는 용이의 태도 변화

아이들이 입을 벌리고 어쩔 줄 모르고 서 있을 때, 뒤에서 한 아이가,

"난, 내 책보 가지러 갈란다."
용이에게 책 보퉁이를 나르게 하는 것을 그만두기로 함

하고 달려갔습니다. 그 소리에 다른 아이들도 모두 정신이 돌아온 것처럼,

"나도 간다." / "나도 간다." / 하고 달려갔습니다.

"이놈 자식, 두고 봐라."

맨 마지막에 내려가면서 성윤이가 말했습니다.

"오냐, 임마, 얼마든지 봐 준다."

용이 목소리는 한층 크고 자랑스러웠습니다.

아이들이 모두 와 하고, 아까 올라온 길을 내려가는 뒷모습을 보면서 용이는 또 한 번 가슴을 확 펴고 하하하 웃었습니다.
후련함을 느낌

"난 이젠 못난 아이 아니야!"
용이의 자신감과 용기가 드러남

그리고는 다시 혼잣말로 중얼거렸습니다.

"내일 아침에는 순이를 데리고 오자. 순이를 놀리는 놈은 어떤 녀석이고 용서 안 할 끼다."
용이의 친구로, 곰보라고 놀림 받아 학교를 그만둠

용이는 돌아서서, 햇빛이 눈부신 내리받잇길*을 바라보았습니다. 이제는 단숨에 학교까지 뛰어갈 듯합니다. 하늘에는 하얀 구름 한 송이가 날고 있습니다.
용이가 느끼는 기쁨을 형상화함

[A] 용이는 훌쩍 한 번 뛰더니 마구 두 팔을 내저으면서 내리달렸습니다. 그것은 마치 한 마리의 꿩이 소리치면서 날아오르는 모습과도 같았습니다.
용이의 모습을 꿩에 비유 → 주제 의식을 강조함

- 이오덕, 〈꿩〉 -

* 보퉁이: 물건을 보에 싸서 꾸려 놓은 것.
* 뭉텅이: 한데 뭉치어 이룬 큰 덩이.
* 고갯마루: 고개에서 가장 높은 자리.
* 참꽃: 먹는 꽃이라는 뜻으로, '진달래'를 개꽃에 상대하여 이르는 말.
* 내리받잇길: 비탈진 곳의 내려가는 방향에 있는 길.

01 서술상의 특징 파악하기

답 | ③

윗글의 서술상 특징으로 가장 적절한 것은?

정답 선지 분석

③ 인물의 대화를 제시하여 인물 간의 갈등을 드러내고 있다.
윗글은 "너, 책 보퉁이 어쨌어?"/"너희들 책보 말이제? 저 밑의 두꺼비 바위 밑에 던져 놨어."/"뭐? 이 자식이!" 등의 대화를 제시하여 용이와 다른 아이들 사이의 갈등을 드러내고 있다.

오답 선지 분석

① 의태어를 사용하여 인물이 처한 상황을 표현하고 있다.
"꼬공 꼬공 푸드득!"과 '용이는~하하하 웃었습니다'에서 의성어를 사용하였으나, 의태어를 사용하여 인물이 처한 상황을 표현한 부분은 찾아볼 수 없다.

② 공간적 배경을 묘사하여 시대적 상황을 나타내고 있다.
고갯마루와 내리받잇길이라는 공간적 배경이 드러나기는 하지만, 이를 통해 시대적 상황이 나타나는 것은 아니다.

④ 작품 안의 서술자가 인물의 내면을 독자에게 전달하고 있다.
윗글의 시점은 전지적 작가 시점으로, 작품 밖의 서술자가 인물의 내면을 독자에게 전달하고 있다.

⑤ 동시적으로 일어나는 사건을 묘사하여 독자의 흥미를 키우고 있다.
윗글은 사건이 일어난 순서에 따라 전개되고 있다.

02 작품의 내용 이해하기 답 | ②

윗글의 내용에 대한 이해로 적절한 것은?

정답 선지 분석

② 용이는 산을 날아 넘어가는 꿩을 보며 자신감과 용기를 갖게 되었다.
산을 날아 넘어가는 꿩을 보는 용이의 온몸에 갑자기 어떤 힘이 솟구쳤다고 했는데, 이후 용이가 다른 아이들의 책 보퉁이를 던져 버리는 장면을 통해 그 힘은 자신감과 용기를 가리킴을 알 수 있다.

오답 선지 분석

① 용이는 자신이 던진 돌멩이에 꿩이 맞은 것을 알고 미안함을 느꼈다.
용이가 발밑의 돌멩이를 던지자 꿩이 날아올랐으나, 용이가 던진 돌멩이에 꿩이 맞았는지는 알 수 없다.

③ 용이는 자신보다 어린 아이들이 자신을 흉보는 소리를 듣고 화가 났다.
용이가 아이들이 용이를 보며 못난 아이라고 수군거리는 것 같았다고 느낀 것이지, 아이들이 용이를 실제로 흉본 것은 아니다.

④ 아이들은 그동안 용이에게 책 보퉁이를 나르게 한 것에 대해 사과했다.
아이들은 용이에게 책 보퉁이를 나르게 한 것에 대해 사과하지 않았다.

⑤ 아이들은 용이가 책 보퉁이를 다시 가져올 때까지 고갯마루에서 기다렸다.
아이들은 용이가 책 보퉁이를 다시 가져오기를 기다리지 않고, 스스로 자신의 책보를 가지러 갔다.

03 외적 준거를 참고하여 작품 이해하기 답 | ④

보기 를 참고하여 [A]를 이해한 것으로 적절하지 않은 것은?

보기

비유법은 표현하고자 하는 대상을 다른 대상에 빗대어 표현하여 신선한 느낌을 주는 수사법이다. 비유법을 사용하면 표현하고자 하는 대상에 대해 더욱 생생하게 전달할 수 있다. 표현의 구체성과 직접성을 높일 수 있기 때문이다. 또한, 작가의 정서를 형상화하고, 추상적 의미를 구체화함으로써 의미를 확대한다. 이때, 표현하고자 하는 대상과 빗댄 대상 사이에 공통점이 있어야 독자가 비유를 받아들일 수 있다.

* 수사법(修辭法): 효과적·미적 표현을 위하여 문장과 언어를 꾸미는 방법.
* 추상적(抽象的): 어떤 사물이 직접 경험하거나 지각할 수 있는 일정한 형태와 성질을 갖추고 있지 않은.

정답 선지 분석

④ 꿩이 날아오르는 모습을 묘사함으로써 자연이라는 추상적 의미를 구체화하고 있군.
[A]에서 꿩이 소리치면서 날아오르는 모습을 묘사한 것은 생명력이라는 추상적 의미를 구체화한 것이다. 자연의 의미를 구체화한 것은 아니다.

오답 선지 분석

① 용이를 꿩에 직접 빗대어 표현하여 신선한 느낌을 주고 있군.
[A]는 마구 두 팔을 내저으면서 내리달리는 용이의 모습을, 한 마리의 꿩이 소리치면서 날아오르는 모습과도 같았다고 하며 직접 빗대어 표현하고 있다.

② 비유를 통해 용이가 달리는 모습에서 생생함을 느낄 수 있군.
[A]에서 용이가 달리는 모습을 꿩에 비유한 것을 통해 생생함을 느낄 수 있다.

③ 자신감을 되찾은 용이와 힘차게 날아오르는 꿩 사이에서 공통점을 찾을 수 있군.
[A]에서는 '못난 아이'에서 벗어나 자신감과 용기를 되찾은 용이와 힘차게 날아오르는 꿩 사이에서 공통점을 찾을 수 있으며, 이를 통해 독자는 비유를 받아들일 수 있다.

⑤ 용이를 생명력 넘치는 꿩과 동일시한 것에서 용이에 대한 작가의 긍정적인 시선을 알 수 있군.
[A]에서 작가는 용이를 생명력 넘치는 꿩과 동일시하고 있는데, 이는 용이에 대한 작가의 긍정적인 시선을 반영한 것이다.

04 등장인물의 정서 파악하기

㉠의 이유를 설명하는 말로 적절한 것을 골라 쓰시오.

용이가 (자만감 / 자신감)과 (용기 / 허세)를 갖게 되었기 때문이다.

정답

자신감, 용기

20강

| 본문 | 237쪽

문법 품사 (4) 조사, 감탄사

빠른 정답 체크 01 ③ 02 ③ 03 ① 04 3개

01 품사의 특징 파악하기

답 | ③

관계언과 독립언에 대한 설명으로 적절하지 않은 것은?

정답 선지 분석

③ 관계언과 독립언은 모두 형태가 바뀌지 않는다.

독립언은 형태가 변하지 않지만, 관계언 중 서술격 조사는 형태가 변할 수 있다.

오답 선지 분석

① 관계언과 독립언은 서로 결합할 수 없다.

관계언은 조사를 가리키는 것인데, 독립언은 조사와 결합하지 않으므로 관계언과 독립언은 서로 결합할 수 없다.

② 독립언은 관계언과 달리 홀로 쓰일 수 있다.

관계언은 홀로 쓰일 수 없지만, 독립언은 문장 내에서 독립적으로 사용되어 홀로 쓰일 수 있다.

④ 독립언은 단독으로 쓰이거나 문장에서 생략될 수 있다.

독립언은 단독으로 문장을 이룰 수 있으며 생략해도 문장이 성립한다.

⑤ 관계언 중 일부는 체언이 아닌 단어 뒤에도 결합할 수 있다.

관계언은 주로 체언과 결합하지만, 관계언 중 보조사는 다른 단어 뒤에도 결합할 수 있다.

02 조사와 의존 명사 구분하기

답 | ③

다음 중 띄어쓰기가 올바르게 되지 않은 것은?

정답 선지 분석

③ 한 달만에 부모님을 만날 수 있었다.

이 문장의 '만'은 의존 명사로, '앞말이 가리키는 동안이나 거리'를 나타내는 말이다. 따라서 띄어 써야 한다.

오답 선지 분석

① 그 애는 키가 자기 아빠만큼 크다.

이 문장의 '만큼'은 조사로, 앞말과 비슷한 정도나 한도임을 나타내는 격 조사이다. 따라서 붙여 써야 한다.

② 노력한 만큼 결과가 나오면 좋겠다.

이 문장의 '만큼'은 의존 명사로, 앞의 내용에 상당한 수량이나 정도임을 나타내는 말이다. 따라서 띄어 써야 한다.

④ 예상했던 대로 시험은 굉장히 어려웠다.

이 문장의 '대로'는 의존 명사로, '어떤 모양이나 상태와 같이'라는 뜻이다. 따라서 띄어 써야 한다.

⑤ 동생은 집에서뿐 아니라 학교에서도 말썽이다.

이 문장의 '뿐'은 조사로, '그것만이고 더는 없음' 또는 '오직 그렇게 하거나 그러하다는 것'을 나타내는 보조사이다. 따라서 붙여 써야 한다.

03 품사 구분하기

답 | ①

보기 의 ㉠~㉤의 품사를 이해한 것으로 적절하지 않은 것은?

보기

영수: 지연아!(㉠) 은수가 지갑이랑(㉡) 가방을 잃어버렸다는 얘기 들었어?

지연: 저런!(㉢) 경찰서에 연락하든 어쩌든(㉣) 해서 찾아야 할 텐데.

영수: 글쎄(㉤), 그래도 찾기는 힘들 것 같아.

정답 선지 분석

① ㉠: 감탄사

'지연아!'는 감탄사가 아니라, 이름 뒤에 호격 조사 '아'가 붙은 것이다. 따라서 적절하지 않다.

오답 선지 분석

② ㉡: 접속 조사

'이랑'은 접속 조사로, '지갑'과 '가방'을 같은 자격으로 이어 준다.

③ ㉢: 감탄사

'저런'은 감탄사로, 뜻밖에 놀라운 일이나 딱한 일을 보거나 들었을 때 하는 말이다.

④ ㉣: 보조사

'든'은 보조사로, 선택의 의미를 나타낸다.

⑤ ㉤: 감탄사

'글쎄'는 감탄사로, 남의 물음이나 요구에 대하여 분명하지 않은 태도를 나타낼 때 쓰는 말이다.

04 조사 구분하기

보기 의 문장에서 쓰인 조사의 개수를 쓰시오.

보기

닭의 새끼는 병아리이다.

정답

3개

독서 플라멩코

빠른 정답 체크 01 ④ 02 ④ 03 ⑤ 04 칸테, 토케

[A] 플라멩코란 스페인 남부 안달루시아에서 발달한 독특하고 강렬한 인상을 주는 춤이다. (플라멩코의 정의) 그 특유의 정서 덕에 세계적으로 많은 사랑을 받고 있다. 기원과 역사는 정확히 알려져 있지 않지만, 15세기경 집시*들이 스페인에 들여와 안달루시아의 전통 음악과 어울리며 발전했다는 설이 유력하다. (플라멩코의 기원에 대한 유력한 가설)

▶ 1문단: 플라멩코의 기원

이후 18~19세기경에 이르러 지금의 형태에 가까워졌으며, 축제와 연회를 통해 세계적으로 인기를 얻게 되었다. 플라멩

[A] 코는 20세기에 무대공연으로 발전하면서 주요 형식이 정해졌지만, 엄격한 형식보다는 기본 동작을 위주로 감정적이고 즉흥적*인 변화와 박자, 리듬을 중시한다(플라멩코의 특징). 그리고 춤만큼 노래와 기타를 중요하게 여긴다. 그렇기 때문에 플라멩코는 조화로 완성되는 예술이라고 할 수 있다(춤과 노래, 기타가 모두 중요하기 때문).

▶ 2문단: 플라멩코의 발전 과정

플라멩코의 요소에는 네 가지가 있다. 첫 번째로, 춤을 바일레라고 부른다(□: 플라멩코의 요소). 남자 무용수는 바일라오르, 여자 무용수는 바일라오라라고 부른다. 구두 소리와 손뼉 치는 소리, 손가락 튕기는 소리에 관객들이 장단을 맞추는 소리까지 더해져 흥겹게 전개된다(무용수와 관객의 소리가 어우러짐).

▶ 3문단: 플라멩코의 요소 ① - 바일레

두 번째로, 노래를 칸테라고 부른다. 이는 플라멩코에서 춤만큼 중요한 부분으로, 노래만으로 이루어진 플라멩코 공연이 있을 정도이다(칸테의 중요성을 보여주는 사례 ①). 스페인에서는 칸테만을 평가하는 대회가 열리기도 한다(칸테의 중요성을 보여주는 사례 ②). 아무리 거칠고 갈라지는 목소리의 노래라고 해도 감정을 움직인다면 좋은 평가를 받는다(목소리의 아름다움보다는 감정이 실렸는지가 중요함).

▶ 4문단: 플라멩코의 요소 ② - 칸테

세 번째로, 플라멩코 가수의 노래와 어우러지는 기타 연주를 토케라고 한다(토케의 뜻). 플라멩코 기타는 현대 클래식 기타에서 파생된* 것으로, 클래식 기타보다 더 폭이 좁고 가벼운 형태이다(플라멩코 기타의 특징 ①). 소리가 나오는 구멍 아래가 두꺼운 판으로 되어있어 리듬을 타기 좋은 것이 특징이다(플라멩코 기타의 특징 ②). 이 덕에 플라멩코의 정확한 리듬을 만들 수 있으며 보통 혼자 연주한다(플라멩코 기타의 특징 ③).

▶ 5문단: 플라멩코의 요소 ③ - 토케

네 번째로, 플라멩코의 리듬을 띄우기 위한 캐스터네츠를 카스타뉴엘라라고 한다(카스타뉴엘라의 뜻). 조개 모양의 조각 두 개를 끈으로 묶어 만들고(카스타뉴엘라의 모양), 양손에 하나씩 엄지손가락에 끈을 끼워 매달아 사용한다(카스타뉴엘라의 사용법). 카스타뉴엘라는 조각 두 개가 다른 음을 내는데, 보통 오른쪽에 조금 더 높은 음이 나는 것을 사용한다(카스타뉴엘라의 특징).

▶ 6문단: 플라멩코의 요소 ④ - 카스타뉴엘라

* 집시: 코카서스 인종에 속하는 소수의 유랑 민족. 일정한 거주지가 없이 항상 이동하면서 생활한다. 미신적이고 쾌활하고 음악에 뛰어난 재능을 가졌다.
* 즉흥적(卽興的): 그 자리에서 일어나는 감흥이나 기분에 따라 하는 것.
* 파생되다(派生되다): 사물이 어떤 근원으로부터 갈려 나와 생기게 되다.

01 핵심 내용 파악하기 답 | ④

윗글의 제목으로 가장 적절한 것은?

정답 선지 분석

④ 스페인의 열정을 담은 플라멩코

스페인의 전통 춤인 플라멩코의 의미와 구성요소를 분석하고 있는 글이므로 중심 내용으로 적절하다.

오답 선지 분석

① 스페인의 전통과 역사

스페인의 전통 춤을 다루고 있긴 하지만, 스페인의 전통과 역사를 다루는 글이 아니므로 적절하지 않다.

② 집시들의 영혼의 자유로움

1문단에서 플라멩코와 집시와의 관련성을 언급하고 있지만, 집시들의 영혼의 자유로움은 중심 화제가 아니므로 적절하지 않다.

③ 각국의 전통춤의 다양한 양상

각국의 춤이 아닌, 스페인의 전통 춤만을 다루는 글이므로 적절하지 않다.

⑤ 스페인의 전통 악기에 대한 고찰

전통 악기인 플라멩코 기타와 카스타뉴엘라에 대한 언급이 있긴 하지만, 춤에 대해 설명하는 글이므로 적절하지 않다.

02 세부 내용 파악하기 답 | ④

윗글에 대한 설명으로 적절하지 않은 것은?

정답 선지 분석

④ 플라멩코에서 노래 다음으로 중요한 것은 춤과 기타이다.

2문단에서 플라멩코는 춤만큼 노래와 기타를 중요하게 여긴다고 하였고, 4문단에서 노래는 플라멩코에서 춤만큼 중요한 부분이라고 하였다. 따라서 춤과 노래, 기타는 모두 플라멩코에서 동등하게 중요한 요소이다.

오답 선지 분석

① 플라멩코 기타는 클래식 기타보다 더 가볍다.

5문단에서 플라멩코 기타는 클래식 기타보다 더 폭이 좁고 가벼운 형태라고 하였다.

② 보통 왼손에 드는 카스타뉴엘라의 음이 더 낮다.

6문단에서 카스타뉴엘라는 조각 두 개가 다른 음을 내는데, 보통 오른쪽에 조금 더 높은 음이 나는 것을 사용한다고 하였다.

③ 춤 없이 노래만으로 이루어진 플라멩코 공연도 있다.

4문단에서 노래만으로 이루어진 플라멩코 공연도 있다고 하였다.

⑤ 플라멩코에서는 무용수의 구두 소리와 손뼉 소리 등이 어우러진다.

3문단에서 플라멩코에서는 구두 소리와 손뼉 치는 소리, 손가락 튕기는 소리에 관객들이 장단을 맞추는 소리까지 더해진다고 하였다.

03 세부 내용 파악하기 답 | ⑤

[A]의 내용을 보기 와 같이 정리했을 때, 적절하지 않은 것은?

보기

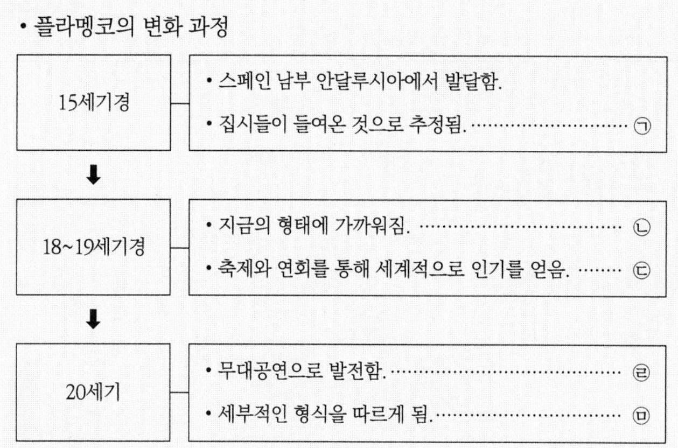
• 플라멩코의 변화 과정

시기	내용
15세기경	• 스페인 남부 안달루시아에서 발달함. • 집시들이 들여온 것으로 추정됨. ······ ㉠
18~19세기경	• 지금의 형태에 가까워짐. ······ ㉡ • 축제와 연회를 통해 세계적으로 인기를 얻음. ······ ㉢
20세기	• 무대공연으로 발전함. ······ ㉣ • 세부적인 형식을 따르게 됨. ······ ㉤

정답 선지 분석

⑤ ㉤

2문단에 따르면, 플라멩코는 20세기에 무대공연으로 발전하면서 주요 형식이 정해졌지만, 엄격한 형식보다는 기본 동작을 위주로 감정적으로 즉흥적인 변화와 박자, 리듬을 중시한다. 따라서 플라멩코가 20세기에 들어 세부적인 형식을 따르게 되었다는 것은 적절하지 않다.

오답 선지 분석

① ㉠
1문단에서 플라멩코의 기원과 역사는 정확히 알려져 있지 않지만, 15세기경 집시들이 들여와 안달루시아의 전통 음악과 어울리며 발전했다는 설이 유력하다고 하였다.

② ㉡
2문단에서 플라멩코는 18~19세기경에 이르러 지금의 형태에 가까워졌다고 하였다.

③ ㉢
2문단에서 플라멩코는 18~19세기경에 이르러 축제와 연회를 통해 세계적으로 인기를 얻게 되었다고 하였다.

④ ㉣
2문단에서 플라멩코는 20세기에 무대공연으로 발전했다고 하였다.

04 세부 내용 파악하기

ⓐ, ⓑ에 들어갈 말을 찾아 차례대로 쓰시오.

플라멩코의 노래는 (ⓐ)(이)라고 부르고, 노래와 어우러지는 기타 연주는 (ⓑ)(이)라고 부른다.

정답

칸테, 토케

문학 1 오우가(윤선도)

빠른 정답 체크 01 ③ 02 ⑤ 03 ④ 04 꽃, 풀

내 벗이 몇이냐 하니 수석과 송죽*이라
자연물을 벗으로 표현함 → 의인법 □: 화자가 벗으로 삼고 예찬하는 자연물
동산에 달 오르니 그 더욱 반갑구나
시조에 자주 쓰이는 감탄사
두어라 이 다섯밖에 또 더하여 무엇하리
다섯 벗으로 충분함

〈제1수〉
▶ 다섯 벗을 소개함

구름 빛이 좋다 하나 검기를 자로* 한다
△: 다섯 벗과 달리 쉽게 변하는 자연물
바람 소리 맑다 하나 그칠 적이 하노매라
좋고도 그칠 뉘 없기는 물뿐인가 하노라
물의 특성 – 영원성

〈제2수〉
▶ 물의 특성을 예찬함

꽃은 무슨 일로 피면서 쉬이 지고
풀은 어이하여 푸르는 듯 누르나니
아마도 변치 아닐손 바위뿐인가 하노라
바위의 특성 – 불변성

〈제3수〉
▶ 바위의 특성을 예찬함

더우면 꽃 피고 추우면 잎 지거늘
솔아 너는 어찌 눈서리를 모르느냐
고난, 시련, 역경
구천*에 뿌리 곧은 줄을 그로 하여 아노라

〈제4수〉
▶ 소나무의 특성을 예찬함

나무도 아닌 것이 풀도 아닌 것이
대나무의 특성 ② – 겸손함
곧기는 뉘 시키며 속은 어이 비었느냐
대나무의 특성 ① – 곧음
저렇게 사시*에 푸르니 그를 좋아하노라
대나무의 특성 ③ – 절개

〈제5수〉
▶ 대나무의 특성을 예찬함

작은 것이 높이 떠서 만물을 다 비추니
달을 가리킴
밤 중의 광명이 너만 한 이 또 있느냐
달의 특성 ① – 밝음
보고도 말 아니 하니 내 벗인가 하노라
달의 특성 ② – 과묵함

〈제6수〉
▶ 달의 특성을 예찬함

– 윤선도, 〈오우가〉 –

* 수석(水石)과 송죽(松竹): 물과 바위, 소나무와 대나무.
* 자로: 자주.
* 구천(九泉): 땅속 깊은 밑바닥.
* 사시(四時): 봄·여름·가을·겨울의 네 철.

01 표현상의 특징 파악하기 답 | ③

윗글에 대한 설명으로 적절하지 않은 것은?

정답 선지 분석

③ 화자는 과거를 성찰하면서 미래의 바람직한 모습을 제시하고 있다.
윗글에는 과거를 성찰하면서 미래의 바람직한 모습을 제시하고 있는 내용은 나타나지 않는다.

오답 선지 분석

① 화자는 자연물을 통해 자신이 추구하는 가치를 드러내고 있다.
화자는 물, 바위, 소나무, 대나무, 달이라는 자연물을 통해 자신이 추구하는 유교적 가치를 드러내고 있다.

② 화자는 다른 대상과의 대조를 통해 지향하는 바를 드러내고 있다.
화자는 다른 대상, 즉 쉽게 변하는 '구름, 바람, 꽃, 풀'과의 대조를 통해 유교적 가치를 지향하고 있다.

④ 화자는 관습적 상징을 이용해 그 의미를 이해하기 쉽게끔 돕고 있다.
윗글의 물이나 바위, 소나무와 대나무 등은 오랜 시간을 걸쳐 조선 사회에서 통용되어 온 상징으로, 그 의미를 파악하기가 쉽다.

⑤ 화자는 자연물을 유교적인 가치를 의미하는 매개물로 삼아 예찬하고 있다.
윗글의 자연물은 작가에게 심미적 대상이면서 동시에 인간의 덕성을 유추해 낼 수 있는 유교적 가치를 표방하는 매개물로 예찬되고 있다.

02 시상 전개 방식 파악하기 답 | ⑤

윗글의 전개 방식에 대한 설명으로 적절하지 않은 것은?

정답 선지 분석

⑤ 〈제6수〉의 소재는 이전 소재들의 속성을 아우르고 있다.
〈제6수〉는 '달'이라는 특정 소재를 노래하고 있는데, 이는 〈제2수〉~〈제5수〉의 소재인 '물, 바위, 소나무, 대나무'와 대등하다. 따라서 〈제6수〉의 소재가 이전 소재의 속성을 아우른다는 진술은 적절하지 못하다.

오답 선지 분석

① 〈제1수〉에 제시된 소재가 이후의 작품에 순서대로 나온다.
〈제1수〉에 나온 수석(물과 바위), 송죽(소나무와 대나무), 달의 순서대로 시상이 전개된다.

② 〈제2수〉의 '구름'은 제3수의 '꽃'과 함축적 의미가 유사하다.

〈제2수〉의 '구름'은 자주 검어지는 존재이며, 〈제3수〉의 꽃은 쉽게 지는 존재이다. '구름'과 '꽃' 모두 쉽게 변한다는 의미를 담고 있으므로 유사하다.

③ 〈제4수〉는 대비적 속성을 통해 대상의 함축적 의미를 드러내고 있다.

〈제4수〉는 더우면 피는 '꽃'과 추우면 지는 '잎'을, 눈서리를 모르는 '솔'과 대비하여 '솔'의 불변성을 드러내고 있다.

④ 〈제5수〉는 속성만으로 대상을 짐작할 수 있게 표현되었다.

〈제5수〉의 소재는 직접적으로 드러나 있지 않지만, '곧기는 뉘 시기며 속은 어이 비었느냐', '저렇게 사시에 푸르니'라는 속성을 통해 대나무를 노래하고 있음을 알 수 있다.

03 외적 준거를 바탕으로 작품 감상하기 답 | ④

보기 를 참고하여 윗글을 감상한 내용으로 적절하지 않은 것은?

보기

〈오우가〉는 정치적으로 불우하여 여러 차례 귀양살이를 했던 작가 윤선도가 노년에 은거지에서 정계와 거리를 두고 자기 수양에 힘쓸 때 지은 작품으로 알려져 있다.

* 불우하다(不遇하다): 재능이나 포부를 가지고 있으면서도 때를 만나지 못하여 불운하다.
* 은거지(隱居地): 몸을 숨겨 살고 있는 지역.
* 정계(政界): 정치에 관련된 일에 종사하는 조직체나 개인의 활동 분야.
* 수양(修養): 몸과 마음을 갈고닦아 품성이나 지식, 도덕 따위를 높은 경지로 끌어올림.

정답 선지 분석

④ 〈제5수〉에서 '곧기는 뉘 시키며'라 하여 자신의 지조가 임금의 권유와 임금의 은혜에 대한 충성에서 비롯되었음을 제시하고 있다.

〈제5수〉의 '곧기는 뉘 시키며'는 누군가가 대나무에게 곧으라고 시켰다는 뜻이 아니라, 아무도 시키지 않았음에도 대나무는 곧다는 의미로, 대나무의 지조를 예찬하는 표현이다.

오답 선지 분석

① 〈제1수〉의 '이 다섯밖에 또 더하여 무엇하리'는 정계와 거리를 두고 자연에서 안분지족하려는 자세를 드러내고 있다.

〈제1수〉의 '이 다섯밖에 또 더하여 무엇하리'는 정계와 거리를 두고 자연에서 수양에 힘쓰려는 자세를 드러낸 것이다.

② 〈제2수〉의 '구름'과 '바람'은 상황에 따라 변화하는 대상으로서 시대의 흐름에 따라 변모하는 소인배들을 풍자하고 있다.

〈제2수〉의 '구름'과 '바람'은 '물'과 달리 상황에 따라 변화하는 대상으로, 시대의 흐름에 따라 변모하는 소인배들을 풍자하는 것이다.

③ 〈제4수〉에서 '솔'의 특성으로 '구천에 뿌리 곧은' 점을 들어 은거지에 있으면서도 마음은 항상 임금 곁에 있음을 드러내고 있다.

〈제4수〉에서 '솔'의 특성으로 '구천에 뿌리 곧은' 점을 든 것은 몸은 은거지에 있더라도 마음은 항상 임금 곁에 있음을 드러내는 것이다.

⑤ 〈제6수〉에서 '작은 것이 높이 떠서 만물을 다 비추'는 '달'을 소재로 삼아 자기 수양을 통해 선비가 가져야 할 덕목을 언급하고 있다.

〈제6수〉에서 '작은 것이 높이 떠서 만물을 다 비추'는 '달'을 소재로 삼은 것은 선비가 가져야 할 덕목을 언급한 것이다.

04 소재의 의미 파악하기

윗글의 3연에서 부정적으로 제시된 대상 두 개를 찾아 쓰시오.

정답

꽃, 풀

문학 2 동승(함세덕)

빠른 정답 체크 01 ④ 02 ③ 03 ④ 04 잣

[앞부분 줄거리] 미망인은 도념을 양자로 삼아 함께 서울로 가고자 하나, 주지는 이를 반대한다. 그러다 도념이 미망인을 위해 토끼를 잡아 털 목도리를 만들고, 그 목도리를 관세음보살상의 목에 걸어 놓았다는 사실이 밝혀진다.
(불교에서는 살생을 금하고 있기 때문에 이는 큰 죄임)

도념: (미망인에게 매달리며) 어머니, 저를 데려가 주세요.

미망인: 응, 염려 마라. (도념을 입양하고자 하는 뜻을 굽히지 않음)

주지: 염려 마라니요? 아씨는 그저 애를 데려가실 작정이십니까?

미망인: 그럼은요.

친정 모: 못한다. 넌 애 하는 짓을 지금껏 두 눈으로 똑똑히 보구두 이러니? (토끼를 잡아 만든 털목도리를 관세음보살상에 걸어 둔 것)

미망인: 어머니, 봤기에 더 한층 데려가구 싶은 생각이 솟았어요. 얼마나 어머니를 그리워했으면 그런 짓을 다 했겠어요? (도념이 털목도리를 만든 이유를 이해함) 지금 이 애를 바른 길루 이끌어가려면, 내 사랑 속에서 키우는 것밖에 딴 도리가 없어요.

친정 모: 「㉠ 애는 전생에 제 부모의 죄를 받구 태어났기 때문에 아무리 구할랴구 해두 구할 수가 없단다. 홍역 마마*하듯 이렇게 피하지 못할 죄가 하나씩 둘씩 발병하지 않니?」(「」: 도념이 죄가 많다는 이유로 입양을 반대함) 얘보담, 우리 인철이 영혼 축원할* 도리나 걱정해라. (인철: 미망인의 죽은 아들)

미망인: 인철인 기왕 죽은 애니까 재를 다시 지내면 그만 아니에요?

친정 모: 얘가 토끼 목도리를 존상* 뒤에다 감춰만 뒀다면 모를까. 젊은 별좌* 얘길 들으니까 어젯밤에 떡 그 더러운 것을(토끼 목도리) 관세음보살님 목에다 걸어 놓구 물끄러미 바라다 보구 있었다는구나. (도념은 관세음보살과 어머니를 동일시함)

미망인: (울며 미친 듯이) 어머니, 난 애 없이는 살 수가 없어요. (도념에게 어머니로서의 정을 느끼고 있음)

주지: 아씨께서 진정으로 얘를 사랑하신다면, 눈앞에 두구 노리개*를 삼으실랴구 하시지 말구(입양에 대해 주지가 가지고 있는 생각이 드러남) 애 매디매디에 사무쳐 있는 전생*의 죄 속에서 영혼을 구하게 이 절에 둬 주십시오.(미망인이 도념을 입양하는 것을 반대함) 자기 한 몸의 죄만 아니라 제 아비 제 어미 죄두 씻어야 할 테니까(도념의 아버지는 사냥꾼이고, 어머니는 여승이었음) 애는 여간한 공덕*을 쌓기 전에는 저승에 가서 무서운 지옥을 면치 못하게 될 것입니다.

도념: ㉡ 스님, 죽어서 지옥에 가드래두 난 내려가겠어요.(미망인을 따라가겠다는 의지를 보임) 찾어오는 사람을 막지 않구 떠나는 사람을 붙들지 않는 것이 우리 절 주의라구 늘 말씀하시지 않으셨습니까?(도념이 내세우는 근거)

주지: (열화*같이 노하며) 수다스러, 한번 못 간다면 못 가는 줄 알

어라. (미망인을 보고 선언하듯) 아씨께서 서방님을 잃으시고 외아들마저 잃으신 것두 다 전생에 죄가 많으셨던 탓입니다. 아씨 죄두 미처 벗지 못하시구 이 죗덩이를 데려다가 어떻게 하실라구 이러십니까? ㉢ 두 번 다시 이 이야기를 끌어내시려거든 다신 이 절에 오시지 마십시오.

미망인에게도 전생의 죄가 많다고 하며 비난함

'이 이야기'는 도념의 입양을 의미함

주지, 뒤도 안 돌아보고 원내*로 들어간다. 친정 모도 뒤따른다. 미망인, 주지의 말에 찔려 전신을 부르르 떤다. 염하다* 놓친 사람 모양으로 털썩 나무등걸에 주저앉아 운다.

남편과 아들의 죽음을 자신의 탓으로 돌리는 것에 큰 충격을 받음

도념: 어머님, 이대루 그냥 도망이라두 가시지요.

미망인을 따라가고자 하는 도념의 절박함이 드러남

미망인: 그렇게는 못 한단다. 넌 이 절에 남아서 스님의 말씀 잘 듣구 있어야 한다.

도념의 입양을 포기함

도념:『촛불만 깜박깜박하는 법당*을 또 어떻게 혼자 지켜요? 궂은 비가 줄줄 내리는 밤이나 부엉이가 우는 새벽엔 무서워 죽겠어요.』 『』: 도념은 절을 무서워하며 떠나고 싶어 함

미망인: ㉣ 너한테는 그게 숙명*이니까 내 힘으로는 어떻게 할 도리가 없구나.

(중략)

멀리 산울림. 초부*, 나무를 안고 나와 지게에 얹고, 담배를 한 대 피운다. 휘날리는 초설*을 머리에 받은 채 슬픈 듯한 표정으로 종소리를 듣는다. 이윽고 종소리 그친다. 도념, 고깔을 쓰고 바랑*을 걸머지고 깽매기*를 들고 나온다.

종소리가 슬프게 들리기 때문

절 밖으로 나갈 때의 옷차림

초부: (지게를 지고 일어서며) 지금 그 종 네가 쳤니?

도념: 그럼은요. 언제 내가 안 치구 다른 이가 쳤나요?

종을 치는 것은 도념의 일이었음을 알 수 있음

초부: 밤낮 나무해 가지구 비탈을 내려가면서 듣는 소리지만 오늘은 왜 그런지 유난히 슬프구나. (일어서다가 도념의 옷차림을 발견하고) ㉤ 아니, 너 갑자기 바랑은 왜 걸머지고 나오니?

종소리에 절을 떠나려 하는 도념의 심리가 반영됨 / 평소의 옷차림이 아님

도념: 이번 가면 다신 안 올지 몰라요. / **초부**: 왜? 스님이 동냥 나가라구 하시든?

도념: 아아니요. 몰래 나가려고 해요.

주지 몰래 절을 떠나기로 함

초부: 이렇게 눈이 오는데 잘 데두 없을 텐데. 어딜 간다구 이러니? 응. 갈 곳이 있니?

도념이 절을 떠나지 않게 설득하는 말 ①

도념: 조선 팔도 다 돌아다닐 걸요, 뭐.

초부: 얘, 그런 생각 말구, 어서 가서 스님 말씀 잘 듣구 있거라.

도념: 벌써 언제부터 나가려구 별렀는데요? 그렇지만 스님을 속이고 몰래 도망가기가 차마 발이 떨어지지 않아서 못 갔어요.

절을 떠나고자 하는 도념의 결심은 오래된 것이었음

스님에 대한 미안함 때문에 지금까지 떠나지 못했음

초부: 어머니 아버질 찾기나 했으면 좋겠지만 찾지두 못하면 다시 돌아올 수도 없구, 거지밖에 될 게 없을 텐데 잘 생각해서 해라.

도념이 절을 떠나지 않게 설득하는 말 ②

도념: 꼭 찾을 거예요.『내가 동냥 달라구 하니까 방문 열구 웬 부인이 나를 한참 바라보구 있더니 별안간 '도념아. 내 아들아, 이게 웬일이냐' 하구 맨발로 마당으로 뛰어 내려오던 꿈을 여러 번 꾸었어요.』 『』: 도념이 가진 믿음의 근거

어머니를 찾을 수 있다는 굳은 믿음

초부: 가려거든 빨리 가자. 퍽퍽 쏟아지기 전에. 이 길루 갈 테니?

도념이 어머니를 찾을 수 있도록 보내줌

도념: 비탈길로 가겠어요. / **초부**: 그럼 잘—가라. 난 이 길루 가겠다.

도념: 네. 안녕히 가세요.

초부, 나무를 지고 내려간다. 도념, 두어 걸음 나갈 때 법당에서의 주지의 독경* 소리, 발을 멈추고 생각난 듯이 바랑에서 표주박을 꺼내 잣을 한 움큼 담아서 산문* 앞에 놓는다.

도념이 발을 멈춘 이유

주지에 대한 도념의 감사함과 미안함이 표현됨

도념: (무릎을 꿇고) 스님, 이 잣은 다람쥐가 겨울에 먹으려구 등걸 구멍에다 모아둔 것을 제가 아침에 몰래 꺼내 뒀었어요. 어머니 오시면 드릴려구요. 동지섣달 긴긴밤 잠이 안 오시어 심심하실 때 깨무십시오. (산문에 절을 한 후) 스님, 안녕히 계십시오.

어머니에게 드리려 했던 잣을 주지에게 줌

주지에게 마지막 인사를 함

[A] 멀리 동리*를 내려다보고 길—게 한숨을 쉰다. 정숙. 원내에서는 목탁과 주지의 염불 소리만 청청히* 들릴 뿐. 눈은 점점 펑펑 내리기 시작한다. 도념, 산문을 돌아다보며 돌아다보며 비탈길을 내려간다.

- 함세덕, 〈동승〉 -

- 마마(媽媽): '천연두'를 일상적으로 이르는 말.
- 축원하다(祝願하다): 신적 존재에게 자기의 뜻을 아뢰고 그것이 이루어지기를 빌다.
- 존상(尊像): 지위가 높고 귀한 형상.
- 별좌(別座): 부처를 모신 곳에 음식을 차리는 일. 또는 그 일을 맡아 하는 사람.
- 노리개: 심심풀이로 가지고 노는 물건.
- 전생(前生): 삼생(三生)의 하나. 이 세상에 태어나기 이전의 생애를 이른다.
- 공덕(功德): 좋은 일을 행한 덕으로 훌륭한 결과를 가져오게 하는 능력.
- 열화(熱火): 뜨거운 불길이라는 뜻으로, 매우 격렬한 열정을 비유적으로 이르는 말.
- 원내(園內): 정원의 안.
- 염하다(殮하다): 시신을 수의로 갈아입힌 다음, 베나 이불 따위로 싸다.
- 법당(法堂): 불상을 안치하고 설법도 하는 절의 공간.
- 숙명(宿命): 날 때부터 타고난 정해진 운명. 또는 피할 수 없는 운명.
- 초부(樵夫): 땔나무를 하는 사람.
- 초설(初雪): 그해 겨울이 시작된 후 처음으로 내리는 눈.
- 바랑: 승려가 등에 지고 다니는 자루 모양의 큰 주머니.
- 깽매기: '꽹과리'의 전라도 방언.
- 독경(讀經): 불경을 소리 내어 읽거나 욈.
- 산문(山門): 절 또는 절의 바깥문.

* 동리(洞里): 주로 시골에서, 여러 집이 모여 사는 곳.
* 청청히(淸淸히): 소리가 맑고 깨끗하게.

01 인물의 태도, 심리 파악하기

답 | ④

윗글의 인물에 대한 설명으로 가장 적절한 것은?

정답 선지 분석

④ '도념'은 '초부'에게 자신이 절을 떠난다는 것을 알리고 있다.

도념은 초부에게 "이번 가면 다신 안 올지 몰라요."라고 하며 자신이 절을 떠난다는 것을 알리고 있다.

오답 선지 분석

① '친정 모'는 '미망인'과 같은 입장을 보이고 있다.

도념을 불쌍히 여겨 데려가고 싶어 하는 미망인과 달리, 친정 모는 도념이 쌓아 온 죄를 달갑지 않게 여기며 데려갈 수 없다고 말하고 있다.

② '초부'는 '미망인'의 처지를 불쌍하게 여기고 있다.

초부가 미망인의 처지를 불쌍하게 여기는지는 윗글을 통해 알 수 없다.

③ '주지'는 '도념'이 떠나려는 것을 알면서도 막지 않고 있다.

주지는 도념이 미망인을 따라가고 싶다고 하자 "수다스러, 한번 못 간다면 못 가는 줄 알어라."라고 하며 막고 있다. 또한 도념이 눈 오는 날 절을 떠날 때 주지가 이 사실을 알고 있었는지는 알 수 없다.

⑤ '미망인'은 '도념'의 말을 듣고 함께 도망칠 결심을 하고 있다.

도념은 미망인에게 "이대루 그냥 도망이라두 가시지요."라고 말했지만, 미망인은 "그렇게는 못 한단다."라고 말하며 거절하고 있다.

02 연출 계획의 적절성 평가하기

답 | ③

윗글을 연극으로 공연하려고 할 때, ㉠~㉤에 대한 연출 계획으로 적절하지 <u>않은</u> 것은?

정답 선지 분석

③ ㉢: 도념과 미망인에 대한 안타까움이 드러나도록 시선을 맞추지 않고 연기해야겠군.

도념이 미망인을 따라가겠다고 말하자 주지는 '열화같이 노하며' 못 간다고 말하고 있고, 미망인에게도 미망인의 전생의 죄 때문에 남편과 아들을 잃은 것이라고 '선언하듯' 말하고 있다. 그리고 ㉢에서 미망인에게 또다시 도념을 입양하고자 한다면 다신 절에 오지 말라고 하고 있으므로, 도념과 미망인에 대한 안타까움이 드러나도록 연기하는 것은 적절하지 않다.

오답 선지 분석

① ㉠: 도념을 못마땅하게 여기는 마음이 드러나도록 굳은 얼굴로 연기해야겠군.

"넌 애 하는 짓을 지금껏 두 눈으로 똑똑히 보구두 이러니?"에서 친정 모가 도념을 못마땅하게 여기고 있음이 드러나며, ㉠에서 도념이 전생에 부모의 죄를 받고 태어났기 때문에 도념을 구할 수 없으니 입양을 포기하라고 말하고 있으므로 굳은 얼굴로 연기해야 한다.

② ㉡: 미망인을 따라가고자 하는 의지가 드러나도록 주지에게 매달리듯 말해야겠군.

주지는 도념에 대해 "여간한 공덕을 쌓기 전에는 저승에 가서 무서운 지옥을 면치 못하게 될 것입니다."라고 말하며 미망인에게 도념을 데려가서는 안 된다고 말하고 있지만, ㉡에서 도념은 지옥에 가더라도 미망인을 따라가겠다고 말하고 있으므로 그러한 의지가 드러나도록 주지에게 매달리듯 말해야 한다.

④ ㉣: 도념의 입양을 포기할 수밖에 없는 상황이 드러나도록 도념을 다독이듯이 말해야겠군.

미망인은 주지의 말을 듣고 자신이 전생의 죄가 많아 도념을 거둘 수 없으며, 도념 또한 전생의 죄를 씻지 못할 것이라고 생각하며 울고 있다. 따라서 ㉣에서는 도념이 입양을 원함에도 불구하고 도념의 입양을 포기할 수밖에 없는 상황이 드러나도록 도념을 다독이듯이 말해야 한다.

⑤ ㉤: 평소와 다른 도념의 옷차림을 본 것에 대한 반응이 드러나도록 놀란 표정으로 연기해야겠군.

도념은 고깔을 쓰고 바랑을 걸머지고 깽매기를 든 모습으로 초부를 만났다. 초부는 '일어서다가 도념의 옷차림을 발견하고' ㉤처럼 말하고 있으므로 평소와 다른 도념의 옷차림을 본 것에 대한 반응이 드러나도록 놀란 표정으로 연기해야 한다.

03 외적 준거를 바탕으로 작품 감상하기

답 | ④

보기 를 참고했을 때, [A]가 갖는 의미로 가장 적절한 것은?

보기

배경은 작품의 분위기를 형성하며, 인물의 심리 상태나 사건 전개를 암시하는 역할을 하기도 한다. 이때 비나 눈과 같은 배경은 주로 우울함이나 역경 등 부정적인 의미를 갖는다. 한편, 비탈길은 평탄한 길보다 걷기 어려운 속성을 토대로 하여 고난과 시련 등을 의미하는 상징으로 쓰이고는 한다.

* 역경(逆境): 일이 순조롭지 않아 매우 어렵게 된 처지나 환경.
* 평탄하다(平坦하다): 바닥이 평평하다.

정답 선지 분석

④ 도념이 어머니를 찾기 위해 순탄하지 않은 여정을 거칠 것임을 보여 준다.

〈보기〉에 따르면, [A]의 '눈'은 부정적인 사건 전개를 암시할 수 있으며, '비탈길' 또한 고난과 시련을 의미하는 상징으로 쓰였다. [A]에서 도념은 어머니를 찾기 위해 절을 떠나고 있으므로, [A]의 배경으로 묘사된 '눈'과 '비탈길'이 도념이 어머니를 찾기 위해 순탄하지 않은 여정을 거칠 것임을 보여 준다는 설명은 적절하다.

오답 선지 분석

① 도념이 자신의 처지를 우울하게 여기고 있음을 보여 준다.

〈보기〉에 따르면, [A]의 '눈'은 우울한 분위기를 조성한다고 할 수 있다. 그러나 도념은 어머니를 찾을 수 있을 것이라는 희망을 품고 있으므로, [A]가 도념이 자신의 처지를 우울하게 여기고 있음을 보여 준다는 설명은 적절하지 않다.

② 도념이 어머니를 찾지 못할 것이라고 생각하고 있음을 보여 준다.

〈보기〉에 따르면, [A]의 '눈'은 인물의 부정적인 심리 상태를 암시하는 역할을 할 수 있다. 그러나 [A]에서 도념은 "꼭 찾을 거예요."라고 말하며 어머니를 찾을 수 있다는 자신감을 보이고 있으므로 적절하지 않다.

③ 도념이 주지의 반대 때문에 결국 절을 떠나지 못할 것임을 보여 준다.

〈보기〉에 따르면, [A]의 '비탈길'은 고난과 시련을 의미하는 상징으로 쓰였다. 그러나 [A]에서 도념은 주지의 반대에도 불구하고 몰래 절을 떠나고 있으므로 적절하지 않다.

⑤ 도념이 불교적 교리로부터 벗어나기 위해 많은 고난을 겪을 것임을 보여 준다.

〈보기〉에 따르면, [A]의 '비탈길'은 고난과 시련을 의미하는 상징으로 쓰였다. 그러나 윗글에서 도념이 불교적 교리로부터 벗어나고자 한다는 것은 알 수 없으므로 [A]가 도념이 불교적 교리로부터 벗어나기 위해 고난을 겪을 것임을 보여 준다는 설명은 적절하지 않다.

04 소재의 의미 파악하기

윗글에서 '주지'에 대한 '도념'의 마음을 드러내는 소재를 찾아 쓰시오.

정답

잣

MEMO

MEMO

MEMO

MEMO

MEMO

MEMO

MEMO

한수

한 번에
수능까지

완성하는
중학국어